正誤表

奥付

誤　編　者　近世村落史研究会
東京都杉並区西荻四―五―二

正　編　者　近世村落史研究会
東京都杉並区西荻**北**四―五―二

武州世直し一揆

近世村落史研究会＝編

慶友社

上名栗の集落

上名栗湯ノ沢観音堂遠景

上名栗正覚寺山門

喜左衛門墓石

豊五郎墓石

紋次郎墓石

嶋田紋次郎が棟梁として建てた松木観音堂

安政三年　棟梁嶋田紋次郎と村内寄進者の名前

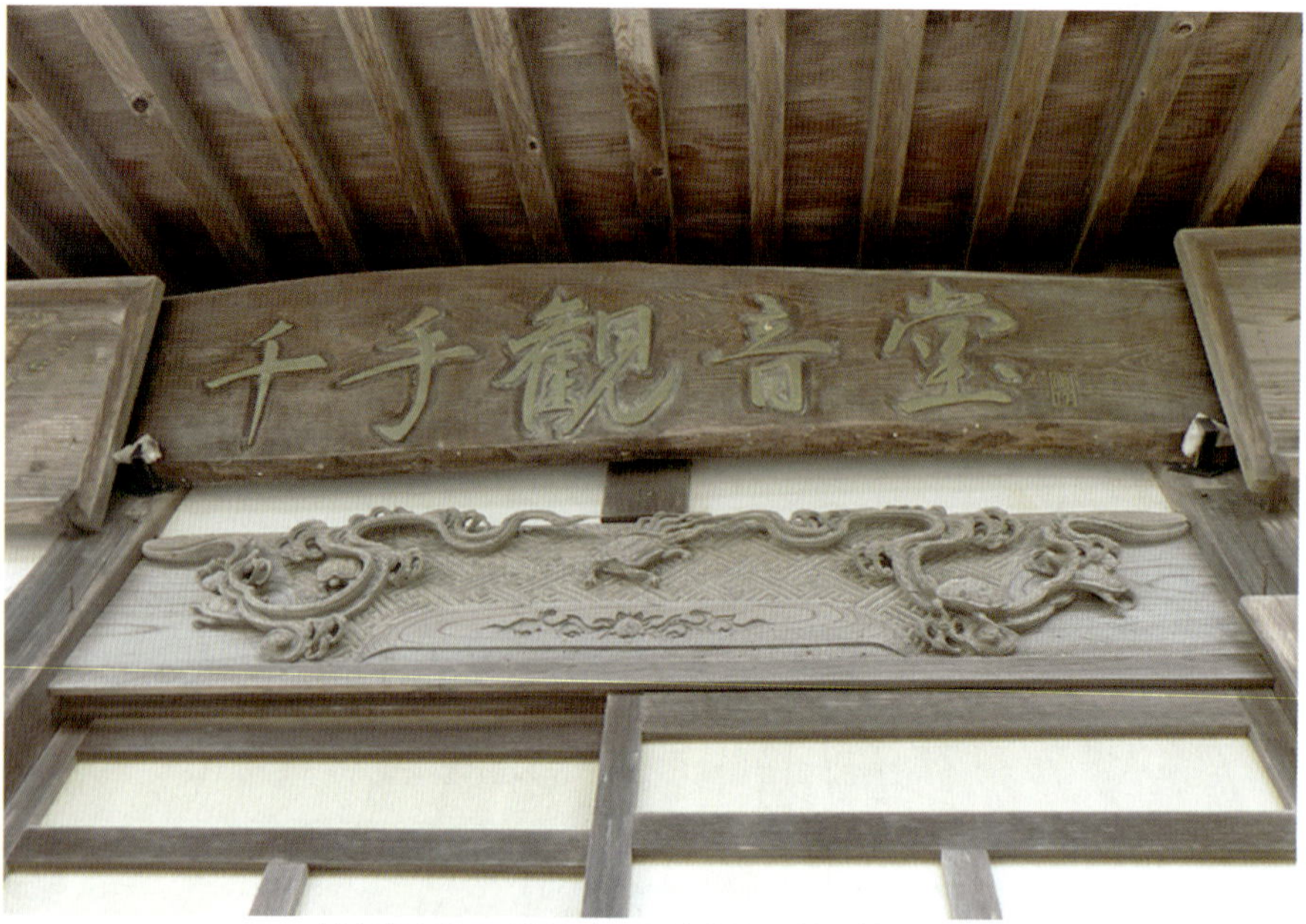

松木観音堂の「波に亀の図」掲額　嶋田紋次郎作

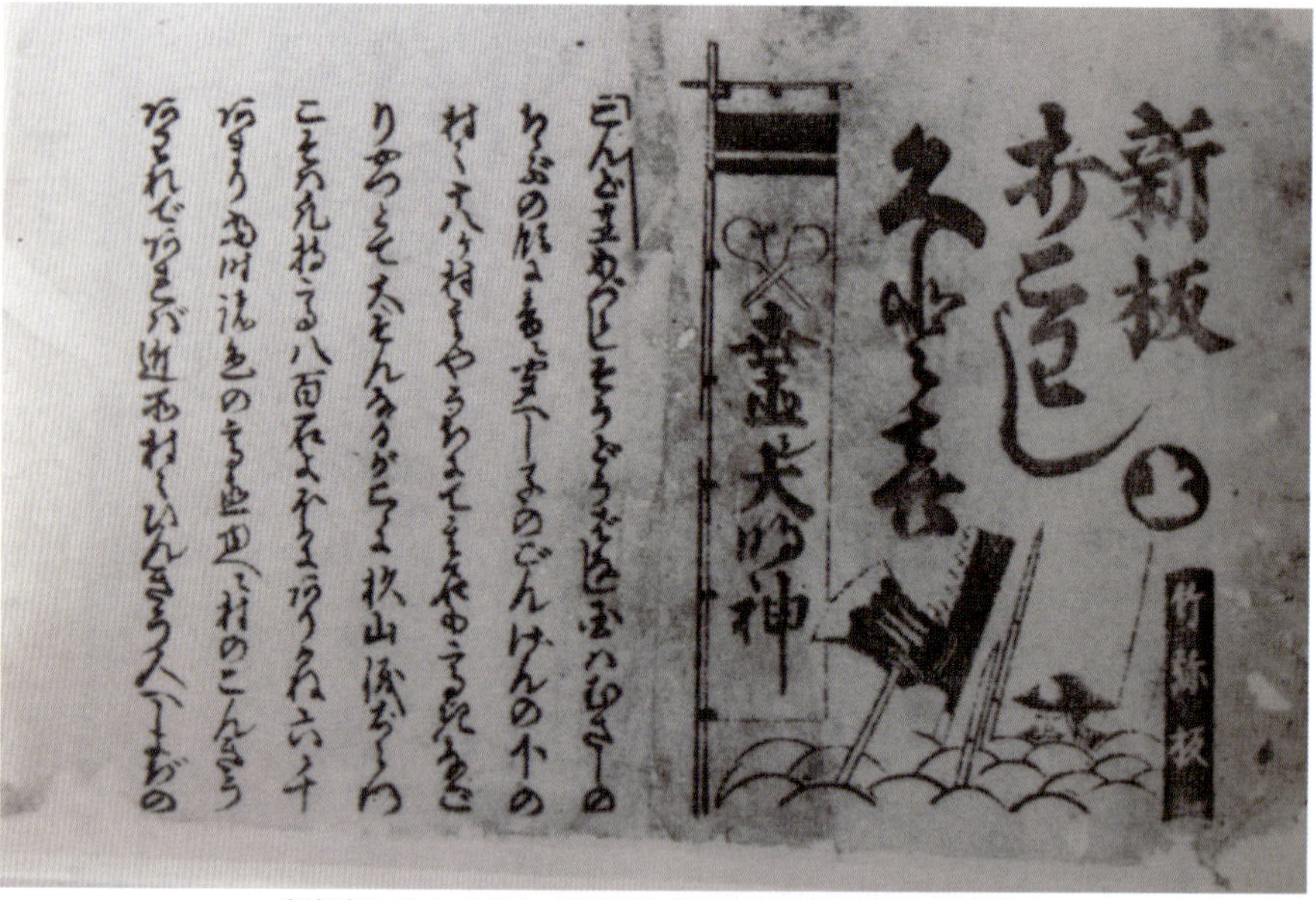

新板打こわしくどき（埼玉県立歴史と民俗の博物館所蔵
『武州世直し一揆史料』2巻186頁）

打ちこわし跡の残る旧新座郡引又西川家の門

旧足立郡水判土の慈眼寺山門、一揆勢が集結し、寺の横とんび坂で鎮圧された

旧上州緑野郡笛木新町の浄泉寺山門
新町宿では岩鼻の関東郡代はじめ鎮圧軍によって多数の一揆勢が殺傷され
浄泉寺観音堂墓地に仮埋葬された

旧児玉郡小茂田村北向神社境内

武州世直し一揆の慰霊碑（旧児玉郡小茂田村北向神社）

同碑文　一揆勢の慰霊碑は現在この碑のみである
北向神社宮司岡本一雄氏が父の遺志を継いで建立したもの

旧多摩郡大久野村坂本荒井家長屋門

同家居宅の打毀し鉞伐削跡

武州世直し一揆

目次

第三部　研究ノート

第四部　史料紹介

写真提供　大舘勝治・岡本一雄・川中正憲・島田　稔・田中定一・永野正豊

はじめに

本年、二〇一六年（平成二八）は一八六六年（慶応二）の「武州世直し一揆」（以下「世直し一揆」）蜂起から一五〇周年に当たる。

本書『武州世直し一揆』は、この記念すべき年に、私ども「近世村落史研究会」（以下「研究会」）が、これまでの研究成果の一端を一書にまとめたものである。

私ども「研究会」が、この「世直し一揆」研究に取り組んでから、はや半世紀が経過した。今から考えると、私どもがこの「世直し一揆」研究を開始した動機の一つには、当時の時代動向の反映があったといえる。すなわち、時恰も、一九六〇年代の「安保闘争」の最中であり、戦前戦後を通じて空前絶後の民衆闘争の高揚期でもあった。

特に、日本近世史においては、幕末維新期の世直し一揆が近世から近代への転換期に果たした役割が注目されたのであった。

当時の私ども「研究会」員は十数名で、二〇歳後半から三〇歳くらいで、小中高の教員や院生・学生たちであり、近世の地方文書の勉強会を中心とした集まりであった。

昼間は国会周辺を取り囲むデモに参加し、夜は維新変革期の勉強に熱中した。

こうした中で、必然的に「世直し一揆」の研究に目を向けるようになったのである。

私どもは、数年間、休日を利用して、「世直し一揆」の展開した関東各地の史料を求めて調査に歩いた。ほとんどが飛び込み調査であったが、史料所蔵者は好意的に私どもを迎え入れて下さり、予想外の多くの史料を撮影することができた。

私どもは、その成果を『武州世直し一揆史料（一）・（二）』（慶友社、一九七一年・一九七四年）として刊行することができた。

この史料集の刊行とともに、この史料に基づく研究成果を世に問うための機関誌として『近世史藁』という雑誌を発行し、現在に至っている。

本書は、これまで発表された「世直し一揆」研究の中から、雑誌掲載論文をもって構成し、編集したものである。

第一部　幕末の社会変動と民衆意識―慶応二年武州世直し一揆の考察―

第二部　研究論文

第三部　研究ノート

第四部　史料紹介

本書は、いわば私どもの研究の一種の集大成であり、総括ともいうべきものであるが、まだまだ未発掘・未発表の史料が埋もれていることであろうし、深められねばならない研究課題も少なくない。

さて、今日「世直し一揆」の論文集を刊行する意義とは一体何であろうか。

現代日本社会は、一九五五年（昭和三〇）から七〇年代初めまでの高度経済成長から、八〇年代後半から九〇年代初頭にかけて起ったバブル経済を経過し、その崩壊により、長期の経済的不況に襲われ、その苦しみに喘いでいる。

この不況は、経済的・社会的格差を生み出し、いわゆる中産階級が分解し、一部の富裕層と広範な貧困層を増大させている。

それは、まさに幕末期の豪農—半プロ（貧困層）の再来を思わせるものがあるといえる。

今日の危機的状況からみて、幕末の「世直し」を歴史的に検討してみることは、価値あることではないだろうか。

私どもは、本書をもって新しいスタートラインとして、次なる第一歩を進めたいものと、心新らたにしている次第である。

二〇一六年一〇月

森　安　彦

第一部　幕末の社会変動と民衆意識

——慶応二年武州世直し一揆の考察——

「世直し」層の生産条件と階層分化

大舘右喜

はじめに

武州世直し一揆[1]は、慶応二年六月十三日、上武の山村および畑作地帯において広域・同時・多発性を帯びて展開した。この闘争は貧農・貧農小作・半プロレタリアート[2]が中核を構成し、諸村の農民を一定の動員体制に組みこみながら、豪農経営[3]を打破し、世直し・世均しの貫徹をはかるべく急速に拡大したのである。

周知のごとく幕末維新期の世直し一揆の展開は、幕藩領主が小商品生産物の流通編成を通して、権力基盤に組みこんだ畑作地帯において激化したのである。したがって一般的にいえば畑作生産を基盤とする諸々の商品生産物を自己の掌中に収め、没落した農民を小作経営に組みこみながら成長したところの豪農経営に規定された、貧農・半プロの闘争が世直しであった。これらの研究は今日数多い実りある成果をもたらしているが[4]、さらに国家支配と階級闘争の特質をより深く把握するために、世直しの民衆意識を一揆の全過程より究明することとした。

その場合、広域蜂起の主体形成の条件として、畑作地帯における村を越えた生産活動のひろまりと、その質があきらかにされねばならないと考える(5)。小稿では主に天保期以降に限定し、それらにかかわる生産条件と階層分化を検討しておくこととする。

一　畑方村落の生産条件

武州世直し一揆が山間および畑作地帯を中心に展開したことはまぎれもない事実であり、農民的小商品流通の結節点である在方市場(6)において打毀しが高揚した幾多の例を想起しうる。このことは、たとえ生産が小規模にしてなお生産過程が未分化であっても、流通に介入する豪農によって、貧農・半プロ層は絶えざる収奪を余儀なくされていたことを示している。在方小市場は農民的小商品生産の一定のzoneを背景になりたち、しかもその生産地帯においては貧農・半プロ層が村内、および村をこえた日傭稼関係を網目のように展開させていたのである。それゆえ、在方市場＝豪農的地域市場に対する貧農・半プロの抵抗を単一に捉えてはならず、貧農・半プロの主体形成の条件とその再生産を規定する日傭ブロックをも考慮しなければならないのである。

次に幕末期の生産の状況を反映する皇国地誌、すなわち『武蔵国郡村誌』(7)を利用し、在方市場周辺村落の生産条件と農民的小商品生産物の概況を検討しておきたい。なお在方市場は複合的に市場圏を構成しており、数次元の市場での分業関係を析出してくるのであるが、ここでは単純に文政改革で設定された改革組合村(8)ごとに、山村・畑作村より一〇郡にまたがる一七組合を選び統計を加え、〔表1〕を作成した。

武州西部の山間及び畑作地帯の土地構成〔税地〕は、過半の組合村において畑地・山林率が高位であり両地目で八〇％をこえ、しかも一戸あたりの平均土地所有が一町歩以上の村は少数である。これは武蔵国の山縁部農民の経営方向を示唆する数値である。

①山林率の高い南・下直竹両組三四か村は、所謂分収林業によって知られる西川材生産地帯である。[9] なお山村にして山林率の低い秩父郡は林業が疎放的で、かつ税地が低率であった。

②畑地率が高く、しかも一戸平均反別の高い扇町屋・大和田組合八九か村は、ともに雑穀生産・商品作物生産地帯である。

③前掲の西川材生産地帯をはじめとして、農民的小商品生産の展開が著しく、所謂小規模特産物生産地帯が形成されているのは、下直竹・飯能・扇町屋各組合における木綿縞生産、扇町屋・飯能各組合の狭山茶生産、越生・玉川各組合の蚕種生産、寄居・八幡山各組合の養蚕絹織物生産、玉川・寄居各組合の和紙生産、横瀬・上小鹿野各組合を中心とする秩父盆地の養蚕[10]などである。

以上のごとく西武蔵の一地域に限定しても、小規模特産物地帯が確立していたことが想定しうるのである。しかもそこに在方市場〔表1の○印参照〕が六斎市として機能し、市場群ごとに市日のサイクルが完結して[11]おり、仲買商人や農民は市場の媒介なしには経営が困難であった。

さて在方市場集落は在町的・村落的二重性をもち、都市的性格は稀薄であった。しかしながら、特に文化・文政期の全国的な農民的商品生産の展開によって、各地の領国的市場が全国市場から自立する方向を強めると、在方商人も中央商人の問屋的特権に抗しつつ、小規模特産物地帯の農民を膝下に従え、地廻り問屋に成長するものもみられた。

たとえばこの地方における雑穀生産段階の打毀し[12]が、主に市場集落の在方肥料商兼業の米麦・絞油商人に対し

戸当 人口	天保期家数	増減	物産内訳							
			米	大麦	小麦	大豆	藍	茶	酒	煙草
人 4.7	戸 883	戸 + 87		石 398	石 58	石 15		貫 製茶 66	石 50	
5.6	1,461	+171	石 198	2,381	191	167		477	339	
5.1	2,034	+366	2,148	6,147	2,159	2,005	貫 藍葉 260	3,320		
5.4	3,465	+697	1,053	1,771	471	225	藍 1,800 藍葉 2,556	22,586	1,281	
4.6	896	+223	563	692	234	275		68	120	
4.8	1,665	+294	2520	2,475	758	674		75	244	
5.4	2,565	+706	5,788	9,887	4,246	2,459	藍葉 800		60	
4.8	2,293	+182	1,666	2,292	363	675		161	630	
4.6	2,904	+755	3,216	7,493	4,502	2,347		168	770	貫 47
5.0	1,965	+482	9,128	4,693	1,377	683	藍玉 280	131		
4.3	3,115	+684	2,124	9,353	3,647	1,431	藍 1,456 20駄	20	1,180	434
4.4	1,770	+ 43		683	251				184	3,966
4.7	3,318	+ 4						244		2,238
4.9	574	+ 2								
4.3	2,494	+ 59				272		120	590	1,277
4.6	2,633	− 41								1,530
4.0	728	+181								

制度　増補版』所収の武蔵国組合村の構成にもとづき編成し統計を加えたもので，主に在方市
よる。
茶5貫は製茶1貫に，斤は貫匁に，織物は反に，繭は1石10貫に，その他6束は1駄，等々の

三郎前掲書を加工。③④⑥⑨⑪⑭⑮⑯⑰は定期市。

れ加工し，1箇は細川紙120帖，大和塵紙60帖，1箇は5貫目，1帖＝半紙塵紙20枚，美濃紙50

表１　寄場組合別反別戸口産物一覧

寄場組合 市場群	所属の 郡　名	村　数	土　地　構　成（主に税地）							人口	家数
			田	%	畑	%	山林	%	合　計		
			町		町		町		町	人	
1　南	秩　父 高　麗	10	4	0	335	49	350	51	689	4,555	97
2下　直　竹	秩　父 高　麗 多　摩	24(－1)	71	3	623	25	1,819	72	2,513	9,079	1,63
③飯　　能	高　麗	44(－1)	176	8	1,541	69	528	23	2,245	12,214	2,40
④扇　町　星	入　間 高　麗	56(－7)	279	6	4,343	89	258	5	4,880	22,574	4,16
5毛　　呂	入　間	21(－2)	144	14	823	79	77	7	1,044	5,185	1,11
⑥越　　生	入　間 比　企	37(－1)	397	24	968	59	284	17	1,649	9,420	1,95
7大　和　田	入　間 新　座	33	719	16	3,526	80	159	4	4,404	17,554	3,27
8玉　　川	比　企 秩　父	25	210	15	822	60	343	25	1,375	11,911	2,47
⑨寄　　居	榛　沢 比　企 男　衾	33	308	10	1.882	60	924	30	3,114	16,730	3,65
10野　　本	比　企	24(－1)	961	33	1,248	43	710	24	2,919	12,323	2,44
⑪八　幡　山	児　玉 那　賀	43	538	15	1,903	54	1,110	31	3,551	16,200	3,79
12本　野　上	秩　父	13	45	4	870	81	157	15	1,072	8,034	1,81
13横　　瀬	秩　父	18	206	7	1,979	71	597	22	2,782	15,763	3,32
⑭贄　　川	秩　父	5	3	1	510	99	1	0	514	2,846	57
⑮上小鹿野	秩　父	12	110	5	1,663	81	284	14	2,057	11,046	2,55
⑯下　吉　田	秩　父	17	116	4	2.157	77	525	19	2,798	11,861	2,59
⑰大　　宮	秩　父	1	73	15	332	67	91	18	496	3,607	90

注（1）『武蔵国郡村誌』全15巻（埼玉県立図書館刊）の記載を大石慎三郎『近世村落の構造
場群構成を復元できるように加工した。『郡村誌』のない多摩郡は青梅市立図書館資

（2）郡村誌は皇国地誌を編纂したものであるが,若干記載単位が不統一である。したがって
換算加工した。

（3）郡村誌記載時点で旧村が大字に解消された分は（－）記号で示した。天保期家数は大

（4）紙の換算は１締＝半紙2000枚,美濃紙5000枚,細川紙1000枚とし，帖・束・締・丸をそ
枚，奉書紙48枚で換算した。

寄場組合 市場群	所属の 郡名	物産内訳						
		楮	紙	蚕種紙	繭	生糸	絹織物	木綿織物
1　南	秩父 高麗				貫 1,680	貫 500	反 1,076	反 2,504
2下直竹	秩父 高麗 多摩				2,950		60	96,273
③飯能	高麗				12,700	122	14,194	70,799
④扇町星	入間 高麗			枚 50	17,661	329	16,100	163.205 12,600斤
5毛呂	入間	60貫 80駄		375	3,900	33		
⑥越生	入間 比企	5,000 40		500,000	2,736	238	13,712	2,936
7大和田	入間 新座			420	100	1		
8玉川	比企 秩父	2,416 1,508	189,958,200枚 430俵	80,798	5,354	2,489	3,770	650
⑨寄居	榛沢 比企 男衾	8,977 48	21,098,200枚	5,745	23,800	676	25,540	450
10野本	比企	3,800貫		984	3,150	5	1,360	4,397
⑪八幡山	児玉 那賀	18,621駄		28,706	70,770	1,771	13,316	8,120
12本野上	秩父	11駄		942	6,500	468	2,048	300
13横瀬	秩父	432 361		595	29,240	1,193		
⑭贄川	秩父	53駄			3,950	70	80	
⑮上小鹿野	秩父	658駄	1,200,000枚 80俵	53,300	20,590	1,073	3,666	350
⑯下吉田	秩父	1,000 206	52俵	180	13,830	1,021		108
⑰大宮	秩父			1,000	2,300	160	7,200	

てむけられたのは、かれらの性格が雑穀経営に吸着した肥料前貸を核とする質地地主的性格をもつ、前期的高利貸資本であったからにほかならない。天明四年・天保七年の二つの打毀しの主体勢力は零細経営の貧農・小作であり、その行動はいわば流通の結節点にある在方商人との矛盾の打解にあった。ところが天保末期より大幅な価格体系の変化――農業用品・労働力の高騰が生起するとともに、豪農層の多様な対応が開始される。窮乏農民に対して一層高利貸的吸着を強化したり、あるいは蓄積基盤を地主的土地所有に移すのである。(13)

ここにおいて貧農・小作の没落は激化し、かれらは村落の底辺における雑業層、すなわち小規模特産物地帯における半プロレタリアートとして労働販売を生業とする村落内滞留層、すなわち、日傭ブロックを形成する。これは在方市場圏における在方商人の土地集積――貧農・小作関係と重複しあいながら、日傭は小作的側面をすてて、小規模特産物生産に介在しつつ展開する半プロブロックともいうべき性格を強めるのである。以下においてその特徴を二、三概観しておこう。

一例として玉川郷組合を検討する。ここは比企・秩父両郡に所属する槻川沿岸の二五か村で、土地構成は畑・山林が八五%をしめ、農民的小商品生産物である所謂小川和紙の生産が展開している。小川和紙の生産は寛永年間より紙舟役・紙冥加永が賦課された山間村の農間余業であった。〔表1〕にみられるように玉川郷をはじめ周辺の寄居寄場組合の、男衾郡木部・靱負・木呂子などで、細川紙・半紙・程村紙・麁紙・塵紙が大量に生産され、安政の開港以降はさらに蚕種用の原紙が莫大な量にのぼり、小川村のみでも蚕種原紙が五億枚にも達したのである。

小川和紙にみられる小規模特産物地帯の形成は、江戸中期以降周辺の比企・秩父・男衾三郡に点在する楮生産村落を背景に成立した。天保七年（一八三六）三月の三郡紙漉が江戸問屋を相手にした訴状に「往古より老若男女に至る迄農業之暇に山稼炭槙木薪之類、栗柿其之外之木之実等取出し売払、扶食雑穀等之手当に致候而茂相続行届兼候に付、畑地縁り通り又者山川縁り往来縁り江生江立《うえ》、亦者年々苗木を植付養ひ立て候枯木之皮を剥、細川紙・菊判紙・小判紙・小西（西の内）紙・小宇田（宇陀）紙、其外塵紙類に至迄、民家過半に漉立家業相営、漉家共之内々紙仲買商ひ致し、御府内江馬付に而紙荷物付送り、紙店其外呉服店帳屋茶屋店、其外紙類取扱ひ之店々江売捌来り有之潤を以て、御年貢御上納恙無く相勤」とみえ、「民家過半に漉立」てられ、製品は在方仲買人によって江戸商人へ捌かれたのである。しかし文化五年（一八〇八）江戸十組問屋が再興され、同十年（一八一三）江戸紙店組四七軒は、府内外の紙生産者に対し、組外への売捌を禁止し卸売取引きを独占する挙に出た。武州三郡の在方仲買人は問屋特権に抵抗し、訴訟を繰返したが文政二年に敗北は決定的となった[14]。この時点より在方仲買人の趨勢は質兼業に傾斜していくのである。

周知のように比企郡上古寺村の仲買商松本家はその典型である。楫西光速氏はじめ先学の分析によれば[15]、松本家は近世中期より楮生産者農民に対する小額金融―質地地主的経営を背景にして土地の集積をすすめ、天保期の七石余から明治四年（一八七一）には二五石余を数えるようになった豪農である。松本家の天保三年（一八三二）から慶応三年（一八六七）に至る三六冊の紙仕切帳によれば、江戸紙問屋と安政年間以降年々の取引額が五〇〇〜一〇〇〇両ほどみられるので、小川和紙生産地帯を代表する仲買商として位置づけられよう。また同家は開港後生糸商として成長するのである。

松本家はさきにふれたごとく質屋鑑札を得た文政期より、中・下層の紙漉に前貸金融をすすめつつ経営を拡大したが、その本質は江戸の問屋特権に組み込まれた中での経済活動であった。前掲の論文でしられるように、松本家は江戸問屋より紙仕入金を借入し、漉紙＝紙漉稼に貸付け、江戸問屋の注文品を生産させる方式をとった。

表２　武蔵三郡紙漉業の分布

郡	文化14年			文化７～天保１	慶応４年
	紙舟役永	紙売出永	紙漉軒数	総戸数	紙漉軒数
比企12村	9990文	1762文	262戸 (31%)	875戸	589戸 (69%)
秩父６村	6572	1636.97	217戸 (37%)	583戸	378戸 (65%)
男衾５村	9174.7	1157	212戸 (42%)	502戸	369戸 (74%)
計23村	65736.7	4555.97	691戸 (36%)	1942戸	1336戸 (69%)

（注）　小林正彬「武蔵小川和紙業発達史,上」（『経済系』78号　1969年）を加工。

紙漉稼は自家産の楮[16]をもって紙生産に従事する層、村方楮市や挽屋・楮商人などから原料を得る紙漉稼など、多様な存在が想定される。これら紙漉稼は松本家の経営帳簿によれば、新規稼の者まで前貸をうけて、漉舟などの用具を揃え生産に従事したといわれている。生産者たる紙漉稼は挽屋―楮商人―買継仲買商―江戸十組問屋という二重・三重の収奪を受けた[17]のであった。

斯様な動向を村落についてみよう。武蔵三郡における紙漉稼は幕末期をむかえるにしたがって増加傾向をしめし、〔表２〕のごとく、文化十四年（一八一七）総戸数の約三六％であったが、慶応四年（一八六七）には約六九％となる。なかでも比企郡上古寺村では、文化十四年四二％であったが文政十二年（一八二九）八六・五％、安政六年（一八五九）九七・五％、慶応四年（一八六八）九六・九％となり[18]、村内の大半が小規模の紙生産に従事したとみられる。

これらの特徴を武州比企郡平村を例にとってみよう[19]。同村は三一町歩余の畑地をもつ山間村落であり、紙漉稼は宝暦～文化期に二一戸～二七戸前後で、本舟株（一艘分）所有者の変化も少なく、寛政以降半舟株も出現するが、舟役四〇〇文以上を納入するものが八〇％内外で固定的であった。しかし前述のごとく江戸十組問屋の圧迫に、武蔵三

表３　慶応２年平村紙舟役負担者持高

石高	紙舟所有者		紙舟非所有舟役高割負担者	
	人数	平均石高	人数	平均石高
1石以下	1	石 0.859	17	0.493
1 ～ 2	4	1.402	6	1.356
2 ～ 3	1	2.761	3	2.608
3 ～ 4			4	3.462
4 ～ 5	2	4.771	3	4.771
5 ～ 12			1	5.493
12石以上	1	12.364		
不　明	13	?		
計	22		34	

（注）　根岸篤太郎『群大史学』８号を加工。

表４　平村紙舟所有者数と舟株数

舟高	安政７	慶応２	同３年
２　艘　半	1		
１　　艘	11	7	5
７分５厘	1	1	1
５　　分	3	12	3
２分５厘	1	2	7
人数合計	17	22	16
舟株高合計	16	14.25	9

（注）　前掲論文を加工。

郡の在方紙仲買・紙漉稼が敗北すると同時に舟役負担者の分解が始まる。それは江戸直売を失った在方仲買人の旋回にもとづく紙漉稼・農民への吸着からおこったものである。また村落共同体内部の転成、すなわち旧来舟株所有者に課せられた紙舟役が、文化年間より無株の農民――水呑無高を除き――に高割で課せられることになったことも要因の一つであった。高割になると紙漉に関連した、全ての零細手間稼すら、この中に含まれることになったのである。都市特権商人の進出による在方仲買・旧来からの紙漉稼層などへの打撃を、舟株非所有農民と村落の基底部分である労働販売者たる農間手間稼＝日傭クラスの農民に転嫁したのである。

そこで紙舟株所有・紙舟株非所有の農民を階層別に検討すると〔表3〕となる。一石以下層では一対一七となり、後者は高割負担者中の五〇％をしめ、なお平均持高でも舟株所有者より低い。舟株非所有者に対する紙舟役高割賦課は旧来の紙舟株専有に近かった存在を一気に崩し、前述のごとく零細紙漉稼を急増させたのである。

舟株の分解もそれを示すものである。例えば文政段階に発した分解傾向は、開港による過熱的な生糸生産と相俟って、安政七（万延元〔一八六〇〕）年から慶応三年（一八六七）にいたる八年間に激化している〔表4〕。寛政期にはじめて半舟株が出現した平村では、安政七年（一八六一）舟株一艘の所有者が一一名であったが、慶応二～三（一八六六～六七）年には七～五名と減少した。その反面二分五厘株は一名から七名に増加している。しかも村内紙舟株の総計が一六株より九株に減少した。紙舟株の細分化は、かって零細規模でも生産手段＝紙舟を私有した農民が急速に分解・没落している状態を示すものであろう。そして生産手段を喪失した没落農民はもとより、極零細な紙漉工程を保持するものも、ともに在方仲買商たる豪農、上層農民の挽屋・楮商人に、日傭層と同じく前貸体制で多様に収奪されていたのである。

豪農によって前貸的支配をうける零細紙漉稼の紙生産額が――たとえば松本家が弘化四年（一八四七）年江戸十組問屋深山へ紙を出荷した時、紙漉稼から買入れた一人あたりの最高額が三分二朱[20]――前貸差引きにしても、まことに小規模・少額である。零細な紙漉稼が個々に全工程[21]を維持しようとすれば、かれらの間に労働の連帯が不可欠であったといえよう。かかる小規模特産物地帯の諸村落において、豪農経営の展開によって析出されてきた貧農・二分五厘株などに象徴される零細紙漉稼――〈慶応二年（一八六六）世直しで召捕えられた上古寺村民の九〇％が紙漉稼であった〉――は、日傭層に包摂される半プロブロック形成の主体であったといえるのである。

二　畑方村落の階層分化

ここでは前節で検討した畑方村落より生起される農民的小商品生産物の展開―小規模特産物地帯に注目し、幕末期の村落動向をとおして農民階層分化と、貧農小作・半プロ層のブロックを概観してみたい。なお小稿は当然取り組まねばならない経営分析を欠いている。われわれは武州世直し一揆の展開した地帯の、史料発掘を充分しえず、いまだ経営史料群を確認できないからである。〔表5〕は、幕末期における武州・上州の畑方村落における農民層分化を、概観するために作成したものである。したがって支配関係の特質や生産条件等をすべて捨象して、一般的な傾向を指摘するにとどめねばならない。

(1)　①～⑨は武州多摩郡の諸村であるが①箱根ヶ崎村、②中藤村源蔵組、③成木村下分は皆畑に近い丘陵ぞいの村落で幕末期の主要な生産は木綿縞生産地帯と規定しうる条件をもっている。階層分化は三石以下七〇～八〇%であり三石～六石層は一〇～三〇%。それをこえるものは僅かである。また慶応期をむかえて一石以下の半プロ層が増大する状況を看取しうる。

(2)　④～⑤は武蔵野新田地帯の村落で、畑作雑穀経営を中核として展開し、開港後養蚕経営がひろまっている。⑤下染屋村では肥料米穀商によって成長し、さらに周辺諸村の高利貸資本の頂点に立つモト質屋として、天保六年（一八三五）段階に一〇〇石以上を擁する豪農が出現している。

(3)　⑥～⑧は八王子機業地帯に位置し、⑨は青梅市場に近い。ともに在方市場圏を構成する村落で、⑥～⑦は養蚕・雑穀地帯に属し、主たる生産は雑穀である。両村の階層分化は前者が両極に、後者は中間層が存在する。

⑧は八王子機業の地域的分業では生糸地帯に属し、この地帯では最も分解のすすんだところである。⑨は青梅周辺の山間に位置し農間余業の比重が高い。幕末維新の階層は三石以下が八〇～九〇％である。

(4)　⑩～⑫は高麗郡の山間村落である。養蚕・林業等に従事し、⑪は筏乗り・杣木挽薪稼が最も多い。したがって小規模持高である。三石以下が八〇～九〇％に近い。

(5)　⑬～⑭は秩父郡の山間村落で西川材林業地帯に属する。

(6)　⑮は前節で述べたように比企郡の小川和紙生産地帯であり、紙漉稼の大半が三石以下層に属しているのである。

(7)　⑯は児玉郡に属し若干の水田を有し、多種にわたる雑穀生産を主体とし、米・蚕種も多い。階層分化が緩んである。

(8)　⑰～⑳は上州の生糸生産村落及びその周辺村落の分化である。㉑は上州の山間村落で林業地主に従属する山稼が多い。階層分化は三石以下が九〇％を越えている。

以上の階層表よりみれば、幕末期、就中慶応期をむかえ武州・上州の畑方村落においては農民層分解がすすみ、特に三石層以下の激増傾向を指摘しうるのである。

次に〔表5〕に提示した諸相より一、二の例をあげて階層分化の動向を簡単に指摘しておきたい。まず(一)―②武州多摩郡中藤村をみよう。この村の生産概況は〔表6〕のごとく、明治初年の統計によれば木綿縞四万反が最大の産物である。これを明治通貨に換算すると三万円に達し、同村の全産物換算額の五六％をしめる。この傾向は幕末期に八王子・青梅・扇町屋市場を周辺にもつ木綿縞生産地帯諸村に共通していた。すでに〔表1〕にあきらかであるが、下直竹・飯能・扇町屋の各寄場組合とも中藤村は近く、木綿縞生産がこれら諸村と同一基盤

	⑥同郡粟須村						⑦同郡石川村		⑧同郡小比企村				⑨同郡上長淵村				⑩高麗郡楡木村		⑪同郡台村		⑫同郡虎秀村		⑬秩父郡北川村		⑭秩父郡上名栗村	
	天保4		嘉永2		安政1		明治2		天保12		安政6		慶応3		明治5		慶応2		慶応2		慶応4		万延1		天保12	
石　石	戸	%	戸	%	戸	%	戸	%	戸	%	戸	%	戸	%	戸	%	戸	%	戸	%	戸	%	戸	%	戸	%
0～1	3		9		11		9		88		85		36		25		15		15		16		21		89	
1～2	6	85	2	85	1	92	10	41	46	80	47	73	39	88	52	92	14	89	9	78	13	92	26	70	38	94
2～3	2						7		16		12		15		16		3		7		7		10		9	
3～4	1						1		8		18		4		2	2	2		6		1		7		} 6	
4～5		8					5	14	9	11	10	17	4	11	2	5		8	3	22	2	8	6	30		
5～6							3		4		5		3		1		1						12			
6～7	1						4		5		4				1											
7～8		8					4				3														} 1	
8～9							7		3		1															
9～10					1	8	4		2		3		1	1												
10～11								37		7		8			1	1										
11～12							2		} 2		} 3															
12～13							1											3								
13～14							1		} 1		} 1						1									
14～15							2				} 1														} 1	
15～16							2																			
16～17								8																		
17～18																										
18～19							1																			
19～20				15																						
20～21			2																							
21～22																										
22～23											} 1															
23～24																									1	
24～25																										
25～26																										
26～27									} 1																	
27～28																										
28～29																										
29～30																										
30～40									1																	
40～50											1															
50～60	1										1															
60～70																										
70～80																										
80～90																										
90～100																										
100 以 上									1																	
借家水呑等															1											
計	14		13		13		63		187		196		102		101		36		40		39		82		145	

注）⑥⑦⑧『八王子市史』，⑨中村家文書，⑩新井家文書，⑪台新井家文書，⑫⑬⑭「武州一揆の研究」（山中清孝），を加工。

表５　幕末維新期武州上州諸村の階層構成

	①武州多摩郡箱根ヶ崎村	②武州多摩郡中藤村源蔵組							③同郡下成木下分	④同郡廻田村御料分			⑤同郡下染屋村
	慶応３	天保14	弘化４	嘉永６	安政４	文久１	慶応２	明治３	天保６	天保11	嘉永６	慶応４	天保６
石　石	戸 %	戸 %	戸 %	戸 %	戸 %	戸 %	戸 %	戸 %	戸 %	戸 %	戸 %	戸 %	戸 %
0 ～ 1	66	32	32	35	36	45	49	55	8	8	9	10	11
1 ～ 2	31 75	27 73	25 72	25 73	26 75	26 79	23 82	19 82	11 66	12 54	10 57	10 56	7 43
2 ～ 3	9	17	16	14	14	14	16	13	12	13	16	14	2
3 ～ 4	10	11	12	11	8	8	7	7	9	11	10	11	4
4 ～ 5	5 13	1 18	2 21	4 19	5 17	5 15	4 12	4 13	4 32	3 31	2 30	2 31	2 15
5 ～ 6	3	7	7	4	4	3	2	3	2	5	6	6	1
6 ～ 7	3	5	3	2	4		1			6	5	5	2
7 ～ 8	3	3 8	4 7	4 7	1 7	2	1	1		3 15	3 13	3 13	2
8 ～ 9	4 13			1	1	5	1 5	1 4					4
9 ～ 10					1	3	2	2					1 18
10 ～ 11	8												
11 ～ 12													
12 ～ 13													2
13 ～ 14													
14 ～ 15													
15 ～ 16		1											
16 ～ 17													
17 ～ 18			1										3
18 ～ 19													
19 ～ 20													
20 ～ 21													
21 ～ 22													
22 ～ 23													
23 ～ 24													
24 ～ 25													1
25 ～ 26													
26 ～ 27													
27 ～ 28				1									
28 ～ 29													
29 ～ 30													
30 ～ 40					1								
40 ～ 50						1	1						
50 ～ 60								1					
60 ～ 70													
70 ～ 80													
80 ～ 90													1
90 ～ 100													
100以上													1
借家水呑等									1（社家）				2
計	142	104	102	101	101	107	107	106	47	61	61	61	46

（注）①村山家文書，②「近世後期畑作地帯における農業経営の展開」（大舘右喜），③下成木村文書，『東村山市史料集』2，⑤『府中市史』を加工。

	⑭秩父郡上名栗村			⑮比企郡上古寺村			⑯児玉郡元仁手村	⑰上州勢多多郡奥沢村	⑱同郡山上後閑	⑲山田郡浅原村	⑳同郡小平村	㉑緑野郡三波川村	
	嘉永4	文久1	慶応2	天保5	嘉永6	万延2	慶応2	明治3	明治3	明治3	明治3	安政5	慶応2
石　石	戸 %	戸 %	戸 %	戸 %	戸 %	戸 %	戸 %	戸 %	戸 %	戸 %	戸 %	戸 %	戸 %
0～1	95	104	100	15	13	21	23	3	1	27	83	168	158
1～2	37 94	26 96	30 97	30 81	29 80	22 92	10 41	4 32	1 12	18 65	27 93	48 97	53 96
2～3	9	8	9	11	10	15	5	5	3	23	11	20	22
3～4	6 (3～5)	1 (3～5)		3	3	1	7	1	7	18	4	3	6
4～5			4	5 14	6 15	1 5	10 25	4 18	10 48	4 29	3 5	2 3	1 3
5～6				2	1	1	6	2	3	8		2	1
6～7				2 4	2	1	5	1 8	2	2		1	2
7～8	2 (5～10)	3 (5～10)	1	1			8	2	5 19	1 5	1		
8～9					5		2		1	1			
9～10					1		4			1			
10～11			1			1	2 27						
11～12							2						
12～13							1						
13～14							1						
14～15		1 (10～20)						4 11 (10～20)	5 12 (10～20)				
15～16							1						
16～17													
17～18							1						
18～19													
19～20							1						
20～21							1						
21～22													
22～23							1(寺) 6						
23～24													
24～25													
25～26	1							2 (20～30)		1 (20～30)	1 (20～30)		
26～27													
27～28													
28～29													
29～30		1					1						
30～40			1										
40～50							1(寺)						
50～60								2	1				
60～70													
70～80													
80～90													
90～100													
00以上													
家水呑等								8	3	1			
計	150	144	143	69	65	63	93	38	42	105	130	244	243

注)　⑮小林正彬「武蔵小川和紙業発達史」，⑯中村家文書，⑰⑱⑲⑳『幕末社会論』（佐々木潤之介），㉑飯塚家文書,以上を用いて加工した。なお無高の記載は0石～1石の欄に加えた。

表６　多摩郡中藤村生産高表（明治初年）

	品　目	量　目	通　貨
			円 銭
米穀類	米　上	32石	156.052
	米　下	16	71.222
	丘　米	150	608.000
	大　麦	1,025	1,708.666
	小　麦	462	1,490.323
	大　豆	190	730.769
	小　豆	80	444.444
	蕎　麦	160	400.000
	粟	525	150.000
	菜　種	30	
	稗	100	
	豌　豆	120	218,182
醸造類	洒	210樽	840.000
	醤　油	92	693.000
園蔬類	蘿蔔《ダイコン》	500駄	625.000
	里　芋	100	150.000
	琉球芋	140	105.000
	唐茄子	500	625.000
	西　瓜	250	412.500
飲料	製　茶	356貫	591.850
絲類	繭	300石	4,500.000
織物	木綿縞	40,000反	30,000.000
染具類	藍　玉	350駄	5,250.000
肥料及び飼料	桑	3,000駄	1,500.000
	下　肥	8,145荷	1,018.125
	落　葉	6,200	186.000
薪類	薪	2.4000	400.000
合計		40,000反	30,000.000
		8,145荷	1,018.125
		13,440駄	8,735.500
		3,495石	13,243.000
		356貫	591.850
	総　計		53,607.475

に成立していたのである。たとえば扇町屋市場では嘉永四年（一八五一）縞仲買人・油単衆が長文の市場議定をなして相互規制・製品の統一をはかっている。その文面によれば、絹太物・綿結城・青梅縞・唐桟織・前懸地・下機類について川越・飯能・青梅・扇町屋・黒須・八王子・新町・所沢・入間川をはじめ、周辺農村の油単衆・仲買人が四八名で議定をなし、市場の再統一を期しているのである。小規模特産物地帯が各地に形成される一例といえよう(22)。

木綿縞生産は貧農小作・半プロ層の農間稼として展開する。豪農は在村の木綿縞商であり、また在方仲買人となる者もあった。多くの場合かれら豪農は貧農小作・半プロ層に前貸で織り出させた。貧農は賃機で、しかも質賃機の実情とならざるをえなかったのである。

表７　多摩郡中藤村渡辺家の持高と労働力

年次＼家族	持高石	家族数	下男	下女	計	馬
	石　合	人				
寛政11年（1799）	7.670	7	1	1	9	
天保14年（1843）	15.581	5	1	1	7	1
弘化３年（1846）	18.840	5	4	1	10	1
嘉永３年（1850）	26.082	8	7	1	16	1
安政３年（1856）	27.000	10	1	0	17	
安政４年（1857）	35.553	11	7	1	19	
文久元年（1861）	44.293	11	3	1	15	
慶応２年（1866）	47.730	6	2	4	12	
明治元年（1868）	49.996	5	2	1	8	
明治４年（1871）	92.325	4	4	1	9	

さて中藤村源蔵組は村高四一六石余であり、寛政・享和期までは一石以下の零細層は僅か一〇戸であり、二石〜五石層が安定的であった。しかし化政期を経て天保期に至ると、二〜五石層は分解して一石以下に転落するものが急増する。一石以下の貧農は三〇戸を越え、慶応二年（一八六六）には遂に四九戸となっている。その詳細は別稿[23]にゆずり、化政期より展開した木綿縞生産と豪農の成長を概観しておきたい。

中藤村渡辺家は江戸中期まで持高一〇石を越えない本百姓であった。安永初年（一七七二）より農間質稼を兼ね、当時は年間一〇両前後の少額と種籾類の貸付であった。安永七年（一七七八）に一六両を貸付け利金二両を得るという極めて小規模なものである。天明六・七年（一七八六・八七）前後より年間一〇〇両内外を貸付、また八王子市場が再編強化された天明期に至り、渡辺家は在村木綿縞稼をはじめ質賃《ちん》機を前貸的にすすめる。しかし土地集積が急激化する傾向はなく、四町歩余の地主経営と質稼木綿縞稼を兼ねて資本蓄積を重ねた。天保七年（一八三六）以降四年間に六一〇両余を投じて酒造を開始し、嘉永五年（一八五二）にも二四〇両でさらに酒造株を増加させた。持高は天保・弘化期には二〇石に至らなかったが、嘉永期には木綿縞生産が青梅・扇町屋・所沢市場で活況を呈した結果二七石余となり、安政初年（一八五四）には三〇石を越えている（〔表7〕参照）。

表８　多摩郡中藤村階層別雇傭人数（年季奉公人）

年次＼内容	1石未満	1石	2石	3石	4石	5石	6石	7石	8石	9石	10石以上	計
寛政11年(1799)			1		4			3			8	16
享和３年(1803)	2		2	3	4			2			10	23
天保14年(1843)	4	2	4	1		5	3				5	24
弘化元年(1844)	1	3	3	1		8	3				10	24
〃　３年(1846)	2	2	3	2		3		1			9	22
〃　４年(1847)	1	3	1			1		1			6	13
嘉永３年(1850)		2	2	3			3	4			7	21
〃　４年(1851)		2	2	4			2	3			10	23
〃　６年(1853)		7	4	8		1	2	4			7	33
安政元年(1854)		4	2	6		1	1	4			5	28
〃　２年(1855)		6	3	4	1	1	2	4			5	26
〃　３年(1856)		5	1	4	1	1	1			1	7	21
〃　４年(1857)		8	2	4		2	4			1	8	29
〃　５年(1858)		7	2	5	3	2	4			1	5	29
〃　６年(1859)		6	2	5	2	2			4	1	5	27
文久元年(1861)		3	3	4	1	2			3	2	4	22
〃　２年(1862)		3	2	4	2	1		3		1	4	20
元治元年(1864)		2	7	3	1	8	2	5			3	29
慶応２年(1866)	5	8	13	5		6	4	5			6	52
〃　３年(1867)	1	4	11	4	3	7	5				3	38
明治元年(1868)	4	3	10		7	3	1	7			3	38
〃　３年(1870)	4	3	12		7	2	1	3	1		4	37
〃　４年(1871)	7	2	11	5		4	4	1	3		17	54

渡辺家の急激な成長は開港後である。武州各地の豪農が生糸稼を開始するのと同様に、渡辺家も木綿縞・酒造・生糸仲買商を兼ね、幕末から明治初年には秩父生糸市場でそれぞれ三、〇〇〇両余を投じて生糸を購入するなどの例もみられる。明治四年には九二石に達し、集積した田畑も見面で五〇町歩を数えたのである。文久年間以降渡辺家は大部分を小作経営にまわし前期的商業資本を中核とする活動をすすめたことがしられるのである。渡辺家の成長は村内において当然多数の没落農民を生じせしめた。〔表８〕は階層別にみた雇傭労働の動態である。没落農民は労働販売によって村内外に滞留

したが、幕末期には木綿縞や生糸生産に従事する下層農民も、奉公人を傭う傾向をみせた。嘉永元年（一八四八）より手間代が高騰したため、半プロにとっては年季奉公人となるよりも日傭労働が有利となり、遂に年季奉公人数を日傭が大幅に凌駕することになる。中藤村では「日傭之もの、但平生は弐拾四人、仕付取入れ七拾弐人より弐百人居り候」という状況となった。嘉永元年の年季奉公人は二〇人であり、日傭は通常二四人、繁忙期は二〇〇人余というのである。繁忙期に集まる二〇〇人余の労働販売者とは、これこそ村内外に滞留し、しかも小規模特産物地帯を中核として形成されたブロック、すなわち半プロの存在形態の一面であろう。

三　山間村落の特徴

次に山間村落の動向を検討する。[24]（五）―⑭は秩父郡上名栗村である。武州世直し一揆が最初に蜂起した地域で、武州林業生産でも代表的な西川材生産地帯の一つである。上名栗村は外秩父山塊にいだかれた山村で四二三石余の村高であった。近世前期より薪炭稼が主要な生業であったが、江戸の都市化は周辺林業地帯の発展を生み上名栗村でも、①寛政五年名主町田家が江戸浅草に材木商を開始。②文化二年筏仲間の結成。③文政期以降積極的な植林開始、④年賦山・植分制度（分収林）の開始、等の段階を経て村内変質の劃期がみとめられる。すなわち村落構成よりみれば化政期より、林業の発展に伴い薪炭稼が林業労働者としての杣・木挽に転化し、山林地主に自己の労働販売をなして再生産を維持する階層が大幅に出現した。

階層分化は〔表5〕にみられるように天保～慶応期まで三石以下層は九四～九七％をしめ、中でも一石以下の増加が著しい。上位者の名主町田家は文化八年（一八一一）七石弱であったが弘化三年（一八四六）二五石弱となり、慶応二年、（一八六六）三〇石余に上昇した。組頭柏木家は当初無高であったが町田家に仕え、のち豆腐・質・筏商となり安政三年（一八五六）八石余、慶応二年一〇石八斗となる。百姓代浅見家は文化八年一石余であったが文久元年（一八六一）以降六石に上昇した。これらの土地集積は高抜質地形態で、すなわち質入者に質入期間中年貢諸役の一部または全部を負担させ、事実上年貢諸役の軽減された土地を集積したのである。山間村落の低生産地に照応した集積方法であった。上名栗村では嘉永七年（一八五四）～慶応三年（一八六七）に九三件の高抜質地がみられ二〇件が柏木、一〇件が浅見、七件が町田、同じく七件が組頭で質稼の田島家への移動で、いずれも商業・前期的高利貸資本への移動であった。

名主町田家の土地集積過程をさらに検討すると〔表9〕のとおりである。耕地の筆数は総計四二三で、総反別一二町三反余を集積する。山村の耕地僅少な地帯であるが畑が同家

表９　町田家の土地集積過程（単位は畝）

年　次	上畑	中畑	下畑	下々畑	切畑	屋敷	計
請米（浦之助隠居）（勝平作分含）	畝 2.00	畝 39.02	畝 52.13	畝 46.23	畝 62.23	畝 4.26	畝 207.27
文化4～文化14（11年）	0	1.16	12.12	3.16	28.07	1.12	47.03
文政元～文政12（12年）	24.04	65.28	37.12	98.29	54.29	2.10	283.22
天保元～天保8（８年）	60.20	59.15	85.07	61.05	61.26	0	328.13
天保9～嘉永7（17年）	6.28	25.09	35.26	135.15	75.14	0.24	279.26
安政2～明治4（17年）	0	4.29	4.01	35.27	38.00	0	82.27
計	93.22	196.09	227.11	381.25	321.09	9.12	1229.28

の掌中に収められる動向がしられる。文政・天保期に集積した下々畑・切畑は植林に可能な耕地で、山林経営に主眼をおく林業展開用として集積したものであった。かくして文久期には町田家の小作人は延べ一〇〇人（小作金取立差引帳）をかかえているのである。

次に町田家の林業経営についてのその性格を概観してみよう。

町田家は寛政二年（一七九〇）酒造業を開始し、同五年（一七九三）江戸浅草で材木問屋株を購入し、これより以前から着手していた江戸での材木業を拡大した。すなわち町田屋と藤田屋である。この二店は西川材筏仲間の江戸材木市場への進出の拠点となった。文化八年（一八一一）浅草御蔵の根太木納入権を得て、産地直結の材木流通が御蔵御用として展開した。しかも文化・文政期に飯能川上の筏商＝上層農＝村役人層は仲間議定を再編し特権確保に結束している。

町田家は江戸への進出と共に本格的な植林をはじめる。文化七年（一八一〇）には隣村下名栗村の幕府御林を薪炭用に伐出し、跡地に檜植林を申し出ている。文政三年（一八二〇）には字山中に植林を開始する。この結果村内の貧農層は炭焼業から山林労働者としての日傭に大幅な転化を遂げるのである。植栽林業は人足が大量に必要であった。

林業の展開は多様な小山林経営を生みだしたが、名栗村では年賦山と植分けが発達したのである。年賦山は町田家などの村落上層部が小前層の持山・持畑の上毛を年賦で買い取り、契約期間中買主が自由に伐採することができるように相互に契約したもので、四形式があるが主な点を掲げると次の通りである。

契約時に買主が売主に即金で払い、売主は期間中その売った木を管理保護する義務を持ち契約期間は一〇年であった。またその逆に町田家のような広大な山林を所有する地主が自分の持山＝手山の上毛を他の材木商に年賦で売り渡す場合もあった。

植分は土地・苗木を地主が提供し、植付・手入れの労働力を植主が提供し、成木した時の相場で現物を折半する方法であった。生産手段を地主が貸与し、植付主の労働力を長期的に買取り、それから生み出された利潤を山分けする方法であった。

これらの山林経営は文化・天保期に続々と出現した。町田家ら上層農は大規模な土地集積を行う前提の過渡的形態として、小前層の持山の上毛を年賦の形式で買取る方法として年賦山方式を行ない、以後次第に土地集積を行うに従って、持山＝手山の上毛を他の材木商に年賦で売却し、その跡地を植分けの形態で計画植林した。而してその実施は日傭層等の貧農の労働力を用いたのである。

以上のように町田家が山林地主・仕切材木商・三〇カ村組合元締として存在する豪農の経営は多数の半プロを山村に析出せしめた。西川材と呼ばれる特産物地帯おける半プロブロックは、林業労働と労働販売の特質、すなわち村ぐるみの年賦山と植分けに規定され、広汎かつ連帯をもって形成されつつあったといえよう。

おわりに

武州世直し一揆は広域にわたって、ほぼ同時展開をせた。数郡にわたって同時日に蜂起した事実と、世直し勢の行動が強固な連帯にもとづいて達成されたことも否定しえないことであった。しかも、世直しの認識は単なる飢渇からの解放を求めるだけのものではない。烽火があげられる周到な準備がなされ、オルグが存在したことも確認できるのだが、半プロ層の闘う主体形成の基盤、世直し層の連帯はいかなる基盤に醸成されたのであろうか。

その解明は困難なことである。たしかに半プロ層は世直しの主体であった。しかし半プロにはそれ自体多様な質と諸々の生成段階を含むもので、階級的成立をなしえていないのである。そこで世直し段階の半プロの主体形成を、畑方各地に群立展開した小規模特産物地帯の特質を検討し、労働販売の質と方向性をブロックとして捉えみたのである。かかるブロックに半プロ連帯の梃をみいだすことができるのではないかと考えるのである。

注

（1）森安彦「武州世直し一揆の基礎的考察――主体勢力の分析を中心に――」（『信濃』二四―一〇　一九七二年）。同「武州世直し一揆の展開過程――世直し一揆の行動と論理――」（『近世封建支配と民衆社会』所収）。山中清孝「幕藩制崩壊親における武州世直し一揆の歴史的意義」（歴史学研究別冊『世界史における民族と民主主義』一九七四年、所収）、その他参照。

（2）羽仁五郎・服部之総・山田盛太郎以来、ややもすれば地主―小作関係一般で貧農を包括してしまった反省の上で、一九六五～一九六六年段階より日本近世史研究に半プロ概念を導入した佐々木潤之介や、青木美智男「日本近世史研究の当面する課題」（『歴史学研究』三一八号　一九六六年）、高木俊輔「幕末・維新期における経済構造と階級闘争」（『東アジア近代史の研究』一九六七年、所収）の提起以来の理解にもとづく。

（3）佐々木潤之介「宝暦―天明期の位置づけについて」（『歴史学研究』三〇〇号　一九六五年）の豪農の三重規定以来の理解にもとづく。

（4）佐々木潤之介編『村方騒動と世直し』上・下　一九七二年、一九七三年など。

（5）深谷克己「幕藩制国家論の課題」（『歴史学研究』四二一号　一九七五年）において、氏は階級闘争史研究を前進させるための理論と実証にかかわる問題のひとつとして、幕藩制下における畑作農村の位置づけが重要であるとされ、従来水田稲作農村を中心とする共同体をベースにした理論に、農村の二類型―稲作と畑作―を区別して考察を加え、幕藩制国家論では両類型の村落の編成のされ方と矛盾のあらわれ方の違い、階級闘争の展開の特徴などを確定する必要があると提言している。

（6）松田之利「幕藩制の都市と階級闘争」（『歴史における国家権力と人民闘争』一九七〇年、所収）等の都市の概念で捉えられる性質の在郷町より、はるかに村落的性格の市場集落。すなわち伊藤好一『近世在方市場の研究』が提言する宿村自体が市場的要素のみでは存立しえない在方市場範疇。

（7）『武蔵国郡村誌』の分析は多いが、定期市をもつ市場集落を中心とする周辺各村の物産集散の分析は、武藤直「我国近世末期における都市成立の基盤について」（『史林』二一一号　一九六五年）参照。

（8）森安彦「幕藩制社会の動揺と農村支配の変貌――関東における化政期の取締改革を中心に――」（『日本歴史論究』一九六三年）。なお武州世直し一揆を組合村体制打破の闘争とみたものに、山中清孝前掲論文がある。

（9）西川善介『林野所有の形成と村の構造』（一九五七年）。農林省統計調査部『分収林業――埼玉県入間部名栗村における植分林業実態調査――』。

（10）下山三郎「関東山村地帯における農業生産力の展開について」（『日本農業発達史』別巻下　一九五九年）によれば明治初年より上武山縁部の畑作地帯は養蚕業の中心となり、該地帯も全て包括される。

（11）武藤直前掲論文。

（12）天明四年武州多摩郡村山地方打毀し。天保七年武州多摩・入間両郡打毀し張札騒動。ともに伊藤好一『江戸地廻り経済の展開』（一九六六年）。同氏前掲書。大舘右喜「近世後期畑作地帯における農業経営の展開」（『研究集報』一　一九六二年）。

（13）森田武「幕末・明治初年の農民闘争」（『村方騒動と世直し』上　一九七二年）。

（14）・（15）揖西光速「日本農村工業の停滞性」（『封建制と資本制』一九五六年）。小林正彬「化政天保期における小川和紙の生産構造」（『百万塔』三号　一九五六年）。同「化政天保期における小川和紙の流通構造」（『百万塔』一二号　一九六五年）。同「武蔵小川和紙業発達史、上・下」（『経済系』七八号、七九号　一九六九年）。小林進「武州小川和紙問屋＝在方仲買について」（『國史学』九六号一九七五年）。上古寺村の分析は上記論文による。なお平村の分析は、根岸篤太郎「変革期農村における前期的資本の一形態」（『群大史学』八号　一九六〇年）。なお根岸氏には種々のデーターの提供をうけた。

(16)　武州の楮生産は焼畑、すなわち雑木山を盛夏に伐採し焼き払い、初秋に蕎麦を蒔き、一年後に楮苗木を植え三年乃至四年後に初伐りがおこなわれた。江戸後期には崩壊しつつあったが、本来雑木伐採、焼畑は畑作地帯の村落共同体に規制されていた。武州三郡の楮は、幕末期に至ると各村で楮市が開かれ売買されたが、安政期には小川宿が紙中心の市場として機能した。

(17)・(18)　小林正彬前掲論文（『経済系』七九号）。

(19)　根岸篤太郎前掲論文。

(20)　小林正彬・小林進前掲論文。

(21)　「細川紙手漉き和紙コレクション」（『埼玉県指定文化財報告書』一〇集　一九七四年）によれば楮より製品化までほぼ一一の工程があり、その用具は一〇〇点以上必要であった。すなわち　一、楮かしき。二、楮むき。三、楮ひき。四、楮煮。五、楮晒。六、楮打ち。七、とろたたき。八、紙漉き。九、かんだしぼり。一〇、紙ほし。一一、紙そろいと紙けずり、である。この工程を述べる紙数はないが、老若男女の協業により成立する。なお紙漉きは、細川紙一ツ判で朝四時から漉きはじめ、夜の十時までに一、二〇〇枚漉く者が一人前といわれ、賃銭が稼げたのである。零細紙漉稼は以上のような工程をもつ同業上位者に労働力を販売したのである。紙漉稼の大部分はかかる日傭層的存在で、作業の連帯なくしては漉稼の成立はありえなかったのである。

(22)　大舘右喜「幕末期武州扇町屋市場議定について」（『近世史論』一号、一九七八年）。

(23)　大舘右喜前掲論文。

(24)　山中清孝「武州一揆の研究（二）」（『史游』二　一九七二年）。

〔初出〕『歴史学研究』（四五八号、一九七八）

生糸貿易と農村窮乏

鈴木　研

はじめに

横浜開港により、幕藩制的再生産構造は変質・解体の危機に直面し、国内にあらたな矛盾をもたらした。その矛盾の激化の中で発生したのが武州世直し一揆である。

この一揆は「横浜向商人は大小に不限、施行に不拘捨置、打潰し候」（『武州世直し一揆史料』一巻、六二頁）と、「世直し」勢が生糸商人を徹底的に攻撃目標にすえていることに注目しなければならない。本稿では、生糸貿易と農村窮乏を主題として「世直し」一揆を惹起させた矛盾を解明していきたい。

一　生糸貿易の展開

周知のごとく、安政六年（一八五九）六月、横浜開港と同時に、一躍輸出品の花形となったのは生糸である。外圧に抗し切れず、開港に踏み切った幕府が終始消極的貿易政策を遂行したにもかかわらず、開港直後から生糸貿易は爆発的な展開を示した。時あたかもヨーロッパの養蚕地帯では微粒子病の流行により、生糸生産が大打撃を受けていた矢先のことでもあり、外国商人がわが国の安価で良質の生糸に飛びついたのも当然の成行きであった。このため、わが国の生糸市場を中心とする旧来の経済流通機構は破滅の危機にひんし、とくに関東地方農村の生産構造にも重大な影響を与えたのであるが、ここでは石井孝氏(1)の研究に依拠し生糸貿易の展開の諸相を検討してみよう。

開港直後の安政六年七月二日、上州山田郡桐生領織屋は勘定奉行に対し、早くも生糸輸出禁止を求める愁訴状を提出した(2)。それは、同地方の当年夏蚕の不作に加え、開港により、生糸の価格が急騰したため、このままでは織屋の生計が成り立たないと、その窮状を訴えた。この愁訴状によれば、生糸価格の変動は〔表1〕の通りである。

また、同年九月には、同じ山田郡桐生領の織屋下職から桐生町名主長沢新助にあて愁訴状が提出された。そのなかで下職は地元から生糸貿易に参加した佐羽吉右衛門、藤生善十郎、小西屋幸三郎の名前をあげ、彼ら三人は貿易をあてこみ、糸価急騰に窮乏する機屋をしりめに大量の生糸を買占めており、そのため機屋が「皆休」し下職らが「渇命に及ぶ」ときは、下職一同が右三人の家宅へ「打入乱入」するであろうと町名主へ予告している(3)。

これにより、開港直後瞬時にして桐生織物地帯において生糸が払底した状況が窺われ、それは生糸地帯で生産された生糸が市場を通じて織物問屋の手に渡らず、直接横浜に出荷されることであり、旧来の生産流通機構の瓦解を意味するものであった。

これに対し、幕府は、これまで維持してきた江戸十組問屋を媒体として流通体制の掌握が難しくなるのを怖れ、翌万延元年（一八六〇）閏三月、五品江戸廻送令を公布し、雑穀・水油・蝋・呉服・糸の五品は必ず江戸問屋に納めさせ、貿易を望むものは江戸へ廻送される荷物のうちから問屋を通じて買受けることにして、横浜への直送を禁止した。しかし、翌年二月相州津久井県諸村での「県内産物生糸・絹・紬其他とも」神奈川・横浜直買を出願するなどの動きのなかで、この法令は無力化していった。(4)

ここで生糸貿易を中心とする数量的検討をしておこう。(5)〔表2〕によると生糸輸出量では、万延元～文久元年は横ばいか若干減少の傾向であるが、これはやはり前記の五品江戸廻送令の影響によるものと思われる。翌文久二年には輸出量は飛躍的伸び率を示し、やがて翌三年には幕末生糸貿易史上において最高の数量に達した。それは開港後わずか満四年を経たばかりのことであった。ちなみに〔表3〕により生糸とともに当時の主要輸出品であった茶と比較しても、その増加率の急激さが理解できる。(6)

しかし、生糸輸出の好況も文久三年（一八六三）後期以降、急速に低下していった。これは当時の政治情勢と深いかかわりを持つものであった。すなわち文久三年

表1　生糸価格の変動（金1両に付）

	平　　年	安政5年秋～同6年春	同6年7月
上　物	170匁（100）	110匁（65）	80匁（47）
中　物	190匁（100）	130匁（68）	110匁（58）
下　物	250匁（100）	150匁（60）	130匁（52）

注）『桐生織物史』中巻，91頁による。

貿易内における比率 %	
65.61	
68.28	
86.00	
83.60	
68.49	
83.65	養蚕660.160　ドル
——	横浜火災で資料消失
53.71	

五月九日幕府は生麦事件の賠償金四四万ドルを支払うと同時に、横浜・長崎・箱館三港の閉鎖を各国に通告した事件である。

この横浜鎖港は諸外国に承認されるはずもなく、猛反対をうけた。幕府はやむなく方針を変更し、つぎに貿易抑制策を強化することにした。これは、とりもなおさず万延元年布達の五品江戸廻送令の励行であり、もともと貿易に消極的な幕府にあっては当然の帰結といえる(7)。そして、同年九月二十七日幕府は全国に触書を発し、その実施にふみきった。そのため〔表2〕にみえるように、元治元年（一八六四）の生糸輸出量は半減した。

この生糸貿易抑制策は諸外国の反対はもとより、国内においても横浜売込商・在方仲買商および生糸生産農民に深刻な影響を与えた。これまで増産を重ねてきた生糸の売れ行きが極端に鈍ったのである。これにつれて相州津久井県内の生糸生産農民は元治元年八月提出の「津久井県生産の生糸横浜出し許可願」(8)のなかでつぎのようにいっている。横浜開港以来生糸だけが大量に輸出され、そのうえ諸物価が高騰したため「自然絹紬織賃等不引合、織機渡世仕候ものも追々、替職生糸製方一同之様相成」り、「紬糸ニ仕立村々、商人共より江戸問屋へ売渡し」生計を立てていたが、当節は「横浜出し糸荷物入港不相成」、農間糸売渡世は勿論、「糸製方致候もの一般融通無之」難渋至極である。さらに生糸の滞貨は一一五駄に達しており、これらの生糸は外国に輸出する以外は「和製織物元糸ニ難有用製方故」販売も出来ず、「金高ニ相成候品空敷廃物」にしていると窮状を訴え、その原因として「生糸製方而已ニ差はまり居」ることを挙げ、今後は「元職（織）機稼ニ復」するので、これまでの滞貨

表２　生糸輸出の年別推移

年　　次	A 数量 (ピクル)	A' 同指数	B 価格 (ドル)	B' 同指数	C 価格 B/Aドル	C' 同指数
1860（万延１）	7,703	100.0	2,594.563	100	330.47	100.0
1861（文久１）	5,646	73.3	1,831.935	70.6	324.47	101.8
1862（〃　２）	15,672	203.5	5,422.372	209.0	345.99	104.7
1863（〃　３）	19,609	254.6	8,824.050	340.1	450.00	136.2
1864（元治１）	10,061	130.6	6,162.240	237.5	612.49	185.3
1865（慶応１）	16,232	210.8	14,611.500	563.2	900.00	272.3
1866（〃　２）	9,381	121.8	7,035.750	271.1	750.00	226.9
1867（〃　３）	6,853	89.0	5,214.750	201.0	760.94	230.3

注）『横浜市史』第２巻，370頁（石井孝稿）を加工

分だけは是非輸出できるように取計らってもらいたいと願いでている。生糸貿易抑制策に対する不満ないし抗議の表明は、ひとり津久井県に限らず、他の生糸生産地帯に共通したものであった。

外圧に加えて国内の諸生産者階級の抵抗をうけ、幕府は元治元年九月に至り、江戸糸問屋に対し、以後は生糸買取りはやめ、品質検査のみ従事すべきむねを通告した。これは事実上の五品江戸廻送令の撤回であり、幕府が開港以来維持しつづけてきた、横浜を江戸の経済機構の中に組み込み、さらに江戸糸問屋との連携により江戸の経済流通機構を掌握するという構想の放棄を意味するものであった(9)。

これにより生糸貿易はその直後から再び盛り返し、以後暫時好況が続いた。しかし、それでもなお文久三年の輸出量を凌駕することはできなかった。さらに約一年後の慶応元年七月には、蚕種紙の自由売買が許可された。それまで蚕種紙については、生糸の国内生産の支障になるとの理由で原則的に輸出が禁止されていたもので、諸外国は開港当初から禁止解除を要望し、とくに下関報復攻撃後激化した(10)。相州津久井県では元治元年（一八六四）九月晦日付で、蚕種紙輸出反対の評議のための集会開催廻状の中で蚕種紙が輸出された結果「外国ニ而右養蚕等相殖候次第ニ成行候而は国益相減し、既ニ暮し方差支之基ニも

表３　生糸と茶の輸出

茶輸出の年度推移			生糸輸出の年度推移	
年　度	価　額（ポンド）	指　数	指　数	価　額（ドル）
1861～62	5,767.133	100	100	3,844.023
62～63	5,796.388	100.5	247.0	9,493.400
63～64	5,747.527	99.7	163.2	6,374.685
64～65	5,759.170	99.7	212.1	8,153.031
65～66	7,524,561	130.5	179.9	6,916.559
66～67	6,955,851	120.6	216.0	8,304.969
67～68	7,658.466	138.0	189.8	7,295.044

注）『横浜市史』　第２巻、378頁、522頁（石井孝稿）を加工

可被成」とのべ、さらに重大なことは、初めの箇所に「諸国蚕種商人ども蚕場国々江年々商致し来候て……、今般右蚕種御益筋上納之上、異人売相願候処、御聞届ケ相成候趣」(11)と、元治元年九月の段階で早くも蚕種紙の自由売買許可を察知していることである。

こうした状況のもとで幕府は、前年に生糸の江戸問屋買取制の中止で一たんは放棄した貿易統制を、再編成する動きを見せ慶応元年（一八六五）十二月に至り生糸蚕種改印令を公布した。この法令に対する幕府の狙いは、貿易統制の復活に際し、もはや在方に支配力を喪失した江戸問屋に代り、在方の有力商人のなかから新たに特権商人を選出し、彼らを通じて直接的に農村の生産構造を把握することにあった。それは同令の内容―主として生糸・蚕種の改印と口糸の徴収―と相まって、生糸・蚕種生産農民の生産流通関係においては生糸取引を支配する在方仲買商の収奪、改印令では幕府への新税負担という二重の搾取構造となったのである。

この改印令は翌二年五月実施されたが、この年に「世直し」を標榜する農民一揆が全国の養蚕地帯に爆発的に発生した。そのなかに武州世直し一揆も当然含まれていたのである。

表４　生糸の国内向・貿易向の比較

	国内向				貿易向			
	数量(箇)	(%)	価額(両)	単価(両)	数量(箇)	(%)	価額(両)	単価(両)
1857	514.0	(100)	24,160	47.0				
1858	567.5	(100)	28,375	50.0				
1859	1,758.0		140,640	80.0				
1860					11,585.5			
1861	1,667.5	(11.8)	141,737	85.0	12,523.0	(88.2)	1,189,685	95.0
1862	1,072.0	(3.0)	96,480	90.0	35,235.0	(97.0)	3,523,500	100.0
1863	230.0	(0.9)	28,560	120.0	26,552.0	(99.0)	3,420,820	128.8

注）石井孝『幕末貿易史の研究』366頁―367頁による。

二　生糸生産農民の窮乏化

安政六年（一八五九）横浜開港と同時に、生糸商を中心に、江戸・保土ヶ谷・神奈川の都市商人をはじめ、在方商人も競って横浜に出店し、その数は三七九店にのぼった。(12) 幕府の当初の構想は、開港地〝横浜〟を江戸の経済圏に組込ませ、その横浜へは江戸問屋に出店させ、これにより江戸を中心とした全国的経済流通機構を確立する方針であったが、在方商人の横浜進出が予想以上にはげしく、この構想ははじめから瓦解した。ちなみに江戸商人の横浜出店数は六一名で、わずかに二九％にすぎなかったのである。当時の生糸の流通機構はおよそつぎのようなものであった。

生糸生産農民―〈小仲買商〉―仲買商―〈大仲買商〉―売込商
（〈小仲買商〉―仲買商―〈大仲買商〉）

売込商は横浜に出店を持ち、外国商館を相手に直接貿易にたずさわり、仲買商は在方の生産物を集荷して荷主となり、売込商にまとめて売却するものであり、前者には上州の藤生藤三郎[13]・中居屋重兵衛[14]らがいる。また、甲州屋忠右衛門[15]・藤井新兵衛[16]のように売込商・仲買商を兼ねているものもいる。さらに仲買商のなかでも集荷を買糸のみに頼るもの、買糸のほか手前糸・賃引糸など直接的に生産構造を掌握しているものに分けることができる。このほか武州比企郡の松本与右衛門家[17]のように、古くから紙の仲買商をしながら生糸の仲買商をはじめたものもいる。これらの経営はおおむねはじめは手前糸・賃引糸を中心に扱っていたが、のちに買糸が主となっている。この理由はおよそつぎのように考えられる。開港直後からの生糸貿易の爆発的な進展により、一時生産地で生糸商が競って生糸を買いあさり、糸価が急騰したことにより、仲買商は買糸では利が薄いため、手前糸（林源次郎家ら[18]）・賃引糸（大塚五郎吉ら[19]）など直接生産者からの収奪に基づく安価な生糸の確保に努めた。その状況は〔表4〕により理解されよう。すなわち文久二年（一八六二）には取引きされた生糸の九七％、同三年（一八六三）には実に九九・一％までが貿易品として横浜へ送られ、その大半は仲買人の手を経ていたのである[20]。その後、糸価が落着き、とくに文久三年後期からの生糸貿易抑制策の強化などにより生糸は買いたたきの様相を示してきた。このころ仲買商は手前糸・賃引き商法を縮小し、生産農民ないし一般農民に前賃金をもって製糸にあたらせ、あるいは同じく前貸金で在方の生糸商に生糸を集荷させるなどの商法に移行したが、これにより農民収奪は一段と強化されることになった。なお、この商法の転換は生糸扱い量の増加とも密接な関係があった。

米（１石につき銀匁）	同指数
95.50	100.0
124.90	126.8
130.25	132.2
173.75	176.4
173.75	176.4
148.50	150.8
174.55	177.2
243.75	247.5
397.00	403.0
973.00	987.8
877.50	890.9

表５　主要輸出品国内価格と米価の比較

	生糸（100斤につき単位両）	同指数	蚕種（100枚につき単位貫文）	同指数
1857（安政４）	93.87	100.0	12.600	100.0
1858（〃５）	106.66	113.6	16.500	131.0
1859（〃６）	133.33	142.0	16.640	132.1
1860（万延１）	213.33	227.3	18.000	142.9
1861（文久１）	287.64	306.4	23.700	188.1
1862（〃２）	188.09	200.4	24.000	190.5
1863（〃３）	287.64	306.4	40.000	317.5
1864（元治２）	248.00	264.2	53.000	420.6
1865（慶応１）	376.36	400.9	70.000	555.6
1866（〃２）	492.27	524.4	106.000	841.3
1867（〃３）	584.89	623.1	165.000	1,309.5

注）石井孝前掲書、389頁による。

上記の諸点が農民困窮化の第一の要因としてあげられるが、その第二は蚕種紙の輸出自由化である。慶応元年（一八六五）に自由貿易が許可されたと同時に輸出量が急激に増加したため、蚕種紙の価格が急騰した[21]。〔表５〕によると、慶応元・二年（一八六五・六六）の国内価格の上昇率はすさまじかった。これにより必然的に繭の価格も高騰し、養蚕農民・製糸農民の経営はたちまち危機におちいった。さらにその第三は、生糸生産農民の専業化である。開港後わずか五年で開港前の約二倍となったといわれる製糸生産力の増加は[22]、農間稼ぎの彼らを専業化させることになった。専業化した彼らは、農間稼ぎの当時より購入品が必然的に多くなったが、開港後の諸物価は急上昇したため、彼らの生計は非常に窮乏化した。それについて再び〔表５〕により生糸と米価の比較を見ると、ともに慶応元年に急騰しているのが判る。とくに慶応二年の米価の異常な騰貴はついに彼らの生活を破壊せしめたのであった。こうした生糸生産農民の苦悩は、生糸を主題とした〝世直し〟への力の結集となって顕われたのである。最後に生糸をめぐる幕末期の経済変動の中で「世直し」一揆を醸成する矛盾の諸点を列挙してみよう。

① 生産農民からの収奪の強化：手前糸・賃引糸・前貸金による仕入れ糸などは、製糸業地帯における労働力の再編成であり、さらに売込商—仲買商—生産農民の新たな搾取体系は、前者と相まって生産農民にとり二重三重の収奪となっていた。

② 生糸はすこぶる投機的な商品であった：生糸貿易抑制策や蚕種紙の自由売買などにより、糸価に急変があった場合でも生産農民は休業することができない（これには専業化の問題を含む）。

③ ①と②に関連して、生糸貿易を通じての生産・流通構造は幕藩体制下のそれとは基本的に逸脱していた。さらに武州世直し一揆のさい、生糸商人が徹底的打ちこわしの対象となった条件については①〜③をふまえた上で、

④ 生糸商人の急激な成長：とくに仲買人についてであるが、村落内部における開港前の彼らの生糸商人としての存在は、それほど目立つものではなかった。それが開港後瞬時にして大金を動かす大商人にのしあがった（これは「貿易排斥論」、排外的民族主義を醸成）。このように整理してみると、①〜③は生糸商人が「世直し」一揆の攻撃目標たりうることを想起させ、④において「みせしめ」のための最初の徹底的打ちこわしを受ける条件が十分にあることを示唆しているのである。

注

(1) 石井孝『幕末貿易史の研究』、『明治維新の国際的環境』、『横浜市史』第二巻。
(2) 『桐生織物史』中巻、九一頁。
(3) 同右
(4) 『神奈川県史　資料編(10)　近世七』
(5) 石井孝『横浜市史』第二巻、三七〇頁以下、参照。
(6) 同右
(7) 石井孝『明治維新の国際的環境』旧版、一七七頁。
(8) 前掲『神奈川県史』
(9) 『横浜市史』第二巻。
(10) 石井孝前掲書。
(11) 前掲『神奈川県史』。
(12) 『横浜市史』第二巻付表。
(13) 佐々木潤之介『幕末社会論』(一九六九年)
(14) 『群馬県蚕糸業史』、『横浜市史』第二巻。
(15) 『横浜市史』第二巻。
(16) 『前橋市史』第三巻。
(17) 小林正彬「武蔵小川和紙業発達史」上・下(『経済系』七八、七九号)
(18) 大口勇次郎「開港直後の製糸経営─林次郎家の経営─」(北島正元編『製糸業の展開と構造』三二四頁以下)。
(19) 『八王子市史』下巻、九五五頁以下。
(20) 石井孝『幕末貿易史の研究』、三六六─三六七頁。

(21) 石井孝前掲書、三八九頁。

(22) 『横浜市史』第二巻、三九五頁。

〔初出〕『歴史学研究』（四五八号、一九七八）

「世直し」一揆の展開

森　安彦

はじめに

「世直し」一揆とは小前貧農・半プロレタリアート層が自らの権威＝「世直し」を確立して、豪農の支配＝収奪を解体させ、平等な「天下泰平」な世界を希求して蜂起したものであると考えられる。本稿では、この「世直し」一揆の展開を幕藩権力の介入以前と以後とに区分して考察し、介入以前では、小前貧農層がどのような方法によって数千、数万の打ちこわし勢＝「世直し」勢を結集・組織したのか、また、それによって豪農の支配＝収奪を解体させて行こうとしたのかを問題とし、権力介入以後は、「世直し」勢が権力によってどのように解体否定されていったかを問題とする。

一　「世直し」一揆の確立

（一）「世直し」一揆の成立

1　事前工作

「武州世直し一揆」は慶応二年（一八六六）六月十三日の蜂起から十九日の潰滅まで、わずか七日間のうちに、武州一五郡、上州二郡を席巻し〔図1〕、現在判明するものだけでも、二〇〇か村余り、五二〇軒の豪農・村役人などの家屋を打ちこわした〔表1〕。ここに結集・組織された民衆は無慮十数万をくだらないであろう〔表2〕。このような民衆がどのような意識と行動によって「世直し」を確立したのであろうか。もとより突発的・偶然的なものとは考えられず、充分な戦略と戦術をこらしたものといえる。まず、蜂起に至る準備過程を若干の史料によって、窺ってみることとしたい。

武州比企郡中尾村では、慶応二年六月の「初旬何方之者共相知不申、頭立候者五六人其外党を集日本窮民為と申幟印を建」（『武州世直し一揆史料』一巻、二二〇頁。以下同書は一巻、二二〇頁のごとくする）て、つぎのことを大音で申触れ横行したという。

すなわち、「在町物持江押寄其身ニ応し米金施し可申、若不承知ニ候得は家作土蔵等打毀可及乱妨、且村々ゟ人足差出可申、相断候得は村中破布可致抔」（同上）。これは一揆後の七月二日中尾村の地頭贄善十郎から勘定奉行都筑但馬守へ提出した文書の一節である。これによって、五〜六人の者が「日本窮民為」という幟をおしたてて、「世直し」一揆の到来をつげ宣伝して歩いていたことを知ることができる。これは、いうまでもなく蜂起に備えての準備行動の一環であるし、小前貧農層に対しては決起を促すデモストレーションともいえる。このような事前工作は、おそらく各地で展開したものと考えられる。

　武州榛沢郡用土村辺では「当六月十日頃ゟ諸穀高直ニ春中ゟ相成候江は、百姓一揆差起り不申候得は宜敷と之風聞有之、種々心配有罷《ママ》」（一巻、一一〇頁）と一揆蜂起の不安があったことを示している。[1]「世直し」一揆直前の六月十三日には関東郡代岩鼻役所より、一揆蜂起を戒める触書が廻達されている。「米直段高直ニ付、物持等之類米買集メ候趣ヲ以、場所ニ寄多人数相集り、人家打毀へく抔、心得違之者江相聞へ候、（中略）猶徒党ケ間敷儀致候而は、騒動ヲ好ミ候致方ニ而不届ニ付、不容易御科ヲも請候様成行候」（一巻、三一―四頁）とあり、領主側も広範な地域にわたって一揆蜂起の胎動のあることを察知していたことがわかる。[2]このような準備過程があったからこそ、わずか数日にして一揆勢が組織され、同時多発的に広域化したということができる。

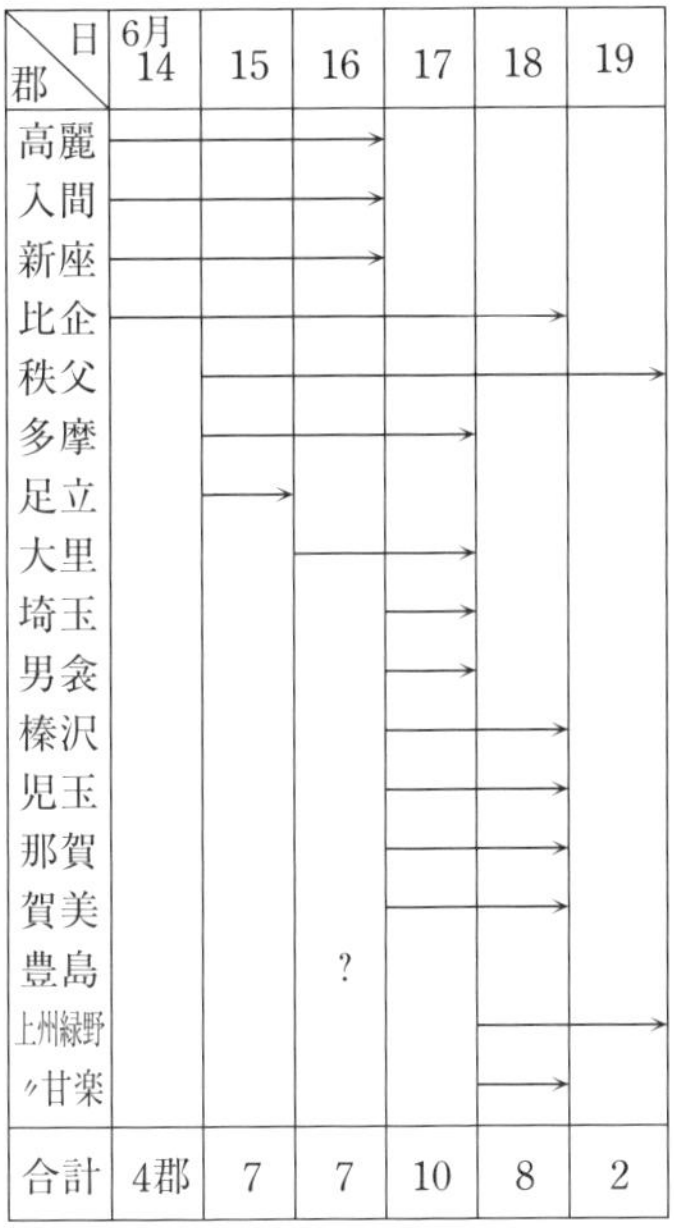

図１　「世直し」一揆の郡別展開

２　「世直し」勢の確立

　この「世直し」一揆の発端は「武州秩父郡岩鼻御支配所名栗村上中下三組ニ候処、上組発起ニ而徒党之人数相さだめ」（二巻、一二八頁）とか、「上名栗村上分真地名郷と申処ニ、打強之頭取大工職人并桶職人弐人之頭取有之」（一巻、三五頁）とかあるように、上名栗村の農民紋次郎（大工）と豊五郎（桶職人）を中心に同村の正覚寺を「徒党密談所」（二巻、一二一頁）として

職種													
酒造	醤油	酒屋	旅宿 茶屋	紙すき 紙仲買	医者	荒物	油屋 油絞	太物	水車	肥料	綿屋	材木	その他
	5	1			1			2	1		1		4
	4	1	1		1		1	3	1				4
	2		2				1		1	5			
	3		3	11	4	1	5	3			1		13
2)		1			2(2)		1					6(6)	1
1)													3
	1												
	1		1			1	1	3					
													5 蚕種 1 煙草
3)	16	3	7	11	8(2)	2	9	11	3	5	2	6(6)	31

大小惣代欄の大は大惣代，小は小惣代を意味する。
職種は兼業している場合，種目ごとに個別にバラして計算している。

戦術が練られたものであるが、それは単に村内だけで計画されたのではなく、紋次郎らの「申口」によればすでに六月十日頃に、飯能川原で、多摩郡成木村の「悪惣」（組頭・喜左衛門）と「米穀高直ニ付名栗辺難渋可致旨、我等共江申合米直下ケニ近々飯能江可罷出候間当方より沙汰次第飯能川原江可罷出旨申聞候」（二巻、四頁）と蜂起の打合せをしたことを述べている。こうした準備の上で一揆が「六月十三日夜、正七ッ時頃、飯能川原江秩父郡名栗村ゟ一口、高麗郡直竹村寄場ゟ最寄ゟ一口、都合二口ゟ凡同勢三百人余も相集」（二巻、一九頁）とか、「はうのふへ集り候人数ハ名栗谷・中藤谷・

表１　慶応２年６月「武州世直し一揆」打ちこわし対象者一覧表

郡名	村数	家数	身分									
			領陣主屋	大小惣代	名主	組百姓頭代	百姓	千人同心	借屋	浜生絹糸織商糸物	穀屋	質屋
高麗	26	56(8)			16(4)	4	1			1	4	8
入間	43	111(9)			16	3	7			6	9	5
新座	6	25(6)	1		2	3	2	1	2		4	2
比企	46	122		4{大2 小2	17	6	24			5	8	23
秩父	23	84(32)	1		6(5)	8(8)	15(13)			1		20(
多摩	21	42(6)			2	2(1)	6			1	3	1
足立	2	4									1	
大里	3	5(2)			2							
埼玉	1	1										
男衾	2	2					1					1
榛沢	13	24(11)		1大	4		1			5	1	8
児玉	3	12(10)			1	7	3					
那賀	4	9(8)			3	3	1					3
豊島	2	2									1	
賀美	4	3(2)			1							
上州緑野	2	17				3	12			9		1
上州甘楽	1	1								1		
合計	202	520(94)	2	5{大3 小2	70(9)	39(9)	72(13)	1	2	28	31	72(

注(1)　出典『武州世直し一揆史料』1，2巻，他。
(2)　(　) 内の数字は打ちこわし対象者の中でも打ちこわしを免れたもの。

成木谷右三谷之ものの由風聞申候、我野谷人数之ものは、ささ井河原ニて落合申候」（一巻、九八頁）また「両谷（名栗谷・我野谷）申談し候様子ニ而我野長沢藤兵衛外壱人頭取ニ而」（二巻、三一頁）とあるように、明らかに名栗・我野・成木の三谷との連携をもって、「日日用弁致居候飯能町江押出し、穀屋を専要として数軒打毀」（二巻、一二九頁）しをもって開始されたのである。しかし、飯能町打ちこわしに参加したものは、この三谷に限らず、武州入間郡川角村でも「武州入間郡川角村（木下藤馬知行所）当月十三日頃大勢相集申合候風聞有之候処、同郡飯能村江相越及乱妨」（二巻、二一一頁）

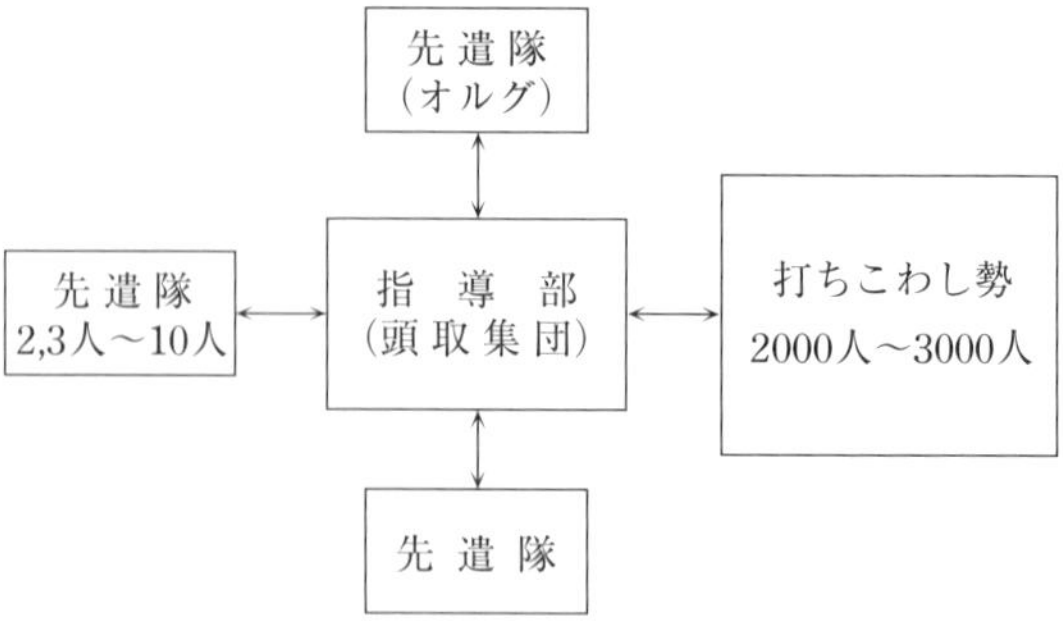

図２　「世直し」勢の組織

とあり、飯能村の領主黒田筑後守[3]から勘定奉行への六月二十日付「届書」には、「最寄遠近村々三拾ケ村程百姓共人数凡弐千人計り相集り」（二巻、二二二頁）とあることから、周辺三〇か村から約二〇〇〇人が飯能村穀屋の打ちこわしに集中的に結集したことがわかる。こうして飯能宿の穀屋四～五軒を打ちこわすことによってここに「世直し」一揆が開始されたのである（付表2、五五六頁参照）。

「世直し」勢は在方市場であり寄場組合の親村である飯能村の穀商人の打ちこわしを敢行し、「世直し」勢の威力を内外に示すことによって確立したといえる。飯能村の穀商打ちこわしは一揆勢の米穀の安売要求を穀商たちが拒否したことによって行なわれたとされているが（一巻、三五頁）それは必ずしも真実ではない。実際は飯能村役人（穀屋たち）は「何れニも大勢之望ニまかせ穀物ニても金銭ニ而も窮民救之義ニ候ハ、何れにも取計可遣間、一と先鎮り呉候様大地江手を突種々なため候得共更ニ不取用（中略）、名主国三郎庭前ニおゐて種々手を尽し懸合および候得共一切聞入不申、右国三郎を手始ニ打こわし」（一巻、三六頁。二巻、二〇頁）とあるように、一揆勢にとっては打ちこわしを敢行することによって「世直し」勢の威力を誇示し、以後の「世直し」展開の皮切りとし、しかも圧倒的優位を保持しようとする意図があった[4]。ここに「世直し」勢が確立したといえるのである。

表2　「世直し」勢のうち身元判明者の郡別一覧

国	郡	村数	人数	名主	組頭	厄介	召仕	下人	借家	日雇	職人	無宿	エタ	僧侶	神主	浪人	その他	頭取
武州	多摩	42	101	1	1			2				3	1					4
	秩父	20	64	(3)*	1	1		1			3		1	3				7
	入間	19	27			1						2				1	1	
	比企	12	55		2													
	高麗	11	33															2
	賀美	6	9			3		1										
	児玉	4	26				16		7	3								
	男衾	2	2															
	榛沢	2	2															
	大里	1	1															
	埼玉	1	1															
	足立	1	4									2						
	荏原	1	1															
	新座	1	2															
上州	緑野	16	54					2	8	6	3				1			
	群馬	1	1															
	碓氷	1	1									1						
相州	愛甲	1	1															
甲州	八代	1	1									1						
野州		1	1															
常州		1	1															
越中		2	2															
合計		145	390	4	4	5	16	6	15	9	6	9	2	3	1	1	1	13

（注）　＊秩父郡の名主３人は，いずれも上名栗村であるが，いまだ確証できないものである。

（二）「世直し」一揆の組織

村域を超え広域の小前貧農層・半プロ層を結集した「世直し」勢の組織は指導部と先遣隊と打ちこわし勢の三つの部分から構成されている。指導部は頭取集団であり戦略・戦術の決定と全体の指揮を行ない、先遣隊は指導部に直属して、指導部の手足や耳目としての役割を果した。すなわち、二〜三名から一〇名位が一単位となり、各地の「世直し」対象者である豪農や村役人に対し、「世直し」要求の諾否を打診したり、領主側や村方の動向を把握し、指導部に情報提供するものである。指導部はこの情報によって、打ちこわし闘争を指揮した。この指導部・先遣隊・打ちこわし勢の三者の緊密な連動のもとに「世直し」一揆が展開したのである。

1　指導部（頭取集団）の存在

まず、「頭取」集団としての指導部であるが、指導部が具体的にどのような人々によって構成されていたかは必ずしも明らかでない。そこで史料的に確認できる指導者をまとめると〔表3〕の通りである。個々の指導者についての検討は、別稿にゆずるとして[5]、ここでは指導者層がどのような行動を示していたかについてみることとしたい。

指導者集団の存在を示唆する記述は、「頭分と申候は凡三十人程銘々真綿を頭上ニ冠り、其上ニ茜木綿ニ而鉢巻致し居り候よし」（一巻、三〇二―三〇三

備　　考	出　　典
牢死（同2年10月20日），高《石》0.161	①−17，29
牢死（同2年11月11日），高0.065	②−4，21
菊之助事，2年7月3日差立	
	①−161，163
2年8月3日府中宿より差送り	①−69，②−14，15，158
	②−31，150
築地川原で召捕，6月22日差立	①−223，282
	②−83，108
	①−23
	①−22
2年8月3日府中宿より差立	③−14，15
悪惣事　高1.170	②−14，①−264，267
江戸へ差送	①−224他
〃	②−82
江戸へ差送	①−223他
倉蔵弟	①−223，②−78他
牢死，農間材木伐出，日雇	①−222，②−77他
牢死	①−222，②−77他
房五郎事	①−222他

表３　武州世直し一揆の頭取

郡	村	名　前（歳）	身分・職業	行　動	処　罰
秩父	上名栗	紋次郎（42）	百姓・大工	頭取（発意）	死罪（慶応３年8月22日）
	〃	豊五郎（44）	百姓・桶屋	紋次郎へ同意	遠島（〃）
	坂石町分	佐兵衛（38）	百姓	頭取	
	野上	浪之助	大工	秩父谷惣頭	
高麗	長沢	作兵衛（47）	百姓	頭取	
	〃	藤兵衛	無宿		
	大川原	富蔵（46）	百姓	頭取	
入間	黒山	勘兵衛	百姓	先立押参り	中追放寄場収監
	堀込	国太郎	百姓	〃	〃
	南入曽	文太郎（47）	無宿		
多摩	下成木	喜左衛門（58）	組頭	頭取	中追放寄場収監
	上成木	治兵衛（54）	百姓		
	羽	半兵衛（50）	〃		
	高月	助五郎（24）	〃		
	小曽木	林蔵（35）	〃	頭取	
	二又尾	槇次郎（30）	〃	〃	遠島
	〃	元右衛門（52）	無宿	〃	中追放
	千ヶ瀬	弥三郎（28）	百姓		

（注）　出典は『武州世直し史料』１・２巻による。①－17は１巻17頁を示す。

頁）とか、「頭立候ものハ白キ毛之様成ルものを冠、襷キをかけ居候」（二巻、二四五頁）とあり指揮者として目立つように判然としていたといえる。さらに「何歟相談いたし帳面等を仕立、何れ之儀歟書記」（一巻、三七頁）とあり、また「徒党頭取共之内、帳面ニ打こわし順を記置、差図致候由」[6]として合議制によって、打ちこわし対象者を選定し、計画的に指揮していたことが窺える。「秩父郡名栗辺ゟ起立大将老人ニ而駕籠乗り」（二巻、一二二頁）、また「比企郡松山宿・上岡村・下岡村其近郷鞍置馬ニ打乗り、日の丸之扇子ヲ持、頭取ト相見江候者共

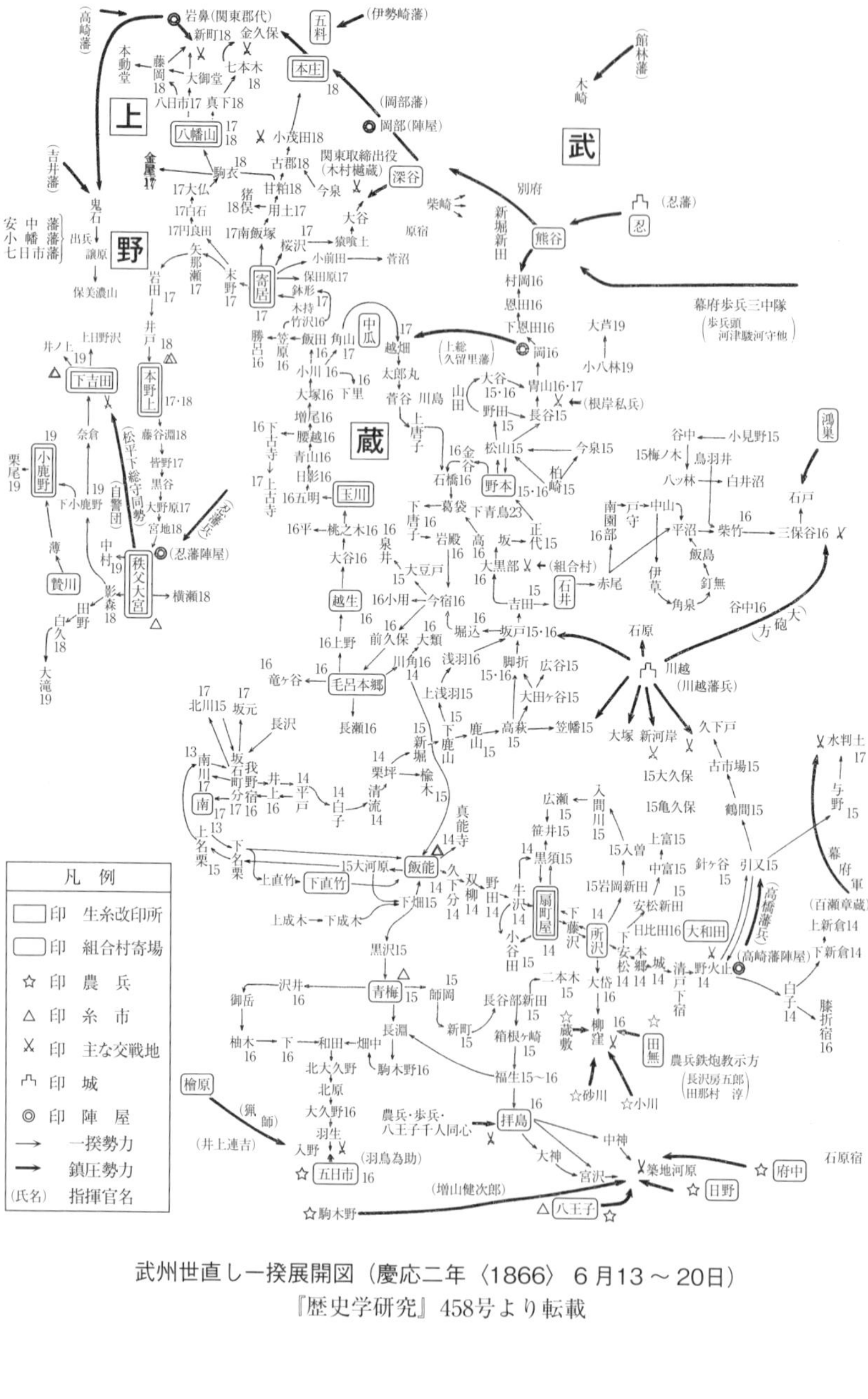

武州世直し一揆展開図（慶応二年〈1866〉 6月13～20日）
『歴史学研究』458号より転載

五・七人も馬乗ニ而白幟押立て差図いたし候風聞」（二巻、七頁）、「大将は騎馬」（二巻、一二六頁）、また「人数懸引ハ太鼓或は銅たらひニ而仕候由」（一巻、三〇三頁）とあり、これらのことから、組織的な指導者集団が存在したことは明らかであるが、それが具体的にどのような人々かについては今後の検討課題である。(7)

2　先遣隊（オルグ）の役割

「世直し」一揆が短期間で急速に各地に拡大したのは、この先遣隊の役割が大きいといえる。二〜三人から一〇数人が一単位となって、この先遣グループが各地に散って、「為先触と六人参り」（一巻、一一〇頁）とあるように数千にのぼる打ちこわし勢の威力を背景に、「世直し」要求の諾否を豪農につきつけるのである。

武州新座郡白子村の具体的な事例によって、その果す役割をうかがってみよう。同村には六月十五日付のつぎのような「一揆之者先触」（一巻、三〇一頁）が到着した。

今夕飯千人前支度可被致、差支ニ於而は大勢之もの了簡可有之事

六月十五日　岡村ゟ

白子村中

其村方人数五十人用意可被致候事

六月十五日　岡村ゟ

白子村中

この先触れによると新座郡岡村より白子村に対し一揆勢に対する千人前の夕飯と五〇人の一揆参加者の提供を求められた。差出人が「打ちこわし連中」ではなく、岡村とある点が注目される。これはすでに岡村が「世直し」勢の一員であることを物語っている。この近辺には高崎藩（松平右京亮、八万二〇〇〇石）の野火止陣屋があったが「世直し」勢の圧倒的優勢な状況が展開していた。こうした中で、前述の「先触」が到着し白子村では「迚も不相叶と存」要求通りの夕食を整え、一揆勢を受け入れたのであった。またこの折名主茂兵衛の所へは

「頭分両三人懸合有之候」（一巻、三〇二頁）として先遣隊二〜三人がやってきて、人足五〇人提供などを確認している。白子村ではすべて一揆勢の要求を受諾し、「世直し」勢の支配下にくみ込まれたのであった。このように指導部と打ちこわし勢のパイプとなって先遣隊が活躍し、「世直し」一揆の展開に重要な役割を果した。

3　打ちこわし勢の拡大と「世直し」的世界の成立

「世直し」一揆の威力の根元である「世直し」勢の母体ともいうべき打ちこわし勢の拡大再生産はどのようになされたのであろうか。「世直し」要求は大別して、「施米・施金」「質物の無償返還」「物価引き下げ」など「世直し」それ自体の要求と、打ちこわし勢の維持再生産のための「人足提供」「飲食提供」とがある。前者の要求は穀屋・質屋・地主などの豪農層にむけられるのに対して、後者の要求は主として名主や村全体にむけられるものである。以上のことから「世直し」一揆勢の要求は、各地に存在する豪農個々にだけ向けられるものではなく、豪農の存在の有無に拘わらず、村落単位に要請され拡大して行くものなのである。すなわち、豪農という点と点を結ぶのではなく、面としての村から村へ展開する条件を内包しており、数千・数万という一揆勢を結集し、動員しうる必然性がここにあるのである。前述の比企郡中尾村の事例をみると、「村方之義は素より困窮村之義ニ而物持等無之候」（二巻、二二〇頁）とあるが、六月十七日には一揆の先遣隊により「人足差出候様及強談（中略）人足差出候」（同）とある。むしろ豪農などが存在しない小村の貧困村は人足参加を積極的に働きかけられたとみられよう。こうして、「押行先々ニて名主を強て人足を出させ、是を先ニ立せて打毀す、故ニ皆隣村之民ニ打毀されしといふ」（一巻、七〇頁）状況が出現したのである。

つぎに、広範囲の村々が「世直し」勢の「打毀大将」の支配下に入り、いわば「世直し」的世界ともいうべき地域が形成される様子を比企郡古凍村とその周辺で紹介してみよう。

古凍村周辺一〇か村余りは、率先して「打毀大将之方へ歎願いたし」（一巻、七四頁）「大将様」（同）の命令には「相背申間敷」（同）として、「打毀大将」の支配下に包摂された。そこでは、Ⓐ「高ニ応し米何百俵、金子何百両施シ可差出」（同）として、施米・施金が約束され「世直し」が実現される。Ⓑ村民は「世直し」勢に参加し、村役人が先頭に立って打ちこわし人足を引率して、「隣村ゟ順村ニ案内いたし、差図次第打毀可申」（同）という打ちこわし勢となることであった。すなわち自村において「世直し」を実現させると共に、他村に対しても「世直し」を要求するというのが「世直し」的世界の原則であった。古凍村の周辺の一つ、今泉村では早速村役人が村民を引きつれて、古凍村に対し、「打毀大将」へ「一時も早く御歎願可被成、左も無之候而は迚も叶ふ間敷」（同）として、「世直し」勢に加担するよう説得した。古凍村の中でも小前層は、「世直し」的世界に入ることを主張し、村役人の中には反対するものがいた。村役人の一部が「世直し」勢に抵抗する姿勢を示した背景には、横見郡の佐倉藩郷兵の加勢が得られそうな条件があったことによる。事実、郷兵「凡弐千人も鑓鉄砲を以人数繰出し」（同）、さらに川越藩より「御奉行様馬ニ而御出張、大砲小砲組手之もの共御繰り出し」（一巻、七五頁）、ついに比企郡古凍周辺の「世直し」的世界は解体するのである。「世直し」勢の拡大には三形態があり、一つは前述のように、「人足」要求によるものであり、他の一つは巨大化した「世直し」勢が数千単位に分裂して別組となることであり、第三の形態は呼応して蜂起するものである。ここでは呼応蜂起の一事例を紹介しておきたい。

武州榛沢郡原宿村周辺では「凡千人程充四万より蜂起」（二巻、二一一頁）したとある。この蜂起集団を母体として「世直し」勢を結成し、周辺村々に「人足」提供を要求したのである。六月十七日原宿村に対し、一揆の先遣隊が「相越人足於不差出は焼払候旨申之候ニ付、無余儀人足差出候」（同）とある。

こうして、小前貧農・半プロ層は「世直し」勢を各地に結集・組織することによって、豪農支配と対決し、その収奪体系を解体させ、自らの解放をかちとろうとしたのである。

「世直し」勢の高揚状況はつぎのように描かれている。上名栗村を起点として蜂起した一揆勢の十四日夜所沢での状況である。

> 夜ニ入所沢北裏畠耕作多分踏荒し、莚畳薦莚数千枚敷揃ひ、凡三万余人程野宿いたし、焚出し右町江申附酒喰茶水等我侭ヲ申、数百挺之車ニ而押寄多分之奢ヲ成時之声ヲ揚ケ酒喰いたし居候処、扨又同町提灯屋之工夫ヲ以提灯数千張諸国太平と書記し青竹ニ結揚ケ組々江立、思ひ思ひの幟印ヲ為致拾四五丁四方蠟燭如昼中提灯星の如し、其光り空に篝り火近郷近在は所沢町大火と相見へ有之、右同勢之者ともハ大音に近郷近在宿町市場物持とも打拳し、夫ゟ同国横浜ヲ打毀すへしとて大音に評定いたし居（二巻、七頁）

この一文は高麗郡下直竹村組頭が領主に提出した「始末書」の一部であるが、領主軍隊や農兵の介入以前の「世直し」勢のもついきいきとした姿をみることができる。四、五万という人数にはやや誇張を感じないでもないが、それにしても強大な結集力といえる。この数万にあふれる「世直し」勢は、数組に核分裂し、「世直し」地域を拡大して行くのである。この所沢に結集した「世直し」勢の場合は、三手に分かれ、一手は川越城下に向ひ、他の一手は多摩郡田無村をめざし、もう一手は逆流して秩父郡の山村へ戻るのである（二巻、七頁）。

（三）「世直し」一揆の行動

1　打ちこわしの二形態

「武州世直し一揆」によって打ちこわしの対象者となったものを整理すると〔表1〕の通りである。これによると武州一五郡・上州二郡にまたがり、その村数二〇二か村、打ちこわされた家数五二〇軒、「世直し」の対象に選ばれたが、打ちこわしを免れた家数九四軒であり、なかでも比企・入間・秩父・高麗・多摩・榛沢の六郡でもっとも多く打ちこわされていることが判明する。身分的には名主・組頭などの村役人のほかに一般百姓もほぼ同数近く打ちこわされていることが注目される。職業的には、高利貸・質屋がもっとも多く、ついで穀屋・酒造が続き、三番目に生糸商人（浜商人とも呼ばれる）があげられる。さて「世直し」一揆勢にとって、闘争の相手は大別して二種類に区分されている。すなわち、一つは、打ちこわしにより潰滅あるのみという完全な敵対勢力であり、打ちこわすことそれ自体が目的となるものである。もう一つは、「世直し」勢の要求を受け入れ、実行することを約束するならば、あえて打ちこわさないという相手であり、打ちこわしは「世直し」要求を実現させるための手段である。前者に属するものは横浜貿易に携っている生糸商人や悪質な高利貸などである。後者に属するものは、それ以外の豪農である。

さて、打ちこわし、打潰すことが目的となっている対象のなかでも、「横浜向商人は大小に不限、施行に不拘難捨置、打潰し候」（一巻、一六二頁）とある。これは当時の異常な物価騰貴の原因が開港、とくに横浜貿易にあり、貿易に携っている生糸商人こそが、物価高騰をもたらす元凶であるという認識にもとづくものであった。「近来諸色追々高直ニ相成（中略）誠に前代未聞候、是偏に横浜御開港の故と上下一統申唱候（中略）、第一横浜向商人を打毀し、家財雑具に至迄一品も不残微塵に打破り（中略）横浜へ乱入致し国病の根を断、万民安穏の心願と申事に御座候」（一巻、一六〇頁）とあるのはこのことを物語っている。(8)

また当時のすぐれた知識人の一人である秩父郡伊古田村出身の蘭方医伊古田純道は、(9)その著「賊民略記」の中で、「此賊民ノ起ル所以ヲ謀ルニ、横浜開港以来物価歳々ニ騰揚シ今年ニ至テ殊ニ甚シ（中略）、此時未夕国中ノ有志、皆攘夷ヲ唱ヘサル者ナシ、是ヲ以テ人民皆横浜ヲ悪ム事讐敵ノ如シ」（一巻、一七六頁）と述べている。しかし、彼自身は「横浜商人ヲ悪シハ恩ヲ以テ讐トスルノ類ナランカ、此商人ナクンハ何ヲ以テ国産ヲ彼ニ販カンヤ」（同）とむしろ開港の必要性や横浜商人の役割を肯定しているのである。さて一揆勢が横浜商人を徹底的に打ちこわしている事例は例えば武州榛沢郡寄居宿でみると、「穀屋丹羽屋伝吉・万屋吉兵衛、是ハ絹商浜糸商人故即時取掛り打潰し、其外商人共江掛合示談ニ相成候ハ近江屋久兵衛、是ハ穀屋并醤油蔵所持ニ付施し之掛合示談ニ相成候、外ニ浜商人岩田屋藤兵衛・木屋惣兵衛弐軒打潰し」（一巻、一一一頁）とあり、浜糸商人＝打潰し、其外商人共＝掛合示談の原則が明瞭である。また上州藤岡町でも「糸まゆ商人を十四五軒打毀し、其余は施行何程差出可申哉」（二巻、二四四頁）と、上記の原則が貫徹しているのである。

こうして、浜商人・生糸商・生糸肝煎・糸繭商・糸会所・蚕種外国貿易人などの生糸・蚕種関係で横浜貿易に参加しているものは徹底的に打ちこわされたのである。前章で述べた生糸仲買商人である武州比企郡上古寺村名主松本与右衛門家は、打ちこわしによる被害総額三、七一三両（一巻、一〇七頁）とあり、入間郡小谷田村名主文平（通称糸文）は七五〇両（一巻、六〇頁）と地頭へ報告している。「世直し」勢は在村の生糸商人を打ちこわすと共に、横浜開港場打ちこわしの志向性をもっていたことがわかる。「横浜江押寄せ同所打払候工《たく》ミヲ以押出し候」（一巻、七六頁）、「横浜江打入候風聞」（二巻、一一三頁）、「横浜表江差向候様子ニ御座候」（一巻、二九三頁）など多数の史料にその指摘がみられ[10]、事実、多摩郡に南下した「世直し」勢は対岸の横浜をめざすが多摩川沿岸で江川太郎左衛門の指揮する農兵らによって、ことごとく阻止され、潰滅した（後述）。幕府も、陸軍奉行横田五郎三郎指揮のもとに別手組一〇〇人を神奈川表の防衛に配備した（二巻、一九〇頁）。

すでに、前章で課題としたごとく、横浜開港により欧米資本主義の新たな収奪が加わり、幕藩制の経済構造を解体するとともに、国内に新しい矛盾がもたらされた。その矛盾の激化の所産として、武州世直し一揆は発生したのであり、それは単に豪農収奪に反対するだけでなく、必然的に欧米資本主義の収奪に抵抗するという民族的性格をもつものであり、ここに、この「世直し」一揆の歴史的特質を指摘することができるのである。

2　「世直し」要求と村落の再編成

「世直し」勢が打ちこわしを手段として「世直し」要求の実現を計ろうとする場合、その要求は次の通りである。

A、物価引下げ、とくに米穀の安売り
B、質品と借用証文の無償返還
C、質地と質地証文の返還
D、施米・施金
E、「世直し」勢に対する食糧の提供
F、「世直し」勢に対する打ちこわし人足の提供

A・B・Cは貧農・半プロ層の破綻した日常生活の回復のための要求であり、Dは豪農層の富の放出による「世ならし」(平均化)的性格をもち、E・Fは「世直し」勢の維持・再生産を目的とした要求である。その要求の対象者はA・B・C・Dは穀問屋・高利貸などの豪農層であり、E・Fは村役人・村民であり、結局「世直し」要求は豪農・村役人・一般小前農民に至るまでの全農民に向けられており、「世直し」一揆そのものが全村的規模で展開する必然性を内包していたといえる。さて、この「世直し」要求で注目すべきことは、年貢減免・諸役負担の軽減などの対領主要求が全然みられないことであり、まさに、この「世直し」は人民諸階層間に発生

した新たなる階級矛盾を基軸としたものであることを端的に示している。しかし、打ちこわし状況からみて、生糸改印政策に対しては徹底的に反対し、生糸改印会所や生糸肝煎などは、激しく打ちこわされているが、領主側からの直接的攻撃をさけるために、それをあえて要求項目として掲げていないところに、この「世直し」一揆の戦術的巧妙さをみることができる。

つぎに、日常生活の回復（安定化）を目的とする要求項目をとりあげて簡単に検討してみよう。

Aの物価値下げ要求の中心は米・挽割麦・水油である。武州世直し一揆の打ちこわしの口火を切った飯能では、「白米百文に壱合八勺、挽割三合」（一巻、一七六頁）であったのに対し、一揆勢の要求は一〇〇文につき白米五合、挽割麦一升の要求であった（二巻、二〇六頁）。新座郡白子村・豊島郡上赤塚村では白米四合・挽割七合（一巻、三〇二頁）、足立郡与野町では白米四合五勺[11]、幸手宿では白米三合五勺、挽割麦五合五勺[12]と地域により安売り要求額に変化があるが、これは、この「世直し」一揆が各地域性に根ざして展開していたことを示すものといえる。また地域によっては六月十五日から八月晦日と期限を定めているものもある（二巻、二〇六頁）。

Bの質物・質証文の質置主への返還は無償が原則であるが、中には「貸金三分一棄捐」（二巻、二〇六頁）とあったり、「質帳面類不残焼捨申候」（二巻、二一九頁）と質証文の焼捨は各地にみられる。

Cの質地取戻については、A・Bに比較するとその件数は非常にわずかである。上名栗村では「古来流地之山畑元金ニ而相渡」（二巻、二二頁）すよう要求しており、秩父郡大宮郷では「質地証文等不残不財ニて可相帰」（一巻、一六二頁）よう主張している程度しか確認できず一揆要求の主流をなしているとはいえない。このことは、この「世直し」一揆の性格を質地取戻、すなわち小農回帰の志向性[13]と簡単に結論づけることはできず慎重を要することを指摘しておきたい。

さて、A・B・C・Dの「世直し」要求は、どのように実行されていったのであろうか。

一揆勢は豪農層がその要求を承諾した場合には、必ず「請書」を頭取宛に提出させている。ここで注目されることは、「質物返還」や後述の「施米・施金」の実施は原則として一揆勢の要求と同時にその場で行われるものではなく、その場では一揆勢の要求を受入れた旨の「請書」を提出させ、一両日後に行われることが多いのである。すなわち、「打ちこわし連中」として、村外での「世直し」行動を終えて、自村に戻ってから、「世直し」要求が実施段階に入るのである。この実施過程では「世直し」一揆勢は、直接介入せず、村民と豪農との間でなされるのである。すなわち、豪農の自主的行為として行わせるのである。その事例を比企郡増尾村の場合でみてみよう（一巻、九六頁）。

六月十六日夜、農間質渡世の百姓、代五郎・同助左衛門の両人宅へ「住居名前不知もの」たちが大勢斧鉞鋸などをもって乱入して、質物の無償返還と諸帳面・証文類の焼捨ならびに米三〇〇俵の施行を要求した。その旨承知すると「請書」を提出させられ、また村境へ、承諾事項を書いた立札を出させられ、その場は一応鎮まった。翌十七日早朝より、村内外の質置主たちが「質物」をとりに押しかけてきたが、引渡しを拒否すると、「追々大勢参り早速ニ質品不相渡候ハヽ、直様打破抔申」し、とうとう要求通り返却せざるをえなかった。しかし、「質物不残相渡し候而ハ既ニ退転ニも相成候得は、難渋至極」という状態におちいったとその直後領主に訴えている。

このことは、「世直し」勢の「洗礼」をうけた村落では、村内の豪農と小前農民との間にはいつでも打ちこわしに転化しうる条件が存在していたことを示している。すなわち、打ちこわし勢によって、「世直し」のローラーがかけられた後に、なお無傷で存在している豪農というのは、「世直し」要求を受け入れた、「世直し」の世界に包摂された豪農であり、それ故個々の「世直し」要求の実現は、各村の「世直し」闘争を体験した、村内

「世直し」勢を主体とした村落にゆだねられているのである。そこには、小前・半プロ層を主体とした「世直し」的村落の再編成がすすめられたのである。つぎに、「世直し」要求を拒絶した豪農についてみると、彼等はその代償として、激しい打ちこわしをうけなければならなかった。例えば六月十五日の高麗郡太田ケ谷村の佐右衛門の場合は、「諸帳面差出し不申、勝手次第可仕旨申ニ付、直様大勢之人足ニ而取懸り打破金銀米穀庭中江投散」(二巻、四五頁)とあり、また比企郡古凍村名主の地頭への「届書」には「此度之義は手荒之打毀ニ而家作道具畳ハ不申及、穀物俵数多切破り、米麦大豆其外共有合品皆土中持出し雨中壱処ニ打込、又ハ井戸打込堀川江打込、金銭衣類ハ粉微塵ニ切捨矢張り堀川・井戸江打込」(一巻、七三頁)とある。

ここで注目されることは、打ちこわしは、あくまでも富の潰滅であって、原則として、略奪したり、その場で分配したりしていないことである。一揆探索方の「注進書」に、「打毀之節、金銭等奪取候を悉く相廃」(二巻、一九五頁)とあり、前述の「賊民略記」には「今日ノ賊民ハ屋室ヲ毀ツヲ以テ主トナシ、財宝ハ陰ニ貪ル者アリト雖モ、陽ニ奪フ事禁シ」(一巻、一七七頁)とあるのは、このことを示している。これは家屋・家財・金穀を打潰すことで豪農と小前農民との富の平均化(「世ならし」)を実現するという論理からきているものである。また、打ちこわしでは「兵器をもたるはなく人を傷害ふこともせず物を掠るぬす人にもあらで」(二巻、一五八頁)とか「誠ニ近世未曽有之騒災ニ有之候得共、不思議ニ家内壱人も無怪我相遁候」(一巻、六一頁)とあり、人身に危害を与えないことを「世直し」行動の原理としていた。Dの施行要求は以下上名栗村で検討してみたい。

3　村落内における「世直し」の展開

「世直し」行動は二段階からなりたっている。すなわち、村域をこえ、数千・数万の「世直し」勢を結集・組織して、個々の豪農層・村役人を包囲し、「世直し」要求を受諾させ、「請書」を提出させたり、要求拒否の時には打ちこわすという第一段階と、その要求を具体的に一村落内で実施する第二段階である。ここでは、この村落内における「世直し」の展開を、一揆発端の上名栗村をとりあげて検討してみたい。

秩父郡上名栗村は「世直し」一揆蜂起の中心的村となり、「世直し」を各地に拡大すると共に、帰村するや、直ちに村落内の豪農層に対して「世直し」要求を展開するのである。すなわち、慶応二年六月十三日夜から十四日朝にかけて飯能村へ押出した上名栗村の農民たちは扇町谷・所沢から入間川・広瀬・丑沢・黒須・笹井の諸村をまわり激しい打ちこわし行動を展開して十五日には帰村するが、そのまま村内の各所に屯集し、村の豪農階層〔表4〕に対し、「世直し」闘争を開始するのである。その、要求はⓐ施金の要求、ⓑ質物の無償返還、ⓒ質証文の無効、ⓓ質流地・山畑の元金での返還の四項目である。この上名栗村に対しても他村の「世直し」勢が大挙襲来し、この村内「世直し」勢と合流し、強力な「世直し」要求の展開を実施する手筈であった。事実、上名栗村をめざして、「世直し」勢が飯能村迄到着しているという情報がもたらされていた。

下筋之人数押来（中略）、直様名栗村江相登り、不残打こわし可申趣申之、最早飯能迄押来候趣承り候ニ付（中略）、追々押登り候趣注進有之（一巻、一四頁）

こうした情勢の中で、翌十六日豪農層は小前農民層の「世直し」要求に対し、「物持中ゟ金千両也、質屋ハ質物を呉遣し可申」（一巻、一三―一四頁）と回答したが、農民たちは拒否した。年番名主太次郎が仲介に入り、金子二〇〇〇両と倍額にするが、これも拒否し、小前農民の要求額を提示した。それによると、「滝之助ゟ金四千両、代八ゟ金五千両、伴次郎ゟ金四千両、源左衛門ゟ金五千両、外ニ而百両弐百両宛処、鳥居・鬼丸迄之内ニ而五千両、都合弐万三千両差出し、其上質物無代ニ而相返証文金不残相潰し、古来流地之山畑元金ニ而相返」（二巻、二二頁）すという、総額二万三三〇〇両という膨大な額であった〔表4〕。この要求施金額をみても、単に

「貧民救済」というのではなく、豪農層の蓄財を放出させる「世ならし」的性格をもったものであることがわかる。(14)

この段階になると、小前農民たちは「今般之義ハ村役人之扱ハ受不申小前共一同相対ニ而掛合ニ及挨拶次第、直様他村之人数押来不申内打こわし可申」(一巻、一五頁)と高姿勢でのぞんだ。小前農民の先頭に立ってこの交渉にあたった者は「頭取豊次《ママ》郎・紋之《ママ》助儀は小西崎と申処ニ而両人ニ逢候者為立候」(二巻、二二頁)とあるように上名栗村出身の頭取紋次郎・豊五郎が小西崎というところで遭遇した者であり、他村の者である。頭取紋次郎・豊五郎は「当節岩鼻表江駈欠候由」(二巻、二一頁)とあるように「世直し」勢の頭取として、岩鼻表へ遠征しており、自村の「世直し」の指導者には、他村の別人をたてているのである。ここに、この「世直し」戦術の徹底化がみられるのである。これに対して豪農階層は「以之外成不法之義掛合ニ被及(中略)、最早是迄と覚悟を相極(中略)、小前之ものの望ニ致呉候様及挨拶」(一巻、一五頁)とか、「名主滝之助ヲ始代八其外共相談之上、迚も右様義難及自力ニ候間勝手次第ニ可致趣申之候」(二巻、二二頁)というように、「強談」は不成立に終った。このように豪農層が小前農民層の「世直し」要求を拒否した背景には、「世直し」勢にとって不利な情勢変化が生まれ、それを豪農層が把握していたことによる。すなわち、上名栗村へ到達する筈の他村からの打ちこわし勢が、各所で阻止されたという情報を入手したのである。「十六日ニ飯能

職　　業
山林地主・炭材木商
山林地主・修験
山林地主・炭材木商・質屋・米穀商
山林地主
山林地主・質屋
山林地主
山林地主
医　師

表４　上名栗村における豪農・上層農の存在

氏　名	施金要求額	施　金　額	持　高	身　分
	両	両	石	
平沼　源左衛門	5,000	250	50.801	組頭（新組）
吉田　伴次郎	4,000	225	29.642	組頭（新組）
町田　滝之助	4,000	225	51.662	名主（古組）
（柏木）代八	5,000	100	17.728	組頭（古組）
（岡部）善兵衛	3,000	100	21.738	組頭（新組）
（浅見）市五郎	1,000	40	6.829	百姓代（古組）
（浅見）庄右衛門	500	25	11.512	組頭（新組）
（原田）良碩	300	10		（新組）
（岡部）政蔵	100	10		百姓（新組）
（嶋田）梅八	300	10	4.128	百姓（新組）
（田嶋）安五郎	100	5	4.214	百姓（古組）
合　計	23,300	1,000		

（注）『武州世直し一揆史料』１巻，11―12頁などより作成。

之者原八幡前近所にふせきの勢、鉄砲・竹鑓を持、口々之ふせき致居候」（一巻、三六頁）、「名栗谷へハ為登申間敷存念ニ而」（一巻、一〇頁）という変化が生まれていたのである。これは上名栗村の村役人の依頼により、下筋村々が一揆勢の登村を阻止する体制を固めたのである（一巻、一〇頁）。上名栗村は飯能から二四キロメートルも奥深い山村で周囲を山で隔てられ孤立した村で、「世直し」勢が簡単には結集しにくい条件にあり、その入口が反「世直し」勢に占拠され、分断されたのであった。これは単に上名栗村だけのことではなく、十六日から幕藩権力が軍事力を全面的に動員して、「世直し」勢を鎮圧解体させ始めたのである。十六日には横浜開港場の打ちこわしをめざして南下した一揆勢は、多摩郡の各地で、江川代官所支配の農兵によって撃退され、潰滅状態にあった（後述）。こうして、武州・上州に拡大したこの「世直し」一揆も六月十九日の秩父郡下吉田村の敗退をもって終息するのである。こうした中で、上名栗村は、自村内で「世直し」勢と豪農層が対峙したまま緊張した事態が展開していた。六月二十日付の

表５　頭取紋次郎・豊五郎畑家屋敷家財等書上

項目／名前	持高	所有地	萱家	鍋	茶碗	土瓶	膳	莚	火打	鍬	鎌	行灯	手桶	庖丁	見積金額
紋次郎	斗 1.61	反 0.315（下畑）	1	1	2	1	1	5	1	1	1	1	1	1	貫 3.7565
豊五郎	0.651	0.028（上畑）	1	1	2	1	1	15	1	1	1	1	1	1	2.1149

（注）『武州世直し一揆史料』１巻，30—34頁。

岩鼻郡代所宛の上名栗村役人惣代の報告書にも「于今人気騒立居、迚も役人共何様取調候而も、事実之義申聞、利解等可取用体更ニ無御座」（一巻、一二頁）と対立状況を伝えている。こうして二十四日段階でも「発端徒党之もの共儀今以上名栗ニ四拾人余も屯いたし居、夜分ハ銘々鉄炮ヲ打固メ厳重仕居候」（二巻、二一頁）という闘争姿勢を持続し、二十六日になって、「上名栗村三四拾人屯いたし居候もの共も相鎮り候」（二巻、二二頁）と岩鼻郡代所に報告されているのである。六月二十九日夜には、頭取紋次郎・豊五郎が帰村し、七月一日には関東郡代の役人らが上名栗村に乗りこみ、紋次郎・豊五郎を捕えるとともに〔表５〕、豪農層は金一、〇〇〇両の施金を確約・実行して、上名栗村における「世直し」は解体するのである。

このように「世直し」一揆の解体は、まさに幕藩権力とその一分肢としての役割をもった「農兵」の軍事力によって強行されたのである。

つぎに、「世直し」一揆の展開を領主権力との関連で検討し、一揆展開がどのように阻止され、崩壊し、「世直し」一揆の課題がどのように変容していったかを問題としたい。

二　「世直し」一揆の解体

（一）　幕藩領主の鎮圧体制

1　権力の軍事動員と配備状況

慶応二年六月十三日夜から十四日朝にかけて武州高麗郡飯能村の穀屋・酒屋などの打ちこわしをもって蜂起した「世直し」一揆は、十四・十五の両日には、武州西南部全域に、まさに燎原の火のように拡大し、「世直し」要求と打ちこわしをもって「世直し」の世界をおし広げていった。

それは領主権力といえども拱手傍観せざるをえないような激しさをもって展開した。事実六月十四日夜高崎藩の新座郡野火止陣屋では、打ちこわし勢二名を捕えたが、大挙した「世直し」勢に簡単に奪回され、その上「侍止宿之宅」を微塵に打ちこわされる始末であった（一巻、二八九頁、三〇一頁）。

時あたかも、第二次幕長戦争のさなかであり、幕府ならびに関東譜代大名の軍事力は西日本に総動員され、いわば権力の空白期をたくみについた一揆戦術といえる。

このような事態に対して、幕藩領主権力は、関東残留兵力を総結集して、大砲・鉄砲を先頭に「世直し」一揆鎮圧体制を確立するのである。

幕府は「世直し」一揆の拡大を阻止するために、南は多摩川、東は中山道、北は上州岩鼻関東郡代所を中心に防衛ラインを敷き、一揆の剪滅をはかった。

まず幕府がもっとも恐れたのは、一揆勢が南下し、横浜開港場に攻撃を加えることであった。それ故十五日には江川代官所支配下の多摩郡の組合村単位に設置されている農兵に動員令が通達された（二巻、五六、八〇、九二頁）。

秩父辺ゟ騒立凡人数三千人程所々及乱妨、当支配所江可打入様子之旨訴有之間、村々農兵差出見掛次第可打殺、尤出役之もの差出候間可請差図候、以上

寅六月十五日　　　　　　　　　　江川太郎左衛門役所

これによると「見掛次第可打殺」と露骨に敵意を示した対応であることがわかる。同日勘定奉行小栗上野介は関東取締出役の報告で一揆勢が八王子宿へ進攻する態勢にあることがわかると、「豆駿州農兵モ呼寄取締いたし候」（二巻、一〇四頁）と、伊豆・駿河の両国の江川領農兵を投入して一揆鎮圧を計ろうとするが、江川太郎左衛門は、「空虚ヲ付込何様之異変生シルモ難計」（同）として農兵が出動した後の伊豆・駿河の両国においても、一揆蜂起が生じないとも限らないとして慎重な態度をとり、結局豆駿州の農兵動員は中止となり、多摩川沿岸の防衛は武州農兵が中心となった。また「神奈川表」には陸軍奉行横田五郎三郎の指揮のもとに別手組一〇〇人を派遣し、一揆勢の横浜攻撃に備えた（二巻、一九〇頁）。

中山道防衛は、六月十六日幕府老中井上河内守の命令により、陸軍奉行配下歩兵頭並河津駿河守が歩兵三中隊三五〇人を関東取締出役頭取馬場俊蔵・吉田僖平次・百瀬章蔵・中村新平・杉本鱗次郎らと共に引率して、急拠熊谷宿に布陣し、中山道筋全体の指揮をとり、武州・上州に領地をもつ譜代大名、松平大和守（武州入間郡川越一五万石）・松平下総守（武州埼玉郡忍一〇万石）・松平右京亮（上州群馬郡高崎八万二〇〇〇石）・秋元但馬守（上州邑楽郡館林六万石）・安部摂津守（武州榛沢郡岡部二万石）らの家臣を動員して防衛にあたることになった（二巻、一八九頁；一巻、二九二頁）。

北関東の最大の防衛拠点は上武国境に位置した関東郡代岩鼻陣屋であり、ここは一揆勢を上州・信州に進攻させないために重要であるばかりではなく、南の横浜と同様北の岩鼻郡代所は一揆勢の攻撃対象と目されていたのである。すなわち、「岩鼻陣屋ヲ打毀可申風聞ニ付、高崎様安中様御人数御頼ニ付、三番手迄岩鼻へ御出張御座候」（二巻、二四四頁）とある。これは岩鼻郡代所が生糸改印政策の拠点であり、農民が販売しようとする生糸を特定の市場で国内用、外国用にわけ改印した上で販売を許し、岩鼻陣屋が生糸の多少に応じて口糸（生糸運上）を取立てたのである。[15]さらに、岩鼻は北関東における一大軍事拠点であり、生糸のほかにも蚕種・菜種油運上政策の直接の推進者でもあった。[16]こうして「一手は深谷本庄ゟ岩鼻へ向ひ、一手は八幡山ゟ藤岡新町・岩鼻へ向ひ、一手は大宮ゟ鬼石・渡瀬・岩鼻と心差相分れ、惣勢一所に岩鼻の御郡代役所を打潰し、爰にて勢揃致し中仙道を押下り、江戸表へ出願を上け、横浜へ乱入致し国病の根を断、万民安穏の心願と申事に御座候」（一巻、一六一頁）という一揆行動の捉え方がなされていたのである。

幕府は岩鼻陣屋警衛として大身の旗本の中から花房近江守（六二〇〇石余）・富田継太郎（七〇〇〇石）・甲斐庄帯刀（四〇〇〇石）・秋田元次郎（五〇〇〇石）らを派遣し（二巻、一九二頁）、岩鼻詰関東郡代木村甲斐守が全体の総指揮にあたり、近隣の大名・旗本らの家臣を一揆鎮圧隊として各所の防衛拠点に動員配置し、[17]一揆勢の攻撃から岩鼻陣屋を死守したのである。

2　「世直し」一揆の崩壊過程

「武州世直し一揆」勢が、幕藩軍事力・農兵・組合村防衛の農民らによって撃破されていく過程を整理してみると〔表6〕の通りである。これでみると、「世直し」勢が潰滅的打撃をうけたのは、十六日の多摩川沿岸柳窪・築地河原・入野村での武州農兵による攻撃と十七日の関東取締出役と関東郡代による北関東の上武国境、新町・本庄・深谷の戦闘である。前者は開港場横浜、後者は関東郡代岩鼻陣屋があり、いずれも幕府にとっては死守すべき拠点であり、もし、これが一揆勢によって占拠される事態になると、内外に与える幕府権威の失墜は計りしれないものがあったといえよう。そのため「世直し」一揆に対する攻撃は熾烈をきわめ容赦なく、多数の死者と逮捕者をだし、一揆勢は致命的打撃をうけ、崩壊したのであった(18)。一揆勢の最後は十八日に忍藩の秩父大宮陣屋に激しい打ちこわしをかけ、十九日には、小鹿野・名倉・下吉田・矢畑と内秩父の山中で、忍藩兵や大宮町の自警町民らによって追撃をうけ解体したのであった。

3　鎮撫政策と指導者の逮捕

一揆勢が解体した直後の六月二十二日関東郡代岩鼻役所より支配下村々に対して二か条の触書が回達されている（二巻、五頁）。その一条は「悪徒共申威ニ泥ミ無拠米金等施行之書付差入候者も有之趣相聞、悪党之申聞を用ひ施行等致儀一切不相成候」として、一揆要

「世直し」勢の崩壊	出典
散乱 散乱（名栗村辺ゟ押出し，発端本色の賊首之由） 逃去 一旦散乱，再結集	②-194 ①-290 ②-216 ②-193～4
即死８人，召捕人13人，解体 即死18人，召捕41人，退散 即死10人，召挿入26人，敗退 発砲散乱 凡40人捕えられる	②-98 ②-98 ②-98，53 ②-228 ①-72～73
即死２人，召捕21人 散乱 １人即死，逃散 四方に散乱 即死２人，召捕人35人	②-103 ②-45 ②-201 ①-291 ②-147
手負人50～60人，召捕人40～50人 手負人100人，召捕人70～80人，即死20人 召捕人49人 即死30人，召捕人300人	①-112 ①-113 ②-146 ①-115 ①-145，146 ②-172
即死４～５人 生捕人34人余	①-114，173 ②-17

表６　慶応２年６月「世直し」勢の崩壊過程

日	場所	幕藩軍事力など
15	入間郡宗 岡 村	川 越 藩
	〃　　大久保村	〃銃隊300人
	多摩郡拝 島 筋	八王子千人頭（萩原頼母）
	新座郡引 又 町	高崎藩陣屋，発砲
16	多摩郡柳 窪 村	江川農兵（田無村組合）
	〃　　築地河原	〃　　（日野宿・八王子宿・駒木野組合）
	〃　　入 野 村	〃　　（五日市村組合）945人
	新座郡大和田町	高崎藩野火止陣屋
	比企郡三保谷村	川越藩，大砲方出動
17	多摩郡小 机 村	農　　兵
	高麗郡的 場 村	川越藩大砲方
	大里郡甲 山 村	組合村・根岸友山の私兵
	足立郡水判土村	関東取締出役（中村・百瀬）
	比企郡大黒部村 〃　　高 坂 村	田木他７か村組合
18	児玉郡小茂田村	関東取締出役（木村逸蔵）
	〃　　本 庄 宿	〃　　　　（〃）
	榛沢郡深 谷 宿	〃　　　　（〃）
	上州緑野郡笛木新町	関東郡代（木村甲斐守）
19	秩父郡名倉・下吉田	大宮町自警団,忍藩兵
	〃　　矢畑	
	〃　　小鹿野	

（注）　出典は『武州世直し一揆史料』1，２巻による。②—194は２巻194頁を示す。

求実施の禁止命令であり、「世直し」の無効宣言である。他の一条は「身柄之者共ニおゐて私欲ニ不迷（中略）夫々施行致困窮之者相救ひ候様可心掛候」として、富裕な農民の窮民に対する施行の奨励である。この「世直し」の否定と貧民対策こそが、いわば領主側の示した一揆直後の基本姿勢である。「世直し」一揆状況を解体させるために、まず一揆地帯の鎮撫であり、そのためには一揆指導者の逮捕と一揆の再発に備えての防衛強化を計ることであった。そのため、江川代官所・関東郡代岩鼻役所では、役人を派遣して、一揆の激発した全域の状況把握と鎮撫を行なっているのである。すなわち、江川代官所では、六月十八日から二十八日にかけて、武州西南部の一帯を、つぎの順序で廻村している。中山道筋を板橋から蕨・浦和・大宮・与野・上尾・桶川・鴻巣と進み、そこから糠田・今泉・流川・野本・正代・坂戸・高萩・黒須・扇町屋・飯能・所沢・上板橋より江戸へ戻っている（二巻、一七六―一八四頁）。

いっぽう関東郡代岩鼻役所では六月二十八日から七月三日にかけて、上州の一部と武州西北一帯を廻村している。岩鼻を出発して藤岡町・八幡山町・広木村・寄居町・矢那瀬村・本野上村・金崎村・黒谷村・山田村・芦ケ窪村・上名栗村・横瀬村・大宮郷・上小鹿野町・下吉田町を廻村しているのである（一巻、六頁）。こうした中で米穀の安売りを奨励し鎮撫にあたると共に一揆の指導者をつぎつぎと捕え江戸送りとしている。前述のように、発端の上名栗村の場合も七月一日に関東郡代留役吉岡静助、同手附宇佐美藤一郎ら七名が同村へ乗り込み、頭取紋次郎・豊五郎らを逮捕しているのである（一巻、二一頁）。こうして各地で捕えられた一揆指導者は七月二十九日に武州多摩郡府中宿に集められ、八月三日に江戸送りとなっているのである〔表7〕。

さて、この「世直し」一揆鎮圧でもっともめざましい活躍ぶりを示した「農兵」は、領主・豪農にとっては、もはや不可欠の存在となり、これを契機に、幕領・私領を問わずいっせいに「農兵」取りたてが開始されるのであった[19]。川越藩でも慶応二年七月より「農兵」取立を行なおうとしたが、領民の強

別　名・赦　免
慶応2年8月3日赦免 菊之助事
吉五郎事，同年8月3日赦免 惣五郎事
栄蔵事 同年8月2日赦免
同年8月20日赦免

『武州世直し一揆史料』2巻，14—15頁の

表７　慶応２年７月甲州道中武州府中宿にて取調べの一揆関係者

掛りの関東取締出役	領主名	国郡村名	身分	名前	年齢
望月善一郎	岩鼻附御料所	武州秩父郡上名栗村	百姓	○紋次郎	42
〃	〃	〃	同	○豊五郎	44
〃	〃	〃	同	留吉	32
百瀬章蔵	松平大和守領分	武州秩父郡坂石町分	同	○佐兵衛	38
中村新平	黒田筑後守領分	武州高麗郡長沢村	同	○作兵衛	47
〃	大岡主膳正領分	武州多摩部下成木村	同	庄左衛門	53
〃	〃	〃	与頭	○喜左衛門	58
〃	松村忠四郎代官所	武州入間都南入曽村	無宿	○文太郎	47
〃	〃	〃	百姓	八郎兵衛	?
〃	牧野備中守領分	越後国古志郡福島村	無宿	銀蔵	19
〃	松平大和守領分	武州多摩郡小丹波村	百姓	熊吉	23
	江川太郎左衛門代官所	武州多摩郡千賀瀬村	無宿	政吉	24
		甲州八城郡南八城村	無宿	熊五郎	40
	松村忠四郎代官所	武州荏原郡北品川宿	百姓	新五郎	?

（注）○印の名前の者６名は，慶応２年８月３日，府中宿より，さらに江戸送りとなった。
記載より作成。

い反対を受け不成功に終っている[20]。

（二）　豪農層の「世直し」一揆への対応

「世直し」一揆の主要な対象者である豪農層が「世直し」一揆の展開と共にどのような行動の軌跡を示すかを検討してみよう。以下三つの時期に分けて考察してみることができる。

1　「世直し」の世界と豪農

「世直し」の世界は、幕藩権力介入以前のわずか十四・十五の両日のみではあるが[21]、この最盛期に豪農は、どのような態度をとったであろうか。一、二の事例を提示してみよう。十四日飯能を打ちこわした「世直し」勢が、所沢、引又辺村々を席巻して行く過程であるが、「行先々を人足を当て打毀シ行とも手向之者は更になし、（中略）其有様は天狗之仕事ニ而も有かと思ふ程之仕事なり（中略）、坂戸宿ニ於而は村役人ハ不申及、其外物持穀屋共は宿はつれニ出、土下座ニ而御願申上度と申といへとも壱人も聞入る者なく（中略）其勢ひ雷神の頭ニ落掛ると思ふ程の勢ひニ而穀問屋ヲは不残打毀、（中略）誠ニ天下むるひ之そふ動かと思ふ、天下ニ而は政事なし、心心《（ママ）》もとならず次第也」（一巻、四三―四四頁）とあり、ここでは豪農層が「世直し」勢に対して土下座し、「世直し」的世界が象徴的に表現されている。入間郡川越町の文人船津漿緒の「日記」によると、「押行先々ニて名主を強て人足を出させ是を先ニ立せて打毀す、（中略）皆災をのかれんとて頓首膝行して食事を出さんことをもとむ」（一巻、七〇頁）とあり、ここでも「世直し」勢に対し「頓首膝行」している様子が指摘されている。

　このように、「世直し」勢の最盛期には、豪農層は「世直し」勢に圧服させられ、「世直し」の世界に包摂されていったのである、また打ちこわしをうけた場合、豪農層は「我等義は宅打毀候節山江にけ」（一巻、一〇五頁）とあるように打ちこわし最中は共通して一時的逃避を行なっていることが特徴である。

2　「世直し」一揆の変質・崩壊期と豪農

　幕藩権力が「世直し」一揆の全面に出現し銃撃砲火をあびせ、「世直し」勢に多数の死傷者や逮捕者がでて、運動体としての組織や指導部が崩壊する段階になると、今まで服従していた豪農・村役人は、急速に「世直し」の世界から離脱し、逆に反「世直し」行動を展開するのである。「世直し」要求の中で、村役人層がもっとも抵抗を示したのは、一揆への人足提供である。これは、「世直し」勢が拡大伸張するかどうかは、小前貧農層が「世直し」勢に加わるか否かであり、村役人の立場からいえば村民を打ちこわし人足に出さないことが、自己を守る最大の方法であった。

　六月十五日高麗郡脚折村名主は「先手之人数」（先遣隊）によって「人足差出候哉」（一巻、四五頁）と尋ねられると、「先刻差出し候」と偽答したが、再三執拗に問われ、ついに「村中大半不残出申候」（同）として人足提供に抵抗しているのである。この背景には、川越藩の一揆勢に対する攻撃開始があったことによる。強制動員による打ちこわし「人足」は領主権力の介入段階には急速に戦意を失ない、「世直し」勢から無断で離脱する場合が少なくなかった。つぎの回状は、そのことを示している。

脚折村・高倉村・三ツ木村・太田ケ谷村・藤金村
右五ケ村川越領分乱入人案内いたし和談之無之内引取候様子ニ相見へ、下々村々難渋いたし候ニ付則刻差出べく、若不参ニおゐては大小不拘乱入可仕様子ニ付承知可被成候

下筋村々
人足中

六月十六日

（二巻、四七―四八頁）

これは、「世直し」勢の要求に対して豪農層の諾否が定まらないうちに動員された打ちこわし人足が帰村し、孤立した「世直し」勢が再度の人足出動を要請したものである。同様な事例は多摩郡五日市村でもみられる。「乱妨頭取五日市村エ掛合ニ及処名主和談ヲ相頼、然共人足差出候義ハ決テ不相成趣断、依之頭取立腹ニテ人足差出不申上ハ村中焼払可致手詰ノ掛合ニ相成無拠破談ニ相成（中略）十六日夜七ツ時頃凡一万人程鯨波之声螺貝ヲ吹立其音山谷ニ響あたかも潮之湧か如く、然れとも更ニ不恐鉄砲打出」（二巻、五二―五三頁）となり、五日市村組合農兵、桧原村の猟師隊など惣勢九四五人によって、「世直し」勢は崩壊するのである。五日市村でも「農兵」の存在が「世直し」勢に対して、高姿勢をとることができた条件であったといえる。幕藩軍事力が「世直し」勢を各地で崩壊させる段階になると、豪農・村役人は、村民を打ちこわし人足として提供することを拒否するだけではなく、積極的に豪農層の家宅防衛に動員するようになるのである。多摩郡粂川村名主伊兵衛宅防衛の事例で

みると、「農兵壱人ニ付玉込十五玉薬十五カン四十宛相渡し、外カン合薬等用意十六日朝四ツ前繰出し村々人足一同粂川村名主伊兵衛宅江出張相固候、蔵敷・宅部・奈良橋・高木・後ケ谷・清水・廻り田・野口・粂川〆九ケ村人数凡三百人程ニ而控居候」（二巻、九三頁）とあり、駐在方式による防衛体制をとっている。

同郡田無村名主下田半兵衛家の場合をみると、同家は武蔵野畑作地帯の典型的な豪農であり、米・雑穀・肥料などを営業し、出質屋五軒をもつ元質屋で、天保十二年（一八四一）には持高一〇〇石を越え、使用人を入れて家族数三一人、江戸京橋水谷町へ出店し、「地米穀粉名渡世」を営み、安政四年（一八五七）から醤油造りを始め、翌五年には造り高三〇〇石という規模であり、慶応二年（一八六六）四月からは八王子生糸改所肝煎に就任し、まさに、この「世直し」一揆では典型的な打ちこわし対象者といえる。[22]さて同家の防衛は、十六日段階は「小川無職人幸坊トか云人子分四五十人連来防候（中略）幸坊子分之者働五六人切殺十人余搦取依之散乱生取之者多く」（二巻、一一二頁）とあり、子分四〇～五〇人をつれた小川無宿の幸坊があたっていた点が注目される。その後、田無村組合の農兵や農民が警衛し、十九日に至っても、下田家の庭場には抜刀の鎗で武装したもの一〇〇人のほか、農兵五〇人が結集しているという報告書が残されている（二巻、一二六頁）。興味深いことは、この組合村農民の総動員による下田家本位の防衛体制に対し、組合村傘下の村々は「老少女子供ニ而甚備無之」という有様となり、組合村内部から批判的な動きがでてきている。すなわち、打ちこわし勢の波がひとまず去った十八日には、武蔵野新田地域では関前村名主忠左衛門を代表として、大宮前新田など一〇か村が田無村寄場へのみの集中防衛の方法は各村の防備が手薄になるとして、一〇か村限りが一組となって自村の防衛に当り、寄場中心の結集を避けたい意向を幕府代官今川要作に出願している（二巻、一二〇—一二一頁）。このことは豪農と一般農民との対立がすでに根底にあり、また村役人層は自村での不穏情勢への不安を示していると理解できよう。[23]この時期の豪農層の対応のもう一つのタイプとしては、大里郡甲山村の名主であり豪農根岸友山（三巻、二〇一頁）や多摩郡日野宿名主佐藤彦五郎（三巻、八八頁）のように、私兵を集めて「世直し」勢の鎮圧にのりだしているものもいることを指摘しておきたい。

3 「世直し」一揆の解体と豪農層の復権

「世直し」一揆解体後の豪農層の小前・貧農・半プロなどの「世直し」層への対応は二つに分けてみることができる。一つは一揆勢の「世直し」要求の無効を村役人・豪農層の組織である組合村の「議定」として確認し、それを小前貧農層に押しつけることであり、他の一つは小前貧農層に対する施米・施金の実施である。この二つの対応はセットとして「世直し」状況の解体化に作用するのである。前者の「世直し」要求の否定については前述のように、すでに領主側からも通達されていたが、組合村「議定」ではさらに具体的にその内容を規定している。一揆直後の慶応二年六月の武州榛沢郡の組合村の場合（一巻、一一六―一一七頁）では、Ⓐ米麦の相場通りの売買、Ⓑ質物帳面・質地証文・借用証文などが一揆勢によって焼失した場合でも、請戻しの際は前の通り元利金を差出す、Ⓒ糸絹売買も相場通りとする、Ⓓ富裕農民の困窮人への施行の奨励、Ⓔ今後の一揆勢襲来に対する防衛措置などをとりきめている。(24)勿論、このような豪農・村役人層の「世直し」要求無視・否定の態度は、小前農民の強い反撥と抵抗、さらには再蜂起を促す原因ともなるのである（後述）。このような情勢をふまえて、豪農層・村役人の施米・施金が各地で実施されるのであるが、(25)それは「世直し」要求をすりかえ、豪農・村役人の立場の復権をねらうものであった。その代表的な事例として、慶応二年七月に実施された「青梅村元組合三拾壱ケ村示談趣法帳」（一巻、二四七―二六三頁）により、その施金の意図と方法を解明してみよう。

これは「世直し」一揆直後、多摩郡青梅村を中心とした三一か村の村役人が集会の上できめたものである。その趣旨は、「打毀乱妨人」が質物の無償返還や米穀の安売を要求してきたが、これは二つの理由によって好ましくないとした。その一つは不相当の米穀の安売りは、「人情厚貧民は買求兼」るに対し、「仮成ニ取続候者ニ而も薄情之族は所持之穀物他向江時相場ニ而売払、安売之穀物買取候者」（一巻、二四七頁）もでてくることとなりよくない。第二の理由は、打ちこわし勢との約束を「村役人ニ而取用」実施しては関東取締出役に咎められよくない。そこでつぎの方法で施金を実施するとした。

i　施金額は「身元宜敷者」が自主的に出金し、その額については村役人は干渉しない。その三一か村豪農の施金額を三一か村の惣人口で割り、各村は、その村人口の金額内で村内の貧民に施金する。

ii　商売は時相場で行なう。

iii　質利足はこれまでの通り。

この結果、惣施金額高四九九六両二分となり、それを三一か村惣人口一万五四四一人で割り、一人につき金一分と鐚四六二文となり、各村は村人口分の額を村内貧民に施金したのであった。結局これは、「世直し」要求の施金内容を無視し、その形式のみを利用しながらiiiiiを回復実現することを目的とした行為であるといえるのである。すなわち、「世直し」以前に戻すことがねらいであった。ここに、この時期の豪農層・村役人層の施金の本質があったと指摘できるのである。

（三）「世直し」一揆の変容

1 「世直し」組織の解体

「世直し」勢は、頭取・先遣隊・打ちこわし勢の三者の緊密な連動によって、数千人単位の集団が有効に行動したのであるが、十六日の多摩川沿岸一帯における農兵の銃撃、十八日の北関東新町・本庄宿での攻撃により、組織は潰滅し、指導者は捕えられたりして、統一性を失なった。(26)

その間隙をついて無宿者などが多数参加し、新しい動きを示すようになる。例えば六月二十六日所沢村役人より「此度之一揆蜂起之内へ黒熊之勝駈入、柳窪村江押寄候節ハ、同人頭取金三十両受取焚出し為致打毀ハ差免候処、先村ニも同様所置いたし候ニ付一揆之者不平ヲ発し候分いづ方へ歟逃去候」（二巻、一八三頁）との報告はそのことを示している。また、「世直し」勢は、要求と同時に、その場で施金・施米をさせることは、略奪行為ともなり兼ねないので、行なわないのだが、幕藩軍事権力が全面的介入した段階になると、すでにその余裕もなく、たとえば男衾郡木持村では十七日、要求事項を「多人数ニ而強勢ニ申募、其上百姓清兵衛江相廻り、押て金五拾両・米拾俵・酒壱樽為差出、人足弐人引連去り」（二巻、二〇二頁）とある。また一揆勢は農具や生産道具以外の刀・鎗・鉄砲などの武器を所持しないことが原則であったが、銃撃砲火により、多数の死傷がでたあとでは、もはやその原則もくずれ、十九日の最後の段階では、「吉田村ニ而召捕候徒党人共之内刀剣を以手向候者」（二巻、二三一頁）のいたことを報せている。これらのことは、権力介入以後、「世直し」一揆に変容が生まれてきたと指摘することができるのである。

2 「世直し」層の抵抗

一揆解体後の小前農民層の動向は、一揆要求を受け入れた豪農層が、その要求実施を行なわないことから、再度、「世直し」状況を再現しようと行動するが、ゲリラ化するところに特色がある。若干の事例を紹介しよう。

Ⓐ比企郡古凍村の名主・組頭が六月二十八日に地頭へ提出した「届書」によると、「宿々村々ニ而施シ差出候筈之証文差出し打毀シ相凌キ候村数多有之」（一巻、七六頁）ところが、「打こわし」勢が解体すると施行の実現が一向なされず、「困民のもの共相集り、対談之通り施し可差出、左も無之異変ニおよひ候ハヽ、村内困民共ニ而打毀シ可申抔と申出候族も有之、村々大混雑いたし候」（同）というような村が数多くあることを指摘している。

Ⓑ比企郡平村では八月三日村内の小前農民十一組が組ごとに集まり相談した結果、去七月二十九日以来穀屋仲間十一軒が「売候得は損ニ相成候」（一巻、三五頁）として白米挽割の小売を一切中止し、そのために「人気立」「中人以下之者」は大変困窮しているとし、これを打開するために行動を起すことにした。下宿河原へ約二〇〇人余りが集まり、河原に竈戸を築き「焼出し」を行ない、穀屋に対し、去六月十六日から十七日の打ちこわし「蜂起」の時の「対談之趣申達強談」（一巻、七九頁）に及んだ。すると奥畑組の和十郎が仲介に立ち、小前農民の要求通りに「御世話」するから、ということで一同はひとまず、引き払い翌四日夜には一組二人づつの小前惣代を選出して、六人の豪農から三四〇両の施金の約束をとりつけた。しかし、一向実施されることはなかった。

八月十日夜、高札場へ「張訴」が出された（一巻、八〇頁）。

この「張訴」には、浜糸商人・穀屋・質屋を「南風を見而焼払」とか、「此度施金之儀も一切惣百姓請間敷」と激しい「打こわし」精神が発揮されている。以後どのような展開を示したかを知ることのできないのが残念である。

Ⓒ榛沢郡用土村とその周辺の村々では六月末頃と思われるが「村々之儀施し之儀ニ付、未タ差縺相治り不申、混乱いたし居候事ニ而村役人其外甚困り入候事のミ平隠ニ相成不申候」（一巻、一一四頁）とある。このような状

態は各地域に存在していたと思われる。

Ⓓ高麗郡新堀村の高麗大記の日記「桜陰筆記」には、慶応二年（一八六六）六月十六日に一揆勢の残党二〇人ばかりを解散させた松福院（僧侶）（二巻、三一―三二頁）に対し、その年の十二月晦日「押詰り平沢滝峯寺松福院江ハリ訴致候由火札之由也、打毀し之砌り両院取扱候故之由」（二巻、四四頁）とあり、半年を経過してもなお、「世直し」の火が依然燃えつづけていることがわかる。

Ⓔ榛沢郡猿喰土村の慶応四年（一八六八）三月二十二日徳川幕府の瓦解と同時期に発生した「世直し」闘争は、同二年六月の「武州世直し一揆」要求の実現をめざしておこったものである。[27]すなわち、「一昨寅年打毀之砌、御百姓佐五郎義無余義、米五拾俵、金子五拾両差出之張札いたし候ニ付、右を不差出におゐてハ此節可相尋」として「百姓丑五郎・同政吉・同銀蔵右三人頭取ニ而当月廿三日夜ゟ当村観音寺江寄合相附、不参之者ハ打毀可申抔と申触、強談いたし無拠村中不残寄合相集候」とあり、結局佐五郎は二五両を差出すこととした。しかし、それでは満足せず、村内は二つに分裂して「徒党之者共竹鎗鉄炮抔ヲ持来り猶又名主宅江乱入押込候様子」となり、村役人らは岡部藩安部摂津守陣屋に訴えて、領主権力の介入によって鎮圧したのである。

このほか、明治二年から三年にかけて、多摩郡の武蔵野新田一三か村の農民は、維新政府（品川県）の社倉政策に反対して、「徒党・強訴」を行なった（いわゆる「御門訴一揆」[28]）。その際、指導者関前村名主忠左衛門が蜂起直前に品川県庁に提出した「建言書」の中に、「去ル寅年打毀已来、二十ケ村一同別紙議定取極、已前ヨリ追々物価沸騰万民塗炭之苦相募（中略）、既ニ先頃飛騨・信濃辺之総劇虚実不詳候得共、風評専ニ付、人気推移候儀難計候」[29]（傍点筆者）とあるように、慶応二年の「世直し」一揆は明治初年の闘争に少なからざる影響を与えたのであった。

最後に慶応三年（一八六七）の救恤政策をとりあげておきたい。

3　慶応三年の救恤政策

再発を怖れた領主側は窮民救済と非常事態に対処するため「村方身元ケ成之者ニ而出金仕後来非常手当ニ備置」（宿谷家文書）かせたのである。下直竹組合の高麗・多摩・秩父三郡二四か村では〔表8〕のごとく合計一二〇六両余と稗粟などを準備し、窮民二七二戸に七四七両余（一戸平均一両二分三朱）を割渡した。また岩槻藩大岡氏は、この組合傘下の七カ村に一七七両を貸付け、村ではその金額を窮民に拝借金として割渡したのである。

武州西部山間村落では雑穀の端境期が初夏におとずれる。いわば食糧危機の季節である。関東取締出役は前年の打ちこわし体験から対策を急ぎ、慶応三年三月二十九日より五月二十九日までの三か月間に、住民が必要とする主穀雑穀高を各村において調査し、その過不足を把握している〔表9〕。

方資金内訳		救金受取戸数
窮民施金	非常時備残金	
		戸
10両	28両	5
7両2分	29両1分	2
25両	51両	8
56石	20石	15
37石8升	15石	15
18両	25両	12
17石5斗	10石	5
30両	35両	15
21両	27両	14
57両	14両	19
無	10両	無
無	50両	無
16俵	192両	17
7石5斗	杉6000本	8
30両	50両	5
38両2朱	30両	3
30両	39両2分	18
20両	30両	10
18両	15両	9
27両	25両	21
20両	20両	9
10両	30両	21
65両	27両	27
32両	20両	14
458両2分2朱	747両3分	272

下直竹組合村の秩父・多摩・高麗三郡二四か村では、農民が生産または購入し、三月時点で所持した玄米は一七二石五斗五升・大

表８　下直竹組合24か村窮民救方備金一覧　慶応３年

郡　村　名	村　高	戸数	窮民救方資金	救
				領主拝借金
	石	戸		
高麗郡下　直　竹　村	168.892	65	38両と稗10俵	
〃　上直竹村下分	128.701	40	36両３分	
〃　上直竹村上分	54.282	31	76両	
〃　中藤村上郷	147.255	43	稗76石	
〃　〃　中郷	114.971	42	稗67石５斗	
〃　〃　下郷	171.316	44	43両	18両（岩槻藩）
〃　曲　竹　村	50.856	14	稗27石５斗	
〃　下　赤　工　村	150.713	53	65両	30両（　〃　）
〃　上　赤　工　村	106.158	39	48両	21両（　〃　）
〃　原　市　場　村	402.403	125	71両	
〃　唐　竹　村	95.994	30	10両	
〃　赤　沢　村	373.021	107	50両	
〃　上畑・下畑村	343.045	73	192両と大麦16俵	
〃　苅　生　村	58.549	29	籾７石５斗と杉6000本	
秩父郡下名栗村下組	184.189	87	80両	
〃　下名栗村上組	102.109	41	68両２朱	
多摩郡富　岡　村	195.549	62	69両２分	30両（　〃　）
〃　下成木村下分	128.047	47	50両	20両（　〃　）
〃　〃　上分	127.227	38	33両	18両（　〃　）
〃　上成木村下分	266.234	119	52両	
〃　〃　上分	199.210	102	40両	
〃　北小曽木村	131.489	70	40両	
〃　南小曽木村	233.678	98	92両	40両（　〃　）
〃　〃　上分	138.051	60	52両	
計	3,971.939	1,459	1206両１分２朱	177両

麦・小麦・粟・稗など六七〇石八斗であった。消費人口は八八五〇人を数え、一日玄米一合五勺、雑穀六合の計算では六〇日分を賄うために、玄米七九六石五斗、雑穀三一七六石を要する。したがって玄米六二三石九斗五升、雑穀二五一五石二斗の不足となる（宿谷家文書）。同様に南村組合の秩父・高麗郡一〇か村の四四四八人分は差引き玄米三四四石七斗二升、雑穀一三一一石四斗八升が不足し（町

田家文書)、各々在方米穀市場から搬入されなければならなかった。山間村落の小規模農間稼はこのような食料補給のための余業であった。

おわりに

本章の課題は、「世直し」一揆の展開を幕藩権力介入以前の確立期と権力の介入以後の解体期に分けて、考察し、権力介入以前の「世直し」の展開の中に、本来の「世直し」のめざしたもの、「世直し」の原型・原理が、

消費人口	60日分必要量		不足分	
	玄米	雑穀	玄米	雑穀
人 563	50.67	202.68	43.87	164.18
193	17.37	69.48	12.17	44.48
607	54.63	218.52	46.63	153.32
1,346	121.14	484.56	101.14	423.56
227	20.43	81.72	17.63	70.22
145	13.05	52.20	12.25	46.20
293	26.37	105.48	24.37	88.98
467	42.03	167.82	38.30	154.82
607	54.63	218.52	48.63	166.02
4,448	400.32	1356.20	344.72	1311.48
687	61.83	247.32	49.43	114.32
591	53.19	212.76	41.19	87.76
190	17.10	68.40	12.70	18.40
793	71.37	285.48	66.97	274.98
185	16.65	66.60	15.85	56.60
226	20.34	81.36	18.19	67.56
271	24.39	97.56	23.59	86.76
206	18.54	74.16	18.54	66.16
375	33.75	135.00	20.95	118.50
500	45.00	180.00	1.00	149.00
310	27.90	111.60	0.70	58.40
164	14.76	59.40	6.76	55.54
311	27.99	111.96	15.59	84.96
171	15.39	61.56	9.39	51.56
286	25.74	102.96	21.74	87.46
278	25.02	100.08	23.02	81.08
850	76.50	306.00	73.30	292.00
645	58.05	232.20	58.05	220.02
479	43.11	172.44	43.11	152.44
312	28.08	112.32	26.08	100.82
83	7.47	29.88	7.44	18.38
189	17.01	68.04	16.21	57.54
344	30.96	123.84	28.56	96.34
404	36.36	145.44	25.56	118.44
8,850	796.50	3186.00	623.95	2515.20

雑穀6合計算。馬の必要飼料除く。

表９　南村組合・下直竹村組合35か村主穀雑穀過不足一覧　慶応３年

		各村保有米穀内訳					
		玄米	大麦	小麦	粟	稗	大豆
秩父郡	南村	石 6.80	30.00	5.00	1.00	2.50	2.00
〃	高山村	5.20	25.00				0.50
〃	南川村	8.00	43.00	8.50	1.50	12.50	7.00
〃	上名栗村	25.00	47.50	5.00		8.50	5.50
高麗郡	白子村	2.80	9.00	1.00	0.50	1.00	1.00
〃	平戸村	0.80	5.00	1.00			0.50
〃	虎秀村	2.00	15.00	1.00	0.50		0.50
〃	上・下井上村	4.00	11.50		1.50		1.50
〃	長沢村	6.00	35.00	10.00		7.5	1.50
小計		55.60	289.50				20.00
高麗郡	原市場村	12.40	62.50	10.50		60.00	10.00
〃	赤沢村	12.00	60.00	10.00		55.00	10.00
〃	唐竹村	4.40	25.00	2.50		22.50	0.60
秩父郡	下名栗村	4.40	9.00	1.50			0.45
高麗郡	中藤村中郷	0.80	7.50			2.50	0.20
〃	中藤村上郷	2.15	8.80			5.00	0.23
〃	申藤村下郷	0.80	9.00	0.80		1.00	0.80
〃	上赤工村	4.00	3.00			1.00	0.50
多摩郡	富岡村	12.80	9.00			7.50	1.50
〃	(大岡)南小曽木村	44.00	30.00		1.00		2.50
〃	(松平)南小曽木村	27.20	28.00	7.20	8.50	9.50	1.20
高麗郡	苅生村	8.00	2.50			1.00	0.50
〃	下畑村	12.40	22.00	2.50		2.50	1.00
〃	上畑村	6.00	5.50	1.00		3.50	1.00
多摩郡	下成木村	4.00	9.00	1.00	4.00	1.50	2.00
〃	下成木村上分	2.00	12.50	1.50	0.50	4.50	0.50
〃	上成木村下分	3.20	14.00				0.50
〃	上成木村上分		8.00	2.00		2.00	0.30
〃	北小曽木村	2.00	12.50	2.50	5.00		1.00
高麗郡	下赤工村		8.50	0.50		2.50	0.53
〃	曲竹村		6.50			5.00	0.50
〃	上直竹村上分	0.80	9.50		0.50	5.00	0.39
〃	上直竹村下分	2.40	9.50	11.00	1.00	6.00	1.00
〃	下直竹村	10.80	23.00		1.00	3.00	1.50
小計		172.55	670.80				38.70

(注)　南村組合（町田家文書)。下直竹村組合（宿谷家文書)．１日１人　玄米１合５勺

純粋に損われずに存在しているのではないかという発想から、その「世直し」の原型・原理を剔出することにあった。

その結果、「世直し」の世界ともいうべきものを摘出した。すなわち、「世直し」大将のもとに、豪農層はすすんで「施金・施米」を行ない、蓄財を放出し、「施金・施米」をうける小前・貧農層は積極的に打ちこわし勢となり名主を先頭に、周辺隣村に「世直し」的世界を拡大して行くのである。すなわち、「世直し」的世界は社会変革の運動体として存在しているのである。

「世直し」的世界の確立は、「世直し」勢の回状に端的に示されている。すなわち、「世直し」勢の回状には、①打ちこわし連中から、村々に宛てたものと、②A村→B村→C村という村継の方式の二つがあるが、「世直し」的世界の確立している地域では、「世直し」勢の回状は村継で回送されるのである。「天下泰平世直し」とか、「平均世直し大明神」「日本窮民為救」という旗や幟にこめられた意識は、このような、平等的「世直し」世界への希求ではなかったろうか。「世道し」は、まさに幕末期の社会変動の所産であり、豪農収奪と、開港後の貿易による欧米資本主義の収奪という二重の収奪下に生命や生活の根底を破壊された、民衆の抵抗と抵抗が生んだ意識であったといいえる。

注

（1）　六月十二日には「川越市中裏店之向困窮之者凡九十人程千波山ニ籠リ居米直下ケ願候由、未タ方付不申由」（二巻、三一頁）と、いわゆる不穏屯集が発生し、川越藩では翌一三日から「安売米仕法」を開始し、鎮静した（田村栄太郎『世直し』、九四―九五頁）。

（2）慶応二年六月五日、多摩郡諸村に出された幕府代官今川要作の回状にも「当節米穀其外直段引上ケ下々及難儀候ニ付而は不穏及所業候ものも有之哉ニ相聞以之外成るニ付」（慶応一年十二月「廻状留」三鷹市野崎・吉野家文書）として、不穏情勢を指摘し穀屋に米価引下げを要請している。
（3）上総久留里藩主で上総・上野・武蔵の三か国で所領高三万三六九四石で、上武の支配は榛沢郡岡村に岡役所を設けて行なった。
（4）「武州世直し一揆」の直後におきた羽州村山地方の世直し一揆もほぼ同様な経過をたどっている（青木美智男「慶応二年、羽州村山地方の世直し一揆」佐々木潤之介編『村方騒動と世直し』上、所収、青木書店、一九七二年）。
（5）森安彦「武州世直し一揆の基礎的考察」（『信濃』二四巻一〇号一九七二年）。
（6）東京大学史料編纂所蔵「知新雑纂」（慶応二年六月一三日「大日本維新史料稿本第三部」所収）。
（7）田村栄太郎『世直し』、一一二―一一三頁には、上野国北甘楽郡富岡の黒沢文書を掲げ、「世直し大将」のリストがみられ興味深いが、黒沢文書を確認していないので指摘だけにとどめる。
（8）その具体的一事例を補足しておくと、「武州高麗郡鹿山村名主藤太郎農間ニ機渡世仕罷在候処、同日（一五日）徒党之者両三人相越人足早々差出呉候様申聞候之処、小村之儀ニ付難差出旨及断候処俄ニ多人数凡四五百人程押来、諸道具・天井・壁・戸障子・建具・鍋釜・衣類・蒲団之類不残切破打捨、麦弐拾俵小麦七俵・米四俵庭中江蒔散」（二巻、一三三頁）とある。
（9）中沢市朗「伊古田純道の生涯と思想」（『歴史評論』三〇五号一九七五年）。
（10）このほかにも『武州世直し一揆史料』一巻、二八七頁。二巻、七頁、一〇六頁にもみられる。
（11）林基他編『民衆運動の思想』、二九二頁。（岩波書店、一九七〇年）。
（12）前掲書、二八九頁。
（13）津田秀夫「『世直し』の社会経済史的意義」（高橋幸八郎・古島敏雄編『近代化の経済的基礎』所収　岩波書店、一九六八年）。

(14) 施金・施米額が莫大なものであり、「身元之者共江法外之米金可差出」(二巻、二一七頁)、「施行金施米夥しく」(一巻、一六四頁)、「施行米差出候様申聞漸千弐百俵迄ニ而掛合詰ニ相成」(二巻、二〇八頁)、「無余義身分ニも難叶程之施物張札等いたし其旨請書差出」(一巻、一四五頁)とあるのは、このことを示している。
(15) 中島明「武州世直し一揆と上州諸藩の動向」(近世村落史研究会編『近世史藁』二号一九七七年)。
(16) 中島明前掲論文。
(17) 具体的経過は、森安彦「『武州世直し一揆』の展開過程——「世直し」一揆の行動と論理——」(和歌森太郎先生還暦記念『近世封建支配と民衆社会』、二一九—二二〇頁、弘文堂、一九七五年)参照。
(18) 榛沢郡原宿村の市川家文書によると、新町・深谷の「両宿即死之義は、六月十九日ニ芋びつ之ようの穴をほり所々江ほりいけ、大悪人と申せいさつを立候由ニ承り申候」(一巻、一一五頁)とある。
(19) 慶応二年六月二四日幕府代官今川要作は多摩郡府中宿の旅宿で「農兵取建其外被仰渡有之」として、農兵取建を命令している(三鷹市野崎、吉野家文書、慶応一年一二月「廻状留」)。
(20) 福島正義「幕藩制の崩壊と川越藩の農兵反対一揆」(『地方史研究』一〇九号　一九七一年)。
(21) 地域によって若干異なり、比企郡では一六・一七日の両日も、なお「世直し」一揆勢は隆盛である。この地域は幕領・旗本領・大名領の飛地で領主権力の中で有力な軍事力を保有していなかったことにもよる。
(22) 下田富宅編『公用分例略記』の伊藤好一「解説」。
(23) 森安彦「江戸周辺における『世直し状況』と農民支配政策——彦根藩世田谷領を中心に——」(『近世史藁』二号、近世村落史研究会編集・発行、一九七七年)。
(24) これと同文のものが榛沢郡荒川村(二巻、一六三頁)にあり、この他にも入間郡福岡新田(一巻、六二—六三頁)、比企部下野村(一巻、七七—七八頁)、横見郡荒井新田(二巻、一五六—一五七頁)にそれぞれ一揆直後の組合村議定書が残っている。
(25) 慶応二年七月二三日比企郡玉川村の施米状況(二巻、一三一—一三六頁)、同年一二月多摩郡富岡村救金(一巻、二六三―二六四頁）など。

（26）六月一六日には、多摩郡の頭取林蔵・富蔵・清太郎らが捕えられ（二巻、七八頁）、翌一七日には同郡二又尾村無宿で頭取である元左衛門が捕えられた（二巻、八三頁）。秩父郡でも坂石町分問屋を打ちこわした頭取が一六日に捕えられている。

（27）『花園村史』、四〇〇―四〇五頁。慶応四年三月から四月にかけて、武州秩父郡金沢村をはじめ、埼玉郡下新井村、同郡台村、桶川宿・幸手宿などでも同趣旨の「徒党・不穏・打こわし」状況が発生していることが注目される（青木虹二『百姓一揆総合年表』、三一八―三二〇頁）。

（28）森安彦「明治初年、東京周辺における農民闘争――品川県社倉騒動を中心に――」（佐々木潤之介編『村方騒動と世直し』上、青木書店、一九七二年）

（29）『武蔵野市史　資料編』、四一九―四二〇頁。（武蔵野市史編纂委員会編、一九七〇年）

〔初出〕近世村落史研究会共同研究「幕末の社会変動と民衆意識――慶応二年武州世直し一揆の考察――」（歴史学学研究会編集『歴史学研究』四五八号、一九七八年七月、青木書店）

武州世直しの行動と意識

大舘右喜

一　武州世直し一揆の展開

（一）蜂　起

慶応二年（一八六六）は早春から冷えきった日がつづいていた。武蔵野のある文人は日記に、「五月十六日くもる、きのふの雨に青梅のむらあたりは、雪ましりといふ、いかならんか、もともさむきことは、きさらきの頃にもまされり」と、その異常な寒気を記録している。この年の武蔵野地方の天候をみれば、一月は晴れ十九日、雪・雨・曇天十一日、二月は晴れ十三日、雪・雨・曇天五日、三月は晴れ十九日、雨・曇天五日、四月は晴れ十八日、雨八日であったが、五月は晴れ九日、雨・曇天が十七日となり、六月には晴れ十日、雨・曇天が十六日をかぞえた。(1) 収穫期をむかえた初夏の麦作には、とても豊作は望めなかったことであろう。農民たちのいらだちもつのるばかりであった。

表1　武州山村の農間稼

	浮元締 山元締	質屋	機業縞売	蚕種	紺屋	桶屋	綿打	馬喰	大工	結髪	小商売	竹細工	炭焼	浮乗	薪取 杣木挽山	車稼 牛馬荷	日雇	計
化政期			2						1	1	2		2	5	1	4		18
天保期	2	1	4			2	2				4	1	2	11	8	1	2	40
明治20年代			7	1	1	1	1	1			7	1		11	15	6		53

（武州高麗郡台村の新井家文書「三代紀聞」を加工したもの。戸主数は44名）

加えて横浜の開港は、国内経済に大きな動揺を与えていた。江戸・横浜をひかえた関東の諸村落・封建都市は、深く小商品生産に入り込み、農民層の階層分化ははげしく両極をさししめしている。(2) 農村金融を核とした高利貸地主は、「浜糸稼」や「酒造」などをかねて、ますます成長していた。

いっぽう、多数の貧しい農民は、小作人となり、あるいは養蚕や農間余業としての手織機に活計をみいだそうとした。耕地も少ない山間村落や丘陵の奥深い村々は、「村民農間の稼には炭焼、或は木挽をするものありて筏流しをするものあり、女は養蚕の外、絹太織を織もあり、板貫木炭などを負担し傭銭をとる」(3) などという状況であった。

つぎに具体例の一つとして、高麗郡台村の場合をあげておこう。表1は戸数四〇軒前後の山間村落における農間余業であるが、大半の農民経営が農業専業では成立しえない状況をよく示している。そして幕末より明治へとその傾向を強め、第一部表5（本書二〇～二一頁参照）のごとく持高よりみれば慶応二年には一石未満が一五戸、一石層が九戸、二石層が七戸、三石以上が九戸である。これによれば村内の半数が不安定な経済状態におかれていたと考えられる。

山の民は山林地主や材木商のもとで、炭焼や木挽き・筏乗り（浮乗）などに従事し、妻女たちは小規模商品・手間稼ぎに力を入れていた。野方の村々でも貧農にとって生計の手段はこれまた同質であって、土地を失った中農以下の階層は日傭稼ぎが生活の基盤であった。それゆえ、慶応二年の麦作の不熟・物価騰貴は、こうした農民の生活を圧迫し、極度の困窮に追いやったのである。ちなみに江戸市中の米価指数をみると安政四〜六年を基準（一〇〇）とすれば、慶応二年は四〇一ないし四五九という暴騰がみられるのである。(4)

まさに貧民の窮状はのっぴきならぬ事態を生みつつあった。同年五月の江戸市中の騒擾、東海道川崎宿の打毀し、六月七日の川越藩城下町の大工・職人の徒党など、いずれも貧民の実力行動であった。(5)川越藩では六月十三日、藩の「安売米仕法」を示して不穏な貧民の胎動を制止した。同日関東郡代岩鼻役所も、急廻状により支配各村々に触書を出している。すなわち、米価高騰を利用して買いしめ暴利を貪る商人に対し打毀しが発生しているが、もし岩鼻郡代の支配所内村々に悪徳商人が存在するばあいは、廻村中の郡代・代官の手代に訴え、あるいは郡代の設置した「訴状箱」に投書して、適宜の処置を求めるよう村々に指示を与えたのである。またいっぽう、村役人や在郷商人・豪農にたいし、困窮した民衆の救済や施金・施米の自主的実施を求めたのである。

しかし六月十三日、武蔵国の西部山間村落から「武州世直し」の蜂火があがったのである。秩父盆地の外壁に位置し、武蔵野台地に向って緩傾斜する渓谷に成立した小集落から、貧農や職人たちが、在方市場の飯能をめがけて結集しつつあった。武蔵国秩父郡の名栗や吾野方面、多摩郡の成木などの村々が、こうした蜂起段階での主体であった。(6)

世直し勢の発端は十三日夜七ツ時ころ（十四日早暁四時）名栗谷《やつ》を本流としておこり、直竹・成木谷《やつ》および吾野谷《やつ》に蜂起の檄が飛ばされた。「人々寝鎮り居候を軒別ニ表戸を叩き起し廻」る人声は、打毀しへの参加を人足として強要するものであった。こうした蜂起の初発は上名栗村からおこったようにおもわれる。同村の百姓紋次郎は同月十日、飯能市場において、多摩郡下成木村組頭惣五郎事喜左衛門と出会ったさい、喜左衛門より、(7)

米穀高直ニ付名栗辺難渋可致旨、我等共江申合、米直下ケニ近々飯能江可罷出候間、当方より沙汰次第飯能川原江可罷出

といわれ、帰宅のうえ同村豊五郎にこの件を話しておいたのであった。そして十三日朝、喜左衛門の使者から蜂起の計画がもたらされると、それに応じて飯能以下各地の打毀しに参加したのであった。一揆の消滅後捕えられた紋次郎・豊五郎の供述から知られることがらである。また両人および喜左衛門らにたいする判決文・判決請書も同様に記載されている。

さて頭取たちにかかわる供述・判決両文に共通してみられる点は、蜂起の計画性や組織などにふれず、頭取たちが偶市場で出会ったことから端を発し、米穀商人にたいする米値下げや借米要求から「人気に乗じ」、打毀し狼藉におよんだということである。斯様な頭取たちの供述は事前の準備を否認し、単純な打毀し行為に事件を限定することによって、犠牲者の発生を阻止しようとしたものであって、ことの本質を認めたものではなかったと考えられる。

またいっぽう、幕府側の一揆に対する処置と位置づけをみると[8]、農民たちの供述どおり、米安売りや質物返還などの諸要求より端を発した打毀しとみなし、打毀し勢の世直し要求や変革の民衆的潮流を黙殺しているのである。

(二)　要求と組織

六月十四日早暁におこり、数日間にわたって武州・上州を席捲した世直し一揆は、まさに広域、同時、多発的であった。しかも激烈な打毀しをともなう大衆蜂起の渦巻くような高揚状態のなかで、実力行使は一定のパター

ンをまもりつつ展開したことがみとめられる。[9] すなわち、世直し勢は遵守すべきものとして、一種の綱領を確認しあっていたといえるのである。それは①打毀し参加を強請する動員のしかた、②打毀しに突入する時点での要求および交渉過程、③最終状況、すなわち打毀しなどの実態に示されている。したがってこれらをつぶさに検討すれば、世直し一揆の民衆意識をさぐることができよう。[10]

世直し一揆への参加強制は当初かりに「面躰不知者三、四人」が深更にまぎれ、各家の表戸をたたきおこして人数を集め「猶人気を可引立と竹螺吹鳴し、村々之もの共何れも党に可加、若不罷出もの共は居宅可焼払抔、大音に呼り候より彌増多勢に相成、終誰頭取と申儀も無之、人気に乗し一同にて村穀屋共居宅打毀し」（上名栗村町田家文書）たのであるが、こうした発生地の動員形態は、ひとたび打毀しが開始されたとき、同時多発性を帯びた燎原の火となるのである。

そして蜂起した世直し勢力は、たちまち数千・数万の人足を動員し、各地の豪農・豪商にたいし「世直し・世均し要求」をつきつけた。直接行動の対象として世直し勢力が対決したのは「横浜あきなへの者第一、ならびに高利の金貸し、穀屋、質屋、両替屋、地代官、大惣代、其外頭立候者」たちであった。なかでも「横浜商人は大小に限らず、施行にかかわらず捨置き難く打潰し」たともいわれている。[11] このような打毀しは豪農と半プロレタリアの対立の激化現象であり、もっとも典型的に展開したのは中部地方・関東地方・北陸地方・東北地方であった。

そこで「打毀し連中」と自称した世直し勢の展開について、二、三の特質をあげて検討してみよう。打毀し連中は「急廻状」をもって各村へ動員をかけている。その文言によれば、一五歳より六〇歳までの男子は残らず参加せよと強要し、動員された農民は各自に、斧・鋸・掛矢・四ツ子などの道具を持参し、いっぽう「刀脇差等決而持参致間敷候」（幸嶋家文書・三峯神社文書）と厳重に武器の携帯を禁止している。そして世直し勢は、こうした動員態勢を村から村へと「急廻状」で醸成しつつ、明確に「世直し」思想を浸透させたのである。

「打毀し連中」は廻状の文言に、今般世直しのために打毀しを行なうと明示している。

　村々継立を以、先触之書付（打毀し連中からの）には、今般世直し之為打毀致候儀ニ付、名当之村々拾五歳より六拾歳迄之男、斧鋸カケヤ得ものを携、村境迄出迎可致候、万一遅滞ニ及候村々は、名主を始不残打毀焼払可申条々相認、村々残りなく相廻し候(12)

打毀しに動員された農民は、このような世直し宣言の洗礼をうけた人足として打毀しに参加したのである。さらに参加強制が村落単位になされたことも注目される。まず名主に要求して「村々役人共江相掛り、村人足差出候様申聞、若不承知候はゞ人足の者打殺し、又は家作相破」（新井家文書「楡木村変騒諸入用覚帳」）るなどと人足や飲食を出させたのである。

　こうした動員体制が再生産されて、世直し勢は持続されたのであった。人足として参加した貧農たちは、自村を含めて二、三カ村の打毀しを果たすと帰村した。したがって参加者は「人足」としての名目を得て世直し闘争を実行したのである。その場合、名主は人足の代表として村内や隣村の豪農に、世直し項目の実現を要求する交渉をさせられた例が少なくない。また名主自身が豪農・豪商である場合は、世直し勢の要求に直面し、諾否の返答を求められたのである。そこで村落支配層は世直しに対応するため、

　村々にて右打毀し人数江助人足等差出候処より追々人数相増候間、右は甚だ不宜、其御筋より被仰聞候間、然る上は村々にて竹鎌等用意致置、若此上悪者共押参り助人足等、可差出候様申出候共、先つ其場を程能申紛置、急速隣村江申触れ、手筈の上搦押候様相互に精々致置候（「福岡新田御用状写帳」）

と世直し勢の拡大にくさびを打ち込み、ついで組合村々は防衛議定を締結し、村内の不穏な勢力を威嚇し、さらに鎮圧体制としての人足を逆に組織しようとした。しかも「人足弁当の義は直に一村限り村役人より相賄可申事」（柳川家文書「相談落合儀定之事」）と、世直し勢の動員態勢を、村支配体制にくみ込むこまかな配慮もはかられたのである。

さて蜂起した世直し勢は、生活苦の原因は物価騰貴であり、その根元は横浜貿易であるとみた。窮乏した民衆は各地で米の値下げ要求、米安売り運動をおこしていた。これは山間村落から城下町・宿場町まで共通している。しかも世直し闘争展開の全過程に存在する基本的要求の一つであった。

慶応二年（一八六六）の米価騰貴については前にふれたが、なかでも六月は異常であった。六月十四日、秩父郡や高麗郡では一〇〇文につき白米一合一勺であり、入間郡や多摩郡でも一合三勺より一合五勺くらいであった。ところで、この地方における天保五年より元治元年にいたる平均米価は、一〇〇文につき白米六合売であった。慶応二年六月、蜂起した窮民の米安売り要求は一〇〇文につき白米四合ないし五合売りである。たとえば六月十四日飯能では、「酒屋八左衛門を手初め掛合候処、百文に付米五合、（挽）割壱升売出し候様掛合候処、掛合方不行届、此者を手初めとして堺屋又右衛門、板屋半兵衛、中屋忠兵衛」（井上家文書「武州百姓乱妨打拳之事」）を打毀したとみえる。

また新座郡白子在新倉村の打毀しでも、「米百文に付四合、挽割百文に付八合、右之通困窮人江施行又は可売渡、左も無之候はゞ眼前に家作」（小島家文書「土民蜂起打毀し顚末見聞漫録」）を打毀すと要求している。

多摩郡五日市村でも「白米百文に付五合、水油壱升に付六百文、酒同断三百文に売捌、ならびに質屋渡世之もの共、預り置候品物無代に而可取戻」（森田家文書「打毀乱妨人生捕一件諸書物控」）と要求したのち打毀しに入っている。同様の事例は「奥右筆手留」「永代記録帳」「藤岡屋日記」など枚挙にいとまがない。

世直し勢の標榜する諸要求はおおむね以上のように米価値下げ＝米安売り・施金施米・質物質地無償返還であった。各地での対決はこの拒諾に応じて打毀しがひきおこされている。豪農・豪商と敵対するこうした実力行動は、当然のことながら、年貢減免要求などにみられる政治的要求を含まなかったのである。本質的な矛盾関係にある幕藩領主階級にたいし、窮民は実力行使の挙に出ていなかった。すなわち、直接的な対領主闘争が武州世直しの結集要素ではなかったのである。

世直しは大衆動員＝多数の人足動員を背景に行なわれた。世直しの頭取たちは、村役人層なども利用し「村」が要求項目を豪農に承諾させる形態を求めた。施金施米をはじめとする諸要求は、非日常性としての「世直し様」や「悪徒にあらず打毀し様」にたいして承諾するだけでなく、現実の「村」に対して応諾すべきことであった。世直しの要求項目が、狂乱のなかの約束ごとではないことを明確にしているのである。ここに日常性としての村共同体および村役人を媒体とする応諾が成立するのである。したがって打毀しの高揚期はもちろんのこと、世直し一揆消滅後であっても、応諾事項が無視されるならば、再度の打毀しや「火札」（放火威嚇）が公然とささやかれたのである（大野家文書「平村下組役用明徳帳」）。

世直し勢は豪農たちが諸要求を受入れた場合は「請書」を頭取宛に提出させた。もし交渉が不成立の場合はただちに打毀しにかかり、なお「請書」を出したにもかかわらず、その実施を拒み、また誠意をみせないときも同様に打毀している。この形態は武州世直しの寸前に中山道桶川宿でおこった騒動に初発的にみられる。すなわち六月十日前後から三日三晩にわたり、左官二人が頭取となり、同宿の西村・伊勢惣の二軒に対し強談し、「米穀不売、〆買にして常に不実意の者」なので打毀すのだ、と大衆動員をかけた。そこで同宿のおもだった者が仲介に入り炊出しをしたが、一同は米一粒も食べず安売を要求した。「則米穀下直に成る迄、白米三合五勺と定め、うち西村・伊勢惣にて半分、ほか物持中にて半分の割合を以て安売すべき由、示談整ふ也。依て、若き者腕さすりて、これまでにして壱軒も破らざるこそ残念なりと歯がみをなすもの数多なり」(13)などとみえるのである。

（三）　闘争と弾圧

武州世直し勢は要求項目を拒否した豪農に対して、徹底した打毀しの挙に出ている。世直し勢はさきにふれたように、武器の携帯を厳禁し、持参すべきものを農具・工具に限定し、さらに混乱に乗じた窃盗や金品着服、放火などを禁じている。(14)武州での世直しにおくれること二日後、奥州信夫郡・伊達郡におこった世直しも頭取が、「やあ〳〵者共火の用心を第一にせよ、米穀は打ちらすな、質物へは決して手を懸けまじ、質は諸人の物なるぞ、又金銭、品物は身につけるな、此働きは私欲にあらず、是は万人のため成るぞ、此の家の道具は皆悉く打こわせ、猫のわんでも残すな」(15)と指示したといわれる。米穀質物の件をのぞいて共通した認識が存在するのである。

武州世直し勢を眼前にみた秩父郡伊古田村の蘭方医伊古田純道(16)は「賊民略記」のなかに「今日ノ賊民ハ屋室ヲ毀ツヲ以テ主トナシ、財宝ハ陰ニ貪ル者アリト雖モ、陽ニ奪フ事ヲ禁シ、婦女ハ決シテ侵ス事ナシ」と世直し倫理の貫徹に驚いている。

世直し勢の要求を拒否し、打毀し状況を招来した場合の行動は、まことにすさまじいものであった。たとえば比企郡玉川村周辺の場合を示すと表2（本書一〇三頁）のように、六月十六日から十七日にかけて一斉に打毀しをかけている。世直し勢は鎮圧方の鉄砲などで打かけられぬように用心し「近村之者を楯に遣ひ」家屋・土蔵・

店蔵・酒造などに一斉にとりかかり、「先手之人数はシャチ（重い物体を牽く轆轤車盤）并にカクラサン（縄で物体を引張る轆轤）抔ニ而弐拾五人または弐拾人ニ而持運」び数十人数百人が大綱を大黒柱にかけて、いっきに引倒し、物品とも木端微塵に打くだいている。「被打毀候家之様子は見世其外土蔵之代品もの皆引出し、米麦味噌油踏まぜ、竜吐水ニ而水油をつきちらし、井戸之中江油を落し入、屋根より天井板迄打毀、柱は銘々根切いたし、其上シャチ二挺位かけ、縮緬之縄ニ而引潰し、何れも後の用弁に不相成候様に打毀、味噌漉までも尻を突抜有之、多人数とは乍申能行届候事に候(17)」とみえる。

こうして生産用具より商品・日用品にいたるまで、すべての物品を破壊しつくした。たとえ「味噌漉」や「猫の椀」であろうが踏み潰し、米穀も残らず泥土に踏み込み井戸に投じ、他日、商品として決して再生しえぬ状態にするのである。こうした破却は施金施米にも応じない豪農に、悪徳者としての烙印を押し、かれらのもつ富の偏在を均すためであった。蓄財を破壊によって無にいたらしめ、世直し勢と同じ社会層に、悪徳な富者を均すことが必要であった。それは、金銭財貨を飢渇に喘ぐ貧者が分け合う次元のものではなく、まして略奪の許されることではなかった。世直しの思想に裏打ちされ、世均しを体現した農民は、打毀しに乗じてひそかに財貨を窃取し、質地を請け戻し、生産者農民に回帰し、それを契機に成長した地主たちを指して、後世まで「打毀し大尽」とよび、蔑むのであった。

世直しの高揚に恐怖した豪農たちは、幕藩領主の出動＝鎮圧を期待するのみならず、自己防衛に奔走し、鎮圧手段を講じたのである。大里郡冑山村の豪農根岸友山は、武術にたけた浪人や、根岸道場「振武所」で養成した剣術者たちを中心として世直し勢を迎撃している。すでにふれたように、世直し勢は村内や近村の住民によって構成されていた。友山は一揆勢の正面に進み出て「役夫（人足）の者は早く逃よ、疾く去れ、去れ、と激しく声を掛けたり、こは此辺の者ども」（安藤野鴈「青山防戦記」）を殺傷することを避けさせようとしたのだという。

しかしながら多くの豪農は狂暴的な鎮圧に乗り出している。比企郡小川町の豪農は、上州勢多郡新川村の横浜

被害など	日時	備考
居宅1，土蔵4，社倉蔵1，物置3，隠居1，門1，酒造蔵1，別宅1，添家1	6，16日　11時	大物代名主
居宅1，土蔵1，門1，添家1，穀櫃1	6，16日　16時	組頭
居宅1，土蔵2，物置1，穀櫃1	6，16日　14時	組頭
居宅1	6，16日　14時	組頭
居宅1，土蔵1，添家2	6，17日　6時	名主
居宅1，土蔵1	6，17日　6時	百姓
居宅1，添家1	6，17日　6時	百姓
居宅1	6，17日　6時	百姓
居宅1	6，17日　6時	百姓
居宅1，土蔵2	6，17日　4時	名主後見
居宅1，隠居1，土蔵2，門2	6，16日　18時	名主
居宅1，土蔵2	6，16日　16時	百姓
居宅1	6，16日　2時	名主
居宅1，土蔵1	6，16日　2時	組頭
居宅1，小家1	6，16日　3時	百姓
居宅1，土蔵3	6，16日　13時	惣代名主
居宅1，土蔵2	6，16日　22時と 6，17日　8時	小惣代名主
居宅1，土蔵2	6，17日　6時	組頭
居宅1，土蔵2	6，17日　6時	組頭
居宅1	6，17日　9時	医師
居宅1，土蔵2	6，16日　20時と 6，17日　10時	百姓
居宅1，土蔵1	6，16日　20時と 6，17日　10時	百姓
居宅1，証文など	6，16日　20時	借家
居宅1	6，16日　21時	借家
居宅1，土蔵1	6，17日　10時	年寄名主
居宅1	6，16日　2時	百姓
居宅1	6，16日　5時	百姓
居宅の建具，帳面3冊	6，16日　22時	百姓
帳面2冊，証文類	6，16日　21時	百姓
居宅1，土蔵2	6，17日　10時	百姓
居宅1，物置1	6，17日　10時	百姓
居宅1，土蔵1	6，17日　8時	組頭
土蔵1	6，17日　朝	百姓
居宅1	6，16日　11時	百姓

表２　武州比企郡玉川村周辺打毀一覧

郡　村	領　主	打毀された人	持　高	生　業　な　ど	家族
比企郡玉川郷	代官松村忠四郎	町田五郎兵衛	石　合 96.850	農間質渡世	25
同郡　日影村	同　上	又四郎	8.818	農間紙漉渡世	8
同郡　五明村	同　上	利田惣左衛門	14.650	農間質渡世	8
同郡　同　村	同　上	勘兵衛	12.354	農間紙漉渡世	8
同郡上古寺村	同　上	与右衛門	12.920	農間質屋紙糸絹商	7
同郡　同　村	同　上	勘左衛門	6.940	農間紙漉紙商ひ	7
同郡　同　村	同　上	房之助	1.160	農間穀物水油荒物商	3
同郡　同　村	同　上	祐次郎	1.040	農間紙漉渡世	3
同郡　同　村	同　上	重兵衛	2.150	農間紙漉渡世	5
同郡　同　村	旗本肥田潤之助	平兵衛	10.000	農間酒造渡世	11
同郡　青山村	旗本秋山三四郎	又左衛門	32.000	農間質屋渡世	10
同郡　同　村	同　上	徳次郎	18.000	農間質屋渡世	8
同郡　腰越村	旗本河野吉之丞	重右衛門	80.000	農間質屋渡世	14
同郡　同　村	同　上	九兵衛	20.000	農間質屋紙商ひ	10
同郡　同　村	同　上	久太郎	13.000	農間紙漉渡世	7
同郡　平　村	旗本牡野潤太郎	幸　七	20.000	農間質屋太物荒物商	15
同郡　大塚村	旗本会田員之勘	静太郎	14.200	農業のみ	7
同郡　同　村	同　上	勝右衛門	15.500	農間桐油合羽渡世	4
同郡　同　村	同　上	秀次郎	13.700	農間菓子渡世	6
同郡　同　村	同　上	元　慎	2.800	医　師	3
同郡　同　村	同　上	幾三郎	11.500	農間紙油砂糖塩素麺商	8
同郡　同　村	同　上	福十郎	18.300	農間紙油塩商ひ	6
同郡　同　村	同　上	大隅一		勾　当	3
同郡　同　村	同　上	勝次郎		農間下駄屋渡世	7
同郡　増尾村	代官松村忠四郎	忠次郎	9.800	農間縞太織仲買	8
同郡　同　村	同　上	太兵衛	1.500	農間絹太識紙面	2
同郡　同　村	同　上	安兵衛	0.150	農間紙漉渡世	9
同郡　同　村	同　上	代五郎	8.500	農間質屋渡世	8
同郡　同　村	同　上	助左衛門	4.000	農間質屋渡世	5
同郡　角山村	大名黒田伊勢守	忠太郎	7.961	農間質屋渡世	7
同郡　同　村	同　上	栄　蔵	5.264	農間勾当金世話人	6
同郡　飯田村	旗本石黒鍵三郎	令三郎	10.259	農間質屋渡世	6
同都　岡　村	同　上	金次郎	2.193	農間莚織渡世	5
同郡　玉川郷	旗本内藤鉢之丞	藤　吉	2.850	農業のみ	3

売込商吉田家に書状を送って、武州世直しの状況を克明に伝えたが、その書面に豪農が短筒や太刀・竹槍などで武装し、世直し勢を切り殺すありさまを「大将分（頭取層）壱人何に敷指揮致し居候処を、竹槍に而大声を発し突込候処、胸板より後江五六寸突出し[18]」などとのべ、世直し勢に対する憎悪があからさまである。

なかでも豪農層の階層的結集である農兵による、世直し勢に対する武力鎮圧は凄惨をきわめた。江川太郎左衛門役所から六月十五日に発せられた「村々農兵差出（世直し勢を）、見掛次第可打殺」と命を受けた武州農兵の諸隊は、砲撃を受けて逃走する世直し勢が「倒れて叩頭し命ち助らんとするもの[19]」や、泥田に土下座して命乞いする農民を無数に殺傷し、世直し勢を鎮圧した。終末をむかえた世直し勢はひそかに死体を引取り、葬送もできないまま隠しきるものが多かったという。身寄りのない死体は村境に埋められ、いまなお武蔵野に無名の祠となっているのである。

爆発的に展開した世直し勢の蜂起打毀しは、わずか六日あまりで消滅し、その後は打毀し最中に豪農とのあいだに締結された世直し項目の実現が、帰村した貧農の日常闘争として継続されることになった。慶応二年の武州世直し一揆は、安政開港以来の急速に深化した社会矛盾を打解する実力行動であった。それは世直し勢の蜂起の実態としてみるかぎり、世直し・世均しは貧農にとって、理想の世界や弥勤の世として希求するようなものではなかった。また近世社会に特徴的な「仁政」要求の義民的蜂起ではさらになかったのである。いまだ、世直し勢にとって、新たなる社会形成の構想は欠如していたし、封建社会解体後の世界像は渾沌としていた。しかし世直し勢は崩壊に瀕した既成権力に、変革と救済を求めるのではなく、自己の住む現実世界である村落をつき動かし、最大の矛盾を止揚する行動として世均しを実現しようとしたのであった。

（四）　豪農の対応と論理

武州世直しはこれまで述べたように、同時多発性を帯び、わずか六日間に武州・上州（一都二県）を席捲した。六月十四日早暁からおこり、同日中に高麗郡（十四・十五・十六日）、入間郡（十四・十五・十六日）、新座郡（十四・十五日）、比企郡（十四・十五・十六・十七・十八日）にひろまり、翌十五日は多摩郡（十五・十六・十七日）、秩父郡（十五・十六・十七・十八・十九日）、足立郡（十五日）、大里郡（十五・十六日）へと拡大した。ついで十七日は榛沢郡（十七・十八日）、児玉郡（十七・十八日）、那賀郡（十七・十八日）、埼玉郡（十七日）、男衾郡（十七日）とつづき、十八日以降は上州の緑野・甘楽二郡に波及したのである。すなわち十四日は四郡、十五日は八郡、十六日は六郡、十七日は八郡、十八日は七郡、十九日は二郡に各々同時に打毀しが展開していたことになる。打毀しをうけた村数は二〇二カ村で、豪農や村役人たちの五二〇家以上が徹底的に打破られた。その生業をみると、質屋・高利貸を筆頭にして酒造・生糸稼がこれにつぐ。なお打毀しに参加したとして、捕縛又は取り調べをうけた窮民は、武蔵国一四郡で三二九名、上野国三郡で五六名、その他相模国、甲斐国、下野国、常陸国、越中国などの出身者が六名、総計三九一名におよび、各々その身元が判明するのである。

名栗谷や成木谷の一寒村からあがった烽火が、すさまじい早さで拡大した。恐怖のどん底に突きおとされたのは、いうまでもなく豪農たちであった。すでに幕藩領主層の無力化に動揺していた豪農たちは、たえざる危機感にさらされていた[20]。そして私的防衛手段をはかりつつあったが、世直し勢に全面的に抗することは不可能であった。世直し勢の蜂起に驚愕した豪農たちは、火急の対応のため打毀しの激発地に使用人や手下を派遣して動静を探り、見聞記録を数多く残している。相州に近い多摩郡小野路村の豪農小島家など、世直し勢の動静を比較的正確に把握し、六月十九日に、その記録を「慶応丙寅六月土民蜂起打毀顚末見聞漫録」としてまとめあげている。

同書は六月二十二日に相州厚木在において筆写されるほどであった(21)。

豪農の残した多くの記録は、打毀しの実態を探索し、世直しへの対応策が最大関心事であったことを示している。同時に頭取に寄せた関心も深かったようである。多くの豪農・村役人層は、世直し勢の頭取として巨万の貧民層を指導し統率しうる、有力農民が義民的指導者として存在したことを想定している。もっとも早くこうした風聞を記録したのは、中山道熊谷宿の近郷佐谷田村の地主久保家である。同家は六月十六日から熊谷・忍方面における世直し勢にたいする手配状況や探索人派遣情報を得て、世直しの波及状況を的確に把握し「留帳」に記録している。その文中に頭取についてはいっこうに確定しがたいとしながらも、一風聞をあげて、「此頭取と申は様々に風聞有之、聢と相分り不申、一説に武州屋寺谷津我野村辺にて、其近辺村々取締名主にても致し、相応之物持之由、貧民を救有財不貽施し切、無拠貧民共と申談し、夫より隣村物持江多勢に而押入助成方相頼候処、不相成旨被申断、其意味を以其家破逆致し」と記録している。すでに一揆の波及した時点において、「打こわしくどき」にみられるような風説が存在したことを示すのである。したがって「瓦版」のくどきは久保家が記録したような風説を素材として、一揆消滅直後に流布されるようになったのであろう。くどきには、

〽こんどさえめづらしそうどうばなし、国は武蔵の秩父の領に、音に聞へし子のごんげんの、下の村々十八ケ村、其やうちにて其名も高き、なごりやつとて大そんなるが、ここに杉山儀右衛門こそは、凡持高八百石よ、ほかにあり金六千あまり、当時諸色の高直ゆへに、村の困窮あわれであれば、近所村々貧窮人へ、所持の金銀みなほどこして（略）あまた物持ちみな打こわし、諸色下直にいたさんものと（略）下に世直し大明神と、書し幡の手みな一様に、凡人数は三千計り（略）

とある。

こうした風説はすでにみた実態からすれば虚言にひとしいものである。しかしこれらの流布系統は広汎にみられ、たとえば中山道鴻巣宿の寺子屋師匠北岡仙左衛門も、かれの著「秩父領飢渇一揆」(22)にとりいれて、「秩父領あが野名栗谷つの内、成瀬村にて字杉山大じん儀左衛門と云者頭取の由、特高五千石余の富家にて、去頃御公儀御普請の砌、杉三千本差上候者にて苗字帯刀御免の者のよし」と書きはじめている。儀左衛門は自己の財貨をすべて施行しつくし、さらに世直しの先頭に立つために妻子を離別し、わが家に火をかけ「光々焔々と燃上りて、旧来の大家一時の烟りと成」るありさまをみて打笑い「はや此里に用はなし、疾く出べし」と総勢六万余人の人びとを率いたとしている。作者は世直し闘争を豪農指導による義民に集約される一揆とみたのである。

しかし頭取に義民を求めながらも、世直しの展開を追跡すれば「斯る人気の折柄、頭取の者有る時は、何れの土地に限らず、直様騒動の出来るは必定にて恐るべきの時節也。されば此節所々の騒動、人の知る所にして、あげて算ひがたし。然るに、川越・松山・鴻巣所々より、頭取の者を見知らせんため、間者を入れて窺はせるといへども、儀左衛門は居るや居らずや、大将分は何れのものなるや、久しく付きあるきても、其顔を見知る者いまだなし」と、世直しの行動様式と、その本質を認めなければならなかったのである(23)。

豪農たちは世直し勢の行動形態に一定のパターンがあり、それが集団行動のなかに堅持されていることに最大の恐怖を感じたのであろう。すでに述べたように要求の貫徹のために、統一性が強固に維持されており、それは世直し勢の消滅まで確実に続いていた。日常、村落共同体内部は豪農・村役人層が掌握していた。そしてあらゆる村落生活に指導権を保持しえていたのである。その階層が、眼前にうち寄せた村内外の貧農の行動をみて「多人数とは乍申、能行届」いていた状況に瞠目したのである。そして蜂起した村落を牛耳る義民的頭取の、あるいはまた、変革期に説法しうるインテリゲンチャとしての僧侶・浪人たちの存在を予想したのである。換言すれば、豪農にとって、世直しは義民に指導された蜂起でなくてはならなかったのである。

村落共同体が豪農や村役人の支配下から一時的に離脱するのは、褻（け）ではなく晴（はれ）にしかありえないと信じていた人びとにとって、頭取が義民でも僧侶・浪人でもなく、無告の民が「村」をつきうごかす世均しの頭取として無数に出現したことは、まさに衝撃的であった。風聞を追い、かわら版に吸着して認識され、作られた一揆譚は、豪農の眼でしか、世直しをみることができなかったところに生まれたものなのであった。

二　武州世直し一揆の民衆意識

（一）　世直し論理の浸透

慶応二年六月に展開した武州世直しの蜂起は、第一部「世直し」層の生産条件と階層分化（本書七頁）で関説したように、開港による急激な経済的衝撃をうけた、武州・上州農村における窮乏の構造に規定されたものであった。農民窮乏は開港によって収奪体系を変更しつつ急成長した豪農支配のもとで生起したのである。多くの貧農は地主小作関係によって豪農の収奪下にあったが、開港を契機とする小規模特産物地帯の急速な形成のもとで、村内外に滞留する日傭層が、半プロレタリアートとしての性格を著しく進展させていた。なかでも貿易品を主眼とする特産物生産は豪農＝浜商人が対外的な価格変動の危険性と外商（外国貿易商）による不当取引きの損失を、たえず生産者農民にしわよせ転嫁し、収奪を強化したのである。それゆえ犠牲は常に小生産者的側面をもつ、最下層者たる半プロに覆い被せられていたのである。

慶応二年の窮乏の構造は以上のごときものであったが、加うるに畑方地帯における主穀生産の転換が一般化し、物価騰貴が主穀の流通を疎外し、人災として飢渇状況を深めていた。農民にとって天災は支配者が仁政を以て解決すべきものであり、人災は人民による制裁と救済に解決を求むべきものであった。幕藩権力の弱体化の中では、仁政要求も窮民救済も、権力の手からすでに離隔したことを、民衆は天保期以降の施行で感得していたのである。そしてさらに貧民救済の実現が、悪徳不善の富裕者に対する制裁現象として、打毀しを伴ってなされた体験をもっていた。事実、慶応期に先行する都市打毀しは、幕藩領主の町触の効果をはるかに超えて、現実に米価を引き下げていたのである。(24)

全国的な農民蜂起のピークを示す慶応二年の世直しは、前代の何を深化させつつ世直し状況を到来させたのであろうか。たしかに世直し観念の発展がわがくにでは世界史的に例外といえるほど未熟(25)である。そして幕末期の世直し一揆は、農民戦争段階の、すなわち、一揆農民・市民・平民が農民団に組織されるがごとき状態ではありえなかったのである。しかしながら、豪農と対決し幕藩権力をして震撼せしめた半プロレタリアートの世直し闘争は、市民・平民が荷う歴史的任務を一身に負っていた様相を知りうるのである。

武州世直し一揆勢は、蜂起を前に日本窮民のため、と記した幟を押し立て、「世直し」の到来を告げるオルグを各地に出没させている。飢渇に悩む半プロ層が受けた最初の世直し洗礼であった。オルグは明らかな示威行為の一方において、潜行した工作もはかっていたであろう。それらの連帯は小生産者である同業者仲間、小規模特産地の日傭者仲間などにおいてなされつつあったと考えられる。(26)佐々木潤之介氏により考察が加えられた「闘争の論理(27)」への第一歩をふみだすための世直し意識の醸成がなされたのである。

武州世直し一揆の波及は「打毀し連中」である先遣隊の「先触れ」によって示される。先触れは村々継ぎ立てによって徹底された。文面には前掲のごとく「今般世直し之為、打毀致候儀ニ付、名当之村々拾五歳より六拾歳迄之男、斧鋸カケヤ得ものを携、村境迄出迎可致候、万一遅滞ニ及候村々は名主を始不残打毀焼払可申」（松本家文書）とみえる。貧民にとって世直しへの参加は、労働に従事できる男子全員の義務的な強制であった。

民衆の世直し認識は「打毀し連中」のもとで実際世直しの行為に参加することで変革される。世直しの深化は各地に世直し勢の支配する世界を生む。世直しの世界は豪農支配を排除し、また被差別部落をも包摂したのである。それはいわば世直しブロックの形成であり、動員体制に入った名主は自村を離れると先頭に立てられて、隣村の豪農に世直し要求をつきつけ、豪農はすすんで要求をのむ状況である。打毀しの可否は世直し本部頭取の決することであって、勿論動員体制下の名主村役人ではなかった。しかし後述のごとく「打毀し連中」の指導する動員体制の村々が、権力の強硬な鎮圧に遭遇すると動員体制は変質する。

前述のごとく世直しの意識は、要約すれば貧民救済の実現を要求するものであり、さらに豪農の不当性を否認した。そして究極的には徹底的な富の破壊と、豪農の破産を決定づける破格の施行要求などで知られるように、貧民も富者（収奪者）もない世均しの世界を現実の村ごとに実現させるためのものであった。また浜商人を徹底して破却し、横浜を国病の根元とみたのは国憂を断ち外患を排除しようとする民族的抵抗の認識に立つものといえよう。

（二）　世直し行動の認識

武州世直し一揆には結集・組織の論理として、世直し神を措定し強制力を発揮した様相は認められない。蜂起段階より「打毀し連中」による村民全体の参加強制が徹底的であり、村役人層を先頭に一五～六〇歳までの男子全員を人足動員するものであった。人足動員に村役人が欠けることがあればただちに打毀しの挙に出ること、村役人は隣村における豪農との交渉の役割を果たさねばならないこと、また交渉成立条件である世均し内容を、村レベルで実現することの確約を実行させるためにも、村役人の動員は不可欠であった。このような村落間の相互乗り入れ方式は、とくに非領国地帯において有効性を発揮したのである[28]。しかも幕藩制村落の枠組みを超えるためには、要求項目が村落間ごとに固有であってはならなかったのである。要求項目が貧農・貧農小作・半プロ層にとって普遍的なものでなければならない。要求項目の単純化が、世直し勢の共通理解として貫徹されねばならないのである。

以上の点から、武州世直し一揆が年貢減免要求をもたなかったこと、質地取戻し[29]や土地台帳の破棄による田畑耕作主体の小農回帰志向を稀薄にしていたことなどは注目に値する[30]。世直しは平等観をも含んだ世均しを求めたものであった。それは人民諸階層に発生した階級矛盾を、一気に止揚しうる当面の課題として、「打毀し連中」が求めていたものなのである。

さらに豪農層との対決の原則をみれば、蜂起した民衆の行動意識が明確に理解できるのである。すでに縷説したので省略するが、世直しは、①打毀し自体が目的であり、動員の民衆に世均しを開眼させ、豪農に施行の徹底化を認識させること、②同時に打毀しを手段とする施金・施米の要求――その額は豪農として再生しえぬ規模での世均し――の両様式を併合しつつ、世直し論理の確立のために村から村へ闘争を波及させたのである。しかも豪農層が世直しの要求を受諾すれば、請書が作成され、世直し勢の支配する村々に公示された。そして妥結条項の実現はあくまでも「村」を媒介としてなされたのである。

世直しの要求条項はたしかに打毀しの高揚期の中で締結された。しかし、それは現実の「村」に対しての応諾であって、日常の価値転換によるオルギッシュな状況で結ばれた空言ではないのだ、という民衆の意識が確かに存在したのである。それゆえ豪農層の応諾があれば、その実現を即刻に求める必要はなかった。必ず旬日の間が猶予されているのであって、その村が世均しを達成すべき主体として位置づけられたのである。そして他村者や在町の無宿・無頼の徒が入りこむ要素を排除するのである。(31) 世直し要求の行動は村の枠組みを超えて実行され、世直しの実現―世均しは村ごとになされる、という意識の強固さを認めなければならないのである。したがって施金・施米はまずもって村になされねばならなかったといえよう。

世直し要求が豪農層に拒絶された場合の打毀しは、世均しの中核である「打毀し連中」の指導のもとに、徹底的に行なわれた。人足動員体制によって形成された一揆勢は、各々職業に応じて、所持の道具を縦横に駆使し打毀しをすすめた。ヨギやカクラサンは人足動員のみで操作しうるものではなく、「打毀し連中」の指導によって起動した。また斧・鋸・鎌・鍬は自己の職種に応じた打毀し道具の持参であった。世直し要求を拒否した豪農に対する壊滅的な打毀し状況にあって、世直しの倫理綱領は遵守される。すなわち武器の携帯を認めず、人身危害を避け、婦女を侵すことを禁じ、窃盗を厳しく抑止したのであった。施しの応諾が成立すれば、本来世均しは村において実現さるべきものである。したがって、打毀し状態に突入しても、それは村をベースとする農民の倫理にもとづかねばならないのである。こうした基底的な理念が、打毀し段階にも貫徹する厳しい規制なのであった。かくして世直し綱領は幕藩権力の武力介入、豪農層主体の農兵による弾圧の段階まで堅持されたのである。

しかしながら世直しに呼応した人足動員体制が動揺し、幕藩権力の武力配置によって世直し人員の再生産が断たれると、遂に世直し勢の支配する世界は崩壊に傾くのである。豪農主導の鎮圧体制の人足動員と、世直し人足動員体制が拮抗する時、権力の末端機構としての村役人体制の復権が現われる。

村秩序の再編が進展すると、世直し人足動員体制は鎮圧体制の人足動員へと、加速度的に逆転現象を強めるのである。しかし、村を超えた半プロの連帯が「打毀し連中」の世直しを、世直し勢の支配する世界の生成の中で確定し、世均しの実現は「村」を媒介として達成しうる確信をかちとったのである。貧農・半プロ層は、政治的に確固たる展望はもちえなかったが、あらゆる意味で、可能性をもった人民として成長したといえるのである。一揆の終息後も世均しの継続実現を要求し、村変革を志向し、維新政府の人民支配に立ちはだかる主体となったのも、ほかならぬ世直し層―人民なのである(32)。

（付）なお近世村落を解体させた豪農また生産者から遊離した農村知識人の意識については詳説しえなかったが、かれらにとっては、世直し―世均しの論理、すなわち無告の民の長い耐えがたい苦痛から生れた連帯の論理を、根底から認識することはできなかった。それはかれら中間層が残した多数の一揆文献から明らかである(33)。

注

（1）船津家文書『船津氏日記』。
（2）第一部「世直し」層の生産条件と階層分化、五表参照。
（3）『新編武蔵風土記稿』（雄山閣版）。
（4）山崎隆三「幕末期の物価騰貴―米価を中心として―」（『経済学年報』三六）。
（5）田村栄太郎『近代日本農民運動史論』（月曜書房、一九四八年）。
（6）近世村落史研究会編『武州世直し一揆史料』一・二巻（慶友社）。以下一揆の展開や史料引用は同書による。なお森田雄一『武蔵打こわし史料』、同「武州一揆と名栗村の動向」（『歴史評論』一四七）参照。
（7）成木谷を代表する頭取喜左衛門は中追放に処せられ田畑屋敷共闕所となった。彼は小前層を代表する活動家で、村方出入りの指導等にあたり、万延元年以降小前層から推されて組頭に就いている。拙稿「武州世直し一揆の頭取について」（『近世史藁』二）参照。

（8）近世村落史研究会編『武州世直し一揆史料』一巻（慶友社）

（9）このような動向はトムソンの研究によるイギリスのパン騒動にもみとめられ、武州世直し一揆のパターンと酷似している。E. P. Thompson, "The moral economy of the English Crowd in the Eighteenth century", Past and Present, No. 50, 1971. なお、この点の指摘は、パトリシア・シッペルが武州一揆の研究において言及されている。Patricia Sippel, "Popular protest in early modern Japan: The Bushū Outburst", Harvard Journal of Asiatic Studies, vol 37 : No. 2, December 1977.

（10）ヴエ・ア・フョードロフ、林基訳「革命情勢初期（一八六一年二月十九日まで）の農民運動の諸要求」（『専修人文論集』二六）において、農民のいろいろなスローガンや要求は、農民の「イデオロギー」ともいうべきものであって、この問題は、特別の研究に値する。この問題の研究は、農民の反封建的諸運動の性格だけではなく、革命的民主主義運動の社会的基礎をも解明する上で重要である、と指摘されている。

（11）鈴木研「生糸貿易と農村窮乏」（幕末の社会変動と民衆意識、第一章二節、『歴史学研究』四五八）、千代田恵汎「武州世直し一揆研究覚書」（『社会科研究集録』九）。

（12）松本家文書「秩父近辺打毀一件」（『秩父市史』、『新編埼玉県史資料編11、近世2、騒擾』）。

（13）「秩父領飢渇一揆」（『民衆運動の思想』日本思想大系五八、岩波書店）。

（14）近藤和彦「一七五六〜七年の食糧蜂起について、上・下」（『思想』一九七八・一二、一九七九・一）によれば、イギリスの食糧蜂起にも共通性がみとめられる。食糧業者や借地農業経営者に対する打毀しは、私的所有物破損が徹底的になされたが、殺傷はみとめられず、人身攻撃は発動せざる「民衆的テルール」にとどまり、破却行為も危害が隣家におよばぬようにしたこと、また蜂起中の死傷はほとんどが鎮圧行動によるものであり、蜂起した人々が弾圧によってうけたと指摘されている。

（15）庄司吉之助『世直し一揆の研究』（校倉書房）、佐々木潤之介「幕末社会情勢と世直し」（『岩波講座日本歴史』13、近世5)。
(16) 伊古田純道については、中沢市朗「伊古田純道の生涯と思想」(『歴史評論』三〇五)、桜沢一昭「楢陵伊古田純道伝」(『東国民衆史』二・三)。
(17) 松本家文書「前掲書」。なお斎藤洋一「武州世直し一揆における打ちこわしの様相」(『学習院史学』一六)。
(18) 吉田家文書「武州比企郡入間郡秩父郡村々打毀一件書面写」。
(19) 佐藤家文書「今昔備忘記」。
(20) 豪農層の存立にとっては、世直し・世均しが最大の危機であったが、打毀しが国家の衰退に帰結し、ついには外国勢力への従属の危機を生むという把握もあった。拙稿「武州世直し一揆〝ちょぼくれ〟」(『近世史藁』一)。
(21) 青山孝慈氏の御教示によれば、厚木市柏木家文書に「慶応丙寅六月賊徒蜂起打毀顚末見聞漫録」がみられる。
(22) 前掲『民衆運動の思想』(日本思想大系五八、岩波書店)。
(23) 木村礎『日本村落史』(弘文堂)は、世直し一揆とそれ以外の一揆の大きな差として、世直しは義民の成立する余地が全くないことであると指摘している。
(24) 松本四郎「幕末・維新期における都市と階級闘争」(歴史学研究別冊『歴史における国家権力と人民闘争』青木書店、一九七〇年)。
(25) 安丸良夫・ひろたまさき「世直しの論理の系譜」(『日本史研究』八五、八六号　一九六六年、のち『日本の近代化と民衆思想』青木書店、に収録)。世直し観念の未熟さは、わが国では幕藩体制の成立によって、民衆的な宗教王国の構想を押し潰されてしまったからとされる。
(26) 一揆発生地周辺での伝聞によれば、頭取の上名栗村紋次郎・豊五郎、下成木村喜左衛門は通称蕨谷において計画の談合をもっていた。文書史料では村内正覚寺で密議したという。なお大工紋次郎は安政開港期に讃岐琴平に詣で見聞を広めている。喜左衛門は村内小前の罪科欠落等を指導し(『近世史藁』第二号　一九七七年参照)小前層に推されて組頭に就任。喜左衛門は成木産の石灰(あく)商で、石灰を必需品とする小川和紙生産地帯紙漉煮屋等と取引きのうえで連帯が可能であった。

(27) 佐々木潤之介「世直し状況―その到達点と民衆の意識について―」(『歴史評論』三三二号　一九七七年)。闘争の論理は闘争主体の形成、闘争行動方針とその実行への確信、闘争の達成目標についての論理が不可欠であるとされた。

(28) 相対的にみれば世直しの展開が城持軍事力を擁した大名領において、すなわち水田中心におかれた藩領域に深められず、次いで中間層たる豪農層・商人・一部知識人を積極的に把握しようと試みていた天領代官支配地が阻止的であった。世直しの世界が形成され、それが純化されたのは軍事力を欠いた知行所村落の集中地帯であったが、村ぐるみて村落間の枠組みを否定する論理においては普遍性をもっていた。

(29) 庄司吉之助『世道し一揆の研究』(校倉書房)にみられる同年の信達地方の世直し一揆が、米穀破却を押しとどめ、質物の散乱を防ぎつつ打毀しを徹底した方式と事態が若干異なっている。

(30) 世直し目標は、佐々木潤之介「前掲論文」において指摘されるように、村に媒介された自立的な小農民の、安定的な再生産に基づく社会形成の要求である。武州世直し一揆は普遍的に小農回帰志向をもたないというのではなく、それは田畑主体の小農としてではなく、前述の小規模特産物地帯における、労働力販売者としての自立安定性を求めたもので、限定してみれば豪農層の解体と横浜の壊滅によって成就しうる、という民衆意識が存在したことは否定できないであろう。

(31) 尚、付言すれば、在郷町と周辺農村との問に展開する半プロ層の単なる流動現象をもって、世直し一揆を規定することは無理であろう。

(32) 武州多摩郡関前新田名主忠左衛門が新政府に建白書を提出し、品川県社倉政策に反対し「御門訴」闘争を指導する騒動は代表的な例といえよう。森安彦「明治初年東京周辺における農民闘争―品川県社倉騒動を中心に―」(佐々木潤之介編『村方騒動と世直し』上)。

(33) 豪農層の残した一揆史料・一揆文献は多数にのぼり、武州世直し一揆については、その大半を前掲史料一・二巻に収録した。ここでは豪農層の意識を、直接それら文献を引用し紹介することを省略したが、それは小稿が、世直し一揆の全行動過程から、民衆の意識を剔抉しようと試みたものであるからにほかならない。なお風聞や譬喩、芸能等は青木美智男「慶応期の階級闘争をめぐる問題点」（『歴史学研究』三三六号、一九六八年）、同「幕末のある村芝居興業と世直しについて」（『歴史学研究』三七八号　一九七一年）による提言もあるが、ここではふれなかった。ただし、「打毀し世直しくどき」「打毀し世直しちょぼくれ」が残されていること（拙稿『近世史藁』一号　一九七五年）と、武州の万作踊り・念仏踊り・飴屋踊りに「世直し」の曲目があること（倉林正次『埼玉県民俗芸能誌』一九七〇年）を指摘しておく。また農民の世直し願望は、稲の品種名にも現われる。兼子順氏の御教示によれば、『滑川村史調査史料』第一集、栗原家文書の「田方種オロシ覚之帳」に、安政二年以降「世直し」がみられる。そのほか後藤陽一『安芸国土井家作帳研究』（広島近世史研究会）に「世直り」なる品種がみとめられる。

（付）　本稿は近世村落史研究会「幕末の社会変動と民衆意識―慶応二年武州世直し一揆の考察―」（『歴史学研究』四五八）および『歴史公論』四巻六号に執筆した拙稿をもとに構成したものである。

〔初出〕『歴史学研究』（四五八号、一九七八）

第二部　研究論文

「世直し」とは何か
――「武州世直し一揆」の検討から――

森　安　彦

はじめに

「世直し」の嵐が吹きあれた一八六六年＝慶応二年丙寅から数えて今年一九八六年は二まわり目の丙寅の年である。

幕府崩壊＝明治維新直前、日本中の各地で大蜂起した民衆の「世直し」とは一体何であったろうか。

一二〇年後の今日、心静かに、そのことに思いをめぐらすことも、あながち無意味なこととはいえないだろう。

さて、この「世直し」研究がもっとも精力的に取り組まれたのは、一九七〇年代である。佐々木潤之介氏の提出した「世直し状況論」という視点は、各地の「世直し」を発掘させ、民衆の「世直し」の闘いを歴史の中に積極的に位置づけることを可能にした。

しかし、まだまだ「世直し」の研究は不充分だと痛感せざるを得ない。

なぜなら、この「世直し」を、一部の暴民や徒党化した民衆のアナーキな自暴自棄的行動とみなしたり、歴史的には、ほとんど無意味な、単なるせつな的な行動と規定したり、「祭り」や集団的オージーの類としたり、さまざまな不当な評価が横行しているからである。

このような見方が存在する限り、「世直し」研究の手をゆるめる訳にはいかない。

そこで、小稿では「武州世直し一揆」をとりあげて、「世直し」に蜂起した民衆の要求・組織・行動原理などを整理し、最後に幕藩権力や農兵との関係で「世直し」の崩壊過程を述べようと思う。

小稿の眼目は「世直し」行動には、民衆の一揆としての共通の目標、闘争の方法、闘争の論理や倫理が存在することを指摘し、単なるアナーキな集団的なオージー等とは峻別すべきことを提起したものである。

一　「世直し」一揆の要求

「武州世直し一揆」は慶応二年（一八六六）六月十三日（太陽暦七月二十五日）の蜂起から十九日の潰滅まで、わずか七日間のうちに、武州一五郡、上州二郡を席巻した。その範囲は東は中山道筋、南は多摩川流域、北は上・武国境沿いに及ぶ関東西北部一帯に及んだ。現在判明するものだけでも、打ちこわしの対象となった村は二〇〇か村余、豪農・村役人の家屋など五二〇軒が打ちこわされた。

打ちこわし勢として結集、組織された民衆は無慮十数万余を予想させる。

この打ちこわし勢のすさまじさは、「勢焔」[1]と評され、「其勢ひ雷神の頭ニ落掛ると思ふ程の勢ひニ而」[2]とか、「誠ニ天下むるひ之《（騒）》そふ動かと思ふ、天下ニ而は政事なし心心《（ママ）》もとならず次第也」[3]あり、さらに「惑乱之人数実ニ潮の湧か如くにして、坂戸村ゟ松山町迄櫛の歯を引かことく三里余の間尺寸のとぎれもなく、惣勢押合へし合引続候人数凡四、五万人とも相見」(4)えと記されている。

この打ちこわし勢の巨大・強力な存在こそ豪農層を圧倒し、「世直し」の実現を計る鍵であった。

この巨大な「世直し」勢は一体何を要求して蜂起したのであろうか。

「世直し」一揆の要求は、整理してみると、次の六項目となる。

①物価引下げ、とくに米穀の安売り。②質品と借用証文の無償返還。③質地と質地証文の返還。④施米・施金。⑤「世直し」勢に対する飲食の提供。⑥「世直し」勢に対する打ちこわし人足の提供。

これら六項目要求について若干の検討をしてみよう。①②③は貧農・半プロレタリア層の破綻した日常生活の回復のための要求であり、④は豪農層の富の放出による「世ならし」(平均化)的性格をもち、⑤⑥は「世直し」勢の維持・再生産を目的とした要求である。

その要求の対象者は、①②③④は穀問屋・高利貸・地主などの豪農層であり、⑤⑥は村役人・村民である。こうしてみると、①から⑥までの「世直し」要求は、各地に存在する豪農個々にだけ向けられるものではなく、豪農の存在の有無にかかわらず村落単位に要請され拡大して行くものである。すなわち、豪農という点と点を結ぶのではなく、面としての村から村へと展開する要求項目を内包しており、数千・数万という一揆勢を結集し、動員することができた必然性がここにある。

さて、日常生活の回復(安定化)を目的とする要求項目をみると、まず①の物価値下げ要求の中心は、米・挽割麦・水油等である。その一例をこの「世直し」一揆の口火を切った飯能村で示すと、当時「白米百文に壱合八勺、挽割三合」(5)であったのに対し、一揆勢の要求は一〇〇文につき白米五合、挽割麦一升売りの要求であった。(6)

②の質物・質証文の質置主への返還は無償が原則であるが、中には「貸金三分一棄捐」[(7)]とあったり、「質帳面類不レ残焼捨申候」と質証文の焼捨は各地にみられる。[(8)]

③の質地取戻については、①②に比較するとその件数は非常にわずかである。発端の上名栗村では「古来流地之山畑元金ニ而相渡」[(9)]すよう要求しており、秩父郡大宮郷では「質地証文等不レ残不財ニて可ニ相帰一」[(10)]よう主張している程度しか確認できず、この「武州世直し一揆」では、一揆要求の主流をなしているとはいえない。このことは、この「世直し」一揆の性格を質地取戻を中心とした小農回帰の志向性[(11)]をもったものだと簡単に結論づけることができないのではないかと考えられる。

④の施米・施金の要求は、富の「世ならし」をめざし、その要求額は莫大な額であることが特徴である。一例をあげると、この「世直し」一揆の発端の上名栗村では鳥居大尽（組頭・源左衛門）五千両、代八（山林地主）五千両、町田大尽（名主・滝之助）四千両など、合計一一人に対し二万三三〇〇両という高額であり、結局「世直し」一揆勢の壊滅により、実現したのはわずか一〇〇〇両の施金である。[(12)]児玉郡金屋村年寄孫兵衛は一人で金四五〇〇両、米七五〇俵を要求されている。[(13)]

さて⑤⑥の要求項目は「世直し」勢の維持、再生産にとっての必要条件である。「世直し一揆」が持続的に展開するためには、数千・数万の打ちこわし勢が再生産され、編成されていなければならない。この数千・数万の打ちこわし勢こそが「世直し」実現の強制力であり、「世直し」権威の源泉である。この打ちこわし勢は数日で交替し、絶えず新勢力が供給される必要があった。それゆえ、「世直し」の拡大にとって、打ちこわし勢の新陳代謝による再生産的補給は不可欠の条件である。では、この打ちこわし勢の拡大再生産＝強制力編成はどのようにして組織されたのであろうか。それは、各村から村単位の人足動員という方法で実現されたのである。すなわち、打ちこわし勢は、各村の名主に村単位の人足提供を要求し、拒否すれば、名主宅を打ちこわすという強制力を発揮し、各村の小前農民を公然と打ちこわし勢に編成したのである。それ故、「押行先々にて名主を強て人足を出させ、是を先ニ立せて打毀す、故ニ皆隣村之民ニ打毀されしといふ[14]」とあるのは、この打ちこわし勢の編成の仕方を指摘したものである。

また飲食提供では、「今夕飯千人前支度可レ被レ致、差支ニ於而は大勢之もの了簡可レ有レ之事[15]」として村宛に要求されているのである。

さて、この「世直し」要求で注目すべきことは、年貢減免・諸役負担の軽減などの対領主要求が全然みられないことであり、まさに、この「世直し」は人民諸階層間に発生した階級矛盾を基礎としたものであることを端的に示している。しかし、打ちこわし状況からみて、慶応二年五月から実施された生糸改印政策に対しては徹底的に反対し、生糸改印会所や生糸肝煎、あるいは横浜貿易に携っている浜商人（生糸仲買）は「世直し」要求の諸否と関係なく、すべて激しく打ちこわされているのである。それは生糸改印制度が新税賦課としての性格をもったこと、横浜貿易こそが、諸物価高騰の元凶であり、「諸悪の根元」と見なされたためである。

こうして、「世直し」要求のめざすものは民衆の生活の安定や確保であり、「天下泰平」「国家安泰」のスローガンにみられるような、民衆の側からの平和への願望である。

二　「世直し」一揆の組織

「世直し」一揆が強大な威力を発揮することができたのは、数千・数万に及ぶ人々を結集し、「打ちこわし」と

行動	処罰	備考	出典
頭取（発意）	死罪 （慶応3年8月22日）	牢死（慶応2年10月20日） 石高0.161石	①-17、29 ②-4、21
紋次郎へ同意	遠島（　〃　）	牢死（同2年11月11日） 石高0.065	
頭取		菊之助事、2年7月3日差立	②-11、14
秩父谷惣頭			①-161、163
頭取		2年8月3日府中宿より差送り	①-69、②-14、15、158
			②-31、150
頭取		築地河原で召捕、 6月22日差立	①-223、282 ②-83、108
先立押参り	中追放寄場収監		①-23
〃	〃		①-22
		2年8月3日府中宿より差立	②-14、15
頭取	中追放寄場収監	悪惣事　石高1.170	②-14、①-264、267
		江戸へ差送	①-224　他
		〃	②-82
		〃	①-223　他
頭取		倉蔵弟	①-223、②-78　他
〃	遠島	牢死、農間材木伐出、日雇	①-222、②-77　他
〃	中追放	牢死	①-222、②-77　他
		房五郎事	①-222　他

衆意識』（『歴史学研究』458号、より転載）。
揆史料）㈠巻17頁を意味する。

いう強制力をもったからである。

　この民衆の結集力を可能にした客観的条件はいうまでもなく、幕末期の階級矛盾のあり方であり、社会構造によるが、民衆を「世直し」一揆に蜂起させた主体的条件は一揆の戦術と組織方法である。

　「世直し」勢は、指導部（「頭取」集団）と一揆の主体勢力としての打ちこわし勢（「打ちこわし連中」）のほかに、数人単位で行動する先遣隊（「先触れ」）と称される集団の三者によって構成されている。

この三者の緊密な連動のもとに「世直し」一揆が展開したのである。以下この三者について簡単に述べてみよう。

表1　武州世直し一揆の頭取

郡	村	名前（歳）	身分・職業
秩父	上名栗	紋次郎（42）	百姓・大工
	〃	豊五郎（44）	百姓・桶屋
	坂石町分	佐兵衛（38）	百姓
	野上	浪之助	大工
高麗	長沢	作兵衛（47）	百姓
	〃	藤兵衛	無宿
	大川原	富蔵（46）	百姓
入間	黒山	勘兵衛	百姓
	堀込	国太郎	百姓
	南入曽	文太郎（47）	無宿
多摩	下成木	喜左衛門（58）	組頭
	上成木	冶兵衛（54）	百姓
	羽	半兵衛（50）	〃
	高月	助五郎（24）	〃
	小曽木	林蔵（35）	〃
	二又尾	槇次郎（30）	〃
	〃	元右衛門（52）	無宿
	千ヶ瀬	弥三郎（28）	百姓

（注）　近世村落史研究会『幕末の社会変動と民
出典欄の①－17は、同編『武州世直し一

まず、「頭取」集団としての指導部であるが具体的にどのような人々によって構成されていたかは必ずしも明らかではないが、史料的に確認できる指導者をまとめると表1のとおりである。

指導者集団の存在を示唆する記述は「頭分と申候は凡三十人程銘々真綿を頭上に冠り、其上ニ茜木綿ニ而鉢巻致し居り候よし[16]」とか、「頭立候ものハ白キ毛之様成ルものを冠り、襷キをかけ居候[17]」とあり指揮者として目立つ格好をしていたことがわかる。さらに「何歟相談いたし帳面等を仕立、何れ之儀歟書記[18]」とあり、また「徒党頭取共之内、帳面ニ打こわし順を記置、差図致候由[19]」として頭取たちは打ちこわし対象者を選定し、計画的に指揮していたことが窺える。このほか「秩父郡名栗辺ゟ起立大将老人ニ而駕籠乗り[20]」とか「大将は騎馬[21]」、また

「人数懸引ハ太鼓或は銅たらひニ而仕候由」[22]とあり、これらのことから、組織的な指導者集団が存在したことは明らかであり、戦略・戦術の決定と全体の指揮をとっていたものといえる。

つぎに、この指導部に直属して、指導部の手足や耳目としての役割を果したのが先遣隊である。この先遣隊は、蜂起の事前工作として、数人単位の「先触れ」が各地で「日本窮民為」の幟印を掲げ、「世直し」の到来を宣伝し、蜂起を促す情宣活動を展開したのである[23]。また、「世直し」一揆のさなかでは、各地の打ちこわしの対象者である豪農や村役人に対し、「世直し」要求の諾否を打診したり、領主側や村方の動向を把握し、指導部に情報提供するものである。指導部はこの情報によって打ちこわし闘争を指揮した。こうして「世直し」一揆が短期間で急速に各地に拡大したのは、この先遣隊の役割が大きいといえる。

さて、「世直し」一揆の威力の根元である「世直し」勢の母体ともいうべき打ちこわし勢の拡大再生産は、前述のように、村単位の人足動員を強制力によって発動したものである。こうして雪だるま式に激増した「世直し」勢は、巨大化すると、数千人単位で分裂し、別組となって、「世直し」世界を拡大した。さらに「世直し」勢の展開につれて、各地で呼応蜂起する現象もみられるのである。例えば武蔵国榛沢郡原宿村周辺では「凡千人程充四方より蜂起[24]」したとある。この蜂起集団を母体として「世直し」勢を結成し、周辺村々に「人足」提供を要求したのである。

原宿村周辺では蜂起した打ちこわし勢は、六月十七日原宿村に対し、一揆の先遣隊が「相起（越）、人足於レ不二差出一は焼払候旨申レ之候ニ付、無二余儀一人足差出候[25]」とある。

この「世直し」勢に人足を提供するか、或は拒否するかが、「世直し」を肯定するか、否定するかの決定的態度の分岐点である。

人足を提供し、「世直し」勢力下に編成され、打ちこわしを免れた村を「無事村」と称し、これに対し、人足提供を拒否し、打ちこわされた村を「難渋村」とよび、再度「世直し」が再発した場合は、「無事村」は「難渋村」に対し「存分の助誠」をすることをとりきめている「組合村議定書」(26)もある。

こうして小前貧農・半プロ層は「世直し」勢を各地に結集・組織することによって、豪農支配と対決し、日頃の豪農の収奪体系を解体し、自らの解放＝「世直し」を実現しようとしたのである。

では、つぎにこの「世直し」行動に内在する基本原理とは何であったかを検討してみたい。

三　「世直し」一揆の行動

すでに述べたように、「世直し」一揆の威力は、巨大な民衆の結集力とともに、打ちこわしという強制手段をもったことである。

この打ちこわしという強制力は、豪農と村方（その代表である名主）の両者に発動され、「世直し」を実現させてゆく重要な手段として作用した。すなわち、打ちこわしは、

Ⓐ　豪農層に対しては、村方に施米・施金や質物（質地）の返還など、豪農の日頃の蓄財を放出させ、「世直し」要求を実施させるものとなった。

Ⓑ　いっぽう「世直し」の成果を享受する村方に対しては、村民一同が積極的に「世直し」勢に参加し、周辺諸村に「世直し」を拡大する義務を負わせているのである（人足動員）。

このⒶとⒷの行動は循環し、拡大し、いわば社会変革運動となり、これによって、豪農経営に打撃を与え、小

前貧農層・半プロ層の生活基盤の安定化を実現させようとしたのである。

　さて、この「世直し」行動の実態をみるとつぎのことが判明する。すなわち、「世直し」勢にとって闘争の相手は大別して二種類である。一つは打ちこわしにより潰滅あるのみという完全な敵対勢力であり、もう一つは「世直し」勢の要求を受け入れ、実行を確約すれば、あえて打ちこわさないという相手である。前者に属するものは横浜貿易に携っている生糸商人や悪質な高利貸、打ちこわし人足の提供を拒否した村役人などであり、後者に属するものは、それ以外の豪農である。生糸商人は貿易により莫大な利益を独占するとともに、物価騰貴の元凶と目され、横浜開港場とともに「世直し」勢の攻撃目標とされた。

「世直し」一揆は豪農層が「世直し」要求を受諾した場合は、必ずその場で受諾の「請書」を「世直し」指導部に提出させると同時に門前などに「世直し」要求受諾の旨を掲示させるのである。その「世直し」要求の実施は、村役人介在のもとに、豪農の、いわば自主的行為として行なわせ、要求の実現段階では、合法的性格をもたせているのである。

　本来「世直し」勢は、決してその場で米金を強奪して貧民らに配分するようなことはしていないのである。前述のように、浜商人ら一部の豪農を除いては豪農層との掛合は、数人の先遣隊との間でかわされるのであり、数百・数千の「世直し」勢の出動は、「世直し」要求を拒否した豪農にのみ向けられるのである。この点がいわゆる「ええじゃないか」とは相違するのであり、「ええじゃないか」にみられる「踊り込み」のような行為はむしろ禁止されているのである。たしかに、後述するように「世直し」勢が、幕藩領主軍や農兵の砲撃によって一揆の組織が潰滅する段階でアナーキ化する現象もみられるが、それは「世直し」の本来の姿ではないのである。

　この「世直し」一揆には、民衆の生活倫理にもとずく規律が存在しているのである。豪農が「世直し」要求を拒否した場合には、徹底的な打ちこわしを敢行するが、それはあくまで家財の壊滅であって、略奪行為や人身に危害を加えることは厳重に禁止しているのである。一揆探索方の「注進書」に、「打毀之節、金銭等奪取候を悉く相廃[27]」とあり、伊古田純道の「賊民略記」には「今日ノ賊民ハ屋室ヲ毀ツヲ以テ主トナシ、財宝ハ陰ニ貪ル者アリト雖モ、陽ニ奪フ事禁シ[28]」とあるのは、このことを示している。また打ちこわしでは「兵器をもたるはなく人を傷害ふこともせず物を掠るぬす人にもあらで[29]」とか、「誠ニ近世未曽有之騒災ニ有之候得共、不思議ニ家内壱人も無㆓怪我㆒相遁候[30]」とあり、武器をもたないこと、人身に危害を与えないことを「世直し」行動の原理としていた。

しかし、この行動原理も、権力側の軍事的鎮圧により、多数の死傷者が出て「世直し」勢の組織が崩壊する過程では、維持できず、解体するのである。

最後にその動向をみることとしよう。

四　「世直し」一揆の崩壊

慶応二年（一八六六）六月十三日夜から十四日朝にかけて武州高麗郡飯能村の穀屋・酒屋などの打ちこわしをもって蜂起した「世直し」一揆は、十四・十五の両日には、武蔵国西南部全域に、まさに燎原の火のように拡大し、「世直し」要求と打ちこわしをもって、「世直し」の世界を押し広げていった（「展開図」〈本書五四頁〉参照）。

時あたかも、第二次幕長戦争のさなかであり、幕府ならびに関東諸大名の軍事力は西日本に総動員され、いわば権力の空白期を巧みについた一揆戦略といえる。

このような事態に対して、幕藩権力は、関東残留兵力を総結集して、大砲・鉄砲を先頭に「世直し」一揆鎮圧体制を確立するのである。

幕府は「世直し」一揆の拡大を阻止するために、南は多摩川、東は中山道、北は上州岩鼻関東郡代所を中心に防衛ラインを敷き、一揆の剪滅を計った。

まず幕府がもっとも恐れたのは、一揆勢が南下し、横浜開港場に攻撃を加えることであった。それ故、十五日には江川代官所支配下の多摩郡の組合村単位に設置されている農兵に動員令が通達された[31]。

秩父辺ゟ騒立凡人数三千人程所々及㆓乱妨㆒、当支配所江可㆓打入㆒様子之旨訴有之間、村々農兵差出見掛次第可㆓打殺㆒、尤出役之もの差出候間可㆑請㆓差図㆒候、以上

寅六月十五日　江川太郎左衛門役所

これによると、「見掛次第可打殺」と露骨に敵意を示した対応であることがわかる。

多摩川沿岸の防衛は武州農兵が中心となった。また「神奈川表」には陸軍奉行横田五郎三郎の指揮のもとに、別手組百人を派遣し、一揆勢の横浜攻撃に備えた[32]。

中山道防衛は、六月十六日幕府老中井上河内守の命により、陸軍奉行配下歩兵頭並河津駿河守が歩兵三中隊三五〇人を関東取締出役頭取馬場俊蔵・吉田僖平次・百瀬章蔵・中村新平・杉本鱗次郎らと共に引率して、急拠熊谷宿に布陣し、中山道筋全体の指揮をとり、武蔵・上野両国に領地を持つ譜代大名、松平大和守（武州入間郡川越一五万石）・松平下総守（武州埼玉郡忍一〇万石）・松平右京亮（上州群馬郡高崎八万二千石）・秋元但馬守（上州邑楽郡館林六万石）・安部摂津守（武州榛沢郡岡部二万石）らの家臣を動員して防衛に当ることになった[33]。

北関東の最大の防衛拠点は上武国境に位置した関東郡代岩鼻陣屋であり、ここは一揆勢を上州・信州に進攻さ

せないために重要であるばかりではなく、南の横浜と同様、北の岩鼻郡代所は一揆勢の攻撃対象とされていた。これは岩鼻郡代所が生糸改印政策の拠点であり、農民が販売しようとする生糸を国内用・国外用に分け改印した上で販売を許し、岩鼻陣屋が生糸の多少に応じて口糸（生糸運上）を取り立てたのである。[34]さらに、岩鼻郡代所は北関東における一大軍事拠点であり、生糸のほかにも蚕種・菜種油運上政策の直接の推進者でもあった。[35]

こうして、「一手は深谷・本庄ゟ岩鼻へ向ひ、一手は八幡山ゟ藤岡・新町・岩鼻へ向ひ、一手は大宮ゟ鬼石・渡瀬・岩鼻と心差相分れ、惣勢一所に岩鼻の御郡代役所を打潰し、爰にて勢揃致し中仙道を押下り、江戸表へ出願を上け、横浜へ乱入致し国病の根を断、万民安穏の心願と申事に御座候」[36]という一揆行動の捉え方がなされていた。

幕府は岩鼻陣屋警衛として大身の旗本の中から花房近江守（六千二百石）・富田継太郎（七千石）・甲斐庄帯刀（四千石）・秋田元次郎（五千石）らを派遣し、岩鼻詰関東郡代木村甲斐守が全体の総指揮に当り、近隣の大名・旗本らの家臣を一揆鎮圧隊として各所の防衛拠点に動員配置し、[37]一揆勢の攻撃から岩鼻陣屋を死守したのである。

「武州世直し一揆」勢が、幕藩軍事力、農兵、組合村防衛の農民らによって撃破されていく過程を整理してみると表2のとおりである。これでみると、「世直し」勢が壊滅的打撃を受けたのは、十六日の多摩川沿岸、柳窪・築地河原・入野村での武州農兵による攻撃と十八日の関東取締出役と関東郡代による北関東の上武国境、新町・本庄・深谷の戦闘である。前者は開港場横浜、後者は関東郡代岩鼻陣屋があり、いずれも幕府にとっては死守すべき拠点であり、もし、これが一揆勢によって打ちこわされる事態になると、内外に与える幕府権威の失墜は計りしれないものがあったといえよう。そのため、「世直し」一揆に対する攻撃は熾烈を極めて容赦なく、多数の死者と逮捕者を出し、一揆勢は致命的打撃を受け崩壊したのであった。一揆勢の最後は十八日に忍藩の秩父

「世直し」勢の崩壊	出　典
散乱 散乱（名栗村辺ゟ押出し、発端本色の賊首之由） 逃去 一旦散乱、再結集	②－194 ①－290 ②－216 ②－193～4
即死８人、召捕人13人、解体 即死18人、召捕41人退散 即死10人、召捕人26人、敗退 発砲散乱 凡40人捕えられる	②－98 ②－98 ②－98、53 ②－228 ①－72～73
即死２人、召捕21人 散乱 １人即死、逃散 四方に散乱 即死２人、召捕人35人	②－103 ②－45 ②－201 ①－291 ②－147
手負人50～60人、召捕人40～50人 手負人100人、召捕人70～80人、即死20人 召捕人49人 即死30人、召捕人300人	①－112 ①－113　②－146 ①－115 ①－145、146　②－172
即死４～５人 生捕人34人余	①－114、173 ②－17

大宮陣屋に激しい打ちこわしをかけ、十九日には小鹿野・名倉・下吉田・矢畑と内秩父の山中で、忍藩兵や大宮町の自警町民らによって追撃を受け、二十日朝には神川原で角太夫家を打ちこわし、それにより上野国甘楽郡下仁田町を目標とするが阻止され、解体したのであった。

　この「世直し」勢の崩壊により、組織は潰滅し、指導者は捕えられ、一揆勢としての統一性を失った。

　その間隙をついて無宿者などが多数参加し、新しい動きを示すようになる。例

表２　慶応２年６月「世直し」勢の崩壊過程

日	場　所	幕藩軍事力など
15	入間郡宗 岡 村 〃　　大久保村 多摩郡拝 島 筋 新座郡引 又 町	川越藩 〃　　銃隊300人 八王子千人頭（萩原頼母） 高崎藩陣屋、発砲
16	多摩郡柳 窪 村 〃　　築地河原 〃　　入野村 新座郡大和田町 比企郡三保谷村	江川農兵（田無村組合） 〃　　　（日野宿・八王子宿・駒木野組合） 〃　　　（五日市村組合）945人 高崎藩野火止陣屋 川越藩、大砲方出動
17	多摩郡小 机 村 高麗郡的 場 村 大里郡甲 山 村 足立郡水判土村 比企郡大黒部村 〃　　高 坂 村	農兵 川越藩大砲方 組合村・根岸友山の私兵 関東取締出役（中村・百瀬） 田木他７か村組合
18	児玉郡小茂田村 〃　　本 庄 宿 榛沢郡深 谷 宿 上州緑野郡笛木新町	関東取締出役（木村逸蔵） 〃　　　　（〃） 〃　　　　（〃） 関東郡代（木村甲斐守）
19	秩父郡名倉・下吉田 〃　　矢　　畑 〃　　小　鹿　野	大宮町自警団、忍藩兵

（注）　近世村落史研究会編『幕末の社会変動と民衆意識』（『歴史学研究』458号、より転載）。
出典欄の②－194は、同編『武州世直し一揆史料』㈡巻194頁を意味する。

えば六月二十六日所沢村役人より「此度之一揆蜂起之内へ黒熊之勝駈入、柳窪村江押寄候節ハ、同人頭取金三十両受取焚出し為レ致打毀ハ差免候処、先村ニも同様所置いたし候ニ付一揆之者不平ヲ発し候分いづ方へ歟逃去候」[38]との報告はそのことを示している。

また、「世直し」勢は、豪農に対し、施米・施金などの要求はするが、その場で直ちにそれを実施させることはしていないことは前述のとおりであり、即実施することは略奪行為にもなりかねないので避けている。

しかし、幕藩権力が全面的に介入した段階になると、すでにその余裕もなく、たとえば男衾郡木持村では十七日、要求事項を「多人数ニ而強勢ニ申募、其上百姓清兵衛江相廻り、押て金五拾両・米拾俵・酒壱樽為二差出一、人足弐人引連去り[39]」とある。

また、一揆勢は農具や生産道具以外の刀・鎗・鉄砲などの武器を所持しないことが原則であったが、領主軍や農兵の銃撃砲火の攻撃により多数の死傷者が出たあとでは、もはやその原則も崩れ、十九日の最後の段階では、「吉田村ニ而召捕候徒党人共之内刀剣を以手向候[40]」のいたことが記録されている。これらのことは、権力側の全面介入により、「世直し」勢が鎮圧解体される過程で「世直し」勢の指導部・組織が解体し「世直し」本来の行動原理が喪失され、いわゆる「徒党」化の様相を呈したといえよう。

この解体期の混乱状況を、あたかも「世直し」の全体像のように捉え、非難することは、この「世直し」の本質を見失うこととなるといえよう。

それ故、「世直し」一揆の展開は、権力の介入以前と以後とでは様相を異にし、権力の介入以前には、本来の「世直し」のめざしたもの、「世直し」の本質や原理が純粋に損われずに存在したが、権力の介入以後は、変容せざるを得ない側面をもっていたのである。

注

（1）近世村落史研究会編『武州世直し一揆史料』㈠、二九二頁（慶友社、一九七一年）以下『一揆史料』㈠―二九二頁と略す。

（2）『一揆史料』㈠―四二貫

(3)『一揆史料』(一)—四四頁
(4)『一揆史料』(一)—三七頁
(5)『一揆史料』(二)—一七六頁
(6)『一揆史料』(二)—二〇六頁
(7)『一揆史料』(二)—二〇六頁
(8)『一揆史料』(二)—二一九頁
(9)『一揆史料』(二)—二二頁
(10)『一揆史料』(一)—一六二頁
(11)津田秀夫「『世直し』の社会経済史的意義」(高橋幸八郎・古島敏雄編『近代化の経済的基礎』所収　岩波書店　一九六八年)
(12)『一揆史料』(一)—一一頁
(13)『一揆史料』(二)—二一七頁
(14)『一揆史料』(一)—七〇頁
(15)『一揆史料』(一)—三〇一頁
(16)『一揆史料』(一)—三七頁
(17)『一揆史料』(二)—二四五頁
(18)『一史料』(一)—三七頁
(19)東京大学史料編纂所所蔵「知新雑纂」(慶応二年六月十三日「大日本維新史料稿本第三部」所収)
(20)『一揆史料』(二)—一二三頁
(21)『一揆史料』(二)—一二六頁
(22)『一揆史料』(一)—三〇三頁

(23)　『一揆史料』㈡―二二〇頁
(24)　『一揆史料』㈡―二一一頁
(25)　『一揆史料』㈡―二一一頁
(26)　『一揆史料』㈠―七七頁
(27)　『一揆史料』㈡―一九五頁
(28)　『一揆史料』㈠―一七七頁
(29)　『一揆史料』㈡―一五八頁
(30)　『一揆史料』㈠―六一頁
(31)　『一揆史料』㈡―五六・八〇・九二頁
(32)　『一揆史料』㈡―一九〇頁
(33)　『一揆史料』㈠―二九二頁、㈡―一八九頁
(34)　中島明「武州世直し一揆と上州諸藩の動向」（『近世史藁』二号所収）
(35)　(34)に同じ
(36)　『一揆史料』㈡―一六一頁
(37)　『一揆史料』㈡―一九二頁
(38)　『一揆史料』㈡―一八三頁
(39)　『一揆史料』㈡―二〇二頁
(40)　『一揆史料』㈡―二三一頁

〔参考文献――一九七〇年代以降のもの――〕

近世村落史研究会編『武州世直し一揆史料』㈠㈡（慶友社、一九七一年・一九七四年）

近世村落史研究会編「近世史藁」一・二号（同会発行、一九七五年・一九七七年）
近世村落史研究会共同研究「幕末の社会変動と民衆意識――慶応二年武州世直し一揆の考察――」（『歴史学研究』四五八号、青木書店、一九七八年）
森安彦『幕藩制国家の基礎構造――村落構造の展開と農民闘争――』（吉川弘文館、一九八一年）
大舘右喜『幕末社会の基礎構造　武州世直し層の形成』（埼玉新聞社、一九八一年）
山中清孝『近世武州名栗村の構造』（名栗村教育委員会、一九八一年）
佐々木潤之介『世直し』（岩波書店、一九七九年）
佐々木潤之介『近世民衆史の再構成』（校倉書房、一九八四年）

〔初出〕多摩文化資料室編集『多摩のあゆみ』第四十五号（多摩中央信用金庫、一九八六年一一月）

「武州世直し一揆」像の再検討
――一揆蜂起の上名栗村における新出史料を中心に――

森　安彦

はじめに

慶応二年（一八六六）六月十三日、武州秩父郡上名栗村（現・埼玉県入間郡名栗村上名栗、現在は合併して埼玉県飯能市名栗）から蜂起したといわれる「武州世直し一揆」の研究は、一九六〇年代後半から一九七〇年代に盛行をみたが、それ以降、目ぼしい研究はほとんどないといえる状況である。[1]

これは、歴史研究の動向が日常生活史を主とした、いわゆる〝社会史〟に移動し、非日常的な社会変革への関心が薄れたことによるといえよう。勿論、日常生活史的視点の重要性はいうまでもないが、非日常的な局面を無視しては、総体としての歴史の把握は不充分であろう。日常性と非日常性を連動させてこそ歴史の全体的理解に達するのではなかろうか。

幸い、最近、『名栗村史研究　那栗郷1』[2]に「慶応二丙寅六月十三日変事出来ニ付心得覚記上名栗村」という史料が掲載された[3]。

この史料は、上名栗村字鳥居という場所に居住している新組の組頭平沼源左衛門によって書かれたものである[4]。この「変事出来ニ付心得覚記」（以下「覚記」）は、この一揆の発生から、その展開過程、一揆首謀者の処罰、施金の実施の拠金問題等、その経過を日記風に記録したものであり、村役人名で岩鼻役所や関東取締出役へ提出した公的な文書の写しも挿入されている。

この「覚記」の寸法は、縦一二センチ、横一七センチ、形態は横半帳で、丁数は表紙・裏表紙を除き九八丁（ただし内三枚は白紙）である[5]。

平沼家は、上名栗村の新組の組頭を務め、材木商、酒造業を営み「いまるや」という酒店を開いており、当村名主町田家・組頭柏屋家などと共に村内有数の豪農として知られる家である。この「覚記」を執筆した源左衛門は文化十一年（一八一四）生れで、この慶応二年（一八六六）の時は五二歳であった[6]。

この「覚記」は一揆蜂起村の村役人が実際に体験した事実を記録しているところに大きな特色があり、その史料的価値も高いといえる。小論は、これまでに発表された『武州世直し一揆史料㈠㈡[7]』と今回公表された「覚記」とを比較検討し、これまで、必ずしも充分解明されていなかった部分を少しでも明らかにして「武州世直し一揆」像をより豊かにしようという一つの試みである。

この「覚記」の構成は、四つに大別してみることができる。

一つは、一揆の発端で、上名栗村の村民がどのようにして、最初の打ちこわし目標である武州高麗郡飯能村の穀屋に押し出したか。それを阻止するために、名主などの村役人がどのように対応したかという具体的事実である。

二つは、打ちこわしから帰村した村人と豪農との間の上名栗村における、世直し要求をめぐって、息詰まるような対峙の場面である。これは、この「覚記」によってのみ始めて判明する事実であり、もっとも精彩を放っている。

三つは、上名栗村に幕府役人が到来し、一揆発頭人としての紋次郎・豊五郎等が江戸送りとなる事情である。

四つは、施行として入会地の植林の伐採についての豪農間の対立状況である。

小稿では、一、二、三を中心に検討し、四については、他日の課題とした。

一　一揆蜂起の動向

（一）「覚記」による蜂起の様相

「覚記」本文の書き出しは、「前代稀成変事出来ニ付手前心得覚左ニ記し置候」とある。

これは、この村民の行動が、これまでにかつてない「稀成変事出来」という認識で把握され、ことの顚末を詳細に記録しておかねばならないという危機意識から、この「覚記」が記録されたものであることが判明する。

まず、一揆発端の様子と村役人が村民の動向について、どのようにお互いに情報を交換し、この一揆行動を阻止しようとしたかについてみることとしよう。

冒頭には、慶応二年（一八六六）六月十三日昼七ツ半（午後五時）頃、筆者の平沼源左衛門が柏屋代八（古組・組頭）より派遣された使者の古出啓蔵の「串口噺」を書き記している。すなわち、「只今正覚寺檀中之者飯能穀屋共江米穀直下ケ無心ニ参り候風聞ニ御座候、只今御出差留被下候趣、小殿（新組・組頭吉田伴次郎）江も其趣申

表１　慶応２年６月武蔵国秩父郡上名栗村村役人等一覧

村役人	新組	古組
名主	太次郎、倅寅次郎	［新立］町田滝之助
組頭	［鳥居］平沼源左衛門、倅兵三郎	
〃	［小殿］吉田伴次郎	［柏木］★柏屋代八
〃	仙太郎　栄太郎	
〃	忠太郎	
年寄	軍蔵（新古両組役人惣代）	
百姓代	亀太郎（〃）	
〃	覚蔵	
組頭見習	徳三郎	
〃	清八　武助	
	［秋津］幸次郎・勇蔵	［名郷］和助　順蔵 ［人見］市五郎 ［湯野沢］名吉、倅末吉

（注）［　］は地名、★は屋号。

参り、是より太次郎殿（新組・名主）江も申通参候、猶又下拙よりも太次郎殿江及沙汰、同道ニ而新立名主滝之助殿（古組・名主町田氏）宅江参り承候処、同様之噺しらせ之人、名郷組和助殿と心得申候」とあり、一揆蜂起の情報を、各村役人に伝達する経路が判明する。

すなわち、正覚寺の檀家の者たちが飯能穀屋へ米穀値下げ要求を求めて押し出したという風聞があるので、早速村役人が出張して「差留」るように、組頭・名主に連絡をとっているのである。

上名栗村は享保九年（一七二四）に年貢勘定をめぐって村方騒動が発生し、その結果新古両組に分かれ、両組ともにそれぞれ村役人が置かれた(8)。表1は村役人等一覧である。

また、上名栗村・下名栗村・飯能村等の小字を図示したものが図1（次頁）である。

これによって、村役人が相談しているところに、百姓代亀太郎が再度きて申すには、「今晩と申噂御座候」

「秩父」「川越」５万分の一より作成）

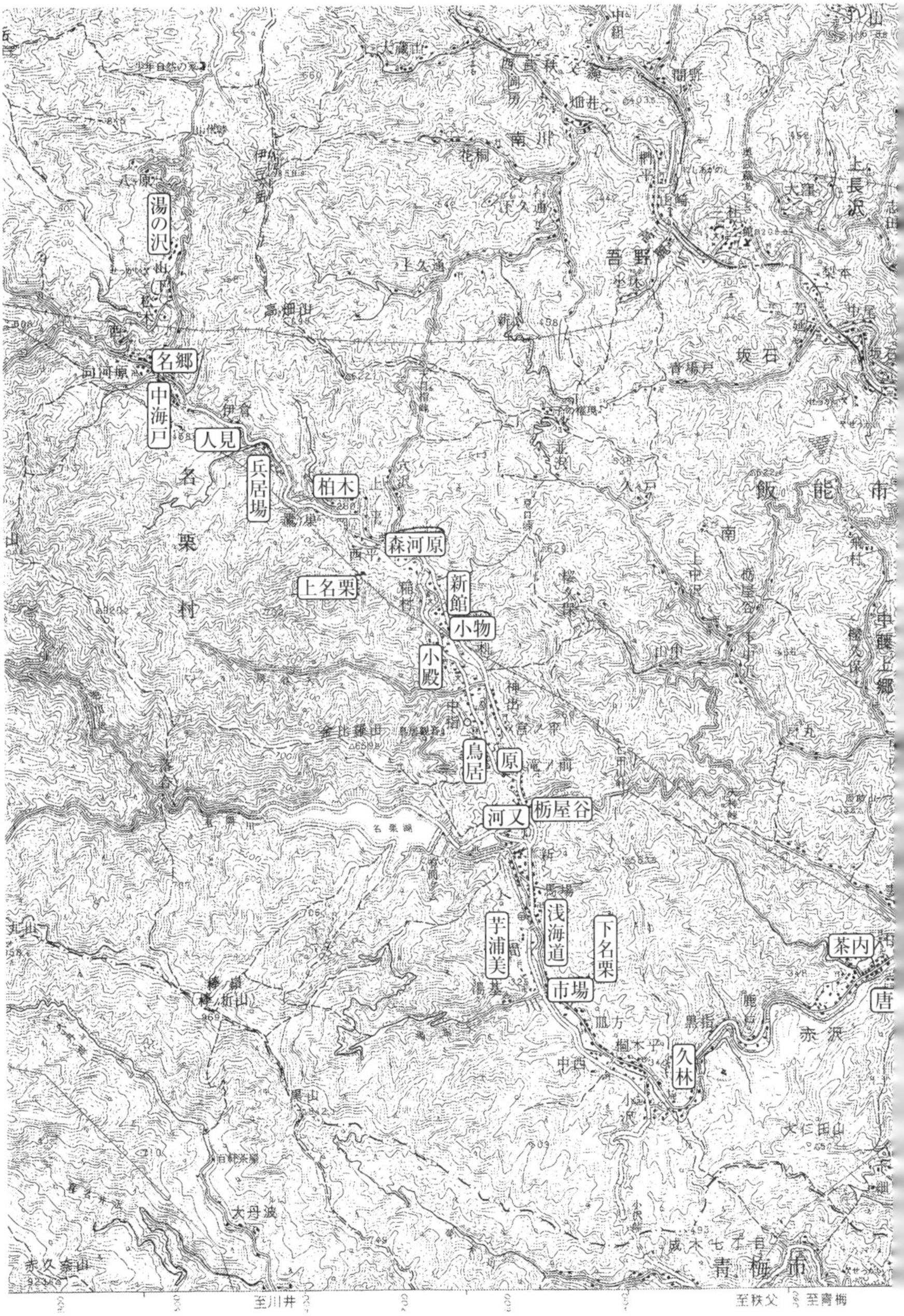

図１　名栗村・飯能市の地図（国土

とあり、飯能村の穀屋への押出しは、今晩決行という噂（情報）であることを知らせる。ここで平沼源左衛門は「私し共江ハしらせ不申候」と、村人がこれほどの大事件を起こそうとしているのに、当の村人からは、村役人へ何の知らせもないことを訝かっている。

亀太郎に、さらに「風聞」を聞くと、「不動渕とか檜渕とか清《(勢)》揃致出向様之風説も有之」ということであった。そこで村役人が「我野へ越ニハ穴沢計りかと」聞くと、亀太郎は「我野へは新田山越候得ば我野谷ッニ御座候」と答えた。そこで我野谷までは「難計」いので、ともかく、勢揃いしている場所へ村役人が赴き、「差留へく」と相談がきまった。村役人の行動が村民の参加を食い止めることときまった以上、周辺村々へも伝達し、村民の行動を阻止するよう対策をとってもらうこととした。

ここに、米穀の値段引き下げを要求して蜂起する村民と、それを阻止しようとする村役人という対立の図式が明確になったのである。

まず、隣村の下名栗村へ蜂起一件を通達し、村民の押出しをできる限り上名栗村で「差留」が、「万一隠れ出抜ニ其御地江参候ハヽ、御差留置可被下候」と依頼した。また、我野村の村役人へも「早速此趣ヲ通達ニ及、右之族通行致候ハヽ、御差留可被下候」と通達したのであった。

下名栗村へは、組頭仙太郎と名主太次郎の倅寅二《(次)》郎が同道し、名主太次郎の申口を認めた手紙一通を倅寅二郎に持たせて届けた。その途中、近所の者四、五人も馬頭堂あたりに控えており、覚五郎もいたので、村人が押し出してきたら「差留」るよう頼んだ。

それより夕六ツ（午後六時）頃、森川原の松五郎宅で、ろうそく・わらじを用意し、名主滝之助・当名主太二郎・源左衛門（平沼氏、組頭）・軍蔵（年寄）・伴次郎（組頭）の村役人のほかに、円正寺・医王寺・正覚寺の三か寺も森川原迄、村役人の依頼で出張し、同道した。浜井場へ参り、万次郎宅へ寄り、噂を聞く。村役人が「今ば（晩）ん上ミより徒党致し飯能村へ出向趣承り候処、如何と尋候得ば」、万次郎は「今ばん出向から上ミより参るニ付支度して控居様ニと申継候」と返答した。村役人が「何物哉」と尋ると、「正覚寺檀中不残と申事ニ候」と答えた。万次郎は「私し共儀ハ附合場ニハ候得共医王寺之檀家ニ而御座候得共、附合場ゆへ噺し御座候」と述べた。すなわち、自分は医王寺の檀家なのだが、日頃から附合があることから参加の誘いを受けたということである。

滝之助・太次郎ほか村役人が申すには、「何様之事申来り候共、決而出向候而は不相成、隣家栄左衛門・同寅次郎江も右之段申聞せ控へく由」と命じた。万次郎は「承知之趣申ニ付」、村役人たちは、浜井場から人見へ移動したところで、湯野沢山下の多吉倅米吉と出合った。米吉が通り抜けようとしたのを村役人が差留、「何方江罷出候」と尋ねると、米吉は「下筋江用向有之参り候」というが、見うけるところ手笠を持ち、着御座（きござ＝着茣蓙、雨露をしのぐために、身にまとったござ）を背負っているので、村役人たちは皆不審に思い、さらに追求すると、米吉は「正覚寺檀中之者徒党致、今晩飯能村江穀物下直無心ニ罷出候趣風聞ニ承り」というので、村役人は「定而仲間ニ可有之、遣ス事ハ不相成、外之者ハ如何」と尋ねると、米吉は「不動渕ニ少々人罷居候よし」と申したので、村役人は、米吉に「然らば不動渕迄帰るべし」と引き戻したのであった。

村役人たちは、人見の市五郎方へ立ち寄り様子を聞くと、市五郎は「御支配岩鼻御役所江倅武助（新組・組頭見習）罷出留守中ニ而難知れ方」と答え、市五郎は状況は分からないということであった。

それより不動渕へ近附と、村役人たちの灯燈の明りをみて、百姓大勢が一同に押し出してきた。

村役人が「一同控へし」と申すと、道が狭いところに大勢が出てきたので、「押落され浜下落る者も有之、又立帰り、跡より追懸壱人引留メ、跡ニ居候もの先江飄抜候」という大混乱ぶりであった。

村役人たちは、「一先（ひとまず）村役人の申事承りべく」と申すが、百姓たちは耳もかさず、払抜ながら申すには、「我野谷ッ江もわかり候而余程参り候間、我野谷ツ下り候者差留なば我等計りとまり居候事難成」とて、我野勢はすでに飯能村へ下っており、自分たちだけが、ここにとどまっているということはできないといって飯能村をめざして下っていった。村役人たちも鍛冶屋橋まで追いかけたが、どうにもならないので、それより新立の名主宅へ引き返へし、名主滝之助ほか村役人一同が評議して、その結果、「是より飯能迄出向差留引戻し可申談事ニ相成」ったのであった。

飯能村へ出向するのは村役人全員だが、仙太郎（新組・組頭）は「何様之御用向有之哉新立ニ控居へし」となり、正覚寺・医王寺・円正寺・竜泉寺・洞雲寺の五か寺に、名主滝之助・名主太次郎・年寄軍蔵・組頭見習清八・組頭源左衛門・同伴次郎・組頭栄太郎、それに名郷の百姓和助と順蔵等が飯能村へ出張することとした。

一方、上名栗村の支配を担当している岩鼻役所に対しては、次のような書付を名主太次郎の倅寅次郎・組頭見習徳三郎の両人連名で届けている。(9)

乍恐以書付奉申上候

武州秩父郡上名栗村新古両組役人惣代当名主太次郎代倅寅次郎・組頭見習徳三郎奉申上候、当月十三日暮六ツ時頃、村内小前困窮之者共、追々米穀其外格別高直ニ相成候ニ付、営方も難出来候間、高麗郡飯能村穀屋共方へ罷越、穀物下落相成候迄無心致し候由ニ而、村方立出候趣風聞承り候間、役人共儀可差留と存候得共、夜中之儀ニ付、何れニ挙り居候哉不相分候故、銘々家内探索仕候処、多人数在宿不仕候間、驚入直様役人共不残差留として追欠罷越候得共、右飯能村迄ハ道法四里余も有之場所ニ付、先方之様子如何罷成候哉相弁不申、右は不容易儀と存候間、此段不取敢御訴奉申上候、以上

武州秩父郡上名栗村新古両組
役人惣代
名主太次郎倅
寅　次　郎
組頭見習
徳　三　郎

慶応二寅年
六月十五日

岩　鼻
御　役　所

この文書には、慶応二年六月十三日暮六ツ時頃、村内小前困窮の者共が、米価高騰で生活ができないので、高麗郡飯能村穀屋共へ罷越し、穀物が下落する迄、米穀の無心要求のため村方を出発したという風聞を聞いた。そこで村役人たちが差し留めようとしたが、すでにほとんどの百姓は家に居らず、村役人が追いかけ、差し留めようとしているが、上名栗村から飯能村迄は道法四里余りもあり、先方の様子は、よく分らないが、とりあえず御訴え申し上げますという内容である。要するに小前困窮の者の蜂起と、それを阻止しようとしている村役人の動きを岩鼻役所へ通報しているのである。

これは、岩鼻役所への村民蜂起の第一報であり、村役人一同が蜂起阻止に立ち向っている姿勢を伝えたものである。

村役人たちは、それより下名栗村名主半兵衛へ立ち寄り、様子を尋ねると、安五郎の云うには、「下名栗村ニ而も小前ハ不残罷出候」ということであった。さらに久林万次郎へ立ち寄ると「是も村方不残罷出候」ということであった。茶内へは小殿（組頭吉田伴次郎）と和助が立ち寄り、さらに中屋敷角太郎へも立ち寄った。それより新寺にて話を聞き、新寺の豆腐屋の亭主に出合い、亭主の話には、「飯能酒や八左衛門手始として、堺屋（又右衛門）・板半（板屋半兵衛）・中屋（清兵衛）穀屋四軒打毀候」ということであった。もはや、やむを得ない次第と飯能宿へ見舞に立ち寄った。そこで原名主利八迄立ち寄り、そこでいろいろ情報を収拾し、牛沢下河原で、参加人数などを取り調べ書き留る。徒党の連中は、さらに下筋へ押出しているという風間を聞き驚いて、さらに追いかけたが、牛沢下で手間取ったため間に合わず、黒須迄きて湊屋で昼飯をとろうとしたが、「台上と申事ニ付」、ぜひとも、蜂起した村人を引き留め、村へ戻ろうとしたが、すでに蜂起した連中は手分けして扇町屋穀屋を打ちこわし、さらに所沢へ向っているということであった。これは黒須村名主に出合い聞いたところである。

また黒須村名主が云うには、「金毘羅坂迄御出被下候」といわれたが、源左衛門等の村役人は「迚も多人数ニ而ハ及かね候間、旅屋ニ而食事致し可帰と存候処」、皆々が言うには、「折角是迄御苦労被下御出之事ゆへ所沢迄御出被下、今晩所沢之台ニ而野宿致、是ハ村々わかり」と、ともかく所沢迄くれば参加した村々の様子も分るのではないかというのであった。そうすれば、「村役人之衆之言ニ随ウかもしれ不申」というので、途中迄出向いたが、「迚も此大勢ニ而ハ及兼候間」として黒須迄引返し、黒須湊屋に宿泊し、十五日昼頃飯能へ戻った。そこで、「打こわし名栗江出向と申事ニ付」として、打ちこわし連中が名栗村へ攻め登ってくるという情報を得たのであった。そこで、上名栗村の村役人たちは「昼七ツ（午後四時）頃」に帰宅したのであった。

以上が蜂起の初発から、一揆勢が飯能穀屋を打ちこわし、さらに扇町屋の穀屋を打ちこわし、所沢へ進攻し、一方、一揆勢の一部が逆流して、名栗村へ出向するということで、上名栗村の村役人たちも至急帰村したという、いわば、この一揆の第一段階の状況である。

さて、この第一段階では、これまでの研究では、取り上げられてこなかった新事実が浮上している。それは、この蜂起が、上名栗村名郷に存在している正覚寺の檀家が中心で結集したものであるということである。すなわち、「只今正覚寺檀中之者飯能穀屋共江米穀直下ケ無心ニ参り候風聞ニ御座候」とか、「何物哉と尋候得ば、正覚寺檀中不残と申事ニ候」、あるいは「正覚寺檀中之者徒党致、今晩飯能村江穀物下直無心罷出候風聞ニ承り」とある。

ここに一揆蜂起が、寺の檀家という組織で結集していることが判明する。こうした場合、檀家の中心的存在である檀那寺は、果して一揆蜂起とどのようにかかわったのだろうか。

また、この「覚記」では、一揆蜂起を阻止しようとした勢力に名主をはじめとした村役人のほかに、寺院が加わっていることである。すなわち、「正覚寺并医王寺・円正寺・竜泉寺・洞雲寺五ヶ寺」である。正覚寺の檀家は一揆蜂起の中心的存在であり、正覚寺は一揆阻止の側に立っているということになる。この関係をどう考えたらよいのであろうか。

この「覚記」以外の一揆記録には、どのように記されているのであろうか。この点を検討してみよう。

（二）　正覚寺頭取説

秩父郡大宮郷の岡家文書「一揆騒動荒増見開之写」によると、「慶応弐丙寅年六月十三日、武州秩父郡上名栗村正覚寺下名栗村川又竜泉寺、右弐人の住寺惣発徒人ニ而一揆蜂起致し、上武弐ヶ国の騒動大方ならす」とある。[10]ここでは、明らかに、正覚寺と竜泉寺の住寺（一寺の長である僧、住職）が惣発徒人であると断定している。

次いで「両寺の檀家を催促致し、名栗村上下都而百八十人余り徒党を結ひ、大幡に南無阿弥陀仏と印、壱本は平均世直将軍と太筆に印、弐流の幡を真先に押立、弐百余人十四日明方飯能村に押出し」とある。また一揆のめざしたものは、「惣勢一所に岩鼻の御郡代役所を打潰し、爰にて勢揃致し中仙道を押下り、江戸表へ出願を上け、横浜へ乱入致し国病の根を断、万民安穏の心願と申事に御座候」と述べている。

六月十七日から十八日にかけて、一揆勢は秩父郡大宮郷に侵攻した。大宮郷では、代表として「惣園寺十三番御住寺松本主膳様右三人へ被仰付けるやうは、是ゟ駆付篤と相宥可申と也」として松本主膳など三人が皆野村迄出張して、発徒人正覚寺と交渉したのであった。

その様子は、次のように記述されている。

発徒人正覚寺に御対面有之種々御利害のうへ、大宮郷中の義は如何やうの事成とも無相違調印被致候間、何卒一同穏便の御下知被下段、頻りに御告被遊候得とも一向不聞入、横浜向商人は大小に不限、施行に不拘難捨置、打潰し候由申募り候、彼是手を尽御利害御宥免被遊候得共何分承引不致、無是非御引取ニ相成候

とある。

これによると、上名栗村の正覚寺の住持が発徒人として、秩父大宮郷においても指揮をとっていることになる。大宮郷の代表は、どんなことでも一揆勢の要求を受け入れ、その旨証文を提出するので、穏便の命令を下してほしいと頼むが、一向聞き入れず、横浜向商人（生糸貿易に携わっている者）は大小を問わず、施行しても、必ず打潰すと申し募り、妥協の余地のないことを主張するのであった。これによって大宮郷の代表も交渉不成立で引取ったのであった。

一揆勢は六月十九日には、松平下総守の家臣団の出撃、武装した大宮郷自警団などに追い立てられ、潰滅した。

正覚寺については、次のような記述がみられる。

然ル処惣発徒人正覚寺の行衛一向不知ゆへ何卒見付出生捕らんと銘々心掛けるに、一人の坊主向の山岸を

すた〳〵通りけるが、やがて是を見付すわやあの売主《（ママ）》逃すな、打取れと銘々手鎗を引提ケ上意〳〵と声を掛け追掛ける、正覚寺も命は是迄成かと思ひども、みれんにも今一度逃のび上州方か八王寺方へ加り、何卒して本望を遂んと思ひ、北の方の山の中へ逃入ける。打手の銘々は己売主何国迄もと追駆けるが、青葉茂りの山中故に終以行方を見失ひけり、誠に残念なる事どもなり、然ル処正覚寺は漸く辛き命を助り、山の中に暫時忍ひけるが、今朝ゟ喰事は勿論水一滴も呑す、息を休めんと思ふ所へ右の打手に切立られ身心大に労れ、何卒喰事を求めんと工風を考けるが、不斗と思ひ付けるは、大田村（現・秩父市）は不残我等々に組せしゆへ定て女小供計りなるらん、彼所に行偽て喰事を求めんと、夫ゟ姿を替兼而用意やしたりけん、づだ袋を首に掛手に数珠を持三衣を着し、修行の僧に身をやつし大田村へ出、程よき家有は這らんものと、此方彼方《ここかしこ》を伺ひながら通行所に、大田村徳兵衛様と申人は吉田寄場惣代ニ而、御手先を勤、当郷中隠れなき顔役ニ而、子分出方を多く随へ村中御廻りの為出られけるが、誠に天命の帰する所か正覚寺は思ひも寄らず徳兵衛様に出合、見とがめられはっと思ひけるが、少も穏《（ママ）》せず左あらぬ躰ニて、我等は修行の身ニて左様の者に有ず無礼致さは免まし、全今日まで広見寺に逗留致し居候処、斯る騒動ニ相成追々風聞承り候処、上州も一辺蜂起致し候趣、右ニ付羽生の真生寺は我等ゆかりの法類なる故、彼の方へ参らんと心ざす処、何れの所も通路留り迷惑に存ずる折柄、幸ひ鬼石通りは未だ乱妨無之由承り、彼所へ越んと思ふなり、汝等上意を笠にして、我を召捕らんとする条不礼不届と言べし、俗人と同様に思ひ無礼の働き致し、後日に悔むなと白眼付ければ、とがめたる人々大に相違して、誠に申訳無之義に御座候、何分御宥恕奉願る、かやうの時節と申殊に此度乱坊の発徒出家成よし御上よりも御下知有之候間、一応御糺申候迄に御座候、貴僧御身に過なきにおゐては御差留申に不及、御通可有と申ければ、正覚寺は仕すましたりと思ひ行違けるが、誠に仏罰の報ふ所か、御身に過なきにおゐてハと言れたるに心とがめ、依之懐中気遣ふハ（ママ）しくや思ひけん、懐に手を入襟を合せ身つくろい致けるを、徳兵衛様きっと心付、奴打取れと被申ける、依之子分出方の者とも畏て飛掛り、無二無三に取て押へ懐中を改見るに数通の請書、前成づだ袋を取出し見るに、大宮町松本様より出されたる請書有之、其外数通の書付ども多く有けれは、此上は詮義に不及引立よと則徳兵衛さま家迄連来り、堅く番人を付られける。

結局、豪農らの一揆要求を承諾した請書が懐中にあるのを見付けられて、正覚寺は捕えられたのであった。

この岡家文書は、やや物語風のところもあるが、大宮郷周辺の一揆勢とそれに対応した忍藩や村役人の動向については具体的かつ詳細をきわめている。

この秩父郡吉田村組合寄場惣代の大田村徳兵衛に捕えられた坊主に関しては、蘭学医伊古田純道の書いた「慶応二丙寅年賊民略記」にも次のように記述されている(11)。

此時賊民ノ巨魁トナリ横行セシ坊主アリ、年三十五六ニテ名ハ祖善ト云、三十年前大宮町ニ住居セシ佐野玄洞ト云医生ノ子ナリ、玄洞ハ薩州家ノ留守居役佐野伝左衛門ノ子ナリ、幼ニシテ放蕩父ノ勘気ヲ受ケ、此ニ来テ医ヲ業トス、祖善ハ先妻ノ子ナリ、玄洞捨テ田舎ニ居り、後妻ニ三子アリ、祖善父ヲ尋テ秩父ニ来ル、玄洞後妻ヲ憚リ四万部祖且和尚ノ弟子ト為ス、玄洞死後所在ヲ知ラス、此賊民ノ長トナリ、処々ヲ乱暴シ秩父ニ入り、人ニ語テ曰ク、秩父ノ人気剛戻ニシテ吾指揮ニ従ハス、災ヒ必ス身ニ及ハント云リ、果シテ名倉ヨリ姿ヲ易ヘ麻衣ヲ着シ頭陀ヲ掛ケ、忍テ太（大）田村へ出テ捕縛ニ就ク、天網遁レ難キ所以ナリ、然レ𪜈其死生転末ヲ知ラス、（中略）彼ノ祖善モ名栗村辺ニ長ク住居セシニモ非レ𪜈、其頃出没シテ触レ歩行シト云リ、

ここでは祖善という名前になっており、名栗村辺に長く居住していたわけではないが、その頃名栗村に出没し

て、一揆に関して触れ歩行していたとある。岡家文書の正覚寺が、この祖善のことであろうか。

このことは、上州緑野郡三波川村飯塚家文書の「丙寅慶応二年正月吉日御用村用留」の記述の中にも見られる。[12]すなわち、六月二十日の頃に「太（大）田村ニ而頭取坊主御召捕吉田辺御廻り御取鎮被成候由」とか「太田村大物代徳兵衛壱人逃参候由頭取坊主御召捕相成鎮り候」とある。

これらの記録により、頭取坊主が秩父郡大田村で捕えられたことは事実であるといえよう。それでは、この祖善が正覚寺といえるだろうか。上名栗村の「宗門人別帳」には、正覚寺の住職大慶は、この一揆以後も変わりなく記載されており、下名栗村の竜泉寺住職悟雲大和尚も同様で、彼が入寂したのは明治十七年（一八八四）のことである。[13]それ故、「賊民略記」にあるように、寺の世代を継ぐような僧ではなく、あるいは雲水として正覚寺に寄寓していた僧とも考えられる。[14]

このほか、比企郡玉川村小沢家文書の「慶応弐寅年六月打毀人数歩行場荒増」の中に、大宮郷近辺のこととして、「頭取之坊主壱人役宅へ罷越銘々請書取集候由」とあり、[15]岡家文書の事実の証拠となっている。また高麗郡台村新井家文書の「打毀し風聞日記」には「上名栗村字まじ　徒党密談所正覚寺」との記述がある。[16]

以上により、この一揆蜂起の発端が正覚寺の檀家が結集したものであるという「覚記」の記述は相当の信憑性があるといえよう。またこの檀家の結集に際しては、正覚寺の僧侶（雲水的存在か）が加わっていたことも間違いないといえるのではなかろうか。

二　施金要求の動向

（一）　上名栗村へ一揆勢到来の動き

六月十五日昼頃、上名栗村の名主・組頭などの村役人は飯能村へ戻ってきたところで、一揆勢が上名栗村へ攻め登ってくるという情報を得た。「覚記」の記述からその様子をみると次のとおりである。

十五日昼頃飯能へ戻り承り候ハヽ、打こわし名栗江出向と申事ニ付、中ニは大川原金借ヲ手始として畑の渡戸吉沢文蔵こわし、其手ニ而名栗へ早速参り風聞我も〳〵と申聞、昼七ツ（午後四時）頃帰宅いたし候、中指周吉大工申様、只今大川原金借毀名栗へ参る趣、大切品方附可被成候趣申来り、其外三、四人右の趣申しらせ亦々申様、茶内江大勢参り掛合最中と申来者も有之、村方政吉参り、只今三王峠越片附可被成趣申来り、赤根色頭巾之様ニ巻白布ハチ巻ニて白布タスキ大音ヲ上ケ参り、女共飛上候、あまり支度面白しゆえ笑申候、夫より段々ニ参り、只今浅海戸へ参り掛合最中と申者も有之、夫より下名栗江十六日、只今下筋より掛合参り候由申来り、槙下森太郎下拙（新組・組頭源左衛門）宅へ参り、軍蔵殿・清八殿も下モへ参り、下拙ニも出向様ニと事ニ付、かじや橋迄参り候処、いづれ新立迄参り候間、御同道と申事ニ付、茶内才二郎・紋次郎・茂左衛門・新左衛門、唐竹者と壱人心得申候

これによると、一揆勢の一部は逆流して、上名栗村へと向い、大川原の金貸しを手始めとして、下畑の吉沢文蔵を打こわし、その勢力で名栗村へ早速進攻するという風聞であった。一揆勢は赤根色の頭巾を巻き、白布の鉢巻、白布襷で大音をあげてきたので、女共は飛び上り、あまり恰好が面白いので笑い出したという。それより一

揆勢は、下名栗村の浅海戸へきて、一揆要求をめぐって掛合最中であるというものもいる。十六日には、下筋より上名栗村へ一揆勢が掛合にくるという情報が入り、槙下森太郎が源左衛門宅へきて、一揆勢が上名栗村へ到着する以前に、上名栗村から下筋へ出赴き、すでに軍蔵（年寄）と清八が行っているので源左衛門も一緒にきてほしいといわれて、かじや橋迄くると、下名栗村から登ってきた数人と出合い、これから新立（名主町田滝之助）迄行くので、源左衛門等も同道してほしいといわれた。この出合った者たちは、茶内才次郎・紋二郎・茂左衛門・新左衛門それに唐竹者たちである。

さて、この下名栗村の者の言う事は、「扨此度之儀、我等村方からも皆夫々罷出ました帰宅之者尋候処、名栗辺より段々に可出由、若又出向ざるものハ帰りニ毀焼払抔と申ニ付、一同罷出候、全く左様之事ニ御座候哉」と申し、「新立様江参り承り候ハヽ、御触下の事ニ付如何哉様子相訳り可申と存、一同参上仕候」と述べた。

さらに、「右ニ付候而は、御当村（上名栗村）抔ハ夫々物持衆多分之事ゆへ御差支ニは有之間敷候得共、我等村方（下名栗村）ハ困窮之多し、日々飯能ニ而当地売買無之候ハヽ、貯無之候間難渋仕候、此度之一条元村だから御難渋申と言訳合ニ而は無之、猶又農間之暇ニ筏之少々宛も仕候得ども、平日ニ而も六ケ敷川筋、此度之乱ニ取掛候ハヽ、亦通行も六ケ敷推察仕候」と下名栗村の窮状を述べている。これに対して、滝之助・太次郎が申には、「被仰候通り是より壱里半も奥、御案内ニも可有之慥之村役人と申者も無之、百姓代・組番ニ而御用先は事為相勤候処、正覚寺檀中凡百軒ニ不足村ニ而起り候始末、村役人一同寺院方迄罷出差留候得共、大勢之事故に承知も不致、我野江もわかり我野谷ツも下り候ハヽ、所諭《ママ》此度之事ハ私共計りと申事ニ不相成と申、尤我野へも通達之人遣し、村役人も御頼置隠れ罷通り候哉、左様之者一同ニ通り不申趣、使もの申口御座候、下名栗村江も村役人衆へ其段御頼、若隠れ参り候者有之候ハヽ、御差留置御沙汰下候趣ヲ申遣し候」と述べた。すると茶内善太郎が言うには、「下名栗村迄御沙汰ニ有之候ハヽ、私し村方迄も御沙汰ニ被下は役にたらず共、御差留可申、さし留らんとも村方之者ハ出し不申候」と言い、「此儀如何」と滝之助へ迫ったのであった。

そこで太次郎が進んで申すには、「各々様方本と被仰致方無之、村方之者十五日帰宅仕候得共、いまだ両人程不帰、定目而此者弐人岩鼻江欠込候哉、又ハ欠落致候哉、此者弐人党取りと相見へ申候」と、十五日までに帰宅していない二人が頭取ではないかという重要な情報を伝えている。

下名栗村の者たちは、明日にもまた上名栗村に「罷出御談事を請」と述べ、上名栗村役人たちも「下筋飯能迄も宜敷御願と申候而帰し申候」とある。

下名栗村のこれらの者たちは、同村の村役人ではなく、むしろ上名栗村の動向を窺う偵察行為ともいえそうである。

（二）　施金の交渉過程

六月十六日六ツ時（午後六時）頃、原松太郎が名主町田滝之助宅へきて申すには、「此度之打毀ニ付、下名栗ニ而は此度之事ハ村役人ニ不掛、小前者ニ而物持江直掛ヶ合いたし、申付ヲだせばよし、若違変申者ハ村方ニ而打毀と申して、川又江参り安兵衛殿へ掛合、是より段々小沢迄掛合、依之安兵衛殿米四拾俵・同金左衛門米四拾俵申付、都合両人ニ而米八拾俵村江施し、承知事ならば手筆ニ而書付致し、印形致渡べしと申事ニ付、取極り候様子」であるという。すなわち、ここで重要なことは、下名栗村では同村内で、打ちこわしを背景とした施金・施米の「世直し」が開始されていることである。しかも、この「世直し」に関しては村役人の介在を排して、小前層が富農に対し、直接交渉し、小前層の要求を受け入れるなら打ちこわさないが、もし受け入れず反対する者に対しては村方の小前層が富農の家屋を打ちこわすと強談し、川又の安兵衛から米四〇俵、同金左衛門からも米四〇俵の施米を承諾させ、直筆でその旨の証文を書かせ印判の上、提出させていることである。この状況を上名栗村に伝えてきた原松太郎とは、いかなる人物であろうか。原というのは苗字ではなく、おそらく居住している土地の小字であろう。上名栗村と下名栗村との境いには原という地名があるが、それと関連しているのだろうか（図1参照）。

さて、松太郎は、さらに下名栗村の状況を詳細に述べている。

浅海戸倉之助儀は、質物は札ヲ切くれ遣スべし、其外村方ヘ米六拾俵、時貸之分帳消いまだ掛合中ニ御座候、夫より下モ江段々右之通り致、久林ニ待請打毀参り候ハヽ、下名栗は物持より是程村方江施し致候間、打毀候事ハ勘弁いたし呉候様此書付ヲ見せ、一同手を置願いふ事ニ御座候、上名栗村も急き早々認メ、一同ニ而久林江持出スへし

すなわち、浅海戸の倉之助は、質物は質札を切り破り、返却し、そのほか村方へ米六〇俵、時貸の分は帳消しにするなど、現在交渉中である。こうして、下筋では、段々とこのように、施米・施金を確約させている。これは、久林で待機している打ちこわし勢が到来してきた場合は、下名栗村の富農は、このように村方へ施しをしているので、打ちこわしは勘弁してくれるよう頼み、その時にこの証文を見せ、小前百姓一同が手を突いて願うことにしている。それ故、上名栗村の豪農・富農たちも施しの内容の書付を一揆勢が待機している久林へ持出した方がよいと言っているのである。

松太郎は下名栗村の状況を紹介しながら、実は上名栗村における豪農・富農たちに対して施行実施の約束を促していることが判明する。

そこで滝之助が「何程と割合を附可申出」と聞くと、松太郎が言うには、「私しにも何程とも不申、下名栗よりも上名栗は物持多し、下名栗之三倍位ニ而も案（安）心ならす、是迄上名栗ニ而千両と申置候事」といって、上名栗村は下名栗村より物持が多いので、下名栗の三倍くらいでも充分とはいえないが、まず千両といった。

そこで居合せた医王寺・太次郎・軍蔵・清八・源左衛門・滝之助などが、「夫ならば外有徳成者江も沙汰可致」といえば、松太郎は「夫ニ而は間ニ合不申、少しも早く最早下ニ而ハ久林江出向中候哉も難計」とせかしたのであった。滝之助が言うには、「そしてどのくらい」といえば、松太郎は「下モでも申が上名栗ハ有徳成者多分有之候間三倍位と申、先程ニ而ハすくなし、然らば千両増て金弐千両、左ニ候得ば早く書へし」という事になり、久二郎が硯箱、西の内紙を持出し、医王寺方丈が認ため、名前の順位は下よりということで、鳥居より始め、次のような書付を作成した。

一金弐千両　　鳥居源左衛門
　　　　　　　小殿　伴次郎
　　　　　　　秋津　幸次郎
　　　　　　　新立　滝之助
　　　　　　　柏屋　代　八

外ニ質物は返し可遣候

証文金は質物振合

　是ハ口上ニ而申、是へ書ニ不及

それでは小物より上ミから十人、下モから一〇人、都合二〇人も、やってくるので、この書付は、松太郎が請取り持出し、太次郎も同道し、源左衛門の酒蔵の前迄くると、大急ぎで、大工周吉・下出良助・栃谷海忠次郎・穴沢徳次郎の四人がやってきた。この四人の言うことは、「松さん只今下名栗より人が参り、浅海戸之儀は取極り金弐千両外ニ外（ママ）ニ時かし分帳消、質物は不残置主江可返、小作金是迄之分払なし」という新情報をもたらした。

これに対して、松太郎が申すには、「先聞べし、上名栗村ハ漸くこの位まで取詰捺、此書付を見へし」と。しかし、周吉・良助外に両人が申には、「上名栗ハどふして此位で聞へし、浅海戸ハ後家ニ而さえ一軒で弐千両、時かし帳消、質物は返ス、此振合ニ而は上名栗村分弐万両余」と言う。これを傍で聞いていた源左衛門は「あきれて酒ぐらへ入、多葉粉呑居候所へ」松太郎が参り申すには、「大勢見込ニ弐万三千両余」と言うことであった。その内訳を次のように記してきた。

一金五千両　源左衛門
一金四千両　滝之助
一金四千両　伴次郎
一金五千両　代八
一金三千両　幸次郎
一金　千両　武助
一金五百両　庄右衛門
一金三百両　惣次郎
一金三百両　良硯
一金百両也　角太郎

これを見て、太次郎は、事情が変わったので、新立の滝之助殿に相談しようと言い、源左衛門も同道してほしいというので、よんどころなく新立まで立ち帰った。この事態では小殿・秋津へも連絡し、新立まで参集するよう頼んだ。皆を迎えに行きましょうと良助が参り、小殿は酒に酔い今晩は不参とのことで、秋津勇蔵がきてくれた。

夜の四ツ（午後一〇時）頃、以上の経過を太次郎から滝之助に話すと、大立腹し、「名主世話も今ばんよりいたし不申候、家もこわし度は勝手ニいたさせ申候、森川原前通りより御製《(制)》札前通りニ居候者下モへ引取世話被下、太次郎さん聞人だよ」と繰り返し話すのであった。名主滝之助の怒りが暴発し、名主としての世話は今晩より放棄し、家も打ちこわしたくば勝手に打ちこわせ、下名栗村の者を退散させよ、「太次郎さん」はよくこんな話を聞いてきたものだと憤懣をぶちまけるのであった。

太次郎は、自分は新組の名主なので「古組人、私世話致スといふ事不相成候、先々御立腹なく御世話被下」と滝之助を宥めているのである。そこへ、またまた松太郎がきて、先の二万三千両の施金の事は、「小前もの、じゃうたんニも有之へく蛭子講の様成事あてこともない」というのであった。小前の者たちの冗談話で、とんでもないことであると弁解したのであった。

これは弐万三千両余では、とても受け入れて貰えないと判断したためであろう。そこで、次に半額以下の額を提示したのであった。提示するに際して、松太郎は、「只今私に用向有之と申事ニ付外江参り候ハヽ、書付ヲ認私江見せ候間、御当家へ持参致御目ニ掛ケ、其上下筋江持行よふにと申候間、書付持参いたし候哉と松太郎申候、滝之助殿・太次郎殿・清八どの申様、誰も参り不申と申候ハヽ、松太郎申様、是もけしからぬ者共あれ程書付を御目ニ掛ケてと申候に」と述べている。

すなわち、松太郎は用事があって外へ行くといった時、小前代表が、施金の新提案の書付を見せたので、新立の町田家へ持参し、御目にかけた上で、下筋の待機している一揆勢に持ち行くようにと指示した。「書付持参いたし候哉」と松太郎が尋ねると、「滝之助殿・太次郎殿・清八どの申様、誰も参り不申」というと、松太郎は「是もけしからぬ者共あれ程書付を御目ニ掛ケてと申候に」といったという。この一幕は、松太郎が拵えたとも考えられる。先に二万三千両余の施金を要求した同一人物が、程なくその半額を提示するというちぐはぐを弁解するための作為のように思われるのである。さて、

其座に居合せ申候者申様ハ、夫ハ如何之訳ケと申候ハヽ、松太郎申様、書付ハ

金三千両　源左衛門
金弐千両　滝之助
金弐千両　伴次郎
金　千両　代　八
金　千両　幸次郎
都合九千両

外ニ質物は不残可返候、証文金質物ニ准し、小作金は是迄分帳消、地面は本金ニ而可返筈

これが、一揆勢が提示した四度目の施金額である。最初は一千両、次いで二千両、三度目が二万三千二百両、そして四度目が九千両である。質物や小作金に関しては、四度目がもっとも具体的になっている。

さて、この九千両も、結局最初の振出しの一千両ということになってしまうのである。

なぜこのように施金額が高下したのであろうか。引き続き「覚記」によって、その動向を窺うこととしよう。

名主滝之助殿申様、外々之者ハどふたと申候ハヽ、是ハ小前ニ而直掛合違変あれば打毀申聞セ、此度之事ハ名主村役人には掛不申候、滝之助殿申様、小前ニ割附いたされ、其外触下迄手入いたされるニおきてハ、何も名主ハいらぬ事ゆへ、此事済次第退役ニおよひ、誰ニ而も名主可致候、松太郎申様、下名栗が取極たと申事ゆへ御断し仕候、滝之助殿申様、下名栗浅海戸ニも何ニも最早かまわぬ勝手次第に打こわすへし、今ばんニも御用向参り候共構不申候間、小前者共参り候而宜敷取計へくと大立腹ニ付、太次郎殿此事ハ明日迄御預ケ被下申ニ付、某夜八ツ半頃当名主太次郎殿・松太郎殿・源左衛門三人帰り臥申候、打毀も何ニも参り不申候、私門口ニ而わかれ申候

すなわち、二万三千二百両から九千両に減額されたが、名主滝之助の怒りは消えなかった。滝之助が「この金額を要求された外の者たちはどうなっているか」と言えば、松太郎は「これは、各豪農に小前たちがそれぞれ直談判し、もし聞き入れなければ打ちこわしをかけることになっている。このたびのことは、名主村役人と相談したり話合ってきめようとするものではない」と答えた。滝之助は「小前に指図され、そのほか名主の権限まで干渉されるのでは、まったく名主は不用なので、この事件が終わり次第、自分は名主を退役するので、誰れでも名主をやったらよい。」

松太郎は「要求が入れられなければ打毀し、名主村役人とは相談しないということは、あくまでも下名栗村でとりきめたことをお噺したまでである。」滝之助は「下名栗浅海戸でどうであれ、もはやかまわないから勝手次第に打ちこわしでも何でもやればいい。今晩にも支配者側からの御用向きが来ても、自分は対応しないから小前者ども集って適当に取り計ったらいいだろう」と大立腹であった。

太次郎は「施金などの小前の要求については、明日まで私に預けて下さい」と申し、明け方の八ツ半（午前三

時）頃、名主太次郎・松太郎・源左衛門の三人は帰宅し、寝たのであった。その夜は打ちこわしも何も起らなかった。

ここで注目すべきことは、名主滝之助は一貫して、小前層の莫大な施金額の要求を拒否し、名主役の退任や打ちこわさば打ちこわせという姿勢を崩していないことである。

そこで翌十七日、松太郎は下名栗村の浅海戸へ行き昨日の様子（下名栗村における二千両施金のこと）を聞きに行った。それは本当のこととして、次のように記している。

浅海戸お綱殿申様、芋恨より小沢迄之人不残凡百人余、面体ヲ隠し又ハ平常之面ニ而参り候者も有之、白布たすき・白布之鉢巻ニて六尺棒・とび口・木立・中ニハ丸キ棒銘々所持いたし、金弐千両、外ニ時貸し帳面消、質物は不残可返、若違変有之に於てハ打こわすへしと申候ニ付、芋恨栄助殿居合見請候得ば皆々近所之者ニ付、栄助申様、みんなが何をするのだ、しづかにしろと申ければ、是栄助平実とハ違うそ、面色かへて倉之助・栄助下タへ下り土間ニ而挨拶ニ及へし、首をとって両人を土間へすりつけ、いま申候金子差出すかいかゝいいたすと申聞セ、栄助申様、人之者ならばおれニも不知、おつなどのに承り挨拶致し可申と栄助答、大勢之者申様、其様之面倒之事ならば打毀すへしと障子壱本打破り、大勢之者仲間ニ而是ニ先静に可致と差押江挨拶承り而之事、夫より栄助殿家内おつなどのに右之由噺候得ば、おつなどの申様、大勢之望ニ任せ申から何卒毀しくれぬ様取計くれ候様申候ニ付、其段大勢之者共へ申聞、然らば対談之無相違書付可相渡と申候ニ付、栄助認、倉之助実印可致、右大勢徒党者共書付ヲ持返り申候、

これは、まさに下名栗村の施金要求などの世直しの具体的状況を物語っているものとしての貴重な記録である。下名栗村の世直しの特徴は、同一村落内で、富農と小前層が対決していることである。「武州世直し一揆」の行

動様式として、原則として自村内の打毀は避け他村を打毀しの対象としているとすでに指摘したが[17]、ここ、下名栗村では自村内で展開しているのである。

さて、下名栗村の施金等の要求交渉は、要求対象となった浅海戸のお綱の証言が記録されている。それによると、下名栗村の字芋恨より小沢までの百人余りが、顔を覆う者、覆わない者が、白布襷、白布の鉢巻をしめ、六尺棒・鳶口・木立、中には丸太棒などを各自持って、お綱宅にきて「金弐千両、外ニ時貸し（一時的な貸金）帳面消、質物は不残可返」と要求した。もし、承諾しない場合は、家宅を打ちこわすと言った。そこに芋恨の栄助が居合わせ、この一揆勢をよく見ると、皆近所の者たちで、日頃からよく知っている顔見知りの者たちであった。そこで栄助が「みんなが何をするのだ、静かにしろ」と叱ると、一揆勢が「これ栄助、平日とハ違うぞ、面色かへて倉之助・栄助下タへ下り土間ニ而挨拶ニ及へし」といって、両人の首を押えて土間へ頭を擦り付け、この一揆勢の要求の金子を差し出すか、どうかと問うた。これに対して、栄助は、それは自分のことではないので決められない、「おつなどのに承り挨拶」すると答えた。

すると大勢の者は、即答が出来ないのならば、打ちこわすべしと障子壱本を破壊した。しかし、仲間の中から、まず静かにと大勢の者を制し、まずこの要求の返事を聞いてからにしようということになった。そこで栄助は、家の中にいたお綱に一揆勢の要求などについて話すと、お綱は、一揆勢の望みどおりにするから、どうか、打ちこわしだけはしないでほしいと申したので、その旨栄助が一揆勢へ伝えた。一揆勢は合意したことの「書付」を渡してほしいとのことで、栄助が認め、倉之助が実印を押した。一揆勢は、この「書付」を持ち返ったのである。ここに、下名栗村浅海戸のお綱家の二千両施金の経緯が判明するのである。一揆勢の強制力により打ちこわしとの引換に成立したものであった。

さて、十七日当名主太次郎が下拙（平沼源左衛門）宅へきているところへ、下名栗村当名主秀次郎がやってきて、申すには、浅海戸の叔母（お綱のことか）に頼まれてやってきたという。

名主秀次郎のもたらした情報は、一揆勢が要求を破棄したというものであった。すなわち、「覚記」の記述は次のとおりである。

十七日当名主太次郎殿下拙宅江参り居候処江、下名栗村当名主秀次郎殿参り申様、浅海戸叔母ニ頼まれ参り候、今朝松太郎殿を以御尋之儀、大勢之者ども浅海戸より書付ヲ持出し、論地山延命寺殿に利気味候て見せ候所、延命寺殿に逸々問き被為聞、大勢之者ども券ヲれ詫言申証文浅海戸へ返ス、川又并金左衛門へも返ス、秀次郎殿噺しニ付大笑申候

これによると一揆勢は、浅海戸のお綱より受け取った「書付」を持ち出し、論地山延命寺の住職に、いばって見せると、住職から逆に、ひとつひとつ道理を聞かされて、大勢の者たちは、剣折れ（武力を放棄して）、謝罪し、証文（「書付」）を、浅海戸のお綱に返却し、川又の安兵衛や金左衛門へも米四〇俵の施米証文をそれぞれ返したのであった。以上の噺しに、源左衛門・太次郎等は「大笑申候」とある。一揆勢が鉾をおさめたことで、安堵し、喜びが大笑いとなったのだろう。しかし、一揆勢が、一住職の説得で、これまでの施米・施金要求などを撤回したのは、なぜだろうか。

すでに、これも指摘したことであるが[18]、下名栗村・上名栗村へ到着する筈の他村からの打ちこわし勢が、権力側の出動により各所で阻止され、もはや到来の可能性がなく、下名栗村の一揆勢は、他村一揆勢の加勢の見込みがなく、村落内のみの孤立した事態に追い込まれていたことである。一揆勢拡大の展望を見失ったことが、一揆要求の頓挫を招いたといえよう。

この一揆を説得した論地山延命寺は、『新編武蔵風土記稿』によると、「大照山延命院と号す。本山修験、高麗郡篠井村観音堂配下なり、年貢地にあり」[19]と記され、修験者であった。

この下名栗村の一揆の終息は、当然上名栗村にも大きな影響を与えたのであった。

太次郎殿・松太郎殿同道ニ而柏屋江寄、新立江参り、昨十六日晩始末滝之助殿江小前一同惣代ヲ以詫入、施し之義は思召ヲ請被下候事

こうして、太次郎・松太郎が同道して、古組の組頭柏屋代八へ寄り、新立の古組名主町田滝之助のところへ参り、昨十六日晩の事柄（九千両の施金要求など）について、小前の惣代をもって詫び、「施し之儀は思召ヲ請被下候事」と大幅に譲歩したのであった。

さらに小前たちが、「下筋より若し打毀参り候節之防之ため、其段御噺し不致候段」申訳なかったと誤っていると松太郎より噺すと、村役人たちは、「尤、是ハ言訳申候得共、村方穏便ニ相成ニ付聞捨てるもの也」と述べている。この段階になると、一揆勢の強制力は大部弱体化してきているのであるが、後述のように、豪農・村役人への対決の姿勢はまだ崩していなかった。

結局、上名栗村では、有徳の者から小前層へ千両の施金を差出すこととなり、これ以降は、この一揆の後始末に終始するのである。とくに上名栗村が一揆蜂起地として、一揆の発頭人の探索と百姓（大工）紋次郎と同（桶職）豊五郎両名の捕縄へと展開するのである。

三　一揆頭取像の形成過程

（一）　小前層・村役人による頭取像

「覚記」は六月十六日以降は日記のように日付ごとに記されている。

施し金千両上名栗村有徳之者ニ而差出し可申候事ニ相成候、此日帰り申候太次郎殿申様、十六日夜、我野より御出役様被仰渡ニ付出向候間、新立江参呉様申候ニ付新立江参ル、小物より上ミ不残小前一同新立江集ル、岩鼻御役所御届ケ次第、木村越蔵様飯能村江御廻村、頭取之者飯能ニ而訳り候ニはよし、若又訳り不申候ハヽ、村役人ニ而小前取調可申之被仰渡候、右ニ付、此度之直下ケ無心之噺しハ誰より始る、誰江噺継ニ相成候哉、此段取調正覚寺檀中よりことはじまり候由、乍去紋次郎・豊五郎いまだ不帰、紋次郎噺出し中谷戸徳太郎江噺継ニ相成、豊五郎（ママ）より

前述のごとく上名栗村では、豪農・富農層から千両の施金を小前百姓に約束し、同村における一揆的結集を解体させようとしたのである。

新組名主太次郎は、十六日夜、我野より関東取締出役様より命令があるというので我野へ出向し、さらに新立の古組名主町田滝之助宅へ来てほしいとのことで新立へ赴いた。滝之助宅には、小物より上みの小前が全員集合していた。岩鼻役所へ報告次第、関東郡代の木村越蔵が飯能村に廻村し、頭取となった人物が飯能村で判明すれば、それでよいが、もし、判明しなければ、村役人たちで、小前を取り調べ、頭取を割り出すようにと申し渡された。

この度の件につき、米穀の値下げ要求は、誰が言い出し、誰に噺し継ぎ広めたかが問われ、「此段取調正覚寺檀中よりことはじまり候由」ということが判明した。しかし、まだ紋次郎・豊五郎の両名が帰村せず、紋次郎が噺出し、中谷戸の徳太郎へ噺を伝え、さらに豊五郎より（噺が広まった）と、集約された。

この趣を十七日当名主太次郎から、新立へ集った小前たちに伝えた。

翌十八日には太次郎が新立へ参り、一揆勢として村から出て行った小前一同が帰村したという届けを岩鼻役所へ提出した。その文言は次のとおりである[20]。

乍恐以書付奉申上候

武州秩父郡上名栗村新古両組村役人惣代年寄軍蔵・百姓代亀太郎奉申上候、当月十三日御訴奉申上候通り、村方小前之者共多人数騒立、高麗郡飯能村穀屋共方江米穀借請度趣を以、去ル十三日暮六ツ時より騒立候ニ付、村役人共精々申諭差留候得共不取用、抜々村方立出候ニ付、引続役人共一同飯能村へ追欠罷越見受候処、徒党之もの共何方より集候哉夥敷多人数ニ而、村方之者共何れに罷居候とも難見分、徒党共同所ニ而穀屋渡世之者四軒、翌十四日朝五ツ時頃迄ニ居宅・土蔵其外打毀、夫より扇町屋江押出候得共、同所江罷越其砌者猶又人数弥増、迚も村方之者共尋出し引戻候儀難出来、無拠一同帰村仕候、然ル所同十五日、十六日村方より罷出候者共凡弐百人追々立帰り候内、新組百姓紋次郎・豊五郎・留次郎《（留吉）》三人いまだ帰村不仕ニ付、様子相尋候得共、右三人之儀は何れ江罷越候哉不存旨申之、且今般之儀、飯能村江不罷出候而者村方不残焼払候趣ニ付、無拠罷出候趣申之候得共、只今人気騒立居、迚も役人共何様取調候而も事実之儀申聞、利解等可取用体更ニ無御座候、右は村方之者共不容易儀仕出し、役人共ニ於平日申諭方不行届之姿ニ相当、不調法之段一同恐入候得共、如何とも詮方無御座、当惑難渋之余り無拠此段奉申上候、以上

武州我父郡上名栗村新古両組
役人惣代
年寄
軍　蔵
百姓代
亀太郎
寅
六月廿日
岩鼻
御役所

この六月二十日付の文書で重要なところは、「只今人気騒立居、迚も役人共何様取調候而も事実之儀申聞、利解等可取用体更ニ無御座候」という状況である。上名栗村では、一揆は鎮静しておらず、小前層は村役人の取調べに対しては聞く耳を持たないという有様であったことが判明する。

十八日の暮六ツ時（午後六時）に、これまで帰村していなかった留吉が村に戻ってきた。留吉は打ちこわしに参加したが、途中病気となり、実家で養生していたのであった。

十八日には、机より栃谷海迄八十五軒の者残らず当名主太次郎宅へ集まり、村役人も全員参加するように昼頃各自伝達した。これは、支配者側の取調べに対応するための村内の意志統一を図るためであった。

しかし、それ以前の十六日には、帰村した小前たちは村方の妙見社に集合して、これから先の支配者側の廻村による取調べの時に、どう対応するか話し合っていた。

それによると、惣代は下四十軒に一人、上ミ四十軒に一人として、下の惣代は松太郎、上ミの惣代は北組丑松ときめた。

松太郎は、このたびの件につき村役人から問われたら、次のように答えようという口上案を提示した。

上ミ村より飯能へ米穀無心ニ参り、村役人ニ而差留候得共、若隠れ抜行もの有之候ハヽ、手強之者四、五人罷出差留へくと差図有之、右ニ付寅次郎殿参ル馬頭堂ニ待居候処、下名栗村より栄五郎・助次郎両人参り申様、今ばん飯能江穀借りに出向様子、猶承り候ハヽ、留られる風聞ニ候、差留られてハ迷惑候、私村方支度いたし待居候と申候内、面体不知者大勢大声に而壱軒ニ付壱人宛出ればよし、不参之者ハ帰り掛ヶに打毀又は焼払と申候ニ付、無余儀跡より出向候

この松太郎の「口上」の要点は、上名栗村の上ミより飯能へ米穀無心に行くという動きがあり、それを阻止しようとする村役人の配置があった。下名栗村でも小前たちが支度して出動の連絡を待っているということであったが、そうこうしているうちに、顔も見知らない者が大勢で大声をあげて、「壱軒ニ付壱人宛出ればよし、不参加者ハ帰り掛ヶに打毀又は焼払」うというので、仕方なくこの者たちの後について出向いたということである。

十八日の太次郎宅の集会には、松太郎からこの「口上」を述べ、その趣を太次郎が書き認め、十九日に新立の滝之助へ持参した。

十九日に名主太次郎は組頭源左衛門に対し、「紋二郎義豊五郎両人未タ帰宅不致、右ニ付組合者明朝呼寄尋申附候間、其砌立会呉候様」申したのであった。

二十日朝、太次郎宅へ組番の倉次郎外壱人が参ると、太次郎は「紋二郎・豊五郎両人は如何」と尋ね、両人は「いまだ帰宅不仕候」と答えると、「尋へし」と命ぜられたのである。

二十一日、源左衛門は持病のため代役に倅の兵三郎を遣し、小物より穴沢・森川原通りまで、紋次郎・豊五郎を探索した。

二十二日も兵三郎を遣した。そこで、浜井場より八ヶ原・山中・白岩の者たち全員が申すには、先日の十七日

に松太郎が代表して申し上げた「口上」は、「取のほせ乱気同様之事故何様申哉心得不申、猶又今晩実正之事申上候間、御聞届ケ被下候様一同頼入候」として、先日の松太郎の「口上」は逆上していたので、乱心同様で、何をいったか覚えていない状態なので、今晩、本当の事を申し上げるのでお聞き届け下さいと一同から頼まれたのであった。その「実正之事」とは次のようなことであった。

当月十三日夜、何国者とも面体不訳者三人、当村新組百姓紋次郎・豊五郎宅江罷越、諸色高直ニ付世上一統難儀致候間、飯能町へ米穀直下ヶ無心罷出候積、一同可罷出旨申触、若不出合者ハ後日難可有之趣申置立去候間、一同今夜中飯能川原へ詰合可申候由、右紋二郎・豊五郎両人より俄大音声ニ而申触歩行候ニ付、一同は驚入、無余義何之心得も無之罷出、先々多人数相集り、飯能穀屋四軒打毀有之候始末ニ御座候

これによって、松太郎の「口上」では出てこなかった紋次郎・豊五郎の存在が大きく取り上げられたのであった。両人ともまだ帰村していない状態であったが、この一揆の初発では、どこの国とも知らない者三人が、新組百姓紋次郎・豊五郎宅へやってきて、飯能町へ米穀値下げの無心に行くから参加せよとの連絡があり、紋次郎・豊五郎が、その旨を大声で申触れしたというのである。

二十五日には、柏屋代八（古組・組頭）・太次郎（新組・名主）・徳三郎（新組・組頭見習）・相模（神主）・源左衛門（新組・組頭）の五人で、下名栗村など周辺の村々に、このたびの一揆の発端になったということで謝罪にまわったのであった。

上名栗村より先江罷出候間、村役人平日不取締筋ニ当り申訳無之、下名栗村ハ隣村之事ゆへ相頼、何卒村々江御詫被下度相頼、上名栗村村役人代として神主之事ニ付相模殿遣し、下名栗村より村役人立越、廿七日参り候よし、棒谷戸新右衛門殿迄行、同人申様、御町寧ニ是迄御出被下、此度之事は本も末も無御座、誰の情

と申事も無之、只天災ニ御座候、中藤江も右の筋ヲ申遣し、茂左衛門殿宅ニ而も一同打寄、飯能迄罷出へく、其砌下名栗村迄も御沙汰ニ及候間、其砌御隣村之事ゆへ上名栗江もおしらせ可被下候、いな之事ニ而帰り、新立ニ而安五郎殿噺し

村役人代として神主相模（宮本氏）を派遣しているところが注目される。

また棒谷戸の新右衛門を尋ねると、新右衛門は「御叮寧ニ是迄御出被下、此度之事は本も末も無御座、誰の情（所為《せい》）と申事も無之、只天災ニ御座候」といっているところが興味深い。この一揆は一種の「天災」で誰の責任でもないという認識である。

（二）　権力による頭取像

二十六日には、源左衛門は新立の名主滝之助宅へ行くと、関東取締出役よりの次のような「被仰渡候一条」が届いていた。

一　是迄之事ハ出来たる事なれば無拠、いまだ立戻り不申者も有之間、此末に何様成事申来候迚も、徒党致罷出候ハヽ、当人は不及申、村役人迄厳重之御咎被仰付候間、此段惣代のものより村役人小前迄不残申諭、其村方より何人罷出、いまだ何人不戻趣、早々惣代より書記し旅宿先江相遣し可申趣被仰聞候ニ付、小前一同打寄申渡し

すなわち、「其村方より何人罷出、いまだ何人不戻趣」を村の惣代から取締出役の旅宿先へ届けよという指令であった。

二十七日は源左衛門は休足した。太次郎は飯能村へ御出役関口斧四郎が廻村してきたので出張した。その動向

は次のように記されている。

廿七日及休足ニ、太次郎殿義ハ飯能村へ御出役関口斧四郎様御廻村ニ付出向、御代官松村忠四郎様同宿御口達之趣、太次郎殿より、此度之儀は打毀候而は飯能村穀屋共ニおゐても難渋之儀、山方百姓共於ても、米穀其外売買留り候而は是以之難渋之次第、宿内迚も左之通困窮成者及差支ニも、又往来も村々関門ヲ建、牛馬ヲ差留候村方も有之風聞、猶又坪方より米穀馬ニ附出したるヲ差留たる様子、是以心得違之事、百姓抔ハ何も存セす物、此儘捨置ハ又再《サイ》帰混雑之基ひ、山方あれば宿もあり里も有て売買ニもおよぶ、廿九日は市之事、穀屋共も間ニ合兼候ハヽ、関口斧四郎ヲ以川越大和守殿江米千俵拝借致候間、飯能・扇町谷・所沢割合致し売出し可申事、坪方は飯能江穀物附出し候場所五拾四ケ村江御用状三通渡り、村々大惣代・小惣代是なき村は名主・村役人一村宛ニ呼出し、無相違附送るへくよし被仰渡候

どの村々ニ困窮人計りといふ者計り無之、有徳成るものも有之、何程ニ而も施しを為致、極貧窮成ものヲ撰、又其上之撰ミ二段ニも三段ニも致し、金銭ニ而はよろしからす、麦・米穀ヲ買揚施し可為致候、金銭ニ而は無益ニ使候而ハ夫食助ニならす趣被仰聞、難有御口達ニ付一同案(安)心仕候

太次郎殿夜中帰り、翌日廿八日新立江集ル

打こわし後の米穀市場の活動停止により、各地で難渋の状況が発生し、このまま放置しておくと再び大混雑が起きるという危機が切迫していた。

二十九日には、市場での米穀販売は間に合わないので、関口斧四郎より、川越藩主松平大和守から米千俵を拝借して、飯能・扇町谷・所沢に分割して売出した。また、どの村々にても困窮人しかいないという村はないので、必ず有徳なるもの（富裕者）がいるので、富裕者は、極貧窮者に対して、麦・米穀を買いあげて施すように。金

銭ではなく現物の食糧を施行するようにという有難い「御口達」（口頭で伝えること）が出され、一同安心したと記している。

七月一日には紋次郎・豊五郎が帰村し、同二日には、関東取締出役吉岡静助・宇佐美藤一郎が上名栗村にやってきたのである。「覚記」には、次のように記されている。

一　七月朔日、御支配様より御出役吉岡静助様・宇佐美藤一郎様七月二日四ツ半頃御着ニ相成
右紋二郎・豊五郎村方ニ帰り山ニ籠り居候様風聞ニ付、大勢ニ而山かり両人家之家さがし可致事、尤御出役様出迎村役人より申達し、今日紋二郎・豊五郎山狩致し尋出し可申と大勢罷出候間、御不審ニは決而思召被下間敷旨申上候

これによると、紋次郎と豊五郎は帰村したが自宅には戻らず山中に身を隠したことが判明する。それ故、山狩や家さがしが大規模で実施され、それが、取締出役の来村日と重なっていることが注目される。

さて、七月二日四ツ半（午前十一時）頃、吉岡静助が着村し、まだ頭取を捕えていないことで村役人が「御叱」を受けたことが次のように「覚記」に記されている。

吉岡静助様御着ニ相成、直ニ村役人御呼込御叱ヲ請、猶又今日此方廻村先ヲ見請、頭取は為召捕抔と大勢鳶口其外六尺棒持罷出あれハ何之事、余タ頭取召捕候所存有之ハ、此方出役いたさぬ前ニも召捕置へき事、猪猿ニ而ハあるまいし山の中に住居致筋無之、第一は食事ニ差支、村役人共此儀如何と被仰候得共、誰壱人も御答無之候
下名栗村江早速御出立ニ相成候、其跡より武助殿参ル、両人之者召捕仕候ニ付御届ケ仕候、夫よりいたし早速下名栗村御出役様江御注進申上候

代八殿
武助殿

吉岡静助が下名栗村へ出立した後に紋次郎・豊五郎が捕えられ、その旨下名栗村にいる出役吉岡静助に代八・武助より「御注進」されたのであった。

吉岡静助は早速下名栗村より立ち戻り、紋次郎・豊五郎に本縄をかけ、召出して吟味したのであった。その様子は次のとおりである。

一　下名栗村より早速立戻り相成候、紋二郎・豊五郎本縄早速被召出御吟味之事
　豊五郎　四十四歳
其方儀、飯能村江米穀直下ケ無心ニ頭取致罷出候趣、外ニも頭取可有之間不慎委細可申上、豊五郎答
乍恐奉申上候、六月十三日夜、面体不知者三、四人我宅前江立寄、今ばん飯能村へ米穀直下ケ無心ニ罷出候間同道致へし、若違変ニおゐてハ打毀抔と申て事荒々敷申ニ付、無拠罷出候猶御呵有之候、何国者哉面体不知者物借り参り、若不承知なら打毀と申而も其方打毀されているふうか、出役先江吟味あればこをいおうと腹の中に考居る、正直ニ白状致さぬニ於てハ、血ヲ吐程打擲いたしても仲間ださせるとの御吟味、尤御吟味中御下ケニ相成候
紋次郎儀同様、尤紋二郎義、十三日夜非人体者共三、四人と申上候
御吟味別段ニ相かわることなし
紋次郎・豊五郎村役人并組合御預ケ相成候、村役人取調候所、成木村悪惣と申者より頼ニ付、此度一条右之始末ニ相成候由申候ニ付、其段書付致し申上候

ここでは、出役吉岡静助は豊五郎の自供を信用せず、吟味された場合は「こをいおうと腹の中に考居る、正直ニ白状致さぬニ於てハ、血ヲ吐程打擲いたしても仲間ださせる」との厳しい吟味であった。

紋次郎も豊五郎と同様の吟味が行われたが、紋次郎は「十三日夜非人体者共三、四人と申上候」とある。

紋次郎・豊五郎は村役人ならびに組合に身柄が預けられ、村役人が両人を取調べたところ、事の発端は、成木村悪惣という者から頼まれたことから始まったと話した。

そこで、両人の「申口」を吉岡静助へ提出した(21)。

両人申口

紋次郎
豊五郎

御吟味中村役人江御預ケ相成、猶村役共ゟ両人者共へ得と申諭正路ニ申立方可致旨申聞候所、同六月十日、右紋次郎儀飯能市場江用事有之罷出候所、飯能川原と申所ニ而成木村ニ而字悪惣と申者ニ出合、右悪惣申聞候ハ、米穀高直ニ付名栗辺も難渋可致旨、我等共へ申合セ米直下ケ飯能江近々罷出候間、当方ゟ沙汰次第飯能川原へ可罷出旨申聞候ニ付、困窮之余りニ忝儀と存、帰宅之上豊五郎へ申聞、当六月十三日朝、右悪惣ゟ使者之由ニ而名面不知者三、四人罷越、当十三日夜ニ飯能川原可詰合、不出合者ハ後日仇を可成旨断置立去り候ニ付、両人之者ゟ右之段高声ニ申触候趣、申口

ここでは、六月十日に紋次郎が飯能川原で、「悪惣」こと多摩郡下成木村の組頭喜左衛門に出合い、近々飯能の穀屋共へ米値下げの交渉に行くので、連絡次第飯能川原へ参加するようにと誘われ、六月十三日朝喜左衛門の使者という名も顔も見知らぬ者、三、四人がやってきて、当十三日夜に飯能川原へ結集するようにと連絡があっ

た。もし参集しない者がいたら、その者は後日害を与えるといって立ち去ったので、紋次郎・豊五郎の両人で飯能川原へ行くよう大声で触れ歩いたというのが両人の「申口」であった。

この「悪惣」こと喜左衛門は、多摩地方の頭取として、後日「家財闕所で中追放寄場収監」になっている。(22)「覚記」では、以下紋次郎・豊五郎への「御慈悲願書」等が掲載されており、これまでにすでに公表されている文書なので、ここでは、これ以上立ち入らないこととする。

ここで、重要なことは、一揆発頭人をめぐって、松太郎の「口上」では、紋次郎・豊五郎の名前は出ていなかったが、松太郎の「口上」は「取のほせ乱気同様之事故何様申哉心得不申」と否定され、「実正之事申上候」という段で、どことも知れない者が、紋次郎・豊五郎宅へきて飯能への結集を申し触れ、紋次郎・豊五郎がそれに呼応して村内に触れ歩いたということになったのである。さらに、六月末に帰村し、捕えられた紋次郎の自供では、下成木村の「悪惣」こと喜左衛門に六月十日に飯能川原で出合い、そこで計画を打ちあけられたのが、事の発端であるということになったのである。

慶応三年八月二十二日の紋次郎・豊五郎に対する判決請書では、「百姓紋次郎外壱人、徒党を企、人家打毀候」として、つぎのよううに述べられている。(23)

一　紋次郎・豊五郎儀、米価高値ニ而難儀致候迚、困窮之もの共徒党を結ひ、兼而夫食買入候武州飯能村穀屋共方江押参り、強談之上米穀可借請旨、紋次郎発意ニ豊五郎同意いたし、終ニ右之趣触歩行、人数相集、猶人気を可引立と竹螺吹鳴し、村々之もの共何れも党ニ可加、若不罷出もの共ハ居宅可焼払抔、大音ニ呼り候ゟ弥増多勢ニ相成、終誰頭取と申し儀も無之、人気ニ乗し一同ニ而同村穀屋共居宅打毀し及狼籍候次第ニ至り候段、畢竟右躰不容易致企候故之儀、右始末不届ニ付、紋次郎ハ死罪、豊五郎ハ遠嶋可被仰付処、両人共病

死いたし候ニ付其旨可存段被仰渡候

この判決文では、「紋次郎発意ニ豊五郎同意いたし」とあり、紋次郎が一揆の発頭人と認定されており、成木村の「悪惣」の誘いなどにはふれていないのである。こうして「紋次郎ハ死罪、豊五郎ハ遠嶋」となったが、両人ともすでに牢死していたのであった。

さて、この一揆蜂起については、結局二説あったことが判明する。一つは正覚寺を中心に正覚寺の檀家が結集して起こしたという説と紋次郎・豊五郎によって起こされたという説である。関東取締出役や岩鼻役所の頭取詮議過程で、帰村の遅れた紋次郎・豊五郎説が中心となり、一揆蜂起の初段階で主張されていた正覚寺檀家説が姿を消したのであるといえよう。

この両説をどう統一的に把握するかは残された課題である。

おわりに

以上、小稿は「覚記」の記述にそって三節に分けて考察してきた。最後に各節の問題点を指摘して結びにかえたい。

第一節の「一揆蜂起の動向」では、一揆の情報がどのように名主などの村役人に伝達され、村役人は一揆を阻止するためにどのような行動を展開したかについて詳述している。

これまで上名栗村の一揆蜂起を具体的に伝えたものとしては、上名栗村名主町田滝之助が江戸に居住していた父親町田屋安助に宛てた慶応二年（一八六六）六月二十四日付の「書状」がある。(24)この「覚記」は、この滝之助の「書状」と矛盾するところはないが、「書状」では、記されていない事項がひとつある。それは、この蜂起が正覚寺の檀家が中心となっているということである。これまでのこの一揆の史料を集成した『武州世直し一揆史料㈠㈡』には、正覚寺の僧侶頭取説が伝えられているが、「覚記」の記述と今一度総合的に点検してみる必要があるといえる。

第二節の「施金要求の動向」では、上名栗村における施金額が、千両、二千両、二万三千両余、九千両、千両とめまぐるしく変化したが、この変化の背景には一揆勢の強制力の強弱の反映であることが判る。すなわち、一揆勢の強制は、他村の一揆勢が自村の一揆勢の背景に存在し、両者が連携して強大な強制力を発揮するのである。この他村からの一揆勢との連携が消滅し、自村のみの一揆勢で、自村の豪農と直接対決となったときは、その強制力は弱体にならざるを得なかった。そのことは、一揆勢の施金要求の論理に示されている。

他村からの一揆勢が到来したときに、「下名栗は物持より是程村方江施し致候間、打毀候事ハ勘弁いたし呉候様、此書付ヲ見せ、一同手を置願いふ事ニ御座候」として、莫大な施行額の証文は、豪農が打ちこわしを免れるためにも役立つとしているのである。上名栗村は一揆蜂起発端の村であったが、ついには、他村の一揆勢が加勢するという事態に至らなかったのである。施金額のめまぐるしい変化は、この動静と関連しているのである。

第三節の「一揆頭取像の形成過程」では、結局頭取は、帰村が一番遅かった紋次郎と豊五郎の両人ということになった。

高麗郡台村の新井家文書の「打毀シ風聞日記」によると、探索方の報告として、「上名栗村字まじ、桶屋職豊次郎（五）、大工紋次郎、右之者頭取之由ニ御座候所、当節岩鼻表江駈込候由ニ御座候」とある[25]。

これによると、両人の帰村が遅くなったのは、六月十八日の関東郡代役所の打ちこわしをめざし、岩鼻表へ駈け込んだためとされている。

この一揆蜂起の頭取と、正覚寺の檀家より一揆が始まったとする説の整合性は、今後の課題といえよう。

注

(1)「武州世直し一揆」研究の文献については拙著『幕藩別国家の基礎構造』四九九～五〇三頁参照（吉川弘文館、一九八一年）。
(2) 編集・名栗村史資料調査委員会、発行・名栗村教育委員会、二〇〇〇年三月三十一日発行。
(3) 史料翻刻島田稔・丸山美季の両氏。「解説」丸山美季氏。小稿は島田・丸山両氏の学恩に負うものである。
(4) 本文書は、名栗村上名栗平沼宏之家文書である。
(5) 丸山美季氏「解説」による。本研究は島田・丸山両氏の翻刻文を参照するとともに原文書の複写文書に依拠した。
(6) 注（5）に同じ。
(7) 近世村落史研究会編『武州世直し一揆史料㈠㈡』（慶友社、一九七一年、一九七四年）。
(8) 山中清孝著『近世武州名栗村の構造』（埼玉県入間郡名栗村教育委員会、一九八一年）。
(9) 武州秩父郡上名栗村町田家文書（近世村落史研究会編『武州世直し一揆史料㈡』三頁、慶友社、一九七四年）。
(10)『武州世直し一揆史料㈠』一六〇～一七一頁。
(11)『武州世直し一揆史料㈠』一七一～一七八頁。
(12)『武州世直し一揆史料㈠』一八四～二〇一頁。
(13) 正覚寺・竜泉寺などの「過去帳」による。
(14) 拙著『幕藩制国家の基礎構造』四七三～四七四頁。
(15)『武州世直し一揆史料㈠』一九五～一九六頁。

(16)『武州世直し一揆史料(二)』二一頁。
(17) 拙著『幕藩制国家の基礎構造』四一八～四二一頁。
(18) 拙著『幕藩制国家の基礎構造』四五三～四五四頁。
(19)『新編武蔵風土記稿』第十二巻一〇一頁（雄山閣、一九五八年）。
(20) この文書と同一のものが『武州世直し一揆史料(一)』一二～一三頁（町田家文書七二一八）に収録されている。
(21)「両人申口」は『武州世直し一揆史料(二)』四～五頁に同一文が掲載されている。出典は町田家文書である。両者は多少字句に違いがあるが転写の際の誤差程度である。
(22) 多摩郡富岡村富岡家文書「下成木村下分組頭喜左衛門闕所始末書覚」（『武州世直し一揆史料(一)』二六四～二六七頁）。
(23)『武州世直し一揆史料(一)』三五頁。
(24)『武州世直し一揆史料(一)』一三～一六頁。
(25)『武州世直し一揆史料(二)』二一頁。

〔初出〕『中央大学文学部紀要』二〇一号（史学科四九号、二〇〇四年三月）。

幕藩制崩壊期における武州世直し一揆の歴史的意義

山中清孝

はじめに

この報告は、世直し一揆の高揚期に闘われた慶応二年（一八六六）の武州世直し一揆を、「幕藩制国家支配と村落共同体」との関連で追求し、従来の世直し一揆研究を推し進め、かつその歴史的意義を明らかにすることを主眼とする。

この課題を果たすために、次の三点に焦点をあてて考察したい、第一に武州世直し一揆が闘われた当該地域の生産関係・階級配置等を考察し、「人民諸階層による諸闘争」の〝集約〟としての武州世直し一揆を検討する。第二に、右に関連して、闘争の主体、打毀しの対象、要求項目、一揆勢の行動形態等を具体的に分析することにより、武州世直し一揆の性格を検討し、武州世直し一揆が幕藩制国家の農村統治機構＝「組合村体制」の解体をめざしたものであったことを明らかにする。そして第三に、武州世直し一揆が闘われる歴史的諸前提としての

「組合村体制」が、いつ、いかなる理由で形成され、どのような過程をへて変質していったのかを村落共同体の変質との関連で論じてみたい。

ここで本論に入る前に、世直し一揆の研究史を簡単にふりかえることにより、私の本日の報告の位置づけをおこないたい。

世直し一揆の研究は、すでに戦前より田村栄太郎氏（「武蔵大工・貧農の世直し」〈『近代日本農民運動史論』所収〉他）らの手によって推し進められ、戦後も庄司吉之助氏（『世直し一揆の研究』他）らによって研究が深化させられたことは今さらいうまでもないが、佐々木潤之介氏（『幕末社会論』他、津田秀夫「『世直し』の社会経済史的意義」〈高橋幸八郎・古島敏雄編『近代化の経済的基礎』所収〉など）らによって「世直し状況論」あるいは「革命情勢論」が提起され、世直し一揆の研究が新たな研究段階に入ったのはここ十年ほどのことといえよう。私が本日とりあげる武州世直し一揆の研究は、量的には決して少なくないが、こうした観点をふまえた上での研究（北原進「一八六六年武州一揆と周辺村落の情勢」〈『経済学季報』一九巻三号〉、森安彦「武州世直し一揆の基礎的考察——主体勢力の分析を中心に——」〈『信濃』二四巻一〇号〉など）は殆どなく、『日本庶民生活史料集成』（六巻、一三巻）や、我々近世村落史研究会の編になる『武州世直し一揆史料』等の史料集が刊行された今日、その体系化、総合化は我々の急務といえよう。私の本日の報告は、「世直し状況論」をふまえつつ、また、七二年度大会の深谷報告をふまえつつ、幕末最終段階における武州世直し一揆が対決せざるをえなかったのは、たんに村請制的な抑圧だけでなく、「組合村体制」＝幕藩制国家の農村統治機構であり、その解体をねらったのが武州世直し一揆ではなかったかということを想定しつつ論を進めていきたい。

一　武州世直し一揆の展開

武州世直し一揆は、江戸時代の百姓一揆の、最後のそして最高の昂揚期、いわば直接的革命情勢期ともいうべき慶応二年に、江戸近郊の、しかも関東郡代直轄領から発生しており、その展開の速さ、範囲の広さ、参加人員の多さ等、関東地方で最大級の一揆であることは周知の事実である。この一揆の特徴を端的に表現すれば、〝広域・同時多発〟であろう。長州再征開始一週間後という内乱状況下に、江戸・大坂の打毀し、会津の信達一揆とあたかも相互間に連絡があったかのごとく殆ど時を同じくして発生しており、「世直し闘争」のピークを形成する最も重要な一揆の一つであることは今さら多言を要しないであろう。

さて、この一揆の具体的経過等にかんしては、辻光子、森安彦氏（辻光子「慶応二年武州一揆——その社会経済的基盤についての一考察」〈『東村山市史史料集』二号〉、「幕末の百姓一揆」〈『幕末郷土史研究法』所収〉、森安彦前掲論文、その他、詳しくは、非常に不十分ではあるが、拙稿「武州一揆の研究、(1)」〈『史游』創刊号〉を参照されたい）らの論稿に譲ることにして、本章では一揆が闘われた地域の生産関係、階級配置等を明らかにし、「人民諸階層による諸闘争」の〝集約〟としての武州世直し一揆を考察し、あわせて闘争の主体、要求項目等を分析することにより、武州世直し一揆を追求したい。

（一）　生産関係

本節では、武州世直し一揆が闘われた地域の代表的な三つの地帯、林業地帯・製紙業地帯・主穀生産地帯における生産関係を、それぞれ秩父群上名栗村（埼玉県入間郡名栗村）、比企郡上古寺村（同県比企郡小川町）、多摩郡田無村（東京都田無市）を例にとってみてみたい。

図1は、武州世直し一揆発祥の地である上名栗村と、この一揆で最大の逮捕者を出した上古寺村両村の天保―慶応期の生産関係、地代収奪関係を図示したものである。上名栗村の場合、〝豪農〟町田氏は寛政期より自らが江戸において材木商を営み、飯能川上村々から搬出される西川材の総代理店のごとき役割を担っており、江戸問屋による生産支配はさほど強くはない。町田氏は図2に示すように、村内最大の山林地主として、炭商として、また飯能川上村々三〇ヶ村の筏組合の総元締として、村内のみならず周辺村々の貧農小作層、半プロ的な山林労働者達の生産を支配していた。その上、承応年間より代々名主を勤め、文政八―天保六年の館林藩領（松平右近将監）時代には我野八ヶ村取締役名主に任ぜられ、前述の江戸進出の他に酒造、質屋、水車、穀物商などを店貸の形で営み、政治的にも経済的にも生産者農民らを自らの収奪体系下に編成していったと思われる（詳しくは、拙稿「武州一揆の研究（二）　武州秩父郡上名栗村の経済構造」〈『史游』二号〉参照）。

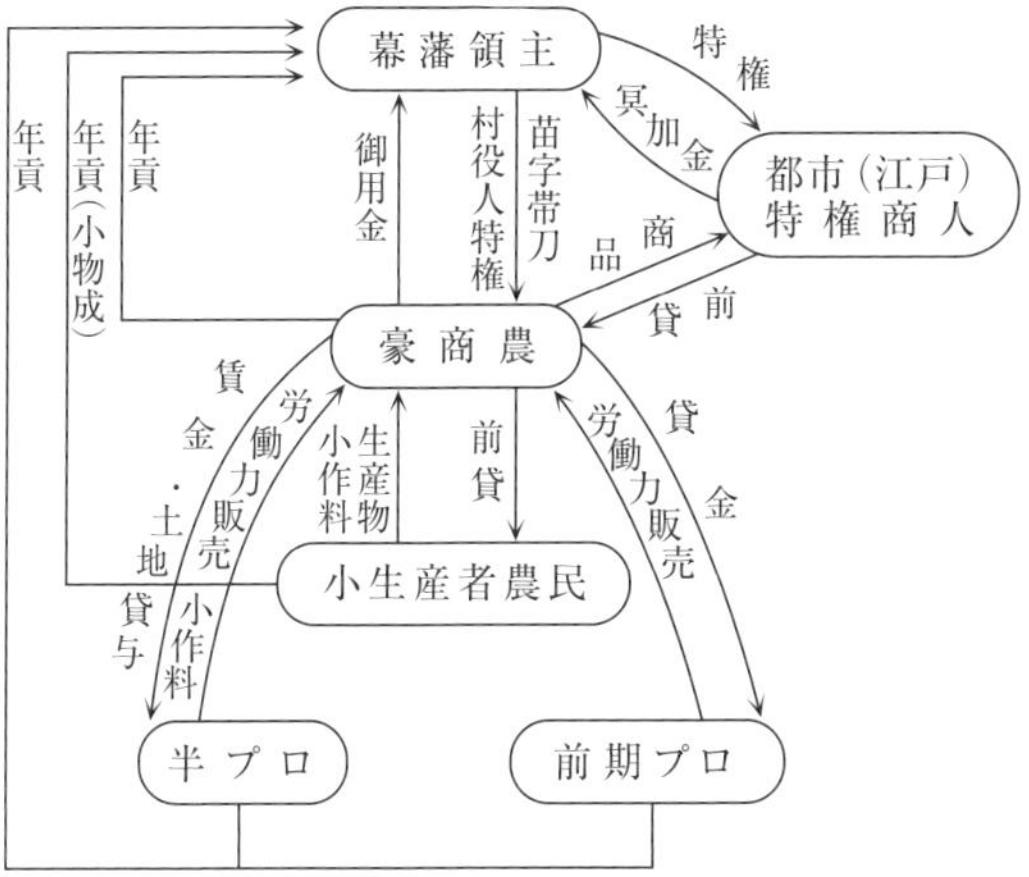

図1　生産関係・地代収奪関係図

一方、上古寺村の場合、村内の九六％の家（六四軒中六二軒）が紙漉＝小商品生産をおこなっており、名主松本家は紙の仲買

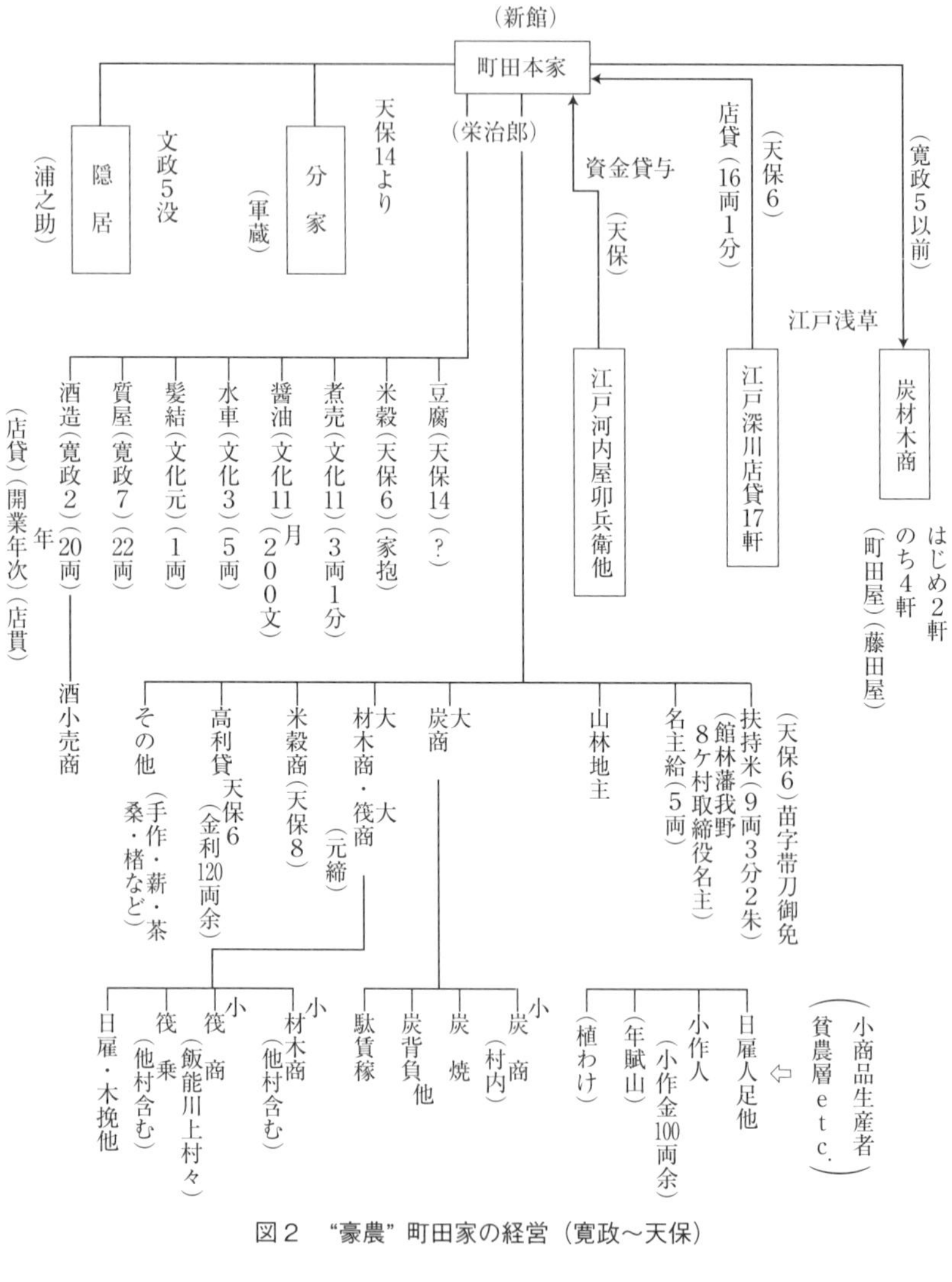

図2　"豪農"町田家の経営（寛政～天保）

表１　上名栗村上層農所有石高一覧表
（明治４年〈1871〉）

（新古両組＋他村分）
423.702石＋57.2737石

順	氏名	組	計	村内のみ
1	平沼源一郎	新	50.80158	24.40358
2	町田俊三郎	古	30.60709	左　同
3	吉田　道斎	新	29.64288	15.85558
4	岡部　善七	〃	21.7385	13.2045
5	町田安十郎	古	21.0556	18.16486
6	柏木茂太郎	〃	17.7286	16.5546
7	浅見　庄平	新	11.51288	左　同
8	浅見　武平	古	6.82964	〃
9	佐野由太郎	新	4.50961	4.23161
10	嶋田藤次郎	〃	4.21428	左　同
11	槙田作五郎	古	4.14793	〃
12	嶋田　梅八	新	4.12829	〃

表２　明治16年（1883）｛反別総計 地券総計

順	氏名	反別総計	地券総計	順
		町　反　畝　歩	円	
1	平沼源一郎	49.　4.　0.　21	590.16	①
2	町田安十郎	42.　9.　1.　01	258.3008	⑥
3	〃　俊三郎	41.　3.　9.　03	586.9702	②
4	柏木　代八	39.　5.　9.　22	297.1800	④
5	吉田　いく	27.　9.　3.　10	363.8105	③
6	岡部　勇蔵	26.　3.　2.　25	286.2603	⑤
7	浅見惣次郎	15.　5.　8.　19	157.1200	⑦
8	〃　武平	10.　2.　6.　03	99.5108	⑧

（以下略）

注）(1)　安十郎、俊三郎は父子。
(2)　いくは軍蔵の娘、道斎妻。
(3)　勇蔵は善七の養子。
(4)　町田家文書による。

人として江戸問屋からの前貸資本を村内のみならず周辺村々の小生産者農民に前貸をおこないつつ生産支配をおこなっていた（揖西光速「日本農村工業の停滞性――武蔵小川製紙業について――」〈『封建制と資本制』所収〉、小林正彬「武蔵小川和紙業発達史」〈『経済系』七八・七九号〉、『小川町史』。なお、上古寺村の分析にかんしては小林進氏の未発表論文「近世武州小川製紙地域の農村構造」に負うところが多い）。そして、前者の町田氏は、天明期に六・八三一石であったのが、明治四年には父子合せて五一石余、面積にして八四町歩余（明治十六年）の大地主に成長しており（表1、2参照）、後者の松本氏も、文政七年（一八二四）に質屋、文久二年（一八六二）に生糸商を開始し、急激に土地を集積し、元禄期には二反余の土地保有にすぎなかったものが、明治四年には二五石余、反別四町七反余の地主となり、両者とも小生産農民らとの対立を深めていったのである。

また、主穀生産地帯の多摩郡田無村の名主下田氏は、文政期に質屋と米雑穀売買を営み、持高八〇石余で、出質屋五軒を所有していた武蔵野新田地帯における典型的な〝豪農〟であり、後述する改革組合村の寄場惣代名主を勤め、天保元年（一八三〇）には江戸・京橋に穀屋を営み、安政四年（一八五七）には醤油業を、そして開港後は蚕種紙、生糸商を営むなど、地主として、また高利貸として在郷商人としても、あらゆる面にわたって小生産者農民を支配していたのである（『公用分例略記』伊藤好一解説論文）。

以上、武州世直し一揆が闘われた地域の主要な三地域の生産関係を簡単にみてみたが、領域を越えて数十ヶ村を生産・流通・金融等のあらゆる面で小生産者農民らを支配し、自らの収奪体系下に編成しつつある〝豪農〟が形成され、豪農的地域市場が形成されていたことがその共通点としてあげられよう。

（二）　階級配置

本節では、「人民諸階層による諸闘争」の〝集約〟ともいうべき多様性を持った武州世直し一揆を明らかにするため、階級配置、階級・階層間対立および同盟関係について述べてみたい。

図3は、武州世直し一揆が闘われた地域の階級配置、階級・階層間対立および同盟関係を図示したもので、A—Hの八つの大きな対立がみられる。Aは、問屋特権の排除をめぐる闘争で、たとえば1節でみた製紙業地帯の場合、文政元年（一八一八）に和紙業者が団結して江戸の紙問屋を訴えており、また天保八年（一八三七）には江戸における和紙直売について箱訴をおこなっている。また、田無村の場合は、前述の〝豪農〟下田氏を先頭にして、文政十一年（一八二八）と安政三年（一八五六）の二度にわたって水車稼人が江戸の特権商人と闘争をおこなっている（伊藤好一『江戸地廻り経済の展開』、『清瀬市史』他）。とりわけ後者の闘争は、荏原・多摩・新座郡の六一人の水車稼人が団結して嘉永に再興された江戸問屋と〝直売の既得権〟をめぐって闘争している点注目に

値しよう。その他、寛政二年（一七九〇）、安政年間には、入間・多摩の村々数一〇ヶ村が肥料値下げの訴願闘争をおこなうなど、Aの闘争は幕末最終段階まで展開されている。A、Cの闘争は、武州世直し一揆のさいは直接闘われていないが、このような日本型ブルジョアジー主導の闘争＝関東型国訴闘争が、世直し一揆とほぼ同時期に進行している点重要であろう。Bは、武州世直し一揆の場合。生糸改印令反対闘争という形であらわれる。詳しくは後述したい。Cの闘争は、Aの闘争の延長線上の闘争といえよう。在郷商人として在方で資本を蓄積した一部豪商農、小生産者農民が江戸に仲間外商人として進出し、幕藩領主と共生関係を結ぶ都市特権商人と闘争するものである。換言すれば、豪農的地域市場を打ち破り、新たな〝農民的地域市場〟の形成をめざす闘いともいえよう。Dは、本報告の中心となる闘争で、幕藩制国家の農村統治機構＝「組合村体制」の解体をめざす「反封建」闘争で、天保七年（一八三六）の〝所沢地方の打毀貼札騒動〟（伊藤、前掲書、参照）はその先駆的なものといえよう。Eは、いうまでもなく幕藩体制下における基本矛盾で、武州世直し一揆の場合、陣屋の焼打、村方諸帳面の破棄等の形であらわれる。Fは、村役人特権、質地小作等をめぐる闘争で、村方騒動・小作騒動がこれにあたる。Gは、豪商農と半プロ層の対立である。また、Hの闘争は、賃金や雇傭条件等

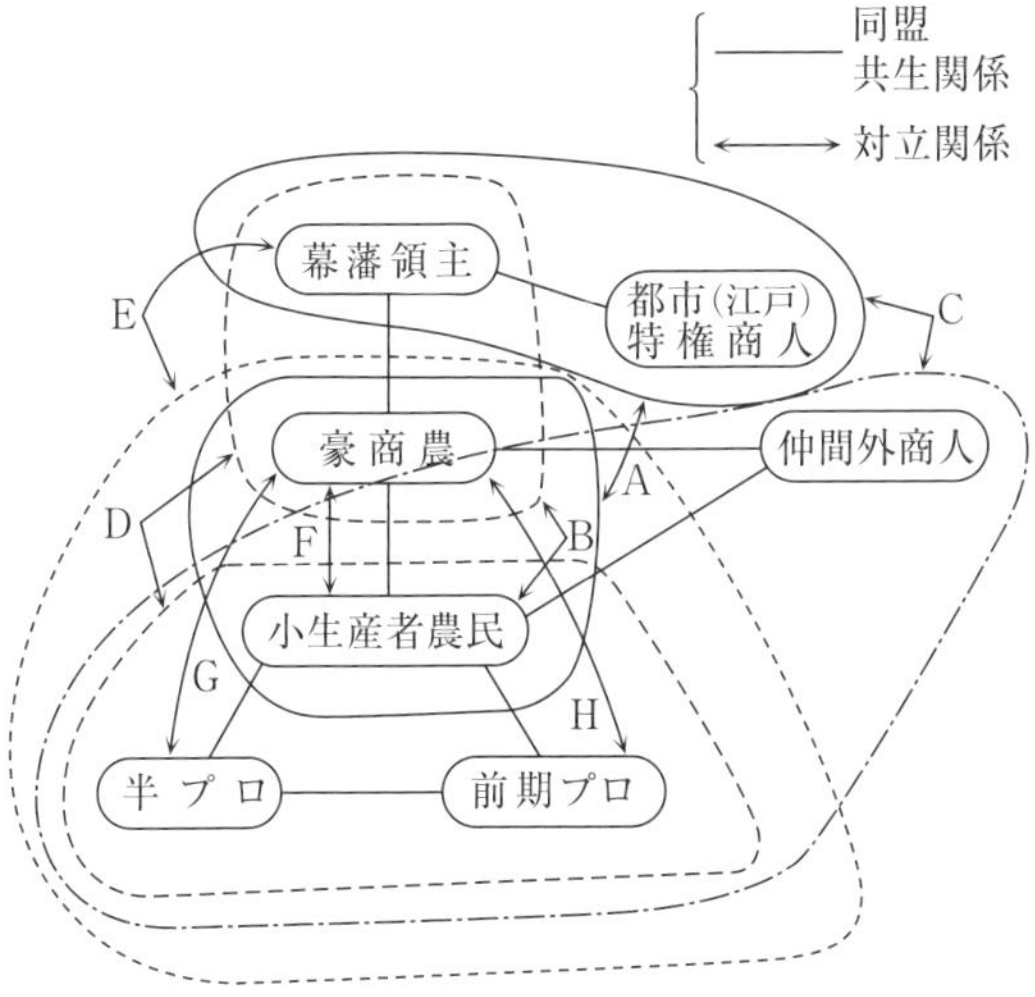

図３　階級・階層間矛盾概念図

をめぐる闘争で、都市や在町の打毀しはその最も激しい表現であるといえよう。

以上、きわめて大雑把に階級配置と階級・階層間矛盾・対立、同盟関係をみてみたが、武州世直し一揆はEを基軸とし、B、F、G、Hの闘争を内包しつつ、究極的にはDの闘争がその中心となった複雑な闘争であった。いいかえると、「人民諸階層による諸闘争」の〝集約〟されたものが武州世直し一揆であったのである。

（三）　一揆の展開

本節では、闘争の主体、打毀しの対象、志向性、要求項目、鎮圧体制、幕藩領主層・豪商農の対応をみてみたい。

武州世直し一揆の頭取は、多摩郡下成木村（東京都青梅市）の組頭喜左衛門（持高一・一七三石）と、上名栗村の大工紋次郎（〇・一六一石）、桶屋豊五郎（〇・〇六五石）らであり、一揆参加者はいずれも三石以下の、村内に広範に滞留せしめられている半プロ的農民、没落しつつある小農民であった（表3参照）。『武州世直し一揆史料』（以下『史料』と略述）によれば、「何れも小高困窮之もの共ニ而、農業而已ニ而者営兼、銘々村方ニ罷在、日雇又者農間余業等もいたし不申候而者老父母養ひ方者勿論、日々経営差支」（『史料』二九四頁）える者達であった。その他、「新町宿打毀一条」（『日本庶民生活史料集成』六巻所収）にみられるごとく、被召捕人のなかに武州本庄宿や上州藤岡宿の召仕、日雇らの前期プロ的な者達の存在も忘れることができない。以上まとめると、この一揆の闘争の主体は小生産者農民のほかに、森氏がいわれる（森、前掲書、参照）ごとく、「この一揆は、半プロ的農民層を中核に、隷属的な厄介、召仕、下人や、都市の前期プロ的な借家、日雇、職人、無宿、穢多、僧侶、神官、元浪人などの多様な階層を包含しながら闘かわれたもの」であるといえよう。

表3　石高別階層構成表

郡名	多摩				高麗				秩父		上州緑野
村名	下師岡	箱根ケ崎	沢井	上長淵	台	栗坪	楡木	虎秀	北川	上名栗古組	三波川
年代	慶応2	慶応3	文政3	慶応3	慶応3	文化10	慶応2	慶応4	万延元	慶応2	慶応2
持高＼西暦	1866	1867	1820	1867	1867	1810	1866	1868	1860	1866	1866
20石以上										1	
10－20	2	8				1	1			1	
5－10	－	13	4	4		1	1		12	1	6
3－5	7	15	13	6	9	1	2	3	13	1	4
1－3	14	40	45	53	16	15	17	20	36	39	82
1石以下	5	66	－	36	15	27	14	16	21	100	142
計	28	142	62	99	40	46	35	39	82	143	234

注）森論文、辻論文より。

次に、打毀しの対象を「史料」よりみてみると、

(1)高利貸、質屋、名目金貸付、両替屋。
(2)横浜商人、生糸会所、生糸肝煎。
(3)穀屋、穀物買〆人、酒造、醸造。
(4)物持、大家、富豪、身上身掛宜敷もの。
(5)大惣代、地代官、村役人その他。
(6)忍藩秩父陣屋、高崎藩大和田陣屋、岩鼻の関東郡代所、川越城、横浜その他。

があげられる（目下のところ判明する打毀し〝被害〟者は、表4の通りである）。榛沢郡原宿村（大里郡花園村）の市川家文書によると、「横浜あきなへの者第一并高利の金かし・穀屋・両替屋・地代官・大惣代・其外頭立候者打こわし」（『史料』一一四頁）とあり、前述の(1)―(6)の殆どすべてが列挙されている。ここで注目されるのは、打毀しの対象に組合村大惣代が入っていることである。「史料」により大惣代が打毀しの対象と明記されているものを二、三拾ってみると、「寄居宿ゟ秩父郡辺分り候人数六七千人も、末野村大惣代九郎兵衛を目掛候。是ハ岩鼻御郡代木村甲斐

表４　打毀し“被害”者数郡別一覧

（中間報告）

国	郡	軒数	国	郡	軒数
武州	男衾	4	武州	高麗	53
〃	児玉	15	〃	入間	86
〃	那賀	11	〃	多摩	40
〃	賀美	6	〃	新座	21
〃	大里	3	〃	豊島	1
〃	秩父	57	〃	足立	5
上州	緑野	19	〃	比企	106
武州 上州	14郡 1郡	430 19	〃	榛沢	22
計449					

注）「武州世直し一揆史料」他。

守様江執入浜糸運上発願人と申事故、諸般百姓難儀および候故打潰候趣」（『史料』一一二―一一四頁、榛沢郡用土村小淵家文書）、「玉川村組合寄場大惣代荒田良助と申者打潰シ候上、当人打殺候事と申儀承り候」（同書）、「其害ヲ受ル者ハ横浜商人・穀屋・高利貸・大惣代其外権勢アル者ヲ悪ミテ打潰セシ」（『史料』一七六頁、秩父郡伊古田村中島家文書）等がある。組合村大惣代＝「幕藩制国家の農村統治機構の運営を実際に担当する者」が打毀しの対象になっている点は重要であろう。詳しくは後述するが、前述のＤの闘争（『組合村体制』解体をめざす闘争）がこれにあたる。一揆概観図をみれば、在町から在町へ、寄場から寄場へと一揆勢は動いていることがわかるであろう。また、幕藩制国家の権力そのものを象徴する城や陣屋が打毀しの対象とされ、しかもそのうちのいくつかが実行に移されたことは、この一揆がまぎれもなく〝反封建〟闘争であったことを如実に物語るといえよう。特に忍藩秩父陣屋の場合、「忽ち御陣屋を乗取、御会所ゟ始壱軒も不残牢屋迄微塵に打潰し車地縄ニて巻潰し」「大切に隠し被置候書類・武具等を不残取出し牢屋前へ持運び焼払申候」（『史料』一六二―一六四頁、秩父郡大宮郷岡家文書）とあるごとく、建物だけでなく、書類・武具類等をきわめて意図的に焼き払っている点注意が必要であろう。これは、いうまでもなくＥの闘争である。また、扇町屋・玉川郷などの生糸会所、上古寺・堀尾などの生糸肝煎が徹底的に打毀されていることは、武州世直し一揆の直前に、幕府より発令された小商品生産者農民の生産・流通過程にたいする課税である生糸改印令にたいする反対の意思表示であり、先にみたBの闘争がこれにあたる。さらに、横浜商人がこれまた徹底的に打毀され、かつ〝世直し勢〟が横浜を志向していることは、開港以降、幕藩権力と結托し、暴利を貪った彼らにたいする階級的憎悪の爆発であるとともに、「諸悪の根源は外国貿易にあり」と感性的に悟った小生産農民、半プロ的農民の意識のなかに、きわめてナショナルなものが見いだせるといえる。(以下の史料参照)

「川越町江押寄セ、川越御城江押込諸道具ヲ奪イ取夫ゟ横浜江押寄セ、同所打払候エミヲ以押出候風聞ニ御座候」(『史料』七六頁、比企・古凍・磯崎家文書)、「惣勢一所に岩鼻の御郡代所を打潰し、爰にて勢揃致し、中仙道を押下り、江戸表へ出願を上け、横浜へ乱入致し国病の根を断万民安穏の心願と申事に御座候」(『史料』一六〇—一六一頁、秩父・大宮郷・岡)、「横浜之夷狄と売買いたし候財雄之商人共糸運上取立肝煎と唱候もの共之家作打毀し、夫ゟ横浜江乱入所思を遂、同所御奉行所様江罷出国刑を蒙り度」(『史料』二八七頁、多摩・小野路・小島)

その他。次に、要求項目をみてみると、

(1)質物無償返還
(2)小作金・借金棒引　｝→証文焼捨て
(3)地面元金にて返還
(4)物価引下げ要求(適正価格＝市価の1／5を表示)
(5)人足・道案内要求
(6)米金施行要求(俵数・金額指定)
(7)その他(食料・ぞうり・宿泊要求他)

がその主なものである。⑴、⑵の要求を徹底化したものが証文焼捨てという形であらわれることはいうまでもない。⑶は、「小農民回帰」をめざしたものといえよう。また⑸は、エネルギーの補充・新陳代謝のための要求であろう。総じて、「史料」に見いだせる要求は、前述のF、G、Hの闘争における要求が多い。いわゆる〝世直し勢〟による〝世直し要求〟がこれら七つの要求項目であるが、我々は近視眼的にこれら現象面のみにとらわれることなく、巨視的に、彼らの行動様式のなかから、B、D、Eの闘争を見いだすべきであろう。

次に、主として幕府軍の動向を中心として鎮圧体制をみてみると、老中・勘定奉行・外国奉行・陸軍奉行らが直接・間接動いており、また、武州・上州の殆どすべての藩に出兵命令が出されており、幕府権力は徹底的な鎮圧体制をとったことがわかる。そして、一揆概観図をみれば明らかなごとく、各地でそれら幕藩領主の軍隊と直接武力対決していることは重要である。

しかしながら、忘れてならないことは、この一揆を鎮圧するのに実際に役に立ったのは、右の幕藩権力の軍隊よりは、むしろ組合村を階層的結集の場とした豪農商層の私兵、自己の組織防衛のための暴力装置である〝農兵〟（本書五四頁の概観図の☆印参照）と、児玉郡小茂田村の大惣代のごとく「人数引集め鉄砲・竹槍にて打散」（『史料』一二七ページ、大里・佐谷田・久保）した、武装化した自衛団、猟師隊であった点である。「農民による農民の鎮圧」という悲劇的な結末でこの一揆は終焉したのであるが、このことは「農民の力を借りなければ農民の反抗を鎮圧することができなくなったこと＝幕藩権力の衰退」を意味し、一方農民層についていえば、開港以降の激しい階層分化の進展により、新たな階級矛盾が激化してきたことを意味しよう。

最後に、幕藩領主層、豪農商層の一揆後の対応をみてみたい。まず前者は、幕府・藩ともに、農兵の設置（『史料』六五頁、入間・福岡新田・柳川、田村栄太郎『近代日本農民運動史論』、『横浜市史』、大町雅美・長谷川伸三編

『幕末の農民一揆』等参照）と救恤政策（備穀令・用意米）、（備穀令にかんしては、伊藤好一「明治維新と人民闘争」〈『日本庶民生活史料集成』六巻編集のしおり〉参照、忍藩の用意米にかんしては、『史料』一三九―一四一頁〈大里・佐谷田・久保〉参照）、いいかえると、弾圧の強化と懐柔策がとられている。また一揆終焉直後に、米の安売（『史料』六四―六五頁、入間・福岡新田・柳川〈川越藩領〉）と買占米の市場放出命令（『史料』四六頁、高麗・楡木・新井）が出されると同時に、焼き捨てられた証文の有効性、一揆中の〝世直し勢〟への約束の無効等にかんする触が出されていることは（『史料』八―九頁、秩父・上名栗・町田、六四頁入間・福岡新田・柳川他）、幕藩権力と豪農商層の共生関係を如実に物語っているといえよう。一方、豪農商層の世直し状況への対応は、横浜や川崎の組合村々等にみられる農兵の設置願、組合村議定制定による横の連帯の強化（『史料』一一六―一一七頁、榛沢・下郷・富田他）、自衛団の法制化、自らの階級防衛策、共同体・組合村機能の解体防衛策である組合村単位の施金・施米体制（『史料』二六―二九頁、秩父・上名栗・町田〈表16参照〉、二四八―二六三頁、多摩・上長淵・中村、『定本市史青梅』等参照）を広範に展開しており、それにより危機状況をのりこえようとしている点注目される。

以上、一揆後の幕藩領主層・豪農商層の対応をみてみたが、ともに急速な政治的集中、階層的結集がおこなわれていること、また農兵、自衛団強化に端的にみられる民族的危機意識、階級的危機意識は、次に来るべき政権の軍事的性格を規定したこと、また、一時的なつくろい策にすぎない救恤体制は、そのまま明治新政府にもちこされたことの三点は重要である。

二　武州世直し一揆の歴史的諸前提

本章においては、慶応期において、幕藩制国家における農村統治機構、農村支配の中核ともいうべき機能と役割を果たしていた改革組合村に着目し、それがいつ、いかなる理由で設置され、かついかなる過程をへて変質していったのかを、村請制村落、近世的村落共同体と関連させつつ、明らかにしたいと思う。

（一）　近世的村落共同体の変質

関東農村は、寛永・元禄・宝永の〝地方直し〟により、犬牙錯綜した相給形態の村々が一般的で、いわゆる非領国地域であったわけであるが、当初はそれが、㋑中世的領主・農民間の個別的歴史的結合関係の分断、㋺村落共同体間の横の連帯の可能性を分断することにより、治安維持に一定の有効性がみられた。幕藩領主権力は、以上のような錯綜した村々を、石高制編成原理により、村請制村落として把握し、農民を支配しようとしたのである。

さて、宝暦—天明期の社会変動をへて、農民層内部の階層分化が激しくなり、本百姓体制が解体の危機に瀕してくると、村落共同体も変質をきたしてくる。本節ではそれを武州世直し一揆発祥の地である秩父郡上名栗村の実証的分析を通して、潰百姓の増大、生産構造、生産諸関係の変化、階層分化過程、市場構造の変質、入会地の集積＝植林用地化、村方騒動等について、論じてみたいと思う。

表5は文化元年から明治四年までの潰百姓をみてみたものである。文政—天保、安政—文久にピークがみられ、

表５　潰百姓

年　次	軒数
文化元－3	2
4－8	3
9－13	4
14－文政4	4
文政5－9	6
10－天保2	5
天保3－7	4
8－12	6
天保13－弘化3	2
弘化6－嘉永4	3
嘉永5－安政3	3
安政4－文久元	7
文久2－慶応2	2
慶応3－明治4	1

（68年間　52軒）

注）文化４以降５年ごと、古組のみ。

表６　職業調

	職　業	人数
男	山稼	55
	木挽	27
	杣	20
	蔓伐	20
	材木	13
	炭焼	20
	桑	30
	馬	12
	送	14
	大工	4
	佐官	2
	酒造	2
	猟	10
	茶製	2
	医	1
女	炭板貫	90
	養蚕機織	43
	炭俵あみ	20
	絹織	5

（明治10年〈1877〉）
（村全体）

注）「地誌編輯」

表７　物産表

物産名	産　額
麦	475石
豆	15
粟	10
蕎麦	10
稗	50
黍	10
芋	500
生糸代金	400両
杉檜代	1,000両
炭	300両
生絹代	400両
酒造株高	300石

（明治２〈1859〉）

六八年間に五二軒の潰百姓が出現していることがわかる。このことが荒廃地を増大させ、労働人口を減少させたことは多言を要しないであろう。

次に、表８（次頁）は文化六―八年の職業別階層構成を、表６は明治十年の職業を一覧表にしたものである。この二つの表により文化から明治の七〇年余りのあいだに、上名栗村の生産構造、生産諸関係に大きな変化があったことがわかる。すなわち、炭焼業より林業に生産の中心が変化し、炭焼を営んでいた小農民が山稼・木挽・杣などの山林労働者となり、前述の〝豪農〟町田氏らの収奪体系の下に組み込まれていったと思われる。一方、安政の開港により、桑の栽培が盛んとなり、かつての主産業であった炭焼業をも追い越している点注目される〔表７参照〕。また、表９により、上名栗村の階層分化過程をみてみると、文政―天保、安政の開港以降の二つの時期に大きな変動がみられること、また、表10によれば、二―五石の、上名栗村における、〝中階層〟

表８　職業別階層構成表（古組分）

｛職業　文化６年（1809）
｛石高　文化８年

石高 / 職業	0以下–0.5石		0.5–1.0	1.0–1.5	1.5–2.0	2.0–3.0	3.0–5.0	5.0–10.0	備考	計
炭焼	1抱	14	24	15	8	4	1			67
炭商売		1	1	1	2	1	3	1		10
炭材木							1	1	名主	2
炭背負		1	4	2						7
炭俵あみ	1抱	1抱	2							4
日雇人足	1	6	8	7	3	3			組頭	28
駄賃稼	1	1	1	4		2				9
材木商						1	3		百姓代 組頭	4
木挽		1	1		2	1				5
杣日雇			1			1				2
やねふき				1						1
大工		1			1					2
鍛冶		1	1							2
とうふ			1							1
酒造	1抱									1
酒小売		2		1		1				4
たばこ				1						1
網漉				1						1
菓子		1								1
紙すき			1	1						2
古着			1							1
ぞうり・わらじ				1						1
医師	1抱	1								2
僧										4
農のみ				1						1
後家		2								2
賃木綿とり			1							1
灰買			1抱							1
荒物・小間物							1		百姓代	1
不明			1							1
小計	6抱4	33抱1	49抱1	36	16	14	9	2		
	39抱5		101抱1			25				165

注）宗門人別帳。

は、殆ど没落の傾向にあることがわかる。一方その対極として、前記表1にみられるごとく、村内のみならず、周辺村々の土地までも集積する者が数名出現している。彼ら村落上層農は、すべて村役人であり、先述の町田氏のごとく、筏商、質商、水車、酒造等を営んでいる。なかんずく、文化二年（一八〇五）に飯能川上村々のあいだで結成された筏組合は、領域を超えて村々の上層農を団結させ、村を超えた経済活動を活発におこなうようになる。その中心となったのは、江戸に出店を持ち、筏組合の総元締であった町田氏であったことはいうまでもな

表9　上名栗村階層構成表（古組）

階層＼年	文化8（1811）	文政9（1826）	天保7（1836）	弘化3（1846）	慶応2（1866）
20石以上	0	0	0	1	1
10－20	0	2	2	0	1
5－10	2	1	0	2	1
3－5	11	7	7	6	1
2－3	13	15	14	8	9
1.5－2	21	12	9	15	10
1.0－1.5	31	30	34	24	20
0.5－1.0	49	44	48	46	51
0.5以下	33	38	35	47	46
0	4	6	6	3	3
計	170	155	155	152	143

表10　階層構成表(文化13(1816)－慶応2(1866))

文化13＼慶応2	潰(無高)	0.5以下	0.5～1.0	1.0～1.5	1.5～2.0	2.0～3.0	3～5	5～10	10～20	20石以上
(2) 5～10		町田隠居 1	組頭 横田氏(伊倉) 1							名主・町田氏 1(新館)
(9) 3～5	2	1	1	2	0	2	1			
(14) 2～3	1	1	4	3	2	3				
(17) 1.5～2.0	1	3	5	1	5	1				
(33) 1.0～1.5	6	11	6	6	2	2		浅見氏(人見) 1		
(49) 0.5～1.0	10	10	22	5	1				柏木氏(柏木) 1	
(33) 0.5以下	16	13	3	1		町田分家				
(5) 0	4	1 (7)	(9)	(1)	(1)	(1)				

(　)内入百姓

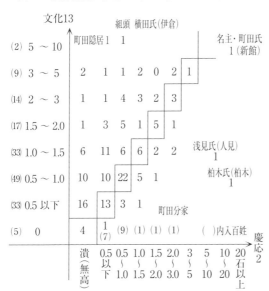

表11　飯能“寄場”打毀し状況（慶応２年７月７日書上）

日　時	郡　村	身分（役）	打毀された者	持高	農間余業	家族	打毀状況化
6/14 5ツ時	高麗飯能	百　姓	（中屋）清兵衛	2.350	穀　渡　世	7	居宅・土蔵 穀物その他
〃	〃	〃	（板屋）半兵衛	8.285	穀物渡世	11	〃
〃	〃	名　主（寄場名主）	（堺屋）又右衛門	15.012	〃	17	〃
〃	〃久下分	〃	（酒屋）八左衛門	16.320	〃	10	〃　金　銭
6/15	〃栗　坪	百　姓	幸次郎	2.50	北島御殿 御貸付旅宿	2	〃　書　物
〃	〃清　流	組　頭	（和田）亀太郎	8.550	〃	7	〃
〃	〃	名　主	（和田）伊　輔	7.890	〃	6	〃
〃	〃新　堀	？	（喜太郎事）佐太郎	5.630	つけき屋 渡世	6	〃　隠　宅
〃	〃下鹿山	組　頭	熊太郎	12.525	酒造醤油造	15	〃
〃	〃新　田	名　主 栄助同居	の　ふ	18.985	旅宿質物棒 鉄渡世	？	〃
〃	〃鹿　山	名　主	藤太郎	9.355	薪材伐出し 渡世	？	〃　衣　類
〃	〃猿　田	百　姓	留　七	3.485	薪取渡世	？	〃
〃	〃　？		周五郎	1.207	勧理院 貸付旅宿	7	〃　衣　類
〃	〃大河原	百　姓	俊　蔵	16.386	旅　宿	？	〃

注）『史料』39-42頁。

い。そして、以上述べたことに必然的にともなって、幕藩制的な市場構造が変質し、豪農的地域市場が形成され、地域間分業が成立しつつあったことは重要である。飯能市場は宝永頃領主黒田氏の保護をうけて設定されたものであるが、名栗に林業が発展するとともに飯能はそれまでの縄市のほかに穀物市場、織物市場の性格をも帯びてくるようになり、商品の流通を媒介に名栗の町田氏、飯能の穀商で寄場名主の堺屋らは横の連帯を深めていったのである（表11参照。町田は、打毀された堺屋、中屋、板屋、酒屋らとそれぞれ取引があった）。

ここで、山村における共同体関係に大きな変動を与えることとなった次のことは見落すことができない。それは、文政三年（一八二〇）に、表1、2でみた町田氏と並ぶ村内の〝豪農〟の平沼氏や吉田氏が入会地に大規模な植林をおこなったことと、町田氏が文政八年（一八二五）に入会野山株五七軒分を一株金二分で小農民より譲り受け、植林用地としていったことである。このことは、先述の生産構造、生産諸関係の変化の重要な契機であるとともに、従来までの入会地の協同利用体制が崩壊し、一部少数者の手に入会地が集積される端緒でもあったのである。

以上のほか、享保九年（一七二四）の村入用割掛不正をめぐる村方騒動により、新古両組に村が分割され、前者は六年交代の年番名主制度が導入されたこと、以後も安永八年（一七七九）には年貢二重取をめぐって、また天明四年（一七八四）には組頭退役をめぐって村方騒動が闘われ、同五年には荒地見分反対をめぐって我野・名栗十ヶ村のあいだで惣百姓一揆が闘われ、以後も寛政十一年（一七九九）、享和三年（一八〇三）とそれぞれ村役人交代、年貢過取をめぐって村方騒動が展開され、村請制の機能を低下せしめたと思われるがここでは指摘するのみに留めたい。また無宿人の増大、鎖国体制の危機、賂名主制度の一般化、広域闘争の激化等も村落共同体の変質、村請制の弛緩に大きな影響を与えたと思われるが、紙数の関係もあり、省略したい（上名栗村の分析にかんしては前掲拙稿〈『史游』二号〉参照。また、『名栗村史』も参照されたい）。

（二）　文政改革＝改革組合村の設置

かかる状況のなかで、文化二年（一八〇五）関東取締出役が関八州（水戸領を除く）の村々を私領・御料の区別なく廻村する制度が出来、文政十年（一八二七）に従来の組合村（用水、鷹場組合等）に依拠し、あるいは分断、あるいは再編する形で四〇—四五ヶ村を目安に関八州全域（水戸・川越・小田原領を除く）にいわゆる〝改革組合村〟が設定されたのである（「地方落穂集追加」〈『日本経済叢書』九巻、四六二、五六二頁〉）。組合村設定の当初の

表12　主要“寄場”の概要（弘化頃）

寄　場	村数	石　高	家　数	相給状況						
				?	①	②	③	④	⑤	⑥以上
八王子	37	10810.6560	3501	4	18	9	4	2		
田　無	40	12181.14625	2747		32	6				
青　梅	31	7953.93662	2397		26	3	2			
飯　能	44	7608.5060	2120	3	37	2	1	1		
所　沢	46	14568.5195	3331	2	34	6	0	3	1	
扇町屋	56	17393.7600	3717	4	32	14	3	2	0	1
本　庄	66	30687.4100	4570	1	20	18	9	4	4	6

注）「町田家文書」より。

目的は、廻状類の伝達と治安維持、および商品流通の実態把握にあり、関東取締出役の廻村による上意下達を容易ならしめることにあったと思われるが、一節でみた村落共同体の変質、村請制村落の弛緩にたいする領主的対応として、いわゆる江戸地廻り経済圏を形成していた局地的小市場圏＝豪農的地域市場＝在郷町＝農民的商品流通の結節点を組合村〝寄場〟に設定し、その在郷町および周辺村落の有力豪商農を寄場名主、大惣代、小惣代とすることにより、彼らを自己の陣営にひきいれ、治安維持および農民的商品流通の統制に彼らを利用しようとしたのである〔図5参照〕。見方をかえれば、組合村は、幕府権力によって上から設定された新たな農村統治機構であり、豪商農を中核としてそれに依拠することにより村落支配を再編成しようとした領主的対応であり、権力による農村支配機構の集中的再編成策、豪農的地域市場の編成策であるといえよう。また、このことは、従来の村役人を通じての村落支配＝村請制支配の上に、豪商農を通じての村落連合支配、いわば「組合村体制」ともいうべき形で村落を支配しようとした幕府の政策転換を示すものともいえよう。もっとも、諸大名の旗本・寺社の個別領主権（年貢徴収権等）はあくまでも存続しており村請制が解体したわけではない。幕府と個別領主の警察権は競合関係（なお、文政改革を論じたものをいくつかあげると、北島正元「化政期の政治と民衆」〈『岩波講座日本歴史』近世四所収〉、大石慎三郎「武蔵国組合村構成について」〈『学習院大学経済論集』四巻一号〉、森安彦「関東における農村構造の変質と支配機構の改革(1)」〈『史潮』七四号〉、同「幕藩制社会の動揺と農村支配の変貌——関東における化政期の取締改革を中心に——」〈『日本歴史論究』所収〉、同「幕末期の幕政」〈『幕末郷土史研究法』所収〉、川村優「上総国における改革組合村の始源」〈『日本歴史』二三八号〉、煎本増夫「江戸幕府の関東支配と佐倉藩——在地支配の問題を中心に——」〈『譜代藩政の展開と明治維新』所収〉、『新修世田谷区史』、『目黒区史』等がある）にあり、「重層的支配体制」となるのである。いいかえると、個別領主権の上に、幕府による統一的警察権力が施行されるわけで、両者の関係は相互補完関係にあるといえよう。以後、幕府権力は、徐々に個別領主が本来持つべきいわゆる経済外的強制の側面を強化していくわけであるが、ここではそれを指摘するに留めたい。

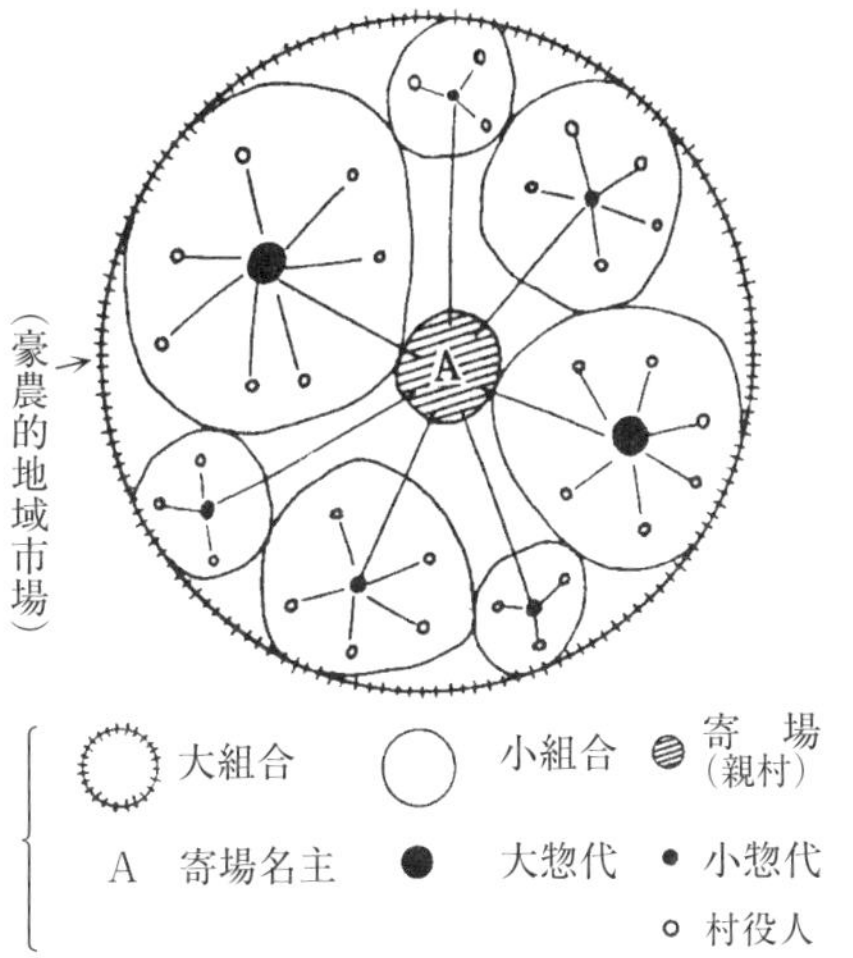

図４　組合村概念図

一方、組合村の設置を農民の側からみると、組合村の寄合は豪農商層の階層的結集の場となっており、一般農民の側からみると、関東取締出役の廻村入用、寄場入用等の組合村入用すべて組合村々で高割で負担することとなり、村入用の増大＝封建的諸負担の増大となり、貧農・小作層の経営を益々圧迫することになった点を指摘しておきたい〔表13—15参照〕。また、前述のごとく、組合村内部では、豪農商層により生産、流通、金融等、あらゆる側面で小生

表13　村入用一覧（古組）

年　号	金額（銭）
文　化　元	19,094文
〃　8	22,324
文　政　元	20,601
〃　8	25,286
天　保　元	66,625
〃　10	90,428
弘　化　元	71,445
嘉　永　元	87,653
安　政　元	96,528
万　延　元	137,716
文　久　元	153,970
元　治　元	146,872
慶　応　元	269,654
〃　2	404,876
〃　3	218,829
明治元	413,292

表14　兵賦金（新古両組）

年　号	金　額	
慶応元	38両	20貫160文
〃　2	53両3分	13貫548文
〃　3	23両2分2朱	1貫 12文

表15　本年貢（新古両組）

年　号	本田畑	新　田
文　政　元	永　68,258.9	2,346
天　保　元	〃	〃
弘　化　元	71,882.0	〃
嘉　永　元	71,917.1	〃
安　政　3	72,352.7	〃
万　延　元	71,834.3	2,420.6
文　久　元	71,739.8	〃
元　治　元	〃	〃
慶　応　元	〃	〃
明　治　元	〃	〃

産者農民の支配がおこなわれており、この支配からの解放をめざす闘いが先のC、Dの闘いであることをつけ加えておきたい。

（三）　慶応期における幕藩制支配の特質
（天保―慶応期における組合村の変質）

本節では、「組合村体制」が天保期と開港期を画期に変質していく過程をみることにより、武州世直し一揆が対決せざるをえなかったのは「武装化された組合村体制」であったことを明らかにしたい。

さて二節で述べたような理由で、文政十年に組合村が結成されたわけであるが、この組合村は明治四年まで存続し、さまざまな機能と役割を持つようになっていく（伊藤好一「神奈川県における大区小区制の施行過程」〈『駿台史学』十七号〉、大組合、小組合は、それぞれほぼそのまま大小区に移行している）。組合の寄合は定設化され、豪農商層の階層的結集の場として横の連帯が益々強化され、幕府の要請とはある程度独自に内部規制が実施され、組合村は徐々に〝行政区化〟していく。当時の幕令に「自今以後組合村に相互に村役人が見廻り、一村同様の取計」（『日本経済叢書』九巻、森安彦第三論文、煎本論文参照。「組合村体制」変質の項は、この森論文と、

『清瀬市史』〈大舘右喜氏執筆〉、『神奈川県史』資料編近代・現代㈤渉外編、秩父郡上名栗村町田家文書〈学習院大学史料館蔵〉のほか、多数の地方史誌類に負うところが多い）をするようにというものがあり、また幕府は組合村に無宿・悪党から組合村を守る自衛力を持つことを要求している。以上のほか、村出入の組合内処理、質屋取締、悪党逮捕のさいの処理法変更等が命ぜられている。天保期は、関東農村の場合、すべてこの組合村を槓杆に徹底的な封建反動政策が断行されており、そのピークに〝天保改革〟が位置するのである。換言すれば、天保期は、対外的危機の激化と、天保四─五年の武州各地の打毀し、天保七年の甲州郡内騒動等に対応して「組合村体制」が一層強化された第一の画期であり、天保改革失敗後も「組合村体制」は農村統治のための〝最後の砦〟として存続した意義は重要である。

この変質した「組合村体制」が、さらに変質を余儀なくさせられたのは、ペリーの来航および安政の開港によってである。

開港以降、保土ヶ谷等に出役が常駐化する体制がとられ（安政七年）、神奈川が直轄化され、関門が増設され、八王子千人同心が横浜に配備される等、警備体制が対外的危機の激化に照応して強化され、組合村々に非常駈付人足、自衛団を持つことを強制するようになり、さらにそれが発展したのが江川代官所や岩鼻郡代所管轄下の文久三年の農兵設置であるといえよう。この農兵の設置、および自衛団の定設化は、換言すれば、「組合村の武装化」であり、「豪農商層の階層的結集による暴力装置化」であるわけであるが、武州世直し一揆が対決せざるをえなかったのは、この「武装化された組合村体制」──「組合村体制」の第二の画期──であったことは重要である。

また、以上に関連して、嘉永─慶応期には、それまでにはみられなかったような大規模な御用金が全国の天領・大名領・旗本領の村々に課せられている。上名栗村の場合、わずか十年余のあいだに計一一〇〇両の御用金を差し出しているわけであるが、これはペリー来航以降の対外的危機の激化により領主的危機が益々深刻化したものを、海防の負担を農民に転嫁することにより民族的危機にすりかえたものといえよう。もっとも御用金に応じたのは、豪農商層、上層農クラスであり、これにより幕藩領主と彼らは益々共生関係を深め（苗字帯刀他）農民層内部の矛盾は益々激化していった側面も見逃せない。彼らの対極に、彼らより恒常的に救恤を受けねば再生産不可能な農民が大量に析出されたのである（〔表16〕は、武州世直し一揆の直後に〝豪農〟、上層農によっておこなわれた一〇〇〇両の出金の内訳である）。また文久の軍制改革の一環としておこなわれた「兵賦令」は、全国の旗本領・天領に施行されたが、これは先にみた御用金と違って、全農民に高割で課されたため、村入用の増大→封

表16　慶応2-3年　窮民救出金（両組）

名　前	金　額	備　考
平沼源左衛門	250両	新組　組頭
吉田伴次郎	225	〃　〃
町田滝之助	225	古組　修験名主
（柏木）代八	100	〃　組頭
（岡部）善兵衛	100	新組　〃
（浅見）市五郎	40	古組　百姓代
（〃）庄右衛門	25	新組　組頭
（原田）良碩	10	〃　医師
（岡部）政蔵	10	〃
（嶋田）梅八	10	〃
（田嶋）安五郎	5	古組

注）『史料』26-29ページ。

表17　日雇賃銭

年　号	賃　銭
文久 2	272文
元治 元	400
慶応 2	500
〃 3	800
〃 4	600

表18　飯能米麦相場

年　号	米　両ニ石	麦　両ニ石
文化 4	1.01	1,70
文政 10	1.00	1.85
嘉永 6	0.70	1.25
安政 4	0.50	1.85
文久 元	0.50	0.70
〃 2	0.40	0.80
〃 4	0.30	0.80
慶応 元	0.130	0.65
〃 2	0.110	0.22
〃 4	0.210	0.25

建的負担の激増となり、一揆発生の主要な原因の一つとなったと思われる（〔表14参照〕大山敷太郎『幕末財政金融史論』参照）。以上のほか、生糸の生産・流通過程への課税である生糸改印令の問題、東海道平塚宿の助郷が秩父・高麗の村々へも課されるといった助郷問題、コレラ・はしかの流行、物価騰貴・労働賃銀の問題（表17、18参照）、天候不順、飢饉、開港後の「売込商体制」による幕藩制的市場構造の混乱等、さまざまな要素が複雑にからみあって一揆発生の原因を形成するとともに、それらが「組合村体制」を変質させていったわけであるが、ここではそれらを指摘するに留めたい。

以上まとめると、武州世直し一揆が対決せざるをえなかったのは、幕藩制国家によって新たに設けられた農村統治機構、しかも半プロ的農民、前期プロ的農民、小生産農民と階級的対立関係にあり、同時に幕藩権力と共生関係を結んだ豪農商層の階層的結集の場であった「武装化された組合村体制」であったのである。

三　武州世直し一揆の歴史的意義

武州世直し一揆は、幕末最終段階の慶応二年、一揆発生の客観的諸条件が全国一様に成熟しきっていた年、いわば直接的革命情勢期に、江戸・大坂の打毀し、奥州信達一揆とあたかもしめしあわせたかのごとく同時的に勃発し、かつ速やかに伝播していった点にその特徴がみられる。しかも前述のごとく、在町から在町へ、寄場から寄場へと、幕藩制国家の農村統治機構＝「組合村体制」の中枢部を打毀し、一時的にせよその機能をマヒせしめたことは幕藩制国家に大きな打撃を与え、その倒壊を確実に促進せしめたと思われる。また、「人民諸階層による諸闘争」の〝集約〟としての武州世直し一揆は、たんに統治機構の破壊のみならず、幕藩制国家の課税政策、

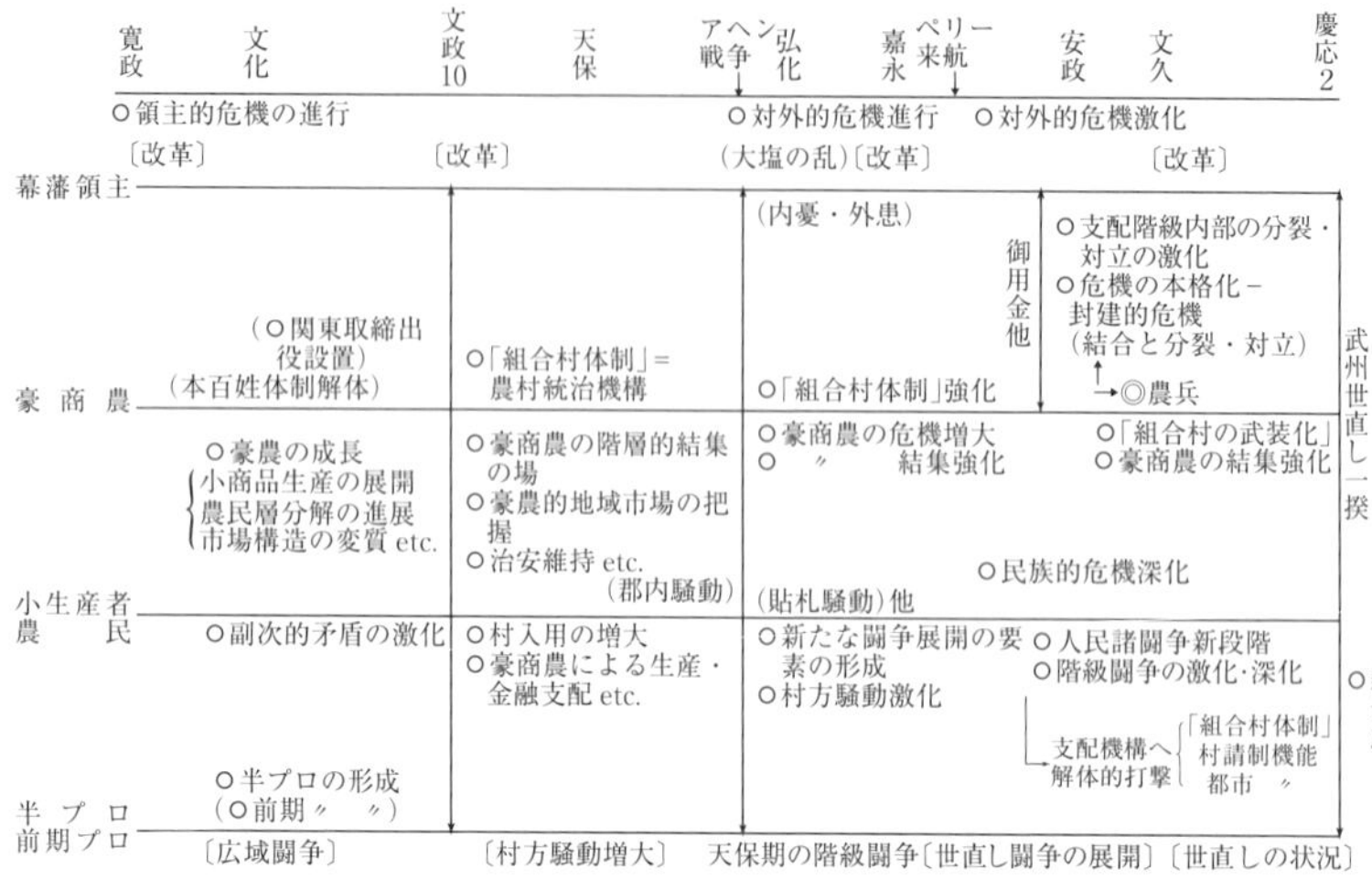

図５

年貢収奪方式そのものにたいしても、打毀しという封建制下の農民にとって極限的な手段で反対の意思表示をおこなっており、両者あわせて、武州世直し一揆は、まぎれもなく〃反封建〃闘争であるといえよう。そして、武州世直し一揆の特質を端的に表現した「広域・同時多発」は、武州世直し一揆がまさに幕藩制国家の解体期に照応した農民闘争であったことを雄弁に物語ることばであるといって過言ではない。すなわち、「一揆の展開」の章ですでにみたように、生産関係の異なる三つの地帯においても、階層分化の進行、農民層内部の矛盾の激化、生産・流通・金融支配のあり方等、すべて均質的に進行しており、それを益々促進したのが安政の開港、資本制生産様式の強制であったのである。それに照応して統一権力者たる幕府によって設定された「組合村体制」も均質的に変化していったわけで、一揆発生の客観的諸条件は一揆発祥地の秩父郡上名栗村に限らず、一揆が波及しなかった村々をも含めて成熟しきっていたのであり、したがって上名栗村を中心とする蜂起はたんなる導火線としての役割しかもたなかったのである。

最後に、手に鍬を握り、額に汗して働く生産者農民の日記（多摩・南小曾木・市川家文書）を紹介して、このまとまりのない報告のしめくくりとしたい。それは、慶応二年九月十四日の条にみられるものであるが、「此度世柄悪く成候ニ付、世直り候迄行家無尽ハ休ニ可致候事」（『史料』二〇五頁）というものである。彼ら生産者農民の意識の成長をみる上で、非常に含蓄のあるものではないだろうか？

〔付記〕図5は、佐々木潤之介編『村方騒動と世直し』（下）の三九三頁の図式を参考にして、本報告の骨子を年表形式で図式化したものである。あわせて参考にしていただければ幸いである。なお、本報告を作成するにあたって、終始激励いただいた近世村落史研究会の会員の方々に感謝するしだいである。

〔初出〕『歴史学研究別冊』（一九七四）

【後記】　山中清孝氏の論文は一九七四年一二月『歴史學研究別冊特集』「世界史における民族と民主主義」誌上に発表されたものである。今回、歴史学研究会の許可を得て『近世史藁』第六号に転載することができた。印刷にあたり若干の訂正と数字の表記など統一をはかった。

武州世直し一揆における打ちこわしの様相

斎藤洋一

はじめに

慶応二年（一八六六）六月のいわゆる武州世直し一揆[1]が、当時においてなによりも「打ちこわし（ぶちこわし・ぼっこし）」として受けとめられただけでなく、その後においても「打ちこわし」として記憶・伝承されてきたことについては、すでに森安彦氏や北原進氏が述べられている[2]。またこのことは、この一揆が席巻した青梅に在住し、生業のかたわら長期にわたって地道にこの一揆の踏査を行い、私たち近世村落史研究会に対してもしばしば有益な示唆を与えて下さっている久保佐一氏が、この一揆について語る時に常に氏特有のアクセントで「ぶちこわし」と表現されることにも示されている。氏は「武州世直し一揆」などとは滅多にいわないのである[3]。

ところで、武州世直し一揆を受けとめた人々だけでなく、この一揆を主体的に闘った人々もまたこの一揆をなによりも「打ちこわし」として把えていたように思われる。というのは、一揆勢が自らを「打こわし連中」と称したとする史料があるからである。秩父郡中津川村に一揆鎮圧後の六月二十日に届いた廻章は、一揆渦中の六月十七日付で、藤谷淵村ほか一二か村に宛ててこの一揆への参加を呼びかけたものだが、その呼びかけ人つまりこの廻章の差出人は「打こわし連中」と称しているのである。(4)（近世村落史研究会編『武州世直し一揆史料』㈠—一八一～一八二頁。以下㈠—一八一～一八二頁のように略記する）。

このように、武州世直し一揆を受けとめた人々（当時のみならずはるか後世の人々まで含めた）も、またこの一揆を主体的に闘った人々も、つまりはほとんどの人々がこの一揆をなによりも「打ちこわし」と把えていた。とすれば、この一揆における打ちこわしの様相を検討することは、この一揆を解明するさいの極めて有力な手がかりであるということになろう。それゆえ、これまでにしばしば先学によって武州世直し一揆における打ちこわしが論じられてきており、(5)いまさら論じることもないようであるが、先学によってふれられなかった点がないわけでもないようである。そこで先学の研究に導かれながら、ここでいま一度この一揆における打ちこわしの様相について、具体的に史料に即して検討してみたいと思う。

そこで本論に入る前に、一・二の例をあげてここで検討しようとする「打ちこわし」がどのようなものであったかをあらかじめ示しておくことにしよう。

多摩郡宮沢村百姓勘次郎が打ちこわされたのは六月十六日のことであったが、その打ちこわしの様子は次のようであった。

当月（六月）十六日、何処之者とも不相分多人数致徒党、宮沢村百姓勘次郎宅江不法理不尽ニ押込、住居并添屋・物置三棟共打潰シ、家財・諸道具不残打毀シ、衣類等引破り、其外土蔵・酒蔵打破り、造込有之候酒樽大小弐百樽余打毀シ及乱妨候旨……（二—二二一頁）

また、秩父郡大宮郷では、六月十八日に忍藩陣屋をはじめとして何軒かの町家が打ちこわされるが、その町家の打ちこわしの様子は次のように伝えられている。

町家被打毀よりは、見せ・居間・土蔵商ものハ不及申不残打毀、米穀は水油と踏交、また竜吐水を以油を突立、衣類は引裂切さき、書ものハ皆焼捨、畳・建具は不残打毀し、柱は銘々根切をいたしシャチ（車地）をもつて引潰し、何壱つ跡之用弁ニ不相成様にいたし、実に眼も当られぬ有様之由……（二—一三〇頁。傍点引用者、以下同じ）(6)

ここに任意に引用した二例からだけでも、打ちこわしのすさまじさというものがわかっていただけるかと思う。それは「シャチ（車地）」や「掛矢」などで「住居・添屋・物置」あるいは「土蔵・酒蔵」などを打ち倒し、「畳・建具」などの「家財・諸道具」は残らず打ちこわし、「鉈」などで「衣類」「蒲団」などは引き裂き、「書もの」は焼捨て、「米穀」などは俵を切って庭へ散乱させ、あるいは井戸へ投じ、または水や油と踏み混ぜ、「酒樽」などはすべて破却して流れ放題にするというすさまじさであった。すなわち、「何壱つ跡之用弁」にならないようにすること、それが武州世直し一揆における打ちこわしの原則であった(7)。そして、現在判明しているだけでも、六月十三日の夜に蜂起してから十九日に鎮圧されるまでのわずか一週間足らずの間に、武州十五郡・上州二郡にわたる二〇二か村・五二〇軒の豪農層に対して、このような激しい打ちこわしが行われたのである。ただし、このうち九四軒は打ちこわしを免れているから、実際には四二六軒が打ちこわされたことになる(8)。

一 「掛合《かけあい》」から打ちこわしへ

武州世直し一揆における打ちこわしは、すさまじいとしかいいようのないような激しいものであったが、よくみるとこの打ちこわしに二つの形態がある。そしてこのことを最初に指摘したのは、管見では森安彦氏であった。すなわち、かつて世直し一揆勢の闘争の相手を「一つは打ちこわしにより潰滅あるのみという完全な敵対勢力であり、もう一つは、『世直し』勢の要求を受け入れ、実行することを約束するならば、あえて打ちこわさないという相手である[9]」と二大区分した森氏は、最近これをさらに敷衍して「一つは、打ちこわしにより潰滅あるのみという完全な敵対勢力であり、打ちこわすことそれ自体が目的となるものである。もう一つは、『世直し』勢の要求を受け入れ、実行することを約束するならば、あえて打ちこわさないという相手であり、打ちこわしは『世直し』要求を実現させるための手段である[10]」と述べられている。すでに引用文中で森氏も述べられていることだが、世直しの闘争対象からではなく、これを打ちこわしの側からみれば、前者はいわば「目的としての打ちこわし」、後者は「手段としての打ちこわし」とでも呼ばれるべきものであろう。

さて、前者すなわち目的としての打ちこわしについては、これまで先学によってしばしば論じられてきたが、後者すなわち手段としての打ちこわしについては、指摘されるのみで具体的に論じられることが少なかったように思われる。そこでまず後者について検討することにしたい。

六月十四日の高麗郡飯能村における打ちこわしの様子を伝えた井上家文書に、

掛合方不行届此者ヲ手初メとして、境屋又右衛門・板屋半兵衛・中屋忠兵衛ヲ五ツ時迄ニ打拳シ、外物持共

ハ掛合方行届朝飯焚出し酒喰為致引取候処……（二—六頁）

とある。これによれば、酒屋八左衛門ほか三軒は一揆勢との「掛合方（が）不行届」であったために打ちこわされ、そのほかの物持（富裕者）は「掛合方（が）行届」いたので打ちこわしを免れたことが知られるのである。[11]

この飯能村での打ちこわしの後、扇町屋村に移動した一揆勢の様子を伝える清水家文書にも、

掛合之趣申付通り致候者は、掛合人其家前江札をたて、申付之趣くわしく書印、御勘弁ニ相成候と申札たて置、其家ハたすかり、申付をあいそむく家々ハみなうちこハし……（一—三五〜三六頁）

とある。扇町屋村における打ちこわしの様子をも合わせて示すために長く引用したが、後段に注意してほしい。ここでも、前と同様に一揆勢からの「掛合之趣（を）申付通り致」した家は「たすかり」、これに対して一揆勢からの「申付をあいそむく家々ハみなうちこハし」を受けたとされているのである。その打ちこわしの様子は前段に記されている通りのすさまじさであった。

さて、以上の二例からわかることは、蜂起した一揆勢が行く先々で世直し対象者＝豪農層に対してその要求を提示して「掛合」を行ったこと、そしてその要求が豪農層によって受け入れられた場合（「掛合方行届」）には打ちこわしはしないが、その要求が受け入れられなかった場合（「掛合方不行届」）には徹底的な打ちこわしが行われた、ということであろう。つまり「掛合」から打ちこわしにいたる場合と、それにいたらない場合の二通りがあったのである。ただしここで注意しておかなければならないことは、打ちこわしを免れたからといって豪農層が無傷であったわけではないということである。打ちこわしは免れたけれども、そのかわりに一揆勢の要求に従って大量の施行（米・金など）、穀物などの安売り（値下げ）、質地・質物などの返還等々をしなければならなかったのである。打ちこわしを免れたからといってこのような豪農層は、もはや打ちこわし以前の権勢を誇る豪

農層ではありえなかった(12)。

一揆勢の要求を受け入れれば打ちこわさないが、受け入れなければ打ちこわすというように、打ちこわしがその要求を実現するための手段とされている場合があることをみたが、このような観点からすると次の事例は注目に値する。すなわち、那賀郡駒衣村でのこととして小淵家文書に、

夫ゟ駒衣村江押出し、逸見様御給分名主富蔵と申者質屋いたし候ニ付押込、少々相潰し示談ニ相成、村方江金子百両・米五拾俵施し差出候示談行届……（一―一一三頁）

とある。これまでみてきたところでは、一揆勢の要求を受け入れるか打ちこわされるかの二つに一しかなかった。それではここにある「少々相潰し示談」とはどういうことであろうか。この疑問については、幸いなことに「武州秩父辺農民徒党一件」という史料が明らかにしてくれる。この史料には、当該地域に所領をもつ大名や旗本によるこの一揆についての幕府への報告が収録されているが、その一つに六月二十二日付の旗本新見伊勢守（引用文中では「逸見様」となっている）からの幕府への報告があり、これによって右の駒衣村の事情をもう少し詳しく知ることができるのである。それによれば（二―二二二頁）、駒衣村の名主で農間に質屋をしている富蔵家へ二百人ほどの一揆勢がやってきたのは、六月十七日の夜であったこと、例の通り一揆勢から富蔵に対して「懸合」があったことが知られるが、ここで注目したいのは、両者の間で「彼是懸合手間取候内」に後続部隊がやってきて「戸・障子等打砕及乱妨」んだという記事である。これは明らかに富蔵に対する一揆勢の示威、もっと強く言えば脅迫であろう。そして富蔵は結局このような打ちこわしをちらつかせた一揆勢の脅迫に屈して三百両の施金を行うことを約束するのである。これが小淵家文書の「少々相潰し示談」の詳しい内容であったが、こうして「少々相潰」すことによって一揆勢は、最初富蔵が提示した百両ではなく、その三倍の三百両の施金を富蔵に受

け入れさせたのである（ただし小淵家文書では施行額「金子百両・米五拾俵」としており、両者に相違がある。米五拾俵分を金に換算しても両者にはまだ開きがあるように思われるが、いまこれ以上詳しいことはわからない）。

一揆勢が豪農層に対してその要求を受け入れさせるために「掛合」を行い、それが手間取ったために一部の打ちこわしにかかり、その結果要求を認めさせることができた事例をみたが、前にもみたように「掛合」が行届かず打ちこわしにいたる場合もしばしばあった。前にもその例は示してあるが、ここでいま一つ加えておこう。これは六月十七日、比企郡越畑村でのことである（(二)—二〇八頁）。

この越畑村名主悟兵衛家の打ちこわしは、悟兵衛が役用で江戸に行って留守であったことに始まるといってよいかも知れない（もっとも、悟兵衛が在宅していたら打ちこわされなかったという保障はないが）。隣村から一揆勢が押し寄せてくるという情報をえた他の村役人たちは、一同で悟兵衛家に集まり書類などを整理するとともに、もし一揆勢が押し寄せてきたらなるべく一揆勢をなだめて穏便に取り扱うことにしようと心積りをし、そのために一揆勢に提供する振飯、酒なども用意しておいたのである。そして押し寄せてきた一揆勢と交渉の末、施米についてはー二〇〇俵ということでようやく「掛合詰」（交渉成立）にいたったのである。しかし一揆勢の要求はそれだけにとどまらなかった。「諸帳面・書類等不残差出可焼捨旨」をも合わせて一揆勢は要求したのである。これの要求に対して村役人たちは、名主が留守であり自分たちでは決めかねるとして躊躇し、結局書類の提出を拒んだのであろう。このような村役人たちの対応に業をにやした一揆勢によって悟兵衛家は徹底的に打ちこわされることになるのである。つまり施米については両者の間で交渉の成立をみながら、「諸帳面・書類」の処理について交渉の成立を見い出せなかったために打ちこわしにいたったのである。なお、越畑村の村役人たちが一揆勢たちに提供しようとあらかじめ用意しておいた握飯さえ残らず踏み散らし、箸まで踏み砕いたというところに、一揆勢の憤激のすさまじさと、一揆勢に対して敵対的ではないにしても非協力的な者からは施しも受けないとする一揆勢の意識をみることができよう(13)。

最後に、一揆勢からの「掛合」に対して一揆勢に非協力的ないしは敵対的であった場合にはもちろん打ちこわされるが、その例をみておこう。

高麗郡脚折村田中家文書「脚折村諸用日記手控帳」の六月十五日の条に、

此日（十五日）九ツ時頃、（一揆勢の）人数高倉村ゟ太田ケ谷村重右衛門方へ行、百両・百俵施行致し候旨之書付取候由、夫ゟ同人方ゟ村方（脚折村）佐右衛門方江案内致し候処、佐右衛門方ニ而諸帳面差出し不申、勝手次第可仕旨申ニ付、直様大勢之人足ニ而取懸り打破り、金銀米穀庭中江投散……（二―四五頁）

とある。ここで「百両・百俵」の施行を約束した太田ケ谷村の重右衛門が打ちこわしを免れたのに対し、脚折村佐右衛門が打ちこわされたのは、佐右衛門が諸帳面を出さないばかりでなく「勝手次第可仕旨」を一揆勢に言ったからであった。つまり佐右衛門は、一揆勢に対して勝手にしろと言い放って交渉の余地を与えなかったように思われる。そこで即座に打ちこわされることになったのである(14)。

八王子千人同心を勤め、俗に偏（遍）照金剛と唱えた入間郡城村の長左衛門が打ちこわされたのは、「藤岡屋日記」によれば、こともあろうに交渉の最中に一揆勢の指導者の一人を「切殺」すという、一揆勢に対して最も敵対的な行為に出たからであった（一―三〇二頁）。これ故に偏照金剛は一揆勢の「立腹」をかい即座に「大毀し」を受けることとなった(15)。

以上、手段としての打ちこわしについてみてきた。これを要約しておけば、手段としての打ちこわしとは、一揆勢が豪農層に対して自らの要求を提示し要求を認めさせるための脅迫手段であった(16)。したがって要求が認められれば打ちこわしは行われなかった。その限りでこれは次に述べる「掛合」なき打ちこわしとは異なるものであった。しかし、それは豪農層が要求を受け入れなかったり、まして一揆勢に対して敵対的な動きをみせれば、すぐさま打ちこわしに転化するものでもあったのである。

二　「掛合」なき打ちこわし

まず史料を示そう。六月十七日朝に榛沢郡用土村に押し寄せた一揆勢は、元名主清左衛門と又兵衛の二人に対しては「人足村中ゟ差出并中喰賄ひ申付」ることですませたが、嘉門という百姓については別の対応を示した。すなわち、用土村小淵家文書によればその様子は次のようであった。

御合(相)給小野朝右衛門様御給分百姓嘉門と申もの有之、尤是ハ近年白川殿名目貸附金いたし候、殊ニ高利ニ相当り貸附金ニ付、無掛合打潰、居宅・添屋・離座敷等不残打潰シ、右貸附金主ハ盲ニ付、同給元名主清水邦之助儀右之貸証文認メ役相勤候を、大勢承知いたし居、即時ニ打潰シ候処……（㈠—一一一頁）

なお、この嘉門打ちこわしについては、同じ榛沢郡の原宿村市川家文書にも「用土村白川金かし加もん（嘉門）と申者宅皆打こわし、右金世話いたし候国(邦)之助殿宅皆打こわし」（㈠—一一五頁）とある。

さて、この嘉門の打ちこわしは、前項でみた「掛合」から打ちこわしにいたる場合とは明らかに異なる打ちこわしがあることを示している。すなわち「無掛合」打ちこわし、打ちこわすことそれ自体を目的とした打ちこわしである。[17] そしてこのような打ちこわしが行われたのは、もちろん嘉門に対してだけではなかった。比企郡平村上組小惣代名主幸七も、六月十六日に一揆勢によって打ちこわされているが、平村下組大野家文書によればその様子は次のようであった。

当月（六月）十六日未ノ下刻、右同村（牧野鋼太郎知行所武州比企郡平村）上組名主幸七宅江、何方ノもの候哉、蓑笠ニ而大凡弐千人計り襲来り、少も応対無之居宅并ニ離レ客座敷・土蔵三ケ所二階迄、建具・諸道具・着類・穀物等迄打毀り《ママ》……（㈠―八六～八七頁）

これによれば、幸七もまた一揆勢によって「少も応対無之」打ちこわされたのである。

入間郡川角村名主長右衛門も六月十六日に同様の打ちこわしを受けている。「武州秩父辺農民徒党一件」によれば、それは次のようであった。

同日（十六日）八半時頃、前書（一揆勢の）同類ニ候哉、同郡（入間郡。ただし比企郡の誤り）松山郷入西辺と中村々より凡弐百人余、斧・鋸・其外得物携、右（川角村名主）長右衛門方江押参、何等之掛合等も無之不法ニ家作・土蔵・建具・諸道具等打毀、衣類・質物・穀物等取出シ切散シ、又は諸帳面・証文類不残肥溜江打込立去候趣……（㈡―二一一頁）

長右衛門もまた「何等之掛合等も無之」打ちこわされたのである。

以上に述べた事例は、すべて一揆勢からの「掛合」がなく即座に打ちこわされたものだが、一揆勢からではなく豪農層の側から一揆勢に対していろいろと「掛合」をしたにもかかわらず打ちこわされた例もある。次にそれを示そう。

新井家文書「打毀シ風聞日記」は、蜂起発端の様子を次のように伝えている（㈡―一九～二〇頁）。すなわち有力農民たち（「百姓重立候もの共」）が「困窮之民救之儀」であれば、望みにまかせて「穀物成共金銭ニ而も」「何れにも取計」らうから、ともかく鎮まるようにと「土地ニ手ヲ突申入」れたにもかかわらず、一揆勢は鎮まるどころでなかった(18)。そこで有力農民たちはあらためて二人の僧侶まで動員して「種々掛合ニ及」んだが、結局聞き入れられず打ちこわしが行われたのである(19)。

同様のことは入間郡坂戸宿でもみられた。六月十四日のことである。すなわち関根家文書「百姓騒動記」によれば（㈠—四二～四四頁）、村役人はいうまでもなく、そのほかの「物持・穀屋共」までがわざわざ宿はずれまで出向いて、一揆勢に対して「土下座ニ而御願申上度と」言ったにもかかわらず、一向に聞き入れられず、徹底的な打ちこわしが行われたのである。しかもその様子は、この記録の筆者に「天下むるひ之そふ動かと思」わせる程の激しいものであった。

さて、以上によって村役人やそのほかの人々がどのように「掛合」をしても、たとえ「土下座」をして願っても聞き入れられずに打ちこわされる場合があることが知られた。それでは、このような打ちこわすことそれ自体を目的とした打ちこわしは、どのような対象に向けられたのであろうか。やはりまず史料を示そう。

大里郡甲山村でこの一揆を実際に体験した文人安藤野雁の著「青山防戦記」には、

> そも〳〵かれら（一揆勢）の打こほちぬるハ、言さへく国のあきなひにきそひ、世のうれへをかへりみぬ蟹の横ゆく浜商人、又穀物買しほり高くうるまの市人とやらん、質とりて財宝金銀を貸すもの、高利を貪りたからをかすものなり……（㈡—一六〇頁）

とある。

小島家文書「土民蜂起打毀し顛末見聞漫録」には、

> 横浜之夷狄と売買いたし候財雄之商人共并糸運上取立肝煎と唱候もの共之家作打毀し……（㈠—一二八七頁）

とある。

岡家文書「一揆騒動之写」には、

第一横浜向商人を打毀し、家財雑具に至迄一品も不残微塵に打破り、夫ゟ穀屋・質屋・其外有徳之者方へ右両人（この史料がこの一揆の「惣発徒人」であるとする上名栗村正覚寺・下名栗村竜泉寺の二人の住持。ただしこの二人をこの一揆の指導者であるとする説が誤りであることはすでに論証されている[20]）手分を致し押込、米穀・金銀を施行可致旨無躰の掛合ニ及、其旨請印致し候者は其儘に差置、少も否味候者は忽微塵に打潰しける……

（㈠―一六〇頁）

とあり、また、

（秩父大宮郷の代表三人が）皆野村迄御出張被成、発徒人正覚寺に御対面有之種々御利害のうへ、大宮郷中之義は何如やうの事成とも無相違調印被致候間、何卒一同穏便の御下知被下段（度脱カ）頻りに御告被遊候得とも一向不聞入、横浜向商人は大小に不限、施行に不抱(拘)難捨置打潰候由申募り候……（㈠―一六一〜一六二頁）

ともある。

さてこれらの史料から「横浜向商人」（「浜商人」「横浜之夷狄と売買いたし候財雄之商人」）すなわち開港場横浜で貿易に従事する者（その大半は生糸仲買商人である）が、「掛合」なき打ちこわしの対象の筆頭にあげられるものであることをみるのは容易であろう。そしてこれと関連して、当該地域の小生産者に大きな負担を新たに加えることになった、この一揆が起った前月の五月に実施された生糸蚕種改印令に携わる者（「生糸肝煎役」）などもその対象とされた。しかし、この二者についてはすでに森安彦氏が詳細に述べられているので、ここではこれ以上は述べないことにする[21]。

それでは、そのほかについてはどうであろうか。岡家文書ではそのほかの「穀屋・質屋・其外有徳之者」については、「掛合」の上で打ちこわしにいたる場合とそうならない場合の二通りがあることを述べている。つまり「掛合」なき打ちこわしの対象は「横浜向商人」だけということになる。しかし、「青山防戦記」は打ちこわされた者として、「浜商人」はもちろんだが、ほかに「穀屋」「質屋」「高利貸」をあげている。そしてこれまでみてきたところでも、「掛合」なき打ちこわしの対象は「横浜向商人」だけに限られなかった。たとえば高利貸の嘉門であり、小惣代名主の幸七（ほかの史料から農間に質屋・太物荒物商売をしていることが知られる(22)）、名主の長右衛門・小山国三郎（両者の職種は不明）、さらには穀屋たちもその対象とされていた。すなわち、穀屋・質屋・高利貸というような、小生産者たちの生活に直接影響を与える者たちもまた「掛合」なき打ちこわしの対象であったと推測されるが、しかしこれらの者で打ちこわしを免れている例もあるから必ずしもすべてがそうであったということはできない(23)。ただし、打ちこわしを免れたからといって無傷であったわけではないということは前に述べた。

ここでは高利貸とくに名目金貸付を行った者は「掛合」なき打ちこわしの対象ではなかったかとの推測のもとに、若干の検討をしておきたい。というのは、他の史料が一致して「横浜向商人」を打ちこわし対象者の筆頭にあげているのに対し、新井家文書は高利貸を第一にあげているからである。すなわち、

乱妨打こわし人之趣意、第一高利金貸し、外国売買之商人、宿々石（穀）問屋、高利質屋、在方物持、穀物買〆人、其外大家身上身掛宜敷もの、施行饗応不致候ものは打破り可申趣……（㈠―四五～四六頁）

とある。ただし、ここでは「施行饗応不致候ものは打破り可申」となっているから「掛合」なき打ちこわしということとは異なるが、それにしても「高利金貸し」が第一にあげられている点は注意すべきであろう(24)。

ところで、用土村の百姓嘉門が「白川殿名目貸附金いたし」、しかもそれを「高利ニ」貸し付けたという理由

で「無掛合」打ちこわされ、同時にこの嘉門が盲人であったことから、その手伝いをしていた清水邦之助も合わせて「即時ニ打潰」されたことはすでにみた。高利貸とくに名目金貸付に対する一揆勢の憤激を物語るものといえよう。このほか関根家文書「百姓騒動記」がこの一揆の発端を記した箇所にも、

武蔵名高き名栗谷百姓一統相談いたし、穀屋・易交商人并北嶋御殿御貸附所・非道物持は不残打毀ス手立として、名栗谷・成木谷・青梅入我（吾）の谷、其谷々悪者相談極め……（一―四三頁）

とある。すなわちここでは「北嶋御殿御貸附所」が「穀屋」「易交商人」「非道物持」と同列に残らず打ちこわす対象にされているのである。なお、同文書には、六月十四日の高麗郡下のこととして次の記事もある。

こま町ニ而幸次郎と而北嶋御殿御用御貸所散々打破り、清流村名主和吉并小坂亀吉何れも北嶋御用御貸所打潰し、夫ゟ下鹿山村栄助と云名主ニ而北嶋御殿貸付并質屋商売致候者打毀し、質物は庭迄なけ散し、諸面（帳脱カ）を引さき、畳を切、つり天上（井）つきはなし、土蔵のこしまきを破り、角柱を切り、其有様は天狗之仕事ニ而も有かと思ふ程之仕事なり……（一―四三頁）

これによれば、「北嶋御殿御用御貸附所」は一つも残らず打ちこわされたかのようである。なお、高麗郡梅原村堀口家文書によっても幸次郎らの打ちこわしのことが知られる。それによれば、幸次郎は栗坪村（前掲関根家文書には「こま町」）百姓で「北嶋御殿御貸付旅宿」をしている者とされている。同文書にはこのほか「北嶋御殿御貸付旅宿」をしている者で打ちこわされた者として、清流村与頭亀太郎（関根家文書の小坂亀吉か）、同村名主伊輔（同じく和吉か）があげられている。また、「青蓮院宮家来親類ニ付旅宿」をしている下鹿山村新田名主栄助同居のふ、大河原村百姓俊蔵、「勧理院貸付旅宿」をしている神田又一郎知行所与頭周五郎（村名不明。木村礎氏校訂『旧高旧領取調帳』関東編によれば、高麗郡下の神田又一郎の知行地には「芦苅場村」と「小久保村」の二つがある）

が打ちこわされたことも知られる（㈠—四〇～四二頁）。いずれも名目金貸付にかかわる者である。

岡家文書「一揆騒動之写」にも、六月十九日の秩父郡白久村でのこととして次の記事がある。

（田野村での打ちこわしの後）夫ゟ一手は白久へ向ひ、清川惣兵衛様・浅見甚兵衛様弐軒、是又手強く打潰候趣之故ハ、名目金貸附一条ニ付右之仕合と申事ニ御座候……（㈠—一六四頁）

すなわちこの二軒は「名目金貸附一条」のゆえに一層激しく打ちこわされたのである。

さらに、賀美郡石神村山下家文書「石神村諸日記」のこの一揆の発端を記した箇所にも、

当月（六月）十四日朝、同州（武州）名栗谷ト唱ひ候村々、其外秩父郡村々ゟ高麗郡飯野（能）村江押出し、米穀商ひ并浜商致し候者共不残打こわし、夫ゟ二タ手・三手ニ相成、途中村々強勢ニ而人足為差出、一ト手は扇町屋・所沢・引又町其外諸方右商ひ仕候者并名目金等貸附致候者不残打毀し……（㈠—一四五頁）

とある。ここでも残らず打ちこわすべき対象として「米穀商ひ」「浜商」とともに「名目金等貸附致候者」があげられているのである。なお、同文書には六月十八日の自村でのこととして次の記事もある。

且又村中軒別壱人ツヽ人足差出し、最寄村々身元之者共并浜商ひ・名目金等貸附致候者共方へ安（案）内可致、及遅滞候ハヽ不残可焼払旨申之訇り騒キ……（㈠—一四五頁）

これによれば、一揆勢が村方から提供させた人足にどこに案内させようとしたかが知られるが、ここでも「身元之者」「浜商ひ」とならんで「名目金等貸附致候者」があげられているのである。

以上によって、名目金貸付を行っていた者が「横浜向商人」などと同じく、一揆勢によって主要な打ちこわし対象とされていたことが明らかとなった。それでは、一揆勢によってこれほど激しく打ちこわされることになる名目金貸付を行っていた者とは、一体どのような存在であったのだろうか。それについていまここで一般論以上

に述べることができないのが残念だが、一言だけしておけば、普通の高利貸と異って、名目金貸付が「公権力」を背景としているという点が重要だと思っている。そして岡家文書がいうように、「名目金貸附一条」のゆえに「手強く」打ちこわされたということがあるとすれば、これを単なる豪農と小前貧農の闘いとのみいうことはできないのではないか。しかしここでは彼らもまた「掛合」なき打ちこわしの対象、ないしは少なくとも主要な打ちこわし対象であったということだけを指摘して、その実態の究明については後日を期したい。

三　打ちこわしの対象

前二項において、「掛合」から打ちこわしにいたる場合と、なんらの「掛合」もなく最初から打ちこわしが行われる場合の二通りがあったことをみた。そしてこの両様の打ちこわしによって、はじめにも述べたように武州一五郡・上州二郡におよぶ二〇二か村・五二〇（九四）軒の主として豪農層が打ちこわされたのである（ただし括弧内の数字は打ちこわしを免れたもの、以下も同じ）。これを身分別・職種別に示すと、身分別では、

領主陣屋二、大惣代三、小惣代二、名主七〇（九）、組頭・百姓代三九（九）、百姓七二（一三）、千人同心一、借屋二

となり、職種別では、

浜糸・生糸・絹織物商二八、穀屋三一、高利貸・質屋七二（一七）、酒造一九（三）、醤油屋一六、酒屋三、旅宿・茶屋七、紙すき・紙仲買一一、医者八（二）、荒物屋二、油屋・油絞九、太物渡世一〇、水車稼三、肥料商五、綿屋二、材木渡世六（六）、その他三一

となる[25]。

さて、ここではこれらについて一々述べることはしないで、ただ先学によってこれまでほとんどふれられなかった一つのことについてだけ述べることにしたい。それは、打ちこわし対象者に荷担した（ないし荷担させられた）者に対する打ちこわしに関してである。まず史料を示そう。

六月十五日の比企郡正代村のこととして、磯崎家文書に次のような記事がある。

（高坂村で昼食をとった一揆勢は）夫ゟ正代村代吉と申へ押寄セ打毀、米金散乱いたし、其上諸帳面証文通り衣類等預け置候ものと相見江候隣家三軒打毀し……（㈠—七一頁）

これによれば、代吉のみならず、代吉から諸帳面や衣類を預けられていた「隣家三軒」も合わせて打ちこわされたことが知られるのである。

同様のことは「賊民略記」にもみえている。すなわち、六月十八日の秩父郡上田野村のこととして、

（上）田野村船川定左《ママ》衛門・同新宅共ニ打潰シ、其外船川ノ荷物ヲ預ケ置シ家ヲ潰シ、都テ七軒ナリ……

（㈠—一七三頁）

とある。ここでも打ちこわし対象者のみならず、その荷物を預けられていた家も合わせて打ちこわされている。なお、「賊民略記」では定右衛門（船川は屋号か）から荷物を預かったために打ちこわされた家は五軒という計算になるが、岡家文書「一揆騒動之写」には「夫ゟ田野村宮崎定右衛門様一統四軒、是は外々ゟ別段強く打破り候様子、同村の中貧家四軒へ家財荷物預ケ候家不残打潰し申候」（㈠—一六四頁）とあり、これによれば定右衛門（宮崎は姓か）から荷物を預かって打ちこわされた家は四軒ということになる。さらに小沢家文書にもこの定右衛門家の打ちこわしの記事があるが、それには「其夜（十八日）八つ時、舟（船）川江（一揆勢が）押寄、居宅・土

蔵・門・長屋・物置等数ケ所打毀し、隣家二軒同人荷物預り置候咎ニ而打毀し」(二―一三〇頁)とある。これによれば定右衛門から荷物を預かったために打ちこわされた家は二軒ということになる。つまり、定右衛門から荷物を預かったために打ちこわされたとされる家の数が、史料によってそれぞれ五軒・四軒・二軒と異なっていて、このうちのどれが正しいかは確かめられないのであるが、定右衛門の荷物を預かったがために打ちこわされた家が何軒かあったということは事実としてよいであろう。しかもそれらの家は、岡家文書によれば「貧家」であった。「貧家」ではあったが、小沢家文書によれば、定右衛門の「荷物預り置候咎」によって打ちこわされたのである。なお、秩父大宮郷松本家文書によれば、上田野村定右街門は大宮郷寄場の大惣代であった(一―一四九頁)。このように、たとえ「貧家」であろうと、それが豪農層に荷担するものであれば、逆にいえば一揆勢に敵対するものであれば、それは容赦なく打ちこわしの対象とされたのである。

ところで、これには若干の説明が必要であろう。実は、豪農層は、打ちこわしの報に接すると、いち早くその家財や穀物あるいは諸証文などを、隣家や縁戚に預けていたのである。豪農層が即座にこのような行動(対応)をとったところにも、この時期の緊張状態のありようが示されていると思うが、それはともかくとして、いくつかの事例を示そう。

江戸深川で材木店を経営していた町田安助は、六月十八日付で、上名栗村の名主で息子の滝之助に宛てた書状の中で、次のような指示を与えている(なお、この時にはまだ安助は、この一揆が当の上名栗村からはじまったものであることを知らなかったようである)。

(品川をはじめとする江戸での打ちこわしのことを述べたあと)就而ハ此程風聞承り候処、所沢・扇町や(屋)・飯能其外近辺、所々打毀候由承り候間、其地ハ如何有之候哉と案事申候間、様子承り度態々人遣し申候、若、も名栗辺へ登り候様承り候ハ、蔵ニ有之候帳箪笥封印致、政五郎方へても極内々ニ而預置候様致度候……
（一—一一頁）

また、大里郡佐谷田村から榛沢郡深谷宿周辺の打ちこわしの状況を「探索」にいった、勘右衛門と清太郎の六月十八日の報告にも、次のような記事がある。

駕籠原辺物持心配し、小家江家財具持行預ケ候趣……（一—一二六頁）

あるいは、多摩郡本宿村内藤家文書も打ちこわしの風聞の届いた府中宿などの様子を次のように伝えている。

其風聞（諸所での打ちこわしの風聞）府中江有之ニ付、本町角屋茂七・柏屋三四郎・其外家財片付候由、分陪油屋長右衛門油・菜種類近所へ運片付候由ニ付、家内（内藤家）ニ而も帳面類・証文等取集片付置……
（二—一一二頁）

これらによって、打ちこわしの恐怖にかられた豪農層が、家財などをいち早く隣家や縁戚に預けたことが明らかであろう。しかもそれは一人や二人の豪農に限られたことではなく、当該地域ならびに周辺地域のかなりの数にのぼる豪農層が共通して行ったことのように思われるのである。

このようにして一揆勢が襲来する以前に隣家に家財を預けた豪農の一人である比企郡上古寺村名主松本与右衛門は、「打毀取調書」の中で六月十七日に自家が打ちこわされたことを述べたあとで、次のようにも述べている。

（与右衛門の）隣家ハ勘左衛門・房之助并勇次郎・勇次郎《（ママ）》・重蔵義は、我等方ゟ衣類・諸道具少々預ケ申候ニ付、打毀申候哉も難計候、右之家々我等同様ニ御座候、尤此節同日（六月十七日）四ツ時頃亦々下古寺村江被引取申候……（一—一〇四頁）

これによって、松本与右衛門が勘左衛門ほかの家々も、自分が家財を預けたために自家同様に打ちこわされるかも知れないと危惧していることが知られよう。ここではやや文意に不明なところがあって、これらの家々が同様に打ちこわされたかどうかは必ずしも明らかでないが、与右衛門の危惧通り、これらの家々も同じく打ちこわされたことは比企郡玉川村小沢家文書で知ることができる。そこに玉川村およびその周辺村々で打ちこわされた者の書き上げがあり、上古寺村名主与右衛門をはじめとして、百姓勘左衛門・同房之助・同祐(勇)次郎などの名前がみえているのである。ただし重蔵については名前がないが、後者にある重兵衛がそれに当るように思われる（二―一三七～一三八頁）。

さて、豪農層が事前にこのような準備をしたとすれば、当然一揆勢もそれをも追求することになるであろう。その結果、前にみた家財を預かった者の打ちこわしになるのだが、埼玉郡野田村の醤油屋河野氏の打ちこわしを書き留めている久保家文書にも次のような記事がある。

> 野田村醤油屋河野氏本家、此家之儀も醤油樽たが不残切払一滴も無御座由、衣類切裂キ又ハ井戸投込、諸帳面取揚焼捨、貸借証文可差出と申候処、一切無之旨申答、然ル処左候ハヽ分家江隠し候哉、是ゟ分家打破り可申と被断、無拠証文差出し候処、又候やき捨申候、此家損毛夥敷事之趣承り申候……（一―一一九頁）

これによれば、河野氏は実際には「貸借証文」を分家に預けていたわけではないが、それの一揆勢に対する提出を拒んでいると、それでは「分家江隠し」たのであろうから、これから分家を打ちこわそうと一揆勢から言われたために、慌てて証文を提出したのであった。ここでは河野氏の分家が打ちこわされることはなかったが、中村家文書によれば、多摩郡青梅宿では六月十五日に、次のような打ちこわしがみられた。

> 青梅中町機屋仙右衛門、上町吉野屋久兵衛打毀、夫ゟ同人親類裏宿山助と中者久兵衛荷物預り置候哉と疑惑ニ而打毀……（一―一二四頁）

これによれば、山助が打ちこわされたのは、親類の吉野屋久兵衛の荷物を「預り置候哉と」一揆勢から「疑惑」をもたれたからであった。

このようにして、本来の打ちこわし対象者＝豪農層ではなくても、たとえそれが豪農層の対極にあるような「貧家」であっても、豪農層から荷物を預かったという理由だけで打ちこわされるということになれば、誰も豪農層の荷物を預かる者はいなくなるであろう。そして一揆勢の打ちこわしの威力によって、実際にもこのような事態が現出したことを比企郡古凍村磯崎家文書が伝えている。すなわち、

（あまりにもすさまじい打ちこわしであったために）依而重立候もの着類・夫喰等貧家江預度存候処、預置候ものヲ詮議いたし打毀候類数多有之候間、誰有而預り候者曽而無之、誠ニ絶躰絶命之時節……（(一)—七三頁）

とある。これによれば一揆勢が、豪農層から家財を預かった者をも「詮議」して打ちこわすために、打ちこわしをおそれた「貧家」が豪農層の家財を預かることを忌避するようになったことが知られる。こうして「貧家」からも見放された豪農層は、まさに「絶体絶命」といわなければならないところにまで追いつめられたのである。

ただし、豪農から家財を預かったために自らも打ちこわされるのではないかと心配している点は同じだが、「親類・組合」の加勢をえて打ちこわしに備えたとする例もある。すなわち、多摩郡関前村井口家文書によれば(二)—一二一頁)、打ちこわし対象者である田無村の百姓で水車稼ぎ人平左衛門の小麦を預かっているために、自分たちにもどのような「災難」がおよんでくるかも知れないと判断した善次郎ほか四人の者が、「親類・組合」の加勢をえて「昼夜番」をしたことが知られるのである。たしかに、このような動きもなかったわけではないが、一般的には前者、つまり豪農層の家財を預かることを拒否するような動きがでてきたものと思われる。

一揆勢が豪農層に荷担した（ないしは荷担させられた）者に対しても激しい打ちこわしを行ったことをみたが、

その際に多少の勇み足もあったようである。入間郡下藤沢村沢田家文書に、六月十五日付の神主沢田隼人之亮の願書があるが（二―四八頁）、それによれば、沢田隼人之亮の隠宅を、一揆勢が下藤沢村新兵衛の「家作と心得違」いして少々打ちこわしたことになる。ただし、これは打ちこわされた側の主張であるから、これを文面通りに受けとってよいかは検討の余地がある。しかし、いまこれ以上のことは不明とせざるをえない。

以上、多少の勇み足はあったかも知れないが、一揆勢が豪農層のみならず、それに荷担した者もまた、たとえそれが「貧家」であろうとこの場合には容赦なく打ちこわしたことが明らかになったと思う。そしてこのことが豪農層に荷担する者を豪農層から切り離し、豪農層を追いつめていく一つの手段ともなったのである。

なお、豪農層とともに領主権力もまた打ちこわしの報に接すると、書類や武器を隠している事例が知られるので、本論から少しそれることになるが一言しておきたい。岡家文書「一揆騒動之写」は、六月十八日夜に秩父郡大宮郷の忍藩秩父陣屋が、一揆勢によって「微塵」に打ちこわされたことを述べたあとで、次のようにも述べている。

（陣屋を打ちこわした一揆勢は）猶又書類・武器等を尋出さん為、（大宮郷内を）所々駆廻り号りけるが、誰か是を見知りたるや、十三番（札所）の御寺の土蔵戸前を打破り、兼て大切に隠し被置候書類・武具等を不残取出、牢屋前へ持運び焼払申候……（一―一六三〜一六四頁）

これによれば、忍藩の出先機関である陣屋でさえもが、大宮郷内の寺に「書類・武器等」を一揆の襲来以前に隠していたことが知られるのである。このことのみをもってしても、陣屋の支配力（ないし軍事力）というものがいかなるものであったかということを問題にせざるをえないと思うが、あまつさえ陣屋のみならずあらかじめ隠しておいた「書類・武器等」まで一揆勢にみつけだされ「焼払」われたというにおいては、陣屋の支配力（ないし軍事力）がいかに頼りないものであったかということをいかんなく示すものといえよう。もっとも、陣屋の本来的機能はそのようなものではないという考え方があることは私も承知しているし、私自身もそのようなものとして考えなければならないと思っている。しかし、この場合、最初の打ちこわし（六月十四日朝）からすでに五日が経過しているのである。忍藩では、一揆鎮圧後の六月二十九日付で、勘定奉行都筑但馬守へ宛てた「届書」の中で、

（武州）秩父郡村々之内領分も有之候間、是又人数差出候処、隔地之儀ニ付右参着以前同州大宮郷江徒党人共多人数相集、郷中所々打毀候趣、然処同所陣屋詰家来人少ニ付、出張鎮静方不行届、去ル十八日暮六時頃陣屋迄も過半打毀、其外村々都合弐拾六軒打毀……（二―二三一頁）

と述べて、陣屋をはじめとして秩父領分村々が打ちこわされたのは、つまり秩父領分の防衛体制がゆき届かなかったのほ、一つには陣屋詰の家来が少なかったこと、いま一つには「隔地」であるため派遣した兵力が間にあわなかったことを理由としているが、しかし、後者についていえば、いったい忍から大宮郷までどれくらいの日数がかかるものであろうか。ここにいたって我々は、この一揆に先立つ一週間前の六月七日に開始された第二次幕長交戦（いわゆる第二次長州征伐）のことを考慮しなければならないであろう。実際、「奥右筆手留」には、忍藩から次のような「願書」が提出されたことが記されている。

（一揆の鎮圧をしたいけれども）今般京都御警衛被仰付、多人数致上京、在所表人少ニ付、□(虫)輪陣屋敷ニ罷在候家来共在所表江差遣度旨願（二―一八八頁）

第二次幕長交戦のために「京都御警衛」を命じられ、多数の家来を上京させてしまったために、忍藩が一揆鎮圧に苦慮している様子が明らかであろう。しかもこれによれば、「隔地」の秩父領分だけでなく「在所表」さえ人

員が手薄であることが知られるのである。これを蜂起の側からいえば、領主権力側のこのような状況をねらって一揆勢が蜂起したと断言するためにはいま少し検討する必要があるが、権力側のこのような状況が一揆勢の行動の展開を容易にしたということはできよう。

おわりに

これまで武州世直し一揆における打ちこわしの様相を検討してきた。これによって、「掛合」をしたうえで打ちこわす場合と、なんらの「掛合」もなく即座に打ちこわす場合の、二通りの打ちこわしがあったことが明らかになった。ただし、前者の場合には「掛合」がうまくいって打ちこわしを免れることもあるが、その時にはもはや元の豪農ではありえなかったということも述べた。しかも数のうえからいえば、打ちこわしをうけた豪農が圧倒的に多かったのである。

そこで最後にこれまで述べてきたことを踏まえながら、一揆勢にとっての打ちこわしの意味について若干の検討を行っておきたい。

一揆勢がその蜂起に際して「打毀しいたし候而も食物之外金銀銭は勿論、外品等決而奪取間敷、若相背き候ものは、仲間内ニて斬首可致」との厳しい「盟約」を交わし（㈠—二八七頁）、またその携えるべき道具に関しても「銘々得物之義、刀・脇差等決而持参致間敷候、但、四ツ子・鎌・鋸様之もの持参可致候」（㈠—一八一頁）との原則を保持して打ちこわしを遂行したことについては、別稿で述べたことがある[26]。内藤家文書の表現を借りれば、一揆勢が携えていたものは実に「打ちこわし道具」だったのである（㈡—一一一頁）。すなわち、一揆勢は家屋や家財は打ちこわすけれども、人を殺傷することは原則として行わなかった。そしてこのことは、当の打ちこわしにあった側からも証明されているのである。たとえば入間郡扇町屋村の長谷部家は、一揆勢によって散々な打ちこわしを受けた家だが、この家の「箱書」の打ちこわしを述べた条の末尾は「誠ニ近世未曽有之騒災ニ有之候得共、不思議ニ家内壱人も無怪我相遁候ニ付、末代家督人心得之ため有増次第記録畢」という言葉で結ばれている（㈠―六一～六二頁）。「箱書」は「不思議ニ」とその家族が無事だったことを述べているが、一揆勢の打ちこわし原則からすればなんら「不思議」なことではなく当然ともいえることであった。

それでは人を殺傷することおよび打ちこわしに乗じて物品を略奪することを厳禁し[27]、すでに随所でみてきたようにただ徹底的に家屋や家財を打ちこわすという一揆勢の行為は、一体どのような意味を持っていたのだろうか。このことを考える上で比企郡野本村名主大谷熊蔵の事例が参考になると思われるので、まずそれを示すことにしよう。

六月十五日に打ちこわされた熊蔵は、十七日付でその報告を知行主間宮将監役場あてに代人組頭伝左衛門の名前で行っている。それによれば（㈡―一五二～一五三頁）、熊蔵もまた「理無尽」に打ちこわされたことが知られる。そして熊蔵は家族が無事だったことを「神仏之祈祷請候哉」と述べているが、散々な打ちこわしにもかかわらずここでも一揆勢が人間に対しては一切手出しをしなかったことが明らかであろう。

それはともかくとしてここで注目したいのは史料の後段である。そこで熊蔵は「差当一時之凌キニも差支、家内一同十（途）方暮レ」、さらには「御田地相続ハ勿論住居可仕次第無御座」と、その窮状を述べている[28]。ところでこの熊蔵の嘆きを文面通りに受けとるとすれば、これはまさにこの一揆に蜂起した人々が日常的に抱えていた嘆きと同じものではなかったか。しかも一揆勢がねらったのも、正にこのような嘆きを豪農層にも味わわせることだったのではないか。この点で、かつて大舘右喜氏が打ちこわしについて「富の偏在を均《なら》すことが主眼であった。世直し勢と同一の階層に富裕な者を下降させること、貧者と同じ社会層に富者を『均す』ことが必要であった。それゆえにこそ、富を貧者へ分け与えるのではなく、生産用具をこわし、土蔵を破却し、蓄財を破壊によって無に至らしめようとしたのである」(29)と述べられたことに、賛意を表するものである。打ちこわしは文字通り打ちこわしなのであって、豪農層の金品を奪うことではなかった。なおさら奪った金品を分配することでもなかったのである。しかし、それでは打ちこわしによって一揆勢は豪農層を自らと同一次元に下降させることができたのであろうか。

いま一度、熊蔵の話に戻そう。先の報告を提出した同じ十七日付で、別に熊蔵は自らの名前で間宮将監役場に宛てて「金五十両」の拝借願いを合わせて提出している(㈡—一五三頁)。史料がないためにこの熊蔵の拝借金願いが知行主によって聞き届けられたかは明らかでないが、その後も大谷家が存続していることからすれば、五十両全額ではないにしてもある程度の援助が知行主からあたえられたのではないかと推測される。あるいは知行主からのそのような援助がなくとも、先の文面とは異って実際には熊蔵家が十分存続しえたとも考えられる。熊蔵家のことではないが、たとえば入間郡牛沢村組頭勘右衛門家は、六月十五日に一揆勢によって「土蔵五ケ所・醤油蔵壱ケ所・家作物置ニ至迄乱妨ニ打毀、家財・衣類・帳面類不残引破り難尽言語乱妨」をされ、また「飯米并味噌等ハ井戸江打込、亦ハ庭先江蒔散し、柱等ハ斧・鋸を以挽切、又ハ切割、実以難申尽程之乱妨」をされたが(㈠—五六頁)、この勘右衛門家にはただちに、村内はもちろん、近隣諸村さらには江戸・上総・相模・越中の人々から、握めし・酒・菓子折等、あるいは茶碗・しゃくし・どんぶり・大土びん等多種多様の見舞品、または見舞金が届けられており、その総計は三〇両弐分弐朱にものぼっているのである(㈠—四九～五五頁)。あるいは、岡家文書「一揆騒動之写」の記録者であるいずみや幸七が心からなる同情を示している秩父郡上田野村宮崎定右衛門についても、「頓と着の儘」であるかも知れないが、「家(屋)敷・田地」は残されていたのである(一)―一六四頁)。打ちこわしをうけたすべての者がたち直れたかどうかは明らかではないが、多くの者はたち直ることができたと推測せざるをえないであろう。もしそうだとすれば、豪農層を自らと同一次元に引きずりおろすという一揆勢の願いは空しかったというべきであろうか。私はそうは考えない。打ちこわし対象者＝豪農層を一度は打ちこわしたこと、あるいは豪農層に施行や質地・質物の返還などを一度は約束させたこと(この約束は一揆が鎮圧されてしまうとほとんどが反古にされてしまったが、しかし実際に実行されたところもある)[30]、そして豪農層に土下座で一揆勢を迎えさせたことだけに限ってみても、常に困窮と抑圧される側にいた一揆勢にとってその意味は大きかったと考える。[31]

注

(1) 佐々木潤之介氏は、百姓一揆と、世直し一揆と従来呼ばれていたものの区別を明確にするために、後者を世直し「騒動」と呼びあらためることを提唱されている(同氏「幕末の社会情勢と世直し」『岩波講座日本歴史』近世5一九七七年　岩波書店三〇〇～三〇一頁、および同氏『世直し』一九七九年　岩波書店　六六～六八頁)。百姓一揆と、世直し一揆と従来呼ばれていたものを区別することには私も賛成であるが、しかしそのために世直し「騒動」と呼びあらためなければならない理由がわからない。すなわち、百姓一揆とは別に「世直し」一揆という表現を採用することによって、すでに両者は区別されているといってよいのではないだろうか。そうだとすれば、世直し騒動と呼びあらためる必要はないことになる。この点について御教示を得たいと思う。したがってここでは、従来通り世直し一揆と呼んでおくことにする。

（2）一九七六年一月三十一日の国史学会例会における森安彦氏の報告（その要旨は『国史学』九九号に掲載されている）。北原進氏「〝ぶちこわし〟の口承記録〈武州一揆の探索から〉」（『歴史公論』第四巻六号　一九七六年）。

（3）久保佐一氏「『ぶちこわし』聞き書」（『近世史藁』第二号　一九七七年）もある。

（4）この廻章が秩父郡大宮郷まで順達されたことは、大宮郷岡家文書から知られる。それを示すと「一揆ゟの廻状宮地村ゟ継参り、酒店ニて鍋屋角蔵様内見被遊候を承り候処、十五才より六十才迄剣類は停止致し、得物ニは野具を携へ早速駆加り申べし、若否味候者有之候ハヽ、直様焼打に可致旨、得其意を早々順達可致もの也、大宮郷　横瀬郷　影森村平沢　田野村　日野村　白久村　贄川村　新古大滝村　其外通路村々一同、打こわし連中と印有之候」（㈠―一六二頁）とある。これによっても一揆勢が「打ちこわし連中」と名乗っていたこと、しかもその「打こわし連中」からの、この一揆への参加を呼びかけた廻章が秩父の村から村へ継ぎ送られていたことが明らかであろう。なお、小野文雄氏が紹介された秩父三峯神社日鑑にも、六月二十二日の条にほぼ同文の廻章があるが、これには「打こわし連中」の記載はない。同氏「武州打こわし史料」（『埼玉地方史』第二号、一九七六年）七一頁。

（5）その代表的なものをあげておけば、山中清孝氏「幕藩制崩壊期における武州世直し一揆の歴史的意義」（一九七四年度歴史学研究会大会報告『世界史における民族と民主主義』一九七四年）、森安彦氏「『武州世直し一揆』の展開過程――『世直し』の行動と論理――」（和歌森太郎先生還暦記念『近世封建支配と民衆社会』一九七五年　弘文堂）、近世村落史研究会共同研究「幕末の社会変動と民衆意識――慶応二年武州世直し一揆の考察――」（『歴史学研究』四五八号　一九七八年）などである。

（6）多摩郡福生村においても打ちこわしの情景は同じであった。古谷家文書に「（福生村へ行き）打こハし候家ヲ一見致候所、土蔵掛矢ヲ以打こハし、米穀は俵ヲ切庭へちらし或は井戸へ入、縮緬きぬは不及申木綿ニ至迄着類は不残鉈ニ而切庭の《ママ》蒲団之類も鉈ニ而切綿抜庭の泥中ニ踏込……」（㈡―八六頁）とある。

（7）近世村落史研究会（大舘右喜氏執筆）「或る地域調査から――武州世直し一揆史料拾遺――」（『歴史評論』三〇一号　一九七五年）六九～七二頁を参照。

（8）　前掲近世村落史研究会共同研究「幕末の社会変動と民衆意識」のⅡ「世直し」一揆の展開と民衆意識（森安彦氏執筆）の表1慶応二年六月「武州世直し一揆」打こわし対象者一覧表（二〇〜二一頁）、および付表2慶応二年六月武州世直し一揆の対象者一覧表（四九〜六〇頁）。ただし、これはあくまで暫定的なものであると了解されたい。

（9）　前掲森安彦氏「『武州世直し一揆』の展開過程」一二三頁。

（10）　前掲近世村落史研究会共同研究「幕末の社会変動と民衆意識」の森安彦氏執筆部分二四頁。

（11）　森安彦氏は近刊の「『世直し』世界の形成――慶応二年武州世直し一揆の考察――」（津田秀夫氏編『近世国家の解体と近代』一九七九年　塙書房）において飯能打ちこわしの意味について検討され、飯能穀屋の打ちこわしは「『世直し』勢の威力を誇示し、以後の『世直し』展開の皮切りとし、村役人・豪農層に打撃を与え、小前貧農層の解放にいっそうの効果をあげ」るためのものであったから、「一揆勢は飯能穀屋を打ちこわすこと自体、目的としていた」と述べられている（六七〜六九頁）。これによれば、酒屋八左衛門ほか三軒の打ちこわしは、後で述べる「掛合」なき打ちこわしに入れなければならないことになる。なお、本論文についてはその刊行以前に森氏より再校ゲラをご恵与いただいた。記して謝意を表する。

（12）　たとえば、比企郡増尾村の農間に質屋を行っている代五郎と助左衛門という二人の百姓は、質物を渡すことによって打ちこわしは免れたけれども、「一躰私共両人之義外より預り金等有之候へば、質物不残相渡し候而ハ既ニ退転ニも相成候得は難渋至極」（㈠―九六頁）であるとその窮状を訴えている。また「賊民略記」にも「毀傷セラレザル商家モ破産セシ者尤モ多シ」（㈠―一七三頁）とある。これは一揆勢がその「いでたち」（鉢巻・たすきや旗幟などの）を整えるために、打ちこわしはしないけれど絹・太物屋などから布類を調達したことによる。なお、森安彦氏はこのような豪農を「弱められた豪農」と呼んでいる。前掲森安彦氏「『武州世直し一揆』の展開過程」二一六―二二七頁、および拙稿「武州世直し一揆の考察（続）――一揆勢の『いでたち』をめぐって――」（『近世史藁』第二号　一九七七年）二〇〜二一頁。

（13）　主人が「留守」であったために打ちこわされたとする例は、新座郡下新倉村にもある。「武州秩父辺農民徒党一件」によれば、六月十五日の夕方同村組頭秀五郎宅に押し寄せた数百人の一揆勢は、秀五郎と面談し「追々諸品高価ニ付、難渋人共江施行差出候様申聞、於若違背ニは打殺、且居宅打毀チ候之旨高声申訇」ることによって、秀五郎から金子の施行の約束をとることに成功したが、富太郎家については異っていた。すなわち「夫ゟ同村名主富太郎方江引続同様罷越、最初之通面談致度旨申聞候処、折節留主ニ付其旨申断候処、彼是面倒之趣ニ而理不尽ニ居宅打毀チ掛候由ニ付、家内之者共驚入一同立去候処、同人居宅間取拾壱間・奥行六間之場所并家財・諸道具・其外土蔵弐ケ所・物置・木戸・塀至迄不残打毀チ、右土蔵被入置候米并雑穀凡八十俵程切捨打散候而暫時ニ右及諸業」(二—二二六〜二二七頁)とある。主人富太郎が留守であったために、家人とでは「掛合」が行届かなかったのであろうか、みられる通りの徹底的な打ちこわしが行われたのである。

(14)　この佐右衛門の打ちこわしについては、知行主で御小納戸役の坪(堀)内光太郎から六月二十五日付で幕府へ報告が出されている(二—二二一頁)。

(15)　「掛合」の最中に一揆勢に対して敵対的であることが判明して、実際には打ちこわされなかったが打ちこわされるはずだった例は江川家文書にもある。すなわち、六月十四日の川越でのこととして、「(一揆勢が)同所(川越)役人へ懸合、五百文ニ付米五合迄ニ致し呉候は打毀し申間敷と、壱度ハ立去り挨拶致居候得共、更ニ分兼彼是手間取居候内、同家ニ而鉄砲・武器持参、広瀬村警衛と申事相分り候ニ付、約束違ひ候迚六・七千人取返し候趣」(二—一八〇〜一八一頁)とある。この家が何という家であるかはわからないが、米を百文につき五合で売ることで一度は妥結をみながら、さらに「彼是手間取候内」に、この家が鉄砲やその他の武器をもって広瀬村で一揆勢に対する警衛にあたっていることが判明し、それでは「約束違ひ候」ということで、一度通過した一揆勢六・七〇〇〇人を引き返させてくることになったのである。しかし、このことが結局実現しなかったばかりか、このように言った一揆勢が逆に追われることになり、このうち六・七人が捕えられてしまうことになる。しかも、そのうちの二人は手を切り落されて戸板に載せられて運ばれてくるのである(二—一八二頁)。

(16)　一揆勢がその勢力の維持再生産のために、人足や飲食の提供を主として村に要求するさいに、打ちこわしが脅迫手段として利用されているが、それについて小稿では一切省略することをお断りしておく。

(17) ただし、小淵家文書は本文に引用した箇所の少し後のところで、この嘉門と邦之助について前者が百二十両、後者が八十両の都合二百両の施金を行うことで一揆勢との交渉が成立し、打ちこわしを免れたと記している（㈠―一一二頁）。これによれば、嘉門と邦之助は打ちこわされたうえに施金までさせられたことになるが詳細は不明。私は嘉門と邦之助が名目金貸付を行っていたという理由から「無掛合」打ちこわされたとする説をとる。

(18) なお、これとほとんど同一のことが堀口家文書にも記されている。参考のために示すと、「（一揆蜂起の報に）驚入、百姓重立候もの共一同駈付、右徒党之ものニもの《（ママ）》共ニ向ひ申聞候ハ何れニも大勢之望ニまかせ、穀物ニても金銭ニ而も、窮民救之儀ニ候ハ、何れニも取計可遣間、一と先鎮り呉候様大地江手を突種々なため候得共、更ニ不取用」（㈠―三六八頁）とある。余談ではあるが、おそらく関根家文書と同系統本とみてよいだろう。なお、これとは別に中村家文書にも、村役人たちが穏便にしてくれるように種々「掛合」をしたにもかかわらず、一揆勢に受け入れられなかったことが記されている。すなわち「一昨十五日朝、御他領青梅村を始最寄村々江狼籍徒党之者共乱入仕、打毀可申風聞御座候ニ付、村々申合口々江たき出し手当致、村々役人共出張仕、兎角穏便ニ致呉候様種々手ヲ尽掛合候得共、更ニ不取用……」（㈠―二一五頁）とある。また、「賊民略記」にも「（大宮郷の）町内箪食壺漿シテ王師ヲ迎ル如ク家々酒食ヲ設テ待ツ」（㈠―一七三頁）とある。

(19) 森安彦氏が、一揆勢は飯能穀屋を打ちこわすこと自体を目的としていた、と述べられていることは注（12）に述べた。

(20) 山中清孝氏「武州一揆の研究㈠――研究史と二、三の問題点について――」（『史游』創刊号　一九七二年）四二～四三頁、および森安彦氏「『武州世直し一揆』の基礎的考察――主体勢力の分析を中心に――」（『信濃』第二四巻第一〇号　一九七二年）二五頁。

(21) 前掲近世村落史研究会共同研究「幕末の社会変動と民衆意識」の森安彦氏執筆部分二四頁、および前掲同氏「『世直し』世界の形成」七七～八三頁。なお二例だけあげておけば、「賊民略記」に「（秩父大宮郷の）松本六蔵ノ宅ハ空屋ナリト雖、糸会所タルヲ以テ終ニ打毀セリ」(㈡―一七三頁) とあるが、空屋であっても打ちこわされたというところに、一揆勢の怒りが奈辺にあったかが示されていよう。また小淵家文書にも「(榛沢郡) 寄居宿穀屋丹羽屋伝吉、万屋吉兵衛、是ハ絹商浜糸商人故即時取掛り打潰し」(㈠―一一一頁) とある。

(22) 比企郡玉川村小沢家文書 (㈡―四〇頁)。

(23) いくつか史料を示すと、桜井家文書には「此度悪党人共義ハ、何れ之村方ニ而も、ケ成相暮居候ものは、家並之様、又は名主宅江押参り、理非ニ不拘可打毀抔強精申募り……」(㈠―二九四頁) とある。これによれば、富裕層はすべて「掛合」なき打ちこわしの対象であることになるが、これが事実でないことはすでに明らかであろう。そこで私には、以下の諸史料が示すものが、すべて「掛合」なき打ちこわしの対象であったということはできないが、主要な打ちこわし対象であったと思われる。すなわち、「賊民略記」には「其害ヲ受ル者ハ横浜商人・穀屋・高利貸・大惣代・其外権勢アル者ヲ悪ミテ打潰セシナリ」(㈠―一七六頁) とあり、また小淵家文書にも「諸品高直ニ付、穀屋共并横浜商人・質屋・高利金貸之者共相潰し候事ニ付数千人押来り候趣」(㈠―一一〇頁) とある。

(24) 酒井家文書にも「其上同村 (比企郡青山村) ニ浄学院と□□別当ニ而少々之内高利金貸候得共、当分は相休居候得共打毀申し候」(㈠―九八頁) とある。当分休業中の高利貸さえ打ちこわされているのである。

(25) 注 (8) と同じ。ただし注 (8) にあげたもののうち表1の方では、八王子千人同心一人が落ちている。すなわち、多摩郡仏沢村住居で萩原善三郎組同心・清水次左衛門も六月十六日の昼に打ちこわされている (㈡―二一五頁)。したがって総数は五二一 (九四) となるが、ここでは前掲表にしたがっておく。また表1では、打ちこわされたもう一人の八王子千人同心長左衛門 (俗称遍照金剛) を「新座郡」の項に入れてあるが、これは「入間郡」の誤りであるから責任の一端を負う者として訂正しておきたい。

(26) 拙稿「武州世直し一揆の考察――一揆勢の武器使用をめぐって――」(『呴沫集』増井経夫先生・三上次男先生退任紀念　一九七七年)。

(27) 一揆に乗じて物品を略取するものが全くなかったということはできないであろう。いくつかの史料に、打ちこわしに乗じて「金子持参り候ものも有之哉之風聞専ニ御座候」(一)—七二頁)とか、「財宝奪掠いたし候賊徒も余程有之由」(一)—二九〇—二九一頁)とみえている。しかし、すでにこれまでしばしばみてきたように、一揆勢が徹底的に家屋を破壊し、家財などを後の役にたたないように打ちこわしたことを伝えている史料の方が圧倒的に多いのも事実である。この点で「賊民略記」が「今日ノ賊民ハ屋室ヲ毀ツヲ以テ主トナシ、財宝ハ陰ニ貪ル者アリト雖モ、陽ニ奪フ事ヲ禁シ」(一)—一七七頁)と述べていることが、最も事実に近いと考える。なお、大舘右喜氏によって「一揆のおり、ひそかに窃取した財宝によって富裕になった農民」がいたことが報告されているが、大舘氏によればそのような農民は当該地域において「打穀し大尽」と呼ばれて軽蔑の対象としかならなかったという。前掲近世村落史研究会(大舘右喜氏執筆)「或る地域調査から」七二頁。

(28) 打ちこわされた当事者が述べていることではないが、大宮郷寄場の大惣代で上田野村の宮崎定右衛門家について「いずみや幸七」は、「(定右衛門の)御家内一同頓と着の儘ニて、漸々家(屋)敷・田地の已相残り申候由、誠ニ哀の事ニ御座候……宮崎様一軒の損亡実に御心配之御事、御気の毒千万ニ奉存候」(一)—一六四頁)と、心からの同情と心配を表明している。しかし、念のために記しておけば、この定右衛門家は「建屋八軒其外土蔵」(同上頁)までであるような大家であった。それらをことごとく打ちこわされたのである。

(29) 注(27)の大舘右喜氏執筆論文六九~七二頁。

(30) 一揆が解体すると領主や豪農層は一斉に示達や組合村議定で、一揆過中に一揆勢と約束したことを反古にしようとする。しかし、一部ではすでに一揆渦中に、また一揆解体後においても米穀の安売りや、米金の施行が行われたことについては、前掲森安彦氏「『世直し』世界の形成」七三~七七頁が詳しい。

(31) 森安彦氏は「小前貧農層(半プロレタリア)が数千・数万の規模で結集、組織され、打ちこわしという闘争方法により人民の強制力を創出、編成し、豪農層(村役人)による支配収奪体制を潰滅させ」たこのような状態を「『世直し』世界」と規定されている。前掲同氏「『世直し』世界の形成」五九頁。

〔初出〕『学習院史学』(第一六号、一九八〇年)

武州世直し一揆のいでたちと得物

斎藤洋一

はじめに

いまから五年程前に私は、「武州世直し一揆の考察――一揆勢の武器使用をめぐって――」[1]と「武州世直し一揆の考察（続）――一揆勢の「いでたち」をめぐって――」[2]という二つの論稿を発表した。前者は、慶応二年六月に武州・上州を席巻したいわゆる武州世直し一揆[3]に蜂起した人びとがどのような得物[4]を所持していたかを検討したものであり、後者はそれらの人びとの「いでたち」（衣裳）について検討を加えたものである。ただしそれは実態を指摘するに止まっていて、そのことの意味などの考察が弱い極めて不十分なものであった。

ところが近年になって、主として中世史の研究者から「一揆の衣裳」について極めて示唆に富んだ見解が提示された。網野善彦氏「蓑笠と柿帷――一揆の衣裳――」[5]、勝俣鎮夫氏『一揆』[6]などで示されたものが、それである。なお網野氏にはその際、右の拙稿もとりあげていただき種々ご教示を賜った。

さて正直に言って、私の研究は右に掲げた旧稿以後ほとんど進んでいない。しかし、網野氏や勝俣氏の研究に触発されて考えたこともないわけではない。また旧稿を書いた時には、もっぱら近世村落史研究会編『武州世直し一揆史料』[7]㈠㈡を利用したが、その後『新編埼玉県史資料編11　近世2　騒擾』[8]が刊行され、これに前者に未収録の関連史料が相当数収録されたことから、それらの史料的検討もしてみたいと思った。

そこで本稿では、旧稿発表後に得た知見を加えて再度武州世直し一揆のいでたちと得物について検討してみたい。その際、旧稿に加筆・修正を加える形としたのは、旧稿が比較的人目にふれにくい誌面に掲載されたものであったからという理由のほかに、本稿を私の近世民衆史研究の新たな出発点にしたいと考えているからである。[9]

一　いでたち

(一)　一揆指導者のいでたち

武州世直し一揆において、一般の一揆勢の先頭にあって指導的な役割を果たした一群の人びとのいたことが指摘されている。史料上では「頭取」とか「頭立候者」と記されている人びとである。

これらの一揆指導者は、そのいでたちにおいても一般の一揆勢と異なっていたようである。そこでまず、一揆指導者のいでたちについてみることにする。諸史料から指導者のいでたちについての記述を抽出して、やや整理して提示すると次のようになる。

①　頭取とも相見江候者は数百人余、白布之後鉢巻いたし、白綿襷ヲ掛ケ、白幟ニ椀と箸之印ヲ押立て……（㈡—六頁）

② 大将老人ニ而駕籠乗り、旗印椀箸ヲ付秩父郡と相記候由、其外頭立候者白木綿に後鉢巻・たすきニ而……

（二―一一二頁）。

①の史料が「頭取」を「数百人余」としているのには疑問があるが（数百人ではなくて数十人か、あるいは一揆勢の総数を示すか）ともかく①・②の史料によれば一揆指導者が白布（白木綿）の後鉢巻・たすきをしていたことをみることができる。

鉢巻・たすきに加えて一揆指導者が「被り物」をしていたとする史料もある。

③ 頭分と申候は凡三十人程銘々真綿を頭上ニ冠り、其上ニ茜木綿ニ而鉢巻致し居り候よし……

（一―三〇二〜三〇三頁）

④ 頭分と相見候もの凡三十人程銘々真綿を頭上ニ冠、其上江藍木綿ニ而鉢巻いたし居候由……

（二―一九五頁）

⑤ 右賊徒ハ壱番手之趣ニ有之候処いつれも百姓躰ニ有之、中ニ頭立候ものハ白キ毛之様成ルものを冠助キ（襷）をかけ居候旨、先ツ打散し候ニ付最早多分は参間敷旨、且又旗等も建参候旨、道具は鉞或は鉈等ニ有之由、……（二―二四五頁）

⑥ したりかほなる大将軍なと鬚《ヒゲ》かきなてつゝ上座《カミクラ》に並居《ナミヲ》り、兜《カブト》を服《キ》たるもあり、槍《ヤリ》といへる鉾《ホコ》もたるもあり、鉈山刀脇《ナタヤマカタナワキ》はさめるもあり、紅《クレナヰ》の吊《キヌ》もて頭《ヲ》つゝめるくれなゐのたすきかけたるそのつらたましひ猛《タケ》かりぬへく肝大《キモフト》かりぬへく、世のつねならぬつはものと見えたり……（二―一六一頁）

右の諸史料によれば、一揆指導者の鉢巻が白布（白木綿）のみではなく、茜木綿や藍木綿でもあったことがわかる。つまり極めてカラフルであったわけである。しかもそれに加えて、一揆指導者が「被り物」をしていたことが知られるのである。

③・④の史料は「真綿」を被っていたとし、⑤の史料は「白キ毛之様成ルもの」とする。「白キ毛之様成ルもの」の実態は不明であるが、これらの諸史料は一揆指導者が白い被り物をしていたとすることでは共通している。(10)

⑥の史料はそれと異なって「紅の帛」で頭をつつんでいたとする。ただしこの史料の記録者安藤野鳫が近くに寄って実見したところそれは「毛氈のさいでのきれ」であった。紅い毛氈のきれはしを被っていたのである。ちなみに、遠くからは「兜」と見えたものも実際には「鍋を被りしもの」であった。(11)

ところで一揆指導者が「駕籠」あるいは「馬」に乗っていたとする史料もある。駕籠については前掲②の史料にみえているが、馬については、

⑦右比企郡松山宿・上岡村・下岡村其近郷鞍置馬ニ打乗り、日の丸之扇子ヲ持、頭取ト相見江候者共五・七人も馬乗ニ而白幟押立て差図いたし候風聞ニ候……（二―八頁）

⑧大将は騎馬、其外手鑓携并鉄砲等所持、又は奪取得物ニ而人数追々相増候由……（二―一二六頁）

とある。一揆指導者が駕籠や馬に乗って采配を振っていたとするこれらの記述は、にわかには首肯しがたいが、しかし日常的な価値感の転倒した混乱した一揆状況下であることを考慮に入れれば、まったくあり得ないこととして否定しさることもできないのではないか。ちなみに、⑦・⑧の史料ともに一揆指導者が馬に乗っていたのを松山宿周辺でのこととしているが、松山宿は「江戸より中山道熊ケ谷町及西上州への往還、人馬継立の脇道」(12)であることから、そこには常時「馬」が準備されていたのである。

さて、⑦の史料には一揆指導者が「日の丸の扇子」を持っていたとあるが、「秩父領飢渇一揆」という史料にも、

⑨ 組々に頭取《とうどり》有て出立《いでたち》美々敷《びびしく》、扇を持て進退を差引事 尤《もつとも》 図に当ると云《いう》。（日本思想大系58『民衆運動の思想』一九七〇年、岩波書店、二九四頁）

とある。また、

⑩ 小川ニ而は何者哉相分らさるとふとり（頭取）人有而、まとひを持申、竹岸ゟきまりより打毀し……（㈠―四四頁）

という史料もある。扇子や纏を持って采配した一揆指導者もいたのであろうか[13]。

以上をまとめると、武州世直し一揆の指導者は、それぞれ色とりどりの鉢巻・たすきで身を固めていた。また真綿ないし「白キ毛之様成ルもの」を被っている指導者もいた。この二つのことについてはほぼ確かめられたといってよいとおもわれる。

なかには扇子や纏を持って采配する指導者、駕籠や馬に乗った指導者もいたようであるが、これらについてはそうしたことを伝える史料があるということを指摘するのみにとどめておきたい。

（二） 一揆勢のいでたち

一揆指導者のいでたちが前述の如くであったとして、それでは一般の一揆勢のいでたちはどのようであったか。「銘々晒木綿の鉢巻・襷を掛」（㈠―六一頁）とか「銘々白布鉢巻・白たすきを掛」（㈡―一〇八頁）などと記されているから、一揆勢もまたそれぞれ鉢巻・たすきをしていたことが知られる。ところで、中には「（一揆勢の）其躰縮緬五色之襷・三色之鉢巻」（㈡―一三〇頁）と記している史料もある。一揆指導者の場合にもそうであったが、一揆勢もまた色とりどりの鉢巻・たすきを着けていたとする点で興味深い。すなわち一揆勢の鉢巻・たすきは単系色ではなく様々な色どりの非常に華やかなものであったように思われるのである。例えば、八王子の築地川原での戦闘を記した内野家文書にも「川向土手上多人数居並ひ、種々様々之色物等ニ而見覚シキ事ニ御座候」(二―一〇三頁)(傍点は斎藤、以下同じ)とあり、また、甲山村での戦闘で殺された一揆勢の「死人見分書」にも「単物を着、三尺帯を〆、赤木綿襷を掛相果罷在候」(二―二〇二頁)とある。

さて、「武州秩父辺農民徒党一件」には、六月十八日の早朝に藤岡町へ「何方之者共不相分百姓躰之者、凡千五・六百人程、銘々綿襷・鉢巻等ニ而身拵致し」(二―二一一頁)襲来したとある。これによれば、藤岡町へ襲来した一揆勢は、その内の何人かではなく「凡千五六百人程」が「銘々綿襷・鉢巻」をつけていたことになる(その鉢巻・たすきが色とりどりであったかは不明であるが)。ところで、この藤岡の例に限らず、一揆勢はその大半が鉢巻・たすきをつけていたとみられるが、この点に関連して古谷家文書は興味深い事実を伝えている。すなわち、一揆勢は行く先々の村で一揆への参加を呼びかけ自らの勢力の「維持再生産」を計っているが、新しく参加した者に対して「直様新入之者と而白木綿ヲ六尺ツ、相渡、中間之目印と彼の白木綿ヲ綿襷ニ掛させ、鳶・嘴・棒等ヲ持セ」(二―八五頁)ているのである。この箇所については後にも述べるが、強制的に引き連れられてきた者をも含めて、新たに一揆に加わった者全てに鉢巻・たすきをつけさせていることを指摘しておきたい。

こうして、一揆勢もまた指導者と同じように色とりどりの鉢巻・たすきで身を固めていた。しかも、それは一部の者のみでなく一揆に参加した全員がそうであった。

ところで、近年「一揆の衣裳」について興味深い見解を提示した網野善彦氏・勝俣鎮夫氏の主張の一つに、江戸時代の百姓一揆において「蓑笠」をつけて蜂起することが普遍的にみられる、というものがある。たとえば網野氏は「一揆する百姓たちが蓑笠をつけることは、むしろ普遍的といっても決して差支えない」[14]と述べ、勝俣氏も「この時代(江戸時代――斎藤)の百姓一揆のユニホームは、多くの場合蓑笠であった」[15]と述べている。[16]

この主張を裏づけるために両氏はそれぞれ沢山の典拠を示していて、かえって近世史研究者である私が自分の不勉強を恥じなければならないほどである。そして本来なら、中世史研究者からのこのような問題提起にたいして近世史研究者として積極的にこたえてゆかねばならないとも思うのである。

しかし、いまの私にはその準備がない。ここではただ網野・勝俣両氏の主張が個別武州世直し一揆において妥当するかどうかを検討することで、両氏の学恩にいささかなりともむくいることができれば幸いと思うのみである。

さて、前掲旧稿においては一揆のいでたちとして「蓑笠」について言及することはまったくなかった。わずかに天候との関連で笠についてふれるのみであった。そして今度、あらためて前掲『武州世直し一揆史料』および『埼玉県史』を読み直して、それも理由のないことではなかったと思いいたったのである。

それはなぜかというと、右の三冊の史料集のうち「蓑笠」に言及した史料は私の見落しがないとすればわずかに三点しかないのである。ただし「菅笠」を被っていたとする史料が他に一点ある。それは次のとおりである。

⑪　乍恐以書付奉申上候

武州高麗郡赤沢村外弐ケ村役人惣代同村組頭武兵衛奉申上候、一昨十三日夜四ツ時頃秩父多摩郡中之もの共由ニて箕(蓑)笠を着用いたし大勢罷越、最寄市場え罷出諸穀物直下ケいたし呉候様懸合可及候間……

（県史―五四二頁）

⑫　乍恐書付ヲ以歎願事申上候

牧野鋼太郎知行所武州比企郡平村左之名面之もの共奉申上候、当月十六日未ノ下刻右同村上組名主幸七宅江何方ノもの候哉蓑笠ニ而大凡弐千人計り襲来り、少も応対無之居宅并ニ離レ客座敷土蔵三ケ所二階迄建具諸

道具書類穀物等迄打毀り……（一―八六頁）

⑬（一揆勢は）大鉈大槌大鋸大斧鎌銕熊手等を携、蓑笠ニ而二百人程押出し、六月十三日暁七時頃……

（一―二八七頁）

⑭

御尋ニ付以書付奉申上候

当御知行所武州比企郡野本村名主大谷熊蔵奉申上候、去十五日昼八ツ時頃何方之者共不相知人数凡三百人程押来其場所周章聢と難見定候得共、幽ニ覚候ニは菅笠を冠り天秤六尺棒飛口之類仲ニは先立候四五人之者大斧を携私宅江押入理無尽ニ家作取掛破却候ニ付……（二―一五三頁）

つまり、大量にある武州世直し一揆関係史料のうち、一揆勢が「蓑笠」を着用していたとする史料は⑪・⑫・⑬の三点しかなく、これに「菅笠」を被っていたとする⑭の史料を加えても四点にしかならないのである。このため旧稿執筆時点で私の目にとまらなかったともいいうるのである（ただし後に（四）布類の調達でみるように一揆勢が菅笠や笠を要求した、ないし奪ったとする史料もある）。

ではこのことをどう考えればよいのだろうか。前述の網野・勝俣両氏の主張は武州世直し一揆にはあてはまらないというべきであろうか。それとも一揆勢が「蓑笠」をつけることは、あまりにもありふれたことであるがゆえに記録されることが少なかったと考えるべきであろうか。中世から近世へかけての長い庶民の闘いの歴史をふまえての網野・勝俣両氏の主張にたいして、いま軽々に私が結論を出すことはできない。ここでは武州世直し一揆においては、一揆勢が「蓑笠」を着用していたとする史料はないわけではないが、極めて少ないということができるだけである。

ただ一言だけしておけば、前述したように一揆勢は鉢巻・たすきで身を固めていた。とするとそれは「蓑笠」

とは相容れないのではないだろうか。たとえば蓑のうえにたすきをかけるのは不自由であろう。逆にたすきのうえに蓑を着用したらたすきの意味がなくなるのではないか。同じことは鉢巻と笠の関係についてもいえる。

このように考えると私は、武州世直し一揆では一揆勢が「蓑笠」を着用におよぶことは少なかったのではないかと思う。そのもう一つの理由として気候のことも考えられる。旧暦六月中旬といえば、もはやかなり暑いのではないか。とすれば一揆行動を展開するのに蓑笠（少なくとも蓑）はかえって邪魔になりはしなかったろうかと思うのである（ただし蓑は私たちが現在思うほどには重くないという意見を聞いたことがある。また一揆渦中において野宿などをするさいに夜露を凌いだりするのに有効であるということも考えられる）。

このことから武州世直し一揆勢が「蓑笠」を実際に着用することは少なかったと考える。だが「蓑笠」のかわりをするものがあった。それこそが鉢巻であり、たすきではないだろうか。網野・勝俣氏の提起に触発されて、このように考えてみた。とすると、あらためて鉢巻・たすきの意味が問われなければならない。

(三)　旗　幟

色とりどりの鉢巻・たすきで身を固めた一揆勢は、また色とりどりの旗（幡）や幟などを押したてて諸所を歩行した。いくつか史料を示すと次のとおりである。

⑮ 白・赤・鬱金・萌黄其外色々之小切ヲ竹之先江括り付、嵐に吹流候幡印躰之ものを押立……（一―六一頁）

⑯ 先手は斧・掛矢等持、旗印は山風ニ翻、真先ニ旗ヲ押立、弐百人程も川原堤ニ押寄、続テもゝ色木綿と白木綿之旗ヲ押立、是又西風ニ翻る、人数弐百人程押寄来り候得共……（二―八六頁）

⑰ 川北堤上ニ暴民佇立し、むしろ旗数十本、紅白吹流旗数十押立……（二―八八頁）

⑱　夫より十六日七ツ半頃小川へ押寄せ両勢合て凡壱万人程、小川ニて勢揃いたし竹貝を吹き、たいこ半鐘を打ならし、乱妨人八(鉢)巻たすきをかけ、夫々ヨキ(手斧)・ナタ・ノコキリ其外異ものを持、組々纏印を拵へ誠ニ聞及しよりも大変之事ニ候……（県史―六三四頁）

⑲　但シ右之者共風俗は縮緬之たすきを掛ケ、先鼻ニ参候者は竹ニさんだわらをつきとふし其上えちりめん切を附、是を目印ニ持、其外大勢之者共ハ欅こん棒・のこぎり・まさかり等を持押来申候……

（県史―六四九頁）

史料の解説は不要であろう。これらによって一揆勢が色とりどりの旗・幟を押したてて歩行していたことが知られるだけでなく、さらに纏なども押したてていたことが知られるのである。(18)

それではこれらの旗幟にはどのような図柄が描かれていただろうか。諸史料は一致して「椀・箸・杓子」の図柄が描かれていたことを伝えている。次のとおりである。

⑳　椀・箸・杓子を画き、世直しと記候大文字之旗幟押立……（一―二八七頁）

㉑　白幟ニ椀と箸之印ヲ押立て……（二―六頁）

㉒　目印ニハ杓子三本・椀一つ付、五色の吹流を押立……（二―五二頁）

㉓　旗印椀・箸ヲ付、秩父郡と相記候由……（二―一二二頁）

㉔　先ニたてたる其おゝはたに、わんとしゃくしの扱うちがい、下ニ世直シ大明神と、書シはたのてミな一ようニ……（二―一八七頁）

ところで㉔の史料は、大舘右喜氏が発見、紹介された「新板打ちこわし久登喜」(19)の一節であるが、この史料には幸いなことに「お、はた」が図示されている。それをみると、右に掲げたように「わんとしゃくしの扱うちちがい」と本文には記しているわけだが、図柄では「しゃくし」が二本交差して描かれているようにしかみえない。つまり本文の記述と図柄が相違しているようにみえる。このことについて御教示をえたいと思っているが、ともかく㉔の史料によって一揆の旗を絵としてみることができることを指摘しておこう。

諸史料は一致して「椀・箸・杓子」が一揆勢の旗幟に描かれていたことを伝えていた。とすれば「椀・箸・杓子」の図柄にはどういう意味がこめられているのであろうか。旧稿において疑問を呈しておいたところ、網野氏から「おそらく杓子などは勧進と関わり、後述する乞食の服装と同じ意味を持つと思われる[20]」との示唆をいただくことができた。しかし私の怠慢からまだこの問題をこれ以上に深化させることができないでいる。今後の課題としたい。

さて、⑳・㉓・㉔の史料には旗幟に記されていた文言も出ているが、この他にはどのような文言があったろうか。⑳の史料には「世直し」とあり、㉔の史料には「世直シ大明神」とあったが、これに類似のものに

㉕　大幡に南無阿弥陀仏と印、壱本は平均世直将軍と太筆に印、弐流の幡を真先に押立……（一―一六〇頁）

㉖　名栗・我野之内頭取有之、天下泰平世直シといふ旗を立……（二―一一一頁）

がある。

㉖の「天下泰平世直シ」とほぼ同じものに、これは旗ではなく数千張の提灯に記されていたとされているが「諸国大平」（二―七頁）という文言がある[21]。

またこれらとは別に

㉗　日本窮民為と申幟印を建……（二―一二〇頁）

㉘　此度日本窮民為救と認候幟を押立……（二―一二二頁）

という文言もある。

以上を要約すると、旗幟に記されてあったとされる文言は、若干の例外を除いて「天下泰平」「世直シ」「日本窮民為救」の三語につづめられるのではないだろうか。そしてこのような要約が可能だとすれば、これは一揆勢がこの蜂起に何を望んでいたか、あるいは何を求めていたかを端的に示すものといえよう[22]。

これを私流にいいかえれば日本窮民の救いを基軸において天下の泰平をめざす、それが世直しであるということであろうか。なお安丸良夫氏は、右の「諸国泰平」「日本窮民為救」というスローガンに「個別領主の領域をこえ」た「ナショナルな普遍性」が認められる[23]、と述べている。付記しておきたい。

（四）　布類の調達

三項にわたって一揆勢のいでたちと旗幟についてみてきたが、これによると一揆勢は鉢巻・たすき・旗幟にするために相当大量の布類を必要としたはずである。たとえば新加入の一揆勢に配ったような布類を一揆勢はどこで、どのように調達したのであろうか。

ところで小島家文書によれば一揆勢は、「打毀しいたし候而も食物之外、金銀銭は勿論、外品等決而奪取間敷、若相背き候ものは、仲間内ニて斬首可致」との厳しい「盟約」を交していた[24]（㈠—二八七頁）。武州世直し一揆関係史料を精読すれば、この「盟的」が大筋においてよく守られていたことがわかるが、「食物之外」という例外規定には若干の修正が必要だと思われる。

六月十四日の朝、飯能村で四軒を打ちこわした一揆勢は、そこから真能寺村へ向うが、ここで、真能寺村太物渡世喜兵衛方江押寄、木綿・反もの等為差出、銘々はちまき・たすきニいたし、其外幡印様の

もの等拵……（㈠―一三七頁）

ている[25]。

また新座郡白子村では

同郡白子村手拭等小商ひいたし候茂右衛門宅江参り、白木綿其外取出し、鉢巻・襷又は手拭、簱等ニいたし、

ている[26]。

さらに、秩父大宮郷では、

一組の頭と見へて大きなる槌を引下け当店先（いずみや）へつゝ立揚り、爰にて皆々支度致へしと大音に号りかけれは、手下の者とも一同に店中へ乱れ入縮緬・絹・太織類を一番に切、三色五色ニて壱丈或は壱丈五尺宛思ひ〳〵に綿襷《タスキ》きに掛ケ、五郎ふく唐天《ゴロフクトウテン》・博多帯類ニて頭巾・腹巻・鉢巻抔に致し、其外腹掛・もゝ引・足袋・下帯・わらし掛等不及申、結城縞・中形染・木綿・縮ミ・麻類・さらし木綿・紅染・鬱金・生白・桟留縞等、店蔵とも一尺も不残押領被致候、荒物は菅笠・白砂糖・鰹ぶし・扇子・団子ニ至迄少も不残欲情に持行ける……（㈠―一六三頁）

と記されるような行動をとっている。

なお、「賊民略記」にも、大宮郷でのこととして

暴徒ハ名(銘)々見世ニ立入り、襷《タスキ》・鉢巻・腹帯等ニ鬱金《ウコン》・桃色晒《サラシ》等ノ布ヲ恣ニ切出シ、中ニモ賊心アル者ハ五色ノ縮緬《チリメン》ヲ合セ丈余ノ襷トナシ、ゴロウ・繻子《シュス》・天鵞絨《ビロウドウ》或ハ婦女ノ帯ヲ腹巻トナシ、其最厇甚シキ者ハ一人ノ身ニ十余金ノ物ヲ纏ヒ去り、又他ノ家ニ往キ右ノ粧ヲナシ奪ヒ去リシ者アリト云、之カ為ニ毀傷セラレザル商家モ破産セシ者尤モ多シ……（㈠―一七三頁）

とある。

これらの他にも、一揆勢が布類をどのように調達したかを示す史料はいくつかあるが、もはやそれらを掲げる必要はないであろう[27]。右の諸史料によって明らかなように、一揆勢は鉢巻・たすき・旗幟にする布類を豪農商層から調達していたのである。

なお安丸良夫氏は、その著書の中で「賊民略記」の右の箇所を引用して、一揆の「祭り性」の一例証としているが、前三項でみた一揆勢の鉢巻・たすき・旗幟の色とりどりな華やかさとも合わせみて、私も賛成である[28]（ただし念のためにいえば、あくまで一揆の一面に祭り的な要素があったと考えるべきだと思っている[29]）。激しい打ちこわしの中で、日頃抑圧された精神が解放されたところに右のようないささか自己陶酔的ともいえる行為も生じたのであろう。

だが安丸氏が、右の一揆勢の行為について「祭り的オージー的充足のためという側面があり、単純な盗みとは区別されなければならない[30]」と述べている点については、先にみた「盟約」とも関連させて、もう少し積極的な評価が与えられるのではないかと思う。いいかえれば、「単純な盗み」ではないという消極的評価ではなく、それも一揆行動の一環であったといえるのではないかと思うのである。

この点で右に引用した「賊民略記」の末尾に「毀傷セラレザル商家モ破産」したと述べられていたことに注目したい。これによれば打ちこわしをされなくても破産した家があったということがわかる。ところでいうまでもないことではあるが、武州世直し一揆は打ちこわすことが目的のすべてではなかった[31]。では何が目的であったかといえば、ここは武州世直しの目的について論じる場所ではないから、とりあえずその目的は「窮民を救うための世直し」であったと要約しておくと、打ちこわしをしなくてもその目的が達せられればよいことになろう。

そのような観点から右の一揆勢の行為をみると、一揆行動を展開するのに必要な鉢巻・たすき・旗幟を調達するための行為であったことはもちろんであるが、それのみではなく、それによって豪農商を「弱める」ための行為でもあったのではないか。つまり一揆勢による布類の調達行為には、打ちこわしは行なわないが豪農商は「弱める」という意味も含まれていたと考えたい（ただしそれを一揆勢が意識的に行なったかどうかは、ここでは問わない）。したがって一揆勢には、多少の逸脱はあったとしても、布類の調達行為が先にみた窃盗行為を禁止した「盟約」に違背するなどとは毛頭意識されなかったのではないだろうか。

高麗郡下畑村において一揆勢は、質物の返還・穀類安売り要求に続けて「木綿糸類不残、銭三叺施行可差出」きことを要求している（㈡―二〇六頁）。また児玉郡八幡山町の組頭小兵衛は、一揆勢に対して八百両の施金を約束するとともに「呉服・太物類致切々、徒党之者江凡八・九分通差遣申候」と答えている（㈡―二一七頁）。あるいは入間郡坂之下村の村役人は、地頭への届けの中で二四・五人が「無躰」に人足として引連れられていったことを述べた後に「其余白木綿七反余、其外酒喰等少々差出申候」と述べている（㈡―二二九頁）。ここで一揆勢が明らかに施行要求の一部として布類を要求していることが知られるであろう。

以上によって、一揆勢がその鉢巻・たすき・旗幟にするための布類をどこでどのように調達したかを知ることができた。しかも、そうした調達行為が盗みを禁じた一揆勢の「盟約」に違背しないばかりでなく、むしろそうした調達行為もまた一揆行動の一環として把えられていたのではないか、という私見も述べた。

ところで、一揆勢は布類の他にわらじや足袋、あるいは笠や莚なども要求し調達している。いくつか例を示すと、多摩郡連光寺村では一揆勢は、「わらんじ惣人数ニ無之共、先弐百八十五足、十一文之足袋壱足、早々差出し候（様）取計可申」と要求している（㈠―一一二頁）。

また、本庄宿での一揆勢によって奪い取られたとする諸品の書上をみると、布類の他に同様に「蓙」「笠」「わらんじ」等の諸品があげられている（㈠—一四六〜一四八頁）。

所沢では一揆勢は、「荒物屋へ入、琉球蓙の類・笠手込ニ取出し持行、呉服屋へ入、手拭又下帯・腹帯古キノヲ捨、新き反物切取、足袋、松魚節食料ニ持行、砂糖樽持行、焚出し原へ為運」ている（㈡—一一三頁）。

あるいは、高麗郡下畑村の名主文蔵宅では「八田・吉沢と向合ニ印付候傘弐拾本、角《かど》ニ八田と印付候莚百五拾枚程、裏ニ吉沢と印付候菅笠三蓋、鐇壱挺、鎌三挺」を一揆勢によって持ち去られている(32)（㈡—二〇六頁）。

このようにして一揆勢はわらじ・笠・蓙の類を調達したのであるが、これらもまた、「盟約」の例外規定である「食物」と同じくらい一揆勢の「維持再生産」にとって欠くことのできないものであった。それ故これらの調達行為もまた一揆勢にとっては、一揆行動を円滑に展開するための「正当」な行為であったのではないか。

たとえば、六月一四日の夜に所沢に集結した一揆勢は「莚畳・薦莞・莚数千枚敷揃ひ、凡三万余人程」が「野宿」をしたと伝えられている（㈡—七頁）。「三万余人」という人数には疑問があるが、しかしこの野宿のことは町田家文書にも「（一揆勢は）所沢台江引取、其夜此所ニ野陣」（㈠—一四頁）とあってまちがいのないところである。そして、この夜以後一揆勢は幾晩かを野宿同様にして過ごさなければならなかったのではないか。そうだとすれば莚・蓙の類はどうしても必要であった。また諸所を歩行するうちには直にわらじも痛み、新しいわらじを必要とするに至ったとも思われる。

ところで、前に一揆勢の「蓑笠」について検討を加えた際、当時の天候も考慮しなければならないのではないかと述べておいたが、ここでもう少し検討してみよう。

「秩父領飢渇一揆」は一揆勢が「暑中なれば、惣人数へ町中の笠有たけ調へ出すべし」（前掲書二九二頁）と要求したことを伝えている。この笠は文脈からいって日除けの笠以外にはありえないであろう。

他方、一揆渦中の六月十六日には当該地方の全域に雨が降っている(33)。この日の他にも一部地域には天候の不順な日があった。そのような時には傘も必要としたであろう。

このように笠や傘の類については当時の天候も考慮する必要がある。ただし(2)に掲げた一揆勢が「蓑笠」を着用していたとする三つの史料のうち、二つは六月十四日のこととしているが⑬の六月十三日は十四日の誤りとして)、この日の天候を「船津氏日記」は「てけ（天気）よし」とし「桜陰筆記」も「晴」としている。となればこの日の「蓑笠」着用を天候との関連で説明することはできない（いま一つの史料は六月十六日のこととしているから、こちらは天候との関連で説明できたとしても）。やはり網野・勝俣氏のように百姓一揆の「伝統」のなかで「蓑笠」問題を考える必要があろう。

さて、次節で検討することをあらかじめ述べてしまうことになるが、蜂起に際して一揆勢がどのような得物を所持していたかをみると、一揆勢は人を殺傷する武器の類を携行することを厳禁し、農具の類を携行することを原則としていた。そして、その原則は実際においてもよく守られていた。これと、いままで検討してきたことを合わせると、武州世直し一揆に蜂起した人びとの一揆渦中の姿は明らかになったといえよう。すなわち、いずれも「百姓躰」で、わらじをはき、手には鍬や鎌などの農具を持ち、色とりどりの鉢巻・たすきで身を固め、さらに笠や莚などを保持したのが一般の一揆勢の姿であった。指導者には「真綿」などを被っている者もいた。そしてこの一隊は、さらに色とりどりの旗幟を押したてて諸所を歩行していたのである。

（五）　鎮圧側のいでたち

一揆勢のいでたちが前述の如くであったとするならば、それの鎮圧・防衛にあたった者たちのいでたちはどのようであったか。ここで簡単にみておきたい。

まず、武士についてであるが、これにはいくつかの断片的な記述があるのみである。それらをみると、新町宿へは岩鼻郡代組頭甘利八右衛門と留役吉岡清助などが「陣羽織ニて出張」している（二―二四四頁）。この甘利八右衛門の旗印は「浅黄地江四ツ花菱御紋ちらし」であった（二―一七二頁）。また、川越からは「御奉行様馬ニ而御出張」している（一―七五頁）。関東取締出役宮内左右平は「日の丸」の旗を掲げていた（二―一七二頁）。あるいは、一揆鎮圧のために中山道「鴻巣宿外村々」へ出張を命じられた江川代官配下の役人は、その渦中六月二十日の朝、上尾宿において「韮山笠」のない者にこれを配っている（二―一七九頁）。「韮山笠」を被って行進したのであろう。さらに、六月二十四日には、扇町屋を出発する頃から雨が降りだしずぶぬれになったので、飯能村名主利八郎に「箕桐油」を揃えてくれるように依頼している（二―一八二頁）。また、八王子の築地川原では一揆勢との交戦に備えて、「各々巻鉄ヲ頭ニ付、中ニは鎖帷子ヲ着用致ス者」もあった（二―八五頁）。

ところで、幕府は一揆の報に接するや直ちに、歩兵頭並河津駿河守に対して一揆鎮圧のため歩兵三中隊を率いて出張することを命じているが（二―一八九～一九〇頁）、川越の「船津氏日記」は、この「江戸の歩兵」が十八日、「押太鼓なと打、西洋之陣押してきた」ことを記している（一―六八頁）。ただし、ここで興味深いのは、同じく二七日の条に「皆西洋之出たちニて厳ニハあれと、事たらぬ様なる出たちなり」との感想を船津氏が記している点である（一―六九頁）。幕府の西洋流新式軍隊が当時の人々にどのような印象を与えたか、その一コマが窺われる。

次に、一揆鎮圧に最も大きな役割を果した農兵のいでたちはどのようであったか。江川代官配下の役人に引き連れられた駒木野農兵は、六月十七日、五日市村に「農兵方目印日の丸旗并ニ白地ニ尽忠報国と印たる幟ヲ押立、足並陣太鼓打鳴し、行列厳重ニ御繰込ニ相成」っている（二―五三頁）。田無村・蔵敷村両組合の農兵については「農兵は白木綿半巾三尺後鉢巻、人足は白木綿半巾三尺二ツ折鉢巻正面(日丸)差渡し二寸三分」と記されている（二―一〇〇頁）。また、八王子の築地川原へ「丸ニの、字の農兵旗を先頭ニ飄へし」て来着したという記述もある（二―八八頁）。なおまた、一揆鎮圧後の事ではあるが、二十・二十一の両日、江川代官配下の役人が田無村・蔵敷村両組合傘下の諸村を廻村した際には「田無組合・蔵敷組合と申、金巾木綿之幟押立」てつき従ったという（二―九六頁）。

鎮圧軍に道案内や人足として従った者については「浦和・大宮両宿之人足・道御案内は、赤之襷・鉢巻を附ケ、手槍を携、人足は竹槍或は長巻等を持押懸ケ、本色之賊徒相撰可召捕旨之御指揮」を受けていたとある（一―二九一頁）。また、比企郡下野本村の屋代家文書には、一揆勢の襲来に備えた組合村々の防衛方法の取極めがあるが、その一項に「組合村々人数繰出し之節、目印之儀は、村印幟・高張灯（提）燈、人足は合言葉定置、わら縄片たすきを用ひ、夜分多人数込合候とも、手違等無之様兼而取極置可申事」とある（一―七七頁）。同様の取極めは榛沢郡下郷村の富田家文書にもみられる。それには「渡船場固メ村々人足之者、目印髪之元取江白紙をむすび付可申事」とある（一―一一六頁）。

ところで、陣屋を始めとして、一揆勢による被害の最も大きかった大宮郷では「百姓・町人」による独自の一揆追討勢力が結集されている（一―一六四頁）。それについてみると「十九日朝は、大宮御陣屋始、町中乱妨之始末一々見廻り大ニ憤り、此上は跡を追したひ、賊徒之人数討取申度之覚悟いたし候もの百弐拾人、役所江願出候処、即時御聞済ニ相成、其支度ニは、白木綿之襷・同鉢巻、合印をさため、長ものヲ帯、鎗之《ママ》シリ、銘々得ものヲ携九ツ時打揃押出」している（二―一三一頁）。同様のことが岡家文書には「いざ御味方可申と忽ちさらし木綿の綿襷き、同鉢巻に一の字の合印を付、手鎗・竹鎗・長脇差等思ひ〳〵に支度致し」と記されている（一―一六四頁）。この大宮勢が、鉢巻・たすきをつけ、その鉢巻には「一の字の合印」をつけて一揆勢追討に目ざましく働いた様子は、右の岡家文書でも知られるが、木公堂日記にも、矢畑村周辺でのこととして「大宮ヨリ追手ノ者、ハチ巻ニ一ノ字ヲ引、大勢竹鎗・本鎗持、大勢来り」て一揆勢を追討したと記されている（二―一七頁）。

以上、一揆の鎮圧・防衛にあたった者のいでたちについて見てきたが、一揆勢のみでなく彼らもまた鉢巻・たすきで身を固め、さらに旗幟を掲げていたことを知ることができた。ところで、旗幟については示威的な意味もあったかと思うが、鎮圧・防衛側が鉢巻・たすきをつけなければならない最大の理由は、右に引用した史料中にもしばしば「目印」「合印」の言葉があったように、一揆側（敵）と鎮圧・防衛側（味方）を識別する必要からであったと思われる。この点で興味ある事件を伝えているのが内野家文書である。すなわち、五日市村では、「（防衛側の）竹鑓人足逃帰候中江、打毀人交り参り、槙割ヲ以無沙汰ニ打掛」ったため、二人が怪我をし、その内一人は「死生難計」というような事件が発生しているのである（二―一〇三頁）。混乱した一揆状況下では目印がなくては敵と味方の区別がつけにくい場合も多かったであろう。そこで、時にはこのような事件も生じたことと思われる。このような事件を防ぐためにも、是非とも目印が必要とされたのである。

ところで、敵と味方の見分けの最もつけ難いのは、鎮圧のために出動した武士にとってであったと思われる。敵味方いずれも「百姓躰」では武士には識別に困ったであろう。そこで、一揆鎮圧に狂奔する鎮圧軍から、例えば大宮郷に対しては「女子供抔も目印無之者は、壱人も無用捨切捨可申」とまで触れられている（一―一六四頁）。

そのような状況下で、大宮郷のいずみ屋では「店蔵とも子供ニ至ル迄、不残も、引・きゃはんニて、わらじをはき身支度を致しさらしの襷き・同鉢巻、一の字の合印を付」けるというような物々しい警戒体制に立到るのである（㈠―一六九頁）。

㈥　小　括

武州世直し一揆に蜂起した人びとは、色とりどりの鉢巻・たすきで身を固めていた。そのうちの指導者には真綿などを被っている者もいた。そしてまた色とりどりの旗幟を押したてて諸所を歩行した。その鉢巻・たすき・旗幟にする布類は豪農商から調達した。その時、一緒にわらじや足袋、あるいは笠や莚、さらには傘なども調達したが、この調達行為は一揆勢にとって窃盗行為ではなく、一揆行動の一環と把えられていたのではないか。

これが前（一）～（四）項でみてきたことの要点である。最後にこの意味――一揆勢が鉢巻・たすきをつけること――について考えてみたい。

鎮圧・防衛側にとって鉢巻・たすきをつけることは、敵と味方を識別するために必要なことであった。つまり目印であった。とすれば、一揆勢にとっても同様のことがいえるであろう。しかし、一揆勢にとって鉢巻・たすきをつけることの意味は、それだけではなかったのではないか。

すでにみてきたように、一揆勢は自分から鉢巻・たすきを調達し、あるいは新たに一揆に加わった者に鉢巻・たすきを配ることで、総勢が同一のいでたちを整えているのである。このことが大事なポイントではないか。つまり、こうすることによって普通の農民を一揆を主体的に推進するいわゆる「打こわし連中」へと転化させることができたのではないか。これを一揆に新たに参加した者の側からいえば、一揆勢と同じ鉢巻・たすきをつけることで、自らをハッキリと「打こわし連中」として意識化できたのではないか[34]。

二　得　物

（一）　得物の原則

一揆渦中の六月十七日、秩父郡藤谷淵村とその周辺村々に宛てて、一揆勢から打ちこわしへの参加を呼びかけた次のような廻状がまわされた。

寅六月廿日未刻至（到）来廻章　使与左衛門

大急用

以廻章申達候、然は打こわし一条ニ付其村々惣百姓十五才以上之もの不残明十八日早朝宮地迄可罷出、若不参之もの有之おゐてハ、不残打こわし可申候間、尤銘々得物之義刀脇差等決而持参致間敷候、但四ツ子鎌鋸様之もの持参可致候、道筋之者往還端江食物施し差出可申候事

寅六月十七日　　　　　　　　　　　　　打こわし連中

藤谷淵村　金崎村　皆野村　黒谷村　大野原村

宮地村　大宮郷　影森村　久那村　上田野村

日野村　贄川村　大滝村筋（㈠―一八〇～一八一頁）

この廻状は、同じ秩父郡の中津川村の「寅歳御用留」に書き留められていたものであるが、秩父「三峯神社日鑑」にもほぼ同文の廻状が記し留められている（県史―六七七～六七八頁）[35]。ただし両者にはひとつだけ大きな違

いがある。それは前者には廻状の差出人として「打こわし連中」とあるのに対して、後者にはそれのないことである。

しかしこの廻状は秩父大宮郷の岡家文書にも記し留められている。次のとおりである。

一揆ゟの廻状宮地村ゟ継参り、酒店ニて鍋屋角蔵様内見被遊候を承り候処、十五才より六十才迄劔類は停止致し得物ニは野具を携へ早速駆加り申べし、若否味候者有之候ハヽ、直様焼打に可致旨、得其意を早々順達可致もの也、大宮郷　横瀬郷　影森村平沢　田野村　日野村　白久村　贄川村　新古大滝村、其外通路村々一同打こわし連中と印有之候……（㈠―一六二頁）

ここでも「打こわし連中」と記してあったとしているから、一揆勢からの廻状には「打こわし連中」と記されていたとすべきであろう。

さて、秩父郡伊古田村の名主で、すぐれた蘭学医でもあった伊古田純道の一揆見聞録である「賊民略記」にも、次の記事がある。

今朝（六月十八日）賊民ノ触書アリ、其文ニ曰、村々打毀シ人足差出スヘシ、若シ人足差出サルニ於テハ残ラス打潰スヘシ、得物ハ鎌鋸斧等ノ農具ヲ持チ、槍刀一切無用タルヘシトナリ……（㈠―一七三頁）

さらに井上如常筆「秩父近辺打毀一件」にも次のように記されている。

村々継立を以先触之書付ニは今般世直し之為打毀致候儀ニ付、名当之村々拾五才より六拾才迄之男斧鋸カケヤ得ものを携村境迄出迎可致候、万一置（遅）滞ニ及候村々は名主を始不残打毀焼払可申条々相認村々残りなく相廻し候……（県史――六七三～六七四頁）

これらの史料から何が明らかになるか。共通項をひきだしてみると次のようになろう。

これらの廻状は、自らを「打こわし連中」とする一揆勢（ないしその指導者）が村々へ一揆の参加を呼びかけたものである。それは不参加の場合には「不残打こわし」とか「残ラス打潰ス」とか「焼打」「焼払」という文言に示されるように、たんなる呼びかけというよりはむしろ「強請」というべきものであった。ただし「参加強請」については別に述べたことがあるので[36]、ここではこれ以上ふれない。

その呼びかけ対象は「村々惣百姓十五才以上之もの不残」と、一番最初に掲げた史料にあるが、その上限は他の史料によって六〇歳とすることができる。なお一番最後の史料以外は、男女の別を特定していないが、この時代の通念からいっても最後の史料のとおり「男」のみとすべきであろう[37]。

それでは、それらの人びとに何をもってくることを打ちこわし連中は要求したか。右の諸史料から持参すべきであるとしているものと、持参すべきでないとしているものを書きあげると次のようである。

持参すべきもの（得物）――「四ツ子・鎌・鋸様之もの」「野具」「鎌・鋸・斧等ノ農具」「斧・鋸・カケヤ」

持参すべきでないもの――「刀・脇差等」「劔類」「槍・刀」

これによって一揆勢が新たに一揆に参加する農民に何をもってくるように要求していたかは明瞭であろう。一揆勢が要求したのは「農具」「野具」の類であり、決して「刀・槍・脇差」の類ではなかったのである。これが一揆勢の得物原則であった。それを支える論理は、「百姓は百姓だけの趣意にて、世の見せしめに不仁の者をこらすのみ、敢て人命をそこなふ得物は持たず」という「秩父領飢渇一揆」の言葉に端的に示されている（前掲書二九二頁）。

（二）　得物の実態

「農具」「野具」の類を持ち、「刀・槍・脇差」の類の武器は携行しないという一揆勢の原則は、実際にはどうであったか。原則と実際がくい違うことは、いまでもしばしば目にすることである。ここでは原則でなく、得物の実際を問うことにしよう。

武州世直し一揆関係史料から、一揆勢が所持していたとされるものを拾いだしてみると、次のようなものがある（ただし旗や職については前述したので省略する）。

斧　鈇《おの》　大斧　広刃斧　樵斧　よき(38)　鐇(39)　鋸　大鋸　鉈　大鉈　さや鉈　腰捺当　山鉈　山刀　真木割　木太刀　鎌　四つ子　唐鍬　鋤類　鉋　釿《かんな》　熊手　鳶口　大鳶　小鳶　嘴　かけや　大槌　鉄　鉄之棒　細鉄棒　金棒　土蔵の窓かね　窓かね鉄棒　岩かね(40)　土蔵の魚かね　棒　六尺棒　手木棒　長キ棒　欅こん棒
天秤　金盥　鍋　万力(41)　カクラサン(42)　シャチ(43)（鯱縄・車地縄）　大縄　大綱　小綱　荷縄　……

実に多種多様な農具（というより山道具というべきかも知れないが）、さらには生活用具を一揆勢が携行していたことがわかる。そして右に掲げた得物は、前項でみた一揆勢の得物原則にも合致している。しかし、他方で携行を禁止していたはずの武器の類を一揆勢が所持していたとする史料もある。同じように列挙してみると、

槍（鎗）　手鑓　竹槍　刀　刀剣　長脇差　脇差　鉄炮（砲）　大筒　小筒　種ケ島　猟師筒　大炮　……

である。ここには「刀・槍・脇差」の類のみならず「飛道具」さえみえている。

そこでさらにくわしく検討しなければならない。まず、一揆勢は武器の類は持っていないとする史料を示そう。

一揆蜂起から三日目の六月十五日に、入間郡上新井村名主から代官所に提出された注進状は、飯能近辺の打ちこわし状況を述べたあと、次のように述べている(44)。

且昨十四日ゟ別書打毀候節白・赤・黄三色之吹流しを立、同襷を掛、銘々所持之道具カケヤ・斧・鳶口・なた・長キ棒等ニ而、鎗・剣之類ハ無御座候、

また六月十六日午中刻付の現地から幕府への「注進」には、次のようにある。

浪人躰之ものは不相見、いつれも窮民之躰ニ而山支度・農支度ニ而帯刀之もの無之、打毀之節金銭等奪取候所を悉く相廃、高張手提灯等江は諸国泰平と印有之候由、但銘々鳶口かけや鎌等之類携居候由（二―一九四～一九五頁）

さらに、大里郡冑山村での一揆鎮圧体験をもとに、同村の大地主根岸家の食客であった安藤野鴈が著した「冑山防戦記」には、初めに襲来した一揆勢の様子が次のように述べられている（ただし、二度目に襲来した一揆勢との間には後述するように戦端が開かれる）。

まつ火をしめしてこほちにかゝりにけり、又刃《ヤイハ》をも刀槍《タチホコ》ハもたらて、民のあるへき刃物《ハモノ》をこそもたりしか、民の操《ミサヲ》をたてた《まもれ》るものにこそありけれ、（二―一六一頁）

これらの史料によれば一揆勢は「山支度、農支度」で「槍・剣之類」は持っておらず、「民のあるべき刃物」を持っていた。これは一揆勢の得物原則どおりである。

しかし、前述したように一揆勢が武器を携行していたとする史料もある。次にはそれを検討しなければならない。

ところで、一揆勢が武器を携行していたとする史料を丹念にみていくと、それらのほとんどが未確認情報（風聞とか噂）ないし「嘘言」であることに気づくことになる。たとえば、六月十六日巳上刻付の現地から幕府への報告には次の記事がある。

㋑鉄炮之類も聢は持参候由、且人数之掛引ハ太鼓又ハ銅盟（盤）等之由（㈡―一九五頁）

ちなみに、その情報源がどのようになっているのか不詳だが、これとよく似た記事が江戸神田の書肆藤岡屋の日記にもある。次のとおりである。

㋺鉄炮之類多分所持無之、乍去少々ハ持参候風聞ニ御座候、人数懸引ハ太鼓或は銅たらひニ而仕候由（㈠―三〇三頁）

なお藤岡屋日記には、次の記事もある。

㋩一、乱妨人共種ケ嶋小筒四十挺其外所持尤長筒は無之候、右は昨夜府中宿え溝口村より人差遣し参り糺し候処、同宿ニても先々え人差出し見届候者罷帰り巨細相分候ニ付、不取敢右寄場より紛レ帰村寄場へ通達有之、右寄場より今夕刻当組合え通達致呉候間其組合えも御通達申上候ニ付、夫々手配場処宜敷寄集可致と奉存候、（県史―七四八頁）

また一揆鎮圧のために蔵敷村組合の農兵派遣を依頼した多摩郡砂川村名主の六月十七日付書状には、次のように記されている。

㋥暴民共昨日青梅ゟ大久野江打越同村加り五日市江向ひ候処、同村楢原川口猟師相集り切所ニ而一戦及ひ暴民大敗軍大久野江引取、同村ニ而猟師筒相集五日市江再戦走向ひ候趣只今注進有之当組合牛浜ニ而防戦喰留候心得、尤日野・田無も申達出勢可有之候得共何分人数不足ニ付御組合農兵御繰出し早急御加勢可被下候、尤江川様御出役御両人ゟ御差図ニ御座候、早々以上（㈡―九三～九四頁）

さらに秩父大宮郷岡家文書「一揆騒動荒増見聞之写」には、六月十七日のこととして次の記事がある。

㋭只今上三沢村黒谷村ゟ知らせ有之候趣は、一揆広大なる事中々難計凡弐三万も有之可申哉、未夕野上村を

出払不申候噂、其上大筒七挺小筒弐百挺後陣ゟ引掛来り候趣……（㈠—一六二頁）

さて、少しくどいかも知れないが右の史料を整理してみよう。一揆勢が鉄炮を所持しているとする㋑・㋺の史料は「風聞」にもとづいている。また「大筒七挺・小筒弐百挺」を持っているとする㋭の史料は「噂」にもとづいている。「種ケ嶋、小筒四十挺」その外をもっているとする㋩の史料は、伝聞にもとづいているが、それは間に何人かの人をはさんだ伝聞である。一揆勢が「猟師筒」を集めているとする㋥の史料も伝聞であって、これからだけでは本当に「猟師筒」を集めていたかどうかは確認できない。

このようにみてくると、一揆勢が武器を持っていたとする史料の大半は未確認情報であり、一揆勢が武器を携行していたことを証するものにはなりえないように思われる。

この点で、当時の情報の伝わり方がどのようであったかということにも興味がある。とりわけ一揆という非日常的な出来事の情報はどのように伝わるのであろうか。その伝達経路などについては不詳であるが、そこに様々の流言蜚語が生まれたであろうことは想像に難くない。得物に関することではないが、高麗大宮社の祠掌高麗大記の「桜陰筆記」の六月十六日条に「楡木村大半被破候由風聞ヲ聞候処、能尋候得は虚也」（㈡—三三二頁）とある。これなどは、高麗大記がよく尋ねることをしなければ、楡木村の大半が破られたそうだという「風聞」が記しとめられることになったであろう。蜂起の渦中で正確な情報を摑むことは極めて難しかったと思われる。そこで往々にして未確認情報がそのまま記し留められることも多かったのではないか。したがって史料を読む場合にも、そのことを充分吟味してかかる必要があるのである。

やや話がそれたが、このような未確認情報の氾濫する事態の中でのこととして、伊豆韮山の代官江川家の「武州一揆鎮静方出張御用中日記」に野本村での聞書として記されている次の記事は注目に値する。

名主大吉居宅皆打毀候節、廻村之もの注進として相越し、徒党之もの先手組鉄砲所持いたし候ニ付、中々防禦難相立候間、怪我不致内一同逃去可申と探切（深＝親切）ニ申聞、全キ事と心得立退候処、凡三千人程罷越し忽チ打毀、前件鉄砲は壱挺も無之虚言ニ而、詰り恨ミ返しニも可有之歟との風聞ニ有之候事（二―一七九頁）

一揆勢は鉄砲を所持していてとても防ぎきれないから、早く逃げた方がよいと「探切」に注進した「廻村の者」が一揆勢であるのか判然としないが、いずれにしても一揆勢が鉄砲を所持しているというのは「虚言」であった。このように意図的に作られた「虚言」もあったことが知られて興味深い史料である。

以上によれば、一揆勢が武器を携行していたとする史料の大半は、未確認情報であって信頼に価しないとしてよいかも知れない。

しかも、一揆勢が打ちこわしの渦中で同時に武器をも破却したことを伝える史料がある。

比企郡大塚村組頭で四季打鉄炮預かり主である勝右衛門他六名から地頭への、六月二十日付の届け書には次のように述べられている。

御知行所比企郡大塚村組頭勝右衛門・同太郎左衛門・名主静太郎奉申上候、私共御預り四季打御鉄炮今般徒党之もの共乱入之節右御鉄炮三挺紛失仕候ニ付相尋候処、静太郎御預り分台弐ツニ打破取乱シ候建具類之中ニ有之、筒は相見へ不申候ニ付此段御届ケ奉申上候、以上（県史―六三一頁）

預かり鉄炮三挺を紛失したが、そのうちの一挺は「弐ツニ打破」られているのが発見されたと届けているわけである。

比企郡上野本村名主大谷熊蔵家も、一揆勢によって散々な打ちこわしにあったが、この大谷家の「居宅土蔵表

門打毀し書類控」のうち被害状況見分書にも、紛失したもの、破壊されたものを書き上げたその末尾に、

一刀壱腰　　但拵付

右は打折所々に有之候

一脇差四腰

右同断　　右同断（二—一五四〜一五五頁）

とある。大谷家では農道具一切を紛失し、家、門締、土蔵を打ちこわされたりするとともに、「刀壱腰」、「脇差四腰」を「打折」られたのである。また、入間郡小谷田村組頭勘右衛門も、居宅、文庫蔵、穀蔵、雑蔵、醤油蔵、馬屋附農小屋、樽小屋の「屋根庇共打破、天井・柱共疵付」られたりするとともに、「古脇差八腰」を「散乱之上被打毀」れている（一—五八〜五九頁）。同じく小谷田村名主文平も、居宅、木綿糸蔵、文庫蔵、穀蔵、味噌蔵の屋根・庇を打ち破られ、天井・柱に疵をつけられたりするとともに「脇差五腰」を「散乱之上被打毀」れている（一—六〇〜六一頁）。

これらは個人の家の鉄砲や刀・脇差を破却した例だが、秩父大宮郷では忍藩の陣屋を襲い、その武器まで奪って焼却している。比企郡玉川村小沢家には次のように記されている。

（六月）十八日夕七ツ時頃より打毀しはしめ暮際迄ニ大宮ニ而拾軒打毀し、并ニ御陣屋六長屋牢屋迄散々打毀し近所慈眼寺御預け之書もの迄尋出し、鉄炮衣類共ニ御陣屋内へ運参り火を懸焼払……（二—一三〇頁）

同じことを、秩父大宮郷岡家文書は次のように伝えている。一揆勢が陣屋を乗っとり、会所からはじめて牢屋まで「微塵」に打ちこわしたことを述べたのに続けて、

御代官様始御一同其前に御大切の御書物其外武器兵具等不残何れへ哉御運ひ被遊、御陣屋内は皆々空蔵空家

のミゆへ一揆ども大キに怒り、御米蔵を打破り社倉米を不残升屋店先へ山のごとく積重ね、また稗穀を井戸へ投入種々荒廻り、猶又書類武器等を尋出さん為所々駆廻り号りけるが、誰か是を見知りたるや十三番の御寺の土蔵戸前を打破り、兼て大切に隠し被置候書類武具等を不残取出し牢屋前へ持運び焼払申候……

（(一)―一六三～一六四頁）

と記している。これによって一揆勢が、領主側の武器をも破却していることを知ることができる。しかもそれは領主側が、一揆勢の襲来に備えて事前に隠しておいたものまで捜し出して破却したのであった。

なお、入間郡川越町の「船津氏日記」にも、「秩父之大宮ニてハ、松平下総守（忍藩主）様之陣屋を打毀り、大炮二丁をうはふといふ」（(一)―七〇頁）とあるが、以上の文脈の中にこの史料を置いてみれば、一揆勢が自分たちの武器として「大炮」を奪ったと読むべきではなく、その他の武器と同じように破却するために「大炮」を奪ったと解釈すべきであることに異論の余地はない。

以上、一揆勢が武器を携行していたとする史料の大半は未確認情報を記したもので信用できないこと、しかも一揆勢は打ちこわしに際して武器の類もあわせて打ちこわしていることが明らかになった。とすれば、武器を携行しないという一揆勢の得物原則は、実際においても遵守されたといってよいであろう。

もっとも例外はあったであろう。一時に大量の人間が動いたわけだから、その隅々まで右の原則がゆきわたったとするのはあまりに一揆勢を理想化し過ぎることになろう。実際、諸史料の中には未確認情報であるといって直に退けるわけにはいかないものもある。たとえば、入間郡坂之下村からの地頭への届け書には、

然ル処（六月）十五日夜九ッ時頃村方江押入候節は、（一揆勢は）二手ニ而参、重立候者共は鎗・刀持之、人足江は棒其外品々為持、凡弐千人余押来……（(二)―二二九頁）

とある。この届け書は自村に襲来した一揆勢のことについて報告したものであるから、信憑性は高いといわざるをえないであろう。(45)

また入間都城村百姓で質屋渡世をしていて打ちこわしにあった長右衛門の代官手代への届け書にも、「頭取」が「脇差抜放差図」していたとある（県史―五四七頁）。これも現実に打ちこわしを受けた者の証言であるから無下に退けるわけにはいかないであろう。

さらに六月十八日付の、高崎藩から幕府への報告には、次の記事がある。

一昨十六日夜大和田町江多人数押寄候風聞ニ付、手配いたし相固候処、鐘太鼓打鳴し領分境江乱入之躰ニ而、彼より炮発いたし候付、不得止事従此方も及発炮候処、速ニ散乱いたし候……（二―一二八頁）

ここでは、最初に発砲したのは一揆側であると報告されているが、今この記事について詮索する材料が他にないので、指摘するに止める。あるいは、鎮圧軍によって次第に追いつめられていくなかで、一揆勢の中にも武器を持つ者が現われるようになってきたとも考えられようか。

このようにいまとなってはもはや確かめる術がなく、史料の記載をそのまま信じるしかないものもごく少数だがある。ただ、たとえば次のような史料には、武器（脇差）を奪ったというだけではない意味があると思う。

坂石町分における一揆の指導者であった佐兵衛は、同所の農間に質・材木渡世を営んでいる吉造から「脇差」を奪う。それは次のとおりである。

（吉造が）同人（佐兵衛）ゟ質代金壱分ニ預り置候拵付脇差手込ニ奪取、其余徒党之者共も銘々質物ニ預ケ置候品之由申断、大凡手込ニ奪取、有合之質帳・諸帳面共焼捨一同立去候……（二―一一三頁）

当初この箇所について私は、佐兵衛が一揆に携行するために自分の脇差を奪い返したように読んだ。決め手がないわけだから、このように読んだからといってそれを誤りであるというわけにはいかない。しかし、この一揆の要求項目の一つに「質物の無償返還」があったことを想いおこせば、佐兵衛（とその一隊）の行動は、「質物の無償返還」要求の一環として理解されるのではないか。それ故一揆勢は一切の「質帳・諸帳面」を焼き払って立ち去ったのである。したがって佐兵衛の場合は、預けてあった質物がたまたま脇差であったことになろう。

また前にも引用したが「青山防戦記」には次の記事がある。

したりかほなる大将軍など鬚《ヒゲ》かきなてつゝ上座《カミクラ》に並居《ナミヰ》り、兜《カブト》を服《キ》たるもあり、槍《ヤリ》といへる鉾《ホコ》もたるもあり、鉈山刀脇《ナタヤマカタナワキ》はさめるもあり、紅《クレナイ》の帛《キヌ》もて頭《ヲ》つゝめるくれなゐのたすきかけたるそのつらたましひ猛《タケ》かりぬへく肝大《キモフト》かりぬへく、世のつねならぬつはものと見えたり……（二―一六一頁）

これによれば指導者は「兜」を被り、「槍」を持ち、あるいは「鉈・山刀」を持ち、また紅の帛で頭をつつみ、同じ色のたすきをかけたものもいたことになる。これは、いままでみてきた一揆勢の姿と相当異なるようにみえる。もっとも、その点は著者安藤野鴈も承知していて、この「一揆勢」について次のような説明を施している。

このたひのは、さきの一むれとかはり本のものならすして、このちかわたりの後の出来者《イデキモノ》にて、財宝を要する賊《ヌスビト》にてあなり、されは、こなたのいふことをうへなひ飯酒《イヒサケ》を飲食《ミラ》へるうへにて、打こほちもし盗《ミ》もし火をも付《ケ》つへきなり……（二一六一頁）

つまり、二度目に襲来した「一揆勢」は、野鴈にいわせれば本来の一揆勢ではない（本のものならず）のである。いいかえれば便乗者とみられているのである。それ故、これらは討つべき対象となるのである。次のとおりである。

こたひのは、人をもそこなふこの町のぬす人にてあなれは、物の道理のあるかきりならぬ犬猫に等《ヒト》し並《ナミ》なり

と聞ゆるまゝに一向《ヒタフル》にうたんとさためたるなり……（二）—一六一頁）

こうして「一揆勢」との間に戦端が開かれるのである。

ところで、野鴈の記すところを信じるとすれば、たしかに冑山村に戦端を開いた一隊は、これまでにみてきた一揆勢とは異質の感がある。あるいは「無宿・無頼之者」の便乗行動であるかとも思われる。したがってこのような「一揆勢」は例外としてよいようにも思われる。

だが戦闘後の次のような記述を読むと、あながちそうとばかりはいえないような気もしてくる。というより、このような姿こそ本来の一揆勢の姿であったのではないかと思えてくるのである。

敵《カタキ》のもたる旗やうの物、兜《カブト》めく物、大《オホイ》なる槌《ツチ》、何やかやくた〳〵しき物あとにのこれるを見れは、兜《カブト》に見えしは鍋《ナベ》を被《カウム》りしものにて、紅《クレナキ》の帛《キヌ》もて頭《ヲ》つゝめると見しは毛氈《ケノカモ》のさいでのきれなりけり、馬表《ウマジルシ》のやうにありしは荷馬《ニウマ》の鈴を竿に懸しなりけり……（二）—一六二頁）

「鍋」と「兜」ではあまりに違い過ぎるような気もするが、この部分こそは、野鴈が実際に見たことを記している部分として信用のおけるところである。すると私たちは、相当注意をして「文人」野鴈の修飾過剰気味な文章を読まなければならないことになる。

ちなみに、この鍋に関連していうと、秩父郡吉田村での戦闘を記した岡家文書にも次の様な記事がある。

中には打手の掛るを知て逃走るも有り、知らすして働くも有り、亦は金盥をかむり手に斧を持、或はまた窓かね鉄棒四つ子唐鍬抔を持……（一）—一六六頁）

窓かね鉄棒というのは、いま詳らかにしないが、おそらく盗難防止用などのために窓にはめてある鉄棒のことではないか。いずれにしても武器の類ではない。そうした窓かね鉄棒などを持ち、鍋や金盥をかぶって立ち働いている一揆勢の姿こそ、本来の一揆勢の姿を伝えるものであろう。

このようにみてくれば、蜂起に際して武器の類の携行を禁止し、かわりに農具の類を携行するようにとした一揆勢の得物原則は、実際においてもかなり忠実に守られていたことがわかる。打ちこわしの渦中において鉄砲や脇差などを一緒に破却していることからも、そのことは裏づけられるであろう。

もちろん例外がまったくなかったと主張しょうとするわけではない。しかし一揆勢が武器を携行していたとする史料の大半は、未確認情報にもとづくものであった。ごくわずかの史料のみが、いまとなっては論駁の仕様がなく残るのみである。

（三）　得物の使用方法

いまの時点となっては一揆勢が全く武器を持たない集団であったと断定することはできない。しかし、その多くが手にしていた得物が農具の類だったことはまちがいない。ところで、一揆勢はそれをどのように使用したのか。この点で最も詳しいのは、多摩郡日野宿の古谷家文書である。

はるかに聞、貝を吹声、其貝ヲ相図として声ヲ立、一同白木綿綿襷、銘々持参致し候道具は鉈斧掛矢万力木太刀鳶口等、是ヲ以打こハし、斧ヲ以柱ヲ切打、万力ヲ以家ヲたおし、壁土蔵は鳶嘴掛矢ヲ以打こハし、鉈ヲ以六尺桶のたかヲ切はなし、木太刀棒ヲ以戸障子ヲ打破る、其音天響砂煙ヲ立、実ニ奔雷の地ニ落か如し……（中略）……打こハし候家ヲ一見致候所、土蔵掛矢ヲ以打こハし、米穀は俵ヲ切庭へちらし或は井戸へ入、縮緬きぬは不及申木綿ニ至迄着類は不残鉈ニ而切庭の《ママ》蒲団之類も鉈ニ而切綿抜庭の泥中ニ踏込……

（二―八六頁）

実にすさまじい有様だといえよう。「斧」は柱を切り、「万力」は家を倒し、「鳶」「嘴」「掛矢」は壁・土蔵を打ちこわし、「鉈」は六尺桶のたがを切り、また縮緬・絹・木綿・蒲団などを切り、「木太刀」「棒」は戸・障子を打ち破るのに使われたことが、ここからわかる。

さらにいくつかの事例を列挙してみよう。高麗郡粟坪村関根家文書は、坂戸宿の分限「木藤」が打ちこわされた時の有様を次のように伝えている。

坂戸宿ニ分限木藤と云者を打毀ス、質物土蔵ゟなけ出し庭ニ而引さき、帳面切破り、土蔵居宅下家迄別なく散々相潰し、何れも同様毀方、表の日差おは大縄ニ而引たをす、誠ニ天下むるひ之そふ動かと思ふ……（一―四四頁）

また、秩父大宮郷岡家文書は、忍藩陣屋をはじめとする大宮郷での打ちこわしを次のように伝えている。

（忍藩の）御陣屋を乗取、御会所ゟ始壱間も不残牢屋迄微塵に打潰し、車地縄ニて巻潰し、広刃の斧大鋸大槌抔にて惣頭野上村浪之助真先ニ相働、誠に暫時に微塵になしける……（一―一六三頁）

同じ大宮郷の打ちこわしについて、比企郡玉川村小沢家文書は次のように伝えている。

（大宮郷）町家被打毀よりは、見せ居間土蔵商ものハ不及申不残打毀、米穀は水油と踏交また龍吐水を以油を突立、衣類は引裂切さき、書ものハ皆焼捨、畳建具は不残打毀し、柱は銘々根切をいたし、シャチをもって引潰し、何壱つ跡之用弁ニ不相成様ニいたし、実に眼も当られぬ有様之由……（二―一三〇頁）

あらためて説明の必要はないだろう。いずれもすさまじい打ちこわしの有様である。殊に「大縄」や「車地縄（シャチ）」で建物を「引たをす」あるいは「巻潰す（引潰す）」ところなどは、すさまじいという以外に言葉を知らない。

それはともかくとして、最後に掲げた小沢家文書に「何壱つ跡之用弁ニ不相成様ニいたし」とあることに注目したい。ここに一揆勢が農具の類を携行した目的が明示されていると思うのである。すなわち農具の類は、決して人をあやめたり、傷つけたりするために携行されたのではない。それは「世直し」のために携行されたのである（ただしここでは農具の類が結果的に暴力的な意味をもたなかったかどうかは問わない――安丸良夫氏の御教示に感謝する――）。その「世直し」の実現のために、ありとあらゆる財物をことごとく「跡の用弁」にならないように打ちこわすために携行されたのである。その意味で、内藤家文書が、一揆勢が携行した鋸・鉞・よきなどの道具を総称して「打ちこわし道具」とよんでいるのは、まさにふさわしいよび名といえよう。その打ちこわしの極致ともいうべき瞬間こそ、さしもの大家が轆轤の類（車地・万力・かぐらさん等）によって引き倒される時であったろう(46)。

なお「賊民略記」は

今日ノ賊民ハ屋室ヲ毀ツを以テ主トナシ、財宝ハ陰ニ貪ル者アリト雖モ、陽ニ奪フ事ヲ禁シ、婦女ハ決シテ侵ス事ナシ……（(一)―一七七頁）

と述べている。前節でみた一揆渦中における窃盗行為を禁止した「盟約」ともかかわって極めて興味深い指摘といえよう(47)。ここに端的に示されているように、一揆勢は打ちこわしを主としたのである。人を殺傷したり、窃盗を行なうことは付随的なこと、というよりは例外的なことだった。そうであるが故に、武器の類の携行を禁止し、農具の類を携行することは触れられなければならないことではあったが、一揆勢において当然のことでもあったのである。

（四）　鎮圧側の武器

頻発する百姓一揆に対処するため、幕府が一揆鎮圧に鉄砲の使用をはじめて認めたのは明和六年（一七六九）のことだといわれている。[48] それからほぼ百年の後、世直しの蜂起に直面した幕府は、川越藩の伺いに対して次の様に答えている。

川越様ゟ御公儀御伺申上けるは、仰渡ニ而、大切成百姓たりとも乱妨致スニおゐては打殺とも切殺スとも苦からすとの仰渡し也……（一―四五頁）

この姿勢は、一揆の渦中である一五日に、伊豆韮山の代官江川太郎左衛門役所から、拝島村外二三か村組合に出された廻状にも貫かれている。

秩父辺ゟ今般徒党之者三千人余押出し村々打毀候趣ニ候間、精々取防方可致候、若手余り候ハ、打殺切殺候共不苦候事……（二―八〇頁）

さらに、一揆鎮圧後の二十二日に、一揆の再発に備えて関東郡代から出された廻状にも、同じ姿勢は貫かれている。

向後悪徒共発起押来り何様猛威ヲ振ひ候共、差加り候ハ勿論、聊動揺不致村方丈之力ヲ以相防、若手余リ候ハ、打殺切殺候共不苦候間、役人共重立手筈取極置手技無之様可致候……（二―五頁）

これらには、一揆勢が幕藩制的身分秩序内の存在（大切なる百姓）からはみ出た存在であることが示されている。そして、幕藩制的身分秩序からはみ出た存在は許容しないという幕藩権力者の意志が表明されている。

この徹底弾圧という姿勢は、鎮圧側によく浸透していたとおもわれる。秩父大宮郷では、一揆勢と一般人との見極めに困惑した鎮圧側は、一般人に目印をつけることを要請し「女子供抔も目印無之者は、壱人も無用捨切捨可申[49]」とさえ言い放っている（㈠―一六四頁）。

ここで前と同様に武州世直し一揆関係史料から、鎮圧側の武器として記されているものを書き出してみると、次の様になる。

大砲　大筒　小筒　短筒　筒　鉄砲　郷夫鉄砲　猟師鉄砲　四季打（鉄砲）　農兵鉄砲　鈫付鉄砲　弐ツ火縄　刀　長刀　長脇差　大刀　鉄剣　槍　竹槍　手鑓　鉾　郷夫もしり　もしり　鳶口　竹鎌　六尺棒　棒　花火

ここでは鉄砲どころか大砲さえ持ち出されている。

手に手に文字通りの武器を携えた幕府軍、高崎・川越・忍などの諸藩軍、江川代官支配下の武州農兵、豪農を中心とした自警団などに囲繞された時、武器を持たないことを原則とする一揆勢がどのようにそれに対抗しえたであろうか。

ただし、鎮圧体制とその経過については、森安彦氏や中島明氏の論稿[50]に詳しいのでここでは省略するが、武器に関連して次の一点についてだけふれておきたい。

諸所での蜂起のため、他所からの援軍は期待できないと判断した古凍村の村役人は、一揆勢の襲来に備えて次の様な対策を講じている。

当時節ニ相成候而は、向来は組合村々も加勢之程難計存候ニ付、村方限り妨（防）方用意いたし候ゟ外ニ致方無之候と奉存、村役人共相談之上花火之筒ヲ取集メ、大抱（砲）之代りニ口々江手配ヲ付、以来悪党共押来候節は花火之筒ヲ横ニ差向、玉之代リニ石砂利ヲ入打払へ候得は、一ト方相凌可申と存、口々江弐三本ツヽ手配仕置候……（㈠―七六頁）

ここでは、玉のかわりに石砂利を込められた花火が、実際に使用されたかは詳らかでないが、五日市での戦闘においては、花火が実際に火を吹いている。

　十六日夜七ッ時頃凡一万人程鯨波之声螺貝ヲ吹立、其音山谷ニ響あたかも潮之湧か如く、然れとも更ニ不恐鉄砲打出し、花火筒ヲ持出し是ヲ大筒ニ用ひ候故、夥敷煙の下ゟ鑓ヲ付入大血戦、手負打死大分有之、夜明方迄ニ打取者十八九人、生捕拾人余り、即死者八九人、怪我人数不知、然共五日市人足ニ於てハ壱人も怪我無之、夜中二時余りの戦花々敷次第候……（㈡—五三頁）

この文書の記録者は戦果を得意気に述べているが、それはさておき、私が注目するのは、鎮圧側の武器として花火が利用されている点である。常日頃であれば、花火とは、一揆勢も鎮圧勢も含めての庶民の祭りを飾るものである。殊に、秩父といえば花火の盛んな所として知られた地方である。その花火がこのような場面で一揆勢に武器として向けられている点を何とみればよいか。だが、これからおよそ一八年後の秩父事件においては、今度は逆に蜂起した困民軍が花火を利用して、散々鎮圧軍を手こずらせたということもここで想起しておこう。(51)

（五）小　括

蜂起に際して武器は持たず、農具類を携行することという一揆勢の原則は、その実際においても遵守されていたとおもわれる。

そこで問題になるのは、蜂起すれば当然鎮圧されることはわかっていたはずなのに、なぜ一揆勢は武器を持たなかったのであろうか、ということである。「打ちこわし道具」しか持たない一揆勢と、文字通りの武器を持った鎮圧勢が対峙した時、しかも鎮圧勢は、一揆勢が抵抗する場合には打ち殺しても切り殺してもかまわないという上意を受けていた時(52)、その勝敗はすでに闘う前から明らかであった。一揆勢の得物原則は貫徹されたが、その故に一揆勢は敗れ去らなければならなかったとすれば、このことをどのように考えればよいのか。

ところで、その前にいま一つ検討しておかなければならないことがある。それは、六月十三日夜に蜂起して以来、ほぼ潰滅する十九日までの間、一揆勢の得物原則に変化はなかっただろうかという点である。前掲「賊民略記」が記し留めている触書は、十八日のこととしており、そこでも依然として農具を持参すべきことが触れられているから、例外はあったかも知れないが、一揆勢の得物原則はその潰滅まで終始変更されることがなかったとみるべきであろう。

ただ鎮庄側に威赫されて手向いした例はある。多摩郡柳窪村でのことである。

同郡（多摩郡）柳窪村江凡弐千人余乱入之由注進有之候間、右農兵（多摩郡田無村最寄の農兵）拾六人外村役人并人足等合人数百五拾人程召連罷越候処、同村百姓七次郎宅打毀中ニ付、空炮打払候得共不立去、却而一揆之内より棒鎌相携手向いたし候もの有之、無余儀玉込打払……（二―一〇七頁）

鎮圧側からの空砲による威赫に対して手向いした者がいたことが知られる。しかし、その得物は棒や鎌だった。

また、「青山防戦記」は、聞書として次の話を載せている。

本庄新町の戦《ヒ》に、身方しは〳〵打負《マケ》たり、又、此方《コナタ》の刀《たち》得物をうは丶れかへさまにきられたるあり……（二―一六二頁）

いやおうなく戦闘にまきこまれていくなかで、一揆勢が鎮圧勢の武器を奪い、それで鎮圧勢に対抗した姿がみられる。しかしこれも、頭にかぶった鍋や金盥と同様に、きわめて防衛的であるようにおもわれる。

蜂起に際して幕藩権力による鎮圧が行なわれるであろうことは、一揆勢にとって十分予測されたはずである。

それにもかかわらず一揆勢が、武器は持たないという原則を固持して蜂起したとすれば、そこにどのような論理ないし倫理をみればよいのだろうか。

ところで、そもそも一揆勢に幕藩権力との直接的武力対決という考えはあったのだろうか[53]。蜂起した農民たちにとっては、横浜開港以降の急激な社会変動の中で、身近で急速に富をなした者がいる一方、その対極には貧窮に喘ぐ者がいるという、この社会的不均衡を自らの手で是正するということこそが当面の課題ではなかったか。そのための制裁手段が打ちこわしではなかったか。彼らの得物は実に「打ちこわし道具」だったのである[54]。

しかしこのように考えたとしても、やはり権力による鎮圧が行なわれることは当然予想されたはずであるから、それについてはどのように考えていたのかという問題が残ることになる。

ここではただ一つ、一揆勢が武器を持たないで、農具類を持って蜂起するという得物原則をたて、それを実際においても遵守していたことを確認し、その他の問題については後考に譲るしかない。

おわりに

本稿は武州世直し一揆のいでたちと得物について、具体的に検討することを主眼とし、小括のところでそれぞれの結論については述べたのでここで再言の必要はないであろう。

そこで最後に得物といでたちについて私が問題だと考えていることを二、三述べて本稿を結ぶことにしたい。

得物については、なぜ農具であるのかという問題である。たとえば、近世から近代にかけての一揆、農民蜂起を「制裁の心理」という観点から分析した西野辰吉氏は、次のように述べている[55]。

伝統的な打ちこわしでは、藩・陣屋の武力と最初から激突することを避けたし、また焼打ちもしない習慣で、十八世紀のはやい時期でも、殺人、盗みの禁止と火の用心がまもらなければならない規律としてよびかけられていた。中野県の暴動は松代暴動に連鎖しておこるのだが、伝統的行動の軌跡からいうと、すでに松代暴動で最初に政治経済の中心地を襲い、悠長な打ちこわしにかわって迅速に焼打ちで制裁するという行動の変化が生じていたのだ。

なお、ここにある「松代暴動」「中野県の暴動」は、ともに武州世直し一揆から四年後の明治三年（一八七〇）に起きたものである。

西野氏は別の箇所で次のようにも述べている(56)。

（寸兵尺鉄）つまり武器を奪われた人民の歴史は一五八八年の刀狩りから、それまでにすでに三百年の年月にわたってつづいていたのであって、「制裁の心理」にわたしの書いた農民一揆にしても都市打ちこわしにしても、武器から疎外された状態での反乱だった。斧、まさかり、トビ口《くち》など、民衆の手にした武器は生活用具で、十八世紀の美作山中一揆で農民が威筒《おどしづつ》をもちだしているが、それも銃器の一種ではあるけれども、火薬の爆音で鳥獣を追う生活用具だった。

こうした歴史のうえで、明治政府の銃、爆弾の規制がつづいたのだが、加波山事件のあとで生じた秩父困民党の蜂起では、農民軍が猟銃を使った。旧式の猟銃ではあったが、山国の農民には生活用具だった。そして警官隊との戦闘で有効な武器になった。

安丸良夫氏も、おそらく西野氏と同じような問題関心を抱いているのではないかと思う。次のとおりである(57)（ここで安丸氏は「蓑・笠」についても言及している）。

さて、蜂起した民衆は、蓑・笠をつけ、荷俵を負い、鍬・鎌・鳶口・棒などをもち、法螺貝を吹き、松明をかざして、村ごとに組をつくって行動した。竹槍・鉄砲などの武器を携帯することもあったが、これらの武器が重要な意味をもつのは、明治初年の闘争においてであった。竹槍や鉄砲は、元来、一揆を鎮圧する側がもちいたもので、闘争の激化とともに農民の側でも使用するようになったのだといえよう。近世の一揆では、人を傷害する道具はもたないことが多く、むしろ、打ちこわしのための道具として、「崩し道具真物綱」・「弐十八貫目の鉄錠（杖）」・滑車などをもつばあいがあった。また、鍬や鎌をもって城下へ入るなという役人にたいして、「百姓共声々に、百姓の得道具は鎌鍬より外になし。田畑に出よふが御城下に出よふが片時もはなしはせじと、なお〳〵差揚、石畏《いかめし》げにぞ持たりけり」とか、荷俵に「御百姓方の魂」という象徴的な意味がもたせられるばあいがあったことは、蜂起した民衆の農民的共同性の理念の表現として興味がある。

示唆に富んだ指摘であるため、ここでの必要以上に長々と引用してしまったが、ここから私はどのような問題を引きだそうとしているのかというと、近世の一揆は武器を持たないのが一般的ではないかというのが一つである。そして、それが妥当である場合なぜそうであるのか、またそのことをどのように考えればよいのかということも問題になる。刀狩りによって庶民から武器が奪われたからというのでは、説明として弱いのではないだろうか[58]。これを今後の課題の一つとしたい。

ところが、明治時代に入るとたんに民衆は蜂起に際して武器を持つようになる。そうして当然のことながら人を殺傷するようになる。西野氏が伝えている「中野県の暴動」における中野県大属大塚政徳の殺害方法は「凄惨」という以外にいいようがない[59]。武州世直し一揆からわずか四年しか隔っていないのに、どうしてこのような違いが生じたのだろうかというのがいま一つの問題である。そしてこのことは、西野・安丸両氏が述べているように、地域の違いではなく、江戸と明治という時代の違いに帰せられるように思われるのである。これも今後の課題としたい。

いでたちについては、網野氏や勝俣氏の問題提起にどのようにこたえていくのか、ということにつきる。両氏ともに、蓑笠をつけるのが江戸時代の一揆の一般的なあり方であるとしていることは、すでに述べた。その理由として網野氏は（中世の柿帷もふくめて）、

「無縁」の人々の衣裳、しかもすでに抑圧され、差別される人々の服装を自ら意識して、一斉に身につけることによって、百姓や馬借はその行動の「自由」と、抑圧者と闘う不遇の決意を自覚的に表明したのではあるまいか。それが江戸時代を通じて、まさしく「一揆の衣裳」として普遍化していくところに、私は近世社会の地底に脈々として進行する「無縁」の思想の自覚化の過程を見出すことができると思うのである。

と述べている[60]。また勝俣氏は、最もポピュラーな姿である蓑笠姿のほかにも乞食姿や非人姿などの「異形姿」があることを述べたあとで、次のように述べている[61]。

百姓一揆の蓑笠姿、非人姿、乞食姿は、みずから神または鬼へ変身させる目的でおこなわれたことになり、幕藩制国家の価値体系に反抗する、または打破する正当性を得るために、みずからを神や鬼にしたてたという積極性をそこに認めなければならない。

なお、一揆指導者の「異装」については、安丸良夫氏も次のように述べている[62]。

一揆の指導者たちが、白装束経帷子・甲冑・陣羽織などの異装をするという事実も、一揆指導者のカリスマ化と一揆そのものの日常の秩序からの脱出を象徴するものであろう。指導者の異装は、世直し的な性格の一揆に顕著なもので、慶応二年の村山騒動では、三人の「頭分」のものが、「何れも陣笠鉢巻等いたし、白た

すき小袴等にて首に数珠をかけ」ていたし、同年の武州一揆でも、「頭分と申候は凡三十人程銘々真綿を頭上に冠り、其上に茜木綿ニ而鉢巻致」していた。明治二年の越中のばんどり騒動では、農民たちは、指導者忠次郎を駕籠にのせ、「忠次郎大明神」と記した蓆旗をたてて行動した。白装束経帷子、数珠、××大明神と称されることなどが死の決意を意味したこと、指導者のそうした死の決意を集団の核において、民衆の非日常的なはげしい高揚が展開するのだということが理解されよう。

いずれも興味深い指摘であるが、いまの私にはこれについて論評する準備がない。すべて今後の検討課題としておきたい。ただ武州世直し一揆の場合には、蓑笠姿ではなく、色とりどりの鉢巻、たすきで身を固めていたということができるのみである。もっとも、それがどのような意味を持つのかということになれば、それも今後の課題とせざるをえない。

注

（1）『响沫集』1、一九七七年。
（2）『近世史藁』第2号、一九七七年。
（3）武州世直し一揆についての主要な研究には、近世村落史研究会「幕末の社会変動と民衆意識——慶応二年武州世直し一揆の考察——」（『歴史学研究』四五八号、一九七八年）、大舘右喜氏『幕末社会の基礎構造』（一九八一年、埼玉新聞社）、森安彦氏『幕藩制国家の基礎構造』（一九八一年、吉川弘文館）、山中清孝氏『近世武州名栗村の構造』（一九八一年、名栗村教育委員会）などがある。なお、その他の史料、研究文献については森安彦氏の著書が詳しい（四九九〜五〇三頁）。
（4）前掲注（1）の旧稿では、本来の武器と区別して「武器」と表記したが、本文に明らかなように一揆勢の所持しているものは武器ではないのだからカッコをつけて区別したとしても不適切であった。本稿では史料の表現にしたがって得物と表記することにする。

（5）『ｉｓ』（一九八二年、ポーラ文化研究所）。

（6）一九八二年、岩波新書。

（7）㈠が一九七一年、㈡が一九七四年、慶友社。以下、㈠—一一頁のように略記する。

（8）一九八一年、埼玉県。以下、県史—三四頁のように略記する。

（9）本稿は第一七回民衆思想研究会（一九八二年一二月一一日、於慶応大学）における私の報告をもとに成稿したものである。もっともその際時間の関係から省いた分や、報告後の質議でご教示いただいたことも加えてある。ただし私の非力からご教示をすべて生かすことはできなかった。なお、このような報告の機会を与えて下さった民衆思想研究会、とりわけ幹事山田忠雄氏、そのご斡旋をして下さった高埜利彦氏に御礼を申しあげる。

（10）前掲注（5）論文で、網野氏は次のように述べている。

裹頭《かとう》——頭・顔を白い布でつつむのも同様であろう。非人は頭を白い布でからげ、宿の長吏も白い覆面、頭布をつけ、悪党も「人ニ面ヲ合セ」ない姿をしていた。それもまた、人ならぬ存在であることを示す象徴とみて間違いない。とすると斎藤洋一の見出した百姓一揆のいでたち、綿帽子、鉢巻もそれにつながるとみてよかろう。事実、遍歴する遊女——桂女が特有の被物をつけ、ときに綿帽子をかぶったことは有名であるが、それはのちには婚礼のときの花嫁の、ハレの衣裳となっているのである。

いずれにせよ、これらの衣裳はみな、古くは神、旅する人の姿につながる、「異類異形」のそれであったとしなくてはならない。（七三〜七四頁）

（11）㈡—一六二頁。この箇所は、著者安藤野鴈が実際に見たこととして記しているところで信頼に足る。

（12）『大日本地誌大系新編武蔵風土記稿十』（一九三三年、雄山閣）三七頁。

（13）一揆の指導者の「異装」についてはすでに早く安丸良夫氏が言及している。それは「おわりに」に掲げる。同氏

『日本の近代化と民衆思想』（一九七四年、青木書店）二二三頁。

（14）網野氏前掲注（5）論文七〇頁。

（15）勝俣氏前掲注（6）著書一〇五頁。

（16）安丸良夫氏も一揆勢が「蓑・笠」をつけたことを述べている。これも「おわりに」に掲げる。前掲注（13）著書二二二頁。また作家多田茂治氏は、北多摩郡小川村の細野喜代四郎を中心にして武相困民党事件を描いた「内通の論理」（同氏『多摩困民記』一九七九年、創樹社）の中で喜代四郎が、近村鶴間村がすでに蜂起の前段にいたったという情報を聞いた時のこととして彦太郎の話によると、

　鶴間ではほぼ全村挙げての出動態勢になっているが、かつて代官所などへ門訴するときそうであったように、蓑笠をつけて家を出る申し合わせになっているというのだ。蓑笠は、百姓が生死を賭ける姿でもある。その姿に、聯合戸長としてどう対処するか、まさに正念場であった。（一四九～一五〇頁）

と記している。もちろん小説であるから右の「かつて代官所などへ門訴するとき」は「蓑笠をつけて家を出る申し合わせになってい」たという記述の根拠は示されていない。多田氏はどのような根拠から右のような見解に到達されたのであろうか。

（17）百姓一揆といえば「むしろ旗」というように、百姓一揆とむしろ旗は切り離せないもののように考えられている。たとえば、たまたま目にふれた色川大吉氏『自由民権』（一九八一年、岩波新書）にも、江戸後期に豪農層が草莽に走った理由を述べたところで「豪農層の足元に火がつき、しばしば蓆旗が立ち、焼き打ちにあった。この頃から小前層や貧民もどしどし村の境をこえて横につながり出し、神社の御幣などを行進の先頭に立てて「世直し」を彼らにせまった」（五一頁）とある。ここではむしろ旗が一揆の代名詞として使われている。ところが、管見ではここに掲げた史料のほかに武州一揆でむしろ旗が立てられたとする史料をみたことがない。

　それにひきかえ、本文にみるように色とりどりの旗や幟、あるいは吹流しを立てていたとする史料は無数といえるほどにある。そこで百姓一揆（少なくとも武州世直し一揆）にむしろ旗がつきものであるように考えるのには疑

問があると述べたところ、『編年百姓一揆史料集成』の編集に携っておられる保坂智氏より賛意を表していただいた。今後の検討課題の一つとしたい。なお右の引用文中で色川氏が、豪農層が「焼き打ちにあった」と書いている点にも疑問がある。後述することともかかわるが、江戸時代の一揆（ないし世直し一揆）で焼き打ちが行なわれたことはほとんどないのではないだろうか。たとえば武州世直し一揆においても、一揆への動員をかけるときの文言として参加しなければ焼き払うというのは常套文句のように使われているが、実際に焼き払ったとする史料はみたことがない。ただし近代に入ると、しばしば焼き打ちもみられるようである。

(18) 田村栄太郎氏は「梵天」を「世直し」の神とし、武州世直し一揆においても「縮緬五色の旗すなわち梵天、数十本押立てて」いたとしている。同氏『世直し』（一九六〇年、雄山閣）九九頁。また中島明氏も、新町宿をおそった一揆勢について、「一揆勢は、椀にはしをつけた梵天やのぼりを立て、五色のばれんをひるがえして新町に向った」と記している。同氏「武州世直し一揆と上州諸藩の動向――超藩的軍隊成立に関する試論」（『近世史藁』第二号、一九七七年）五頁。ただし私はまだ、武州世直し一揆において一揆勢が梵天を立てたとする史料を直接にみたことがないので、指摘のみに止めておく。

(19) 大舘右喜氏「或る地域調査から――武州世直し一揆史料拾遺――」（『歴史評論』三〇一号、一九七五年）に写真とともに紹介されたのが最初である。

(20) 網野氏前掲注（5）論文六九頁。

(21) 森山軍治郎氏『民衆蜂起と祭り』（一九八一年、筑摩書房）は㉕の「平均世直将軍」について「ここでは、宗教的権威に頼るのではなく、世俗の最高権威である「将軍」がもちだされたことになる。いずれにせよ、自分たちの蜂起が誰にたいしても説得力や威力をもちうるだけの権威をかつぎだすのが、幕末一揆の常套手段だったといえる」（一二二頁）と述べ、また「日本窮民為救」「諸国泰平」「天下泰平世直シ」という文言から「今般ノ一挙ハ、専ラ天下泰平ノ基ニシテ、貧民ヲ助ケ、家禄財産ヲモ平均スルノ目的ナレバ」といった困民党の農民の言葉を想起するという（一六二頁）。さらに「現在の秩父地方の祭りで、いまなお、「天下泰平」とか「五穀豊穣」と書かれた提灯や幟が登場していること」を紹介したうえで、「困民党の蜂起には、幕末の「天下泰平世直シ」の伝統と、恒例の祭りに「天下泰平」を祈願する伝統とが、ともに生かされていた」（一六二頁）とも述べている。なお一六三頁には、「天下泰平」という文言のある提灯をふくんだ秩父市栃谷の八坂神社祭風景の写真が掲げられている。ただ私は寡聞にして知らないが、このような文言を書いた幟や提灯がいつごろからつくられるようになったかが問題となろう。

(22) 佐々木潤之介氏は「幕末の社会情勢と世直し」（岩波講座『日本歴史13　近世5』一九七七年、岩波書店）の中で、武州世直し一揆（ただし、佐々木氏は独自の観点からこれを「騒動」と呼ぶ——同書三〇〇〜三〇一頁）に言及し、まず「この騒動がその発端に「世直し」を標榜したかどうかについても、疑問がある」と述べ、さらに「現在知りうる四点の「世直し」関係の旗幟を立てたとする騒動記録（144—一・二の岡・小島・内藤家文書及び・近世村落史研究会所蔵文書——原著者注）の記す頭取は、すべて不正確ないし誤りである。したがって、右の記録を根拠にして、この騒動が「世直し」を標榜したとはいえ」ないと述べている（同書二六二—二六三頁）。確かに、佐々木氏の言うように、右にあげられた四点の史料は問題が多いのであるが、しかし、果たして私達は、これまで「世直し」一揆を規定する際に、史料上に「世直し」と「標榜」されているから「世直し」一揆といえる、というような論法をとってきただろうか。ちなみに岡家㉕、小島家⑳、内藤家㉖、近世村落史研究会㉔である。

(23) 安丸氏前掲注（13）著書二六六頁。

(24) 前掲注（1）の旧稿で秩父事件の「軍律五ヶ条」の第一条とこの「盟約」の類似性を指摘しておいたが、桜沢一昭氏『草の根の維新』（一九八二年、埼玉新聞社）は、この「盟的」が「武州一揆から数えて約二十年後の秩父事件のさいの困民軍律の範にもなっている」（二〇〇頁）と述べている。

(25) 新井家文書にも「真能寺村太物渡世喜兵衛方ニ而木綿・反物等為出、各々たすき・鉢巻其外幡印様之もの等仕度いたし」とある（二—二一〇頁）。

(26) 拙稿「茨城県で発見した武州世直し一揆史料」（『呴沫集』2、一九八〇年）一二八頁。

（27）いくつか示しておくと、中村家文書には「乱妨人共坂下辰巳屋ニ而鉢巻・タスキ夫々支度之上、青梅中町機屋仙右衛門・上町吉野屋久兵衛打毀」とある（㈠—二一四頁）。また「桜陰筆記」六月十四日の条にも「飯能穀屋不残打こわし、三百人程之人数升屋ニ而さらしをきり鉢巻・手《た》すきを仕度いたし、仲屋、信濃屋ニ而も、引わらじ掛をとり」とある（㈡—三一頁）。

（28）「秩父近辺打毀一件」には、そのものずばり「祭礼同様」とある。次のとおりである。
徒党人数も追々入参《(来)》り縮緬五色また三色之はた三百人ニ一と流位ツヽニ押立数拾本、銘々之仕度は縮緬五色合襷をかけ三色合鉢巻も皆縮緬、何千人とも知れず祭礼同様之支度、面々鋸斧カケヤ鉄之棒抔を持升屋之店へ集り、見世之代品もの不残縮緬之□引裂腰ニ巻付二重ニ襷をかけはた《(旗)》ニ拵其乱妨見るに忍す……（県史—六七四頁）

（29）前掲注（21）著書で森山氏は「熱狂的な解放性だけが祭りの本質なのではない。祭りには、もう一面の本質として厳粛性がある。解放性と厳粛性という相矛盾する構造が、祭りのエネルギーを生みだし、「ケガレ」た「ケ」の状況を浄めることになるのだ。祭りの一面だけをもってきて、民衆運動に適用するのは正しくない」（二一一頁）と述べている。また西野辰吉氏『反乱と革命の陰画』（一九七七年、三一書房）は、「暴動と祭をオーバーラップさせるのは、単純すぎる考察であるようにわたしにはおもえる。祭は公秩序に許容された習俗だが、暴動は公秩序にたいする反乱であって、どうしようもなく異質なのだ。祭またその性質をもつおかげ参りは処刑されることはないが、たとえば打ちこわしが伝承しているのは、財物破壊と民衆の規律と、それから層々とつみかさなる処刑の歴史である」（一三三頁）と述べている。

（30）安丸氏前掲注（13）著書二四八頁。

（31）打ちこわすことを目的にした打ちこわしがあったことは、拙稿「武州世直し一揆における打ちこわしの様相」（『学習院史学』第一六号、一九八〇年）で検討した。

（32）次節で検討することだが、一揆勢はその得物もこのようにして調達している。このほか内藤家文書にも「鉄物屋ニ而は鋸・鉞・よき等打こわし道具ニ持行」とある（㈡—一一一頁）。また、比企郡上野本村の名主で打ちこわしにあった大谷家の「御見分書」には「農道具一切紛失仕候」とあるが（(二)—一五四頁）、これもおそらく一揆勢が「打ちこわし道具」として持っていったのではないか。一揆渦中における一揆勢のこのような調達行為を裏づけるかのように、一揆鎮圧後の六月二十二日、蔵敷村組合の村役人は江川代官配下の役人から次のように言い渡されている。すなわち、「以後万一打毀し様之儀有之候共、食物焚出或は道具等貸遣し候は勿論、人足等差出候而は不相成」（(二)—九七頁）と。ただし、これでみると、中には得物を一揆勢によって略奪されたのではなく、自分から貸与した者もあったように思われる。

(33) 入間郡川越町「船津氏日記」には、一揆蜂起の六月三十一日条に「おなし（てけよし）」とあり、以下十四日「てけよし」、十五日「夜ニなり雨いたくふる」、十六日「よへより雨をヤミなし」、十七日「雲多し雨もすこし」、十八日「くもる」、十九日「てけよし」、二十日「おなし」とある（(一)—六六—六九頁）。高麗郡新堀村「桜陰筆記」には、六月十三日「晴る無雨風あり涼し」、十四日「晴」、十五日「晴、八ツ半時雨来る」、十六日「雨」、十七日「晴」、十八日「晴」、十九日「晴」、二十日「晴、夕雷」とある（(二)—三一—三二頁）。

(34) 私は寡聞にして知らないが、明治十七年（一八八四）の秩父事件に蜂起した困民軍も鉢巻・たすきをつけていたようである。例えば、十月三十一日の警部長への報告中に「風布村山中ニ在リテ各自銃砲或ハ刃剣ヲ携へ、白布ノ鉢巻ヲ為シ、同シク襷ヲ掛ケ、凡ソ八・九十名屯集」とある（『秩父事件史料　第一巻』埼玉新聞社出版部、一九七〇年、八頁）。また「秩父暴動始末　二」には「兇徒ハ白布ヲ以テ鉢巻・襷トナスノ報ヲ聞キ、我兵ハ鬱金布ノ襷ヲ以テ標ト為シ、加フルニ白布ノ肩襟ヲ用ユル者トス」（同書九三頁）とある。これによると、鎮圧軍もまた「標」としてたすきをつけていたことが知られる。この秩父事件や、あるいは明和の大一揆その他の一揆との比較をしてみる必要を痛感しているが、不勉強でそこまで及ばなかった。指摘のみにとどめる。

なお網野氏は、鉢巻について「もしも鉢巻が「異形」であり、蓑笠などと同じ意味を持つとするならば、戦時中、われわれは軍国主義に奉仕するためにこの衣裳を一斉につけたことになる。とはいえその故に、柿色や鉢巻自体を忌み嫌うことからは、真に革命的な思想は決して生れないであろう」と述べている。前掲注（5）論文七五頁。

(35) 念のために掲げておけば次のとおりである。
一揆打潰一条到来書状写
大急用
以廻章申達候、然は打こわし一条ニ付、其村々惣百姓十五才以上之者不残明十八日早朝宮地迄可罷出候、若不参之者有之ニおいてハ不残打こわし可申候間、尤銘々得物之義は刀脇差等決て持参致間敷候、但シ四ツ子《（四ツ子鍬）》・鎌・鋸様之物持参可致候、道筋之者往還端え食物施し出差置可申候事
寅六月十七日
藤谷淵村　金崎　皆野　黒谷　大野原　宮地　大宮郷　上田野　影森　久那　日野村　白久　贄川　大滝
筋村々

(36) 拙稿「武州世直し一揆被捕縛者の赦免歎願」（『呴沫集』3、一九八一年）一六七〜一六八頁。

(37) 安丸良夫氏は「一揆に参加するものは、原則として成年男子であった。年齢が明示されるばあいには、かならず一五歳以上六〇歳以下の男であり、同年齢帯の男の全員もしくは二戸に一名が動員された」と述べている。前掲注（13）著書二二四頁。ただし、どの程度信憑性があるのかわからないが、田村栄太郎氏が紹介している上野国北甘楽郡富岡の「黒沢文書」（加藤安雄氏写）には、一揆の「大将分」を書き上げたあとに、二人の女性をあげている。参考までに掲げておくと次のとおりである。前掲注（18）著書一一三頁。

おわし　同谷津木引の妻也　廿八才ばかり
右のおわしの仕度は、紺飛白単物晒《こんかすりひとえものさらし》、後八巻《うしろはちまき》、縮緬《ちりめん》の襷《たすき》、ふとり（太織）の三尺(帯)、編笠かぶり、まさ切《かり》を持ち、万人の人恐れけり。

おとひ　同じ身分也。此女身持（妊娠）也。三十五才也。
右おとひは、白地の単物《ひとえもの》、黒五絽《ごろ》の後八巻、茜《あかね》の三尺、桃色縮緬《ちりめん》のたすき、八寸刃のよきを持ち、腰に砥石《といし》をさげ、まことに不器量の女也。

（38）（39）ヨキ（与支・与岐）とタヅキ（多都岐・鋳・鐇）はともにオノの一種である。ヨキは比較的刃幅の狭い、細長いオノ。タヅキほ、広刃の斧である。村松貞次郎『大工道具の歴史』（一九七三年、岩波新書）九九頁。

（40）不詳であるが、土蔵の窓かね、土蔵の魚かねと同類のものか。

（41）（42）（43）これらはともにろくろ〔轆轤〕の別称である。まんりき〔万力〕。かぐらさん〔神楽桟・神楽山〕。しやち〔車地・車知〕。ちなみに奥村正二『火縄銃から黒船まで――江戸時代技術史――』（一九七〇年、岩波新書）一九四頁に、「おかぐらさん」が図示されている。

（44）前掲注（26）拙稿一二七頁。

（45）（二）一一九七～一九八頁にも、ほぼ同趣旨が述べられている。

（46）こういったからといって、豪農の家が次から次へとひき倒されたというわけではない。普通は屋根や庇を破り、天井や柱に疵をつけることで終わっている。建物まで完全に倒すというのは、その極端な例である。ところで西野辰吉氏は、東アジア反日武装戦線による企業連続爆破事件を、この打ちこわし――豪家の大黒柱を鉈や斧などで傷つける――との類比で考えている。すなわち「建物のわずかな部分を壊して企業を攻撃したなどというのは、ドン・キホーテふうな錯覚でしかないと、かれら（東アジア反日武装戦線）の爆破事件についていうことができるが、浅く打ちこまれただけの豪家の大黒柱の傷も、損害としてはとるにたりないものでしかなかった。それは民衆による制裁・懲罰の象徴としての意味しかもたなかったのである」と。前掲注（28）著書一二八頁。ちなみに前掲注（24）の桜沢氏の著書には、「武州世直し一揆の打こわし跡」として、木の階段などに切りこみのはいった飯能市の新井家穀倉内部の写真が口絵として掲げられている。

（47）やや話はそれるが、森山軍治郎氏によれば「物を盗みたるものは打殺すべし」という規定が、天明三年（一七八三）の上州から信州佐久地方へと広がった打ちこわし一揆にもみられる由である。前掲注（21）著書一五九頁。

（48）大石慎三郎氏「農民闘争より見た元禄・享保～明和期について」（『歴史学研究』二六〇号　一九六一年）二一頁。山田忠雄氏「宝暦―明和期の百姓一揆――権力との対応をめぐって――」（『日本経済史大系4近世下』東京大学出版会、一九六五年）一六〇～一七四頁。なお、大石氏が全国令であると理解するのに対し、山田氏は局地令とみるべきだとしている。この見解の相違を踏まえながら、具体的事例について検討したものに中島明氏「一揆鎮圧と鉄砲の使用について――天明三年・川越藩前橋分領一揆の場合――」（『歴史評論』三一二号、一九七六年）がある。

(49) ところで、一揆勢の死体は新町宿・本庄宿では次の様に処理されている。「右両宿即死之儀は、六月十九日ニ芋びつ之ようの穴をほり所々江ほりいけ、大悪人と申せいさつを立候由ニ承り申候」（㈠一一五頁）。

(50) 森安彦氏前掲注（3）著書四五五～四六一頁。中島氏前掲注（18）論文六～一一頁。

(51) 例えば、風布村の民生委員で花火師でもあった宮下沢五郎の「裁判言渡書」に次の記事がある。「（一一月）三日、木嶋善一郎外一名ト横瀬村町田代造ヲ訪ヒ木製ノ烟火筒ヲ借受ケ、破裂丸ヲ製造シ大野原村ニ進ミ該烟火筒ヲ要所ニ据ヘ官兵ノ襲撃ニ備ヘ、四日、善一郎ニ属シ百五六十名ト小川口ヲ衝カント欲シテ路ヲ三沢村ニ取リ、村境粥新田峠ニ於テ善一郎ト共ニ烟火筒ヲ放チ、砲声ト共ニ鯨波ヲ作リ阪本村ニ進入シ大ニ人心ヲ煽動シ」云々。この働きによって宮下沢五郎は重禁錮二年に処せられている。『秩父事件史料　第二巻』一八九～一九〇頁。

(52) 鎮圧軍に加勢した大宮郷勢は「御上意之声ヲ懸ケ数千人中を切立欠廻」っている（㈡一三一頁）。

(53) この点で、困民軍蜂起の際、風布村の組織者大野苗吉が「乍恐、天朝様ニ敵対スルカラ加勢シロ」と叫び参加を呼びかけたのとはかなり相違しているように思われる。井上幸治氏『秩父事件』（一九六八年、中公新書）八三頁。

(54) 西野辰吉氏は、「明治維新後の農民騒擾について、農民にとって政府がたたかわなければならない体制の権力だったのに、身近の藩吏や豪商にしか闘争が向かなかったというふうに、ある歴史学者が書いている。これは綱領型の思考の一例で、政治体制の図式から、頂上を満点とし、末端の藩吏豪商しか相手にできなかったのでだめだというふうにはたらいている思考である」と述べている。前掲注（29）著書一八〇頁。また安丸良夫氏は、「人を殺傷するための武器をもたない一揆勢は、こうした組織された暴力によく対抗することができなかった。百姓一揆は、農民たちにとって、共同性の世界の内部において、自明の〝悪〟を除去する行為であり、したがって自明の正統性をもつものだったが、そのゆえにまた農民戦争ではなかった。むきだしの軍事力が一揆勢にむけられるばあい、鎌や鍬などの農具をもった村の農民の集まりであり、軍事組織ではない一揆勢は、たちまち敗走せざるをえなかった。武器をもたなかったこと、すくなくとも組織的にはそうであったことは、民衆の精神史的伝統としてはすこしも不名誉なことではなかろう。しかし、組織された軍事力、とりわけ鉄砲をともなうそうした軍事力に長い期間にわたって抵抗することは、百姓一揆にはほとんど不可能なことであり、したがって、蜂起した集団の高揚も数日をいでずしてこうした軍事力によって抑圧されざるをえない性格のものであった」と述べている。前掲注（13）著書二三一～二三二頁。

(55)　西野氏前掲注（29）著書一三五～一三六頁。

(56)　西野氏前掲注（29）著書二〇三頁。

(57)　安丸氏前掲注（13）著書二二二頁。

(58)　塚本学氏は著書『生類をめぐる政治――元禄のフォークロア――』（一九八三年、平凡社）を、「徳川政権が鉄砲に対して厳重な統制を行ったというのは、必ずしも実証された史実ではない。そして、一七世紀末、現実に、少なからぬ鉄砲が村々にあった」（九頁）とする指摘から説きおこしている。

(59)　西野氏前掲注（29）著書一二三頁。

(60)　網野氏前掲注（5）論文七五頁。

(61)　勝俣氏前掲注（6）著書一二九頁。勝俣氏の著書には啓発されるばかりであるが、次の点については疑問がある。すなわち「世直し一揆のなかに、ことさら参加主体の倫理性、規律を求めることは、私にはあまり意味があるとは思えない。現実には、集団的盗み、掠奪、放火がおこなわれたのは当然であり、むしろ重要なのは、規律をよびかけたなかにもその目的として明確化されている「猫のわん」まで打砕けという破壊の意味であろう」（一八七頁）と述べているうちの、「集団的盗み、掠奪、放火がおこなわれたのは当然」とする点である。私も、ことさら倫理性、規律を求めるものではない。しかし、少なくとも武州世直し一揆をみるかぎりでは、集団的盗みや掠奪、ましてや放火の事実はほとんどみいだすことができないのである。この点で、中世の一揆と近世の一揆を単純に同一次元で把えると誤ってしまうのではないか。ただし大舘右喜氏によって「打毀し大尽」とよばれる者の存在が紹介されている。武州世直し一揆においても打ちこわしに乗じて財をなした者がいたわけである。しかし、そのよび名が蔑称であることも忘れてはならないであろう。大舘氏前掲注（19）論文七二頁。

（62）安丸氏前掲注（13）著書二二三〜二二四頁。

〔初出〕『学習院大学史料館紀要』（第一号、一九八三年三月）

第三部　研究ノート

慶応二年武州世直し一揆再論

大舘右喜

一　はじめに

慶応二年六月、武州飯能村の穀屋打毀しに端を発した騒動は、忽ち民衆の大蜂起となり武州・上州を席捲した。その展開は広域・同時・多発的であり、世直し一揆とよばれた。蜂起の中核は貧農・半プロレタリアであり、かれらは在村周辺の村共同体を衝き動かし、化成期に幕府が組織した組合村体制を一瞬、動揺の坩堝に陥いれた。危機に迫られた幕藩権力と震撼した地域有力者層は、輸入鉄砲を主体とする武力弾圧と、組合村を中核とする慰撫体制の構築により、治安の回復・維持につとめたのである。

武州世直し一揆研究の成果は蓄積されているが、その全容は集約し得ない。また分析視点も、寄生地主制下に胎生した貧農小作の騒動、あるいは幕末維新期の民衆蜂起を、変革の問題として把握する視点など多様である。このたび私はかつての武州一揆研究への若干の関りを省みて、その総括の一端を披瀝し、拙い研究を再開しようと思う。分析視点のひとつは、民衆に支持された世直しの正当性とは何か、との自問自答より出発する。

周知のごとく武州世直し一揆にかかわる第二次大戦後の本格的な調査報告は『埼玉縣比企郡平村の歴史と史料』（関東地方史研究会、研究資料第五集、一九五三年刊行。ガリ版印刷、全一〇七頁）であり、この報告書にみられる「幕末の動向—慶応二年の打毀し事件を中心に—」と題する佐々木潤之介氏の分析を嚆矢とする。

その後二〇年を経て、武州世直し一揆の波及した全地域を踏査し、一揆の全容を分析した近世村落史研究会執筆論文『歴史学研究』四五八特集号「幕末の社会変動と民衆意識—慶応二年武州世直し一揆の考察—」）が発表され、研究の新段階を迎えたのである。ついで県史・市町村史の編さん事業が展開するとともに、この一揆に関する事例報告をふまえ、多数の論文が発表されたのである。

なお、外国人の研究もあり、旧稿で紹介した Patricia Sippel, "Popular protest in early modern Japan: The Bushu Outburst"Harvard Journal of Asiatic Studies, vol.37:No.,2. December 1977.［近世日本における民衆蜂起—武州一揆—］（パトリシア・シッペル著）を再読し、示唆をうけた。

二　一揆の概要

（一）　ひとつの前史

中山道武蔵国本庄宿本陣に次のような一通の文書がのこされている。

口上覚

奇特人名前書・割賦頂戴人之印紙三冊とも、小川屋喜三郎ヲ以、元〆様江差出候所、殊之外御悦ニ而、さすが本庄宿丈ヶ有之行届候段、格別ニ御賞美早速ニ御代官様入御覧ニ、猶其筋へも可申立、右奇特之ものへハ、追而御賞誉之御沙汰も可有之候、左様ニ可心得旨岡本様被仰聞候、右之次第ニ付、右印紙帳三冊共いまた御入用之趣ニ而、御下ヶ難被下旨御承知可被下候、依而は御控無之而ハ後々御手数も入候事ニ存候間、一昼夜相掛ヶ私写し取、今便ニ差上申候、尤夜中認メ殊ニ愚筆見苦敷ハ御座候へ共、無之よりましと存認メ申上候、猶御能筆ニ而御うつしかへ可被下候、

二月晦日　　　　　　　　　　　　江戸詰　半蔵

万延二年（文久元）〈一八六一〉二月晦日の夜、本庄宿年寄役で江戸詰の半蔵（戸谷氏）が江戸から村へ送った「口上覚」という文書である。書面によれば本庄宿の奇特人が宿内の困窮人に対して、施金や施米をなし、宿内の不穏な騒立て（騒動）を鎮静化したことが窺える内容である。半蔵は公事宿の小川屋喜三郎を通して、この一件の全容を記した三冊の報告書類を提出したのである。披見した関東取締出役等は、本庄宿の身元宜敷者たちの対応を、行き届いた措置であると称賛し、御代官所へ届けるので、いずれ奇特者は褒賞されることであろうとの、伝言をえたという。半蔵はこの記録を提出前に、一昼夜をかけ全て筆写し、急ぎ本庄宿へ送付したというのである。さて三冊の文書を繙きながらこの一件を追求してみよう。

安政の開港以後、関東地方の経済的変動は、人々の予想を越えた大型台風のようなものだった。物価の騰貴により多数の人々が葉も枝も飛ばされて、根こそぎ倒された樹木同様に傷ついていた。とくに小作貧農層や、宿駅・宿町の日傭層は痛烈な打撃を受け、夫食にこと欠くものが続出した。

東海道とともに江戸へ下る主要幹線、中山道の武蔵国児玉郡本庄宿では、万延二年二月（文久改元となる数日

表１　万延２年（1861）本庄宿の戸数内訳

高	惣家数	宿役人	本百姓	水呑	寺	庵室	堂	修験	時宗
石　合 2158.225	軒 1008	軒 16	軒 415	軒 554	7	6	3	軒 1	軒 6

表２　万延２年（1861）本庄宿の人口内訳

惣人数	男	本百姓男	水呑男	僧・修験	陰陽師	盲人男	下男	時宗男
人 3805	人 1878	人 774	人 982	人　人 18・1	人 3	人 5	人 86	人 4
	女	本百姓女	水呑女	尼	飯売女	医師	下女	時宗女
	人 1927	人 802	人 1027	人 2	人 42	人 5	人 49	人 5

前のこと）、生活に窮した人々が米穀を求めて示威行動に出たのである。

当時の中山道各宿駅は、大方周辺村落から流入した没落貧民の溜まり場と化していた。本庄宿より関東取締出役へ提出した報告書を用いて、宿場の社会構成を単純な数量的整理により瞥見したのが表1・2である。村高二一五八石余、人口三八〇五人、家数一〇〇八軒、このうち宿役人・宗教者などを除き、本百姓四一五軒、水呑百姓五五四軒である。じつに五六パーセントの戸数が貧しい「家」であったと想定できる。当然のことながら本百姓人数一五七六人、水呑人数二〇〇九人であるから、七六パーセントの住民が貧しい「人」の群れであった。さらに下男・下女をここに加えるならば八〇パーセント超が、経済の変動により翻弄された窮民であったと考えられよう。

横浜開港と内乱状況により、物価は高騰し米穀は欠乏する。宿場貧民の生活維持は危機的状態になった。報告書によれば、米穀を欠いたその日暮らしの店借層が施米を求め、宿内各所に集結し蜂起寸前の動向であったという。

宿内騒立て（騒動）と呼ばれたこの事件は、中山道を巡廻中の関東取締出役などにより鎮圧された。ただちに頭取の糾明が開始され、中心人物と目された住民が捕えられ、その家主や隣人が呼出されたのである。表3のように、捕えられた与四郎の場合は家主八右衛門と隣家弥七が事情聴取のため出頭している。捕縛者は与四郎のほか友吉・長五郎・三之助店熊蔵・梅太郎・直蔵・徳次郎・久兵衛店熊蔵・清蔵・伊勢松・良助・弥惣兵衛・健次郎・武助など一四名である。

また捕縛に向った捕方の隙をみて出奔したものもいた。久右衛門・与平次・喜兵衛・鷲蔵・幸五郎の五名はいずれかへ逃亡したのである。中心となって騒立てたものは、大方が借家や同居人であり、貧困であったと想像さ

表3　万延2年2月本庄宿騒立一件御糺し内訳

頭取人	事情聴取人
百姓八右衛門店　与四郎	家主八右衛門，隣家弥七
迎楼庵店　左助倅友吉	隣家嘉兵衛，隣家林蔵
百姓伊兵衛店　長五郎	組合　太市
百姓三之助店　熊蔵	家主　三之助
百姓吉左衛門店　梅太郎	隣家　嘉右衛門
幸五郎後家たき店　直蔵	隣家　長吉
百姓安兵衛店　徳次郎	隣家　貞蔵
百姓久兵衛店　熊蔵	組合　勝蔵
百姓吉左衛門店　清蔵	隣家　政右衛門 組合七郎兵衛
百姓佐右衛門倅伊勢松	隣家　助右衛門，隣家五兵衛
百姓良助	隣家　甚兵衛，隣家惣吉
百姓弥惣兵衛	組合　源六，隣家五兵衛
百姓安兵衛店　健次郎	権右衛門店清兵衛 四郎右衛門後家居清兵衛
百姓幸五郎後家たき養子武助	組合権右衛門 組合伊兵衛
出奔人	**事情聴取人**
百姓善五郎店　久右衛門	組合久兵衛，七郎右衛門後家つね居吉三郎
百姓仁三郎事与平次	親類金兵衛，組合太郎平，組合吉右衛門
百姓善兵衛	組合佐吉，隣家次兵衛
百姓久兵衛店　鷲蔵	組合の者
百姓久兵衛店　幸五郎	組合の者

れる。

この本庄宿一件は大騒動になろうかと危惧されるほど数多困窮人が集結したので、宿駅では本陣・問屋・名主などが、急遽「小前困窮人」に対して施米・施金を行う旨を周知させ、対応におおわらわであった。

対策を協議したのは本庄宿の百姓代平八外九名、組頭忠左衛門外三名、年寄半蔵、同左惣次、問屋善左衛門、同伊左衛門、同茂右衛門、同伝右衛門、名主忠蔵、同森田市郎左衛門、同森田助左衛門である。かれらは早速、小前困窮人に対して、日数六十日間（二か月）白米七合づつ低価格で小売すると伝えた。しかし困窮人が余りにも多数のため、米搗方も手がまわらないほどであり、また、小前層もできれば銭で受取りたいとの意見を出した。それゆえ一名につき銭一貫文宛を平等に施金することになったのである（五人家族ならば五貫文）。

万延二年（文久元）二月、中山道本庄宿の困窮人は一九一九人と算定された。したがって銭一九一九貫文となる。当時、本庄宿では金一両が銭六貫五〇〇文であったから、金に両替して二九五両と銭一貫五〇〇文となる。この計算にもとずき危機的状況となった二月十日から十四日までの五日間、穀屋仲間は米の安売りを実施して困窮人の騒動を鎮めたのである。その内訳は新田町上分四一貫五〇〇文、新田町下分三三貫三〇〇文、上町二二貫文、仲町一七貫五〇〇文、本町三九貫一二四文、台町三九貫五〇〇文、寺坂町二八貫一二四文、七軒町一八貫五〇〇文、合計二三九貫五七六文、金に替えて三六両三分と七〇四文が支出されていた。それゆえ人数分と合わせ、金三三一両三分と銭二貫二〇〇文が施金されることになった。

万延二年（文久元）二月の中山道本庄宿の騒動は、表4の施金者一覧ごとく「身元のもの」と呼ばれた宿場の富裕者から施金させ、打毀しなどの実力行動寸前においてくい止められた。

集結した困窮人たちが共有した施金・施米要求の原理は、「身元のもの」・「身元宜しきもの」は地域経済の拠点である宿駅において蓄財をかさねたものであり、貧農の存在あっての成長であろう。したがって、一旦緩急の事態になれば小前の飢渇を救済すべきであろう、という経済道徳を、「身元宜しきもの」に確認させる要求であった。騒動の頭取層が捕縛され圧力に屈して解体したが、二千人に垂んとする困窮人の騒ぎ立ては、施米・施金の実行という、日常的道徳の達成により収束されることになったのである。

この年の二月晦日、最初に述べたごとく、江戸より宿駅の本陣へ書状を送った本庄宿年寄役戸谷半蔵は、出金に応じた奇特人の名前書と、施金をうけた全ての困窮人の記録合計三冊を、取締り役宅に届けたところ「さすが本庄宿丈ケ有之行届候」措置であると称賛されたと報じている。

本庄宿における身元のものが、伝統的経済道徳の一端を披瀝して施米・施金に応じたので、騒動は鎮静化した。しかし施金者のすべてが経済道徳を容認したものではない。前掲の如く騒動初発段階の五日間、白米の安売りに

表４　万延２年施金者一覧（抄出）

出金者	出金額
森田　助左衛門	15両
元年寄弥三郎後家はん	15両
百姓　武右衛門	15両
年寄半蔵店　藤　吉	15両
百姓三左衛門店　次兵衛	15両
百姓　仙右衛門	15両
同　吉郎兵衛	10両
同　伊兵衛	10両
同　政右衛門	7両2分
同　孫兵衛	7両2分
同　平三郎	7両2分
同　泉右衛門	7両2分
同　孫兵衛	7両2分
同　七郎次	7両2分
組頭　忠左衛門店　清蔵	27両
百姓　吉兵衛店　平蔵	22両
百姓　七郎兵衛	16両1分
同　次右衛門	16両1分
問屋伊左衛門店　武左衛門	8両1分
百姓三左衛門店　利助	8両1分
百姓　幸兵衛	7両1分
問屋　伊左衛門店　佐太郎	7両
百姓　平三郎店　与吉	7両
（その他少額者省略）	

応じた穀屋仲間は、安売りは「損金」であったと記しているのである。

また本庄宿では困窮人の騒動のさなか、宿内御伝馬代役を引受けていた二七名の馬曳は、穀物値段の高騰により馬飼育も困難状態であるとして、飼料助成金の要求を出した。名主兼問屋森田市郎左衛門ほか有力者二〇名は、難渋馬二七疋に六〇日間、一日につき麦二升宛を助成することをきめ、その費用金一九両と銭三七九文を出金し、御伝馬代役のものに麦一石二斗宛を与え懐柔している。かように一八六〇年代をむかえ、困窮人集団による不穏な動きが簇生するのである。

なかでも慶応二年（一八六六）六月、蜂起寸前の窮民に米穀安売りを実施し、危機を切り抜けた川越城下町の騒動は、武州世直し勢の蜂起数刻前の事件としてひろく周知されている。

窮民御救安売米仕法左之通

一売場之義者、南町近江屋津留方江被相立候事

一御蔵米付込之義者、御勘定奉行江掛合上、町郷分水車喜右衛門江付込、於同所ニ搗立候事

一銭百文ニ付白米三合売之事

一買主之名前承、凡帳面江記置、一日一人三合之積を以、家内人別ニ応、被売渡候事

但町村役人共より極貧之者江札相渡置、右札持参之者江被売渡、持参無之向江者被相断候事（略）と、安売りを実施し、頭取の捕縛も、「打毀し候義にも無之、此場手入と相成候得者、難渋之上の難渋ニも可相成」と探索を中止したのであった。

（二）　武州世直しの蜂起

慶応二年（一八六六）六月十三日、武蔵国秩父郡上名栗村（現飯能市）の窮民は同国高麗郡飯能村の在郷商人に対し、山間村落への米穀流通・安売り・施米などを求め、打毀しの行動を起こした。

同村の百姓紋次郎・豊五郎、同国多摩郡下成木村組頭喜左衛門、同郡二俣尾村百姓槙次郎、その他近郷の同志は、通称わらび谷の山中に集まり、米穀の安売り・施米施金や質物質地の無償返還を求めて、広域・同時・多発的蜂起策を練ったのである。そのうえで、周辺の山・谷沿いの村々にオルグを派遣し、蜂起の趣旨と組織・行動形態を周知徹底させたようである。これらの遂行に当たり中核的指導者となったのは喜左衛門であった。かれは成木石灰を取引し、織物・染色・紙漉生産地帯の貧農・半プロ層と広く交流していたからである（『近世史藁』第二号参照）。かれは後日、一揆発端村の紋次郎・豊五郎と共に頭取と目されて捕縛のうえ、厳罰に処せられている。村落共同体を人足方式に動員する打毀しの組織性において、指導的な役割を担っていたと見られるのである。

さて化成・天保期以降、没落農民が激増し、その一部は小作農民としての生計も維持できず在郷町へ流入し、不穏な窮民と化していた。米欧勢力の日本への接近は安政の開港となり、社会的な格差は拡大した。農民的小商品の生産に農事の全てを投入せねば、糊口の道を閉ざされる貧農にとって、浜商人（主として生糸稼ぎ）と在方高利貸の暴利行為は許し難いものであった。村々から怨嗟の声があがり、加えて同年、長州再征伐用兵粮米の徴発による米価高騰、加えて夏まで続いた寒気団による霜害によって、桑葉・麦の腐凋れは凶作を予感させ、飢渇が迫っていた。ここに慶応二年の一揆が武州・上州の畑作雑穀経営・養蚕地帯を席捲するひとつの要因が存在するのである。

〈―慶応二年五月十六日くもる、昨日の雨に青梅の村あたりは、雪ましりといふ、いかならんか、もともさむきことは、如月の頃にもまされり〉〈慶応二年一月晴れ十八日、雪・雨・曇天十一日。二月晴れ十三日、雪・雨・曇天十五日。三月晴れ十九日、雨・曇天五日。三月晴れ十九日、雨・曇天五日。四月晴れ十八日、雨・曇天十二日。五月晴れ九日、雨・曇天十七日。六月晴れ十日、雨・曇天十六日―〉

（三）　世直し勢の要求

武州一揆の打毀し勢は「打毀し連中」と称し「世直し」の文言を用いて参加を強制した。（以下読み下し文）

①村々継立を以て先触の書付には今般世直しの為打毀致候儀に付、名当の村々一五歳より六〇歳迄の男、斧・鋸・かけや・得物を携え村境迄出迎い致すべく候、万一遅滞に及び候村々は名主を始、残らず打毀焼払可申候、条々相認村々残無く可相回候

②大急用以廻章申達候、然は打毀し一条に付、其村々惣百姓一五歳以上の者残らず明一八日早朝宮地迄可罷出、若し不参の者之有においては不残候間、尤銘々得物の儀は刀脇指等決して持参致間敷候、但し四つ子・鎌・鋸様のもの持参致すべく候、道筋の者は往還へ食い物施し差出可申候

この打毀し廻状は、秩父地方の御用留に記録されているが、初発段階の地域においては廻状よりも、村民が慣習的に用いた「言い継ぎ」という「大声で叫ぶ」情報伝達であった。一揆勢の指導者は、前掲の要求条項とともに、諸村に参加人足の動員と、飲食の用意を求めて先導し、その地の村役人を同道し、豪農・富商に要求項目（施金額・施米量）を突きつけ、村役人立会いのもとに応諾させたのである。そして要求の実現は道徳的行為であるとして、村落共同体に一任させた。

世直しは多数の人足動員を背景におこなわれた。世直しの頭取たちは、村役人層を利用し「村」が要求項目を

豪農に承諾させる形態を求めた。施金・施米・質物返還などの諸要求は、非日常的な「世直し様」や「悪党にあらず打毀し様」などに対して承諾するのではなく、現実の「村」に対して応諾すべきことであった。世直しの要求項目が打毀しの高揚期・狂乱オルギッシュな情況下で結ばれた「空言」ではなく、まさに日常性としての村共同体、および村役人を媒体とする応諾の成立としたのであった。したがって世直し消滅後もこの応諾事項は「村」世界と豪農との間に遵守すべき道徳として存在することの宣言であった。

後述のように、このような共同体としての世直し宣言を焼き直した換骨奪胎策が、慶応三年の領主・組合村による救恤態勢の構築であった。

さて打毀しは当然のこととして、交渉段階で要求を拒否した浜商人・高利貸・穀商人・地主などはその場で毀された。また一旦受諾しながら施金・施米などの約束を無視した不履行者は、村落共同体の信義に悖る者とみなし、徹底的に打毀した。地域が共有する、生業により獲得した富の蓄積を逸脱した経済活動を、反道徳的・非人道的とみなしたからである。したがって家屋・家財・金穀など全てを破却し、再利用を不可能とした。そして不法な富の偏在をなくす「世均し」が世直しであることを、大衆庶民自らの手で実行させ、認識させたのである。

③　小谷田村名主勘兵衛「当村物持ち共不残打毀候旨断有之、驚入何れとも任望、取計可申間、打毀之儀勘弁いたしくれ候様相嘆候処、家内相改候上ならでは勘弁難成旨強談有之、中略、炊き出しいたし、大勢の食物差出候はは勘弁可致旨之を申すにつき、村内申合せ右勘兵衛と名主文平・組頭勘右衛門・百姓惣助右四人にて十四日酒十駄・米二十俵程炊出し、其夜より翌十五日昼頃迄米十俵程、酒壱駄片馬程差出」

④　再び小谷田村へ「再び勘兵衛宅前江凡そ四、五〇〇人程も色々之旗押立、貝を吹押参り候ニ付、中略、名主勘兵衛宅は米安売りの請書で引揚、同村組頭勘右衛門宅は矢庭に家作打毀、土蔵五か所・醤油蔵一か所家作家

財衣類帳面残らず破り、それより名主文平方へ押参り家作物置其外土蔵四か所共打毀し、糸類家財衣類諸帳面勘右衛門宅と同様、引破り打捨て、両家とも飯米并味噌等は井戸江打込または庭先江撒き散らし、柱等は斧・鋸等を以て挽切または切割る」施金・炊出し請書を交わしても横浜稼の商人は、村落段階の商業活動を逸脱した反道徳的営利活動とみなし、徹底的破壊を加えたのである。

右のような①から④への行動原理は各地への展開過程において遵守された。たとえば六月十五日より十七日にいたる比企郡諸村の場合も小谷田村と同様にA→B→Cと展開し、最後に幕藩権力の武力配置に屈している。

乍恐以書付御届奉申上候

一御知行所武州比企郡上・下熊井村役人奉申上候、同州高麗郡山入り村々大勢相集り、当十五日未明飯能宿江押寄数軒打こわし、夫より南北江三・四手ニ相分り、追々人数相増、壱組凡弐千人或は三千人、当最寄之坂戸・松山・今宿・越生・小川在方村々悉打破、Ⓐ同日夜更ニ至り村方へ押寄、人足可差出旨申之、何様勘弁相歎キ候而も更ニ承引無之、若不承知ニ候ハヽ、即刻家別焼払可申様強勢ニ申之、無余儀上・下御三給ニ而人足弐拾人程差出候得共、追々立戻り候処、Ⓑ同日七ツ時頃村方江乱入致し、御相給本多様方下分名主孫兵衛居宅其外諸道具諸建物不残打破り、夫より川越辺江向押出申候、Ⓒ同十七日四ツ頃、又候小川辺より大勢押寄参り、前同様人足可差出旨申之候ニ付、無拠村方上・下ニ而十人程差出、途中より立戻り、尤悪党共之義は何方江参り候哉行衛相分不申、然ル処川越様坂戸宿其外最寄々江御出張有之、右悪党共可召捕旨村方継ヲ以御達有之、早々人足差出村々ニ而相防居、今以騒動相鎮不申、難渋至極仕候、右始末乍恐御訴奉申上候、以上

六月廿日

御知行所武州比企郡上熊井村年寄根岸惣右衛門
下熊井村名主　詠　蔵

御地頭所様御役人中

（小鷹家文書）

打毀し勢は富者から金穀を奪い、現場で分配する行為ではないことを周知徹底させている。言い継ぎや廻状の文言に、武器携帯の禁・殺傷の禁・金穀窃盗の禁・放火の禁などを掲げ、動員参加者にたいし農具・工具・伐採具など日常生業の諸道具を携帯せよ、と呼びかけている。また、一揆勢は富裕な家で見つけた食物や現金は、貧しい村民が拾えるように路上へ放置し、或は誰の利益にもならぬように井戸へ投げ捨てたのである。〈―打毀しの現場から密かに金穀を窃取し財をなしたものは、その後「ぼっこし大尽」と蔑視され、村落共同体から冷ややかな目を向けられた。ここに村落が共有する経済道徳観の存在を知ることができる―〉

（四）　世直し勢の拡大

六月十三日以降各地に波及した打毀しは武蔵国一五郡、上野国二郡に拡大し史料で確認できる打毀し軒数四六〇戸、参加者は武蔵・上野のほか相模・下野・常陸の出身者を含め十数万人を数えたのである。打毀しが激化したのは六月十六日前後で、この段階にいたると農民のほかに在郷町の住民、各地から集まった浮浪人なども加わり熱狂的な情景を惹起させた。

世直し勢は鎮圧方の鉄砲を警戒し「近村の者を楯に遣い」家屋・土蔵・店蔵・酒造などに一斉にとりかかり「先手の人数はシャチ并にカクラサンニ而弐拾五人または弐拾人ニ而持運び」それを数十人数百人が大綱を大黒

柱に巻きつけ一気に引き倒し、物品とも木っ端微塵に打ち砕いた。

打毀された家の様子をみると「店其の外土蔵之代品もの皆出し、米・麦・味噌・醤油・油踏み混ぜ、竜吐水ニ而水油をつきチラシ、井戸の中江油を落し入、屋根より天井板迄打毀し、柱は銘々根切り致し、其上シャチ二挺位かけ、縮緬之縄ニ而ひき潰し、何れも後の用弁に不相成候様に打毀、味噌漉しまで尻を突き抜き有之、多人数とは乍申能行届候事に候」と。

このように生産用具・商品・日用品にいたるまで、すべての物品を破壊した。たとえ味噌漉しでも、猫の椀まで踏み潰し、米穀も残らず泥土に踏み込み、井戸に投げ入れ、他日、商品として再生しえぬ状態にしたのである。こうした破却は施金・施米に応じない豪農・豪商に悪徳者の烙印を押し、かれらが得た富の不当性を暴き、その偏在を均す意思を示したのである。不法な蓄財を破壊により無に至らしめ、世直し勢と共通の社会層に均すことが必要であった。それは金銭財貨を貧者に分け与える次元のものではなく、まして略奪を容認することではなかった。世均しを体現した農民は、世直しの思想を身体でうけとめたと思料されるのである。

打毀し勢は増大し各地において要求をつきつけ、あるいは破却した。各地の生糸改め会所を破却し、南へ向かう一揆勢は横浜突入を意識し、西方では忍藩大宮陣屋（秩父市）を破却、さらに北西では岩鼻郡代役所を訴願の目標に掲げるなど、在地の豪農・富商への施金・施米の要求より転じ、政治性を帯びるにいたった。それは一揆勢に対する軍事的制圧が眼前に立ちはだかり、世直し・世均しの心性が危機感により崩壊したからであった。南は入間郡所沢で、北は中山道本庄宿などにおいて、夜を徹して篝火を焚き狂気乱舞した世均しの祭りから、一転、幕藩軍や、江川代官の農兵により襲撃され壊滅した。

豪農層の階層的結集である農兵による武力鎮圧は凄惨をきわめた。江川太郎左衛門役所は六月十五日、農兵に触れを出し「世直し勢を見かけ次第撃ち殺すべし」と、命令をうけた武州農兵諸隊は砲撃を開始し「倒れて叩頭し命ち助からんとするもの」や、泥田に土下座して「命乞いする農民」を無数に殺傷し、世直し勢を解体させた。容赦なく撃ちこむ農兵の銃弾は〈百姓社会の普遍的道徳〉が〈夢幻〉であることを眼前に提示していた。また、その銃弾が赤ひげの「死の商人」により齎された横浜開港の産物であることを、一揆勢の頭取たちは窺知していたのである。

かくして爆発的に展開した世直し勢の打毀しは僅か六日あまりで消滅し、その後は打毀し最中に豪農との間に結ばれた世直し項目の実現が、各々帰村した貧農の日常闘争として継続されることになった。

武州世直し一揆は安政開港以来の急速に深化した社会矛盾を打開する実力行動であった。それは世直し勢の蜂起の実態としてみるかぎり、世均し・世直しは打毀し主体の貧農にとって、安楽の世界や弥勒の世を村の現実として希求するようなものではなかった。また、幕藩領主にたいし「仁政」を要求する義民的蜂起ではさらになかった。また世直し勢は、新たなる社会形成の構想をもつものではなく、したがって既成権力に変革を求めるものでもない。かれらは自己の住む現実世界である村落を衝き動かし、最大の矛盾として意識した「伝統的な村を破壊した反道徳的経済活動」を止揚する行動としての世均しを、実現しようとしたのである。

（五）　各地弾圧の状況

六月十五日以降、打毀し勢が拡大した地域の代官江川太郎左衛門は、村落内の反社会的風潮を抑止し、治安維持のために養成した武州農兵の〈西洋銃隊〉を急遽動員した。そして横浜に向かう一揆勢を多摩川築地河原において壊滅させた。

また幕府老中井上河内守正直（遠州浜松藩主）は陸軍奉行配下歩兵頭並の河津伊豆守祐邦（のちに勘定奉行並より長崎奉行になる）に歩兵三中隊をつけて中山道へ派遣し、江戸へ向かう打毀し勢を道中において阻止。同様に武州川越藩も臨戦態勢をかため、武州忍藩松平下総守も家臣団を各所に配置し、領内大庄屋（各組の惣代名主）に指令を発し鎮圧体制を強化した。上州の高崎藩・吉井藩・安中藩・小幡藩・七日市藩なども武力配置を強化して鎮圧を続けたのである。

関東郡代岩鼻役所木村甲斐守勝教も中山道本庄宿における大規模な打毀しを迎え撃ち、また近接した上州新町宿で打毀し勢を制圧した。蜂起した貧民の死体は「新町宿・本庄宿、両宿近在共即死けが人、其数相知れず、即死の儀は、芋びつのような穴を掘り、所々へ掘り埋め、大悪人と申す制札を立候」（『武州世直し一揆史料』、第1巻、一一五頁）と。岩鼻郡代役所の役人は鉄砲・手槍等により、無差別に殺傷した。そして、多数の捕縛者を江戸などに送った。

各地における打毀し勢は十九日にほぼ壊滅し、参加者はおのおの郷村に戻ったが、代官・関東取締出役は一揆の頭取層の探索を続け、多くの捕縛者を江戸送りにした。また、くまなく廻村を実施して打毀し勢が各地の豪農・富商に応諾させた約束事項を全て破棄させたのである。しかし、村々においては世直し宣言を楯にして、質物・質地の無償返還を求める声は消えず、不満が燻り続け村内に対立感情が残されていた。

（六）　消える世直し請書

慶応三年二月、世直しの終焉をみて、幕藩領主層は各地の村落状況を調べ、窮民への施金・施米を領主の配慮と銘打ち、村の有徳者から支給するように指示した。すなわち、施金・施米の方法は各組合村単位にゆだね、組合村の有力農民が率先して撫育の先頭に立つような態勢を構築したのである。組合村に鎮圧体制と救済体制を併せ持たせるという、文政改革以来の役割を維持させたのであり、改革組合村の自治機能は、あくまでも武力配置のもとに起動するものとして、幕藩権力に包摂された次元の問題として処理させたのであった。施金・施米が世直し情勢下のそれでないことを銘記した、各組合村の指示の一例を紹介しよう。

武州多摩郡青梅村組合では世直し一揆の余燼消えやらぬ慶応二年六月二十七日、幕藩支配者の指示に先立ち、つぎのような「貧民救方組合村示談帳」（宿谷家文書）を作成した。

「　慶応二寅年六月　貧民救方組合村示談帳　青梅町元組合外三拾ヶ村」

一所々打毀乱妨人共発起におよび、一旦取慎り候様子ニ候得とも弥貧民取救方趣法、青梅村元組合三拾壱ヶ村一般示談之趣意左ニ

今般乱妨人共於所々及強談、急難為凌質物者無銭ニ而其侭相返し、商ひ物者元方ニ無之不相当之安売可致旨、任其意対談およひ候処、中ニ者心得違之向も有之、却而窮民助ニも不相成、譬安直段売出し候とも不相当ニ而者、人情厚貧民者買求兼、又可成ニ取続居候ものニ而も、薄情之族ハ所持之穀物他向江時相場ニ而売払、安売之穀物ヲ買取候もの出来可致、右様成行候而者人気落合方ニ不相成、殊ニ一時為凌乱妨人江約定致候義ヲ、村役人ニ而取用、其侭ニ致置候而者、重而御取締御出役様より御尋之節、中立ニも相成間敷、依之今般示談及候趣左之通

一青梅村元組合三拾壱ヶ村役人集会、村々之内身元宜敷もの夫々見込ハ有之候得共、村役人より一途出金高申談候訳ヶニも無之、銘々有志ものハ心得相立、聊ニ而も今般貧民救方施金員ニ被差加度と、自分自分よ

り申出、且村々役人取計も深実（ママ）之義と末々迄行届キ候様申談、出金高相整候様いたし、組合村施金高ヲ惣人別ニ割合、村々江引請、右引請候金高村役人見込を以、其村貧民江施可遣事

一商ひもの者、時相場売買可致事

一質物利足者是迄之通、金壱両ニ付鐚八拾文何品ニ不寄利足平等いたし、銭質者壱朱ニ相詰り以下是迄之通り、八ヶ月之処四ヶ月猶予いたし断之上可相流事

前書之通当組合村々示談行届候ニ付、其御組合ニおいても一同人気一致落合候様御趣法被下、市立之場所ニ而者別而行届方宜敷融通相成候様、御取計可被下候　以上

慶応二寅年六月廿七日

青梅町元組合外に三拾ヶ村　寄場役人惣代

年寄勘右衛門

与頭安兵衛

大惣代　友田村名主五郎右衛門

同　藤橋村名主雄右衛門

同　黒沢村名主才次郎

同　新町村名主文右衛門

川越領村々惣代大頭取　上長淵村名主直太郎

小惣代　西分村名主五郎左衛門

小惣代　大門村名主新三郎

直竹村寄場　大小惣代　御役人衆中

組合村示談帳の趣意は、一揆勢の昂揚と村方の騒乱状況の中で取交した世直し条項をもって、安売り・質物返還に応ずると混乱を生じるので、あらためて組合村側より原則を掲げておき、関東取締出役より厳禁されている世直し勢との約定の推進を中止し、その破棄を鮮明にすることであった。

この一般示談と銘打った趣意は、十日以前の世直し状況下にあらずして、平時の示談であることを強調している。また複雑な村民感情をも窺がわれる。人情の厚い貧民は、不当に安い値段では商店の心情を慮って、購入を遠慮するであろう。反面、薄情な人非人は、他所へ所有米を時価で売却し、貧民への安売り米を買い占める挙動に出るであろう。このような世情を看過しては、世直し意識を鎮静化することは出来ないのである。

殊に一時凌のために一揆勢と取交した約定を、各村役人一存の運用に任せては、関東取締出役に釈明ができない「一時為凌乱妨人江約定致候義ヲ村役人ニ而取用、其侭ニ致置候而者、重而御取締出役様より御尋之節申立ニも相成間敷、依之今般示談」というものであった。

寄場組合村は十日前、世直し勢と取り交わした条項を再構成して、既成の組合村体制を維持しつつ、施米施金などの主導権を発揮しようと試みたのである。

① 青梅村元組合三十一か村の村役人は、各村内有力者にたいして貧民救済の施し出金を要請し、その出金予定全合計額を組合村惣人数で割、これを各村々へ人数に応じて配分し、各村役人は自村の貧民に割合施すことにしたのである。

② 商人は各商品を時価で販売すること。

③ 質物の利息は従来通り金一両につき鐚八〇文とし、質流れは従来の八か月を十二か月に延長する。

この「一般示談」事項は隣接する武州高麗郡下直竹村組合村に「其御組合においても一同人気落合候様御趣法被下、市立之場所ニ而は別而行届方宜敷融通相成候様、御取計可被下候」と通知され、同組合村では直ちにこれを受け入れた。下直竹組合村には一揆頭取紋次郎の出身地、上名栗村（北川村組合）と近接した下名栗村が含まれ、同じく頭取の喜左衛門は同組合内の下成木村の組頭であった。それゆえ困窮民に対する救済と慰撫は火急の問題であった。

世直しの胎動を一気に拡大させた頭取は、蜂起の中核的存在であり、支援する者や縁族も多かったに違いない。同組合村が窮民対策に早急に着手せねば、燻り続ける怨火は再燃する。制圧に廻村した関東取締出役は、青梅元組合村・下直竹村組合などの対応策を汲み上げ、各地方へ実施触れを出した。同様の趣旨は代官支配地・各旗本による給地への触達、関東に領地をもつ大名からの触書など数多みられる。

慶応三年二月、下直竹組合村は組合村内救恤策に加えて、あらためて関東取締出役関口斧四郎宛に、支配権力が命じた救済策に応じて、「窮民救方并備金書上帳」を提出した。同組合村は同月、まず「窮民救方備金下調帳」により各村の実情を把握し、村の窮乏状況に応じて施米・施金を実施したのである。

表5はその全容を整理したものである。寄場名主の代表は次のようにのべている。

右者今般窮民救方之儀厚御理解被仰聞奉承伏、組合村々相談之上前書之通手当仕、猶後年非常之節貧民為凌方奉書上候処、相違無御座候、以上

慶応三卯年二月

一橋御領知武州高麗郡下直竹村寄場名主半左衛門㊞
篠山十兵衛知行所同州同郡上直竹村下分名主大惣代伴次郎㊞
大岡主膳正領分同州同郡上赤工村名主大惣代茂左衛門㊞
一橋御領知同州同郡原市場村名主小惣代清兵衛㊞
大岡主膳正領分同州多摩郡下成木村上分名主小惣代半兵衛㊞
松村忠四郎支配所同州高麗郡苅生村名主小惣代十兵衛㊞
関東取締御出役　関口斧四郎様

各村は、若干なりとも余裕をもつ家を調べ、備穀分より施米・施金として拠出しうる額を算定のうえ、窮民に割与したのである。

例えば表5の多摩郡富岡村は村高一九五石五斗余、家数六二軒、拠出額は備金として三九両二分、窮民は一八軒、これに与える施金額三〇両を要したのである。表6のごとく拠出者は二〇人であった。そして差引き九両二分は爾後の備金とするものであった。ただし同組合村のうち、岩槻藩大岡主膳正領の村々は領主からの拝借金を施金に充て、村民拠出金は全額蓄えられたのである。表5※印により知られるが、岩槻藩七か村以外は、村民からの拠出金穀をもって施し、残金は後年の窮民用の備えとしたのである。

下直竹組合村二四か村は、右のごとく窮民救済の施金を実施し、世直し状況下において、共同体との間に締結された要求条項の一端を遂行した。村内身元宜しき者の自発的拠出は表向きのことであり、村役人の恃みがあって燻る火種を収めようとしたのである。

急遽なされた慶応三年二月の施米・施金は複雑な問題を含む社会構成体間の妥協的産物であった。

同年三月、同組合村は、詳細な穀物調査を実施し、組合村の自律的救済を模索する。身元宜しき者からの曖昧な拠出施金策から脱却を期したのであろう。世直し頭取の「屋敷」は竹矢来で囲まれ、下成木村に厳然として存在するのであるから、同組合村にとって施米・施金・救済問題は、たんなる人心慰撫策では済まなかったのであ

（慶応３年２月）

窮民家数（軒）	領主拝借金	村備金残額	支配関係
7		28両	一橋家領地
2		29両１分	篠山氏知行
8		51両	榊原氏知行
15		稗20石	代官松村氏支配
15		稗35石４斗２升	同
12	※18両	25両	岩槻藩領地
5		稗10石	一橋家領地
15	※30両	35両	岩槻藩領地
14	※21両	27両	同
19		14両	一橋家領地
17		192両	同
8		杉木6000本	代官松村氏支配
0		10両	一橋家領地
0		50両	同
5		50両	郡代木村氏支配
3		30両	同
18	※30両	39両２分	岩槻藩領地
10	※20両	30両	同
9	※18両	15両	同
21		25両	中山氏知行
9		20両	同
21		30両	代官江川氏支配
27	※40両	27両	岩槻藩領地
14		20両	前橋藩領地

表５　下直竹村組合の窮民救済備金と施金の一例

郡名	村名	村高（石.合）	家数（軒）	村備金合計	窮民施金額
高麗郡	下直竹村	168.892	65	38両	10両稗10俵
同	上直竹村下分	128.701	49	36両２分	７両２分
同	上直竹村上分	54.284	31	76両	25両
同	中藤村上郷	147.255	43	稗76石	稗56石
同	中藤村中郷	114.971	42	稗72石５斗	稗37石８升
同	中藤村下郷	171.316	44	25両	18両※
同	曲竹村	50.856	14	稗27石５斗	稗17石５斗
同	下赤工村	150.713	53	35両	30両※
同	上赤工村	106.158	39	27両	21両※
同	原市場村	402.403	125	71両	57両
同	下畑・上畑村	343.045	73	192両	大麦16俵
同	苅生村	50.059	29	杉木6000本、籾	籾７石５斗
同	唐竹村	95.994	30	10両	0
同	赤沢村	373.021	107	50両	0
秩父郡	下名栗村下組	184.189	87	80両	30両
同	下名栗村上組	102.109	41	68両２朱	38両２朱
多摩郡	富岡村	195.549	62	39両２分	30両※
同	下成木村下分	128.047	47	30両	20両※
同	下成木村上分	127.227	38	15両	18両※
同	上成木村下分	266.234	119	52両	27両
同	上成木村上分	199.250	102	40両	20両
同	北小曽木村	131.489	70	40両	10両
同	南小曽木村下分	233.679	98	52両	25両・40両※
同	南小曽木村上分	138.052	60	52両	32両

注　森安彦（前掲85頁８表）を補足。（宿谷家文書）

表６　下直竹村組合の村内出金者の一例　（慶応３年２月）

多摩郡富岡村（岩槻藩大岡主膳正領分）		高麗郡上直竹村下分（旗本篠山十兵衛知行所）	
出金額	出金者	出金額	出金者
3両	八郎左衛門	5両	伴次郎（大惣代）
2両	善右衛門	5両	長左衛門
2両	七郎右衛門	5両	善蔵
3両2分	宗次郎	3両	幾太郎
1両	長右衛門	3両	九左衛門
2分	仙之助	3両	孫次郎
6両	七左衛門	2両	庄兵衛
3両2分	吉五郎	1両	仁左衛門
2両2分	善次郎	1両	又右衛門
1両2分	利左衛門	1両	次郎左衛門
1両	彦右衛門	1両	清蔵
1両2分	七兵衛	1両	清吉
3両	竹蔵	1両	勝次郎
1両1分	太兵衛	（4両2分）	（記名もれ）
1両1分	半右衛門		
1両2分	長次郎		
1両	平兵衛		
1両	勝五郎		
1両	角五郎		
1両1分	源左衛門		
合計　39両2分	20名	32両	13名
備考（富岡村備金39両2分）		(上直竹村下分備金36両2分）	

注　（宿谷家文書）

る。同組合村の生計の全容把握は組合村惣代層にとって、一揆後の新たなる出発であったと思われる。調査の内容を整理し統計を加えると各村において著しい穀物不足に陥っている事実である。

また同組合村は同年五月、岩鼻陣屋に願書を出し、前年に命じられた生糸改印令・蚕種改印などの改正を求めている。武州世直し勢の要求項目の一つに、生糸改印令の撤回があり、生糸改め会所を打毀しているので、この事態を組合村がとりこみ、改印の略式を願ったのである。

世直し勢が村々の豪農・商家に対し「村共同体」との確約として締結した「施金・施米」などの要求は領主・組合村体制により否定されたが、右の下直竹村の動向に見られるように、現実の封建村落における日常的な経済道徳の回復は、ひとときの微光を放ったと言えるのである。

〈―豪農の窮民救済は領主の権威をもってなされた。しかし同じ頃、夜陰にまぎれて、泥田や畑・藪の中で、撃ち殺され、叩き殺されて埋められた、世直し勢の死体を密かに運びだす、無告の民の咽び泣く声を、剔抉できるような研究でありたい―〉

3　民衆運動とMoral Economy

わたくしが述べた慶応二年の武州世直し一揆論は聊かanachronismであるとの批判も聞こえてくる。たしかに、一九七〇年代にはいり総体としての民衆運動史研究がおこり、日常性のなかから一揆をとりあげようとの問題関心がたかまり、その一環として、武州世直しの史料を踏査したものである。したがってその時点における一つの結論であり、今日的にみれば政治や経済の構造的理解から発し、民衆運動の意味を問う方法は限界があると考えられる。

すでに研究方法は多様化し、その枠組みも変化した。しかし武州世直し勢が結集した、その瞬間を率直に想起すると、一九七一年トムソンが発表したイギリスのパン騒動に、再び思い至るのである（E.P.Thompson.“The Moral Economy of the English Crowd in the Eighteenth Century”〈Past and Present: 50（1971）〉）

それはパトリシア・シッペル（前掲一九七七）が「おそらく、武州一揆の最も適切な一般的な解釈として示唆に富むのは、一八世紀イギリスの穀物・パン騒動に関するトムソンの諸研究である」と紹介して、次のように述べた言葉と重ね合って印象的である。

〝日本とイギリスの騒動勢の双方とも、道徳的勢いに支えられていたので「正義の軍隊」という性格を呈した。「無法な」商人に対する懇情から「免罪」という条件での交渉、そして打毀しという「懲罰」へと、群集の道徳的権威は修辞的に高揚した。さらにそれは彼らが行動の規律のなかで具体的に表現している。イギリスの群集がパン屋や粉屋を襲撃したとき「無秩序よりも自制こそが注目すべき点であった」（前掲トムソン）。武州一揆においても、［打毀し］目標の無選択的設定や人身傷害、［私的］略奪は記録されていないのである。「大衆的な脅迫行動に一貫してみられるモチーフは―次の点にある。それは、飢餓線上にあった男女からなる人々が、それにもかかわらず、食物を盗むためではなくて、資産家に懲罰を課すために製粉所や穀物倉庫を襲ったということである」（前掲トムソン）〟

さらにシッペルは武州一揆について述べる〝騒動勢が旧来からの道徳律を保守したということは、統治当局や地方指導者も認めた点である。イギリス政府も（日本の）幕府や藩も、大衆による直接行動に寛容であるはずもなかったが、一揆の結果、福祉政策の改善をはかるか、または少なくともそれを唱えるよう促されたのである。

武蔵国では、村の指導者たちは、投獄された騒動勢の釈放を懇願し、飢餓救済の諸方策を定めることによって、社会的和合を回復するために多大な努力をした。しかしこうした諸政策は一時的緩和策以上のものではなかった。儒学的な「道徳的理法」を真に回復することは、イギリスにおける温情主義的な市場規模の復活と同じように実行不可能であった。事実、武州一揆の二年以内に徳川幕府は、伝統的諸原理を次々と放棄した新しい統治体制に取って代わられた。農民の騒動によって引き起こされた社会的動乱が明治の「革命」に間接的に貢献した、と言ってもよいであろう。それにもかかわらず、武州の農民は新しい社会の先駆者ではなかった。むしろ彼らの活動は、衰えゆく〈道徳的〉社会体制を蘇生させようとして失敗した、熱烈かつ規律のとれた行動であったと評価されるのである〟と。

この見解は今日においても示唆的であることを付言して稿を閉じたい。

《参考資料》

『武州世直し一揆史料』（1巻一九七一・2巻一九七四）近世村落史研究会編。

『新編埼玉県史　資料編11近世2騒擾』（一九八一）。その他『市町村史資料編』多数。

『世直し』（佐々木潤之介）一九七九。

『幕藩制国家の基礎構造』（森安彦）一九八一。

『幕末社会の基礎構造』（大舘右喜）一九八一。

『「悪党」の一九世紀』（須田努）二〇〇二。

《付記》
刊行書からの引用史料の註記はすべて省略した。

〔初出〕『近世史藁』（第五号、二〇一一年）

武州世直し一揆被捕縛者の赦免歎願

斎藤洋一

はじめに

慶応二年（一八六六）六月の武州世直し一揆については、これまでその研究を主導されてこられた三人の方が、今年（一九八一年）になって相ついでその研究を一書にまとめられたことによって、研究史に一段階が画されたというべきであろう。すなわち森安彦『幕藩制国家の基礎構造——村落構造の展開と農民闘争——』（吉川弘文館）、大舘右喜『幕末社会の基礎構造——武州世直し層の形成——』（埼玉新聞社出版局）、山中清孝『近世武州名栗村の構造』（名栗村教育委員会）がそれである。

さて筆者もこれまで右の著書にまとめられた諸研究などに導かれながらいくつかの論稿を発表してきたが(1)、それらの研究において比較的に等閑にふされてきたのが、一揆解体後の状況に関する研究だったと思われる。

たしかに一揆解体後に豪農層が施米や施金を行なうことによって貧民の慰撫をはかる一方で、組合村議定やあるいは農兵を組織することによって一揆の解体をおしすすめ、さらには再発に備えたことはすでに指摘されている。また鎮主側が一揆勢を鎮圧する一方で、豪農層に施行を指示し、かつ農兵を組織することを指導、支持したことも知られている。そしてこうした豪農・領主側の対応に対して、一般農民が必ずしも屈服していたばかりではなかったことも知られている。一揆解体後も各地で不穏状況がみられたことは前掲書で森安彦氏が指摘されているところである（森氏前掲書四六七〜四六九頁）。

しかしここで注意しなければならないのは、そうした不穏状況が各地でみられながら、それらが結合して再び武州世直し一揆のような大蜂起に至ることはなかったという点であろう。このことは武州世直し一揆のような大蜂起はもはや必要がなかったということを意味するのであろうか、それとも武州世直し一揆のような大蜂起はもはや起り得なかった（ないし起し得なかった）と考えるべきなのであろうか。筆者は後者、すなわち武州世直し一揆に蜂起した人々が、解体後再び強固な村落秩序にとりこまれてゆくことによって、蜂起できないような状況がつくられてしまったためと考えているが、このことを明らかにするためには、武州世直し一揆がいかなる状況から起り、かついかに展開していったかを検討するとともに、それがいかに解体していったか（ないし解体させられていったか）、そしてその後の村落にはいかなる状況が展開したかをいま一度検討する必要があると思われるのである。

もとより現在の筆者には一揆解体後の村落の状況を全面的に解明するだけの能力も時間もない。ここではわずかに解体後における被捕縛者の赦免歎願の事例を検討することによって、解体後の村落の状況をいささかなりとも明らかになし得ればと考えている。

一　一揆勢の結集方法と村の対応

武州世直し一揆勢がどのようにその勢力を組織・拡大していったかについては、すでによく知られていることであるが[2]、行論の必要上その要点は述べておく必要があろう。

一揆勢の結集方法について堀口家文書は次のように記している。

右惑乱之もの（一揆勢）押出し候砌り、飯能村江集り方之義ハ、名栗辺ゟ一組之人数直竹村寄場江相廻り、同組合上直竹村字河崎と申処へ、人々寝鎮り居候を軒別ニ表戸を叩き起し廻り、打毀人足ニ可罷出旨高声ニ訇り、若不出ニおゐてハ其もの宅を打こわし、品ニ寄打ころし可申抔言へきも強談申威し、人足催促致候ニ付……（近世村落史研究会編『武州世直し一揆史料』㈠―三七頁。以下㈠―三七頁のように略記する）

これによれば一揆勢は、蜂起の最初の集合地点である飯能村へ向かう途中の村々において、すでに寝静まっている家々を軒別に叩きおこして一揆への参加（打毀人足）を要請していることが知られる。しかもその要請の仕方は、不参加の場合は「打ちこわす」「打ち殺す」というのであるから、要請というよりはむしろ強制というべきものであった。そしてこの方法は、初発段階のみならずその後行く先々でも採用されたために、一揆勢は「たちまち数千人ニ」ふくれあがったのである。すなわち周辺村落の人々を次々と一揆に強制的に参加させることによって、自らの勢力の維持、拡大を計っていくというのが武州世直し一揆勢の結集方法であった。

ところで一揆への参加強制を堀口家文書では「軒別ニ」行なったとしているが、一般的には村役人に申し入れた。つまり村を単位として参加強制が行なわれたのである。また参加強制を「廻状」で行なうこともあった。ただし廻状の場合でも村が単位であることにかわりはない。念のために一例ずつ示しておこう。新井家文書には次のように記されている。

追々繰出し数人足詰寄、村々役人共江相掛り、村人足差出し候様申聞、若不承知候ハヽ、人足之者打殺し、又は家作相破り、火失致し候抔と申掛ケ、農業人無筋ニ引連候類も有之……（(一)―四五頁）

また岡家文書には次のように記されている。

（飯能村打ちこわしのことを述べた後）夫ゟ亦々廻文ニて我等野谷《あがのや》つを始め近辺不残、十五才より六十才迄無不参野具を携駆加り可申、若異議ニおゐてハ直様焼打可申旨村継に厳重申廻候処……（(一)―一六〇頁）

新井家文書では村役人に対して、岡家文書では廻状によって一揆への参加強制がなされていることが知られるのである。なお両文書にそれぞれ「火失」「焼打」とあるが、この文言も参加強制の際にしばしば使われることを指摘しておこう。いうまでもないかも知れないが、消防力の極めて弱かった当時にあっては、まして場所が武州の山間地域であってみれば、火を放つということは絶大の脅迫力をもったと思われるのである（ただしこれまでのところ実際に放火した事例は知られていない）。

ともあれ、軒別に、あるいは村役人に対して、また廻状によって村々からの一揆への参加を強制したのであるが、そうして参加してきた者を一揆勢はどのように処遇しただろうか。このことに関しては次の史料が極めて興味深い。

（一揆勢は）通行致し候村々江人足申附、小村は五拾人、大村は百人と相触、若案内不致ニおゐてハ名主は勿論、其村内ハ不残打こ（毀）ハし候と申、誠ニいたし方無之故、小前之者同道致し候と、直様新入之者と而白木綿ヲ六尺ツヽ、相渡、中(仲)間之目印と彼の白木綿ヲ綿襷ニ掛させ、鳶嘴、棒等ヲ持セ、行先当村ニ而かく致

し候間、人数損る事不能……（二—八五頁）

これによって一揆勢が村々に参加強制をする一つの理由が、村々からの参加者に「案内」をさせることにあったことが知られよう。いうまでもないことだが、一揆勢はただ無差別に打ちこわしを行なったわけではない。一揆勢にはそれなりの打ちこわしをする理由、必然性があったはずである。しかし遠方から襲来したものであったりすれば、目ざすこわすべき家が判然としないなどのことがあったと思われる。そして逆にこれを最もよく知っていたのは村内および近村の農民たちだったのである。すなわち一揆勢が村々に参加強制するのは、ただ単にその勢力の維持・拡大を計っただけではなく、打ちこわすべき家を最もよく知っている農民たちを組織するという意味をももっていたのである（3）。

ここで指摘したいいま一つのことは、したがって一揆勢は参加強制によって参加してきた者を「新入」の「仲間」とみなしている点である。少なくとも一揆勢の意識においては「一揆勢」と「人足」という区別はないのである。その仲間儀礼とでもいうべきことが襷をかけて「いでたち」を整えさせることであり、鳶嘴・棒などの「打ちこわし道具」を持たせることであった。こうして「人足」は一揆勢になるのである。

それではこのような一揆勢からの参加強制に対して村々ほどのように対応したであろうか。受諾するか拒絶するかの二者択一しかないわけだが、比企郡古凍村磯崎家文書が二つの岐路に立たされた村の様子を詳細に記している（一—七三〜七四頁）。

それによれば①古凍村周辺の十か村余は一揆勢（打毀大将）に屈服して施米・施金を約束し、かつ人足を出すことも受諾して「村役人并人足先立隣村江案内いたし、打毀相始」めていること、②すでに受諾して村役人ならびに人足を出した今泉村から、いまだに受話していない古凍村に対して早く受諾するようにとの勧めが届いていること、③村内一般農民も人足として出る方がよい、防衛に当るのは「何共けんのん（剣呑）」だとして受諾を主張していること、④こうした中で村役人は「当惑」し、どのようにすべきか「集評」したところ、「当時勇気之役人共」が、一揆勢に降参・同意して隣村へ案内し「悪道」を働くことは承引できない、またそうした場合に後日「御公辺」からどのような処罰をうけるかもわからない、さらには後世に意恨を遺すことにもなる、ということを理由に一揆勢との抗戦を主張し、結局村役人は覚悟をきめ抗戦準備を手配したことなどが知られる[4]。

結果的には古凍村は拒絶・抗戦に決したのであるが、そこに至るまでにかなりの議論（集評）が行なわれたことをみることができよう。こうした議論は大なり小なり各村でみられたものと思う。そして古凍村ではその結果拒絶に決したが、大多数の村は、たとえば古凍村周辺の十か村余がそうであったように、参加強制に応じる途を選んでいる。

ただし人足を出すことを最初から拒絶している村もある。たとえば多摩郡五日市村がそうである。

（諸所での打ちこわしを述べた後）然処乱妨頭取五日市村エ掛合ニ及処、名主和談ヲ相頼、然共人足差出候義ハ決テ不相成趣断……（二―五二一〜五三頁）

みられるように五日市村は人足を差し出すことは「決テ不相成」と、きっぱりと人足提供を拒絶している。そして周辺村落をも糾合して臨戦準備を整えているのである（なお後述する多摩郡上長淵村吉五郎ほか一五名は、この五日市村での戦闘の際に捕縛されている）。

このように最初から拒絶している村もあるが、ことに一揆が衰退に向うとそうする村が増えてくるが、多くの村では受諾か拒絶かをめぐって逡巡し結局は参加強制に応じている。とりわけ一揆が昂揚し、一揆勢の威力が強大であった時にはそうであった。

では参加強制に応じて、ないし応ずる際にどのようなことがみられたであろうか。先の古凍村でも参加強制への対応をめぐって、一般農民と村役人の間に意見の相違がみられたが、参加強制に応じた村の場合でも、その対応の仕方には村役人と一般農民の間に若干の相違がみられるのである。

まず村役人の場合をみれば、これまで述べてきたことからもすでに明らかなように、一揆勢の威力におされて仕方なしに応じたのであるという姿勢が明白である。一揆勢の案内をして近隣諸村を打ちこわすことなどは、村役人としてとうてい許容できないことであったろう。しかもそうした場合後日の責任追求は逃れられないところである(5)。したがって村役人は参加強制に応じるにしても、仕方なしに応じたのであるということを後日のためにも強調しておかなければならなかったのである。同時に人足として出た者が、他村で打ちこわしに加わったりしないように注意する必要もあった。そこで村役人は人足として参加する者に「他村江不罷越様能々申諭、夜中之事故大勢之透を見抜くゞり、無相違村方へ立戻り候様厳重申付」(二―七一頁)たり、「他村江不罷越、途中より村方へ立戻り候様」(二―七五頁)とか、「隣村迄も罷出、壱人ツヽも逃ケ可帰ル様、決て幾里も附添歩行致間敷」(『新編埼玉県史　資料編』11―六一六頁。以下『県史』―六一六頁のように略記する)という指示を与えたり(6)、または「(一揆勢の)跡江〳〵と廻り可申旨」の「内意」(一―一一一頁)を与えたりしているのである。さらには村役人が変装して後から一揆勢の中に紛れこみ、自村の者を「便用等ニ紛」らせて逃げ帰らせたとする史料さえある。賀美郡石神村の事例である。

無詮方居合候者共被引連漸く其場之虎口ヲ相遁れ、直様村役人共風俗ヲ変事彼徒ニ紛れ交り、村方之者共江密ニ内通、途中ゟ便用等ニ紛し新町宿迄之内追々逃去セ、夕暮六ツ時頃迄ニ小前之者共不残帰村仕候……

一揆勢の威力におされて参加強制に応じざるを得なかったことは仕方がなかったとしても、そうして参加した自村の人足が打ちこわしに加わったら、それは当人の責任だけでなく村役人の責任にもなった。そのようなことのないように必死に奔走している村役人の姿をみることができる。(7) 実際こうした村役人の努力はある程度効を奏したようで、たとえば児玉郡八幡山町ほか四か村から出た人足について「軒別差出候人足共は、無難ニ逃返(帰)り候ニ付、知行所内厳敷相糺候得共、胡乱之者無之、逃返り候人足共遂詮議候処、怪敷儀も不相聞候」(㈡―一一九頁)と報告されている。また榛沢郡用土村から出た人足についても「用土村より被連候人足、兎角不目立様後とえ〳〵と続キ行候故ニ、手負等も無之、召捕ニ相成候ものも壱人も無之、其場所より退戻り候」(『県史』―六五六頁)と述べられている。(8)

以上によって一揆勢からの参加強制に対して村役人がきわめて事なかれ的、責任逃れ的に対応したことは明らかであろう。これに対して一般農民の場合はどうであっただろうか。一般農民も村役人と同様に受身的、事なかれ的に対応したのであろうか。もちろんそういう農民もいたかも知れないが、そうではない農民もいたように思われるのである。次にそのことを検討してみよう。

「船津氏日記」六月二十七日条に次の記事がある。

祐貞（入間郡亀久保村の医師で打ちこわされた者）かいふ、競民ハ皆富大井辺之者ニて見しらぬ者ハ漸ニ弐三十人也と、先ニ打入しハ下富村之名主之弟と、同村之医師なりといふ……（㈠―六九～七〇頁）

これは船津氏の日記に記されたことであるから、領主への報告書などと異なってかなりの信憑性があるものとしてよいと思われるが、これによれば亀久保村医師祐貞家を打ちこわしたのは、ほとんどが周辺村落の者であったことが知られるのである。しかもここでは先頭に立って打ちこわした者が被打毀人である祐貞によってはっきりと名指しされているのである。このほか「是迄打破候風聞ニ、村方・隣村面躰見知り之もの共乱入相働キ候趣」（㈠―一二八頁）とか、「（一揆勢を）所々ニ而多人数御召捕ニ相成候処、遠方之ものは多勢無之、有増近村之ものニ御座候由」（㈠―七五頁）とする史料もある。これらによれば村内ないし近村の者が打ちこわしを行なっていたことが知られるのである。

　ところがこのように村内ないし近村の者が打ちこわしを遂行したとしている史料は、実はごく少数しかなく、逆に打ちこわしを遂行した者についてはどこの誰とも知れないとする史料はかなりの数にのぼっている。たとえば比企郡伊古村で打ちこわされた龍五郎が領主に報告した「打ちこわし始末書」には次のようにある。

一徒党人数凡五拾人余、夫々手道具ヲ持乱妨いたし、尤顔見知候もの無御座候事、

一隣村百姓人足凡百五拾人余、門外ニ相見へ候へ共、乱妨之儀一切不仕候事、（『県史』―五九一頁）

また比企郡上野本村で打ちこわされた大谷熊蔵の領主への報告書にも、

且村内之者共交居候哉之旨御尋ニ御座候得共、得と之々者共不相知申、近村風聞等承糺候得共、何方之者共不相知……（㈡―一五三頁）

と記されている。さらに入間郡小谷田村で打ちこわされた文平の領主への報告書にも、

右（一揆勢）は山方之者ニ御座候風聞も有之候得とも、何れ之者ニ候哉面躰名前も不相知者ニ有之……

（㈠―五六頁）

と記されている。

このように打ちこわされた当人（ないし村役人）からの領主への報告書では、打ちこわしを遂行した者はどこ

の誰とも知れないと、まるで口裏を合わせたかのように共通して述べているのである。ことに熊蔵からの報告書では、「近村風聞」をも問い糺したが、それでもどこの者であるか知れなかったとさえ述べている。

打ちこわしを遂行した者は村内ないし近村の者であるとする史料と、どこの誰とも知れないとする全く対立した主張の史料とがあるわけだが、果たしてどちらの主張が事実を述べているのであろうか。筆者は前者の方がより事実に近いのではないかと考えている。というのは前者が打ちこわした者を具体的に指名することさえしているのに対し、後者はただ不明であると述べるのみだからである。これは考えてみると少しおかしいのではないか。相手は自分の家を打ちこわし、米穀類をまき散らし、酒・醤油の樽を破って流し放題にするというようなさんざんの「乱暴」を働いた者なのである。仮に自分の家を打ちこわした者がどこの誰ともそのときには知れなかったとしても、その後においてそれがどこの誰であったか追求しない者がいるであろうか。少なくともどこの辺の者が自分の家を打ちこわしたかくらいは追求するのではないか。それとも打ちこわされた豪農たちは、おしなべて自分の家を打ちこわした者を追求しないようなお人好しであったとでもいうのであろうか。断じて否である。

たしかに一揆勢が遠方から襲来したものであったとすれば、打ちこわされた者にとって打ちこわした者がどこの誰とも本当に知れなかったとも考えられる。また周辺農民の口が固かったとも考えられる。しかし当時の情報網はいま我々が想像するよりははるかに発達しており、また周辺農民がすべて一揆勢の味方であったともとうてい考えられない。にもかかわらず、後者がどこの誰とも知れないと主張するとすれば、そこにはあえて事実を述べさせないようにする何らかの規制が働いていたものとみなさざるを得ないであろう(9)。そしてそのことは打ちこわしに参加した者が大半は村内ないし近村の者であったことを逆に裏づけているのではないか。いいかえれば打ちこわしに参加した者の大半が村内ないし近村の者であったが故に、かえってそれを明示できなかったのではないか。すなわちそうさせない規制が打ちこわしに参加した村内ないし近村の者から発せられていたのではないかと思われるのである。また後述するように、周辺村落の村役人からも必ずしも事実を明示させないような規制が働いていたように思われる。打ちこわした者が村内ないし近村の者であると主張された場合には、その影響は周辺村落の村役人にも及ぶことになるからである。前述した「船津氏日記」はこのような規制の枠からはずれたところで私的に記されていたのである。

このような理由から筆者は前者、すなわち打ちこわしの遂行者は大半が村内ないし近村の者であったとする主張の方が事実に近いと考えている。ただし遠方の者が加わっていたことを全て否定するというわけではない。また村内ないし近村の者といった場合、比重は後者にあると思われる。というのは、いかに一揆の昂揚期にあってもさすがに村内での打ちこわしは憚られたのではないかと思われるからである。

いうまでもないことだが当時の村は農民にとって生活の基盤であり、そこから離れては生活し得ない場であった。しかも一揆状態が永続するとは一揆を主体的に遂行していた者でも考えなかったであろう。一揆状態がいずれは終熄するものであるとすれば、自村において打ちこわしを遂行することはその者にとってかなりの決意を要したであろう。そうすることは自分のみならず、あるいは家族の生活する場さえ一挙に失ないかねないことを意味したからである。したがって筆者は村内の者が打ちこわしに従事することは少なかったのではないかと考えている。

ではどうしたかといえば、A村の者がB村を打ちこわすと、B村の者はC村を打ちこわすというように、いわば珠数つなぎ的に打ちこわしが行なわれたのではないかと考えられる。あるいはA村↕B村↕C村のように、いわば「相互乗り入れ」的に打ちこわしが行なわれたのではないか。こうすれば後日責任を追求された際にも、強制されて仕方なく打ちこわしたのだという責任逃れもできるのである。

しかしこのような見方は一揆勢の行動を矮小化することになるような気もする。たとえば一揆発端の村とされている秩父郡上名栗村では、一度飯能村へ押し出していって打ちこわしに従事した村民が、帰村後村内で豪農層に対峙して「世直し要求」をつきつけているのである（ただし打ちこわしは行なっていない）（㈠—五頁）。このようなことをみるとやはり打ちこわしの主体は村内の者であったというべきかも知れないが、いまは村内の者をも交えた近村の者にその比重はあったとしておきたい。

さて事実は右のようであったとすれば、一般農民はただ強制されて一揆勢に随行しただけであるとはとうていえないだろう。実際後述する多摩郡上長淵村吉五郎ほか五三名は被捕縛後の裁許で次のように申し渡されている。

無余義右之者共任申、棒切等携、又は弁当持等ニ相成、附添歩行候内、自然人気ニ被誘面白相成、又ハ酒等振舞受熟酔之余、重立候者共任差図、所々家宅等打毀及狼藉候始末一同不埒ニ付、過料銭弐拾貫文被　仰付候、（㈠—二四二頁）

これによれば吉五郎たちは一揆勢に強制されてついていくうちに「面白」くなり、また振舞酒の勢いもあって打ちこわしに従事したことが知られるのである。そのため「過料銭弐拾貫文」の処罰を申し渡されたのである。

さらに同じ裁許で多摩郡二俣尾村槇次郎は次のように申し渡されている。

槇次郎は、米価其外諸色共追々高直相成、貧民共及難渋候ニ付、救之ため村々徒党致、穀屋其外有徳之者共家宅等打毀候由承り候後、何方之者共不相知多人数徒党いたし村方近く押寄候節、右徒江加り、誰頭取と申義不相見候迚、自分は真先ニ進ミ人数不逃散様掛引致、猶一同之者共江申含、荷担不致村々は打毀、又は可

焼払抔強勢為申触所々押歩行、武州御嶽村次左衛門、其外之者共家宅打毀及狼藉候節々諸事差図致、其身も相働、剰同国北大久野村亀太郎方江押寄家作打毀候節、差図ハ不致候共、所持之金銭差出候ハ、見遁可遣抔及強談候段、事は不遂候とも右始末不届ニ付遠島……（㈠―二四三頁）

これによれば槇次郎は、一揆勢が近村までやってくると、それに加わり積極的に打ちこわしを働いたことが知られる。なおここでは槇次郎が自分から進んで一揆勢に参加したように記されているが、後述する赦免歎願書では槇次郎もまた強制されて参加した者であると述べられている。いずれが事実かはいまは不明としかいえないが、ここで考えなければならないのは、参加強制という一揆勢の結集方法そのものが、実は多分にその辺を曖昧にするものであったという点である。参加強制による結集方法は、とり方によっては積極的に参加したともとれるし、強制されてやむなく出たともとれる、そういう結集方法だったのである。(10)

以上によって人足として強制されて参加した一般農民（槇次郎の場合はその経緯が不明だが）のうちに、積極的に打ちこわしを遂行した者がいたことが明らかになったと思う。しかも筆者はそのような農民の方がむしろ多かったのではないかと推測している。そう考えないと、短期間にしかもあれだけ広汎な地域が打ちこわしの嵐に席捲された理由を説明できないと思うからである。村々の農民は参加強制を梃子にして、実は積極的に打ちこわしを遂行したのではないか。繰り返しになるが、打ちこわすべき家は決して遠方の豪農ではないのである。農民（とりわけ下層農民）の怨みをかっているのは、村内ないし近村の豪農であった。そしてそれを熟知しているのほ、村内ないし近村の農民（とりわけ下層農民）であったろう。とすれば参加強制を梃子にして打ちこわしの真先に立ったのも村内ないし近村の農民（とりわけ下層農民）だったと思われるのである。先にみた打ちこわしを遂行した者の大半が、村内ないし近村の者であるとする証言は、このような推測を裏づけるものであろう。しかし一揆後においてそのことを明示することは、憚られねばならないことだったのである。
以上、一揆勢の結集方法と、それに対する村の対応をみてきた。一揆勢からの参加強制に対して村役人はあくまで受動的、事なかれ的に対応し、一般農民の場合にはかならずしもそうでなく、主体的に対応する者もいたことが明らかになったと思う。それではこうして結集された一揆勢のうちで捕縛された者について、その赦免歎願がどのように行なわれたかを次にみることにしよう。

二　赦免歎願

はじめにいくつかの事例を示すことにする。

(一)　上名栗村紋次郎・豊五郎の場合

秩父郡上名栗村の紋次郎・豊五郎については、一揆からほぼ一年後の慶応三年八月に次のような裁許が村役人たちに申し渡された。なおこの時にはすでに二人とも牢死していた。

紋次郎・豊五郎儀、米価高直ニ而難儀致候迚、困窮之もの共徒党を結ひ、兼而夫食買入候武州飯能村穀屋共方江押参り、強談之上米穀可借請旨、紋次郎発意ニ豊五郎同意いたし、終ニ右之趣触歩行、人数相集、猶人気を可引立と竹螺吹鳴し、村々之もの共何れも党ニ可加、若不罷出もの共ハ居宅可焼払抔、大音ニ呼り候〆弥増多勢ニ相成、終誰頭取と申儀も無之、人気ニ乗し一同ニ而同村穀屋共居宅打毀し及狼藉候次第ニ至り候段、畢竟右躰不容易致企候故之儀、右始末不届ニ付、紋次郎ハ死罪、豊五郎ハ遠島可被仰付処両人共病死い

たし候ニ付、其旨可存段被仰渡候、(一)―二九頁)

これによれば今回の一揆は紋次郎が「発意」し、豊五郎が「同意」して周辺村落を糾合してまわったために大一揆になったのだとする領主側の認識が知られる。すなわち「畢竟右躰不容易致企」という理由で、紋次郎・豊五郎はこの一揆における処罰としては最も重い「死罪」「遠島」に処せられたのである。ただしここで注意しておかねばならないのは、「発意」し「同意」したとはされていても「頭取」とは認定されていない点である。いいかえれば領主側ではついに「誰頭取」とも認定できなかったのである。これによっても前節でみた打ちこわしの主体が村内ないし近村の者であったという証言を裏づけることができるのではないか。すなわち一度火のついた一揆は、あとは参加強制を梃子にした村内ないし近村の者の打ちこわしの連鎖として展開されていったのではないか。それが領主側に「誰頭取」とも認定しえなくしたのではないだろうか。

もちろん地域ごとには指導的役割を果す者が出現した。たとえば前節でみた二俣尾村槇次郎がそうである。ただ槇次郎の場合も一揆勢に加わったところ「誰頭取と申義不相見候」という理由から「自分は真先ニ進」んだのみであった。このようにみると武州世直し一揆を初発から解体まで指導した者(あるいは集団)の存在を想定することはできないのではないか。逆にいえばそのような存在を想定しなくともよいのではないかと思うのである。ただし後述するように初発段階におけるある程度の連携は考えられる。また六月十三日に蜂起して以来行方が知れなくなった紋次郎・豊五郎が、上名栗村に帰りついたのは一揆解体後の六月二十九日のことであった(二―四頁)。このことを考えると、あるいはこの二人は初発から解体まで指導的な役割を果たしていたようにも思われるのである。しかし基本的には地域ごとの爆発の連鎖が武州世直し一揆だったと考えたい(11)。

それはともかくとして、紋次郎・豊五郎が領主側に捕縛されたのは帰村後間もない七月二日のことであった

（この時同時に豊吉も捕縛されている）[12]。すると上名栗村では早速三人の赦免歎願書を、三人の親類、組合ならびに村役人の連名で提出する。それには次のように述べられている。

去月十三日夜中何方之もの共不存男四五人、飯能辺迄可罷出、不参之ものは家居焼払、或は打毀候旨申嵩候ニ恐府（怖）いたし、事柄は不弁候得共銘々立出候中、追々無何方と人数差加り多人数ニ相成、無誰彼と飯能村辺人家打毀及騒動、混雑之中ニ入交居漸間合見計逃去り、帰り候途中暑邪ニ当り薬用罷在少々快方相成候ニ付立帰り候義之旨申之再応相糺候処、全於出先ニ病気ニ而帰村延引罷成候段相違無御座様子ニ而、平常如何之及所業等候風聞も無之者ニ付何卒　御慈悲之御沙汰奉願上候、以上（一―一八頁）

ここで注目すべきことは、蜂起発端の村とされている上名栗村でも「何方之もの共不存男四、五人」から参加強制が行なわれ、それに恐怖して人足として出たものであること、そして帰村が遅れた三人は帰村途中に病気にかかったために遅れたのだと主張していることであろう。

この上名栗村に対しても参加強制がなされたという主張は、その他の史料でも異口同音に繰り返されている。たとえば上名栗村「惣名間地」の八六軒の者の「申口」には次のようにある。

当六月十三日朝、何国之ものとも面躰不知者三四人、当村新組百姓紋次郎・豊次（五）郎宅江立寄、諸色高直ニ付世上一統難渋致候間、飯能町江米穀直下無心ニ罷出候積諸方江申合置候間、一同可罷出旨可申触……

（一―一七頁）

また紋次郎・豊五郎の「申口」にも、

当六月十三日朝、右（成木村）悪惣ゟ使之もの、由ニ而名面不知もの三四人罷越、当十三日夜飯能川原可詰合、不出合ものは後日仇を可成旨断置立去り候ニ付……（二―四―五頁）

とある。これらの証言を信用すれば、上名栗村もまた参加強制された村であることになる。すなわち紋次郎・豊五郎は成木村の悪惣からの使いの者だという名前も顔も知らない三、四人から強制され、八六軒の者はそのように強制された紋次郎・豊五郎から強制されたのだという。見事な責任転嫁の論理（戦術）というべきであろう。こうして責任は常に他者に転嫁されてゆくのである。

ただし紋次郎・豊五郎の証言から遡れば、「成木村字悪惣と申もの」にゆきつくことになる。すなわち右に引用した紋次郎・豊五郎の「申口」には次のようにも記されている。

全当六月十日、紋次郎義飯能市場江用事有之罷出候処、飯能川原と申処ニ而成木村字悪惣と申ものニ出合、右悪惣申聞候ハ、米穀高直ニ付名栗辺難渋可致旨我等共江申合、米直下ケニ近々飯能江可罷出候間、当方より沙汰次第飯能川原江可罷出旨申聞候ニ付……（二―四頁）

これによれば六月十日に紋次郎が飯能河原で成木村悪惣から教唆をうけ、それを帰村後豊五郎に話したことが知られるのである。そして六月十三日にその悪惣からの使いが紋次郎・豊五郎のところへ届いたことからこの一揆がはじまったことが知られるのである。そうするとこの一揆の張本人は悪惣ということになり、かつ事前に一揆の打ちあわせ（連携）が行なわれていたことになる。

ところでこの悪惣は、これまでの研究によって下成木村組頭惣五郎こと喜左衛門であると推定されている。[13]だが、紋次郎・豊五郎の「申口」によればこの悪惣こそ一揆の張本人とされなければならないと思われるのにもかかわらず、どういうわけか喜左衛門の処罰は「中追放」とされていて（一―二六五頁）、「死罪」「遠島」の紋次郎・豊五郎より一等軽くされている。紋次郎・豊五郎の「申口」によれば、この一揆を教唆煽動したのは悪惣であり、悪惣こそ最も重い処罰を受けなければならないはずであるのに、事実は逆なのはどうしたことであろうか。

ここで考えなければならないのは、先にみた紋次郎・豊五郎の裁許の中で、領主側が「終誰頭取と中儀も無之」と述べている点である。すなわち一度火のついた一揆は、後は燎原の火が燃え広がるように拡大していって、そこには誰が指導者であるという区別もなかったのではないか。それが領主側に誰が指導者であるとも認定しえなくしたのではないか。とすれば領主側にとっては最初に火をつけた者、すなわち紋次郎・豊五郎こそ問題だったのではないかと思われるのである。

いいかえれば蜂起の気運はすでに各村に充満していたのである。もちろん上名栗村も例外ではなかった。そこでは誰がそれに火をつけるかが問題だったのである。たとえば江戸在住の父親に宛てた、上名栗村名主町田滝之助の書状には、この時の状況が次のように記されている。

当六月十三日夕刻、当村之内浜居場ゟ上筋之百姓騒立、飯能江穀物直下之無心筋と、今晩ニも押出し候様子と而、内々為知来り候ニ付（中略）直様乍病中下拙始外役人不残、御寺院方迄相頼、差押方ニ相登り、浜居場辺ゟ家々取鎮登り候処、伊倉上ニ而出合候ニ付、何ニも小前一同之願筋聞届可遣、穀物高直ニて暮方ニ差支候ハ、、当分取続方として、村方物持中より金千両救可差出間、鎮り可申旨申聞候得共一向不聞入、差押候而も押抜、突抜、払抜いたし追々押出し……（一―一三頁）

これによれば、何でも願いごとがあれば聞き届ける、あるいは暮し向きに困るのであれば、当分の救助として千両を出すとの村役人による必死の説得にもかかわらず、蜂起農民は一向に聞き入れず村役人の制止を振り切って飯能村に向かったことが知られるのである。参加強制によって参加したに過ぎないというには、この光景は少し異常ではないだろうか。やはり基本的には上名栗村に蜂起の気運が熟していたとすべきだと思われる。もちろんその気運は単に上名栗村にのみ熟していたわけではない。周辺村落にも横溢していたからこそ、急速かつ広汎に展開していったのである。上名栗村はその発端であった。そしてその発端に火をつけたのが紋次郎・豊五郎だったと思われるのである。したがって領主側にとっては、この発端に火をつけた紋次郎・豊五郎こそが最も重罪に値すると考えられたのではないか。

このような状況であったにもかかわらず、上名栗村では右にみたように参加強制の事実と、病気による帰村の遅れを理由に三人の赦免を要求しているのである。またこれとは別に領主側から紋次郎・豊五郎の「徒党相企候始末」を尋ねられたのに対しても、村役人は

> 同人共義、近来穀物ヲ始、物価高直ニ而窮民共営方差支候迚、徒党相企所々人家打毀候趣は、今般御糺ニ而同人共申立初て承知仕、平日申諭方不行届恐入候義ニ御座候（㈠―一七頁）

と、二人が徒党を企てていたなどとはこの時に至るまで全く知らなかったと上申している。しかし糺明があるまで村役人が知らなかったということがありうるだろうか。すでに蜂起から二十日近くが過ぎているのである。しかも紋次郎・豊五郎が帰村したのは六月二十九日であり、それまで二人の行方は知れなかったのである。にもかかわらず村役人が参加強制と病気を理由に赦免を要求し、また二人の企てを知らなかったと主張するとすれば、そこには虚偽があるとみなすべきではないだろうか(14)。

ここで興味深いのは、翌八月になると紋次郎・豊五郎の赦免歎願書と、富吉の赦免歎願書が別々に作成されることである。そして富吉の赦免歎願書においては、七月の赦免歎願書と同様に「(参加強制によって)無余儀近村迄罷越候途中、俄ニ病気ニ而懇意之もの方江立寄、世話ニ相成居、帰宅延引およひ候」(㈠―二五頁)と繰り返しているのに対し、紋次郎・豊五郎の赦免歎願書では最早そのことには触れていないのである。虚偽の申し立ては通用しないと観念したのであろうか。二人の赦免歎願書は次のように述べている。

最寄村々之もの共近来穀物ハ勿論、其外諸品共追々高直罷成、営方難相成義と一時之心得違ゟ騒立、右両人之者共おゐても同意いたし候様、多人数之者共ゟ被申聞候義ニも可有之哉……（一―二四頁）

ここでも村役人は依然として二人が「多人数之者」から誘われて参加したものであることをほのめかしている（ただし強制されてという主張が消えていることにも注意すべきであろう）。しかしさすがに二人が打ちこわしに携わったことは認めざるを得なくなっている。そして最早ある程度の罪科は逃れられないと観念したのであろう。今度は新たに「在村老衰又ハ病身之親共始、銘々家内之者共昼夜悲歎罷在候」という、いわば泣き落し戦術とでもいうべき赦免歎願理由を登場させてくるのである(15)。

さてこのような赦免歎願の結末はどうなったか。富吉は無事赦免されたが、紋次郎・豊五郎については最初にみたような裁許となった。領主の眼は節穴ではなかったというべきであろうか。

それはともかくとしてここで指摘しておきたいことは、紋次郎・豊五郎が一揆のなかでどのような役割を果たしていたかについて、村役人が知らないはずはなかったと思われるにもかかわらず、なぜ村役人は右にみたような虚偽ともいえる赦免歎願書を作成し、かつ赦免歎願に奔走したのであろうかということである。もちろん村内から被捕縛者を出すことは、村役人の責任を問われることでもあった。ことに一揆の発端であるとされれば、その責任は重大であった。したがって村役人の自己保身ということも考えられる。

しかしより基本的には村民の圧力が、村役人を強いて赦免歎願に奔走させたというべきであろう。というのは先にみたように一揆に参加したのは紋次郎・豊五郎のみではなかったのである。村民の大半が参加していたのである。そして彼らは強いられて参加したといいながら、飯能で打ちこわしを遂行した後帰村して、自村で豪農層に対して「世直し要求」をつきつけていたのである。つまり彼らと紋次郎・豊五郎の間に行動の違いはあっても意識の違いはなかったのである。とすれば彼らにとって、捕縛された紋次郎・豊五郎をそのまま放置しておくことはできなかったであろう。そして領主に紋次郎・豊五郎の赦免を法的に歎願できるのが村役人であるとすれば、彼らは村役人に鋭く二人の赦免歎願要求をつきつけたのではないか。

しかも村役人にとっても捕縛されてしまった者をいまさら鞭うつ必要はなかったのである。むしろ村民の要求にしたがって赦免歎願に奔走することが、そしてあわよくば二人を取り戻すことができればなおさら村落秩序を早く平静化することができると考えられたのではないか。村役人にとっての急務は何よりも失なわれた村落秩序を速かに回復することであった。赦免歎願に奔走する他方で村役人は、名主町田滝之助ほか八人の村内豪農から合わせて一〇〇〇両を出金させ、「窮民救金」として村内困窮民に配ることも計画している。そして八月二十八日には一〇〇〇両のうち三六九両を実際に村内困窮民に配っているのである（㈠—二六～二八頁）。

（二）　平村要兵衛ほか七人の場合

宮の鼻村で捕縛された比企郡平村の八人の者の赦免歎願書案文の後に注目すべき一文が付されている（㈠—八六～八七頁）。

それによれば第一に、八人の赦免歎願書案文を認めた平村役人が、周辺村落の村役人にこの歎願書を示し加印してくれるように依頼していることが知られる。このことは歎願書により重みを加えることになるであろう。しかし第二に、このような平村役人の試みは正代村役人大吉の拒絶にあって失敗に終わったことが知られる。大吉の拒絶理由は「居宅其外ヲも打毀り乱法（妨）致候もの、助ケ可遣と之加印は私壱人ニ而も不承知」ということであった。(16) このため結局ほかの六か村の村役人からも加印を断わられ、平村では周辺村落の村役人にも加印してもらった歎願書を提出することができなくなってしまったのである。村落はまだ平静をとり戻していなかったというべきであろうか。しかもこうしているうちに被捕縛者たちは川越城下に連行されてしまったのである。

さてそれでは平村の八人はその後どうなったであろうか。詳しい事情は一切わからないが、六月二十八日になって八人のうち四人が赦免されている（㈠―八二頁）。おそらく何らかのかたちで赦免歎願が行なわれたのであろう。

そして残る要兵衛ほか三人については、同時に捕縛された麦原村松五郎・勇次郎、それに津久根村柳蔵と合わせて、麦原村・津久根村役人とともに赦免歎願を行なっている。それは赦免歎願運動といってもよいほどのものであった。すなわち三か村役人はまず高沢町役人井上勘兵衛に対して「御他領之義ニ御座候へは御直願難相成、無拠御槌り申上候間、御取次御歎被下置度偏ニ奉願上候」（㈠―八九頁）と、郷目付役所への歎願取次を依頼している。この井上勘兵衛は「材木炭類商ひ」で三か村役人たちと年来取引のある者だった。また鎌形村名主簾藤万右衛門・上谷村上分名主利兵衛（三か村との関係は不明）に対しても、同じように郷目付役所へのとりなしを依頼している。ここでは「残暑御場所柄ニ而は（牢内のこと）面々難相凌キ、自然病気相発り候義は眼前之義と、親共始妻子等朝夕相歎罷り在、如何共難見ルニ忍歎ヶ敷奉存候」（㈠―九〇頁）と述べて、被捕縛者の病気のことも心配している。さらに平村要兵衛については、単独で川越多賀町与四郎（関係・身分とも不明）へもその筋へのとりなしを依頼している（㈠―九一～九二頁）。その仲介をしたのは「目明し多賀町桝木屋三之助」（㈠―八一頁）であった。

このように諸方面に対して赦免歎願のとりなしを依頼しているのである。そしてその効があったのであろうか。平村要兵衛ほか六人は、七月三十日に至って赦免されている（㈠―九三頁）。赦免後各方面へ世話になった謝礼を済ませて一同が無事帰村したのは八月一日の夕方であった（㈠―九四頁）。

（三）　二俣尾村槇次郎ほか六人の場合

六月十六日に五日市村で捕縛された多摩郡二俣尾村槇次郎ほか一六人（ただし槇次郎は後日捕縛された）については、被捕縛者の所属村である二俣尾村をはじめとする多摩郡九か村の村役人が合同して赦免歎願に奔走している。まず史料を示そう。

飛札を以申上候、先達而中引続種々御心配被成下難有奉存候、然ル処村々歎願之義も先日於御地差上候処、難被及御沙汰旨を以御下ケ相成候得共、今一応再顧仕度、八王子宿役人衆江談判仕、書面相認村々之分調印仕候、然ル処其御村々ニおゐても御調印被成下度、左も無之候而は歎願之趣意難相立趣、尤も先日再願之義兼而願置候ニ付、御承知ハ可有御座候得共、何分右之段御聞済被成下、御調印被成下候様此段奉願上候、取急キ早々不備（㈡―六〇～六一頁）

この史料は六月二十三日付で、八王子宿から二俣尾村名主長左衛門ほか三か村役人が、五日市村名主勘兵衛・利兵衛、留原村善左衛門、小和田村庄次郎の四人に宛てた手紙である。この時槇次郎ほか一六人は、他の四人たちとともに八王子宿に護送されていたが、右の手紙によれば二俣尾村長左衛門たちは、ここで再度槇次郎たちの赦免歎願書を提出しようとしていたのである。なおこの以前に五日市村で提出した赦免歎願書が受理されなかったことも知られる。

さてここで重要なのはその赦免歎願書に「御村々ニおゐても御調印被成下度、左も無之候而は歎願之趣意難相立」と、五日市村役人たちの加印を要請している点である。すなわち槇次郎たちが捕縛された村の村役人加印を要請し、それが得られなければ歎願の趣意が立たないとさえいっているのである。そしてこのことは先にお願いしておいたことだからご承知のことと思うが、あらためてお願いするものであるとも述べている。

このように赦免歎願書に捕縛地である五日市村役人たちの加印を願うことにはどのような意味があっただろうか。そこには単に周辺村落の村役人の加印を願うこととは違った意味があるように思われる。そうでなければわざわざ八王子宿から依頼状など出しはしないであろう。ではどういう意味があったかといえば、それは五日市村名主たちの加印を得て作成された赦免歎願書の文面に端的に示されている。すなわちこの時三通の赦免歎願書が作成されたが、その一通は上長淵村吉五郎ほか一四人の分、一通は上成木村上分次兵衛の分、一通は二俣尾相槇太(次)郎の分であった。これら三通において、強制によって参加したものであること、家族が悲歎にくれていると述べていることは、これまでみてきた赦免歎願書と同じであるが、前二通はその後段が異っている。そこには「五日市村役人ニおゐても疑念筋毛頭無御座」(二―六二頁)とか「五日市村役人共ニおゐても疑念相晴」(二―六四頁)とか述べられているのである。これによって捕縛地である五日市村役人たちに赦免歓願書へ加印を願うことの意味は明白であろう。被捕縛者が全く強制されて参加したに過ぎないものであることを捕縛地の村役人に保証してもらえれば、被捕縛者の赦免はかなりたやすくなったといえるのではないか。ただし二俣尾村槇次郎の赦免歎願書には、五日市村役人たちも連名はしているが右のような文章はない。後の裁許で槇次郎以外の者が比較的軽罪で済んだのに対し、槇次郎が遠島という重罪に処せられたこととあるいは関係しているのであろうか。つまり槇次郎については右のような証言をすることを五日市村役人たちが拒んだのかも知れない。しかしその間の経緯はいま詳らかでない。

ともあれ捕縛地の村役人の加印をうけることによって、赦免歎願書に一層の重みと信憑性を加えたことは事実であろう。

さてこの後も執拗に槙次郎たちの赦免歎願は続けられるが、それはすでにみてきたことと重複することが多いので省略することにして、ただ六月二十八日の赦免歎願書にみられる次の文言だけ指摘しておこう。なおこの赦免歎願書では槙次郎ほか六人を一括している。そして五日市村役人の連名はない。指摘しておきたいのは、この一七人について「右名前之者共義は、家内厄介困窮ニは候得共、農業不怠、其上農間稼等いたし、平日実底(体)ニ而、両親は勿論、家族共悉労扶助罷在候義ニ付、親類・組合・村役人共ニおゐても肝(感)心いたし居候義之所……」(一—二二六頁)と述べられている点である。ここではややオーバーに述べられている感もあるが、被捕縛者が日常生活において極めて「実体」であるという文言も、赦免歎願書でしばしば繰り返されていることなのでここに指摘しておく。

以上、被捕縛者の赦免歎願について三つの事例をみてきたが、ここからどのようなことが明らかになっただろうか。

まず赦免歎願の論理とでもいうべきものからいえば、一つは強制されて参加したものであるという主張であり、いま一つは家族が悲歎にくれているという主張である(これに当人が平生は「実体」であるという主張を加えてもよい)。この二つの主張は全ての赦免歎願書に共通しているといっても過言ではない。換言すれば全ての赦免歎願書はこの二つの主張を軸にして構成されているのである。それは蜂起発端の村であり、蜂起の主導者であったとされている上名栗村紋次郎・豊五郎の赦免歎願書にさえ共通してみられたのである。

ではそのような赦免歎願の推進者は誰であったか。もちろん被捕縛者の家族・親類・組合が動いたと思われるが、それらは表面（史料）にはほとんど現われてこない。公式的に登場するのは村役人である。そして村役人は、さらに周辺村落の村役人、あるいは知人、さらには捕縛地の村役人まで動員して赦免歎願に奔走している。

その際に注目されるのは、村役人たちは事実を糺明して報告することを必ずしも第一義とはしていないことである。むしろ事実を伏せてでも、あるいは虚偽を申し立てても赦免をかちとろうとしているようにみえる。先にみた上名栗村の事例がそうであったが、次のような史料もある。

（秩父郡坂石町分庄五郎・貞助から関東取締出役百瀬章蔵ほか二人に宛てた、坂石町分吉造が一揆によって打ちこわされた「始末書」に続けて）但し、此始末書貞助案書致し候内、始末不都合、且は品により候ハヽ、近村之難渋ニも可相成、万一事実相吩り候様至り候而は却而大変之義ニも可相成哉之由内々承り候間……

（㈠—一三〜一四頁）

必ずしも文意に明瞭でない箇所があるが、これによれば打ちこわしの顚末を報告すべき始末書の内容が、周辺村落の村役人によって厳しくチェックされようとしていることは明らかであろう。それは始末書の内容次第では「近村之難渋」になるかも知れない、あるいは万一事実がわかってしまっては「却而大変」になるかも知れないという、周辺村役人の危惧から出ているのである。しかもそれに対して始末書の起草者は、全く差障りになるような始末書ではなく「郷中之振合」に準じて起草したものであるとの回答を与えているのである。ここでは事実を正確に報告することよりも、「近村之難渋」「大変」にならないことの方が優先されているのである（ただしこの起草者の場合にはそれを無視したようにみえるが）。

このようなことは他でも多くみられたのではないか(17)。一揆が終熄した段階では、もはや各人の責任を追求しあうよりは、むしろ失われた村落秩序を速かに再建することの方が大事だったのではないか。そのためには事実をあえて伏せる（伏せさせる）場合もあったのではないか。このような意味で次の史料は注目に値する。差出人は五日市村名主利兵衛ほか三人であり、宛名人は江川太郎左衛門手代根本慎蔵である。

右之者共（多摩郡上大久野村七右衛門ほか四人）義は、組合村人足之義ニ付兼而申合置候処、夜中之事故手違ニ相成、右於場所（五日市村）召捕、翌日篤と名前取調候処、全身（味）方之人足ニ相違無御座候得共……

（二―七三～七四頁）

この史料によれば先に五日市村で捕縛された上大久野村七右衛門ほか四人の者は、実は五日市村組合の防衛人足として出た者で、手違いから捕縛された者だから、そのままにしておいては「村方混雑」にもなるので、赦免をお願いしたいと五日市村役人はいうのである。この五日市村役人の言を信用すれば、防衛人足として出た者が誤って捕縛されることがあったようにも思われるのである。しかし「打毀乱妨人生捕一件諸書物控」に書き留められたこの史料のすぐ後には次の史料がある。差出人は大久野村給々役人惣代六郎左衛門ほか三人で、宛名は五日市村役人である。

右之もの共（上大久野村七右衛門ほか四人）儀、当月十六日打毀乱妨人ニ被引連、其御村方（五日市村）へ同道致候ニ付、同日夜御召捕相成、尤人足共江ハ他村江不罷越、途中ゟ村方へ立戻り候様申付置候得共、酒狂之上ニて右様手違ニ相成、然ル所此度五人之もの共御差送りニ相成候義ニ付、御歎願之趣意尽果、無余義前五人之もの共其御村方へ身方御同意之趣を以御公辺へ御歎願御頼申上候処、格別之以御示合御聞届被下忝存候……　（二―七四～七五頁）

みられるように事実は、上大久野村七右衛門ほか四人は一揆勢の人足として五日市村までついていき、しかも酒狂のうえで捕縛されたのであった。そして赦免歎願の方途のつき果てた大久野村給々役人たちが、五日市村役人に対して右の五人が五日市村の「味方」として出たことにしてくれるように依頼したことから、前記の五日市村の赦免歎願書となったのである。[18]

ここでは明らかに虚偽の申し立てが行なわれているといえよう。しかもそれは自村のみではなく他村までまきこんでの虚偽の申し立てであった。そして領主を欺いてまで赦免をかちとろうとしているのである。[19]それでは村役人にそうした行動を促したものは何であったろうか。一つには村役人にそうした行動を促す一般農民（家族や親類をも含めた）の存在があったと思う。解体したとはいうものの、一揆はまだ再発の可能性がなくなってしまったわけではなかった。いま一つは逆に村役人においても、赦免歎願に奔走することが一般農民を慰撫する一手段として把えられていたのではないか。いいかえれば赦免をかちとることによって、自らの村落の指導者としての立場をあらためて認識させる機会にもなったのではないか。こうして一般農民からの被捕縛者の赦免歎願要求の村役人に対するつき上げと、村役人の思惑とが合致することによって、これまでみてきたような猛烈な、虚偽の申し立てさえ含んだ赦免歎願運動が展開されることになったと考えられるのである。ただしこれを被捕縛者からいえば、一揆渦中において鋭く敵対した村役人から赦免を歎願してもらうという皮肉な結果になったのである。

三　領主側の対応

それではこのような赦免歎願に対して領主側はどのように対応したであろうか。一揆鎮圧後の七月、代官江川太郎左衛門は勘定所に次のような上申を行なっている。

今般之一揆及蜂起候は、武州秩父郡名栗村辺之由、右横行之村毎人足可差出旨強談およひ、若拒候得は村中放火いたし、老若男女無差別可打殺旨申威候より、村々ニおいて一時之責可遁タメ人足差出候得共直ニ先手ニいたし、先々村方ニ而は一揆之者可宥と心得違、酒飯設ケ置差出候故、中ニは心得違酒狂之上面白事ニ心得押歩行候様ニ可有之、又は無頼之無宿、穢多・非人等馳加候哉ニ相聞、右様之類は別領(段カ)之義、全猛威ニ恐怖被引連候もの之内召捕相成候ものも可有之、不便至極ニ付右等は御宥免之御沙汰御座候様仕度……

(二—一〇八～一〇九頁)

ここには領主側の対応の仕方が端的に示されているといえよう。すなわちここでも一揆勢が参加強制によって結集されたことが大きくものをいっているのである。領主側においても一揆勢の「猛威ニ恐怖」して引連れられていって捕縛された者については、「不便至極」であるからなるべく赦免するようにしたいとしているのである。ただしここで注意しなければならないのは、そのような村々の農民(彼らは幕藩権力の基礎をなす存在でもある)と、「無頼之無宿、穢多・非人等」とが峻別されていることである。そうして後者については「別領」であるとされている点である。後者については別であるというのは、村々の農民については「宥免之御沙汰」をしたいとしていることとは別であるという意味であろう。すなわちここにも封建社会における身分支配＝分断支配のあり方が鋭く示されているのである。実際、たとえば二俣尾村無宿元右衛門は「頭取体もの之任差図、重立差働候始末不届」であるとして「中追放」に処されている(一—二四三・二九七頁)。

それはともかくとして領主側がなるべく赦免する方向でこの一揆の結末をつけようとしている様子は明らかであろう。ただし右のように勘定所に上申している江川太郎左衛門も、農民に向かってはそのような顔をみせない。農民に対しては厳しく次のように申し渡している。

（六月）廿二日、前書名前之もの（蔵敷村組合名主杢左衛門ほか三人）連立、根本慎蔵様（代官江川太郎左衛門の手代）御用先、箱根ヶ崎村名主為一郎宅へ罷出候処、右根本様江（鉄砲）教示方長沢房五郎様御附添ニ而、御同席根本様ゟ被仰渡候は、以後万一打毀し様之儀有之候共、食物焚出或は道具等貸遣し候は勿論、人足等差出候而は不相成、厳敷相断置、無二念打殺し可申旨厳重被仰渡……（(二)—九七頁）[20]

すなわち農民に対しては、以後人足を出すことはならない、人足要求をするような者があればその者を「無二念」に「打殺」すようにとの厳重な指示を与えているのである。

さて一揆解体後の領主側の対応がなるべく被捕縛者を赦免する方向に傾いていたことをみたが、実はこのことは一揆渦中（ないし直後）でも同じであった。たとえば次のようである。

岩鼻在陣木村君（関東郡代木村甲斐守勝教）ハ賢名ノ聞ヘアリシカ、虚名ナラサルニ似タリ、其附属ノ諸士此一乱ノ所置都テ寛典ナリ、深谷・新町ノ捕縛四五百人ヨリ僅ニ十余人ヲ留メ、其他ハ皆赦免セラレシトナリ、上小鹿野ニテモ捕縛人多キ中ヨリ三人ヲ留メ、他ハ残ラス赦免セリ、早ク人心ヲ安シ各其業ニ就カシムルヲ専務トスル仁恵ナリ、今農事最中ナレハ実ニ斯ク有度事ナリ（(一)—一七五頁）

これによれば深谷宿・新町宿、あるいは上小鹿野村で捕縛された者の大半が赦免されたことが知られるのである。その理由として「早ク人心ヲ安シ各其業ニ就カシムルヲ専務ト」したことによると述べられていることにも注意しておく必要があろう。なおこの深谷宿での大量赦免については、別に次のようにも記されている。

本庄宿ニて散乱いたし候召捕ニ相成候人足は、中山道深谷宿御用宿え引集メ御吟味有之候処、村々より無余儀人足ニ被連候儘成百姓之事故、廻状を以村々え御触ニ相成、村役人并当人組合・親類共罷出歎願差出し候方は不残御下ケニ相成候得共、多分入用等相掛村々難儀いたし候（『県史』—六五七頁）

これによれば深谷宿での赦免が領主側から「廻状」によって触れ出されていることが知られるのである。そして被捕縛者の村役人ならびに組合、親類が歎願書を提出した者については、すべて赦免になったのである。(21)

このように領主側は、被捕縛者のうち一部を除いた大多数の者を比較的早い時期に赦免している。それはどういう理由によるのであろうか。このことを考えるうえで手がかりになるのは、先に注意を喚起しておいた「早ク人心ヲ安シ各其業ニ就カシムルヲ専務ト」したという指摘である。すなわち「悒成百姓」を大量に処罰することは、決して領主側にとって得策ではなかったのである。それよりも早く彼らを赦免することによって村落秩序の安定化をはかり、各人をその業につかせることの方が大事なことであった。それには大量処罰者を出すことが、再び蜂起を招きかねないとの危惧もあったと思われる。このような理由から大多数の被捕縛者の赦免が実現したのである。しかしこのことは、とりも直さず領主権力の弱体化をも示すものであった。(22)

おわりに

繰り返しになるが、これまで述べてきたことを要約しよう。

武州世直し一揆勢はその結集方法として「打ちこわす」「打ち殺す」「焼払う」などの言辞をもって村ごとに参加強制を行なった。これに対して大多数の村はその威力におそれて（ないしおそれたふりをして）人足提供に応じたが、その対応の仕方は村役人の場合は非協力的・事なかれ主義的であった。しかし一般農民の場合は必ずしもそうではなく、むしろ参加強制を梃子に積極的に一揆に参加していく姿もみられた。

さてこうして一揆に参加していって捕縛された者について、一揆解体後各村で赦免歎願が行なわれる。それは赦免歎願運動といってもよいほどのものであった。

一揆発端の村とされている上名栗村では、紋次郎・豊五郎・富吉の赦免歎願が行なわれた。そして紋次郎・豊五郎については、明らかに虚偽の申し立てによる赦免歎願書が作成されていることが知られた。また平村要兵衛ほか七人の赦免歎願では、周辺村落の村役人に赦免歎願書への連印を依頼し、さらに商取引のある者などへ赦免歎願のとりなしを依頼していることも知られた。二俣尾村槇次郎ほか一六人の赦免歎願では、捕縛地の村役人によってチェックされようとしていることも知られた。また一揆に関する領主への報告書の内容が周辺村役人に赦免歎願書への連印を依頼していることも知られた。さらに明らかに虚偽による赦免歎願が、被捕縛者の村と捕縛地の村との連携によって行なわれていることも知られた。

このように赦免歎願は、その村のみならず周辺村役人・知人、さらには捕縛地の村役人さえ動員して展開された。そしてその際明らかに事実を隠蔽したり、虚偽の申し立てを行なうことさえみられた。

また赦免歎願書を構成する論理は、一つは強制されて参加したものであるという主張であり、いま一つは残された者が悲歎にくれているという主張であった。この二つの主張は全ての赦免歎願書に共通しているといっても過言ではない。いいかえれば全ての赦免歎願書はこの二つの主張を軸に構成されているのである。ここでは一揆勢の参加強制という結集方法が、赦免歎願の有力な根拠とされていることに注目すべきであろう。

ではこのような赦免歎願に対して領主側はどのように対応したかといえば、原則として赦免歎願に応じる姿勢を示している。大量の処罰者を出すよりは、早く村落の安定を取り戻したいとする領主側の意向をみることができよう。一揆解体後領主側は、一揆勢に屈服した形での金品の施行はならないが、貧民救助のために「自主的」に豪農層の側から施行することは認めるとも触れているのである。

こうして村役人の奔走と、領主側の意向とが合致することによってかなりの赦免がかちとられたのである。ではは村役人はなぜこのように赦免歎願に奔走したのであろうか。これまでにも部分的に述べてきたが、最後にこのことについて考えてみたい。

武州世直し一揆の嵐が吹き荒れた時、伝統的な村落秩序は全く解体の危機に瀕したといってよいであろう。村内にも村落間にも鋭い緊張関係が生まれた。こうした中で村役人はなるべく速かに、失なわれた村落秩序を再建する必要に迫られたのである。

その方策として村役人は、一方で村内困窮民に施米や施金を行なうことで慰撫をはかり、他方で組合村議定や農兵取り立てによって一揆の再発を防ごうとしたことがすでに知られているが[23]、赦免歎願もこのような村役人による村落秩序の安定化のための努力の一環として位置づけられるのではないか。たとえば上名栗村では村役人たちが、紋次郎らの赦免歎願に奔走する一方で、村内困窮民に対して施金を行なっていたことは前述したとおりである。

もちろん村内から処罰者を出すことは、村役人の責任にもかかわることだったから、その意味でも村役人は赦免歎願に奔走しなければならなかったが、より基本的には村落秩序を安定化するための行動の一環だったと思われる。

ただしその背景には一般農民からの無言・有言の圧力があったと思われる。一揆勢は被捕縛者だけだったわけではない。むしろ捕縛されずに帰村した者の方が多かったはずである。もちろん余りにも積極的に打ちこわしを遂行したために、ついに帰るべき場所を失なって「出奔」せざるを得なかった者もあったが[24]、大多数の者は帰村したのである。そうして帰村した一般農民は、村役人に対して被捕縛者の赦免歎願をすることを強く要求したのではないか。史料上からは村役人が赦免歎願に奔走したようにみえるが、その背景には一般農民による村役人へのつき上げがあったと考えたい。

なお捕縛されないで帰村した者に対する追求も、一般農民は厳しく拒否したものと思われる。そして村役人の側でも厳しく追求することは回避したのではないか。というのは帰村した一般農民を厳しく追求すれば、追いつめられた一般農民は個別的に出奔するか、あるいは再度蜂起する途を選んだであろう。いずれにしても村落秩序は安定を取り戻すどころではなかったであろう。その結果が、前述した領主への打ちこわし顛末の報告書における、打ちこわした者はどこの誰とも知れないとする、打ちこわされた者ないし村役人からの報告になったものと思われる。

こうした一般農民による事実を糺明することの拒否と、さらには被捕縛者の赦免歎願をすることの村役人に対する要求と、村落秩序を早く安定させたいとする村役人の意向とが合致することによって、これまでみてきたような被捕縛者の赦免歎願が各村で展開されたのである。こうした中で、もちろん一揆以前とは異なるが、村落秩序は徐々に一応の安定を取り戻していったのではないか。

なお小稿では赦免歎願に奔走した村役人を、村役人一般として述べてきたが、あるいは赦免歎願に奔走した村役人と、そうでない村役人とを区別して考える必要があったかも知れない。しかしそこまでは及ばなかった。また赦免歎願の結果赦免されて帰村した者が、その後どのような軌跡を辿ったかも明らかにしえなかった。

注

（1）　拙稿「武州世直し一揆の波及——都筑郡の対応——」（『近世史藁』創刊号　一九七五年）、「武州世直し一揆の考察——一揆勢の武器使用をめぐって——」（増井経夫先生・三上次男先生退任紀念『呴沫集』一九七七年）、「武州世直し一揆の考察（続）—一揆勢の「いでたち」をめぐって——」（『近世史藁』二号　一九七七年）、「武州世直し一揆における打ちこわしの様相」（『学習院史学』一六号　一九八〇年）、「茨城県で発見した武州世直し一揆史料」（『呴沫集』２　一九八〇年）。

(2) たとえば森安彦『幕藩制国家の基礎構造』（一九八一年　吉川弘文館）四〇九～四二六頁参照。

(3) しかも強制して参加させた人足を先頭に押し立てていた。たとえば「皆野村ゟ段々狩立来り候御領分百姓を先手に押立乱入致し候事故、厳敷御防被遊候時は御領分の百姓多く損し可申」（㈠—一六二頁）とある。

(4) こうして孤立的に防衛準備をしなければならなかった古凍村は、そのために「花火」を大砲のかわりに村境へ設置している（㈠—七六頁）。

(5) たとえば多摩郡二俣尾村ほか二三か村役人は、「差留方等取計方も可有之所、多人数之義取鎮方力不及候迚彼是狼狽罷在候故、既ニ穀屋共家作打毀、亦は右ヲ恐怖致弁当焚出し致、或は道案内之人足等ニ罷出候次第ニ至り候段、追而其御筋江訴出候義とは乍申、右始末一同不埒」であるとして、名主は「急度御叱り」、年寄・組頭は「御叱」を申し渡されている（㈠—二四二～二四三頁）。

(6) 一揆後に大里郡佐谷田村三組が一揆の再発に備えてとり決めた「議定書」にも今後一揆勢が襲来して断りきれなかった時には「然ル上ハ一ト先乱妨人共意ニ任セ、先村江村中一纏ニ相成り、其村入直ニ散乱逃伸可申候」（㈠—一三七頁）とある。

(7) 一揆勢に同行した名主が途中で逃亡したために一揆勢の「立腹」をかって打ちこわされた事例もある。すなわち一揆勢に強勢されて「無拠出張」した高麗郡牛沢村名主（醤油屋）は「右河原（黒須河原）ゟ牛沢村名主逃去、依之頭取立腹致し、黒須村名主武助宅江乱入致不残打毀し、高倉村・根岸村人足相増、牛沢村醤油屋江込入不残打毀」（㈡—五一～五二頁）されている。

(8) ただし人足として出たまま帰村しない者もいた。これこそ後に本文で述べることだから一例だけあげておけば、多摩郡拝島村百姓金次郎と政次郎の二人は人足として出たまま帰村しなかった。「御代官江川太郎左衛門手勢ニ召捕」(二—一二二頁) られてしまったのである。

(9) 秩父郡伊古田村名主で、すぐれた蘭学医でもあった伊古田純道は次のように述べている。「打毀サレシ人モ強チニ其人（一揆勢）ヲ怨ル事無ルヘシ、(打ちこわされた家は) 数百家ノ中ニテ僅ニ五七軒ニ過ス、然ラハ是レ打潰ルヘキ悪ノ積ルニ因ルナリ、遠隔ノ地ハ知ラス、予カ聞所ノ者ニテ大宮ノ福島七兵衛、下小鹿野ニテ森伊兵衛、二人ハ早ク此理ヲ知リ、己ヲ省ミ自ラ罪ヲ負テ怨言ナシト、商家ニハ珍ラシキ人品ナリ」(一—一七七頁)。これによれば伊古田純道が、打ちこわされる家にはそれだけの理由 (悪) があるのだとみなしていることが知られる。しかもそのような認識は打ちこわされた当事者にあったことも知られる。そうした認識に到達した者は「己ヲ省ミ自ラ罪ヲ負テ怨言」がなかったのである。しかし中には打ちこわされたことを恨み、一揆解体後官側に密告する者もいた。しかしそのような人間は、伊古田純道にいわせれば「打毀ルヘキ種を蒔ク人」であった。伊古田純道のいうように打ちこわされた者が自己反省をしたかどうかは知れないが、打ちこわされる家にはそれだけの理由があるのだと周囲の者がみなしていたという点は重要であろう。そのような周囲の視線は、一揆後における打ちこわされた者の行動を何がしか規制したように思われる。

(10) 安丸良夫氏は「参加強制とは、人々が容易に一揆に参加してゆくための方式であった。そのため、しばしばこうした強制はまち望まれて」いたと述べられている。同氏『日本の近代化と民衆思想』(一九七四年　青木書店) 二二一頁。

(11) 森安彦氏は前掲書で「組織的な指導者集団が存在したことは明らかである」(四二三頁) と述べられているが、筆者は本文で述べたような理由から、小地域ごとの指導者 (集団) は検出し得ても、全体にわたる指導者 (集団) の存在は検出し得ないのではないかと考えている。

(12) 六月二十九日の夜に自宅へ忍び帰った紋次郎・豊五郎を最初に捕縛したのは村役人であった。そして七月二日に領主に訴え出たのである (二—四頁)。

(13) たとえば森安彦氏前掲書四二二頁。
(14) 村役人は上名栗村から蜂起した約二百人の村民が六月十五日から十六日には帰村したのに、紋次郎・豊五郎・富次（吉）郎の三人が帰村しないので、その様子を尋ねて回っている（㈠―一二一頁）。また注（12）に述べたように帰村した紋次郎・豊五郎を早速村役人は捕縛している。
(15) たとえば男衾郡折原村仙蔵ほか二か村二五人の赦免歎願書にも「前書之もの共ハ、何れも無高又は至而貧窮其日暮し之上、老衰之両親病中ニ而、面会之儀只顧相歎、昼夜悲歎ニ沈罷在」（㈠―一八三頁）とある。
(16) ここでは必ずしも明確でないが、実は正代村大吉は一揆勢によってさんざんに打ちこわされた一人であった。その様子は次のように記されている。「夫ゟ庄(正)代村代(大)吉と而名主役・貸付所散々に打毀し、土蔵より金箱取出し、庭ゟ畑ケ迄まき散し、天保銭・文久銭・鐚銭・こなれ之銭は雨の如し、誠有処ニは此様ニ茂有ものかと思ふ程の事な（ママ）也」（㈠―四四頁）。このように打ちこわされたとすれば、大吉の憤懣も大きかったであろう。
(17) どのような関係にあるのかよくわからないが、赦免歎願をめぐって二俣尾村ほか八か村役人（槇次郎たちの赦免に奔走している）と青梅村役人の間にいざこざがあったらしく、七月付で立入人である新町村文右衛門ほか四名に宛てた青梅村役人の「約定書」がある。そこには次のように記されている。「然ル所当村役人取計方之義ニ付、村々御意存ニ不応義有之ニ付、御調模様ニ寄、事実御申立相成候而は、当村役人不都合ニも可有之と御聞取、各々御立入私共出府致御掛合之向逸々承知致候得共、於出先皆取計兼候義も有之、尤帰村々早々各々方倶々残役人江申談、何れニも思召に相任急度取計可仕候」（㈠―一二三三～一二三四頁）。これによれば青梅村役人の取計らい方に村々の意向にそわないものがあること、そのため「御調模様ニ寄、事実御申立相成候而は、当村（青梅村）役人不都合」にもなるかも知れないというので、青梅村役人が出府して種々談合したことが知られる。そして青梅村役人は「何れニも（立入人の）思召ニ相任」せきっと取計らうと約束しているのである。ここでも赦免歎願をめぐって村落間で取り決め（その内容は不明だが）が行なわれていることをみることができる。
(18) この以前に五日市村名主も連名した五人の赦免歎願書が作成されている。ここでも五人が強制されて参加したものであること、また当人たちが「全平日神妙之もの共」であること、家族が悲歎にくれていることが述べられているが、次のようにも述べられている。「右五人之もの共儀は、平日至而大酒之ものニて、当春中ゟ親類・組合・村役人共ゟ禁酒為致候処、人足罷出候故一時ニ大酒致、酒狂之上村方へ可立戻間もなく悪人共江取囲被引連候得共……」(二―七一頁)。ここで村役人は禁酒をさせられていた五人が、一時に大酒を呑んだために酒に狂ったのだといってその過失を説明しようとしている。それはともかくとして、ここには一揆に参加することによって一気に日頃の抑圧から解放された五人の姿が彷彿としているように思われるがどうであろうか。

(19)　いま一例を示しておこう。高麗郡白子村長念寺門前百姓仁兵衛忰又吉は、六月十七日に同郡高坂村で川越藩役人の手によって捕縛された。この又吉の赦免歎願中であることを仁兵衛は寺社奉行所および久留里藩岡役所に報告しているが、そこでは「又吉儀、当月十七日、親類比企郡高倉村吉之助方へ用事御座候ニ付、差遣し候途中、打毀し徒党者共ニ行逢、無躰ニ被引連」と記されている。使いに出した又吉がこのようにして一揆に参加強制され捕縛されたことを仁兵衛が知ったのは、二十二日の朝になって高倉村吉之助が知らせてきたからである。ところでこれとは別に、白子村役人が岡役所に対して「(一揆勢が)村方人足不差出候は軒別打毀し抔ト申之ニ付、無拠被召連候処、昨十六日夕五ツ時頃、右差出し候人数不残帰宅仕候」と報告している史料がある。さらにこの史料に続いて人足として参加した者の名前を届け出た史料もあるが、ここにも仁兵衛忰又吉の名前がみえるのである。これはどうしたことであろうか。仁兵衛からの報告には又吉は捕縛されたとあり、村役人からの報告には又吉を含めた全員が帰村したとあるのである。事実は又吉は捕縛されており、村役人が虚偽の報告を行なったことは明白である。ところが村役人はさらに虚偽を重ねている。というのは又吉が捕縛されたことが明白になったことで、白子村役人は川越町長昌寺にその放免歎願のとりなしを依頼しているが、そこでも又吉がいかにも村から強制されて出ていって逃げ帰ろうとした途中で捕縛されたように述べているからである。すなわち「夫ゟ(一揆勢は)村方江押寄、右人足ニ可罷出趣申触、若不罷出ニおゐてハ可打殺抔と、怖敷有様ニ而被申威恐縮致、急難を可遁ため無拠附添罷出候得共、折宜敷場合見合セ村方江立戻り度と存、立戻り候途中ニ而(又吉は)御召捕ニ罷成候趣」と記されている。父親の仁兵衛がいうように、又吉が使いに出た途中で一揆勢から参加強制されたのが事実だとすれば、村から出たという虚偽のうえに組みたてられたこの文言も信用することはできないというべきであろう（以上は㈡―一七〜一九頁の「白子村御用留」による）。

(20) 多摩郡「蔵敷村御用留」にも同文の記事がある（㈡―二〇五）。

(21) 榛沢郡用土村小淵家文書「聞書扣」にも同文の史料がある（㈠―二三頁）。ただし本文中に掲げた史料と同系統に属する史料と思われる。

(22) 赦免歎願によってではなく、一揆渦中において一揆勢が参加強制を根拠として被捕縛者を奪還したとする史料もある。ただし信憑性のほどは定かでないが、参考までに次に掲げよう。すなわち「外村々より川越ヲ差テ行たる人足ハ、皆最寄ニ而御かためニ恐れ引き退きける、其固め内ニ而も大町村江出陣被遊たる御役之人足共、握りめしを食し居たる所江大筒打掛ケ、陣太鼓をならし出陣被遊、大じん茅野ニかくれ居もの十七人召捕候ニ付、其嘸(咄カ)し神田宿集り居人足聞及び、其仲(中)ニ才智有者弐人罷出、右出陣之御役人江掛合ニ及びける、右御召捕被遊たる者は、私共仲間之者ニ候哉、無拠人足召連られ是迄罷越候を、御召捕被遊候而は、私共帰村ならす、無拠乱妨致し候ニ付、左ニ承知有之よし、右御召捕被遊たる人足を御返し被遊候ハヽ、帰村仕、毛頭人足ニは差出申間敷申上ける(れカ)は、役人其利ニまかせ、十七人之召捕たるを御返し被成、夫々人足帰村致しける、右御役人ニわ(は)百姓ニ利(理)つめられ、大切成召人を無伺返し、御上江之申訳無之御切腹被遊ける」(㈠―四四〜四五頁）とある。

(23) 森安彦氏前掲書四六四〜四六六頁参照。

(24) たとえば秩父郡大宮郷岡家文書「一揆騒動荒増見聞書之写」には「(一揆敗走後）出奔致候者も多く有之候、是は潰されたる人々の見知りたる故哉」(㈠―七〇頁）とある。見知った人の家を打ちこわしたとすれば、後日の責任追求は逃れられないところであろう。そのようにして最早自村に帰ることのできなくなってしまった人々も多くいたものと思われる。なお、この史料も打ちこわしの主体が村内ないし近村の者であったことを傍証するものといえよう。

〔付記〕　小稿を印刷にふした後で、久留島浩「長州戦争と備中の幕領——幕領における中間支配機構の一考察——」（『史学雑誌』第九〇編第九号）に接した。久留島氏はその論稿を「長州戦争期の幕領村々が果たして、幕領在地支配体制から大きく逸脱し、村落共同体としてもその解体・変質と言いうるような状態に陥っていたのかどうかについて、具体的に検討することを課題とする」（四三頁）と述べ、備中における「郡ごとの郡中惣代制、及びそれに補完される村請制」が、長州戦争以後、明治期に入っても「その性格、機能を基本的には何ら変質することなく存続する」と結論されている（四三頁）。地域も、状況も異なるが、小稿のねらいもまた武州世直し一揆解体後の村落の状態をいささかなりとも明らかにしたいということにあったが、筆者の力不足からわずかに事例を提示することに止まってしまった。一言付記して後考を期したい。

〔初出〕『呴沫集』（三号、一九八一年）

上州における慶応二年世直し一揆展開過程の再検討

佐藤孝之

はじめに

慶応二年（一八六六）六月十三日、武州秩父郡上名栗村での蜂起に端を発した「世直し一揆」は、燎原の火のごとく燃え広がり、約一週間にわたって武州・上州の村々を席巻した。この「武州世直し一揆」に関しては、周知のごとく近世村落史研究会によって『武州世直し一揆史料』㈠㈡が編まれているのを始め、既に数多の研究が蓄積されている。

そのため、今更事実関係の再検討など不必要の感もあるが、少なくとも上州方面への一揆の展開過程については、関係史料を検討した結果、従来の展開図には誤りや不正確な部分の存在することが判明した。また、『武州世直し一揆史料』には上州側の史料が殆ど収録されていない点にも鑑み、上州側の新史料も利用して、上州方面での一揆の足跡を、従来の展開図に補足・修正を加えつつ、もう一度辿ってみたい。

一　藤岡・本庄・新町方面

（一）　一揆展開過程の再検討

慶応二年（一八六六）六月十七日に武州寄居宿を打毀した「世直し一揆」勢は、それより三手に分かれ、一手は八幡山町に向い、その後上州方面へ展開した。現在までに公けにされている一揆展開図[1]から、上州方面への展開を辿ってみると、八幡山町を打毀したあと、一手は上州藤岡町を経て新町宿へ向い、もう一手は真下村・七本木村・金久保村等を打毀すように描かれている。しかし、諸史料を勘案すると、必ずしもそうではないように思われる。そこで、『武州世直し一揆史料』㈠㈡[2]所収史料及びその他の史料の中から、八幡山町打毀し後の展開を記した部分を、煩を厭わず次に列挙してみる（以下、史料中の〔　〕は訂正注、（　）は説明注を示す）。

ⓐ「寄居ニ而分り、壱手者八幡山町・藤岡、右最寄打毀し、仲仙道本庄宿江打出し、同宿打毀し、夫ゟ新町宿江出参処、右所河原ニ而大鉋打候処皆逃し候ニ付、召押又者切殺し打殺し候ニ付、残り者不残逃去申候」（㈠―九八頁）

ⓑ「寄居町江押出し、夫ゟ三分ケニ相成（中略）一組者末野村ゟ八幡山宿、藤岡宿ゟ本庄宿へ押出し、夫ゟ二分ケニ相成、一手者岡部村、安部様御出張ニ而打散し申候、一手者十八日八ツ頃ゟ新町宿江打かゝり候由」（㈠―一二七頁）

ⓒ「慶応二寅年六月十八日之朝、八まん山打こわし、夫ゟ真下壱軒打こわし、東大御堂弐軒打こわし、其外在村々打こわしなから藤岡町江参り、右宿ヲ十四五軒打こわし、夫ゟ同日四ツ半時頃、本庄宿江押出し七八

軒打こわし、中山道ヲ上り、是又近村々ヲ打こわしなから新町宿迄参り、右宿ヲ三四軒打こわし居り候所ヲ、郡代岩鼻御役所ゟ御手当ニ而、即死三十人、御召捕三百人計、外者皆逃去り申候」（一―一四五頁）

ⓓ「既ニ十七日夜、児玉郡八幡山町ヲ打こわし候趣、追々承り心痛罷有候内、十八日朝、上州藤岡町打毀し、同日四ツ時頃、中山道本庄宿江数万人押出し候旨、夫れ〳〵ゟ注進有之、（中略）同日暮六ツ時前、新町宿打毀し居候所江、郡代岩鼻御役所より御手当ニ相成、即死三十人余、御召捕五十人余、本庄宿ゟ私シ共村（賀美郡石神村）方辺迄之内、御召捕弐百人余、即死廿人余、疵人数多有之」（一―一四五～一四六頁）

ⓔ「扨又、一組ハ寄居宿ゟ八幡山　藤岡町　本庄　新町、其外道すからの在々迄被打毀候ニ付、岩鼻付御郡代木村甲斐守様新町宿迄御出張被為遊、鎗鉾飛道具を以て打払、依之漸事しつまり、本庄　新町両宿にて召捕の人数凡四百人余り、即死百人余り、手負人数知れす」（一―一四六頁）

「右打毀之者とも本庄宿江入込候当日者、寅六月十八日朝四ツ時ゟ昼八ツ半頃迄宿内押廻し」（一―一四六頁）

ⓕ「十八日暁ゟ藤岡町拾三軒潰、同所ゟ八百人召連本庄へ行、新町三軒打潰候ニ付、御取締出役宮内左右平様御手配岩鼻様ゟ御三方御越之由、用立候人足拾五人余即死有之、八拾人余御召捕、散乱相成、（中略）新町宿方静ニ相成、本庄宿八軒計打潰候由、岡部様御出陣之由」（一―一九四～一九五頁）

ⓖ「一組ハ八幡山　藤岡、仲山道本庄、是ハ新町川原ニ而被打取候由」（二―一二九頁）

ⓗ「水上鋺太郎知行所上野国緑埜郡藤岡町江、去ル十八日暁六時頃、何方之者共不相分百姓躰之者凡千五六百人程、銘々綿襷・鉢巻等ニ而身拵致し、斧・鋸・棒抔を携同所江押来り、（中略）四時頃ニ至り、中山道本庄宿江立越候由を以、同所之者共を加勢人足と唱ひ、百人程無躰ニ連行」（二―二一一頁）

ⓘ「寄居より、一口ハ四五千人八幡山・藤岡へ押出し、夫々打こわし、八幡山十二三軒、ふじ岡同断之事ニ候、夫より仲山道本庄宿へ押出し、紅葉屋初め七八軒打こわし、同勢都合一万人程と相聞、夫より岩はな村御陣屋へ一統押掛り候手段之処、御陣屋より川原へ御陣取被遊、乱妨人をふせき、召捕又ハ打ころし、此処ニて大乱ニ及、ふし岡より押出し候人数も召捕切ころされ、人数之もの此評判を聞よりも追々（ママ）逃去り、素々百姓之事ニ候へは命おしく大半逃帰り候、本庄より少々之人数繰出し、榛沢辺乱妨いたし、深谷宿へ押出し候処、岩はな川原之騒動を聞とひとしく皆人数逃足ニ相成、然処凡三百人計りも召捕ニ相成」（『新編埼玉県史』資料編11―六三五～六三六頁）

ⓙ「一手ハ八幡山へ出テ、夜ニ入テ打潰シ、藤岡ヲ打潰シ、本荘へ出テ打潰シ、夫ヨリ二手ニ分レ、一手ハ深谷ヲ指テ押出ス、此時深谷ニハ岩鼻附木村樾蔵手先ノ者、大勢ニ宿内ノ者ヲ従へ、御堂坂辺ニテ切散ラシ、手負・死人数十人、捕縛二百余人ト云」（同前―六八〇頁）

ⓚ「八幡山町ゟ、当月十七日夜に上州藤岡町へ罷出、身元相応之方へ懸合候処、施米金銀差出候家々助置、彼是申候宅者十七軒程打毀候由、此人数三千人余ニ御座候、（中略）是より武州本庄宿へ罷出、右宿有増打毀、十八日夜、新町宿其外在々ニ致止宿候趣、（中略）十八人程切殺候ニ付引取、是ゟ前橋之方へ参候趣御座候、何れ共此行方篤と相分り不申候」（「長州一件附武州上州百姓騒動[3]」）

ⓛ「此程、武州青梅返〔辺カ―筆者注〕ゟ騒立、所々物持打毀、追々人数相増、当時五六千人、十八日朝藤岡町打毀、夫ゟ本庄宿へ押参り候ニ付、岩鼻表ニ而も大混雑、（中略）右騒動も本庄宿松葉屋〔紅カ―筆者注〕・小倉屋諸井打毀、夫ゟ八丁川岸ヲ渡り、十九日未明五料御関所江押来り、不通候ニ付戦ひニ相成、多人数故川越方御役人両人討死与申事、夫ゟ川端へ出候処船無之、川向ゟハ伊勢崎方御人数鉄炮ヲ打かけ、何分難渡与見へ引帰し、玉村宿三軒打毀、

深谷宿へ出候由、（中略）血洗島渋沢・横瀬荻〔萩カ〕野・島村田島弥兵衛打毀抔与取々風聞」（『太田市史』史料編近世2、八四一頁）

以上は、既刊の史料集等からの引用であるが、次に未刊史料から一点掲げておきたい。それは、上州那波郡連《つな》取《とり》村の森村新蔵が著わした「享和以来見聞記」(4)（以下「見聞記」と略す）の中の、慶応二年「世直し一揆」に関する風聞を書き留めた部分である。

ⓜ「八幡山町ニ出て数軒打毀し、同郡金谷村打こわし、是ゟ上州緑埜郡藤岡町押入り十四軒打こわし、其上町役人江掛合、人足五十人差出シ可申、無左におゐてハ町内不残焼捨候抔と罵り候ニ付、無拠右人足差出候由、夫より藤木戸村庄左衛門与申者之家江押入、此庄左衛門ハ此近郷ニ而者物持大福者也といふ、金千両ニ米五俵窮民ニ可施旨対談致請書を取、其上貸金証文・諸帳面共取出シ、不残焼捨、証文金高一万七千両也と云、西大御〔堂脱カ〕村青木三郎兵衛打毀シ、中仙道本庄宿ニ押出し、本陣江掛合ニ及焚出シ申付ル、此日六月十（八）日之事也、此時町内江施之掛合有之候処、行届不申候ニ付、町内打毀し初ル、諸井仙右南門・諸井治郎兵衛・紅葉星新兵衛・辰巳屋辰五郎・松坂屋徳次郎、以上五軒打毀し、尚又町役人ニ掛合、人足五十人差出シ可申、彼是申候ニおゐてハ宿中不残打こわし候抔と強談ニ被及、人足差出候由、又本庄近郷に而者、藤岡・本庄ニ而名主ゟ人足ヲ当差出候事を聞て、流行気之若者共面白キ事ニ思ひ、親兄江も噺も不致一揆之組江相加ハり候者、村々ニ多分ニ有之、多人数与相成候故、未夕本庄ニ而打毀し居候内、抜々に中仙道ヲ登り勅使川原ニ至り、（中略）此村地代官相勤候苗字不知甚之丞与申者之処江押入、施シ之事掛合候ニ行届不申、終に此家を打毀し、貸金証文・諸帳面取出し、不残焼捨候由、此家被打潰候風説後々承り候に、其前神ン奈〔流〕川押切之節、備前堀普請に殊之外多分之入用を懸ヶ、金儲せし恨ニ而、備前堀水下之者加ハり甚之丞を打毀せしものなるべし抔風聞有之候由、夫より惣勢神ン奈〔流〕川

を押渡り、新町宿江乱入し、近江屋半七・宮崎屋吉兵衛・大工重吉・中村屋等打毀し初候」

「藤岡辺ニ来りし時ハ、五六千人ニも相成候由、藤岡を打毀し、其上人足可出様掛ヶ合、軒別壱人宛出させ、其外在々村々ニ而残る処なく人足出させ、藤木戸村・大御堂村・七本木本村等打毀し居候節、七本木新地三軒と申処之百姓ニ而口中医師心元なく存シ、本村名主方ヲ打毀し居り処〔候脱カ〕江至り、一揆之内ノ者江自分居村之様子を尋しに、一揆之者申ハ、其許始メ甚左衛門両家者頭取之手帳ニ留り有之由被申候ニ付、種々相詫候処、然らハ居村窮民江施金ヲ出シ、其上村軒別ニ人足可出旨申付、其意随候故無難」

以上のⓐ～ⓜの史料を総合すれば、一揆勢は八幡山町を出たあと上州藤岡町へ進行、同町を打毀したあと武州本庄宿へと向った。そして、本庄宿打毀し後中山道を上州新町宿へと進むというコースを辿ったといえる。すなわち、八幡山町→藤岡町→本庄宿→新町宿という展開図を描くことができ、従来の展開図は修正が必要である。

但し、次に示すように、藤岡町から新町宿へ向ったとの記録もある。

ⓝ「悪党共藤岡町所々打毀及乱妨、夫より本庄・新町両宿江別れ、岩鼻御郡代御役所之方江押来候哉之様子」（二―二一四頁）

ⓞ「同日（一八日）午刻頃、慥か弐千人程之人数ニ而、本庄宿・新町宿へ弐手ニ分レ押懸申候由」（二―二四四頁）

ⓝは小幡藩から幕府への報告、ⓞは川越藩日記にみえる記述であるが、右の二史料によれば、一揆勢は藤岡町打毀し後、本庄宿・新町宿と二手に分かれたとある。また、上州富岡町の問屋黒沢氏の日記にも、本庄宿と新町宿の二手に分かれたとあるという（5）。

以上のように、前掲史料ⓐ～ⓞから、一揆勢の主勢力は藤岡町から本庄宿の打毀しを経て新町宿へ向うとともに、一部が藤岡町から直接新町宿へ進んだと考えられる。

うことである。

（二）　八幡山町〜新町宿間の展開過程

では、八幡山町を出たあと新町宿に至る過程を、もう少し詳しく辿ってみよう。八幡山町から藤岡町までの途中一揆勢は、ⓒによれば真下村で一軒、東大御堂村で二軒、「其外在村々打こわしなから」藤岡町へ入ったという(6)。

藤岡町での打毀しは、十八日明方から始まり、一三〜一五軒が打毀されたということで諸史料ほぼ一致しているが、岩鼻陣屋への被害状況書上によれば、表1に示した(補注1)一三軒の名が具体的に挙げられている(7)。その後、前述のごとく主勢力は本庄宿へ向ったのであるが、その途中ⓜによれば、藤木戸村庄左南門に対し施金・施米を要求、西大御堂村青木三郎兵衛宅を打毀している。同じくⓜにある七本木村での打毀しも、この途中のことであろうか。同村では本村名主が打毀され、新地三軒の甚左衛門と医師の二名が施金実施とある(8)。

さて、一揆勢が本庄宿へ移ったのは十八日四ツ時乃至四ツ半時で（ⓒⓓⓗ）、打毀された軒数は七〜八軒（ⓒⓕⓘ）などとあるが、ⓜには諸井仙右南門・諸井治郎兵衛・紅葉屋新兵衛・辰巳屋辰五郎・松坂屋徳次郎の五名が具体的に挙げられている(9)。本庄宿での打毀しは、ⓒによれば昼八ツ半頃まで続いたという。その後は新町宿を目差して中山道を上ってゆくのであるが、この時一揆勢の一部は「榛沢辺乱妨いたし、深谷宿へ押出」（ⓘ）そうとしたが、関東取締出役木村樾蔵によって御堂坂辺で鎮圧されたという（ⓙ）。また、ⓑⓕによれば、岡部藩兵との衝突もあったという(10)。なお、ⓛに血洗島の渋沢、横瀬村の萩野及び上州佐位郡島村の田島弥兵衛が打毀されたとあるのは、本庄宿での打毀しが波及したものであろうか。

ともあれ、本庄宿からは一部が深谷方面へ向い、主勢力は新町宿へと進んだのであった。新町宿へ向った一揆勢は、石神村で村役人及び「重立候躰成者」に対し施金・施米を要求、金久保村で一軒打毀す（㈠―一一三・一四五頁）など、「近村々ヲ打こわしなから」ⓒ中山道を上り、勅使河原村で「地代官」甚之丞を打毀しⓜ、神流川を渡って新町宿へ突入した。

（三）　新町宿での戦闘と一揆の解体

新町宿での打毀しは、十八日「八ツ頃ゟ」ⓑ、「七ツ時」（㈡―一六六頁）、「暮六ツ時前」ⓓなどとあり、町役人等から岩鼻陣屋へ提出された見分書（㈡―一七四頁）によれば、笛木新町の半十郎（近江屋）後家つね・落合新町文右衛門・同町重五郎の三軒、ⓜによれば近江屋半七・宮崎屋吉兵衛・大工重吉・中村屋等が打毀されたとある。

新町宿打毀し後は「惣勢一所に岩鼻の御郡代役所を打潰し」（㈠―一六一頁）などとあるように、当時関東郡代役所として北関東の政治・軍事拠点となっていた岩鼻陣屋の占拠が、上州方面へ展開した一揆の一大目標であった。そのため郡代木村甲斐守（勝教）は、上州諸藩に出兵を要請するなど、必死の防衛体制を施いた(11)。そして、「御郡代附組頭甘利八右衛門様御手代川崎三郎様・渡辺甚吉様・山口徳次郎様・木村辺三郎様・原田純次郎様等、其外御支配所村々役人并ニ農兵手先之者共等江手配して、鉄炮・鎗・長刀等を為持、多人数引率して新町宿江御発向」（「見聞記」）とあるように、甘利八右衛門の指揮下、農兵も動員して新町宿へ出兵し、一揆勢の北上阻止に当った。

新町宿での戦闘の様子は「見聞記」に詳しいので、やや長文となるが次に引用してみよう。

此時一揆原ハ、同町下町ニ而打毀し居候故、上意之声掛ヶ追払ハんと致シ候得共、中々恐るゝ気色なく、屋根上より瓦ヲめくり投落し抔致せし故、是を制せんと甘利八右衛門様真先ニ進ミける処、一揆之中ゟ大ノ男一人、広刃の斧を振上甘利殿江切付るを、身をさけしゆへ左の袂を切落ス、又振上し処を鎗持手早く突留しゆへ、甘利殿怪我も不致、依之、手向致候上者一々討取と下知せらるる故、はやりを(ママ)の若者鑓又者抜力ニ而突伏・切伏セ薙廻る、又屋根上に居りし族を鉄炮ニ而打殺し候故、即死・怪我人多く有之候故、一揆原も是に驚き右往左往ニ散乱し、北江逃し者共ハ烏川ニ差支へ狼狽廻る処を、後ロゟ追欠〔駆〕来り取おさへ、又者突伏せ切倒しけるゆへ、無余儀川に飛入り游越シ、中にハ水に不馴者者溺死流失之者多く有之由、亦南に逃去候者共ハ、中にハ神奈川〔流〕ニ而逃場ニ迷ひ狼狽し者共ハ取おさひられ、遠く逃去候者共ハ追捨て、本庄宿江と押行けるに、未タ一揆之残党共宿内に騒ぎ居しゆへ、是も同しく打入て切立しかハ、即死・怪我人有之、又生捕られ候者数多有之候故、一揆原是に恐れて、合印に用ひし手拭・襷等取捨て、皆散々に逃去ける、

こうして一揆勢は、岩鼻陣屋側の大砲・鉄砲を使用した攻撃で、壊滅的な打撃をうけ散々になってしまう。前掲諸史料によれば、この戦闘での死亡者一五～三〇人余、被逮捕者五〇～四〇〇人余等の数字が挙げられている。また、右の史料にも記されているごとく、岩鼻陣屋の追手により、本庄宿にいた「残党」も含めて多数の死亡者・被逮捕者を出している。ⓔによれば、新町・本庄両宿で死亡者一〇〇人余、被逮捕者四〇〇人余であったという。なおⓘⓙによれば、本庄宿から分かれて深谷方面を目指した一手のうちでは、負傷者・死亡者は数十人、被逮捕者は二〇〇または三〇〇人余を出したという。(12)

さて、十八日の新町宿での戦闘で一揆はほぼ解体してしまうのであるが、翌十九日未明には日光例幣使道五料関で、ここを警固する川越藩兵(13)と一揆勢との衝突があったとⓛに記されている。この時川越藩兵二名が討死、一揆勢は利根川を渡ろうとしたが、対岸に陣取る伊勢崎藩兵に阻止され(14)、方向を変えて玉村宿へ向い、そこで三軒

を打毀したという。

（四）一揆鎮圧前後の領主側の対応

では次に、一揆鎮圧前後の領主側の対応を簡単にみておこう。十八日申刻には関東郡代の命令により高崎藩が岩鼻陣屋へ一番手を派遣し、同日夜には吉井・小幡両藩兵が岩鼻に、安中藩兵が倉賀野に到着、翌十九日には高崎藩の二番手が岩鼻に入った（二―一九八、二三一～二三三頁）。十九日には、岡部藩も本庄宿まで出兵している（二―二二四頁）。二十一日には前橋陣屋の川越藩兵が岩鼻へ向った（二―二四五～二四六頁）。また、二十一日には熊谷宿で中山道筋の鎮圧指揮に当っていた幕府陸軍奉行歩兵頭並河津駿河守が、歩兵隊を率いて岩鼻陣屋へ入り（二―一七三頁）、江戸では十八日花房近江守・富田継太郎、二十三日に甲斐庄帯刀・秋田元次郎に対し、岩鼻出張が命じられた（二―一九二～一九五頁）。一方岩鼻陣屋では、新町・本庄両宿に「会所」を設置し、被逮捕者の取調べや死亡者の処置に当った（「見聞記」）。

なお、「見聞記」には、富田継太郎が岩鼻周辺を廻村した時の様子として、

此時、富田様御人数并ニ歩兵組、岩鼻近在八九ヶ村廻村有之候由、惣勢弐百六十人、亜墨利加人之装束ニ而、皆々西洋筒ヲ持、太鼓ニ随ひ足并を揃へ通行之有様、日本之行列と違ひ異躰之姿故、珎ら敷事ニ存シ、村々ニ而見物之人数夥敷有之候由、

とあって、西洋式の隊列を組んで示威行進を行なったという。また、同じく「見聞記」によれば、一揆鎮圧後岩鼻陣屋では、

御陣屋ニおゐてハ、御支配所村々ゟ百姓之内荘年なる者を撰ミ、御陣屋江為相詰、西洋流之陣立日々調練為

致、月ニ一度宛御支配所村々を行列にて廻村いたし候由、

と、農兵をとり立て西洋式の訓練を施し、一ヶ月ごとに支配所村々を廻村したとのことである。

二　鬼石及び山中・下仁田方面

（一）　鬼石周辺の動向

次に、緑野郡鬼石村周辺の動向についてみておきたい[15]。鬼石村は、「大宮(武州秩父郡)ゟ鬼石・渡瀬・岩鼻と心差」（㈠―一六一頁）などとあるように、一揆勢の上州への進入路の一つと見做されていた。そのため郡代木村甲斐守は、「同所(鬼石)辺ニ而取鎮不申候得は、自然御陣屋許江相響候」（㈡―二二八頁）との認識の下、六月十七日小幡・吉井両藩に対し、鬼石辺の警衛に出兵するよう命じた（㈡―二〇八・二二八頁）。そして、その指揮のため十八日朝、郡代元〆宇佐美藤一郎が譲原村へ到着するとともに、同日岩鼻陣屋から鬼石村・浄法寺村・三波川村に対し、鉄砲三〇挺を持参し鬼石村に詰めるよう急廻状があった（㈠―一九〇～一九一頁）。さらに昼前三波川村に対し、鬼石詰鉄砲打二〇人の他、さらに三〇人を岩鼻詰として差出すよう御触があり（㈠―一九一頁）、八ツ時三〇人は三波川村を出立（㈠―一九七頁）、宇佐美藤一郎も岩鼻陣屋へ帰陣した（㈠―一九二頁）。なお、鬼石辺警衛を命じられた小幡藩は、十八日鬼石村へ向けて出兵したが、途中吉井にて宇佐美藤一郎に急拠岩鼻へ回るよう指示され（㈡―二一四頁）、吉井藩兵も同じく岩鼻へ向った（「中島論文」）。

鬼石村の警衛は、宇佐美藤一郎に代わって岩鼻陣屋手代戸叶総蔵が指揮をとることになった。戸叶総蔵は、十八日七ツ過に廻村先の秩父大宮より鬼石村へ到着するが、直ちに岩鼻へ帰陣した（㈠―一九二頁）。この時、山中

表2　鬼石詰・岩鼻詰鉄砲数

村　名	鉄　砲	詰　地
浄法寺	5挺	鬼石詰(50挺)
鬼　石	5	
三波川	20	
譲　原	6	
保美濃山	5	
＊麻　生	2	
＊柏　木	5	
＊生　利	2	
三波川	30	岩鼻詰

(注)　鬼石詰の内訳は「中島論文」による。
＊印は山中領の村。

領村々も含めて全部で五〇挺の鉄砲隊の鬼石詰が命じられたが(一—一九三頁)、その村別の内訳は表2のようになる。(16)

十八日の午後には、新町宿の打毀しが始まり、岩鼻陣屋も鎮圧のため出兵し激しい戦闘が展開されたが(前述)、こうした状況の中で深夜(十九日夜丑刻)、鬼石詰の鉄砲打五〇人を全て岩鼻へ回すよう急御用状があった(一—一九三頁)。しかし、五〇人の鉄砲隊が岩鼻へ到着する前に一揆を鎮圧した岩鼻陣屋は、直ちに秩父方面からの上州進入に備えるよう指示を出した。そのため五〇人は藤岡町で引返し、十九日五ツ半鬼石村へ戻った(17)(一—一九四・一九八頁)。

そして十九日、「弥今日秩父ゟ罷越打潰候由」(一—一九四頁)などと風聞取沙汰される中、警衛指揮のため十八日夜鬼石村へ戻っていた戸叶総蔵は(一—一九六頁)、杉峠で一揆の進入を阻止すべく、十九日昼過に鉄砲隊五〇人・手先約五〇人、その他人足を率いて鬼石村を出立した(一—一九五〜一九六頁)。同日夜、戸叶隊は杉峠を越えて秩父吉田辺まで巡廻し、翌二十日昼過鬼石村に帰った(一—一九五〜一九六頁)。なお、杉峠及び巡廻した秩父村々で、戸叶隊が一揆勢と戦闘を交えた様子は窺えない。これは、秩父方面に展開した一揆勢が、十九日下吉田村打毀しのあと、忍藩兵及び大宮郷自警団の追撃をうけ解体し、上州への展開が阻止されてしまったためであろう。十九日夜、鬼石辺へ「鬼石潰候ニ付可出由、無左候ハ、火付候由」(一—一九五頁)と一揆の先触が廻ったが、「徒党之者追払ニ相成候」（一―一九五頁）と、鬼石村では打毀しはなかったようである。

なお、従来の一揆展開図では、鬼石村とともに譲原村・保美濃山村でも打毀しがあったとされているが、これは「譲原村・保美濃山村横浜糸商人有之、夫へ打潰ニ付、三ヶ二右之者為差出、三ヶ一持村中出金之趣、其外質や・商人少々ツ、手伝之由候」（一―二〇〇頁）とある史料によっていると思われる。しかし、これは警衛の費用を村々で負担するに際し、打毀しは横浜糸商人を対象としたものであるから、横浜糸商人の存在する譲原・保美濃山両村では、彼らに費用の三分の二を負担させることになったと解すべきで、右両村で打毀しがあったことを示すものではない。(補注2)

（二）　山中・下仁田方面の動向

一方、甘楽郡山中領・下仁田町方面に関しては、六月二十日未明に秩父方面から山中領へ一揆勢の一部が進入した。その時の祥子を、下仁田町から富岡町への廻状は、次のように伝えている。(18)

急廻状を以て得貴意候、然者武州辺徒党之人数今十九日昼九ツ時小鹿野町打毀し、夫より河原沢村も同様之始末に而、勿論夜に入候間同所に滞居、明廿日未明より山中に入込、神原村黒沢覚太夫を打毀し、夫より直様下仁田を目懸け押出し候様子、只今見込之者帰村仕申聞候間、不取敢御知らせ申上候、以上

このように、十九日に秩父小鹿野町を打毀した一揆勢は、河原沢村をも打毀し同村で一泊し、翌二十日未明上州に進行、山中領神原《かがはら》村名主黒沢覚太夫を打毀して下仁田方面へ向ったという。(19) こうした状況の中、郡代木村甲斐守は、二十日小幡藩に対し山中領及び南牧・西牧地域の取鎮めのため出兵を命じた（二―二一五頁）。このため小幡藩は、二十一日に下仁田町へ出兵するが、既に同所に詰めて警衛指揮に当っていた郡代手代飯原貫一郎の指

示で、翌朝まで様子をみることとし下小坂村に止宿した。そして、翌朝「悪徒共何方江致散乱候や、近辺之模様先穏ニ付」とのことで、小幡藩兵は引上げた（㈡—二二三頁）。また、七日市藩も下仁田出兵を命じられ、二十一日南蛇井村まで出兵したが、二十二日引きかえした（「中島論文」・『富岡史』）。以上のごとく、神原村黒沢覚太夫を打毀したあとの一揆勢の足どりは不明であるが、目差す下仁田町までは及ばずに消滅してしまったのだろうか。下仁田町では、打毀しはなかったようである。

まとめ

以上、縷々述べてきたが、最後にもう一度簡単にまとめて終わりにしたい。一揆勢は、十七日八幡山町打毀し後、十八日未明藤岡町へ進み、その後本庄宿へ向い、日中同宿を打毀して、それより夕方にかけて新町宿に入り、ここで岩鼻陣屋側と対決した。この間、途中村々で打毀し、施金・施米の要求、人足徴達などを行なった(20)。また、藤岡町打毀し後一部は直接新町宿へ向った。本庄宿ではやはり一部が深谷宿方面へ向うが鎮圧された(21)。

要するに、上州方面に展開した「世直し一揆」の主要な展開コースは、八幡山町→藤岡町→本庄宿→新町宿であったといえる。一方、秩父方面からの展開が予相心された鬼石周辺では、実際に打毀しは行なわれずに終わり、また秩父方面からは一部が上州山中領へ入り、神原村で打毀しを行なった。以上のような点において、従来の一揆展開図に示されている理解は補足・修正が必要であり、上州諸藩の動向にも既に「中島論文」で明らかにされているように、訂正の必要な部分がある。以上を踏まえて、上州方面における慶応二年世直し一揆関係図を、最後に掲げておく(補注3)。

注

(1) 山中清孝「幕藩制崩壊期における武州世直し一揆の歴史的意義」(『歴史学研究』別冊特集一九七四年度大会報告)、近世村落史研究会共同研究「幕末の社会変動と民衆意識」(『歴史学研究』四五八、一九七八年)、森安彦著『幕藩制国家の基礎構造』(吉川弘文館　一九八一年)、大舘右喜著『幕末社会の基礎構造』(埼玉新聞社　一九八一年)等に所載の一揆展開図による。

(2) 以下、『武州世直し一揆史料』㈠㈡からの引用は、単に㈠・㈡と示す。

(3) 押木寿子「「長州一件附武州上州百姓騒動」について」(『近世史藁』二、一九七七年)による。

(4) 群馬県伊勢崎市連取町森村恒之氏所蔵。「見聞記」の著者森村新蔵は、寛政六年生れ、明治七年没(八一歳)、諱は明俊といい、連取村の「村令」を勤めた。「見聞記」は、新蔵が晩年に、彼の生きた時代の全国的な事件等を纏めたもので、全一六巻(二一冊)に附録雑集一巻(一冊)がつく。なお、「見聞記」の閲覧に当っては伊勢崎市史編さん室の板橋春夫氏の御助力を得、著者森村新蔵に関しては同市史編さん専門委員井田晃作氏の御教示を得た。両氏には深謝申し上げたい。

(5) 『富岡史』(富岡史編纂委員会　一九七三年)五五三頁。

(6) ㈠―二三頁によれば、質屋二軒打毀しとある。

(7) 朝倉小源太より幕府への報告(㈡―二一一頁)にも一三名が挙がっているが、表1とは名前に若干の不一致がみられる。『富岡史』では一五名を挙げるとともに、十一屋・㈧屋・山屋・井桁屋・近新・中清、その他数軒が施金・施米により打毀しを免れたという(五五三頁)。

(8) ㈠―一一三頁によれば、「三四軒取掛候処、施し示談行届」とある。

(9) ㈠―一四六～一四七頁には、「丸八」の打毀し被害調書がある。

(10) 岡部藩が本庄宿へ出兵したのは十九日である（(二)―一二四頁）。とすれば、岡部藩兵と一揆勢の衝突は十九日ということになり、十八日に深谷方面に向った一手とは別の一手であろうか。岩鼻陣屋が、新町宿の戦闘で四散した一揆勢を追って本庄宿まで来た時、「未タ一揆の残党共宿内に騒ぎ居し」（「見聞記」）ともあり、岡部藩兵と衝突したのはこうした「残党」であろうか。

(11) 上州での一揆に対する領主側の対応に関しては、中島明「武州世直し一揆と上州諸藩の動向」（『近世史藁』二、一九七七年）がある（以下「中島論文」という）。

(12) 『富岡史』には、この時の一揆の頭取名及び施金・施米を受諾した家の戸障子への貼紙の図が載っている（五五五頁）。

(13) 川越藩（前橋陣屋）が、自領内への一揆進入を阻止するために、五料関に出兵したのは十八日である（(二)―二四二～二四四頁）。

(14) 伊勢崎藩は、木村甲斐守の命令で十八日に出兵した（(二)―二〇五頁）。

(15) 以下、鬼石周辺に関しては、主に三波川村「御用村用留」（(一)―一八四～二〇一頁）を利用する。

(16) 「中島論文」には、五〇人の鉄砲隊が編成され、このうち三〇人が岩鼻詰を命じられたとあるが、五〇人は全て鬼石詰で、その他に三波川村に対し三〇人の岩鼻詰が命じられたとするのが妥当である。

(17) 岩鼻詰となった鉄砲隊三〇人のうち、一五人は二十日朝、残り一五人も同日昼過帰村を命じられた（(一)―一九七～一九八頁）。

(18) 『富岡史』五五四頁。

(19) この点は既に『富岡史』・「中島論文」でも触れているが、信州方面への一揆の波及を懸念する信州佐久郡村々の派遣した遠見も同様の情報をもたらしている（森安彦「「武州世直し一揆」と信濃国の動向」（『新編埼玉県史だより』資料編一一、本書第三部に収録）。

(20) 八幡山町→藤岡町→本庄宿→新町宿という基本的な展開は認められようが、その間の村々での打毀しや施金・施米要求等については、その村名・日時・規模等不確定な点が少なくない。

(21) 伊勢崎方面に関して付言しておきたい。伊勢崎方面の情勢については、「見聞記」に、

此時連取村ニ而者、多賀谷源兵衛之酒造蔵ニ借屋罷在候近江屋嘉助与申者、本庄宿江用向有之罷越し申候処、右一揆原押来り、紅葉屋を打毀し諸井仙右衛門江取掛り候を見請、其場之取沙汰を聞に、是より仁手村小兵衛を打毀し、夫より連取村・伊勢崎町と可押行と云る由故、嘉助も打驚き早々欠〔駆〕帰りて、右之趣を大屋源兵衛殿江斯と咄しけれバ、是より地役江訴ニ相成候故、即時に地方手付并ニ農兵之者、下組村境迄操出シ相固メ居候処、此時利根・烏之両川水増シ、殊ニ渡舟を留メしゆへ、此方江渡り来る事不叶、新町江登りけるハ、実に此方之高運《(ママ)》と可謂也、

と記されており、本庄宿打毀しのあと利根川を渡り伊勢崎町へ向うとの情報が伝えられ、連取村では農兵を動員して村境を固め防衛体制を整えたが、利根・烏両川の増水により一揆勢は渡河を断念したとのことである。①の記述との関連も考えられるが、確定はできない。

〔初出〕(『群馬歴史民俗』第七号、一九八五年十二月)

補注

(1) 本稿の表1については、本書第四部に収録の拙稿「慶応二年「上武打毀一条見聞録」の紹介」に修正した表を掲げてあるので、本書収録にあたって本稿からは削除した。

(2) 拙稿「慶応二年世直し一揆と村方の対応―上州甘楽郡譲原村「打毀差留人足并諸入用控帳」の紹介―」(『近世史藁』六、二〇一二年)において、秩父方面からの進入に備える譲原村の動向を検討してあるので参照されたい。

(3) 本稿の「上州方面慶応2年世直し一揆関係図」については、本書第四部に収録の拙稿「慶応二年「上武打毀一条見聞録」の紹介」に修正した図を掲げてあるので、本書収録にあたって本稿からは削除した。

武州一揆と比企郡高野倉村

千代田恵汎

一　一枚の古文書

高野倉村の名主家に一枚の古文書がある。史料《1》（本書三九四頁）の通り、慶応二年（一八六六）六月高野倉村民が名主萬右衛門に提出した誓約書である。

この年は六月十三日よりほぼ一週間にもわたって西武蔵から上州にかけて広がる大きな打毀しがあった。この文書はその参加者が逮捕され、糺問され、村預けとなり、もう二度と「このような行為はしない」旨の誓約書を提出して赦免となったものである。

慶応二年の高野倉村の宗門人別帳によれば表1（本書三九三頁）のごとく、村の戸数は名主萬右衛門家ほか一一戸で、他は入作百姓。打毀し参加のため逮捕されたもの嘉蔵（三八歳）惣次郎（一九歳）駒蔵（二三歳）久八（五一歳）伊助（二四歳）初五郎（五一歳）の六人で一人が一戸を代表して人足に参加したようなので村の半数の六戸が参加したことになる。

彼等の持高をみると、初五郎（一石五斗四升七合六勺）、伊助（一石七斗二升一合）（明治二年の石高帳による）(1)のほかはいずれも三石を超える農民であった。

また参加者は皆男性、平均年齢は三四・三歳、初五郎、久八、伊助がいずれも戸主、駒蔵が宇右衛門悴、嘉蔵が儀右衛門悴、惣次郎が元右衛門孫という状況であった。

折柄悪天候の中、野宿野営をして打毀しにあたる人足は若者の方が良かったのであろうか。

慶応二年という年は、内憂外患交々来るという年であった。

政治状況では国論を二分する尊王譲夷、開国をめぐる国内外の状況の激化、六月七日から始まる第二次長州遠征、経済的にはこの長州攻めとの関係で米穀の売り惜しみと値段の高騰、横浜貿易が始まり国内商品が横浜を通じて海外へ流れ、これが生産力のおぼつかない日本国内では特に物価高騰の一因となった。

このため幕府は五品江戸廻送令を出して横浜貿易を統制しようとしたがうまくいかなかった。

国内の一揆打毀しも文久三年（一八六三）、元治元年（一八六四）と上昇し、慶応二年はそのまさに圧倒的ピークを迎えた。国中「一揆」が渦巻くという状況であった。

また特にこの年といえば春先より気候が安定せず、いつになっても暖かくならず、作物は成長せず、夏にかけて大水が出て作物が水につかり流されるなど農家では野菜、穀物、桑などが不作となりその家計を圧迫した。このような状況は先述の国情とあいまってますます山地の者にとっては食糧の入手を困難にし、ついに一揆打毀しを決意させたのであった。

この一揆は初発期においては山地名栗谷、成木谷の自主的連携蜂起であったが、やがて成長し指導性が確立してくると、その一揆人足の動員を各村の村役人に命ずるようになる。一揆のめぐって来る先の村方では一揆先遣隊の命により一揆人足を用意するために村の名主をはじめ村役人は苦労することになる。このようにして高野倉村でも一揆参加者が決められたのであろう。

参加者の中には当時の政治的、経済的状況の中で打毀しを行なうことが状況を変える有効な手段であると考えて参加をした者も勿論あったろう。特に家計の行詰まった飢餓状況にある者にとっては非常に重要なことであったが、参加者にとっても内々村方の要請で仕方なく参加したというかたちにしておくことが村役人、村民両方にとって良かったのである。

高野倉村はどちらかというと山地に近く、畑作地帯で養蚕に依存する農業が、この年の天候不順と生糸、蚕種改印令で大きく打撃を受ける村方に入ったのかも知れない。それだけ一生懸命に打毀しに参加し逮捕されたのであった。

このことは名主萬右衛門にとっては大変な衝撃であった。村半数の逮捕、しかも駒蔵、嘉蔵などは一家《いっけ》一族《いちぞく》で、取締り筋からはその責任を追求されながら、一揆勢の要求に屈し参加者を出し逮捕者を出したその責任は大変なものであったと思われる。

結果としては六人共村預けとなり、誓約書を提出して放免となることができたがそこまで持ち込む名主の努力は並大抵のものではなかったことは近隣の平村等の事例で窺い知ることができる。

名主萬右衛門はこのためか明治維新になると間もなく他界している。またこのような状況にもかかわらず関係史料がこのほかに残されていない。このことはさらに萬右衛門の苦衷を表わしているようにも思う。そこでこの一枚の資料から察せられる村の歴史を近辺の例で補いながら復原していきたい。

表１　高野倉村の人別帳

	家族(慶応２年)	計	馬	持高(明治２年)	捕縛者	地券請高石高帳
①	萬右衛門（32） 女房、娘、厄介男２	５人 内男３女２		升 名主　2820.70		ひで　3235.933
②	宇左衛門（69） 女房、忰、娘2	５人 男２女３		駒蔵　517.66 組頭	駒蔵（23） 宇左衛門忰	駒蔵　627.166
③	儀右衛門（68） 女房、弟、忰、娘、孫２	７人 男４女３	1	嘉蔵　857.10	嘉蔵（38） 儀右衛門忰	嘉蔵　1655.086
④	倉次郎（38） 女房、父、母	４人 男２女２		528.80 百姓代		倉次郎　704.80
⑤	徳次郎（59） 女房、聟、娘３、孫２	８人 男３女５		366.20		徳次朗　404.198
⑥	音五郎（60） 忰、娘	３人 男２女１		宇藤次　340.50		宇藤次　340.01
⑦	清吉（54） 女房、娘	３人 男１女２		125.77		清吉　183.766
⑧	初五郎（51） 忰２	３人 男３	1	154.76	初五郎(51)	弥市 初五郎(倅) 296.27
⑨	元右衛門（71） 女房、聟、娘、孫２、孫嫁	７人 男４女３	1	937.76	惣次郎(19) 元右衛門孫	賢作　950.318
⑩	国蔵（43） 女房、父、忰、忰嫁、娘	６人 男３女３		242.00		国蔵　279.998
⑪	伊助（24） 女房、祖父母、父母、伯父	７人 男４女３		175.10	伊助（24）	峯吉 （伊助父）227.20
⑫	久八（51） 女房、忰２	４人 男３女１		334.20	久八（51）	久八　372.233
⑬				市兵衛 （伊助祖父カ） 222.20		伊三郎カ 205.133
⑭				又兵衛　30.00		
⑮				佐左衛門　5.00		
⑯				源右衛門　34.00		
⑰				きく　48.30		
⑱						桐次郎 （初五郎忰）92.3

《史料1》

差出申一札之事

今般関東御取締御出役様江御召捕ニ相成御糺之上一ト先村預ケ被仰付候、以後村御役人中之御申聞相守　辺々　御教諭被仰付候通急度相慎ミ可申候、依之一札差出申候、以上

慶応弐年六月

高野倉村
嘉　蔵㊞
惣次郎㊞
駒　蔵㊞
久　八㊞
伊　助㊞
初五郎㊞

名主
萬右衛門殿

表2　一揆参加者の持高

持高	石	0〜1	1〜2	2〜3	3〜4	4〜5	5〜6	6〜7	7〜8	8〜9	9〜10	10〜15	15〜20	20〜25	25〜30	計
戸数（参加者）	戸	0	3 (2)	1	3 (1)	0	2 (1)	0	0	1 (1)	1 (1)	0	0	0	1	12戸 (6)

二　武州一揆について

（一）　武州一揆の展開

慶応二年（一八六六）六月十三日夕刻六時名栗谷を走りくだる「打毀勢」は途中「今夜之内ニ飯能川原江可相詰」「若又不詰合ものハ打こわし焼払可申」と大声にふれながら、手にはまさかり、鋸、掛矢を持ち、途中成木谷勢と合流、十四日午前二時頃飯能川原に到着、この頃になると飯能より山寄りの村々からも一揆勢が到着、たちまち飯能宿穀屋四軒を打毀した。

名栗村一揆頭取の紋次郎の「申口」(2)によると六月十日飯能市場で成木村の「悪惣」こと惣五郎（喜左衛門）(3)に出あい「米穀高直ニ付名栗辺難渋可致旨我等共江申合米直下ケニ近々飯能江可罷出候間、当方より沙汰次第飯能川原江可罷出」、「不出合ものは後日仇を可成」旨言われ蜂起したとある。

すでにこの時点で成木、名栗連携蜂起はできあがっていた。(4)

慶応二年六月名栗谷、成木谷、吾野谷など山地に住む紋次郎（大工職）、豊五郎（桶屋職）等の職人達はその日食べていくことも困難な状況となっていた。

この一揆は蜂起するとさらに名栗谷と高麗郡上直竹村寄場村々や我野谷諸村との連携も模索され、上我野辺は一日遅れで蜂起することになった。(5)

いわばこの一揆は出発にあたっては、山地村々対平場村々の豪商、豪農という構図ができあがっていた。山地の勢力はこの時点ではとりあえず山手の住民の喉元を押える谷口の集落に位置する穀屋を襲った。これが六月十四日早朝の飯能宿の打毀しであった。

一揆はこのあと飯能を中心として、いくつかの方向にそれぞれ向かうことになる。

一手は川越へ。これは川越藩との闘いで散乱。

一手は北へ向かい鹿山・高萩・坂戸・松山などを経て寄居或いは熊谷方面へ、或いは秩父・児玉・本庄・深谷方面へ分裂をしながら岩鼻郡代所へ向かう。

また一手は扇町屋・所沢から東へ向かい、引又（志木）で高崎藩の守る大和田陣屋と闘い、鉄砲で散乱。

また別手は多摩郡へ向かい田無の農兵隊と衝突、解体。

また青梅、箱根ヶ崎、福生、拝島方面へ向かった一隊は日野宿・八王子宿・駒木野組合の農兵と衝突、五日市でも猟師農兵の鉄砲に敗退。

この間ほぼ一週間（六月十三日～十九日）。広がりは上州（緑野・甘楽の二郡）、武州（高麗・入間・新座・比企・秩父・足立・大里・埼玉・男衾・榛沢・児玉・那賀・賀美・豊島・多摩の一五郡）、打毀された村数は二〇〇ヶ村を超え、毀された家数は五〇〇戸を超える大規模な打毀しとなった(6)。

さて北へ向かった諸隊は児玉郡小茂田村・本庄宿・深谷宿でそれぞれ関東取締出役木村逸蔵とその輩下に、また上州緑野郡笛木新町に進出した一隊は同じく関東郡代木村甲斐守に阻止され、手負人、即死者、召捕人多数を出し終息した。また秩父へ向かった一隊も下吉田、矢畑、小鹿野などで忍藩兵と大宮町自警団により即死者四～五人、生捕人三四人を出して終息した。

この一揆の目的は「椀・箸・杓子を描き『世直し』としるし候大文字の旗を押し立て(7)」とか「大幡に南無阿弥陀仏」としるし、一本は「平均世直将軍」と太筆にしるし、「弐流の幡を真先に押立(8)」てる「世直し」一揆であった。

慶応二年という年は日本全土で大規模な一揆が展開した年でもあったが特に民衆のレベルでは「米が手に入らない」「生糸、蚕種に賦税強化される」の問題が地域市場の打毀しと横浜貿易排除への動きに成長していったのである。

次にこの一揆の特徴を見てみると一つは生活再生への要求、つまり、

① 物価引下げ、米穀の安売り

② 質物と質証文の返還

③ 質地と質地証文の返還

④ 施金、施米

などで、これらはいずれも地方の豪商・豪農へ向けられた。またもう一つは村民や村役人に対する「世直し勢」への①食糧提供と②人足の提供などであったが、一方「浜商人」に対しては「打毀し」そのものも大きな目的であり、この二本柱がシステムとして確立した時、一揆勢は確実に安定的に勢力の維持、拡大を保障されたのであった。

また一揆には原則として一定のモラリティが維持されていた。その一つは打毀しの対象をしぼるということである。村落支配秩序の維持からいえば名主・組頭・百姓代の村役人層への打毀しがまず第一であったが、そのほかには高利貸・質屋・穀屋・酒屋など、目下の生活防衛上問題のある所は皆その対象となった。

その第二は人命尊重、打毀し専一である。

「銘々晒木綿の鉢巻・襷を掛け、斧・鉋・鋸・棒・其外得もの〳〵を携え……誠に近世未曽有の騒災にこれあ

り候えども、不思議に家内一人も怪我なく、相遁れ候[9]」とか「今日ノ賊民ハ屋室ヲ毀ツヲ以テ主トナシ、財宝ハ陰ニ貪ル者アリト雖モ陽ニ奪フ事ヲ禁シ、婦女ハ決シテ侵ス事ナシ[10]」

第三には名栗・成木・吾野勢の山場の打毀し対象は谷口の穀商であったが、一揆が畑作地帯をめぐるようになるとその最大の対象は横浜商人ということになった。「横浜向け商人は大小に限らず施行に拘わらず捨ておきがたく打潰し候」「横浜へ乱入致し、国病の根を断ち、万民安穏の心願と申事に御座候[11]」

敢えて言えばこの一揆に、この第三点目があることで、この一揆が、非常に強く政治性を持つことになったものと思われる。

特に物価の異常な騰貴の元凶が貿易にたずさわっている横浜商人にあるとみなされたのであるが、さらにこの一揆直前に「生糸・蚕種改印令」が出され、生糸、蚕種の改印とそれに対する課税、さらに手数料として改印者に口糸徴収をさせたことは、誠に厳しい経済状況、生活状況の中にあった一般生産者、農民にとって特に許し難いものであったことが理解できよう。

（二）　同時多発型一揆について

一揆勢の通り過ぎたあと或いはそれと同時に村方に成立した「世直し世界[12]」の中で「同時多発型一揆」が横行することになる。

武州一揆がどのような展開をするか—何を打毀すのか、攻撃の対象は何か、どこへ向かうか、どういう闘い方をするか、これらを判断して一揆勢を指導するのが頭取の役割である。一揆のルートがある一定の軌道を描いて、目的対象物へ向かうのはこのためである。しかしこの一揆が整然と目的を達するためには頭取の一貫した、透徹した指導力が必要であった。その意味ではこの一揆は必ずしも成功したとはいえない。

その理由は、この軌道進行型一揆の展開とともに展開する同時多発型一揆の展開の問題である。いまこの例を鳩山町及びその周辺でみると次の通りである。

A　一枝別派ノ濫民アリ、天黄昏ニ乗シ意外ニ広谷辺ヨリ起り立チ、鯨波ヲ発シ同村滝島武右衛門金貸、脚折ノ番神ケ谷戸金貸シヲ打毀シ其夜関間ニ宿屯シ、（十五日）朝（十六日）ヨリ浅羽ノ森田仙次郎絞油屋、小山ノ平田五左衛門菓子屋、善能寺ノ高沢屋酒造、大類ノ小谷野角右衛門、岸兵蔵、川角ノ小室長右衛門富者等ヲ打毀シ、晩ニ及テ何方トモナク散り失セテ一人ノ影モナシ、

是ハ時変ニ乗シテ私怨ヲ報スル族ナルヘシト云リ(13)

A′　全ク本頭取無之、広谷村辺ヨリ思立相起り、譏一四、五人歟様子にて紺谷村へ押行、頭分之者施之次第懸ケ合致し、何村誰と首立候者家内押入り、不施候ハハ打毀シ向なり。村中人数は為差出召連、横沼、小沼、赤尾辺施し之懸合行届、赤尾村にて高利貸打毀し、村々人数加り、青木村、石井村、塚越村、片柳新田、川嶋辺へ押行、川越勢召捕に成散乱(14)

B　十六日夜、熊井辺物持之家々如斯致し書面取候者近村之者ニも有之風聞なり

この型の一揆はいろいろな問題を内包する。誰もが通過した一揆の力とそのシステムを使って、独自の一揆を組織できるようになり、自主的自発的な一揆が独自の渦巻きとなって地域を横行することになる。

①「頭取これなき」一揆の横行は一揆勢の指導性に問題があり、独自の動きをして地域に消えてしまったりするので小鹿野家文書では「是は時変ニ乗シテ私怨ヲ報スル族ナルベシ」としている。また十六日夜の熊井

表3　宮鼻村一件概念図

13日～14日	15日	16日	17日	備　考
名栗(13) 一飯能村(14)				
①川越方面へ川越藩との戦いで散乱	①一手は川越南辺へ			
②飯能から北へ向かった一隊は鹿山、高萩、坂戸、松山方面から寄居、秩父、児玉、本庄、深谷方面へ	②一手は坂戸宿へ 正代 野本 柏崎 ↘ 松山町 ↓ 長谷　箭弓稲荷 甲山　野本(泊)→ 高坂(泊) 岩殿(泊) 熊谷方面	金　谷 石　橋 葛　袋 唐　子　　毛　塚 神　戸 → 赤　尾 岩　殿　　↓		
③扇町屋・所沢から東へ向かった一隊は引又（志木）で高崎藩の守る大和田陣屋と闘い鉄砲で散乱	Ⓐ、Ⓐ'広谷辺より起り	今　宿Ⓑ夜熊井打毀し 小　用　　川嶋領 大　類　　南園部 川　角　　戸守→ 毛　呂 越　生 玉　川「17日は川越へ」	↙中　山↘ 伊　草　堀　合 角　仙　上小見野 釘　無　谷　中 飯　島　白井沼 平　沼　鳥羽井 ↘柴　竹↙	
④多摩郡へ向かった一隊は田無の農兵隊と衝突解体		小　川 ↓ 寄居方面	(川越藩×三保谷宿) ↓　→ ×高坂・大黒部(宮鼻) 田木村ほか7ケ村組合 (宮鼻村一件)　→	凡40人召捕 召捕35人 （即死2人） 川越御用宿（榎之本へ）
⑤飯能から青梅、箱根ケ崎、福生、拝島方面へ向かった一隊は日野宿、八王子宿、駒木野組合の農兵と闘い、五日市でも猟師農兵の鉄砲に敗退			坂戸村今宿より人足→ 首立ほか頭取	召捕4人

村の打毀しも夜陰に乗じた近隣の者の仕わざであったという風評である。
② これらは一揆全体との整合性、論理性を欠き「恣意的」「孤立的」な行動をとることにより一揆の正当性普遍性の否定に連なることにもなる。
例えば磯崎家文書では、野本の名主家が打毀されていることを述べて「其外ニ百姓一軒、両人共百姓一統ニ而外商売も一切不仕物持ニ而無之」と「こわされるべきでない」家が毀されていることをあげている。
③ 一揆全体の頭取の行動、行為が否定され、一揆の指導性を弱め、信頼性を失わせる。例えば一揆が坂戸宿へ入る時、坂戸の村役人と一揆の頭取と「相談中、跡より追々押寄掛合ニも不加」早速打毀しを始めている。またこのような状況は翌日になると一層進展し、宮嶋家文書では「徒党之者共幾組ニも相成候故何時押来り候哉不相知よふに成行、一組ハ相宥候ニも又外組来り候故困り入候」と、村方では一揆勢の誰と何をとり決めればよいのか対応に苦しみ一揆勢に対する信頼性は益々崩壊していく。このことは或る意味では村方及び村役人達の立直りを早め、十六日から十七日にはこの近辺での防衛体制が整うことになるのである。そのような中で発生したのが宮鼻一件であった。

三　平村の赦免歎願

(一)　宮鼻一件

六月十七日七ツどき（午後四時頃カ）頃川島方面から還流した一揆勢は表3のごとく高坂村辺に集結した。田木村久保田家文書[15]によれば、既にこの頃田木・毛塚・本宿・高坂・早俣・正代・宮鼻七ケ村の村防衛体制は固まっていた。まず第一に一揆動員に一切応じない。第二に侵入者には「防禦手段」を申合せていた。侵入した一揆勢はまず大黒部（宮鼻村の小名）宗三郎、惣兵衛両人宅へ打毀しをかけた。村々ではかねて打合せのとおり駆付、この時大黒部で捕えられたもの一三人、即死者二名、高坂にて捕えられたもの二〇人合せて三一五人となった。逮捕者は六月二十一日御検使の結果、川越「榎ノ本」の御用宿に連行された。高坂村も大黒部も川越領ではなかったが川越侯はこれに協力したのである。

しかしこれら逮捕者の番人足は田木村など七ケ村で対応せねばならず「難渋ニ御座候」ということであった。番人足では宮鼻・高坂両村へ他の五ケ村が焚出し、弁当持参ということで、これらはすべて囚人掛り、賄い科、川越榎本払分、真木代、怪我見舞などすべて含めて金四七両三分一朱と銭四四二貫五四四文であった。これらの負担は高割一〇〇石につき永二貫三八五・一文ずつ各村で負担ということであったが負担したのは各村の「有徳なるもの」ということであった。

（二）　平村村役人の憂鬱

宮鼻一件による平村の逮捕者は、勝五郎、伝十郎、倉吉、縫之助、要兵衛、与八、政五郎の七人を数えた(16)。名主勘右衛門は早速彼等の無罪赦免の努力をはじめねばならなかった。逮捕の翌日、十八日勘右衛門は仲間金十郎、菊次郎、孫右衛門と四人で「申下刻」（午後五時頃）出立、「亥刻」（午後一〇時頃）には田木村に着いた。七人の逮捕者の歎願書に同意の印を貰うためであった。印を貰うために六月二十日まで田木村はじめ七ケ村の役人をまわり、正代名主代吉を除く六ケ村の村役人の印は貰うことができたが、正代の代吉宅はこの度の打毀しで大変な打撃を受けたので「自分一人でも反対である」ということであった。

勘右衛門はこの歎願書を持って川越へ行くことにした。御用宿は「川越御城下本町榎之本」で、逮捕者は二十一日夜には残らず到着、二階に捕われていた。表4（次頁）はその時の逮捕者である。高坂村本宿の岡田家文書は宮鼻一件で逮捕された者の氏名であるが、㊧は川越御用宿に収容されていた者の氏名である（大野家文書）。どうやらここには川嶋で捕えられた一揆勢も居たようである。

勘右衛門は二十二日川越石原の鐘木屋へ着いて、明日からの準備を整えた。

まず半紙一帖を買い、逮捕者七人に餅を差入れ、諸手続を模索、翌二十三日には御城下役人へ挨拶廻りをはじめ、二階の番の者にそば代、酒代、餅菓子代を差入れ、筆を購入して来た。この日の夕方要兵衛が榎之本へ引き立てられて来た。

歎願書は目明し多賀町桝木屋三之助を頼み同町内与四郎という者に渡された。

六月二十四日歎願人一同榎ノ本へ呼出された。二十六日には要兵衛とその組合のものが吟味を受けた。翌々日二十八日酉ノ下刻平村一同御呼出しがあり、勘右衛門、源吾、仲右衛門、梅次郎、平兵衛、栄助が御用宿に呼出された。それによると二十七日には津久根村の角次郎、二十八日には如意村与七悴宅次郎、沢田村市右衛門悴定之助、平村門弥悴勝五郎、仲右衛門悴竹次郎、伝十郎、倉吉などが「強談に無拠附添罷り出御召捕ニ相成」「出格之御勘弁」ということで請書を差出し村預かりとなった。この時津久根村のかじや新之助、房吉、奥次郎、豊蔵の四人も同時に赦免となった。

七月朔日にはまた巳の下刻（昼十一時頃）、逮捕者と親類、村役人が呼出され、与八、政五郎、縫之助、要兵衛が入牢と決まった。

勘右衛門の赦免歎願はここで第二段階に入った。勘右衛門らは榎本弥次右衛門へお礼を言って九両三分三朱と

4　川越御用宿逮捕者名

日時	住所	身分等	名前	年齢	備考
6/17　7ツ頃高	栗生田村	百姓	①梅吉	寅27歳	川越領
坂にて捕えられ	秩父郡坂石町分	〃	②(民之丞) 民吉	〃27	〃
6/21川越役所へ	飯能在金子村	長念寺門前百姓	□(虫損) 太郎	〃26	黒田伊勢守領分
引立て	越生在麦原村	百姓	③勇次郎	〃21	川口源右知行
〃	明覚馬場村	〃	九十郎	〃20	石黒鍵三郎〃
〃	熊井村	〃	④源右衛門	〃36	山田三之助〃
〃	南川邑	〃	⑤(庄作) 庄蔵		岩鼻御支配
〃	下多波目村	〃	梅次郎	〃19	稲生出羽守知行
〃	麦原村	〃	⑥松五郎	〃19	川口源右衛門〃
〃	津久根村	〃	(豊蔵) 豊吉	〃36	金田貞之助〃
〃	〃	〃	奥次郎	〃21	〃
〃	〃	〃	⑦竜蔵	〃22	石黒鍵三郎知行
〃	〃	〃	角次郎	〃21	〃
〃	駒郡新堀村	〃	吉五郎	〃22	一ツ橋領分
〃	栗生田村	〃	松蔵		川越領分
〃	須江村	〃	⑧(作蔵) 作次郎	〃22	〃
〃	高麗郡(栗坪)	〃	⑨粂八	〃39	一ツ橋領分
〃	二本木村	〃	⑩(エタ) 兵五郎	〃28	土屋勝右衛門
〃	上熊井村	〃	⑪(福次郎) 福太郎	〃15	内藤鉢之丞知行
〃	(青梅町)	〃	⑫亀吉	〃46	江川支配所
6/17大黒部村に	平村奥場田	〃	⑬与平忰与八	〃17	牧野孝太郎知行
て捕えられ同日	〃	〃	⑭与五左衛門忰政五郎	〃31	〃
川越役所へ引立	〃	〃	(門弥忰) 勝五郎	〃43	〃
て	〃	〃	⑮縫之助	〃23	〃
〃	〃	〃	倉吉	〃20	〃
〃	入間郡如意村	〃	(与七忰)宅次郎 宝太郎	〃20	嶋田金三郎知行
〃	〃毛呂沢田村	〃	(市右衛門忰)定之助		三枝宗四郎〃
〃	比企郡麦原村	〃	七三郎	〃30	酒井備中守〃
〃	入間都田波目村	〃	⑯染吉	〃27	稲生出羽守〃
〃	津久根村かじや	〃	(新之助)新之丞	〃20	金田貞之助〃
〃	〃　〃	〃	(房吉)房次郎	〃20	〃
〃	比企郡雲瓦村	〃	(仲右衛門忰)竹次郎	〃20	牧野幸太郎知行
〃	?		?		
即死2人	?		?		
住所不知	正直村		⑰与吉惇金太郎		
	〃		⑱政右衛門忰喜重郎		
	赤尾村		⑲平四郎		
	〃		⑳仙次郎		
	〃		㉑清次郎		
			㉒仙太郎		
	上広谷村		㉓民平		
	石井村		㉔唯吉		
	藤沢村		㉕丑五郎		
	中山村		㉖栄次郎		
	白子村		㉗又次郎		
	大谷木村		㉘七五郎		
	上成木村		㉙岩次郎		
	〃		㉚縫之助		
	〃		㉛岩次郎(ママ)		
	粂川村		㉜丑五郎		
	新井柑		㉝玉吉		
	滝之入村		㉞源次郎		
	雲河原村		㉟伝十郎		
			㊱要兵衛		

宮鼻一件逮捕者名（慶応2.6.29）比企郡本宿村岡田家文書「一揆史料」㈡—149頁

「乱妨入国所姓名書写」№は比企郡平村大野家文書による（36名）「一揆史料」㈠—83頁「宮鼻一件」

二、三〇文支払い、津久根村五人、平村四人の九人で堺町千之助方に一両二分、高坂村の栄次郎方に一両二分、宮鼻村の初五郎方に一両、山川、古川方に一両、御同役三人衆、藤吉、金次郎、芳蔵殿に一～三分その他榎ノ本の茶代など八両二朱と一六〇文、銭二貫六七二文支払った。これらは、いずれも九人の割勘定となった。

第二ラウンドの歎願は高沢町役人井上勘兵衛の手継で郷目付御役所へ提出された。

今度の歎願は平村与八、政五郎、縫之助、要兵衛と麦原村松五郎、勇次郎、津久根村柳蔵の三ケ村の逮捕者の合同赦免歎願を、平村、麦原村、津久根村三ケ村役人が一緒に行なうこととした。平村は名主八十八がその任となり、年来材木炭類商い渡世で取り引きがあり昵懇の仲であった麦原村名主庄兵衛、津久根村年寄来輔という布陣であった。

またもう一通の歎願書は比企郡鎌形村名主簾藤万右衛門と入間郡上谷村上分名主利兵衛を手継にしてこれも郷目付御役所に提出された。また要兵衛については別途多賀町与四郎殿を頼み歎願を行なった。

その結果これもうまくはこんで七月二十九日飛脚柳木屋三之助より慈光寺村名主勘右衛門宛に御宥免の報が届き村役人衆同道で今晩中に御出向きされたいとのことであった。翌三十日、親類、名主八十八と勘右衛門らは山川越平、平田鐙造殿宛に請書を差出し「格別之御勘弁」をいただくことができた。

ここにおいて平村では懸案の七人につき全員請書提出、村預けとなり赦免となった。名主、村役人の喜びはいかばかりかと察せられる。彼等の努力を大野家文書で窺う限りいろいろな気遣い、舞台廻し、手続きの模索、そのための資金の負担など大変なものであった。

しかし、平村ではその後も、八月三日、小前の者が集り、穀屋仲間の白米・挽割の小売が七月二十九日より一切なく難渋のところ、下宿河原向の二〇〇人ばかり去る十六日より十七日の一揆の対談の趣旨をもう一度強談に及ぶべきと決議。翌四日久右衛門ら六人に金三、四〇両の施金施物要求の対談を扱人和重郎が申出ている。
また九月三日には太兵衛組の赦免人要兵衛は組下であり、縫之助は太兵衛重縁の者であるので太兵衛が両人「行立候様」面倒みるよう要求されているなど不穏な状況が引続いていた。平村下組の「役用明徳帳」では九月に入っても「右浜糸仕候者共一同穀屋質屋不及申ニ、南風を見て焼払」という状況は続いていた。

注

（1）高野倉村の一揆参加者の表（表1）参照。
（2）町田家文書『武州世直し一揆史料』(二)（近世村落史研究会編、慶友社）。なお以後『武州世直し一揆史料』は単に「一揆史料」と記すことにする。
（3）大舘右喜「武州世直し一揆の頭取について――喜左衛門の書状――」（『近世史藁』二号）
（4）一揆発祥の地と初発期の一揆については山中清孝『近世武州名栗村の構造』（名栗村教育委員会）。この一揆の理論化と評価では森安彦「慶応期の農民闘争I――慶応二年武州世直し一揆の展開と構造――」（『幕藩制国家の基礎構造』所収）（吉川弘文館）、特に経済構造との関係で論及されたものに大舘右喜『幕末社会の基礎構造――武州世直し層の形成――』（埼玉新聞社）、鈴木研「生糸貿易と農村窮乏」（『歴史学研究』四五八号）。またその行動形態に着目したものに斎藤洋一の「武州世直し一揆における打毀しの様相」（『学習院史学』一六号）などがある。
（5）堀口家文書『一揆史料』(一)。
（6）森安彦『幕藩制国家の基礎構造』（四一六～七頁）。
（7）高麗郡飯能村「井上家文書」『一揆史料』(二)には「頭取とも相見江候者は数百人余白布之後鉢巻いたし白綿襷ヲ掛ケ白幟ニ椀と箸之印ヲ押立て」、とこの一揆の初発期は飢渇一揆色が強く描かれている。また竹弥板「新板打毀し久登喜《くとき》」の表紙には幟に杓子うち合わせ、世直し大明神とある。（『一揆史料』(二)）これはこの一揆を一揆世直し譚として構成し、語りついで行こうとしたものであろう。「くどき」の中では「わんとしゃくしの扨《さて》うちちがい、下ニ世直シ大明神と、書シはたのてミな一ようニ」とあり、また横浜貿易については「当時しょこくの商人共が、五こくこうゐきするとのことよ、これがつのればわれ〳〵迄が、すへハうへじにすることなれバ」、とあり国際情勢の中での日本の危機感も高揚されている。

(8) 同家文書『一揆史料』(一)。秩父市。なおこの一揆の「世直し」性と北武蔵での展開については、拙著『時代の扉』(徳川政権終末期の一揆)を参照されたい。

(9) 長谷部家文書、扇町屋宿長谷部太七家の記録。(『一揆史料』(一))

(10) 中嶋家文書『一揆史料』(一)。秩父郡伊古田村名主ですぐれた蘭学医であった伊古田純道による『賊民略記』。すぐれた学識と透徹した鑑識眼に裏うちされた史料である。

(11) 同家文書『前掲書』秩父郡大宮郷のいずみや幸七の見聞記録で、同じく前掲の『賊民略記』の著者伊古田純道の見解と比較して検討するとおもしろい。

(12) 森安彦『前掲書』。森氏は「行先々を人足を当テ打毀シ行とも手向之者は更になし、(中略) 坂戸宿ニ於而は村役人ハ不申及、其外物持穀屋共は宿はつれニ出、土下座ニ而御願申上度と申といへとも壱人も聞入る者なく (中略) 其勢い雷神の頭ニ落掛ると思ふ程の勢ひニ而穀問屋ヲは不残打毀、(中略) 誠ニ天下ニ而は政事なし、心心《ママ》もとならず次第也」(『一揆史料』(一)) などの史料をあげ、このように、「世直し」勢の最盛期には豪農層は「世直し」勢に圧服させられ、「世直し」の世界に包摂されていったのであると述べている。

(13) 小鹿野家文書。拙稿「幕末の動乱と大徳武山」坂戸市史調査資料第二号(『坂戸市史』近世史料編Ⅱ所収)。

(14) 宮嶋家文書。拙稿「坂戸近辺の武州世直し一揆」(埼玉県立坂戸高等学校『研究紀要』第三集『坂戸市史』近世史料編Ⅱ所収)。

(15) 久保田家文書『一揆史料』(二)。宮鼻一件の後始末では、平村村役人は田木村を拠点にした。比企郡田木村久保田要蔵の記録。

(16)　大野家文書『一揆史料』(二)。なお、平村の対応と平村村民の動向などについてはいずれもこの大野家文書によった。

〔初出〕『高野倉――歴史と史料――』鳩山町史編さん調査報告書（一九九九年）

「武州世直し一揆」と信濃国の動向

森　安彦

「武州世直し一揆」（以下「世直し一揆」とする）は慶応二年（一八六六）六月十三日の蜂起から十九日の潰滅まで、わずか七日間のうちに、武蔵国一五郡・上野国二郡を席巻し、打ちこわされた豪農・村役人の家数は、現在判明するものだけでも二〇〇か村余、五二〇軒余である。このほか攻撃目標であったが「世直し」要求を受諾して、打ちこわしを免れた家が一〇〇軒ほどあった。

さて、この武州・上州にまたがる「世直し」一揆に対し、隣接の信濃国では、どのような動きがあったのであろうか。

信州佐久郡五郎兵衛新田村（現在、長野県北佐久郡浅科村、現時点では合併して、長野県佐久市）は寛永七年（一六三〇）に市川五郎兵衛によって開村された新田であるが、同村には約三万五〇〇〇点という膨大な古文書が現存している。この文書の一冊に「慶応二年寅正月御用向留書」があり、この中に「世直し一揆」の記事が散見されるのである。その記事は内容的に三つに分けてみることができる。すなわち、㈠「世直し一揆」が信濃国に進出してくるか、どうか、という「世直し一揆」の動静についての「遠見」の情報である。㈡「世直し一揆」に呼応して信濃国の小前農民の蜂起への警戒や取締り強化、「世直し」の鎮静化のための米穀の安売りの実施や、「世直し」の要因を排除するための生活改善のとりきめなどである。㈢しかし、それにも拘らず、慶応二年八月中旬には、軽井沢・追分・沓掛宿などに打ちこわしが発生しているのである。以上この三点に関して若干の史料紹介を兼ねて簡単に述べてみたい。

一　「世直し一揆」の動静

この「御用向留書」には、「世直し一揆」が秩父郡の山中から上州下仁田町を経由して信州佐久郡に侵攻してくるのではないかという危機感から各村々から「遠見」を派遣しているが、その情報が収録されている。それによると、六月二十一日佐久郡桜井新田名主喜三郎から五郎兵衛新田名主に宛てた「遠見」報告には「世直し一揆」勢は十九日夜、秩父郡小鹿野村河原沢にて一泊し、翌二十日朝「山中神川原角太夫打毀候、夫ゟ下仁田町八軒目差家有レ之、（中略）本宿ゟ当国江罷越候様子ニ御座候」とある。この動向は、今までの「世直し一揆」研究に新しい知見を加えるものである。すなわち、今までの研究では六月十九日内秩父の大滝・白子両村辺で「世直し一揆」は消滅してしまうものとされてきたが、この「遠見」の情報では、二十日にも打ちこわしを展開し、秩父山中から上州甘楽郡下仁田町を目標とし、さらに峠を越えて信州佐久郡にせまる情勢があったことが窺えるのである。

翌二十二日には佐久郡野沢村・原村の村役人から、「遠見」の報告が回達されてきているが、それによると、「下仁田江八高崎様・安中様御繰出し」として、下仁田町へは高崎藩（松平右京亮、八万二〇〇〇石）・安中藩（板倉主計頭、三万石）が出兵し、「世直し一揆」の攻撃を阻止する防衛体制を固めていることである。

翌二十三日の情報では、領主側の武力鎮圧により「世直し一揆」が所々で散乱し、小人数となり、秩父山中に退却したが、関東郡代や高崎・安中両藩などが追撃し、もはや信州へ進出する可能性は殆どないという判断を示している。すなわち「最早高坂内山峠ハ越候儀有レ之間敷、此上品ニ寄川上江越候儀も難レ計、乍レ併小勢ニ成候得ハ散乱可レ致と之事ニ承り帰村届出候」とある。

二　「世直し一揆」への対応

「世直し一揆」勢の信州への侵攻は阻止されたが、領主側の不安は、このような動静に刺戟されて、信州の中にも一揆に呼応して蜂起するような事態が発生することである。

すでに六月二十一日幕府の御影代官所から、つぎの触書が廻達されている。

武州・上州辺米価高直ニ付騒立候趣相聞、右ハ隣国之儀ニ付当国江押移候哉も難レ計候得共、其村々并近領村共米価高直ニ付、不レ及二難儀一候様取計可レ遣間騒立之人数ニ不レ加様相慎罷在候様小前末々迄篤と可二申聞一候、

信州内の一揆蜂起を恐れている状況が判明するのである。

すなわち、「世直し一揆」が信州に侵攻してくる危惧と、信州内で小前農民が蜂起する危機感をもっていたのである。

六月二十四日には、幕府の中之条代官所からつぎの「御書付写」が佐久郡村々取締役に示達されている。

今般上武両国之もの多人数徒党いたし、所々身元之もの家居打毀候由相聞候間、取締役之もの村々役人共申

合、村々見廻致二取締一、小前末々之もの共心得違不レ致様心付、且相替之儀有レ之候ハ、早々可二申立一、且又物価高直ニ付、末々難義可レ致間、銘々厚相心得、米穀引下ケ方ハ勿論、身元之もの共救方勘弁可レ致候、

これによると、取締役が村役人と一体となって、①小前の者たちへの取締強化と、②米穀値段の引きさげや「身元之もの」に対し窮民への救方を命じているのである。

では信州内にある幕府代官所の「窮民救方手立」とは一体いかなるものであったろうか。

六月二十六日の触書によると、まず村方取締役の者を召集してつぎのように示達している。すなわち、村々の「窮民」を調査し、「出穀人」を選定し、銭一〇〇文で白米三合売りとすることであった。当時米価高騰で一〇〇文につき一合五勺から二合どまりであり、「世直し一揆」の要求では五合売りの実現であった。「御用向留書」には七月に実施された入布施村・前山村・桜井新田・沓沢村・五郎兵衛新田村の事例が詳細に明記されているのである。例えば入布施村では出穀者一六名により白米一一石二斗を村内窮民七〇名に施行しているのである。「世直し一揆」は、武州・上州に限らず信州でも、その影響下で施米が実行されていることは注目されるものである。

このような対応と同時に、「世直し一揆」が発生する根本の原因を取り除くためには、生活改善を必要とするとして、「慶応二寅年七月、被二仰渡一ニ付組合村々申合村定連印帳」が作成されているのである。

差上申御請書之事

今般上武両国之もの多人数徒党いたし、所々乱行之由相聞不レ穏義、右ハ諸物価高直故之義ニも有レ之候得共、畢竟近来諸国とも土地不相応之作業相成、諸民共売用ニ走り自業を怠り、一時之奸利ニ泥ミ候故、自然粮穀之貯乏敷、窮民飢渇ニ逐り騒動および候次第ニも可レ有レ之ニ付、村々役人申合、右様之義ニ不レ及様窮民取続方ハ勿論、都而取締向念入、平日質素倹約相守り末々之もの飢寒ニ不レ致候様可二心掛一、先差当り窮民取続

方手配いたし可二申立一候、
右被二仰渡一之趣一同承知奉レ畏候、
依レ之最寄組合村々申合質素検約之箇條取極仕儀、
以下五か条にわたり、冠婚葬祭などを質素に営み、「酒一切用ひ申間敷候」など詳細に規定し惣百姓が連印しているのである。しかし、これは、あくまでも、代官松本直一郎の命令として示達され、その請書の形式をとっているのである。

同様のことは、「世直し一揆」後の武州の村々でも行われているのだが、実際の効果は疑問視せざるをえないだろう。

三　打ちこわしの波及

領主側や豪農層のこのような対応にもかかわらず、同年八月十五日には、軽井沢・追分・沓掛などの浅間三宿で打ちこわしが発生していることが「御用向留帳」に記録されているのである。

以二手紙一、然ハ百姓一揆上州辺ゟ相起り、軽井沢・追分・沓掛打こわし、今夜正六ツ時頃小田井宿江相越候趣、御宿役人岩村田役所江注進いたし候ニ付、早《（即）》刻村方江も御沙汰相成、鉄炮人数差出し候間、此段為二御心得一、壱々為二御知一申上候、以上

これは八月十五日夜、矢島村名主甚太夫から五郎兵衛新田名主所左衛門に宛てた書状である。翌十六日の「知らせ状」では、

追分宿油屋助右衛門・大黒屋新太郎（中略）右宿役人ゟ御影御役所江御注進、早速人数御繰出し相成候内ニ追分ゟ児玉村江相越候酒屋壱軒打こわし罷在候処江御影御人数御繰出し而一揆共凡四五百人之内十四五人程御召捕ニ相成候ニ付、残之もの共、不レ残散乱いたし候趣御達有レ之間、一先相納り候、

これも前述の甚太夫から五郎兵衛新田名主所左衛門に宛てたものである。同日桜井新田名主喜三郎の名主所左衛門に宛てた書状にも「昨日三宿ゟ騒動起り、尤上州も余程交り、弐三百人程暮六ツ時児玉村江入込候様子承り候」とある。

七、八月は、武州・上州二か国においても一揆の余燼がくすぶっていたが、この時期、信濃の中山道浅間三宿とその周辺で、ついに打ちこわしの火の手が上がったのである。この打ちこわしには、上州勢も加わり、まさに「世直し一揆」の波及として捉えることができるのではないだろうか。

〔初出〕『新編埼玉県史』（資料編11、近世2、県史だより、一九八一年）

「世直し」一揆考
——打ちこわしと施米・施金と焼払い——

森　安彦

一　「世直し」一揆の基調

近世封建社会の基本的階級関係は、いうまでもなく、幕藩領主と封建小農民であるが、近世後期になると、小農民の階層分化により発生した「豪農」層と小前貧農層（「半プロレタリア」）の階級対立が激化した。すなわち、小前貧農層は、「豪農」の収奪体制に編成され、この桎梏から自らを解放することが最大の課題となってきたのである。このような段階の小前貧農層の「豪農」層に対する階級闘争が「世直し」一揆と規定することができるのである。

それ故、「世直し」一揆は小前貧農層にとって直接身近かな存在である高利貸・質地地主・米穀商人・生糸商人などの「豪農」の支配（収奪）をどう解体させ、自らを解放させるかを目標としたものであり、年貢収奪を基軸に展開する百姓一揆とは異質な闘争であることはいうまでもない。

この小前貧農層の「豪農」層に対する階級闘争である「世直し」一揆の基調はどのようなものであったのだろうか。

村請制という村落単位の支配に編成されている小前貧農層の闘争は、まず村落の枠を超えた小前貧農層の、いわば横断的連携を形成し、「豪農」を圧倒しうる数千・数万の戦力を編成し、「打ちこわし」という闘争手段により、「豪農」の家屋敷は勿論、金銭・穀物・家財・諸道具・帳面類に至るまで徹底的に破壊し、「豪農」をして再起不能におとし入れ、小前貧農層の解放をかちとることであった。

このような「世直し」一揆に対し、「豪農」層は、打ちこわしによる潰滅的打撃を避けるために、蓄財の金銭や穀類を放出して、小前貧農層に対する施米・施金や質地・質物の無償返却を約束し実施しようとしたのであった。

それ故、施米・施金や質地・質物の返却は小前貧農層と「豪農」層との妥協の結果といえるのであり、「世直し」一揆の本質は、本来打ちこわしによる「豪農」の潰滅にあったといえるのではないだろうか。しかし、「豪農」と妥協することによって一揆勢は莫大な施米・施金を獲得し、当面の小前貧農層の窮乏を救済できるという現実的な解決があったのである。

しかし、施米・施金という貧民救済と引きかえに「豪農」の存在を許すという妥協は、結局、「豪農」の存続を容認することとなり、「豪農」収奪の解体という「世直し」一揆の本来の目的からは一歩後退といわざるをえなかったのである。

慶応二年（一八六六）にピークを示した「世直し」一揆は、以後二つの方向に分裂したとみることができる。一つは、翌慶応三年に展開した「ええじゃないか」の方向であり、もう一つは、明治三年信州中野騒動にみられる「焼払い」という徹底した闘争方向である。前者の「ええじゃないか」は「世直し」一揆における一揆勢と「豪農」の妥協による施米・施金などの方向の発展したものであり、後者の「焼払い」は本来の「打ちこわし」路線の徹底化したものととらえることができるのではないだろうか。

　つぎに、慶応二年の武州世直し一揆の最中における施米実施の具体的姿を一史料によって紹介し、「ええじゃないか」の施行と比較してみよう。

二　施米・施金の形態

（表紙）
「慶応二丙寅年
打かうし諸入用
六月拾五日ゟ拾七日迄」

覚

一　白米弐石弐斗　　打かうし共ニたきだし（焚出）施し
　両ニ壱斗弐升かへ
　　代拾八両壱分ト五百六十四文

一　生酒五駄　　右　同　断
　　代三拾七両弐分

一　米弐石八斗　　右ニ付村方小民之者ニ施し

両ニ壱斗三升かへ
　代弐拾壱両弐分ト弐百五拾壱文
一　壱人前壱斗六升四合ツヽ
　小重郎　辰五郎　幸太郎　源兵衛　兼吉
　左市郎　与四郎　増五郎　栄蔵　専蔵
　鉄五郎　勇治郎　伊兵衛　伊左吉
　居隠（ママ）壱人前八升弐合ツヽ
　兼吉居隠　佐市分同　与四郎分同
　伊三五分同　米太分同　尤借家すし熊
一　米四斗三升入　向井穢多ニ遣し
　代三両壱分ト三百七拾七文
一　生酒柳弐本　村中江施し申候
　代金三両也
一　極上焼酎六升　打かうし共ニ施し候
　此金壱両弐分
一　弐分ト弐百九文　右ニ付引合入用〆
一　壱両也　右ニ付毛呂寄場江たきだし雑用〆
一　金壱両也　右ニ付村方沖五郎

川越山城様之御縄ニ掛ニりもらいさげ《(ママ)》ニ付入用助合金差遣し候
一　弐両　　　薪　代
一　たくハん積油樽ニ而弐本
　　此代金壱両弐分
〆而
一　此年《》拾七両也　　長せ村御地頭所江御用金差出し申候
右之通不残村役鎌治郎・仲治郎両人之取計候ニ而差出し申候、以上
　慶応二寅年中
(裏表紙)「武州入間郡長せ村　河内屋市兵衛　　根立源蔵　　控」

（新潟県柏崎市鯨波、根立俊樹氏所蔵）

この史料は、武州入間郡長瀬村（現、埼玉県入間郡毛呂山町）の慶応二年六月十五日より十七日までの「打かう《(毀)》し諸入用」であり、この史料から「世直し」一揆に対応し、施米を実施した村落の動向が判明し、興味深いものがある。なお、この史料は、この「世直し」一揆を契機に長瀬村の河内屋の店を譲って、出身の郷里である越後柏崎の川内に転居した根立源蔵の作成したものである。長瀬村は旗本久貝相模守の知行所で村高二九八石余りで、家数は六〇軒ばかりの村である。この「武州世直し一揆」では、亀井仲次郎が打ちこわされたという記録が残っている（近世村落史研究会編『武州世直し一揆史料』一巻五〇頁）が、この仲治郎・鎌治郎ら村役人が中心となって、米・酒などの施行を実施したのであった。長瀬村一帯が一揆勢に席巻されたのは十六日であり、この史料が十五

慶応２年6月15～17日迄武州入間郡長瀬村「打かうし諸入用」内訳

	施行などの対象者	施行内容（代金額）	合計
①	打かうし共	たきだし施し　白米２石２斗（18両１分，564文） 生酒５駄（37両２分） 施　し　極上焼酎6本（１両２分） 引合入用　２分と209文	金57両３分 銭773文
②	村方小民之者	施　し　米2石8斗（21両２分，251文） １　人　前　0.1644石で14人 隠居１人前　0.0820石で６人	金21両２分 銭251文
	向井穢多	遣　し 米0.430石（３両１分，370文）	金３両１分 銭370文
	村　中	生酒柳２本（３両）	金３両
③	毛呂寄場	たきだし雑用　金１両 村方沖五郎もらいさげ入用金１両 薪　代　金２両 たくはん積油樽２本（１両２分）	金５両１分
④	地頭所	御用金差出　金17両	金17両
	合　計		金107両３分と 銭1,143文

日より十七日までとあるところから、一揆最中に施米体制を確立し、実施したことがわかる。

　この「諸入用」の内容を整理して表示すると上表の通りである。

　これによると施行の対象者は①村外からきた「打かうし共」と②村内の「村方小民之者」「穢多」である。①に対しては飯米の焚出し生酒・焼酎などを提供し、②に対しては施米二石八斗を二〇人の貧窮民に与えているのである。この外、③組合村の毛呂寄場に焚出し雑用・薪代など、④地頭久貝氏に対し御用金を上納している。

　以上が、「打かうし諸入用」の示す施行の内容であり、この史料から引き出せる問題はいくつかあるが、ここでは、とりあえずつぎの一点のみに限定したい。すなわち、施行が村外からくる「打かうし共」と同時に村内の「小民之者」に対して実施されているという事実である。これはいうまでもなく、長瀬村の「豪農」層が村外からの一揆勢の打ちこわしを避けると同時に、村内の貧民を救済することにより、一揆の鎮静化を計ろうとしていたためである。

より適切にいうならば、長瀬村の「豪農」（村役人）層は村外からの一揆勢に対し、村内の小前貧農層が呼応蜂起することを分断し、一揆勢の拡大を抑えようと意図したものである。それはまさに、「世直し」一揆の行動原理に対応したものといえるのである。すなわち、「世直し」一揆の行動原理には、打ちこわしという強制関係により、Ⓐ「豪農」層は村方の小前貧農層に対し、施米・施金や質地・質物の返還を実施しなければならないと同時に、Ⓑその施米・施金などを享受する村民は積極的に「世直し」一揆勢に参加し、周辺諸村に「世直し」を拡大しなければならなかったのである。このⒶ⇅Ⓑの強制関係こそが、長瀬村にみられる施米形態を必然化させているのである。

さらに、宿場や街道筋を中心に展開する「ええじゃないか」になると、一揆にみられるような指導部や統制が存在しないだけに、群衆のアナーキ的な乱舞や踊り込みに対し、「豪農」層は積極的に施米・施金で対応しなければならなかった。

慶応三年十一月の東海道の吉原宿の「ええじゃないか」では、吉原在の平垣村（駿州富士郡）の百姓安兵衛は「高二千石所持」の大家であったが、「黄金之大黒一体投込」まれたのを契機に「此度金千両之施行仕度之心願相立、伊勢之人々并往来之人々迄飲食施行、日々五拾両充之入用と申事ニ御座候」（『神奈川県史』資料編10、九五八頁）とあるのはその一事例である。

三　打ちこわしから「焼払い」

最後に打ちこわしから「焼払い」闘争に激化する方向を考えてみたい。

まず一事例を提示すると、慶応二年八月十日の夜、武州比企郡平村（現、東松山市）の高札場へ一通の「張訴」（火札）が掲示された。

一、（前略）右浜糸仕候者共一同・穀屋・質屋不レ及二申一、南風を見而焼払、（略）

一、此度施金之儀も一切惣百姓請間敷、質物通用無之加之□（破損）者共征伐仕り村役職之衆□大小目御読可被下者也

□之条々百姓相心得可申事

役人中江

（『武州世直し一揆史料』一巻八〇頁）

これは、浜糸商人（横浜貿易に携っている商人）・穀屋・質屋に対し、彼らの施金を拒絶し、「南風を見而焼払」と主張しているのである。このような事態に至ったのは、慶応二年六月の武州世直し一揆の際の約束の施米・施金の不履行にあった。

「世直し」一揆が幕藩権力とその一分肢としての役割をもった「農兵」の軍事力によって解体させられると、「豪農」層の中には、当然のように一揆勢と取り交わした施米・施金などの「世直し」要求を反古にしたものが少なくなかった。

平村の「豪農」もその例外ではなく、ついに村内の小前農民二〇〇人余りが、慶応二年八月三日下宿河原に結集し、河原に竈戸を築き、「焼出」（焚出し）を行ない、「豪農」層に対し、去六月十六日から十七日の打ちこわし「蜂起」の時の約束の施行の実施をせまった。この事態に対し、仲介人のあっせんで、六人の「豪農」から金三四〇両の施金の実施をとりつけたが、実行されず、この「張訴」が出されたのであった。その後の具体的な動向は未詳だが、この「張訴」には、「豪農」層の裏切りに直面した小前貧農層が施米・施金という妥協を排除し、打ちこわしをさらに徹底させた「焼払い」で闘うことを宣言したものであり、「世直し」一揆のつきつめた姿をみることができるのである。

明治初年の闘争では、これらの「豪農」層が維新権力の末端に編成され、小前貧農層に反逆、敵対する地域では、明治三年（一八七〇）の信濃中野県域で起こった「中野騒動」にみられるように「焼払い」という闘争方法が実際に行使されたのである。

〔初出〕『編年百姓一揆史料集成』（第一巻編集のしおり1、三一書房、一九七九年）

武州世直し一揆の一考察

——所沢、東久留米周辺の状況を中心に——

山中清孝

一九八六年は丙寅の年。武州秩父郡上名栗村（埼玉県飯能市名栗）に端を発して、瞬く間に武州一五郡、上州二郡を席捲した武州世直し一揆が発生した年から数えてちょうど一二〇年目となる。筆者は先に『近世武州名栗村の構造』（名栗村教育委員会）を執筆し、また一九八六年七月刊行された『埼玉史談』三三―二に「武州世直し一揆の未刊、既刊史料の検討」と題して一文を草したことがあるが、その時見落とした史料や、その後に刊行された史料を若干入手したので、それらをもとにして主として所沢、東久留米周辺の状況を中心にして述べてみたいと思う。

一　一揆の発端と経過

この世直し一揆は、慶応二年（一八六六）六月十三日夜、武州秩父郡上名栗村の北端、間地・名郷から発生している。一揆の頭取は大工紋次郎と桶屋豊五郎の両名であり、名郷の正覚寺を「徒党密談所」としていた。また

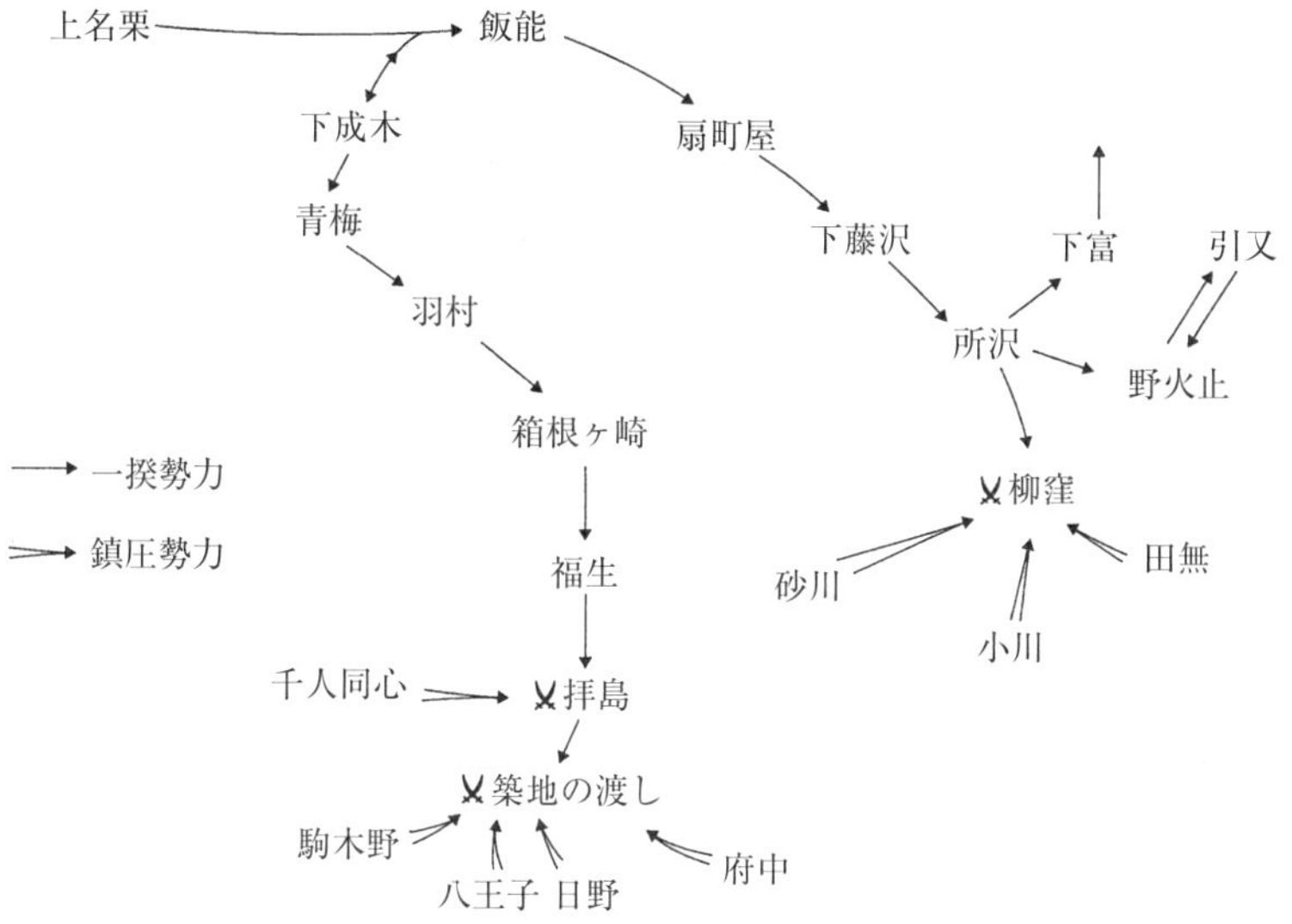

図１　武州世直し一揆展開略図

一揆発生の三日前より下成木村の組頭、「悪物」こと喜左衛門と蜂起の事前協議をしていたことからもこの一揆は偶発的なものではなく計画的なものであったことが明らかである。

かくして十四日の早朝、名栗・我野・成木の三谷の貧農ら約二、〇〇〇人が飯能河原に集合、久下分名主小山国三郎を手始めに、飯能の名主堺屋又右衛門、板屋半兵衛、中屋清兵衛らを打毀したのである。

世直し勢が飯能に向った理由の一つは、飯能は山方の村々へ穀物を供給する在方市場であり、堺屋又右衛門ら穀屋を営なむ〝豪農〟が彼ら世直し勢の死命を制していたからであろう。

飯能を打毀したのち、世直し勢の一隊は青梅方面へ、他の一隊は扇町屋（入間市）へと向う。いずれも組合村寄場であり、青梅には糸市が開かれ、扇町屋には生糸改印所が開設されたばかりである。またともに穀物を中心とする在方市場である〔図１参照〕。

扇町屋では名主郷左衛門、年寄で酒造、生糸商も営なむ長谷部太七ら七軒ほどを打毀している。その後一揆勢の本隊は、下藤沢をへて所沢へ向い、城村（所沢市）から清戸下宿（清瀬市）、野火止（新座市）をへて、引又（志木市）、白子（和光市）方面へ向っている。また別の一隊は、所沢より北上し、安松新田・中富村（所沢市）をへて上富村（三芳町）、亀久保村（大井町）へ向っている。

表1は、飯能、扇町屋、所沢、引又周辺の村々の主な打毀し対象者を一覧表としたものである。本表は筆者も所属している近世村落史研究会編「幕末の社会変動と民衆意識」（『歴史学研究』四五八号）から、高麗・入間・新座三郡の主な対象者を抜粋し、最近刊行された『新編埼玉県史　資料編Ⅱ　近世2　騒擾』及び『三芳町史史料編Ⅰ』で若干補訂したものである。(1)これによると、この地域での打毀しは、穀屋、質屋、糸屋などを営なむ豪農商層が多いことがわかる。また寄場名主や名主、年寄、組頭などの村役人層や、なかには八王子千人同心も打毀しの対象とされていることが注目される。またもう一つ興味深いのは野火止の高崎藩陣屋が襲撃され、侍の止宿が微塵に打毀され、逮捕者二名が奪還されたとの記事である。(2)詳しくは別稿に譲るが、農民らから「柔弱の武士」と笑われ双刀をかかえて逃げ出した武士の姿が眼前に浮ぶようである。

さて、ここで世直し勢＝打毀し勢の要求を分析してみると、「施金・施米」「質物の無償返還」「借金証文」の焼捨てなどの「世直し」要求と、打毀し勢のエネルギー補給、維持再生産のための「人足要求」、「酒食の提供」の要求がある。前者は豪農層にむけられるのに対し、後者は主として村落に対して行なわれている点が注目される。前者の例は諸所に見出されるが、後者の例は新座郡岡村が白子村に対して出した「一揆之者先触」（夕食千人前支度、人足五〇人用意）(3)が重要であろう。一揆勢が村役人・豪農に人足・食事を要求するのでなく、村が村に対して「世直し」への参加を求めているのである。このようにして当初二、〇〇〇人余でスタートした「世直し」は、のべ十数万人となり、貧農・小作層、半プロレタリア層はこのような形で結集することにより勢力を拡

表1　武州世直し一揆の打ちこわし対象者一覧　　——高麗・入間・新座郡を中心に——

郡名	村名	氏名	身分	職業その他	打ちこわし状況
高麗郡	久下分村	小山国三郎	名主		居宅・土蔵他打ちこわし
	飯能村	酒屋八左衛門	名主	酒屋　高16石32	居宅・土蔵打ちこわし
	同	中屋清兵衛	百姓	穀物問屋 高２石35	居宅・土蔵打ちこわし
	同	堺屋又右衛門	寄場名主	穀屋　高15石132	居宅・土蔵打ちこわし
	同	板屋半兵衛	百姓	穀物問屋 高８石285	居宅・土蔵打ちこわし
	広瀬村	清水寛右衛門	名主		中食提供、打ちこわし
	笠幡村	宅右衛門			打ちこわし
入間郡	扇町屋	郷左衛門	名主		打ちこわし
	同	長谷部太七	年寄	酒造、生糸	居宅・土蔵・酒造蔵他打ちこわし
	下藤沢	足袋屋新兵衛	百姓		打ちこわし
	城	長左衛門 （遍照金剛）	百姓	質屋、穀屋 千人同心	居宅・土蔵他打ちこわし
	中富村	田中七郎右衛門	名主		打ちこわし
	上富村	中村次右衛門	組頭	名主格	打ちこわし
	同	近江屋八左衛門			酒食提供
	南畑村	清吉			打ちこわし
	下安松村	渋谷　新兵衛	名主	質屋	家作・土蔵打ちこわし
	同	新五郎	百姓	分家	同上
	亀久保村	西山祐貞		医師	打ちこわし
	所沢村	富倉与惣次		穀屋	打ちこわし
	同	三上松五郎		茶屋借屋人	同
	同	鈴木伴次		搗米屋借屋人	同
	同	深井弁蔵		穀屋	同
	同	深井伝右衛門		油屋、醤油屋	同
	同	北田善右衛門		穀屋	同
	同	井関孫右衛門		穀屋	同
	同	斎藤幸作		穀屋、炭屋	同
	同	角屋小平次		穀屋	同
	同	荻野亀次郎		糸屋、浜商人	同
	同	糸屋藤蔵		糸屋	同
	同	阿波屋善兵衛		穀屋	同
	同	油屋久右衛門		油屋	同
	同	鹿島金蔵		穀屋、米屋	同
	同	米屋金次郎		米屋	同
	同	斎藤久右衛門		質屋	同
	同	武蔵屋			同
	同	井関久次郎		穀屋、油屋	同
新座郡	野火止村	源四郎	百姓		打ちこわし
	同	高崎藩陣屋			逮捕者解放、侍の止宿 打ちこわし
	引又村	西川重五郎	組頭	質屋・肥物渡世 高100石	
	同	西川武左衛門		醤油造・穀物肥物渡世、高20石	打ちこわし
	同	三上権兵衛	組頭	酒造・質物・肥物渡世、高150石	打ちこわし

（注）　近世村落史研究会編「幕末の社会変動と民衆意識」（『歴史学研究』458号）を一部改変

大し、豪農層・村役人層の支配と対決し、自らの解放を闘いとろうとしたのである。
この世直し勢の高揚状況が最もリアルに、かつヴィヴィッドに描かれているのは一揆勢の本隊が初めての夜を所沢で越した時である。少々長くなるが原文を左にあげてみよう。

夜に入所沢北裏畠耕作多分踏荒し莚畳薦莞進数千枚敷揃ひ凡三万余人程野宿いたし、焚出し右町え申附酒喰茶水等我儘ヲ申数百挺之車に而押寄多分之奢ヲ成時之声を揚け酒喰いたし居候処、扨又同町提灯屋之工夫を以提灯数千張諸国大平と書記し青竹に結揚け組々え立、思ひ〳〵の幟印ヲ為致拾四五丁四方蝋燭如昼中提灯星の如し、其光り空に篝り火近郷近在は所沢町大火と相見へ有之、右同勢之者ともハ大音に近郷近在宿町市場物持とも打拳し、夫より同国横浜ヲ打毀すへしとて大音に評定いたし居

この史料は高麗郡下直竹村組頭直左衛門が領主一橋家へ報告した始末書の一部である。三万余人が数千の諸国大平と書き記した提灯を持って野営する様は、少し誇張があるにせよ「世直し」勢の生き生きとした姿を見ることができる。また恐らくこの時に今後の作戦が具体的に練られたのであろうことは容易に想像できるであろう。

二　多摩郡北東部の打ちこわし

所沢で右の如く高揚した「世直し」勢の一隊は、下安松の渋谷新兵衛とその分家の新五郎の二軒、城村の長左衛門別名を遍照金剛といい、八王子千人同心でかつ質屋・穀屋を打ちこわし、野火止村の源四郎などを打ちこわし、一手は引又へ、また一手は多摩郡に押し寄せて来た。引又地区の打ちこわし状況は神山健吉氏の論稿(4)に詳しいのでここでは多摩郡北東部の状況をやや詳しく見てみたい。

表２　武州世直し一揆の打ちこわし対象者一覧　――多摩郡の東久留米周辺を中心に――

郡名	村名	氏名	身分	職業その他	打ちこわし状況
多摩郡	久米川村	某			打ちこわし、焚出
	野口村	某			同
	大岱村	市川亀次郎		車屋	同
	柳窪村	村野七次郎	百姓	質屋 高20石24385	同
	同	村野七郎右衛門	名主	高45石1525	同
	同	喜郎	百姓		乱入
	飛田新田	弥左衛門			乱入、焚出
	飛田本田			水車主	打ちこわし
	日比田村				人足差出要求
	田無村	下田半兵衛	大惣代 名主	穀屋、肥料商 生糸肝煎	一揆勢めざす。数百人でこれに備える。
	分陪村	長右衛門		油屋	打ちこわしに備え片付け
	府中本町	柏屋三四郎			同
	同	角屋茂七			同
	石原宿				打ちこわしの注進
	下清戸村	小寺文次郎		酒屋	焚出

（注）　前記『歴研論文』を一部修正。

「世直し」勢が最初に打ちこわしたのは、久米川村、野口村（ともに東村山市）の豪農である。(5) ついで大岱村（＝大沼田村・同市）の車屋市川亀次郎を打ちこわし、柳窪村（東久留米市）の豪農質屋の村野七次郎と、同村の名主で質屋村野七郎右衛門、同村の喜郎の三軒を打ちこわし中、田無宿農兵を主力とする鎮圧勢力と同村で激戦、「世直し」勢は武力の差はいかんともしがたく、あえなく敗退したのである。

表2は、現在の東村山市、東久留米市、府中市、調布市、清瀬市付近の打ちこわし対象者を一覧表にしたものである。史料のさらなる発掘により今後も少しずつ正確なものとしていきたい。

多摩郡蔵敷村（東大和市）の「慶応二年里正日記」（内野家文書）によると、この時「世直し」勢側の即死者は八人（南秋津村某他）召捕入は一三人であったという。また多摩郡小野路村（町田市）の「土民蜂起打毀し顛末見聞漫録」（小島家文書）によると、死者、逮捕者は同数で、その他手負の者八三人とある。いかに激戦であったかがよくわかる。

このとき「世直し」勢は約二、〇〇〇人、これに対し鎮圧側は、伊豆韮山の代官江川太郎左衛門配下の鉄砲方教示役長沢房五郎、同田那村淳の二名に率いられた農兵一六人、村役人三六人を含む人足一五〇人余であった。はじめ空砲を打ったが、「世直し」勢が棒や鎌で抵抗したためやむなく発砲したという（「里正日記」）。なお、この柳窪村の激戦の時、小川宿の無宿人幸蔵なる者が四、五〇人の子分を引き連れ鎮圧側にくみし、五〜六人切殺し、一〇人余を搦取ったという記事も見える。一揆勢にも数多くの無宿人や「被差別部落」の人々が参加したが、反対に鎮圧側に属し、このように、〝活躍〟した者もいたのである（「里正日記」）。

表3はこの激戦で召捕られ、田無宿から江戸送りとなり、品川溜に入れられ、のち手鎖預けとなった者の一覧表である。(6) 出身地は、所沢・上安松・北秋津・本郷村（所沢市）、溝沼村（朝霞市）、廻り田・南秋津・久米川村（東村山市）と、比較的柳窪に近い村々である。

慶応二年六月二十日付けで、久米川村梅岩寺、下安松村長源寺、清戸下宿円通寺、新座郡岡村（朝霞市）東円寺、入間郡本郷村（所沢市）東福寺の住職が奉行所あてに出した入牢赦免歎願書(7)によれば、彼らはいずれも「農業出精之もの」で「小高困窮之もの共にて、農業のみにては営兼銘々村方に罷在、日雇又は農間余業等もいたし不申候而は老父母養ひ方は勿論、日々営経《ママ》差支」える貧農小作層＝半プロレタリア層であった。身分をみても、殆んどが倅又は厄介人で、独立して再生産不能の者ばかりであったのである。

では彼ら一三人の処罰はどのようであったろうか。多摩郡上長淵村（青梅市）中村家文書、久米川村桜井家文書(8)によれば、久米川村馬五郎と廻り田村寅松（寅吉と同一人か。寅吉は過料銭）を除き慶応三年二月二十七日付で

表3　柳窪村にて「召捕」となった一揆勢の一覧表

郡名	村名	氏名	身分、職業	処罰内容
入間	所沢村	初五郎	次郎左衛門倅	過料銭
	同	亀五郎	新助倅	同
	同	喜　助	武兵衛倅	同
	上安松村	村次郎	百姓倉蔵弟	同
	北秋津村	音　松	三右衛門倅	同
	本郷村	松五郎	武左衛門倅	同
新座	溝沼村	万右衛門		同
	同	久　蔵	百姓長八事	同
多摩	廻り田村	寅　松	無宿	同
	南秋津村	権之丞	百姓	同
	同	市郎右衛門	市郎兵衛倅	同
	久米川村	庄　助	三郎右衛門倅	同
	同	馬五郎	穢多	入　牢

全員過料銭を命ぜられている。また久米川村、南秋津村らの村役人らは、「世直し」勢に人足や酒食を提供した罪により、急度《きっと》叱り、御叱りの処分をうけている。これに対し、鎮圧勢力として〝活躍〟した目野宿農兵やそれを指揮した日野宿名主佐藤彦五郎、田無宿大惣代名主下田半兵衛らは幕府より褒美を与えられているのである。(9)

最後に、一揆終了後の状況について一、二触れておこう。『東久留米市史』史料編には打ちこわしの報告書（村野光雄家文書）の他にこの一揆の関連史料が三点掲載されている。一つは慶応三年三月の「小山村村方穀数取調帳」、同四月の「柳窪村夫食取調書上困窮民仕法附請書」であり、他の一つは慶応四年の「組合村々議定取極」である。前者はいわゆる備穀令の史料であるが、柳窪村の場合、七次郎他一二人の上層農が所持している大麦、粟、稗などの現在高を調査し、村内の人別男一三一、女一二六人の六〇日間に必要な食料を計算し、何がどれほど不足かを調べたものである。また金一〇両を万一非常の節窮民へ助成金とするため積立てておくとの記事も興味深い。一方後者は『市史』では年不詳とあるが、下田富宅編『田無宿風土記』に慶応四年四月付で同文のものがあるので、同年に田無宿組合の上農層らが集まって、無宿人や百姓一揆からどのように自己の財産を守るかを取り極めた組合村議定であることが明らかである。一方で施米・施金の救恤体制を若干補強するとともに、他の一方で自分たちの階層的結集をますます強め、明治維新を迎えることになったのである。

注

（1）『三芳町史』は宮城学院女子大の菊池勇夫氏の御教示による。本史料により笠幡村の宅右衛門、上富村の名主格組頭中村次右衛門、近江屋八左衛門、蛇木川岸（南畑）の清吉らの存在が明らかとなった。
（2）拙稿「武州世直し一揆と練馬」（『練馬郷土史研究会会報』一一四号）、同「武州世直し一揆と板橋周辺の状況」（『同』一六七号）。
（3）『藤岡屋日記』（「武州世直し一揆史料㈠」所収）。なお『和光市史』に所収された白子村あて人足夕飯支度催促状（富沢家文書）は右の『藤岡屋日記』に収録されている史料の原文である。
（4）神山健吉「慶応二年の打ちこわしと志木地区」（『志木風土記』第七集）、同「慶応二年の打毀しのその後」（『郷土志木』一二号）他。
（5）「諸方打毀騒動并窮民救記」（内藤家文書）（『武州世直し一揆史料㈡』所収）。
（6）出典は「里正日記」（内野家文書）。
（7）久米川村桜井家文書（『武州世直し一揆史料㈠』に所収）。廻り田村無宿寅松を除く一二人の赦免歎願書。
（8）ともに『武州世直し一揆史料㈠』に所収。
（9）日野宿佐藤家文書（『武州世直し一揆史料㈡』に所収。下田半兵衛の表彰は「公用分例略記」による。

〔初出〕『多摩のあゆみ』（第四号、一九八六年）

武州一揆と道
――所沢北東部への波及――

佐藤啓子

一　はじめに

慶応二年（一八六六）六月に起きた〈武州世直し一揆〉と呼称される百姓一揆は、関東西北部一帯の広い地域にわたり大規模に波及し、幕藩領主にも大きな影響を与えた。この一揆については、昭和二十年代に独り調査をして歩かれた小野沢博一氏をはじめとして、昭和四十年代頃から、近世村落史研究会による『武州世直し一揆史料㈠・㈡』の史料集の出版やその他数多くの研究がなされている。

本稿では、一揆そのものの検討はすでに出されている諸論文にゆだねることとし、〈道〉というテーマにそって、一揆の波及、おもに所沢北東部への波及経路について述べてみたい。

二　武州世直し一揆の概要

慶応二年は、天候不順による不作の兆候に加えて、第二次長州征伐の影響を受けた米価の高騰や横浜開港以来の物価騰貴が進み、零細な農民達の生活は極度の困窮に陥っていた。

このような情勢の中、六月十三日、武州秩父郡上名栗村から貧農や職人達が蜂起した。そして、わずかのあいだに何千人という勢力となり、武州一五郡から上野国にまで波及し五〇〇軒以上の家々がうちこわされた。一揆勢は米の安売り・質地質物の返還・米や金の施しなどを要求して、要求に応じなかった場合にうちこわしを行った。うちこわしの対象となったのは、穀問屋や質屋や物価騰貴の元凶とされた横浜貿易に携わる生糸商人達であった。

うちこわし勢は〈世直し〉〈世均し〉の明文を掲げ、先々の村に人足の動員をかけていき、各地で新しい人々を繰り込んで何千人もの勢力となって波及した。こうして、上名栗村から蜂起した一揆勢は飯能の穀問屋を襲い、毛呂本郷から松山、熊谷へ、一方は寄居をへて岩鼻へ、又寄居から秩父、大宮方面へ波及した。飯能からは別に、青梅をへて五日市へ、扇町屋、所沢をへて川越城下や与野町方面へも波及した。十三日の夜から起きた一揆は、十四・十五日には関東の西南部一帯に放射状に広がり、さらに十七・十八・十九日とさらに北西部に拡大したが、関東郡代や関東取締出役の出兵、川越藩・高崎藩の出兵、また、江川農兵・八王子千人同心などにより、各地で鎮圧され、死者や多数の捕縛者を出して終息した。

三　所沢北東部への波及

十四日早朝飯能でうちこわしを行なった一揆勢は、同日扇町屋をへて所沢に入り、ここで十数軒をうちこわした。このあと、諸史料によると一揆勢はおよそ三手に分かれていった。一揆勢波及経路についてはすでに多くの文献で一揆展開図として紹介されているが、所沢以東については詳細ではないので、再度武州一揆関連史料の中からその跡をたどってみたい。日時・経路についてはできるだけ信頼できると思われる史料を用いた。

一揆勢は所沢で十四日午後うちこわしを行ない、その夜所沢の北辺りで野営し、翌早朝、放射状に三方向に繰り出した(1)。一手は岩岡新田・北田新田を通り入間川へ向かって行き、一手は三富方面へ、もう一手は下安松から清戸方面へ向かった。ここでは入間川方面は割愛し、所沢以東の二方向に限りその一揆波及経路をみていきたい。

(一)　三富方面

十五日早朝、所沢より北東方向へ向かった一揆勢はまず安松新田で質屋長松家・百姓忠右衛門家(2)の二軒をうちこわした（但し、注3では長松・忠蔵、注4では長松・安右衛門とある）。そして中富村で十四日夜半（十五日早朝と同じか）、名主田中七郎右衛門・醤油造代次郎の二軒をうちこわし、上富村にて名主の届出書によれば十四日夜七ツ時（四時）質屋の綿屋(4)（名主格組頭中村次右衛門）、十五日亀久保村で医師西山祐貞家、鶴ケ岡村で長右衛門家をうちこわした(3・4・5・6・7)。

明治十四年（一八八一）の迅速測図をみると、所沢からは放射状に道がはしっており、そのうちの一本は安松新田・中富村をへて上富村まで一直線である。それから上富の家並みを北に抜けて、右に折れると道はまっすぐ亀久保村まで続いている。亀久保村と鶴ケ岡村の家並みは川越街道沿いにならんでいるからこれを通り、鶴ケ岡村の先で右に折れると古市場河岸まではすぐである。一揆勢は鶴ケ岡村を過ぎ、福岡河岸・古市場河岸へと進み、問屋醤油造の橋本屋三九郎家をうちこわし、牛子村まで来たところ、十六日朝七ツ時（四時）対岸の新河岸に待ちかまえていた川越藩の藩兵により大砲を撃ちかけられ退散した。川越藩の出兵により新河岸川周辺で、十六・十七日にかけて、後述する引又方面からの一揆勢も含めて死者数名、逮捕者二〇〇人余りが出たが、吾野の頭取一名と数人の主だった者の他はほぼ許され帰されたという。(3・6)

この間の大井町・上福岡市（現、ふじみ野市）あたりの様子については、「所沢辺りより中富村裕福とみてはたまりなく、この村方（亀久保村）にて壱軒打ちこわし、その上人足を百人ばかり出せ、さもなければ村方は皆打ちこわすと、村役人頭立ち者出で来りおどろき入りて、人足は差出し、ここより福岡河岸問屋共に炊出しを申し付け、それより古市場河岸橋本屋三九郎打ちこわし、それより里郷まわり新河岸辺りに来り、この所に川越城主松平大和守様より御固め有り、大炮押しはなし、それに恐れて追々しずまりけり(8)」と記されている。これには隣村の大家がうちこわしにあった記述はあまりなく、打毀軒名(3)に記されている家々も見えないのは、名前をあげることを避けたのであろうか。大井宿や他の隣村でうちこわしがなかったのは、すでにかなりの情報も伝わっていることから、人足出しや饗応などによって難を逃れたものと思われる。

(二)　下安松・清戸方面

所沢でうちこわしをした一揆勢は三富方面へ向かう一行と同じ時刻に下安松村方面へも繰り出していった。十五日早朝下安松村では名主で質屋の諸星新兵衛と分家の新五郎の二軒をうちこわした。そして柳瀬川を渡り下清戸村では酒屋文次郎方で炊き出しをさせ、(3・4・5・8・9) それから引又に向かった。引又では酒造質肥料商で名主代組頭の三上権兵衛や質肥料商で組頭の西川重五郎他五軒が被害をうけた。(3・4・5・6・9・10・11) 迅速測図をみると下清戸村から野火止をへて志木宿（引又）までは八王子より浦和に至る街道が通っていて、下清戸村から野火止まではすぐであるが、諸史料の記載を照合すると、野火止には向かわず迂回して清戸下宿から大和田町方面を通って引又に向かったことがわかる。(9・10) 野火止でうちこわしがあったのは十五日夜であり引又よりあとになっている。(9) 野火止には高崎藩の陣屋があるので最初は避けたのであろう。大和田町はこのあともう一度一揆勢が周辺を通過したと思われるが最初から該当者がいなかったのか、先触れがあったとき金品などによりうまく対処したものか、うちこわしの記載も伝承などもない。おそらく、引又は柳瀬川と新河岸川の合流地点にある河岸場として繁栄し、豪商が居並ぶところであるとの認識があり、初めからうちこわしの対象としてあげられていたと思われるので、高崎陣屋より手が回らないうちにと一直線に向かったのかも知れない。

引又では、三上権兵衛の高崎藩への被害届に、(10) 十四日夜八ツ半時（三時）と翌十五日昼八ツ時頃（二時）の二回来襲したと述べられている。これは最初引又でうちこわしをしてそれより鶴馬村辺りへ進んだところ、引又で野火止御陣屋より出役があり、二人程捕らえたことを知って取り返しに戻ったわけである。(7・11・12) 鶴馬村では醤油造妻屋横田藤吉家をうちこわしている。引又に引き返したのはそのうちの一部と思われ、先頭はさらに蛇木河岸で問屋清吉家をうちこわし、新河岸川を渡り南畑から大久保村へ進み、名主大沢次郎右衛門家をうちこわした。打毀軒名にみえる苗間村はたやはどこの家かわからないが、たぶん鶴馬方面から襲われたものと思われる。一揆勢は十五日新河岸川流域一帯の諸村を行き来したがこの方面で十六日の記載は全くない。十五日には川越藩がこの辺り一帯に出兵して、十六・十七日にかけて各地で大砲を打ち、(4・6・10)また大久保村では二本木や南畑の者数人が捕らえられたので、(10)一揆勢は藩の出兵により一応は離散したのである。

ところが丸一日逃げ回った一揆勢はもう一度体制を立て直して引又に結集し、十七日朝荒川を越えて進んだ。(10)羽根倉渡船を渡り下大久保村を経て、与野町で一軒、宿村で木内順蔵家をうちこわし、佐知川村新見世や土屋村永田庄左衛門家では施行を約束させたが、十七日八ツ時頃に水判土村の観音山にて関東御取締出役の出動により追い散らされた。(3・11・13)この時逮捕者五七人、頭一人、大久保村より頭一人と記されている。(13)与野町からは大きな街道は避けていると思われ、その道筋は想定しがたい。

また、十五日の朝一揆勢は鶴馬方面と同時に引又から南へも進み、浜崎村で名主家一軒をうちこわし、昼頃岡村に至り、ここで名主家に掛け合ったところ炊き出しと困窮者への施しを受け入れたのでうちこわしは行なわず、さらに白子村へと向かった。(14)白子村には岡村から村継ぎで先触れが出されているが、(15)これは、人足五〇人と夕飯一〇〇〇人前を用意するように、できなければこちらにも考えがあると威嚇した内容のものであった。夕方白子村には五〇〇人余りが到着して用意してあった夕飯をとった。そして米屋が安売りを承知し人足五〇人が差し出されたのを確かめるとそのまま六ツ時頃出発し、それから同村内の字牛房で一軒をうちこわした。(16)全般にうちこわしでは一揆勢が一村ずつ順序よく移動していったのではなく、一部は先に行ってうちこわし、済んだ者が追い掛けて合流し、さらにその先では一部が自村に戻って行くというように、その足取りは錯綜していたものと思われる。この辺りで上新倉村は十五日朝、下新倉村では十五日夕八ツ時（午後二時の意か）名主治太夫家と升屋がうちこわされたとの記録がある。(3・4・6・7・16)そして、一揆勢は「浜崎・新倉辺りより野火止・城・本郷・大岱・柳久保乱暴致し候所、御代官江川太郎左衛門様御手代様御出張に相成り、御組農兵衆相集め鉄砲又は槍・脇差を以て切り払い打ち止め、この所にて死人怪我人大勢出来致し漸々鎮め」とあるように、十五日夜半川越街道を北にとり所沢方面へ戻るように進んだ。野火止で一軒うちこわし、それから坂ノ下村に十五日夜九ツ時頃（一二時）来襲した。村役人の届出書によれば、およそ二〇〇〇人が二手にて押し寄せ（鶴馬村方面からも来襲か）、人足二四、五人・白木綿七反・酒食少々差出して難を逃れている。次に隣村城村では質屋金子長右衛門家をうちこわした。その届出書には十六日暁八ツ時頃（二時）押し寄せ、七ツ時頃（四時）隣村本郷村の方へ行ったとあり、さらに安松・秋津を経て久米川村で炊き出しをさせ、大岱村で車屋亀次郎家をうちこわした。そして朝五ツ時前（八時）柳窪村で名主の村野家などをうちこわしているところに田無村組合の農兵や村方人足が出動し、大打撃を受けて離散した。この時即死八人、負傷者多数、逮捕者一三人とあり、この逮捕者には前日からの一揆勢の襲撃ルートにあたる岡村隣村の溝沼村百姓二人をはじめ安松・秋津・本郷・廻り田・久米川村等の百姓が含まれていた。所沢から引又を経て一巡してきた一揆はここで終息している。

四　おわりに

所沢北東部への一揆の波及について以上簡単に述べてみたが、おおよその波及経路は想定できたと思う。迅速図をもとに波及経路図を作成してみたが、通った道を特定することはできないので、ある程度の方向と順序ということで記した。順路はうちこわしの記録によって道筋をたどったが、史料には伝聞によるものが多く不可解なところがあり、実際には一揆勢が通過していても先触れで話がついた村や、伝承にはこっそり大金を持たせて難を逃れた家もあるなど記録には残らなかったこともあると思われる。また人足出しや饗応があってもあえてタ

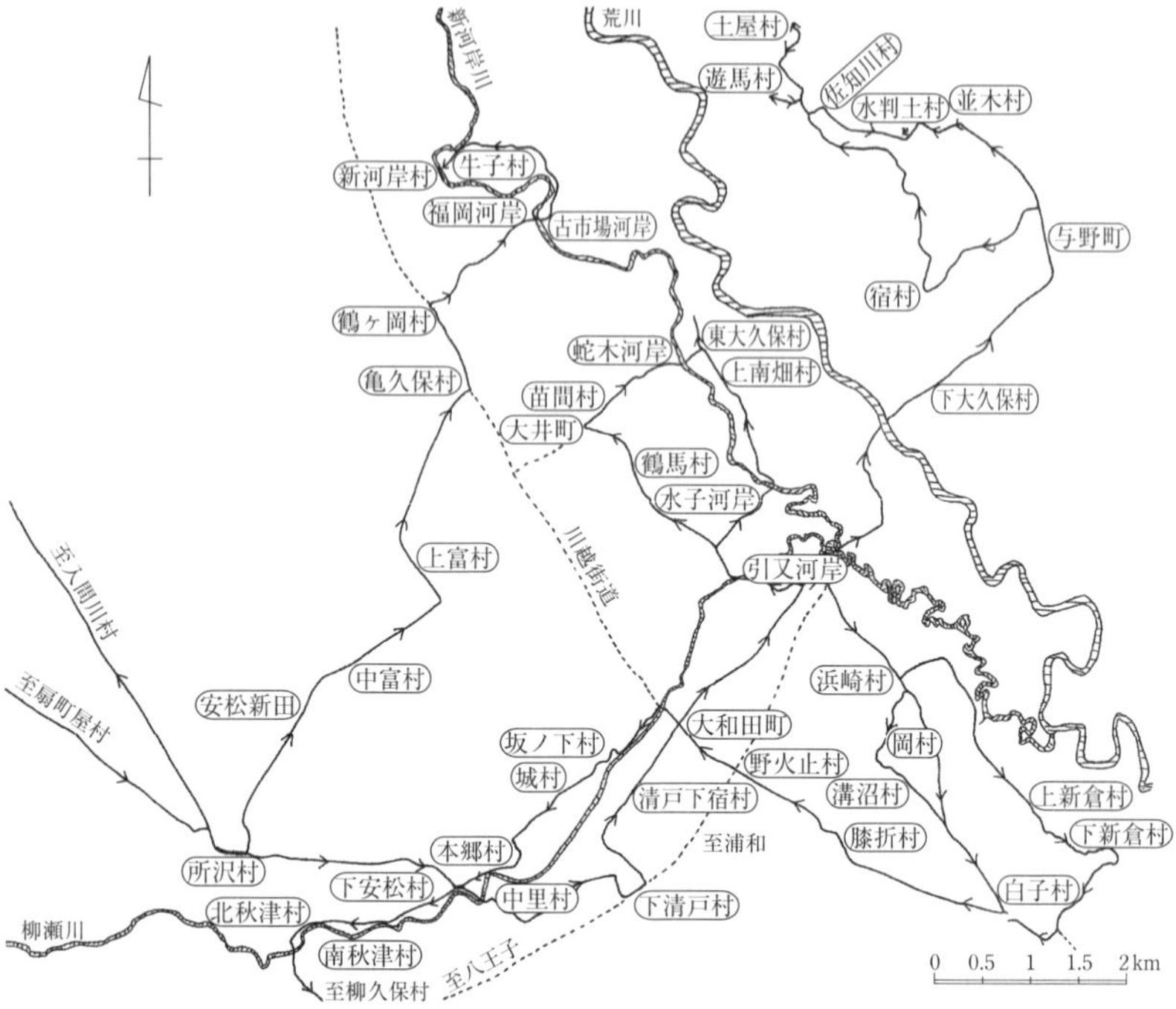

図1　武州一揆所沢北東部波及経路図

ブーとして記さなかったということも考えられる。当然道筋は一本ではなく隣村を含めた何とおりかのもっと複雑なものだったであろう。全般に大きな街道よりは、特に昼間は間道を選んでおり、また宿場や役人のいるようなところは避けていると思われる。そして、行き掛かり上うちこわしの対象となったところもあると思うが、何よりもまず一揆を指揮する頭取にはあらかじめおおよその標的となる家々とそこに至る道筋はすでに最初から頭に描かれていたと思うのである。

注
(1)『武州世直し一揆史料㈡』所収、飯能市　井上家文書
(2)所沢市　岩岡又四郎家文書「最寄村家々打毀相記」
(3)所沢市　田中貞雄家文書「打毀軒名」

(4) 三芳町　武田信夫家文書「武州打毀之事　全」
(5) 東大和市　内野悌二家文書「慶応里正日誌」
(6) 川越市　遠藤房雄家文書「慶応　鳥馳姑涴偲乃始末屠餓竒　全」
(7) 国立公文書館内閣文庫蔵「武州秩父辺農民徒党一件」
(8) 大井町（現、ふじみ野市）　島田重治家文書「安政六之年ゟ世之変事諸品高直段明細記之」
(9) 東大史料編纂所所蔵「打毀場所承込趣申上書付」
(10) 志木市　尾崎征男家所蔵三上家文書「慶応二寅年六月打毀之書上ケ」
(11) 慶応義塾大学図書館所蔵「蕨宿役用日記」
(12) 町田市　小島政孝家文書「窮民蜂起打毀顚末見聞漫録」
(13) 大宮市（現、さいたま市）　守屋正造家文書「日々新（白井家日記）」
(14) 朝霞市　比留間綾子家文書「乍恐以書付奉申上候」
(15) 和光市　富沢泰次家文書「(うちこわし先触れ)」
(16) 東京都公文書館蔵「藤岡屋日記　百卌一」
(17) 所沢市　金子長寿家文書「(打ちこわしにつき届書)」

参考文献
新編埼玉県史　資料編11・近世2擾騒
所沢市・新座市・朝霞市・和光市・志木市・富士見市・三芳町・大井町・川越市・与野市・浦和市・大宮市の各市史、町史。
近世村落史研究会編『武州世直し一揆史料(一)(二)』（慶友社）昭和四十六年

〔初出〕『埼玉県入間東部地区の歴史の道』入間東部地区文化財調査報告書第二集（一九九三年）

幕末期武州高麗郡における村方出入

押木寿子

はじめに

幕末期から明治初年にかけて、いわゆる世直しとよばれる民衆の反封建闘争が展開した。とりわけ慶応二年、武州秩父郡上名栗村を中心に、吾野谷、成木谷などの山間村落から関東西北部一帯に広まった武州世直し一揆は、近世期を通じて最大にして最高のものといわれている。それは広範囲に、同時点に爆発的に展開したものと考えられるのである。本論ではその前段階において、一揆の源流となった、日常闘争の一つである村方騒動について、高麗郡楡木村の場合をとりあげて検討したいと思う。

表1　潰家跡請名儀人（宗門人別帳）

		文久元年	文久4年	元治2年	慶応21年	慶応4年
太郎治跡	合 1988.333	重左衛門	同左	釜次郎	同左	同左
金左衛門跡	572.333	釜五郎	〃	同左	〃	〃
由右衛門跡	133	豊吉	〃	〃	〃	〃
捨八跡	275	新蔵	〃	〃	万吉	〃
与左衛門跡	1715	半兵衛	〃	〃	茂吉	〃
々	245	助太郎	〃	〃	同左	与兵衛

一　村落構造

武州高麗郡楡木村は高六七石二斗二升七合の村高（天明六年村明細帳）で、上総久留里藩黒田氏の領地であった。黒田氏は出自を高麗郡中山氏に求められる家で、元禄十三年一万石に列し（徳川実紀第六篇）、二代直純のとき寛保二年上総久留里に城地をえたのである。領地は上総国望陀・市原・夷隅三郡六〇か村に一万九九九八石九斗九升六合、上野国新田・山田二郡二か村、武蔵国榛沢・埼玉・児玉・播羅・賀美・比企・入間・高麗八郡六〇か村の上武で一万三六九五石九斗五升五合、合計三万三六九四石九斗五升一合余であった。武州高麗郡は先祖の地でもあり、一七か村を擁し、上武の支配は榛沢郡岡村に岡役所を設けて事にあたっていた。

さて楡木村の文久元年から慶応四年にいたる宗門人別帳によれば、農民各層の持高の変化に著しいものは見受けられない。村内第一の高持である武左衛門についてみても、この八年間、高拾三石六斗九升弐合六夕六才六毛の持高を保持している。しかし、楡木村では近世中期以降より文久慶応段階にいたる期間において、貧窮分解による潰家の発生が著しかったのである。そこで藩は貢租収奪を維持するため、これら潰家の再興を村請制にもとずきたえず強制している。潰家跡請けの名儀人を検討すると表1のごとく変化している。この潰家跡請けについては、元治元年、慶応三年の委細取調差上帳の記載によれば、表2・3の通りである。この問題が後述する名主武左衛門の私欲横領に対する小前層の抵抗となるのである。

楡木村の村落構造は文久元年、宗門人別帳によれば表4のように持高の最高は一三石六斗九升二合余の名主武左衛門である。高麗郡下において一三石余の持高は大規模な経営を予測させるものである。すなわち武左衛門家は酒造を営み、家族構成のうち男子六人は酒造雇傭人である。そのうち五人が越後国頸城郡の杜氏である。

二　出入りの経過

楡木村名主武左衛門は酒造経営も行なう村内最高の高持農民であった。潰家の存在からみてもそれらの田畑のかなりを集積していたとみられよう。そうした実力によって従来行なわれてきた年番名主制を無視して、武左衛門は名主役を継続することになった。楡木村では、元禄十六年四月二日の書上によると、

一　元禄十丑年名主　八兵衛
同　寅年名主　惣右衛門
同　卯年　七右衛門
同　辰年　六郎兵衛
同　巳年　次郎兵衛
同　午年　長右衛門

同　未年　六兵衛

右之通組頭七人ニ而壱人宛廻り年番名主役相勤来申候（後略）

とあるように、名主役は組頭七人が交替で年番に勤めていたのであるが、幕末にいたり武左衛門が御用金の負担等による特権をえて、一代名主として登場したのである。古い伝統的な秩序の変化を喜こばない組頭層と、土地を失って没落する小前貧農の増大という村の変化を背景に、武左衛門の私欲横領と村方不取締をつき上げる村内の反抗が文久三年十一月に出てくるのである。

先ず、小前百姓の傘連判状で議定が取り決められた。すなわち

①　武左衛門私欲横領夫而已ならす村方不取締向数多有之候ニ付難捨置一同相談之上穏便ニ及懸合不法申張候上は武左衛門差配難請始末御訟訴奉申上度候ニ付貴殿方惣代ニ相頼（1）

②　御役所懸り宿料昼食諸雑用其外為小遣と一日壱人前三匁之積り銘々持高割ヲ以出銭可致筈（2）

①で訴訟人徳治郎、佐左衛門の二名が惣代として頼まれ、②では、その費用の分担を持高に応じて出すことを村方で決めている。①で申し立てている武左衛門の私欲横領と村方不取締の内容は、願人佐左衛門と徳治郎の願書によれば次のようなものであった。

③　名主武左衛門江相掛り近来村方不行届之取計致候趣々（3）

④　今般左之名前之者共立入右武左衛門方拾ケ年来等閑ニ相成候割渡物等之儀当節無残候処小前方江勘定相立（4）

⑤　同人儀も近来病身ニ相成役義勤兼候間（5）

とみえる。

この訴えは岡役所へ出されるが結果的には村方へさし戻されたのである。しかし武左衛門の横領は④にみられ

Ⓐ作徳	Ⓑ年貢	Ⓒ諸夫銭	Ⓓ差引残り
金両 分 朱と 銭文 1・1・2 500	金両 分 朱と 銭文 2・0 403	銭 貫 文 1 448	金両 分 と 銭文 2・2 345
9・2・2 100	と 貫 文 3・2・0 2 821	(金1.20と1 688) 貫 文 11 888	と 文 3・3・0 1 535
と 2 412	文 646	文 263	文 347
と 貫 3・2 2 884	分 と 貫 文 2・0 1 134	貫 文 2 339	分 と 文 1・0 259
文 648	文 349	文 188	文 107
貫 4 548	貫 文 2 455	貫 文 1 452	文 637
朱と 2・419	文 613	文 367	文 286
分 と 貫 3・2 2 937	貫 文 4 284	貫 文 2 320	分 と 文 1・0 577
分 と 文 1・0 414	貫 文 1 155	文 635	文 325
金両・分 と 貫 文 1・3・0 2 937	貫 文 8 110	貫 文 4 054	分 と 文 1・0 969
米1200 金 32	米 300・66 金 10と404	貫 文 1 634	分 と 文 1・2 602

作徳	年貢	諸夫銭	差引残り
分 と 文 1・0 100	文 618	文 840	文 376
分 と 文 2 200	文 360	文 458	文 254
分 と 文 2・2 400	貫 文 1 156	貫 文 1 649	文 130

表２　元治元年　潰家委細取調帳（Ａ－Ｂ－Ｃ＝Ｄ）

安政４己年	高	反別	田方	畑方	屋敷木立
太郎治跡・世話組合重左衛門	合 1988・333	畝 29・01		27・25	1・06
是迄７ケ年分					
与右衛門跡〃　助太郎	245	8・03	0.・03	8・00	
由右衛門跡〃　豊吉	133	4・13		4・13	
捨八跡〃　新蔵	275	6・17		5・27	0・18
金右衛門跡〃　釜五郎	572・333	9・27		9・27	
与左衛門跡〃　半兵衛	1715	42・03	15・27	23・02	1・24
是は文久３極月死去					

表３　慶応３年潰家委細書上

	高	反別	田方	畑方	屋敷木立
かつ跡・世話組合万吉	合 275	畝 6・17		5・27	0・18
由右衛門跡〃　豊吉	133	4・13		4・13	
いん跡〃　釜五郎	572・333	9・27		9・27	

中畑	下畑	下々畑	屋敷	持林	合計	人数	男女	馬
59・01	6・14	18・03	1・10	114・12	315・09	9	7－2	
13・21	24・03	3・13	7・02	63・10	153・0	6	4－2	
15・16	6・28	1・22	3・10	58・0	92・20	4	2－2	
10・02	8・22		1・0	2・0	54・01	6	2－4	
25・02	9・02		1・0	2・0	53・17	7	3－4	
4・01	6・20	6・20	0・20	33・10	72・02	5	2－3	1
13・26		9・04	1・18	2・0	38・21	4	3－1	1
4・0			1・0		28・25			
7・07	13・17	8・20	1・0	44・0	86・14	3	2－1	
6・0	4・20		2・0		28・07	4	3－1	
1・26	19・08	1・28	1・24		40・13	1	1－0	
8・26	7・10	1・23	1・18		29・20	5	3－2	
12・20	16・12		1・14	10・0	44・23	6	4－2	1
9・04	23・09				38・01	3	1－2	
	9・0		0・18		25・28	3	2－1	
7・15	7・21		2・0		23・26	5	4－1	1
3・06	20		2・16		30・19	4	2－2	
	(7・10川欠)		(1・06川欠)					
1・0	19・15	2・15	1・0		27・28	6	3－3	
	14・09	3・09		21・18	48・19	4	2－2	
19・12	5・10	0・12			27・04			
13・19	6・22		1・0		22・21	4	2－2	
11・17		0・14	1・07		15・03	5	3－2	1
6・0	5・20	0・15	0・18		17・02	3	2－1	
	7・23	3・26	4・0		15・22	2	1－1	
7・20			2・0		11・05	3	2－1	
6・01					9・27	1	0－1	
			2・20		4・20	3	2－1	
	8・04	9・16		12・0	29・20	3	2－1	
	12・06	3・11			15・17	5	3－2	
	10・05				10・05	2	1－1	
			1・06		3・18	5	2－3	
1・24	3・25		0・18		6・07			
	8・0				8・03			
2・14	3・14				5・28			
	4・13				4・13			
			0・20		0・20			
399・06	376・12	92・12	47・05	373・11	1265・25	120	70－50	5

表４　文久元年楡木村の構造（持高順）

名前	持高	上田	中田	下田	下々田	上畑
	合	畝				
1　武左衛門	13692・666	44・01	9・26	11・10	1・07	49・15
2　利　　助	5480・333	8・16	3・0	2・08		27・17
3　五 郎 平	3942		3・0	0・18		3・16
4　助 太 郎	3399	6・28				25・09
5　武右衛門	2799			1・29		14・14
6　宗左衛門	2137・333					20・21
7　儀左衛門	2121	3・20				8・13
8　重左衛門（太郎治跡）	1988・333					23・25
9　松 太 郎	1876・666				0・08	11・22
10　源　　蔵	1729・666					15・17
11　与左衛門（与左衛門跡半兵衛）	1715			1・05	14・12	
12　平右衛門	1680・333		5・23			4・10
13　佐左衛門	1653		4・07			
14　徳 次 郎	1547・666			5・18		
15　清 五 郎	1470					16・10
16　釜 五 郎	1366	4・20		2・0		
17　藤　　蔵	1359・333					4・27
18　権左衛門	1304			2・28		1・0
19　宗 兵 衛	1288・666	3・10				6・03
20　西 光 寺（東光寺）	1273					2・0
21　市 郎 平	1143・333					1・10
22　権　　蔵	912・666	1・25				
23　新　　蔵	755				4・09	
24　儀 兵 衛	715・333			0・3		
25　八 十 吉	688・333					1・15
26　釜 五 郎（金左衛門跡）	572・333					3・26
27　太左衛門	446・666		2・0			
28　寅　　吉	434・666					
29　勇　　七	433・333					
30　豊　　吉	305					
31　重左衛門	288					2・12
32　新　　蔵（捨八跡）	275					
33　与左衛門（与左衛門跡助太郎）	245				0・03	
34　多左衛門	244				5・28	
35　豊　　吉（由右衛門跡）	133					
36　五 郎 平（八右衛門引受人）	66・666					
合　　　　計	67227	73・00	31・05	28・26	23・02	284・08

る点、すなわち潰家跡請にかかわる渡割金の支払いと、再興後の年貢小割の不正であった。一方、武左衛門からは同年十二月に名主役を休みたい旨の願書が出される。

⑥私義是迄名主役無事ニ相勤罷在候処近年病身ニ相成殊ニ当秋已来別而多病ニ而御用向村用等相勤兼候ニ付小前一同相談之上今般名主休役被　仰付度此段奉順上候(6)

その結果、武左衛門の名主休役願が通り、一応この一件は落着するのである。

そのあと、名主役に組頭利助（人別帳によれば持高は武左衛門に次ぐ）、組頭跡役に儀左衛門悴磯右衛門、惣左衛門悴惣助（両人之者部屋住之身分恐入候得共実意見届候者故右両人江組頭年番役被仰付）を推す願書が役所へ出される。なおこの願書には、武左衛門の押印がないものと、記名すらないものとの二通がある。この事から、武左衛門の名主休役は、当人から願書が出されているとはいえ、村方のつき上げの結果、不承不承出されたものと言えるのでないかと考えられるのである。

更に、翌年（元治元年）になると、武左衛門は休役名主から退役を願出しているが、これも村方の圧力からではないかと思われる。

⑦休役名主武左衛門近年病身ニ相成役義勤兼候ニ付昨亥年中願之通休役被　仰付罷在候処猶追々病気相重ク候ニ付休役名主退役被仰付度奉願上候(7)

以上の様相はこの願書が出される一ケ月前に、次のような一札があることからも言えるのである。

⑧其御村方小前一同より武左衛門殿江相掛り小前一同当地江罷出候処私共一同ニ而大勢相宥置右武左衛門方江書面差遣し候処病身ニ付是迄休役致居候得共追々病気相重ク候ニ付退役之義承知致候趣申越候得共親類其外江も相談有之ニ付退役願書　当御役所様江差上候者来月五日迄御日延可被下候同日ニ至り同人当地江出張

無之ニおゐてハ私共一同相談之上右村方江両三人立越右同人江遂懸合其上退役為致候様取計江可申候依之差
出申一札仍而如件
元治元甲子歳三月
武州榛択郡岡村
宿　要右衛門
組頭　啓次郎
名主　新兵衛
同州御相給役人惣代
名主　武右衛門
名主　村太郎
楡木村　小前惣代衆中(8)

とあるように他村の名主から村方へ、武左衛門の退役については、一時ストップがかけられているのである。しかし前出のように、武左衛門からは退役願が出されるのであり、村方のプレッシャーを無視しては考えられない状況であった。

武左衛門が名主退役願を出すのは元治元年四月であるが、同年三月、村方一同連印と百姓代儀左衛門の名儀で、跡役について願書が出されている。これには武左衛門の名は見当たらない。

⑨武左衛門病身ニ相成御役相勤兼候ニ付去ル戊年御役御免御願申上候処跡役之儀ニ付百姓一同打寄相談仕候処小村之事故名主役可相勤者無御座候ニ付是迄勤役仕候与頭利助方ニ達而相頼一同納得いたし依之右利助方

江名主役被仰付被下置候様惣百姓一同連印ヲ以奉願上候(9)、

この三月の願書がもとになって、この事件は再発の形をとるが、一応、武左衛門に対する訴訟は次のような結末になるのである。

⑩ 御訴訟申上候処帰村被仰聞扱人立入過取分拾ケ年清算之上村方江割返し為趣意休役為致書面差上其後御聞済之御沙汰裁キ無事ニ相納リ候処尚又当御宗門之儀ニ付休役名主御書被仰聞候得共……(10)、

武左衛門の肩書（宗門人別帳での）について、役所からは休役名主という指定が来るが、村方では武左衛門に退役願書を書かせ跡役をも決めた段階であるので、人別帳へは休役と書くことを認めず、「百姓」と記してしまうのである。

村方不取締や私欲横領の訴えが村方から出されたのを取り上げながら、御役所では、名主武左衛門の退役を、病身による本人の歎願によって許可したものという形を取った。その上、名主役は休役までを認めるということにしたのであるから、村方が、武左衛門をつき上げて退役願まで書かせたことは認め得なかったのである。一方、村方は、跡役までも決め、武左衛門の退役はもう当然のことと受けとめていたのであるから、肩書も休役とはせず百姓と記すのを当然としたのである。そこで更に事件は再発の形をとり、岡役所から藩元である久留里表へと差出されるのである。

⑪ 武左衛門江相掛り候出入難件之儀ニ付是迄岡御役所様ニ而再応御取調ニ相成候得共未タ済方相成兼候趣右者願人ニ村頼ミ引継キ長之止宿御苦労相懸ケ恭奉存候猶又当八月廿二日久留里表江御差達ニ相成候也と承り就而は此上如何様罪科ヲ被仰聞候も難斗縦令雖所払被仰付候共普請相犯捕候歟又者借家成共何連ニも相談之上御差支ニ不仕但し為手当壱人前一ヶ年ニ付金拾弐両宛御差免ニ相成候迄無相違差出し可申候万一不慮ニ一

命相懸り候節者時節と御思召被下候儀御気之毒ヲ加へ追膳供養取斗可申候且又入用之儀者兼而御約定之通り一同惣高割ヲ以何様相懸り候共聊御差支ニ不仕候右一件ニ付決而御心配不懸下様御気強ニ御引合可被下候、(11)

事件が久留里表に及ぶことになった村方では、村方惣代の佐左衛門、徳治郎に対し、向後の憂を持つことなく安心してやってほしいということを書き綴っている。久留里表へ出向いて行った村方の者は、市場町にある正源寺へ取縋り、正源寺から久留里御役所へ沙汰歎願が出されている。その願書の中で、村人たちは、武左衛門の肩書云々について詳しく述べているのが見られる。

⑫ 当子三月宗門人別認方不調法有之哉ニ而御役所ニおゐて御差当蒙り今更先非ヲ悔ミ拙寺江取縦り候ニ付当人共心得方趣意篤与相尋候処一躰索々名主武左衛門不取締ゟ事起り去ル亥ノ十一月中岡御役所江奉出訴候処仲人立入取扱呉候ニ付一同勘弁致し村方者退役義定御上様江は休役書面差上候処、其後武左衛門義休役願之通り御聞済ニ相成候ニ付当三月ニ相成人別帳之儀者与頭利助方ニ而取斗へ尤武左衛門是迄勤役致居候ニ付書類等認方承り殊ニ当日武左衛門も出席致居百姓と相認め候人別帳面江自印形等も無滞仕奉差上候処御上様ニ而被仰聞候者武左衛門ヲ百姓と相認め候ニ付休役名主と肩書認直し可差出様御法之趣被仰聞候ニ付与頭利助義相弁へ村方一同江申聞候処一同驚入休役者承知致候得共休役名主肩書相残り候儀ハ問更相心得不申趣元来横領取働候者之配下ニ難相成一同不気意申張無拠右之段　岡御役所江御届申上候処再応御吟味之上廉々御利触御座候得共承知相成兼無余義当御役所江御差達ニ相成候（後略）(12)

正源寺からの願もあって、この事件に対し十月に役所から次のような申渡が下される。この文書は同文のものが、佐左衛門、徳次郎別々に出されている。

⑬　武州高麗郡楡木村百姓徳次郎(13)

申渡

其方儀村方人別帳江武左衛門肩書百姓と相認差出候間岡御役所ゟ休役名主と認直し候様及下知候処小前一同不承知一件ニ付其方并外壱人呼出し差紙ニ付村方定例之日待ニ而東光寺江一同寄合居候処罷越差紙之趣申聞候処一同申候者御用向之儀者武左衛門肩書一条可有之右者佐助惣助申立として岡役所江罷出居候処猶又両人呼出之義者一同安心不致小前一同罷出申立候方可然と相談一決いたし当三月廿二日小前廿四人村方出立岡村地申迄罷越候儀ニ而発意之上相勤候儀ニハ無之旨申立候得共外ニ発意人無之小前集会之席ニ而申聞候ゟ事起一同騒立候上者徒党発意人之筋江相当り不屈至極ニ付居村払申付候者也、

但久留里岡并江戸四ケ所

御屋敷出入致間数事

役所

村方を代表して惣代となった願人の二人、佐左衛門、徳治郎は「居村払い」に処せられた。これと引きかえに武左衛門の退役も言い渡されるので村方では二人の居村払いを受け入れることになる。

⑭（前略）右両人為科罪居村払被仰聞武左衛門義退役被仰聞村方御役人ゟ当人者勿論村方一同迄も被申聞一同承知仕然上者組合ニ而引請御上様ヲ奉重御裁許之趣堅く為相慎別村江居住為致候様相弁へ村方江一切出入無之様取斗村役人衆御見廻り有之候節御目障りニ相成不申様急度相心得依之両組合請書連印一札入置申処如件(14)

として、徳次郎は又兵衛が組合惣代引請人になり、佐左衛門は惣兵衛が引請人となるのである。そして居村払にかかる費用は次のように取決める。

⑮（前略）居村払弐人之者江連印之者相談之上親妻子手当為養料壱ケ年ニ付金拾四両宛弐人方江一統村高割ヲ

以御差免ニ相成候節迄差出可申筈外ニ金弐両利助方ゟ当人村方助合として年々御手当ニ相成尤長年来帰住相成兼候ハヽ、其節ニ至り村為之事故又々相談之上相互ニ引立候様可致事然ル上者残り入用之儀銘々高割ヲ以出金可致若又此上入用出金違変出来兼差支等有之節者其人組合ニ而引請無相違差出し可申候万一此義ニ付混雑等出来候而者御上様江対し恐入候次第兎角相談合ヲ以村方穏便ニ相成候様可致筈一同納得仕候ニ付取替儀定一札（後略）(15)

ここでもまた、村方において村高割を以て出金していくことが取決められるのである。

慶応二年五月に至り村方から両人の居村払を赦免するよう歎願が出される。折しも、その年は久留米藩主黒田氏の家督相続が行なわれたことによる恩赦をねらったのである。

⑯ 楡木村組頭利助并百姓代儀左衛門奉申上候村方百姓佐左衛門徳次郎両人義去ル子年中居村払被仰付候者ニ而恐縮罷在大岡兵庫守様御領分同州同郡隣村猿田村江借地仕普請相補理御法相慎ミ住居為致候処両人義ハ勿論双方老母既ニ八十歳ニおよび老年之余り跡式ヲ相悔ミ唯々相歎妻子組合之者共迄悲歎ニ沈ミ御歎願申上呉候様再応村役人江申出候得共御上様江対し恐入候ニ付呉見差加へ相宥置候得共何分極貧者故自然と困窮ニ陥り殆当惑ニおよび歎書存居候処今般当　御殿様御儀被為在御家督御大礼ニ付帳外欠落者等之儀被為成御引赦候趣御慈悲之御沙汰蒙仰誠ニ以無此上も難有御儀と奉重悦候間不顧恐多も御歎願奉申上候何卒右願之通り被為訳聞旨極惑之以御慈悲ヲ両人之者共帰住相成候様御救助被成下置老母妻子組合之妻迄安堵仕百姓出精仕様……（後略）(16)

村方としては惣代として願人になってもらった二人が、居村払いという裁許を受けたのだから、一日も早く帰村させたいところだったのであろう。この歎願は、御大礼によって次のように赦免されるのである。

⑰（前略）……当大殿様御義御隠居被遊候若殿様御義御家督被為在御大礼ニ付以御廻状ヲ科罪人軽重ニよらす御免被成候様一同難有相心得後月六月廿一日相談之上御歎願申上候処以格別之御慈悲ヲ願書御取上ニ相成其後去八月十五日御差紙ニ付打越候処願之通り御赦被仰聞其上当人共村役人差添明々十八日御役所様江帰住之趣御届申上候処御教諭之上帰住被仰付速御用済ニ相成帰村仕候、(17)

おわりに

文久三年十一月に始まったこの事件は、慶応二年八月に願人物代の佐左衛門・徳治郎の帰村を以って終わったことになるが、この年慶応二年六月、武州上州に蜂起した世直し一揆により武左衛門家は、金拾三両壱分と鐚六百拾九文、他に手拭草鞋を施行しようやく打こわしを免がれた。武左衛門一件にみられるような村方騒動が世直しの基底をなしていたのではないかと考えられる。

注

（1）文久三年十一月　高麗郡楡木村小前百姓連判状（楡木村新井家文書）
（2）（1）に同じ
（3）文久三年十一月　同村名主武左衛門訴訟につき願書
（4）（3）に同じ
（5）（3）に同じ
（6）文久三年十二月　名主武左南門休役願書

（7）元治元年四月　名主武左衛門退役願書
（8）元治元年三月　名主武左南門退役に付一札
（9）文久四年三月　名主跡役につき願書
（10）元治元年五月二日　名主武左衛門村方対談議定書
（11）元治元年八月廿二日　名主武左衛門出入り難件につき村方議定一札
（12）元治元年九月　楡木村出入り一件につき正源寺願書
（13）元治元年十月十三日　楡木村百姓徳次郎居村払い申渡書
（14）元治元年十二月　楡木村百姓佐衛門徳次郎居村払いにつき村方申入れ書
（15）元治元年十二月　居村払いにつき取替し議定一札
（16）慶応二年五月　居村払い赦免につき歎願書
（17）慶応二年　居村払帰住入用取立帳　なお、新井家文書の全容は「武州高麗領の近世史料２」（豊岡高校紀要第六号）に詳しい。

〔初出〕『埼玉地方史』（第一号、一九七五年）

武州世直しと豪農

大舘右喜

はじめに

慶応二年六月のなかば、武蔵国各地で激しい打毀しがおこなわれた。このとき武州多摩郡小野路村の小島韶斉は蜂起の有様を、

> 横浜之夷狄と売買いたし候財雄之商人并糸運上取立肝煎と唱候もの共之家作打毀し、夫々横浜江乱入所思を遂、同所御奉行所様江罷出、国刑を蒙り度、尤打毀しいたし候而も食物之外金銀銭は勿論、外品等決而奪取間敷、若相背き候ものは、仲間内ニて斬首可致と盟約いたし、椀箸杓子を画き世直しと記候大文字之旗幟押立、大鉈大槌大鋸大斧鎌銕熊手等を携、蓑笠ニ而（略）

と記録している。[1] 豪農にして農村文化人でもあった韶斉が、各地に派遣した使用人からの報告を的確にまとめたこの一節は、武州世直しの性格を端的にあらわしているようである。

すでにこの世直しの全貌は、史料集をはじめ、二、三の研究書によってあきらかにされつつある。(2)しかし、打毀された横浜商いの豪農や、地方金融業を兼ねた豪農の経営は、必ずしも解明されているとはいいがたい。したがって小稿では、打毀しをうけた一豪農の消長を紹介し、不十分な資料ではあるが諸研究の一助としておきたいと思う。

武蔵国入間郡城村の百姓質物渡世長右衛門（水車稼も兼業）屋号「遍照金剛」（『武州世直し一揆史料』による）は、代官今川要作の手代に宛て打毀された状況を次のようにのべている。

慶応二年六月十六日、晩の八ツ時頃のこと周辺各地を打毀した一揆勢が長右衛門家を標的としたが、長右衛門は一揆勢の頭取と交渉し、質物の返還と米穀の安売りを応諾し、一たん打毀しは免れたが、千余名の一揆勢は、頭取の制止を無視して乱入し、居宅・土蔵をはじめ諸道具悉く打毀したという。

一　階層構成の変化

長右衛門家の存在した武蔵国入間郡城村は、寛政二年の村明細帳に、(3)本田畑六九石四斗二升六合、このうち五石九斗五升六合が丙辰の新畑（元文元年）であり、また一石四斗七升が乙未の新田（安永四年）であった。そのほか同村は近隣に新開地の亀久保分出作（川越藩領）と呼ぶ耕地をもち、石高は五四石九斗五升六合ほどである。したがって城村農民が耕作する田畑は、合計一二四石四斗弱の小規模なものであった。

城村における近世中後期の階層構成を知ることの可能な史料は、享保五年・安永二年・文化十一年・天保九年の各名寄帳類である。

表1　城村の反別階層表

反別		享保5年		安永2(3)年		文化11年		天保9年	
A′	810～900		1					1	2
	710～800	1							
	610～700								
	510～600							1	
	410～500								
A	360～400				2		1		3
	310～350			1		1			
	260～300								
	210～250			1				3	
B	200		1	2	4		1		
	190	1		1					
	180			1		1			
C	170	1	2		4	2	2	1	3
	160	1							
	150			1				2	
	140			3					
D	130		3		2		2	1	3
	120	1		1				1	
	110	2		1		2		1	
E	100	4	12	5	11	1	7	1	3
	90	2				2			
	80	4		3		2		1	
	70	2		3		2		1	
F	60	4	17	3	12	3	14	2	10
	50	3		5		2		7	
	40	10		4		9		1	
G	30	8	18	8	30	6	27	7	37
	20	3		10		8		11	
	10	1		4		7		8	
	10以下	6		8		6		11	
計		54		65		54		61	

（注）　享保5年武州入間郡城村田方名寄、同年百姓畑方名寄本帳、同年河越領亀久保村分出作畑名寄、安永2年武州入間郡城村田方名寄、同年城村名寄（畑方）、文化11年武蔵国入間郡城村惣百姓反別寄、天保9年武州入間郡城村名寄（田方）、同年城村名寄（畑方）、による。なお文化11年武蔵国入間郡城村惣百姓反別名寄は水田および亀久保分出作の記載がない。

表1は前掲の史料をもとに階層表を作成したものである。さらに表2、表3、表4は、四～五反歩以上の農民の所有内容を上位より配列している。享保五年は五四名中の二六名、安永二年は六五名中の三一名、天保九年は六一名中の二三名を掲示した。

表２　城村農民の所有反別一覧

農　民	本　田	本　畑	計	亀久保分出作	合　計
					畝 歩
1 勘右衛門				773.27	773.27
2 太郎兵衛	11.07	167.14	178.21	13.22	192.13
3 四郎兵衛	23.19	142, 09	165.28	11.00	176.28
4 五兵衛		130.27	130.27	33.10	164.07
5 孫左衛門	3.23	89.14	93.07	30.22	120.29
6 吉左衛門	11.20	106.16	117.06		117.06
7 与兵衛	2.29	44.23	47.22	62.10	110.02
8 忠兵衛	3.00	59.00	62.00	44.00	106.00
9 五郎右衛門	11.02	48.24	59.26	42.12	102.08
10 七郎右衛門	10.10	54.08	64.18	36.10	100.28
11 善右衛門	2.25	97.08	100.03		100.03
12 平右衛門	6.05	70.18	76.23	19.04	95.27
13 佐次兵衛	2.25	44.27	47.22	45.27	93.19
14 所左衛門	16.00	69.09	85.09		85.09
15 佐右衛門	1.00	57.25	58.25	25.24	84.19
16 作兵衛	11.12		11.12	70.09	81.21
17 喜右衛門	12.11	44.06	56.17	24.04	80.21
18 金兵衛		74.26	74.26		74.26
19 孫兵衛	7.26	24.15	32.11	37.24	70.05
20 平八	9.25	42.06	52.01	17.25	69.26
21 彦兵衛	8.13	59.16	67.29		67.29
22 市郎兵衛	9.28	43.11	53.09	11.00	64.09
23 理兵衛	5.21	39.11	45.13	18.05	63.18
24 杢左衛門	11.27	45.23	57.20		57.20
25 与右衛門	7.29	48.07	56.06		56.06
26 七兵衛	21.01	23.29	45.00	10.16	55.16
27 八郎兵衛		49.20	49.20		49.20
28 門左衛門	12.28	35.24	48.22		48.22
29 忠左衛門	3.23	23.02	26.25	20.29	47.24
30〜54 省略					
55 惣百姓検地		14.10	14.10		14.10
56 本郷入作者		155.08	155.08		155.08

（注）享保５年武州入間郡城村田方名寄、同年百姓畑方名寄本帳、同年河越領亀久保分出作畑名寄、以上３冊による。

表３　城村農民の所有反別一覧

農民	本田	本畑	計	亀久保分出作	合計
					畝 歩
1 長右衛門	9.20	125.25	135.15	213.05	348.20
2 勘右衛門				258.00	258.00
3 与左衛門	23.22	97.11	121.03	107.00	228.03
4 善兵衛	20.08	162.20	182.28	31.01	213.29
5 治郎右衛門	7.00	94.04	101.04	90.28	192.02
6 半七	11.19	74.25	86.14	94.28	181.12
7 五郎右衛門	9.18	90.02	99.20	55.02	154.22
8 浅右衛門		83.17	83.17	64.26	148.13
9 久四郎	8.27	91.29	100.26	44.02	144.28
10 与兵衛	10.21	71.25	82.16	62.10	144.26
11 孫左衛門	3.21	91.01	94.22	30.22	125.14
12 長左衛門	8.09	74.23	83.02	32.20	115.22
13 善八	13.01	70.16	83.17	23.23	107.10
14 利右衛門	16.00	30.12	46.12	60.21	107.03
15 勘兵衛	4.00	45.10	49.10	56.12	105.22
16 伊兵衛	15.13	88.01	103.14		103.14
17 吉兵衛	4.19		4.19	98.17	103.06
18 定右衛門		33.14	33.14	55.01	88.15
19 佐兵衛	3.24	44.12	48.06	39.21	87.27
20 庄七	5.04	79.04	84.08		84.08
21 八郎兵衛	13.06	60.08	73.04		73.04
22 仁右衛門	5.16	67.02	72.18		72.18
23 所左衛門		70.14	70.14		70.14
24 彦兵衛	10.01	54.06	64.07		64.07
25 与右衛門	7.17	55.07	62.24		62.24
26 平左衛門	4.10	57.20	62.00		62.00
27 門左衛門	2.22	53.23	56.15		56.15
28 佐右衛門	1.00	39.15	40.15	14.03	54.18
29 吉右衛門	1.08	51.10	52.18		52.18
30 忠左衛門	1.13	31.26	33.09	17.15	50.24
31 七郎兵衛	6.09	24.22	31.01	19.19	50.20
32〜65 省略					
66 他村入作者	13.21	54.12	68.03		68.03

（注）安永２年武州入間郡城村田方名寄、同畑方名寄、安永３年武蔵国入間郡城村検地帳、以上３冊による。

表４　城村農民の所有反別一覧

農民	本田	本畑	計	亀久保分出作	合計
					畝 歩
1 長右衛門	52.15	417.11	469.26	358.05	828.01
2 平六	30.06	184.12	214.18	298.15	513.03
3 吉左衛門	34.05	136.23	170.28	88.23	259.21
4 沖右衛門	4.29	102.06	107.05	143.13	250.18
5 治郎右衛門	14.24	202.00	216.24		216.24
6 善左衛門	2.24	172.03	174.27		174.27
7 金蔵	19.15	115.22	135.07	19.16	154.28
8 勘左衛門	7.10	43.06	50.16	100.03	150.19
9 五郎右衛門	5.24	126.20	132.14		132.14
10 伊三郎	9.00	84.28	93.28	32.19	126.17
11 仙右衛門				112.17	112.17
12 万蔵				108.14	108.14
13 宇左衛門		84.00	84.00		84.00
14 豊吉	11.26	66.06	78.04		78.04
15 与七	3.08	66.04	69.12		69.12
16 権兵衛	0.20	20.10	21.00	45.15	66.15
17 半兵衛	8.26	46.00	54.26		54.26
18 権右衛門		54.24	54.24		54.24
19 長兵衛				54.17	54.17
20 熊治郎	6.06	35.23	41.29	12.00	53.29
21 惣左衛門	6.29	45.13	52.12		52.12
22 伊之助		51.10	51.10		51.10
23 夘之助	1.00	17.10	18.10	32.07	50.17
24～61 省略					

（注）天保９年武州入間郡城村名寄、２冊による。

享保五年の特色は村内最高反別をもつ勘右衛門が、川越藩領亀久保村に出作分のみで、七町七反三畝二七歩を所持している点である。この所有の実態は、勘右衛門の自家耕作ではなく、亀久保開発時点の特殊な名請事情から生じたものであろう。第二位の太郎兵衛以下が城村の耕作実態であるとみられる。太郎兵衛の一町九反二畝歩余から五四位が六郎兵衛四畝九歩である。表1のように享保期ではB層一名、C層二名、D層三名などが上位に属している。その反面、一町以下、なかんずくF層、G層の圧倒的な人数をみるとき、近世初頭の検地以来、小規模所有の農民が経営維持の努力を重ねながら百姓株を保持してきた有様を窺知できるのである。

中世以来の小規模水田をもつ城村では、近世初頭の小農民自立段階以来、自立を維持するために、各戸が小規模水田をもち、それに依存していたのであった。享保五年、城村の農民五四名中の四四名が小面積の水田を保持している。しかも四四名中の二八名は一反以下の層であった。二八名の小農は各々数畝歩の水田を名請し、これによって自立を維持し続けたのであろう。なお所有反別における水田面積比は、五反以上所有者よりも下層農民がはるかに高い。僅かな水田であっても小農民にとって「家」の維持に欠くことのできないものであった。このような傾向は、畑作の商品作物が農家経営の中核にすえられるまで続いていた。

城村における農民諸層の変化を具体的に知りうる史料は、前掲のごとく享保～安永の半世紀を隔てている。この間、亀久保分出作の勘右衛門名儀の耕地は減少し、二町五反八畝歩となり、その反面、享保期にみられなかった一町歩以上の出作分をもつ、長右衛門と与左衛門が出現する。これに近い九反歩余の治郎右衛門・半七・吉兵衛など三名もみられる。畑作の亀久保出作の耕作が価値をもってきたのであろう。

階層表でも知られるように、享保期には上位がB層一名であったが、安永期はA層二名、B層四名となる。C・D層は変化が少なく、F・G層に変動がみられる。小規模耕作者のG層は一二名増となり三〇名を数える。

安永期における水田所有状況は享保期と大差はない。城村の農民六五名中の五一名が各々小規模水田をもち、享保期より人数は増加しているが比率に変化はない。また五反以下三四名中の二四名が水田をもち、享保期と同傾向にある。その後四十年を経て文化十一年に名寄帳が作成されたが、水田及び亀久保出作分は散佚して不明であるが、本畑分は安永期の傾向に近い。

城村における土地所有に変化が生じるのは化政・天保期とさらに開港前後であろう。名寄帳の残されている天保九年は、安永期より六十五年、文化期より二十四年を経ている。天保の名寄帳記載をみると、土地移動の記事が多く、主に文政〜天保期の売買・流質がみられる。表4のように、村内の長右衛門と平六への田畑集中が激化し、前者は八町歩を、後者は五町歩を超えた。また村内に二町歩以上の農民が三名みとめられA′・A層の五名がきわだち、その反面三反以下のG層が三七名となる。

小規模水田を農民各戸が保持し「家」を維持していた城村の様相は一変した。多くの水田は農村金融を兼ねる地主層のもとに集積され、享保期四四名・安永期五一名にのぼった小規模水田所有農民は、天保期には二五名に減少した。しかも五反以下の農民は三八名中の僅か八名が水田所有を維持しえたにすぎなかった。たとえ各戸数畝歩ずつの反別であっても、恐らく近世初期検地以来二五〇年間にわたり営営と保持し続けた水田を、またたくまに手離すことになったのである。

二　土地集積の様相

さきに検討したごとく城村の階層構成から指摘できるのは、同村百姓長右衛門の顕著な土地集積である。同家の土地集積を検討すると概ね以下のような動向をみることができる。長右衛門家は享保期に忠左衛門と称し、本田三畝二三歩、本畑二反三畝二三歩、亀久保出作分二反二九歩、合計四反七畝二三歩で、村内第二九位であった。享保五年城村名寄帳作成時に同村名主郷左衛門が各戸に田畑并出作名寄帳控、いわゆる名寄小拾いを作成し、署名押印のうえ、右は本帳写し相違これなく候と記して配布した。忠左衛門分の所持反別は、城村名寄帳と合致す

表5　城村における長右衛門家の安永元年までの土地集積

年　代	上田	中田	下田	上畑	中畑	下畑	新下畑	山畑	林	亀久保下畑	亀久保下々畑	計	購入代金
												畝 歩	
享保５年	1.20		2.03	1.00	9.09	8.13		3.01	1.09	9.06	11.23	47.24	
享保５年改後	0.25		0.10	6.18	6.17	6.29		10.24	1.09	21.20	11.23	66.25	
寛保２年										129.00		195.25	10両
寛延２年		1.02										196.27	３分２朱
宝暦５年								2.06				199.03	３分２朱
宝暦６年						1.00						200.03	３分２朱
宝暦11年	1.20											201.23	２分２朱
明和４年	3.00					14.23		3.01				222.17	６両１分
明和５年			1.20							64.15		288.22	５両３分２朱
明和６年						4.00						292.22	１両３分２朱
明和７年						3.00		6.00				301.22	２両２分３朱
明和８年						8.00						309.22	３両１分
明和９年（安永元）						1.12	12.24					323.28	４両
安永元年	5.15	1.02	2.00	6.18	6.18	39.04	12.24	22.01	1.09	215.05	11.23	323.28	39両１分

（注）「城村所持田畑本証文連名控下書」その他による。

る。

享保期にわずか四反七畝二二歩、村内第二九位の農民が、安永二・三年前後に村内一位に上昇した経緯は何であったろうか。長右衛門（忠左衛門）家の史料から検討を加えてみよう。

表5は名寄帳の作成された享保五年直後より、安永二年の名寄帳改めの直前までを、三期にあげて田畑を集計し、土地増加の状況を示したものである。

長右衛門家は享保五年に四反七畝歩余であったが、その後まもなくして六反六畝二五歩となった。同家の反別が急上昇するのは寛保二年のことである。この年十一月、亀久保分出作に勘右衛門が所持していた七町七反三畝二三歩のうち、六分の一にあたる一町二反九畝歩を、金一〇両で得たからである。売券によればこの一町歩余の土地は表間口三七間五尺余、北方に三九間余、長さ二一五間余であり一か所にまとまった耕地であった。売却代金受取人は勘右衛門・加兵衛・清兵衛である。享保名寄帳は所有者が勘右衛門一名であったが、売券は複数となっているが詳細は不明である。ともあれ長右衛門家が営営と勤労を続けて得た資金一〇両を投じて新畑地帯の亀久保分出作を獲得したのである。かくして寛保二年一町九反五畝二五歩となった。

その後同家の土地購入は、七年後の寛延二年中田一畝二歩、さらに六年を経て宝暦五年山畑二畝六歩、ついで五年後の宝暦十一年に上田一畝二〇歩を求めている。ほぼ五年〜七年間のたゆまぬ労働によりえた金三分余りの蓄財を投じて、田畑を少しずつ買い増していった。一年間の蓄財は約金三朱にあたる。当時の長右衛門家の農業経営は、ほぼ二町歩前後、その大半が新開発地の亀久保出作分であり、本田畑は八反歩ほどであった。この本田畑を中核とする農業経営から、年間金三朱を蓄財し、五、六年に一度ずつ、一畝歩か二畝歩の田畑を買い増していく、粒粒辛苦の姿がしのばれるのである。

その後六年を経て、明和四年に上田・下畑などを六両一分で購入し、翌五年には出作畑六反四畝歩余りなど、五両三分二朱を投じて集積した。寛保二年に投じた一〇両に次ぐ金額である。しかも明和四年以降、毎年数両単位で田畑を購入するようになった。長右衛門家の史料によれば、宝暦年間に極めて小規模の金融稼を開始したようである。その結果が土地購入代金の増加となったのであろう。とはいっても寛保二年より安永元年までの三十年間に、確認できる購入金額は三九両一分であり、年平均一両一分ほどであった。金額からみれば特筆すべきものではないが、土地の集積は着実にたかまった。しかも購入田畑は近隣の本田畑を中心に集められており、恐らく手作り経営を続けるために耕作されていたものであろう。

安永元年には合計三町二反三畝二八歩となり、翌二年の名寄帳改めの段階では三町四反八畝二〇歩になった。この反別は村内では突出したもので、これに次ぐ与左衛門を一町歩以上も超えていたのである。

年　代	田畑反別	購入代金	売　主	売券加判名主
文化12. 3	新下畑 17.21	8両2分	城村 彦八	城村 喜右衛門
〃 12.11	山畑 18.10 新下畑 3.20	16両2分	〃 伊右衛門	〃 〃
〃 13.10	下田 2.10 下畑 6.04	15両	〃 与兵衛	〃 〃
〃 13.12	上畑 6.02 山畑 3.00	11両	〃 伊右衛門	〃 〃
〃 14. 3	山畑 4.00	9両2分	〃 金五郎	〃 〃
〃 15. 3	下田 1.15	4両	〃 喜右衛門	〃 〃
〃 15. 3	山畑 2.18	11両	〃 弥右衛門	〃 〃
文政元.12	下畑 3.10 林 1.00	10両	〃 彦右衛門	〃 〃
〃 2. 4	下田 5.20	15両	〃 金左衛門	〃 〃
〃 2. 4	見取田　1か所	5両	〃 忠兵衛	〃 〃
〃 3.12	林 0.20	1両2分2朱	〃 源兵衛	〃 〃
〃 5.11	林　7分5厘	1分2朱	〃 伊左衛門	〃 〃
〃 6. 2	山畑 21.00	20両	〃 仁右衛門	〃 〃
〃 7.11	新畑 16.20 林畑 3.09	8両3分	〃 半四郎	〃 〃
〃 7.11	下畑 8.05	12両	〃 市之丞	〃 〃
〃 8. 2	下畑 2.15 山畑 5.10	13両	〃 与左衛門	〃 善兵衛
〃 10. 3	山畑 5.19 下畑 1.04	7両2分	〃 新右衛門	〃 林右衛門
〃 10. 5	下畑 4.00 林 11.00	10両	〃 半平	〃 〃
天保 2. 2	下畑 4.14 下田 1.00	20両	〃 伊兵衛	〃 〃
〃 3. 4	上田 12.00	20両3分	〃 清兵衛	〃 善左衛門
〃 6.12	新田 3.07 下田 1.00 分地1か所	15両	〃 弥五郎	〃 林右衛門
〃 6.12	上畑 6.00 山畑 15.00	26両	〃 左次郎	〃 〃
〃 7.12	林畑 15.12 新下畑 11.00	35両	〃 万吉	〃 善左衛門
〃 7.12	林畑 6.29 新下畑 9.03	25両	〃 〃	〃 〃
〃 7.12	下畑 22.10 新田 1.18 分地1か所	37両2分	〃 与助	〃 〃
〃 8. 3	田　1か所	8両	〃 孫右衛門	〃 林右衛門
〃 8. 3	林 0.15	1両2分	〃 伊兵衛	〃 善左衛門
〃 8. 4	上畑 6.18	15両	〃 与平次	〃 〃

(注)　城村所持田畑本証文連名控下書、田畑譲渡証文、などにより作成。

表６　城村における長右衛門家の天保８年までの土地集積

年代	田畑反別	歩	購入代金	売主	売券加判名主
安永10. 3	下畑	3. 20	3両2分2朱	城村　孫左衛門	城村　平右衛門
天明 4. 8	下畑	5. 10	3両3分	〃　源兵衛	〃　善兵衛
〃 5. 12	下畑	0. 10	1分	〃　孫七	〃　平右衛門
〃 6. 4	下畑	1. 04	1分2朱	〃　忠右衛門	〃　善兵衛
〃 6. 4	山畑	3. 01	1両1分	〃　〃	〃　〃
〃 6. 4	下々畑	11. 01	1両	〃　〃	〃　〃
〃 6. 5	山畑 下畑	5. 00 1. 20	1両2分	〃　新八	〃　〃
〃 6. 11	下畑	0. 25	1両3分	〃　庄兵衛	〃　〃
〃 6. 12	山畑	3. 27	1両1分	〃　門四郎	〃　〃
〃 7. 3	下畑	0. 27	1両	〃　喜右衛門	〃　〃
〃 7. 3	下田	0. 26	1両1分	〃　庄兵衛	〃　〃
〃 7. 4	上畑	3. 18	2両2分	〃　文右衛門	〃　〃
〃 8. 2	下畑	2. 16	1両	〃　太左衛門	〃　平右衛門
〃 8. 12	下田 下畑	1. 00 3. 20	2両2朱	〃　三四郎	〃　〃
〃 8. 12	下々畑	10. 18	1両3分	〃　勘兵衛	〃　〃
寛政元. 2	上畑	12. 20	6両	〃　七右衛門	〃　善兵衛
〃 元. 3	下畑	2. 25	1両3分	〃　平七	〃　善兵衛
〃 元. 5	下畑	2. 04	1両3分	〃　善太郎	〃　市之丞
〃 元. 8	下畑	1. 26	1両1分2朱	〃　七兵衛	〃　善兵衛
〃 2. 8	下畑	2. 22	1両2分	〃　孫右衛門	〃　善兵衛
〃 3. 3	下畑	5. 26	4両2分	〃　善太郎	〃　平兵衛
〃 4. 12	下畑	0. 28	1両3分	〃　竜蔵院	〃　喜右衛門
〃 6. 6	上畑 田成下畑	2. 00 3. 10	6両2分	〃　彦右衛門	〃　平兵衛
〃 8. 6	下畑	3. 12	3両2分2朱	〃　〃	〃　善兵衛
〃 11. 3	中田0. 03ほか2か所		5両	〃　久右衛門	〃　〃
文化 3. 3	上田 上田	1. 25 2. 05	4両	〃　平八	〃　〃
〃 3. 3	上田 下田	4. 00 2. 10	8両2分	〃　半平	〃　〃
〃 3. 3	上畑	3. 00	2両	〃　〃	〃　〃
〃 6. 3	中畑 下畑	4. 16 2. 10	2両3分	〃　与右衛門	〃　喜右衛門
〃 6. 4	新下畑 下畑	8. 03 2. 15	4両2分	〃　伊右衛門	〃　〃
〃 6. 3	下田 見取田	1. 20 1. 26	4両3分	〃　〃	〃　〃
〃 6. 4	下畑	5. 20	5両	〃　六右衛門	〃　〃
〃 10. 11	下畑	3. 23	10両	〃　庄次郎	〃　〃
〃 12. 2	下畑	1. 24	1両2分	〃　佐右衛門	〃　〃
〃 12. 2	上田 下畑	3. 00 2. 04	7両	〃　善兵衛	〃　〃

表7　坂之下・本郷村における長右衛門家の土地集積の一部

年　代	田畑反別	購入代金	売　主	売券加判名主
安永 4. 3	山畑 5.09 下畑 3.00 上畑 0.10	3両1分	本郷村　長兵衛	本郷村　定右衛門
天明 7. 2	下畑 10.10	10両2分	(領)坂ノ下村　定八	坂ノ下村　奥右衛門
天明 7. 4	下々畑17.00	—	(料)坂ノ下村　直右衛門	坂ノ下村　仁兵衛
天明 7. 7	下畑 15.16	—	(料)坂ノ下村　直右衛門	坂ノ下村　仁兵衛
寛政 2. 2	山畑川10.00 敷共	1両1分	(領)坂ノ下村　作左衛門	坂ノ下村　奥右衛門
寛政 3. 2	上田 5.10 下畑 6.29	7両	南永井村　太兵衛	坂ノ下村　伊兵衛
寛政 3. 2	下畑 6.00	4両3分	(領)坂ノ下村　伝左衛門	坂ノ下村　伊右衛門
寛政 3. 3	下々畑 3.00	—	(料)坂ノ下村　直右衛門	坂ノ下村　仁兵衛
寛政 4. 2	下畑 2.00	2分	(領)坂ノ下村　佐五右衛門	坂ノ下村　奥右衛門
寛政 4. 2	下畑 8.00	2両2分	(領)坂ノ下村　宇右衛門	坂ノ下村　奥右衛門
寛政 4. 2	下々畑 3.00	—	(料)坂ノ下村　吉兵衛	坂ノ下村　仁兵衛
寛政 4.12	下畑 4.00	1両2分	(領)坂ノ下村　宇右衛門	坂ノ下村　奥右衛門
寛政 5. 3	下畑 3.22	6両	(領)坂ノ下村　常八	坂ノ下村　伊右衛門
寛政11. 2	下畑 7.21	6両2分2朱	(領)坂ノ下村　伊惣次	坂ノ下村　常八
文化元. 3	下畑 2.05	2両	(領)坂ノ下村　弥次郎	坂ノ下村　常八
文化元. 3	下畑 12.27	12両	(領)坂ノ下村　半之丞	坂ノ下村　常八
文化 2. 4	下々畑 4.00	—	(料)坂ノ下村　直右衛門	坂ノ下村　清右衛門
文化12.12	下畑 10.00	6両3分	(領)坂ノ下村　宇七	坂ノ下村　常八
文政 9. 3	下畑11.00余	—	(料)坂ノ下村　清右衛門	坂ノ下村　弥右衛門
天保元. 3	上畑 1.05	—	(料)坂ノ下村　清右衛門	坂ノ下村　弥右衛門

（注）　本証文控私領所坂之下村御料所坂之下村小拾帳、田畑譲渡証文などにより作成。

その後四十年を経た文化十一年には本田畑のみで三町二反一畝二歩（亀久保出作分は資料を欠き不明）となり、安永期の二・四倍となっている。その後も長右衛門家の土地集積は増加を続け、天保九年に所有総反別ほ八町二反八畝一歩となり、村内田畑の二〇パーセントを占めている。天保以降嘉永初年頃には本田畑六町二反四歩、亀久保分出作を合わせて十町歩を超えてくる。

さて安永二年の名寄帳改めより、天保九年の名寄帳改めの間、長右衛門家が購入した田畑について概観してみよう。表6は城村所持田畑本証文連名控下書と田畑譲渡証文を照合のうえ作成したものである。安永末〜天明初年は若干不明な田畑もあるが、天明四年以後毎年集積を続け、とくに天明六・七年、寛政元年、文化十二年、天保六・七年には反別・金額とも増大している。両度の名寄帳改めまで六十年間余りとなるが、この間、城村において長右衛門家は、金四九七両一分二朱を投じて四町二反一畝一二歩余りを購入している。

長右衛門家の土地集積は、自村のみに限らず近隣村落にもおよんでいるが、坂之下村（一部本郷村を含む）の例をあげると表7のように、安永〜天保期に金六六両二朱を支払い、一町五反七畝一四歩（うち五反四畝二一歩余は不明）を求めている。その他周辺諸村の土地も集積した模様であるが資料が残されていない。

三　質地取小作経営

長右衛門は農間質稼（水車稼も兼ねたが資料が残されていない）によって田畑を集積し、地主経営を拡大した。当初は流質地を下男・下女を雇傭のうえ経営したが、亀久保出作分はやや遠隔であり小作地とすることが多かった。しかし本田畑については雇傭労働力により、耕作規模の限界まで続行した模様であるが(4)、他村からの質入地は小作化していたとみられる。

資料を欠き質地取小作経営の全貌は不明であるが、天保四年の質地小作証文帳によって紹介しておきたい。小作請負証文によれば(5)、金銭借用者は担保として提出した自己の田畑を三年間の小作請負とし、毎年入質者が年貢諸役から村入用金までを支払い、そのうえ小作料を毎年十一月二十日までに納入するという約束であった。元利返済は幕末期の経済変動の激化時代にあって困難な動向であったと思われる。

表8　天保4年長右衛門家の買取り小作経常

村　名	小作人	地　目	反　別	小　作　料	そ　の　他
			畝 歩		
亀ケ谷村	常　五　郎	中、下、野畑合	60.00	2両	
同　村	磯右衛門	下畑	150.00	3両	
同　村	磯右衛門	中、下、野畑合	60.00	2両	
同　村	磯右衛門	山畑	30.00	2朱	
同　村	磯右衛門	下畑	50.00	1両	
同　村	治右衛門	下畑	50.00	1両	村入用600文
同　村	吉　三　郎	屋敷、畑	110.18	3両	
同　村	佐五右衛門	屋敷、畑	270.00	5両	内2両年貢役銭
同　村	久　蔵	屋敷、畑	30.00	1分2朱	
同　村	久　蔵	畑	30.00	1分2朱	
同　村	幸　七	屋敷、畑	80.00	2両	
本郷村	金右衛門	中畑	70.00	2両2朱	
同　村	勘左衛門	中畑	50.00	1両2分	
同　村	勘右衛門	中畑	20.00	3貫文	
同　村	彦　七	山畑、下畑	12.00	3貫文	
同　村	長左衛門	下畑	20.00	1分2朱	
同　村	市郎兵衛	畑	25.00	2貫800文	
同　村	伊　佐　吉	中畑	40.00	4貫800文	
同　村	伊　佐　吉	中畑	20.00	2貫800文	
同　村	伝右衛門	畑	70.00	1両3分	
同　村	善左衛門	下畑	50.00	3分	
同　村	忠　七	中田	2.00	1斗6升	
中清戸村	喜　兵　衛	屋敷、畑	301.00	5両2分	内2分年貢諸役
上富村	長　蔵	中畑	40.00	6貫文	
南永井村	浅右衛門	屋敷、畑	150.00	3両3分	
同　村	弥　治　郎	屋敷、畑	550.00	12両	内年貢助合2両
同　村	甚右衛門	中畑	35.00	7貫200文	
日比田村	源　蔵	山畑	60.00	7貫200文	
同　村	源　蔵	中畑	40.00	1分	
同　村	常右衛門	中畑	20.00	1分1来	
同　村	徳　兵　衛	中畑	40.00	5貫200文	
同　村	治　郎　吉	中畑	50.00	2分2朱	
同　村	武右衛門	畑	50.00	9貫600文	
中里村	太郎兵衛	上、中、下畑	50.00	6貫600文	内年貢助合600文
同　村	亦　八	畑	20.00	2貫200文	
同　村	勘　七	上畑	37.00	6貫文	
同　村	権右衛門	上田	4.00	3斗2升	

村　名	小作人	地　目	反　別	小　作　料	そ　の　他
中里村	浅右衛門	畑	20.00	4貫800文	
下宿村	武兵衛	田、畑	35.00	3両	
同　村	平次郎	上田	3.00	2斗1升	内3升年貢
同　村	政右衛門	中畑	25.00	5貫文	
下宿村	重右衛門	下畑	45.00	2分400文	内年貢助合400文
同　村	茂兵衛	新田	7.00	5斗	
同　村	夘之助	中田	5.00	4斗	
坂之下村	清七	中畑	20.00	—	
同　村	辰五郎	中畑	50.00	6貫600文	内年貢助合600文
同　村	新蔵	中畑	20.00	—	
城　村	所左衛門	下畑	20.00	4貫200文	
計	48件		2,996.18	(51両3分1朱、87貫文1石5斗9升	

（注）天保4年10月質地小作証文帳。

表8に掲げた長右衛門の質地取小作経営をみると、亀ケ谷村磯右衛門は、中畑から山畑まで合計二町九反歩を担保として借金し、その小作金だけでも六両二朱ずつ納入すると約束している。規模の大きい例では入間郡亀ケ谷村佐五右衛門も同様である。同人は所持していた清助屋敷六反歩と居屋敷・畑で二町一反歩、合計二町七反歩を質に入れ、その小作料を毎年五両と定めた。そのほか、多摩郡中清戸村喜兵衛が居屋敷一町五反歩に畑一町五反一畝歩を付けて質入れし、小作料五両二分としている。また入間郡南永井村弥治郎が居屋敷五町五反歩を質入れし、小作金一二両とするなどが目をひく例といえよう。南永井村弥治郎は同村の年番名主をつとめる家筋であり、なお当時、油絞稼なども経営していたので(6)、それらの運営資金が必要だったのであろう。それにしても入質のうえ小作請負によって、前掲のように年貢金・元利・小作料を納め続けることは、まことに至難のわざであった。

また入質者が小作請負をせず、近親・知人が小作する場合もあった。天保十一年のことであるが、多摩郡中里村の農民佐左衛門は、居屋敷・畑二町五反歩を長右衛門のもとに質入れし、中里村の親類惣左衛門がこれを小作したのである。このような場合は小作料を六月・九月・十一月の三度に分納するという証文を出している。(7)

天保四年に長右衛門が、この年以後三か年の小作請負契約を作成した数は四八件、反別にして二九町九反六畝一八歩となり、その小作料は五一両三分一朱と八七貫文と米一石五斗九升である。

天保四年の質地小作のみの収入が以上のように、金にして七、八〇両ほどである。ほかに貸付金の利息、地主経営の収益などがあったわけであるから、長右衛門家の年間収入は相当な額にのぼったものと考えられる。

長右衛門が質地等により所有した田畑は、自己の耕作規模を超えると小作に出した。質地小作以外の小作料収入が判明する文久三年の小作取立帳を検討すると、金五八両二分二朱、銀八四匁三分、永四〇貫八二〇文余、米一六石四斗三升の収入である。

長右衛門家の地主経営・金融関係・水車稼等の収入の全てを解明することは不可能であるが、質地小作関係の一部のみにおいて、前掲のごとき収益をあげていた。畑作地帯の小規模豪農ではあるが、階層分化の激化した幕末期においては、突出した富の所有者であった。

慶応二年六月、長右衛門家は一千余名の世直し一揆勢に襲われたが、その被害は金二千両と小判五百両、質地証文全て焼き捨てと、見聞録に記されている。(8)

長右衛門の、被害届によれば、間口二間半、奥行四間半の居宅、質物入の土蔵二か所、穀物入の土蔵二か所が打毀され、入質代金二五〇両程の質物、穀類一〇〇俵余が失われたとのべ、現金については報告されていない。

注

（1）近世村落史研究会『武州世直し一揆史料㈠』二八七頁。

（2）佐々木潤之介『幕末社会論』、『世直し』。山中清孝「幕藩制崩壊期における武州世直し一揆の歴史的意義」（『歴史学研究会編世界史における民族と民主主義』）。近世村落史研究会「幕末の社会変動と民衆意識─慶応二年武州世直し一揆の考察─」（『歴史学研究』四五八）。森安彦『幕藩制国家の基礎構造』に詳細な研究と論文目録がある。なお拙著『幕末社会の基礎構造』において「幕藩制の解体と世直し」について言及した。小論はそれを補うものである。

（3）『所沢市史近世史料Ⅲ』四頁。

（4）安政二年「坂之下村人別帳」によれば一石九斗余を所持する農民友三郎の娘やをが、長右衛門家の三年季下女となっているなどの例が知られる。

（5）同家の小作請負証文によれば、

一畑合六反歩

右者我等方ゟ貴殿江質地相渡シ候畑書面之反歩此度勝手ヲ以当巳年ゟ来申年迄中三ケ年之内小作請負仕候処実正也、然ル上者御年貢諸役村入用等迄我等方ニ而相勤残而作徳金弐兩宛年十一月廿日限り不残急度相濟可申候、万一相滞候ハヽ、証人方ニ而引請急度皆濟可仕候、少茂御苦労相掛申間敷候、爲後日小作請負請文仍而如件

天保四巳年十月

（6）『所沢市史近世史料Ⅲ』二二二頁。

（7）『同　Ⅱ』二二四頁。

（8）『同　Ⅱ』一八八頁。

〔初出〕『所沢市史研究』（第一五号、一九九一年）

第四部　史料紹介

坂戸周辺の「武州世直し一揆」
――史料で語る打毀し――

千代田恵汎

一　「武州世直し」一揆

明治維新直前の慶応二年（一八六六）六月十三日、西武蔵の山村（多摩・秩父・高麗三郡の成木谷・名栗谷・吾野谷などの村々）をほぼ時を同じくして蜂起した一揆は、同月十九日上武両州国境ぞいに潰滅するまでわずか七日間のうちに、武蔵十五郡・上野二郡を席巻、打毀された村数は現在判明しているだけでも二〇〇を超えた（通過した村などは含まない）空前の大一揆となった。現在でも古老に「ボッコシ」（打毀しのこと）と呼ばれて語り継がれているのがそれである。

その対象となったものは、領主の陣屋をはじめ組合村寄場の大惣代・小惣代名主、村方の名主・組頭・百姓代など村役人層から百姓に至るまで、あるいは千人同心など下級武士、また職種でいえば浜糸商（横浜において蚕糸などを商う貿易商）・穀屋・高利貸・質屋・酒造・紙・荒物・太物・肥料商・医師・寺社に至るまで多種にわ

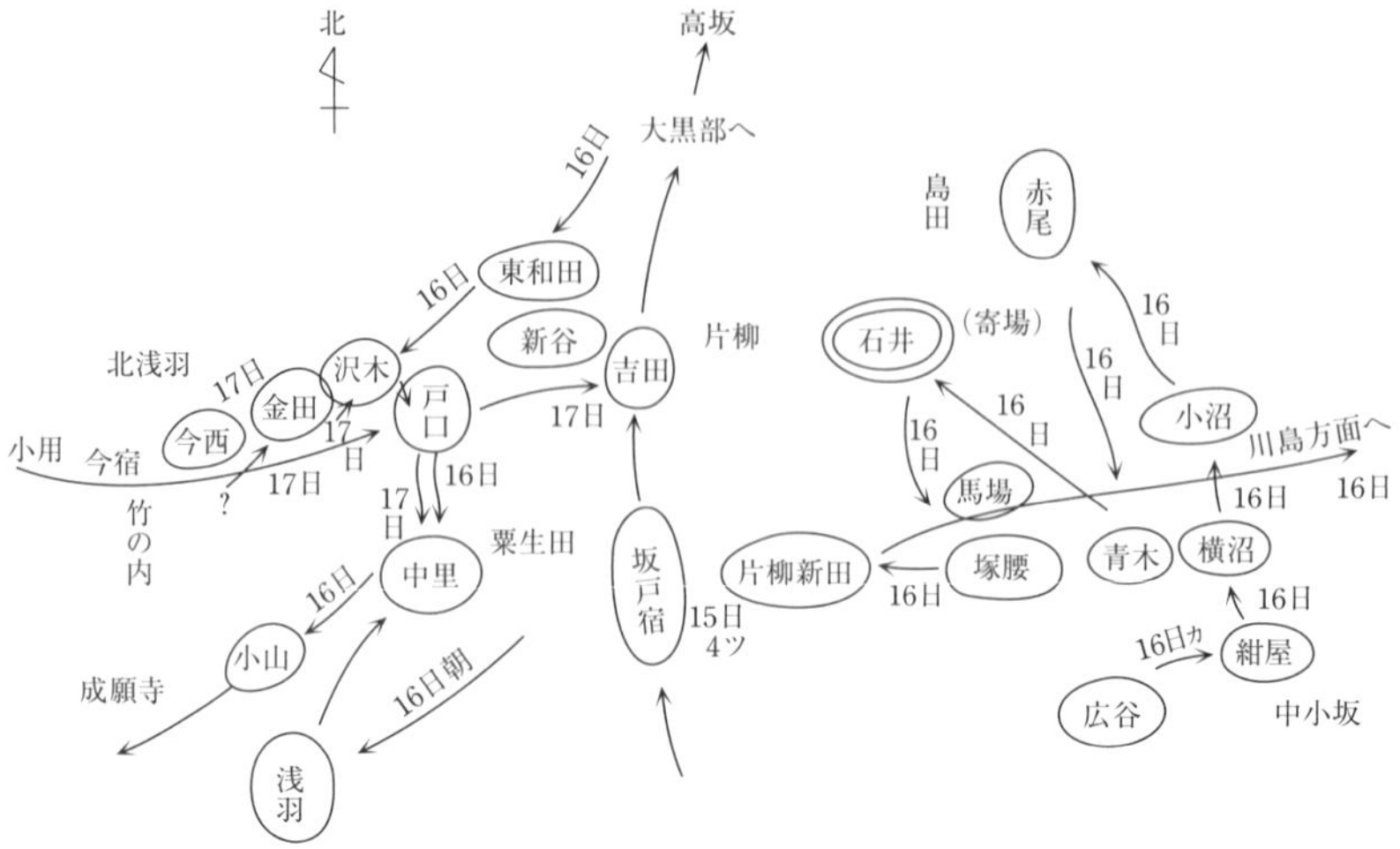

図１　一揆勢の動向（宮島家文書による）

たっている〔表3参照〕。

もっとも彼等はいずれも村方での村役人層から平百姓に至るまで農間稼に高利貸・質屋などを営んでいる者が多く、これら多くの職種を多角的に営業する経営で豪農・豪商にのしあがったのであった。

彼等の中には横浜開港と共に浜糸商に手を出す者もあり、大里郡花園村原宿の市川家文書によれば「横浜あきなへの者第一并高利の金かし・穀屋・質屋・両替屋・地代官・大惣代其外頭立候者打こわし候事」とあり、ほぼ打毀しの対象となった者の概要を知ることができる。

坂戸宿近辺に打毀しが始まったのは六月の十五日四ツというから午前十時頃である。

その打毀し状況を表にまとめると概略表1・2の如くである。またその経路を図示すると図1となる。

この史料は市内の宮嶋家のものであるが、今後このほかにも多数発見されるものと思われる。今回はとりあえず宮嶋家史料の紹介にとどめておきたい。

次にこの打毀しの状況を既刊の『武州世直し一揆史料』

表１　坂戸宿近辺における打毀し(1)

日時	対象者		備考
15日4ツ	坂戸宿	角や	打毀し
〃	〃	笹や	〃
〃	〃	吉野や	〃
〃	〃	高沢や	〃
〃	〃	海老屋	〃
〃	〃	豊島や	〃
〃	〃	木藤	〃
〃	〃	金木や	〃
15日	吉田村	藤吉	焚出し
〃	〃	多左衛門	〃
〃	上吉田村	嶋崎や	〃
16日朝	上浅羽村	嶋屋千二郎	一部毀し示談
16日	小山村	五左衛門	打毀し
16日カ	赤尾村	高利貸	〃
17日未明	金田村	儀兵衛	少々やぶり施米
〃	沢木村	直蔵	〃
17日	戸口村	常人店	打毀し少々

『宮島家文書』による

表２　坂戸宿近辺における打毀し(2)

村名	対象者	状況	身分・その他	『一揆史料』巻・頁
浅羽村	仙次郎	打毀し	百姓農間油絞	2－235
上浅羽村	伝兵衛	〃	農間仲継質屋渡世	2－232
坂戸宿	木藤	〃	分限者	1－43
坂戸村	海老屋	〃		1－70
〃	金兵衛	〃		2－101
〃	与吉	〃		2－101
〃	丹次郎	〃		2－101
〃	権之亟	〃		2－101 180
吉田村	筏問屋	焚出し		2－8

出典：『武州世直し一揆史料』

職種																
浜糸商 生糸絹 織物	穀屋	高利質屋	酒造	醤油	酒屋	旅宿茶屋	紙すき 紙仲買	医者	荒物	油絞油屋	太物	水車	肥料	綿屋	材木	その他
1	4	8	2	5	1			1			2	1		1		4
6	9	5	10	4	1	1		1		1	3	1				4
	4	2	4	2		2				1		1	5			
5	8	23	3	3		3	11	4	1	5	3			1		13
1		20(17)	2(2)		1			2(2)		1					6(6)	1
1	3	1	7(1)													3
	1															
				1												
		1														
5	1	8														
		3	1													
	1															
9		1		1		1			1	1	3					5蚕種 1煙草
1																
29	31	72(17)	29(3)	16	3	7	11	8(2)	2	9	11	3	5	2	6(6)	31

表３　「武州世直し一揆」打毀し対象者分析表

打毀し期間	郡名	村数	家数	身分						
14日・15日・16日・17日・18日・19日				陣屋領主	大小惣代	名主	組頭百姓代	百姓	千人同心	借家
←→	高麗	26	56(8)			16(4)	4	1		
←→	入間	43	111(9)			16	3	7		
←→	新座	6	25(6)	1		2	3	2	1	2
←→	比企	46	122		4{大2 小2	17	6	24		
←→(外秩父) ←→	秩父	23	84(32)	1		6(5)	8(8)	15(13)		
←→	多摩	21	42(6)			2	2(1)	6		
←→	足立	2	4							
←→	大里	3	5(2)			2				
←→	埼玉	1	1							
←→	男衾	2	2					1		
←→	榛沢	13	24(11)		1大	4		1		
←→	児玉	3	12(10)			1	7	3		
←→	那賀	4	9(8)			3	3	1		
?	豊島	2	2							
?	賀美	4	3(2)			1				
←→	上州緑野	2	17				3	12		
←→	上州甘楽	1	1							
郡 ・4・8・6・8・7・2	合計	202	520(94)	2	5{大3 小2	70(9)	39(9)	73(13)	1	2

(注)　(　) 内数字は打毀し対象者の中でも打毀しを免れたもの。
大小惣代欄の大は大惣代・小は小惣代を意味する。
職種は営業している場合、種目ごとに個別にバラして計算している。
出典:『武州世直し一毀史料』1・2巻他、近世村落史研究会作成。

（第一・二巻）で拾うと表3である。両者がどのように符合するかは今後の問題ということにしておきたい。

二　坂戸近辺の打毀し状況——宮嶋家文書による——

慶応二丙寅年六月

諸方遠近村々騒立乱妨打毀シ之事

六月十四日明七ツ時飯能宿江押寄セ（但シ十三日之夜飯能之上ミ之河原ニ而勢揃致し候趣なり）酒屋八左衛門、堺や又右衛門、板や半兵衛、舛屋喜兵衛四軒敷打毀し夫より弐夕手ニ分れし由、一ト手は○扇町谷宿ニ而下倉山村弐軒打毀シ夫より所沢辺江向ケ○所沢ニ而何軒敷打毀し夫より○引又宿へ差掛り何軒敷打毀シ○靏間村妻屋○苗間村忠次郎且又○古市場河岸ニ而橋本三次郎を打毀し夫より○新河岸へ向ケ打寄候得共新河岸へ御城主川越様厳敷大小鉄炮等ニて役人衆御固メ有之候故両新河岸其外上之五河岸ハ無難ニ而引退り候由なり、猶又江戸諸々打毀され候村々も多く有之候よし但シ○入間川村綿貫等ハ酒喰多分之手当差出し候ニ付無事之由○古来伝馬騒動ニ打毀し候故此度は手厚ク手当致し趣なり○右之外諸方ニ而夫々酒喰之手当或は米何合売買致し又は米穀金子等何程ヅヽ施し致等申て相詫施しの対談書面を差出し無事ニ相済候族も諸々多く有之候、有増而已委敷ハ筆紙ニ難尽候事

○又一ト手は飯能より○広瀬村へ向ケ押寄大家広政名主勘右衛門其外打毀し夫より○高萩宿江罷出朝飯致し無事ニ罷通り、同十五日四ツ時頃坂戸宿へ参り、尤も坂戸宿ゟ入口之上ミ江村役人上吉田村藤吉殿等出向先立候者共江相談掛合致し無事ニ可相成哉之処、跡より追々押寄右之掛合ニも不加かけ抜ケ○最早角やへ相掛り打毀し候故無拠役人共并ニ吉田村藤吉等引退り早々村方へ立帰り候事○角や初メ笹や吉野や高沢や海老屋豊嶋や木藤

鉄や金木や等打毀し、夫より上吉田村江向ケ然はに(ル)上吉田村より坂戸へ向ケ両人罷出、先手首立候者従掛合中喰之酒飯致し候間用捨致し様詑(ママ)入レ、然は中喰間ニ合候ハ、勘弁致し、若不間ニ合候得は両問屋とも打毀し趣なり○則対談致し欠(駈)ケ戻り至急之事故村中白米ハ不申及新ケ谷村迄同事、且又右之次第故新ケ谷村より不残吉田村へ相詰世話致し候

附り当村与七方ニ而当十五日せんじ無尽昼無尽故仕度致し、飯を煮有之候を貸し遣し早速握り飯に致し夫より村中家々にて煮出し候故間ニ合しなり、右無尽之飯無之而は間ニ合兼誠ニ幸之義なり

○吉田村藤吉殿多左衛門殿両家へ内外莚をしき、握めし并ニ酒樽鏡を抜置○嶋崎やニ而も猶以弐(四本)駄計伊丹之鏡を抜則出向罷居両問屋へ差図案内致し酒喰為候故無事ニ相済候なり

但し四ツ半時頃ヨリ夕方迄何千人共不相知多人数押来り候事故白米間ニ合兼○然るに大黒部村より吉田村へ様子聞合ニ被参候而何連ニ歟致し無事ニ通し度候間何れニも御当村ゟ御差図次第致候間御申越被下度旨頼候故則吉田村藤吉より右之者へ申入候は扨、煮出し精々致候共最早白米間ニ合兼候間玄米ニ而は如何ニ存候、且又当村ゟ大黒部村へ中喰煮出し申送り有之候間何卒是江も御越し被下度と、則聞入○夫より往通(ママ)へ出張居当村之義は跡間ニ合兼候間兼而中喰大黒部村申送り是ニ而仕度致置候間是へ御越被下度と申、則跡不立寄通り候者多く有之、漸く間ニ合候事○且又我野辺之者余程有之知り人旁々ニ而大(ママ)キに致し能ク有之候事

○且又戸口村に高利貸致候者有之由、是より右村へ押寄打毀し夫より松山辺と申罷出候処、吉田ニ而彼是取留メ候得共何分大勢之事ニ而不聞入候処、戸口村之義は私共ゟ掛合致し証文等は無相違取あけ焼捨候間是非共私共被任下と藤吉殿迄罷出証人と相成、漸々戸口村へ行候義取押候事○且又道筋村々より人足差出候間追々多人数ニ相成○吉田村ニ而人足之催促致し、其外入西筋外ニ近村々江人足触ニ四五人も相廻し、若人足を不差出村有

之候得は其村不残打毀し候趣故無拠して村々追々人足出し候義なり○且又大黒部・高坂両村より吉田村へ罷越
相談致し、如何様之義ニ而も様子次第御通達被下候得は違背無之と、被申則何れ酒喰之御手当之外有之間違（敷カ）と
申義候間○則右両村立戻り早々其用意致し置候事
○則多勢故入替〳〵酒喰致候事故跡（後）々は夕暮に相成候事故先キ組は○大黒部高坂右二ケ村は酒喰之手当等致置相
詫候故無事ニ押行候○正代村代吉ヲ打毀し夫より松山へ押行松山宿ニ而数軒打毀し、尤も彼是相詫夫々之施之
趣意ニ而無事之族も有之由也、夫より通越し甲山村伴七宅等へ差入り泊候者有之候、夫より○熊ケ谷道へ差向
ケ是又村々江人足催促ニ而追々多数ニ相成○然るに熊谷宿ニ而兼而行田下総様ゟ役人衆相詰御用意手賦り有之
候由、右之人数余程御召捕之由ニ而散乱致し候趣なり○先懸之人数松山より引返し跡勢野本村ニ而行合候由、
則此辺江泊り明早朝之義也○野本村中江夫々宿を頼ミ相泊り
　但し野本村之者共何れも驚逃隠れシ打毀シ候哉と之様子故、是又近村々之者共も多く仝ク泊りを頼候心得故
右申聞候故漸く案（安）心致し家々如斯則相泊り候、尤も何れも朝飯ハ仕度致し候由也、尤も言違ニ而野本村役人
　之家少シ打毀し候由
且又多勢之義故野本村計泊り不相成故高坂又は岩殿或ハ今宿迄泊り候由なり、然ルに十六日未明より先懸押出
し候由
　但し近村々之人足ハ先懸ケ押通りを見而も不（ママ）急してゆる〳〵と野本村を相立候由且又今宿江泊り候者未タ不
　起間に最早押来り打毀し候由なり
十六日未明に○岩殿村中ノ法印打毀し夫より○今宿亀や足袋屋等打毀し且又施し対談詫入等ニ而無事之族も有
之候夫より○大類村平二郎○川角村長右衛門等打毀シ候なり、夫より○毛呂○越生辺越生宿ニ而○田嶋日野屋

又兵衛嶋野伊右衛門等打毀れ(シ)候、全体対談行届白米五合ニ売買致候義ニ而先組承知致し候処猶又跡(後)組押入り打毀し候趣なり、夫より小川辺へ向キ押行候人数多く有之、且此処ニ而弐ツに相成、当村近辺之者頭取義申談候は明日は我等共は川越辺へ押行候間、然るには出直り鉄炮之用意致なり、外皆々是へ同道致可申、尤も鉄炮之心得無之者遠ク相扣へ声をあけ(げ)候計ニ而宜敷と被言候事○且又此辺之者より右頭分之者相談申入候は、明日は無相違川越へ向ケ罷出候、乍去私共は是より下モ(ママ)之者共候得は御同道致し、山方へ又候川越辺へ参り候義行帰難渋ニ存候間、御内々に候得共今晩は村方へ引取明早朝ニ向へ参り候事ニ致度申候処、然は無相違明日出向候趣内々ニ而承知之趣ニ而○右之者共は○津久根より黒山辺へ掛り引取候様なり○且又我等近村之者夫々内談致し、大勢一同ニ而は立帰り候義は不相成候間、小川辺へ参り候方同道之積り罷出間ヲ見て思へ〳〵に相分れ逃帰り候事に申定メ、多く近辺之者罷帰り候事

○且又小川向押行候組は○玉川荒田を打毀し小川宿ニ而数軒打毀し、且又其近辺村々ニ而打毀し候族余程有之○鉢形寄井(居)宿打毀し、八幡山辺より中仙道迄も押行候由、是は道村々江催促致し人数を為出召連候事故、末ニ至候而は誰頭取歟不相知様ニ相成り迚、中ニ而頭取之趣ニ相成、村々へ押込懸合致し、或ハ何程相施候ハヽ、用捨可致等と其旨証文を取候族多く有之候○十六日夜熊井辺物持之家々如斯致し書面等取候者近村之者ニも有之候風聞なり、且又近村之者ニも小川辺迄被召連十六日夜明方ニ相帰り候者も有之候なり

○上吉田村藤吉殿大物代之事故十六日近村々より相談ニ参り人々も大(多)ク有之候○則十六日は上吉田村へ下吉田村新ケ谷村上吉田村右三ケ村弁当煮出し所と板江相印立札ヲ致し置候○且又当村之義は上吉田村江昨十五日より

不残詰切ニ而焚出し其外諸々世話致し罷居候事

○且又上入西ゟ相談ニ向○北浅羽村万福寺へ相集り居候趣ニ而藤吉殿江立合呉候趣申越候得共出向兼罷過候事○

徒党之者共幾組ニも相成候故、何時押来り候哉不相知よふに成行候間○吉田よりも口々江見張之人足出し置
皆々心配罷居候事
○則一ト組ハ相宥候而も○又外組々来り候故誠ニ困り入候○十六日之朝跡組○上浅羽込堂嶋屋千二郎方へ押入掛合、彼是致候内見世之方ゟ屋根等相やふり候得共、金子出し候事ニ付噺合ニ相成り証文直取り引退り、夫より
中里之方へ出向候事
○十五日之夜高坂村へ候者共ハ相分れ大嶋屋案内致し田木村より和田村之裏を通り
但し此組押来り候時和田村を打毀シ新ケ谷村へ向キ趣風聞なり、則和田村ニ而も焚出し之用意致し大に騒キ
且又当村ニ而も相騒、夫々家内取片付等致し候処和田村へ不加して裏ヲ通沢木村之方へ押通候事
○沢木村方へ行不寄して引返し○戸口村江向キ、尤も押通候得共、尤も酒喰之用意致し置彼是相詫し故是も無事ニ相通り夫より○中里村江押行、是又酒喰用意致置為休、無事通り是より越生をさし○小山村五左衛門方打毀シ
但シ竹之内村嘉助方ニ而も心配致し、酒喰之用意致し処（候）是ハ不立寄して通り候由なり
附り大嶋殿義全体相成丈無事通し候存寄ニ而取計候由、然るに村々通越之故大勢之者彼是六ケ敷申候故無余義為打毀セ候哉之事
○十七日朝小組一ト手、尤も近所小用村今宿村辺より人足連出し小ケ谷村河原へ相詰恨趣ニ而○戸口村常八店を打毀し尤も多分ニは無之候事夫より○中里村へ向ケ坂戸ゟ小ケ谷河原之趣○中里村酒やを彼是申候由且又戸口村より出向相なため通候由、坂戸より出候人足残り之者居り候由且又和田村之人足も何人歟此組へ引連られ候由也
○右之組頭分ハ壱人歟ニ而人数召連○小ケ谷・寺山南河原へ詰寄セ候趣ニ而、小堤近迄参候処川越方ニ而手賦り

致置候様子ニ而、則山々中ニ而鉄炮之音致候故夫に驚キ人足之者逃帰り候処、人数手賦先ニ廻り○則和田村之者吉五郎壱人外村之者も三四人も召捕れ（ママ）川越へ引あけ御調へ有之節之御沙汰故、和田村役人外村よりも川越へ罷出もらへ下ケ相願候得共、即時ニ御下ケ不相成、余程日数相掛り且ハ全ク無拠被召連候人足之義故御下ケニ相成候事

○且又一ト組は十七日未明に最早○金田村儀兵衛方へ押寄、掛ケ合之内少々計り家作打やふり候得共相詫先ツ々無事ニ候事○則金田村儀兵衛○沢木村直蔵両家共米を施し候議定書面ニ而行届キ、右書面を取り夫より戸口村へ掛り、右弐組共坂戸へ相掛り候積り候処、何故歟坂戸を通候を延引之積ニ而則、戸口村ゟ案内致し上吉田村中喰と申談送り来り○上吉田村へ無事ニ相休ミ鎮守之地内へ莚しき酒喰為致置也

附り戸口村友二郎殿案(内)致し参、下拙方へ立寄毎日限りなく如斯ニ而は困り入候間、相談致し召捕候事ニ致度と相咄し居処、吉田村ニ而大さわきニ相成何事と罷出候処○右頭取六ケ敷と心得逃退り候所存ニ而逃仕度と見へ候ニ付、尤も藤吉殿江今宿ゟ人足と来り候首立之者は内々坂戸と申合置何様〳〵申聞置候由○然るに右頭取吉田村より逃退り候様故○則壱両人ニ而人足之者へ御手入と高声に申候故皆々逃出し候、然而全く外人足ニは不加して頭取を召捕候事故其次第申通し右弐タ組之内頭取三人召捕り壱人逃候処坂戸地ニ而おさゐとり呉ハ坂戸へ送り置候事

○且は兼而坂戸村々吉田村役人共申談置、今日より右乱妨之者来り候ハ、上吉田村ゟ坂戸へ向ケ惣方より相挟ミ召捕候定ニ而有之候事○且又十七日朝坂戸を通り小ケ谷河原へ出向候心得ニ而行候処、小堤ニ而川越之御かため、尤も人を廻り置、則鉄炮打是に驚キ逃退り候人数之内頭取知なり○坂戸へ立戻り羽織を着そふり付之駒下駄ニ而吉田村来り、茂吉殿宅へ参り茂吉様ニ□（「少々」カ）御目ニ懸り度旨申候、然るに前日吉田へも見覚へ有之も

の故居合候者、有無を不言取押へ都合四人藤吉殿之台所へ差置、坂戸へ其趣申送り候処、兼而茂吉殿義坂戸へ相詰居候故

○且又川越ゟ御出張之役人もらゐ度旨被仰越候よし也

○則茂吉殿警固之人足十四五人何れも竹倉《（槍）》縄たすきニ而、且又吉田よりも送り人数相添坂戸へ送り遣し候事

附り右茂吉殿ヲ尋参り候坂戸宿等年来参り居、尤もなまけ人足也、則小ケ谷河原へ可参以前吉のや丹二郎方ニ歟居り候由、則知り人故貴殿此度之仲間ニ加り居候而は身之為に相成る間敷候間何程小遣ヲ可遣ス候間外へ立退り候方可然と申由、且又茂吉殿居合セ候故我等も少し位ハ何と歟致し可遣と申候由、然る間吉田へ参り何程無心致度所存ニ而来り候様子なり○然れ共茂吉殿義ハ坂戸へ相詰居候故見覚有之人物故さしおさい候なり

○則坂戸吉田は今朝ゟ申合、如何様混乱致候而も相分り候様左ニ致し候、且又近村々吉田村へ相寄居候間右同様に致し以後押来り候乱妨限り無之候間召捕候事可然旨申定メ、入西組斗も同事ニ致度候也、外居合不申村々江急触ニ而其段申送り、則取急キ竹倉《（槍）》相拵へ何連も竹倉《（槍）》縄之たすき同事ニ用意致し○何れ之村方へ右徒党之族来り候共或は半鐘・太鼓を合図ニ而相集候事申定○且又外ニ石井、片柳等兼申談事同様相互に助合相防候事ニ申定候事

附り右申定之所、七ツ時頃上入西ニ而鐘太鼓之音相聞ひ候故右両村片柳村之者迄追欠ケ行北浅羽迄参候処未帰らす《（ママ）》処、片柳村より大勢押来る哉之沙汰有之趣ニ而吉田村より申来り、右之人数呼返し吉田村迄追欠ケ行候所、又候和田村ゟ沙汰有之候は立野の近所石坂山長坂辺江凡弐三百人も相寄候由申来り○又候和田村之うら河原迄相詰候処是又様子不相分候、尤も高坂・大黒部辺ニ而追れ候者逃去り候人数ニも有之哉之様子なり

○則十七日夕暮迄如此、村々騒動致し、同夜は村々切に惣人数不寝用意致し居候事
○十八日朝上吉田村ニ而被相咄候義則藤吉殿私之存寄丈ケ御咄し申候、扱何方ニ而も同事之義日々農業相休候而は致方も無之候間、明十九日ヨリ農業致し、尤も銘々手鎗何歟用意致し居何方ニ而も合図次等欠ケ寄候定可然ル被申候
○則十八日夕方右十ケ村沢木村薬師堂へ村役人壱人宛で打寄、相談之上以後之義如何様之義出致候とも相互ニ右之心得ニ而明十九日より農業致し合図次第早々欠(駈)集之定之事
○同十八日石井寄場江御取締御出役ニ付右上吉田村ニ而召捕候四人は○十七日川越之御出役もらゐ度趣故即刻坂戸宿へ相送り届候得共、御取締御出役ニ候得は右寄場且は大惣代村々押(行)候者ニ候得は、御掛り之義右御取締へ差出し不申してハ如何ニ候間、石井寄場へ相送り可然ル之義ニ申談し、可然義ニ付則坂戸より取戻し御取締へ差出し候事
則石井寄場へ差送り御取締之御掛りニ相成候、右之内壱人は石井ニ而もらゐ下ケニ相成、残り三人石井ニ而預り、組村々ゟ番人足日夜相詰候事○猶又七月七日歟中仙道桶川宿へ相送り候事
附り同十七日之朝吉田村藤吉殿打寄居候者相咄候義ハ且是迄は成丈相遁度存居候得共又も〳〵限りなく押来り候而は致方無之候間、若此後押来り六ケ敷様子に候ハヽ、村方并ニ近村之衆先達ニ而打毀シ、尤も見計へ、人気を鎮候取計へ、相成丈手強見せ候而も手軽ニ致し候より外無之、御一同此段相含居先懸ニ致候取計可被下候申談候事
○同十六日昼過頃石井・赤尾辺江大勢乱妨人之様押歩行候間、当方へ押来り候哉と上吉田村ニ相詰居候間、皆々遠見ニ致居候処、又追々引返し小沼辺向キ押行候間一ト先ツ案(安)心致候

附り此様子追々及聞候処全ク本頭取は無之○近所広谷村辺ヨリ思立相起りハ議十四五人歟之様子ニ而組合村へ押行、頭分之者施し次第懸ケ合致し、且は何村誰と首立候者之家内押入り、則不施候ハヽ、打毀し向なり○則紺谷村談事行届、尤も村中人数は為差出召連○横沼村・小沼村・赤尾村辺村々施し之懸合談事行届、其中に赤尾村ニ而高利貸致候者有之、此家は打毀し由、其外は皆々無事、村々人数差出し候計り○然る間右村々不残人数加り候間大勢ニ相成○夫より青木村・石井村・塚越村・片柳新田右同様ニ候得共打毀し無之人数差出候計なり、然る間殊之外大勢ニ相成○夫より川嶋辺江押行候由なり○園辺村ニ而越中店是ハ殊之外物持之由且是を打毀シ、夫より川嶋諸々村々横行之処○御領主川越ゟ御出役ニて御手賦り御固メニ而大勢御召捕ニ相成夫ニ而散乱致し納り候由也

○同十七日小川辺より引返し之族○高坂村大黒部へ押来り且打毀し候所存之処○最早村々当組同様之相談取極メ手賦り致、若以後乱妨人押来り候ハヽ、差押へ又は打殺し候とも可致と定之処○則右乱妨相初メ且押来り者共は近所之者同事ニ相加り候事心得之処、思之外ニ而大勢差押へ又は杠（ママ）殺れ候者も有之、如斯故不残散乱致候事

○且又同日葛袋村辺河原ニ而も余程取押へ候趣なり

附り別外之大乱妨ニ而委敷は筆紙に尽かたく誠近辺有増を相印而已、且右様国々多少は如何歟九月頃迄御府内江御届ケに相成候分廿八ケ国有之趣承り候由ニ申候者聞及候○且又御府内ニ而も十月頃右難渋人打毀ニは無之候得共、極々難渋之者へ諸々町々より徒党致し則大勢相集り町々諸々横行致、且は鍋金（釜カ）等持歩行ところ〳〵最寄へ釜とをたて其最寄〳〵江押行諸品おしもらへ致し候趣なり

○然れ共御府内之義従御公儀様御救米被下、猶又神田佐久間町へ御救小屋御建被遊難渋之者共へ御救有之候間、誠ニ存之外穏なり○諸色米穀類格外高直故、国々諸々穏不成る義なり

右は近辺見聞致し而巳相印候、然ル共実以委敷は見聞計も相記かたく有増如斯ニ候事

右之儀ニ付関東御取締様より御触渡し事(候)

今般徒党乱妨一件一先相静り候得共当村米穀売買等も払底、殊ニ世上不融通故無宿博徒其外跡行詰り此上何様之悪業企候哉も難計差抑方手筈致置度、殊ニ先達而御取締御出役様より弥厳重取締方情(精)々可致旨被　仰渡候間組内一同集会致度候得共、時分柄殊ニ去ル酉年取極置候手筈も御座候ニ付先般ニ相基キ手筈致置度別紙ニ申上候間、小組合限り御集会御定置可被成候、此上先般ニ似寄候大騒動も御座候節は合印目印等も御相談可申上候得共、先々夫迄ニも及(不)申奉存候、廻文早々御順達留ゟ御返却可被成候、以上

寅七月

石井村
寄場年寄
仲太郎
上吉田村
大惣代名主
藤　吉
厚川村
同名主
若　造

中里村新堀村上浅羽村森戸村下新田村高倉村関間新田塚越村
右村々惣代

御役人衆中

手筈取極

一徒党悪者共立廻り候ハヽ、早々村役人江通達致シ触しらせ、人集候ニは時刻も移候ニ付竹貝半鐘ニ而合図致し聞付次第村内ハ不及申隣村迄面々手ニ応シ候物持参、馳参り可申事

但シ竹貝竹鎗手道具等先般用意有之候得共取失ひ候者有之候ニ付尚入念家毎ニ拵置度候事

一村限ニ而手配行届兼候節は早々小組合江触しらせ、相成丈小組合ニ而捕押（押捕カ）候様致度、余り手広ニ相成候而は諸方混雑而已ニ而都而不行届之義も可有之、若手ニ余り候節は組合一同江通達致し人数相集可申、尤も右様之節は隣組共入交候間兼而拵置候村名目印を立右目印を目当として夫々相集差図を請進退可致候事

但し夜中は村名認候高張提灯持参可致候事

寅七月

○七月十二日小惣代中里村磯右衛門宅江寄合、尤上入西ハ小惣代新堀村ニ候、則両組入西十八ケ村打寄候事○

且右之談事猶又右一件之義は何方ニ出来致候共組村々惣高割ニ可致定之事、并ニ何れ之村江馳集り候共喰事弁当之義は其村々人足ニ応し持寄喰事可致事、左なく候而は入用等も相嵩候事故相成丈手軽ニ入用等可仕事

○且又今般改而議定ニ不及、去ル酉年之議定を相用候定之事

出典：宮嶋家文書　〔初出〕埼玉県立坂戸高等学校『研究紀要』（第三集、一九七八年）

慶応二年「上武打毀一条見聞録」の紹介

佐藤孝之

慶応二年（一八六六）六月十三日、武州秩父郡上名栗村の人々による飯能町打毀しに端を発した武州世直し一揆は、以後二十日まで一週間にわたり、武州一五郡・上州二郡を席巻し、その間に打毀しが行なわれた村は二〇〇ヶ村余、打毀された豪農・村役人などは五二〇軒程にも上ったといわれ、上州方面に展開した一揆の最終目標は関東郡代役所の岩鼻陣屋を打毀すことであった。(1)

筆者は最近、この武州世直し一揆に関する「上武打毀一条見聞録」（以下「見聞録」と略す）と題する史料を古書店より入手した。この「見聞録」には、上州藤岡町の問屋や同鬼石町役人から同吉井宿役人宛の書状が収載されており、そのなかには宛名に「問屋三右衛門様」と記されたものもあり、吉井宿の宿役人、おそらく問屋三右衛門のもとで作成された記録と思われる。

吉井宿は、後述するように実際には実行されなかったものの、打毀しの対象になっていた。「見聞録」は、上州方面への一揆の波及の様相とともに、そうした状況下で吉井宿がどのような対策を取ったのか、また同宿とその周辺を領した吉井藩がいかなる対応を示したのかを知ることができる興味深い史料といえる。そこで、ここに

「見聞録」を紹介することとし、合わせて若干の検討を試みることにしたい。

ところで、筆者は以前、拙稿「上州方面における慶応二年世直し一揆展開過程の再検討」[2]（以下、前稿という）において、上州方面への武州世直し一揆の展開について検討したことがある。本稿では、前稿による検討結果を「見聞録」によって確認するとともに、この機会に前稿に関し若干の訂正をして置くことにしたい。

以下に「見聞録」の全文を掲出するが、「見聞録」は縦二四・五センチメートル、横一六・五センチメートルの袋綴仕立てで、表紙とも三九丁よりなり、半丁（一頁）が基本的に七行で書かれている。所々空白がみえ、また数字等が入っていない箇所が散見されるなど、作成途中の状態を示している。なお、翻刻に際しては、記事のまとまりごとに通し番号（①～㊴）を付した。また、〔　〕は校訂注、（　）は説明注を示す。

＊

「（表紙）
于時
慶應二丙寅六月
上武打毀一条見聞録
」

（三丁白紙）

①

六月十三日夜明、秩部〔秩父、下同ジ〕郡阿賀野〔吾野〕寂寄ゟ追々人数相集り、

一　飯能町名主穀屋渡世　境屋又右衛門　松屋〔板カ〕半兵衛　酒八与唱候穀屋

中屋清兵衛　　永楽屋与申宅

大川原
浅見伊織　是者粟田御殿御貸附役所

右ヲ打毀、一同高畧〔麗〕清流峠与申處江屯、此勢凡弐千人計、黒須川原江相集り候勢凡弐千五百人、是者扇町谷・坂戸・松山・今宿・小河〔小川、下同ジ〕ヲ打毀し、此勢當手江押出し申候、

②

六月十七日夜、藤岡町問屋七左衛門殿方ゟ急書状到来之写、

一陳者、打毀徒黨之もの、追々近隣江押出し風聞専ニ御坐候間、町方ゟ小河・寄居・八幡山辺迠、見込之もの差遣し候處、右人数聢与相分り不申候得共、凡弐千餘人も参り候由ニ申来候、右被打毀候もの左ニ、

小川町
木屋夘兵衛　　大谷　　岩藤

右三軒、何れも横濱商人ニ御座候、

只今、岩鼻御出役中野道之丞様、當町方御通行ニ而承り候間、右之もの慥ニ被打毀候ニ相違無御坐候ニ付申上候、

且亦、右人数岩鼻御役所江一手ニ押寄候趣、夫ゟ如何之事ニ相成可申哉、定而人数町方通行ニ可相成与奉存候、

先者、乍取込右之段申上度、尚追々様子可申上候、早啓頓首、

六月十七日夜

藤岡町
問屋
七左衛門

吉井宿
問屋
三右衛門様

御役人中様

猶々、本文之成行ニ御坐候間、厳度（ママ）当地江人数参り可申候、御宿方御用心可被成候、已上、

③

六月十七日夜中、岩鼻御役所ゟ、

一當（吉井藩）御役所江急御用状到来、右者、徒黨人数八幡（山脱カ）辺ゟ追々押出し候ニ付而者、當御役所并小幡（松平忠恕）侯者鬼石辺沾人数操〔繰、下同ジ〕出し可申趣、七ヶ市（七日市、下同ジ）（前田利豁）侯者吉井宿沾操出し可申御達之趣ニ御坐候由、右ニ付御領分村々農兵者勿論、其外之人足御陣内江早刻人数操出し可申趣、御用状明七つ時過、町人足ニ而差出し申候事、

④

六月十七日昼、寄居町被打毀候もの左ニ、

一　武蔵屋　丹波屋　岩田

右三軒ニ坐（御脱カ）候由承り候、

⑤

同十七日夜、八幡山町被打毀候もの、

一　坂本金十郎　大坂屋伊之輔　坂本傳兵衛
　　坂本彦右衛門　浅見忠兵衛　福島清八
　　小柏屋源造　井上

右八軒之もの被打毀候趣、島屋佐右衛門方ゟ申越候、猶亦、同町方ニ而数百人、徒黨之もの ゟ掛合ニ相成、無全〔詮〕方則人足出し遣し、終ニ藤岡町方江被引連候由、同寄場村々之内拾弐ヶ村計、壱軒壱人つゝ、是又町方同様差

出し、此人数凡五六百人程惣勢加り、道案内候而藤岡町江押寄申候、
右村々残り人足も多勢被引連、此𠈓残り居候而も致方無之趣意ニ而目印幟押立、翌十八日、本庄・新町之辺江多人数押出し候趣、承り申候付記候事、

⑥

同十八日

一右者、十七日夜、八幡山徒黨押出し、多分藤岡町江人数押寄可申風聞専ニ御座候付、今朝未明、同所寂寄見込として差遣し候、

治兵衛
文五郎

⑦

一藤岡見込人文五郎、今辰中刻素裸ニ而馳返し、扨者只今打毀し人数、藤岡町江追々入込ニ相成候得共、人員之程夥敷事ニ而、何分見留り不申、唯々雲霞之如くニ相見へ申候趣申来候、

⑧

一藤岡見込人治兵衛、辰下刻飛返し、寂早人数不残同町江入込、笛木町ゟ動堂町・岩村田町等、四方八方一時ニ打毀相始、人数者往来者勿論、横町迠一圓黒煙り之中ニ而、打こわし候音、且人聲夥敷、如何とも町中江入込候事者叶不申候間、裏々江かけ(カ)廻り様子一見仕候、右模様ニ而者、多分吉井町江参り可申、壱手者岩鼻江向と申事ニ御坐候、

六月十八日

久七　礒五郎
源吉　冨之丞

⑨

一藤岡見込人、巳中刻差出し申候、

⑩
一藤岡見込四人之内追々馳来り、迚も何様飛廻り候而茂、町内江入込候事不相成、只々打毀し候音而已聞而罷返〔帰〕り
申候、跡江相残り候もの午刻頃飛返し、㝡早打こわし方大半相止メ、只今一同中飯致居候、従是吉井江押寄候
催ニ候趣、申来候事、

⑪
一御領分村々人足、今午之刻迄ニ荒増到着、御役所食違土手前江御紋附之幕ヲ張、先江大炮壱挺、次江鉯突〔付〕鉄鉋〔炮、下同ジ〕
数挺、御重役古山市左衛門様・臼田様、木綿晒ニ而鉢巻、同たすきをあやとり、續而御役々様方并歩人ニ而、前
後左右堅固ニ御備被遊候、徒黨人数者〔之カ〕内吉井江向候ハヽ、矢田村境迄も御操出し、御打拂之御手筈ニ御座候、
然ル處、御領主様〔松平信謹、吉井藩主〕御手勢計ニ而萬一食留かね、徒黨人数御城下江入込候ハヽ、大變出来可申趣付、小幡侯・七ヶ
市侯江、當宿迄操出し御加勢御頼之御用状御差出しニ相成申候、

⑫
一藤岡見込人、今申上刻馳返〔帰〕り、打毀人数中飯致、午中刻、右手之人数本庄宿江向、不残只今ニ操出しニ相成申
趣、申来候、

⑬
一藤岡ゟ岩鼻江向候風聞ニ付、御領主様并小幡様共、早刻岩鼻江操出し可申趣、御取締様御發向御願ニ相成、其内
小幡御人数七拾人計、下長根村新七宅迄御着相成候ニ付、御領主様御人数与一同、暮六つ時出立、岩鼻御役所
江御操出しニ相成申候、

一　　御領主様

軍事師範役　高山順之輔様
〔付〕
釼突ニ而農兵
總人数合

一
松平摂津守様（忠恕、小幡藩主）
御人数
鉄砲
總人数合

右、馬庭村ゟ倉賀野宿相廻り通行、最早高崎矦（松平輝聲）御人数弐番手迠操出し、三番手ハ倉賀野ニ止り居候由、安中矦（板倉勝殷）御人数ハ凡弐百人計、高崎宿迠操出し之由承り申候、

⑭
一藤岡見込儀五郎・久七帰村、

藤岡町
問屋
室星七左衛門殿ゟ文通写

陣者、當十八日暁七つ半時、徒黨之もの八幡山引拂、夘中刻頃當町方江入込、右人数凡弐千人位、銘々木綿晒之鉢巻、同断たすき・腹巻等致、右人数携候品、斧・金熊手・棒、其外鎌・かけや・小まさかり之類所持致、町方ニ而被打毀候もの、手始之順左ニ、

小松幸兵衛　　清水藤右衛門　　煙草屋喜輔

山口和三郎　川田屋仙右衛門　梅鉢屋由兵衛
萬屋倉吉　薬鑵屋新六　高橋源七
中村屋辰右衛門　高見沢武右衛門　水沼福枩
洲濱屋文五郎　〆拾三斬〔軒〕

右拾三軒者何れも濱商人、一應之掛合も無御坐候而多人数乱入、寂初諸帳面・證文之類ヲ往来江持出し、火ヲ掛焼捨、衣類・家財不残同様往来江持出し、打毀打潰放火致申候、右之外、十一屋作右衛門始外弐拾餘人程、施行金三千両ゟ百両迠、并ニ白米五百俵つゝ差出し可申、徒黨人数之内頭立候ものゟ掛合ニ相成、役人連印ニ而請書差出し、右ニ付、身元相應之もの共餘人者被打毀不申、四つ半過より人数不残本庄宿江向退散致、陳ル所、同宿ニ而紅葉屋・近江屋半七始六軒程打毀候趣、慥ニ承り申ニ付不取敢申上候、且、當町引拂前、町方壱軒ニ付人足壱人つゝ差出可申、是亦掛合ニ相成候付無余儀差出申候、町方人足組之印藤岡千人組与記、右幟棹之先江傘結附、是を押立八百人計一同被引連候得共、内々申渡、途中ニ而程克折ヲ見合罷返〔帰〕り可申段申付候ニ付、只今迠ニ凡七百三拾人計罷返〔帰〕申候、右人数ニ承候處、岩鼻・高崎御人数新町宿江御出張、徒黨人数本庄宿ゟ新町宿江罷越、打毀候場所ニ而七分位ハ四方江迯去、多人数御召捕、切捨等も有之趣承り、驚入申候、新町宿ニ而散乱致候此手之人数者、大半防方ニ相成可申与奉存候、然ル所、只今岩鼻御手代戸叶様、秩部ゟ御人数鉄炮凡六七拾人計御引連御出向之上、被仰聞候ニ者、今夕秩部大宮引拂之人数、明日鬼石迠可参段被仰聞候、鬼石ゟ當町江可参哉、何れ江向候事哉、兎ニ角貴宿者御用心可然与奉存候、右ニ付、前以御用心御差〔カ〕配、旁御見込之人足不留置相返〔帰〕申候、猶亦、早々諸方江遠見御遣し可然奉存候、右外追々可申上候、已上、

藤岡町

六月十八日夜　　問屋 七左衛門

吉井宿 問屋 三右衛門様

御役人中様

猶々、八幡山八軒、寄井〔居〕六軒、小河町九軒、川越廿九軒、其外在々物持等、余程打毀し申候趣、慥ニ承知仕候付、此段申上候、

⑮

藤岡町施行米金請書差出し候もの名前左ニ、

一　金三千両也 米五百俵 質物　十一屋作右衛門

一　金千両也　山

一　金千両也　㊇店

一　金弐百両也　近新

一　金弐百両也　京弥

一　金弐百両也　近長

一　金弐百両也　(久)酒店

一　金千両也　新徳

証文金不残

一　金三千両也
　　米五百俵ニ　　　中　辰

　右之外、高金百両位之分多分有之趣申候得とも相記不申、呉服屋ハ縮緬類ヲ下帯且ハたすき等ニ切さき、其外足袋屋・諸商人ゟ御召もの夥敷持行申由、

⑯
　六月十八日

一前田様（利豁、七日市藩主）御人数、兼而御郡代様（木村勝教）ゟ吉井宿迠操出シ可申御達ニ付、今夕刻迠ニ御操出しニ相成、曽木郁川向江陣取、小幡矦御操出しニ相成候ハヽ、應接之上御双方とも一同吉井迠御操出之訳、然ル所、小幡御人数八つ時頃長根村迠御操出しニ相成、吉井御人数与一同岩鼻御陣屋江夕刻御操出しニ相成申候、右ニ付、前田様當宿迠御操出し与相成、右御人数今丑中刻吉井御着、

　保坂伊織様　　鈴木順三郎様
　横尾鬼角様　　金　澤　夘　市様
　大里氷（ママ）計様　　土　屋　平　馬様
　須　藤　登　様

　　保坂様
　　横尾様……何れも陣羽織、手鑓・小弓御處持、騎馬ニ御坐候、
　　大里様
　　金梅鉢御紋附猩々緋之馬印、
　　陣太鼓、ほら貝弐つ、
　　大炮弐挺、外小筒・手鑓之類、

總人数

御宿
御供廻り　細　矢　夘　平　次
脇　本　陣　穀屋清左衛門
御　本　陣　山木屋久兵衛
御供廻り　野澤屋四郎兵衛

右御人数兵粮之儀者、御着之夜、むすひ・梅干ニ而一飯差出し、御滞留内者七ヶ市ゟ御差送り、御出立之節、尚亦一飯差出し候計ニ御坐候、

（四行分空白）

⑰
六月十八日
一藤岡見込人　夜四つ時出、　利右衛門　春次郎

⑱
同十八日
一　本庄宿被打毀候もの左ニ、
諸井幸次郎　諸井仙右衛門
辰巳屋半五郎　松坂屋徳兵衛
紅葉屋新兵衛　〆

右者、藤岡町打毀人数并ニ藤岡ゟ被引連候人足とも、不残壱手ニ相成、右宿方江未刻乱入、夫々打毀し、新兵衛宅江掛り、糸絹之類箇之侭往来江持出し、不残焼捨、夫ゟ建家・土蔵等江取掛り申候、其内、
岩鼻様御人数并
御取締様御先手とも追々御操出し、左ニ、

（四行分と半丁空白）

⑲
六月十八日
一　新町宿被打毀候もの左ニ、
宮崎屋吉兵衛　大工重五郎
是ハ、前はし勝山代（ママ）　買之由ニ御坐候、
大和屋半こわし　近江屋半七
右本庄宿打毀、右手之人数、今未下刻同宿江乱入、尤、岩鼻御役所ゟ多人数見込之もの御差出し、右註〔注〕進、徒黨之もの共一同、寂早本庄宿押出し、新町宿江夥敷人数入込、其内被打毀候ものも相見へ申趣、御訴申候ニ付、

（五行分空白）

右之御方々様、追々御發向被為遊候所、近江屋半七宅江取掛り居、此手之人数速ニ退散之御指揮ニ而、厳重手之もの江御下知ニ付、頻ニ炮發致候得共、玉なしと存候哉、更ニ引退候気色も無之、徒黨之人数不得止事乱防〔妨〕相働、無余儀御郡代様ゟ、人数ヲ片はしゟ切捨可申厳敷御指揮ニ付、一同處持之鎗、或者銘々帯居候長もの引

祓〔抜〕、目先ヲ遮候もの共五七人計暫時ニ切斃候処、徒黨之もの共是社ハ叶わぬ事与存付候哉、俄ニ屋根ゟ飛下り候者も有之、或者横町通り亦者両側之家々江かけ込、往来者人数折かさなり山之如くニ相成、仲々自由ニ引退候事不相成大惑乱、実ニ目も當られぬ大変之騒動、寂早人数も引退候事与被思召候哉、手之もの進メとの御下知ニ而、人数四方江散乱、迯去候もの者必追討致申間鋪、頻ニ御製〔制〕し被遊候得共、究竟之若もの故不得止事切立、家々江飛込匿呉抔申ものも有之、手之もの町之両裏江廻り田畑ニ而切立、うろたへ候人数ハ稲荷横町ゟ角渕之方江迯行、既ニ川岸まて追掛られ、此手へ迯去候もの無余儀柳瀬川江飛込、此口ニ而手負・水死之もの夥敷有之よし、猶亦、下へ向き迯去候もの七八分、誠ニ数千之人数一時ニ崩立、我ましニ〔よカ〕迯去候事、全御上様御威光、一同難有事ニ申居候よし、

其場所ニ而
即死人
手負人
御召捕ニ相成候もの
田畑ニ而即死、其外御召捕人

（二行分空白）

⑳

同十八日

一松平右京亮〔輝聲、高崎藩主〕様御人数、三番手迠岩鼻御役所へ御操出シ、新町乱入之徒黨散乱致、騒動鎮静、夫々指揮ニ而、即

死人其外荒々御手當被為遊候而、岩鼻御人数一先御引返しニ相成、其節ニ到〔至〕り、高崎侯御人数同宿江御操出しニ相成申候よし、

㉑
一御郡代様始メ御役々様御出馬ニ相成、夫々御下知ニ依而、数千之徒黨暫時ニ人数散乱致、追々御召捕ニ相成、彌此手之勢ハ散乱、鎮静ニ相成、然ル所、發起惣勢之内寄居・小河寂寄、此處ニ而弐手ニ分レ、壱手者八幡〔山脱カ〕ゟ藤岡乱入之組、壱手者秩部大宮郷江相分れ、右大宮江馳向候人数、同所ゟ杉之峠ヲ罷越鬼石、夫ゟ渡世〔渡瀬、下同ジ〕江押寄、其辺ゟ既ニ吉井江發向之風聞専有之候ニ付、藤岡町ゟ急書状到来、此口之人数社定メ而當町江入込候事与存候付、渡世ゟ鬼石岾見込之もの差遣し申候事、

㉒
一鬼石町岾見込人、今暁六つ時出、八太郎
農　輔
六月十九日
右見込之もの鬼石町ゟ罷越、夫々探索到〔致〕候得とも、聢与相分り不申、無余儀當役場江相尋、右之趣申出候所、同町ゟ秩部辺江聞込之もの差出候所、只今罷返〔帰〕り候由ニ而、模様荒々申遣候写左ニ、
陳者、村方ゟ見込之もの秩部大野原村岾差遣し候聞込、昨十八日夕刻、大宮郷忍様〔松平忠誠〕御陣屋打毀、其外町家七軒打毀候趣、夫ゟ弐手ニ相成、壱手之勢者今十九日未明ニ田野、夫ゟ白久・贄川江差而罷越候様子ニ御坐候、残り三百人程、其節大宮郷ニ罷在候様子ニ候得共、右之分者名倉〔奈〕村江罷越候由、先者大宮郷辺聞込為御知申上候、尚、後便模様柄可申上候、草々頓首、

鬼石町

六月十九日　　役　人

吉井宿
御役人中様

㉓
一昨十八日七つ時、秩父大野原城口ヲ打毀し、夫より大宮江入込七八軒打毀、御陣屋同断、夫ゟ田野・小鹿野・名〔奈〕倉・大渕・柴岡通りニ而通行之よし、秩部出牛村ゟ渡世町江申越候写し、

㉔
六月十九日
一御領主様御人数・小幡様御人数共、今朝岩鼻ゟ御引返しニ相成候付、七ヶ市様御人数之儀も早刻御帰陣ニ相成可申訳、陣ル処、御領主様ゟ昨十八日御用状ヲ以、御加勢御頼筋有之趣ニ付、鬼石寂寄之模様聢与相分り候迠者御人数御滞留ニ而、町方御固メ被遊候趣御達ニ候、秩部見込之もの追々帰村致候処、今夕鬼石之方江向候催者一切無之由ニ付、夫ゟ七ヶ市様御人数、今丑下刻不残御引返し与相成申候、

㉕
六月廿日
一鬼石町見込人、今廿日未明出、　三五郎　亀　吉
右見込之もの江差遣し候文通之写し左ニ、
昨日申上候通り、別段相変候儀無御座候、太田辺ニ而頭取之もの弐人御召捕ニ相成、其後、大瀧村江罷越候様子、右ニ付戸叶様　御手勢右村江向ヶ御操出しニ相成候由之義、外別条無之候得共、手間取候ゆへ、村方

はしめ三波川・譲原村三ヶ村ニ而人数五十人余操出し申候、左ニ御承引可被下候、

六月廿日　鬼石町 役　人

吉井 御役人中様

㉖

一鬼石宿寄迠追々見込差出し候得とも、何分ニも秩部郷中之様子聢与相分り不申居候処、下仁田町ゟ冨岡町方江急廻状差出し、右両町ゟ役人両人つゝ、岩鼻御役所江御訴ニ、今夕刻通ニ相成、右廻状之写左ニ、

急廻状ヲ以得貴意候、陣者、武州辺徒黨之人数、今十九日昼九つ時小鹿野町打毀し、夫ゟ河原沢村同様、此處ニ而夜ニ入候間、今晩者同處滞留、明廿日早朝山中江入込、神原村覺太夫も打毀し、夫ゟ下仁田ヲ目懸押出シ候様子、只今右見込之もの帰村申聞候間、不取敢此段御沙汰申上候、已上、

六月廿日夜　神原村 平原村 役人

青倉村 下仁田町 御役人中様

㉗

再啓申上候、追々徒黨人数凡四万人余ニ而、迚も々防方出来候義ニ者相成候かね、秩部郡大宮迚も速ニ打こわし、鉄砲其外用意致候場所者、別而及乱防〔妨〕候始末ニ御座候由、岩鼻御役所江も早刻御届申上候得とも、村々〔可脱カ〕大混雑、不能其義候間、下仁田町御役中ゟ不取敢此段御届ヶ可被下候、已上、

一右之趣、追々岩鼻御役所江御届ケニ相成候ニ付、御手代様今晩四つ時過御小休ニ而、下仁田表江御出向ニ相成申候、

岩鼻御手代
飯原翫一郎様

手鎗持壱人

鉄鉋持壱人　但し、切火縄ニ而、

何れも晒木綿之鉢巻ニ而、厳重ニ御出立ニ〔御脱カ〕坐候事、

右御供として當町方ゟ、

喜十郎

春　吉

両人、手鎗・鉄鉋ニ而御供之事、

㉘
一同廿日、下仁田見込人、栄次郎　春蔵

㉙
一同廿一日明六つ半時、下仁田町辺御出向、

御取締
宮内左右平様

御手先之もの

（四行分程空白）

㉚
一同廿一日、御役所詰御領分歩人足、今日ゟ追々帰村被仰出、農兵之儀者今夕御差置之趣承り申候、

㉛
一町方鍛冶屋共、十七日未明ゟ昨日迠、壱軒壱人つゝ、凡人数百人程、何れも草鞋ニ而、問屋場前江昼夜共詰切、弥取静候趣ニ而一同引取申候、兵粮之儀者町ニ而銘々順番煎〔焚〕出し申候事、

㉜
（五行分と一丁空白）

一六月廿一日、昨廿日下仁田見込人栄次郎、今夕刻帰宿、

㉝
六月廿二日
一
岩鼻御手代
飯原甀市郎様
御手先之もの共、過ル廿日夜、下仁田表江御出向ニ相成候処、寅早秩部徒黨退散ニ相成候付、今昼九つ半時御下向ニ相成申候、

㉞
御取締
宮内左右平様
御同人者、下仁田ゟ坂本宿之方江御出張由、

同廿二日

一歩兵大将河津駿河守（祐邦）様、惣御人数弐百四五拾人計ニ而、下仁田辺迠御發向之由ニ而岩鼻ゟ御操出し、御昼休ハ池村喜三郎之趣ニ而、當町入口木戸際ゟ御同勢池村へ御出張、夫ゟ早速岩鼻江御引帰〔返〕しニ相成申候、

㉟

同廿二日

一御領主様、十八日夕刻、江都御屋敷江飛脚御差出しニ付、今昼頃御先觸、并御荷物なしニ而、山内謙三郎様・臼田貢作様、外五六人様御着ニ相成申候、

㊱

一御領分農兵、今日帰村被仰出候事、

㊲

同廿三日

一　歩兵大将
　　河津駿河守様
　　　上下三拾人余
　歩兵諸掛り御役人
　　凡五拾人余
　歩兵人数
　　凡弐百四拾八人

一右人数、廿日新町泊りニ而御登り、右河津様始明廿四日御出立、尤、二手ニ相分レ、壱組者藤岡ゟ八幡山泊り、壱組者新町ゟ深谷泊り、双方とも川越ニ而落合、帰府ニ相成候由、

㊳
一此度之騒動ニ付、俄ニ御出役被遊候
御取締
吉田喜平次様
百瀬章蔵様
太田源太郎様
杁本隣次郎様
馬場俊蔵様
右五人様、岩鼻沾御出張ニ相成候所、穏ニ相成候趣付、直様御帰府ニ相成候よし、

㊴
一（岩鼻役所元締）山田真平様ゟ承り候口書打毀一条、去ル十八日、新町宿ニおゐて追散し、其後行衛相知不申、厳敷手配致、近辺者勿論、秩部郡始山中辺探索ニ及候得とも、更ニ行方不相分、全新町宿ニ而散乱致候事ニ相違無之、先此分ニ而者、一先穏ニ趣被仰聞候、猶此上ハ、御召捕ニ相成居候罪人、追々吟味被致、白状ニ及ハせ、頭取始悪巧之もの沾、不残御探索被遊候趣、御申聞ニ御坐候、

＊

以上が「見聞録」の全文であり、武州世直し一揆の発端となった六月十三日の武州飯能町での打致しの記事から、幕府により一揆鎮圧のために派遣された河津駿河守一隊が、一揆解体後に岩鼻から江戸に向けて出立したことを記した同月二十三日の記事まで、吉井宿の立場から一揆への対応や幕府・諸藩の動向が記録されている。

さて、前稿において筆者は、上州方面における一揆の展開過程を再検討し、武州八幡山町の打毀し後の一揆勢

は、基本的には〈藤岡→本庄→新町〉というルートをとったこと、同時に一部は藤岡から直接新町へ進んだことを指摘した。「見聞録」によれば、「右手之人数本庄宿江向、不残只今ニ操出しニ相成申趣、申来候」⑫、「四っ半過より人数不残本庄宿江向退散致」⑭、「徒黨之もの共一同、寂早本庄宿押出し、新町宿江夥敷人数入込」⑲などとあるように、〈藤岡→本庄→新町〉と展開したことが、ここでも確認できる。

一方、「壱手者岩鼻江向と申事ニ御坐候」⑧、「藤岡ゟ岩鼻江向候風聞ニ付」⑬など、藤岡町から岩鼻へという記事もみられるが、⑧は⑫や⑭の情報がもたらされる以前に、予測として伝えられた情報であり、⑬も同様の状況の中での「風聞」であって、実際に一揆勢は藤岡町から岩鼻へ向かうことなく、「不残」⑫・⑭「一同」⑲本庄宿へ向かったのである。

それでは、前稿で述べた藤岡町から新町宿へ向かったという点についてはどうであろうか。前稿でⓝ・ⓞとして引用した史料が根拠であるが、実はこれらも予測や風聞による記事であった。すなわち藤岡町から新町宿へのルートは、藤岡町から岩鼻へのルートと同様に、実際には展開しなかったのである。この点において、前稿で示した一揆の展開ルートに関しては訂正の必要があり、改訂した「一揆関係図」を次頁に掲げておく(3)。

藤岡町での打毀しについては⑭・⑮に詳しく、⑦・⑧・⑩にも記されている。同町では一三軒が打毀され⑭、施行米金に応じた者の名前も記されている⑮。なお、前稿に藤岡町で打毀された一三軒の一覧表を掲げたが、不正確な点があったので、これも訂正した表を掲げておきたい〔表1〕。続いて、本庄宿での打毀しは⑭・⑱に、新町宿での打毀しは⑭・⑲・⑳に記事がみえる。そして⑲の後段には、一揆勢が新町宿で岩鼻陣屋側との戦闘のすえに解体した様子が記されている。

一方、一揆勢の上州方面への展開には、秩父方面からのルートも予想されていたが、これについては㉑〜㉕に

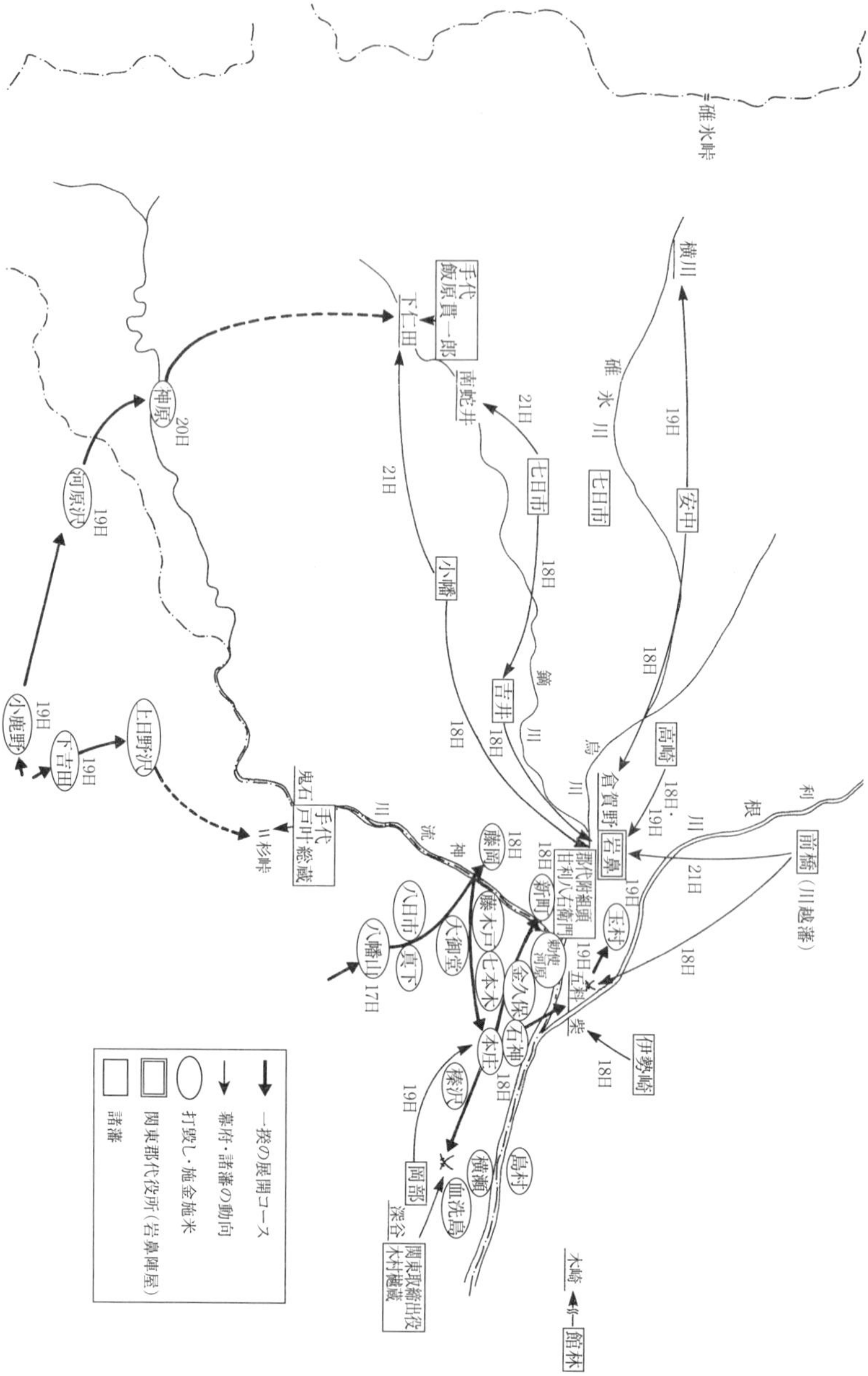

上州方面慶応２年世直し一揆関係図

表1　藤岡町の打毀し状況

職業	身分	名前	打こわし状況						
			本家	添屋	土蔵	物置	雪隠	井戸	その他
質物醤油渡世	元年寄	高橋屋　源七	○		④				醤油蔵1
繭生糸渡世	百姓	川田屋　仙右衛門	○		②				
〃	〃	清水屋　藤右衛門	○	○	①		○		
太物荒物渡世	〃	小松屋　孝兵衛	○	○	①	○		○	小土蔵1
蚕種渡世	〃	高見沢屋　丑五郎	○						
繭生糸蚕種渡世	〃	中村屋　辰右衛門	○	○	③		○	○	
煙草繭生糸渡世	〃	洲浜屋　文五郎	○	○					
水油蚕種渡世	〃	梅鉢屋　芳兵衛	○	○	①	○	○		油絞場所1
繭生糸渡世	百姓(五左衛門悴 当時百姓栄八借家)	水沼屋　福松	○	○	①				
呉服太物渡世	元年寄(源七借家)	薬罐屋　新六	○	○	①		○		
繭生糸渡世	百姓(又兵衛借家)	煙草屋　喜助	○	○					
煙草繭生糸蚕種渡世	百姓(文右衛門借家)	万屋　倉吉	○	○			○		
繭生糸蚕種渡世	年寄(鐐之助借家)	山口屋　和三郎	○	○	①				

(注)「寅六月十八日明ケ六ッ時過徒党打毀取調書上」(藤岡市「星野兵四郎家文書」〈群馬県立文書館蔵「群馬県史収集複製資料」〉)による。

記されているとともに、⑭に若干の記事がみられる。もうひとつ、下仁田町方面への展開も予想されていたが、㉖~㉙・㉜~㉞に関係記事がみられる。

また、「見聞録」によれば、「右模様ニ而者、多分吉井町江参り可申」(⑧)、「従是吉井江押寄候催ニ候趣、申来候事」(⑩)というように、一揆勢が藤岡町のあと吉井宿へ向かうとの情報があった。吉井藩でも「徒黨人数者〔之カ〕内吉井江向候ハヽ、矢田村境迠も御操出し、御打拂之御手筈ニ御座候」(⑪)と、吉井宿打毀しに備えていた様子が記されている。さらに、「同所(大宮)ゟ杉之峠ヲ罷越鬼石、夫ゟ渡世江押寄、其辺ゟ既ニ吉井江發向之風聞専有之候」(㉑)ともあり、吉井宿へは秩父大宮から鬼石・渡瀬を経たルートによる打毀しの「風聞」があったことも知られ、「今夕秩部大宮引拂之人数、明日鬼石迠可参段被仰聞候、鬼石ゟ當町（藤岡町）江可参哉、何れ江向候事哉、兎ニ角貴宿（吉井宿）者御用心可然与奉存候」（⑭）との情報ももたらされている。このように、吉井宿も打毀しの対象であったが、実際には風聞のみで実行されなかった。

＊

それでは次に、実行はされなかったものの、打毀しの対象であった吉井宿および吉井藩の対応をみてみよう。まず、「見聞録」で「御領主様」と記されている吉井藩の動向について触れておこう。六月十七日夜、岩鼻陣屋から吉井藩・小幡藩に対し鬼石辺出兵が指示され、七日市藩には吉井宿への出兵が指示された（③・⑯）。そして、十八日になると、吉井藩・小幡藩の出兵先が岩鼻に変更され、同日暮六つに両藩兵は岩鼻へ向けて出立した（⑬・⑯）。こうした動向は既に知られているところであるが、岩鼻陣屋よりの出兵指示に対し吉井藩では、領内より農兵と人足を徴発した（③）。また、同藩陣屋前に大砲や剣付鉄砲を用意して一揆勢の進入に備え、いよいよ吉井宿へ向かってきた際には、矢田村境で阻止する計画を立て、小幡藩・七日市藩に対し加勢を求めている（⑪）。加勢を求められた小幡藩・七日市藩であるが、小幡藩は前述のように吉井藩とともに岩鼻へ出兵しており、岩鼻陣屋から吉井宿出兵を指示されていた七日市藩の藩兵が、十八日丑中刻に吉井宿に到着した（⑯）。

藤岡町から本庄宿・新町宿へと向かった一揆勢は、十八日に新町宿において鎮圧されるが、これを受け吉井藩・小幡藩兵は、十九日朝に岩鼻より引き返した（㉔）。これに合わせて、七日市藩兵も吉井宿から帰陣することになっていたが、吉井藩では鬼石方面からの一揆勢の動向がはっきりするまでの駐留を要請した。夕方、鬼石方面からの進入がなくなったとの情報に接し、七日市藩は引き上げた（㉔）。二十一日には、岩鼻陣屋に詰めていた吉井藩の歩人足に帰村が命じられ（㉚）、翌二十二日には、やはり岩鼻陣屋に詰めていた同藩農兵に帰村が命じられた（㊱）。なお、二十一日に、小幡藩・七日市藩は下仁田方面へ出陣するが、これらの動向に関する記事は「見聞録」にはみえず、幕府側の動きのみ記されている（㉗・㉙・㉝・㉞）。

次いで吉井宿の動向であるが、打毀しの風聞に対し同宿では、一揆勢の動きを探るべく情報収集に当たっている様子が詳しくわかる。そこで、特に同宿の情報収集活動に焦点を当ててみてみよう。

まず、②・⑭に藤岡町問屋からの書状が収められており、⑮も⑭とともにもたらされた情報であろう。㉑にも藤岡町より急書状が到来したとある。また、㉒・㉕には鬼石町役人からの書状が収められており、㉖の神原村・平原村役人から青倉村・下仁田町役人宛の書状は、岩鼻陣屋へ通報のため通行した下仁田・富岡両町役人からもたらされたものである。こうした町村役人が情報提供者として知られるとともに、⑤によれば「島屋佐右衛門」から情報を得ている。島屋佐右衛門は、上州において京屋とともに知られた定飛脚問屋のことと思われ、飛脚問屋が情報提供者として登場しているのである（4）。

また、⑭の藤岡町問屋からの情報によれば、十八日四つ半過ぎに一揆勢が本庄宿に向かう際に藤岡町から八〇〇人程の人足が徴発され、そのうち七三〇人程が同日夜までに帰ってきたとあるが、藤岡町問屋が彼ら一揆参加者から情報収集したことが記されている。

吉井宿では、こうして情報を得るとともに、注目したいのは「見込人」「見込之もの」を派遣して情報収集に当たっている点である。藤岡町へ、十八日未明に二人（⑥）、同日巳中刻に四人（⑨）、同日夜四つ時にはさらに二人（⑰）を派遣している。最初に派遣された見込人の報告が⑦・⑧に記されているが、特に⑧では藤岡町打毀し後一揆勢は吉井宿へ向かうとの見通しが伝えられている。この情報を受けてであろう、次いで四人が派遣される。彼らからは、⑩では吉井宿へ向かう模様と伝えられているが、⑫になると残らず本庄宿に向けて繰出したとの情報がもたらされている。このあと帰った二人は藤岡町問屋の書状を持ち帰っているが⑭、そのなかにも一揆勢は残らず本庄宿へ向かった旨が記されている。このように、吉井宿では藤岡町へ矢継ぎ早に見込人を派遣し、打毀しの状況や、その後の一揆勢の動向を把握しようとしたのである。

一方、一揆勢は秩父大宮から杉峠を越え、鬼石・渡瀬を経て吉井宿へ向かうとの情報が藤岡町問屋からもたらされ㉑、吉井宿では鬼石方面へも、十九日暁六つ時に二人㉒、二十日未明に二人㉕の見込人を派遣している。彼らは、それぞれ鬼石町役人からの書状を携えて帰っている。また、二十日には下仁田町へ二人の見込人を派遣し、ひとりは翌日帰っている㉘・㉜。

このように、吉井宿では各方面に見込人を派遣して情報収集に当たっていた様子が知られる。もちろん、吉井宿ばかりがこうした情報収集活動をしていたわけではない。藤岡町は小川・寄居・八幡山方面へ②、鬼石町は秩父方面へ㉒、それぞれ見込人を派遣し、神原村・平原村でも見込人を派遣している㉖ことが記されているように、おそらく各町村で実施していたものと思われる。しかし、これまでの武州世直し一揆研究のなかで、見込人による情報収集という点にはほとんど触れられていない[5]。

最後に、打毀し対象者情報の精粗について簡単に触れておこう。武州世直し一揆における打毀し対象者については、近世村落史研究会によって諸史料を総合した一覧表が作成されており[6]（以下「対象者一覧表」という）、それと「見聞録」の記事との対比を表2に示した。「見聞録」では、飯能町・大川原村は①に、小川町は②に、寄居町は④に、八幡山町は⑤に記事があり、小川町の場合は藤岡町問屋からの情報、八幡山町の場合は島屋からの情報とある。しかし、表2によれば、それらの情報と「対象者一覧表」との一致は少なく、特に小川町に関しては、名前・軒数ともまったく一致しない。⑭の末尾に小川町九軒、寄居六軒、八幡山八軒、川越二九軒ともある

表２　打毀された者の対比

	「見聞録」	「対象者一覧表」
飯能町	境屋又左衛門	(境屋)又右衛門
	松屋半兵衛	(板屋)半兵衛
	酒八与唱候穀屋	(酒屋)八左衛門
	中屋清兵衛	(中屋)清兵衛
	永楽屋与申宅	
		(紺屋)
		(枡屋)喜兵衛
		(秩父屋)金子
大川原	浅見伊織	
	(粟田御殿貸附役所)	俊造
		(青蓮院宮家来親類)
小川町	木屋卯兵衛(横浜商人)	14軒、一致せず
	大谷(横浜商人)	
	岩藤(横浜商人)	
寄居町	武蔵屋	
	丹波屋	(丹波屋)伝吉
	岩田	(岩田屋)藤兵衛
		(木屋)惣兵衛
		(近江屋)久兵衛
		(万屋)吉兵衛
八幡山町	坂本金十郎	
	大坂屋伊之輔	
	坂本傳兵衛	
	坂本彦右衛門	
	浅見忠兵衛	浅見彦兵衛
	福島清八	
	小柏屋源造	源蔵
	井上	
		吉兵衛
		弥三郎
		小兵衛
		源助
		清兵衛

	「見聞録」	「対象者一覧表」	その他の史料
藤岡町	小松幸兵衛	幸兵衛	小松屋孝兵衛
	清水藤右衛門	藤右衛門	清水屋藤右衛門
	煙草屋喜輔	喜輔	煙草屋喜助
	山口和三郎	文五郎	山口屋和三郎
	川田屋仙右衛門	仙右衛門	川田屋仙右衛門
	梅鉢屋由兵衛	由兵衛	梅鉢屋芳兵衛
	萬屋倉吉	倉吉	万屋倉吉
	薬鑵屋新六	新六	薬鑵屋新六
	高橋源七	源七	高橋屋源七
	中村屋辰右衛門	辰右衛門	中村屋辰右衛門
	高見沢武右衛門	武右衛門	高見沢屋丑五郎
	水沼福松	福松	水沼屋福松
	洲濱屋文五郎	文五郎	洲浜屋文五郎
本庄宿	諸井幸次郎		諸井治郎兵衛
	諸井仙右衛門		諸井仙右衛門
	辰巳屋半五郎		辰巳屋辰五郎
	松坂屋徳兵衛		松坂屋徳次郎
	紅葉屋新兵衛	(もみじ屋)	紅葉屋新兵衛
		(丸八)	
新町宿	宮崎屋吉兵衛		宮崎屋吉兵衛
	大工重五郎	重五郎	大工重吉
		(年寄重太夫借家)	近江屋半七
	大和屋		
	近江屋半七	近江屋半十郎	
		後家	
		文右衛門	中村屋

(注)　その他の史料のうち、藤岡町は「徒党打毀取調書上」(藤岡市「星野兵四郎家文書」)、本庄宿・新町宿は「享和以来見聞記」(伊勢崎市「森村家文書」)による。

が、これもほとんど一致せず、とりわけ川越での打毀しは「対象者一覧表」には一軒もなく、周辺地域での打毀しが誤伝されたものであろうか。一方、藤岡町・本庄宿・新町宿に関しては⑭・⑱・⑲、他の上州側の史料に照らしてもほぼ正確な記録といってよく、「対象者一覧表」に不備がみられる傾向が指摘できる。

なお、蛇足ながら、慶応二年の世直し一揆については、〝武州世直し一揆〟という呼称が定着しており、実際史料上にも「武州一揆」という表記もみられるが、「見聞録」の「上武打毀一条」という表記からは、上州側からみれば〝上武打毀し（上武世直し一揆）〟との認識が示されているのではないか。

注

（1）　武州世直し一揆の主な研究を上げれば、①山中清孝「幕藩制崩壊期における武州世直し一揆の歴史的意義」（『歴史学研究』別冊特集、一九七四年度大会報告）、②近世村落史研究会共同研究「幕末の社会変動と民衆意識」（『歴史学研究』四五八、一九七八年）、③森安彦著『幕藩制国家の基礎構造』（吉川弘文館、一九八一年）、④大舘右喜著『幕末社会の基礎構造』埼玉新聞社、一九八一年）などがあり、史料集として近世村落史研究会編『武州世直し一揆史料』㈠㈡（慶友社、一九七一・七四年）がある。上州に関しては、中島明「武州世直し一揆と上州諸藩の動向」（『近世史藁』二、一九七七年）がある。

（2）　『群馬歴史民俗』七、一九八五年。本書第三部（三七三頁）に収録。

（3）　「一揆関係図」では、前稿所載図の藤岡町から新町宿への展開を示す矢印を消去したが、もうひとつ下仁田町に出向した岩鼻陣屋の手代「飯塚貫一郎」を「飯原貫一郎」と訂正した。前稿では、『武州世直し一揆史料』㈠（一一三頁）で、「飯原貫一郎」の「原」に「塚」と注記してあるのに従ったのであるが、そもそも原史料には「飯原貫一郎」とあり、「見聞録」には「飯原翫一（市）郎」とあり、慶応二年の「県令集覧」（村上直・荒川秀俊編『江戸幕府代官史料―県令集覧―』吉川弘文館、一九七五年、三七四頁）にも「飯原貫一郎」とあるなどの点から、

「飯塚」を「飯原」に訂正した。

（4）島屋は、京屋とともに上州各地に支店を置いていた定飛脚問屋であり、巻島隆「上州の飛脚問屋について―輸送・金融・情報―」（地方史研究協議会編『交流の地域史―群馬の山・川・道―』雄山閣、二〇〇五年）では〝町の情報センター〟としての側面が指摘されている。なお、京屋・島屋が連名で、川越（前橋）藩に藤岡町の打毀しの様子を注進していることも知られる（『武州世直し一揆史料』（二）、二四四頁）。

（5）森安彦「「武州世直し一揆」と信濃国の動向」（『新編埼玉県史だより』資料編11、一九八一年、本書第三部に収録）のなかで、信州佐久郡五郎兵衛新田村の「御用留」にみられる「遠見」について紹介されているのが知られる程度である。

（6）注（1）②所載「付表2　慶応2年6月武州世直し一揆の対象者一覧表」。

〔初出〕『群馬歴史民俗』（第二八号、二〇〇七年三月）

「長州一件附武州上州百姓騒動」について

押木寿子

この史料は標題に「長州一件附武州上州百姓騒動」と記された写本で、小田急百貨店古書展示即売会（高崎市みやま書店）において村落史研究会が入手したものである。この文書は武州一揆を長州一件と一連の中でとり上げ、特に上州からみた武州世直し一揆の波及を記録したものである。文書の内容は志賀村神津半右衛門が情報を集めて、一揆の状況を松本直一郎御預御役所へ報告したものとおもわれる。岩村田・下仁田・山中村からの情報を把握している。

内容の一部には、遠隔地の不確実情報として、

○一揆勢が南無阿弥陀仏と南無妙法蓮華経と両方を目印に使用している。

○野州の動きとして、赤旗組・白旗紙《（ママ）》が出てくる。

○「太田呑竜尊」が世直しに出て来たという記載がある。

○徒党の根本人の内に甲州散乱（甲州異変、慶応二年四月）の者もこれ有としている。その他、上・武の打毀状況については特に注目すべきことはないが、次に史料の全文を紹介する。

○百姓一揆聞留書写

以書面急御注進奉申上候

一昨夜中自身罷出御届奉申上候上州騒動一件、昨夕聞込次第早足之者四人差遣候内、弐人漸只今罷帰、上州下仁田町役場におゐて見留之者より聞書持参仕候間、下書之儘別紙奉申上候、委細之義者是ニ而色々御承知奉願候、猶外弐人者其場所迄茂罷越、碇と治定見留之上夜中にても帰国之積申遣候間、其先々江出張仕候間追々注進次第早々御訴可奉申上候、以上、

慶応二寅年六月廿日午刻　(信州佐久郡)志賀村

神津半右衛門　印

松本直一郎様

御預

御役所

聞取控

此度多人数徒党いたし候事之起りハ、元者武州小(青)梅宿在二三ケ谷ゟ最寄市場へ米穀下直ニ売出呉候様掛合いたし、彼是差縺罷在候処、当月十三日夜右谷村より大勢一旦ニ押出し、近所穀屋幷大家身元相応之商人家不残打毀、是ゟ小梅宿・はんのふ宿・八王子・松山・小川・八幡町々在々身元相応之百姓不残打毀、尤早々金米等差出候者ハ其侭ニ而書付受取、其所々名主へ懸合最寄之村江米百文ニ付五合・挽割麦百文ニ壱升ニ売候様頼置、厳敷致約条其場を立去次宿迄罷越候由、且質物三ケ年此方之分銘々当人江元利不取ニ相返候様掛合、諸帳面証文類掛合之上是を請取町中ニ而火元厳鋪致焼捨申候由、右者八幡山町ゟ当月十七日夜に上州藤間町へ罷出身元相応之方へ懸合

候処、施米金銀差出候家々助置、彼是申候宅者十七軒程打毀候由、此人数三千人余ニ御座候、右藤岡町ニ而土屋と申方ニ而金弐千両、日野や千両、其外米百俵位差出候家有之由、是より武州本庄宿へ罷出右宿有増打毀、十八日夜新町宿其外在々ニ致止宿候趣、尤是者岩鼻ゟ最寄大名衆江御頼ニ相成ニ付、一番手高崎様、二番吉井様、小幡七日市安中様不残岩鼻川原前後ニ陣取差止メ申候処、雲霞の如き大勢故高崎宿へ押入候心得ニ而候哉、十八人程切殺候ニ付引取、是ゟ前橋之方へ参候趣御座候、何連共此行方篤と相分り不申候、

一此勢之外又々武州小川町ゟ一万人余何れゟ歟罷出候風聞も有之候、

一野州ゟ三十六ケ村ゟ起り候赤旗組、白旗紙(ママ)南無阿弥陀仏之目印、南無妙法蓮花経之目印差物江縫付、但桐生大まゝ辺江参候趣も有之候処、是も何れへか参候哉相分り不申候、

一上州吾妻郡村々百姓多人数下駄古笠抔を持て江戸へ押出候風聞も有之候、誠ニ大騒動にて宿々在々男女甚心配仕候、

右ニ付岩鼻御役所刻付を以御廻文有之候趣、何れ之願筋ニ而も取上候間、村々之首姓共騒立不申候様村役人篤と可申聞趣御触ニ御座候事、

一武州八幡山宿ゟ千五百人程秩父山中へ登候風聞御座候、右騒ニ付足軽弥七郎聞留ニ参罷帰聞書之内、

一岩村田宿出立香坂峠を越本宿へ罷出、夫ゟ下仁田町江参杉原五郎左衛門と申者之方ニ止宿致候処、折節岩鼻様御陣屋より御出役有之甚繁多之様子ニ付、五郎左衛門ゟ承候処左之通、

関東御取締

宮内左右平様人数三十人程、十九日下仁田町江御詰廿一日御引取、

岩鼻御出役

飯原貫一郎様人数十五人程、廿日御詰、廿一日御引取

二万石
小　幡
松平摂津守様人数二百人程、廿日下仁田町裏之方字伊勢山三福庵と申所へ御詰　廿一日御引取

御奉行朝倉久馬様岸与五左衛門様

一万石
七日市
前田丹後守様御人数二三十人程、廿日下仁田町江御詰

御代官
平井新助様

岩鼻様御陣屋へ十八日御出張

八万二千石
高　崎
松平右京亮様人数百人程
御詰之御役人様不相分

小幡様七日市様吉井様外ニ歩兵三百人江戸表ゟ参廿三日岩鼻江着候由

此度徒党之根本人之義は、最初百五六十人計之由、右之内甲州散乱之者も有之、又は火消之者も有之趣、夫故歟
毀し方殊之外上手之由ニ御座候、

一廿五日早朝宿五郎左衛門相頼名主桜井弥五兵衛と申者方へ遣候処、去十九日下仁田町ゟ山中村名主三郎右衛門

と中者之方江遠見遣候処、書付持参之由貸呉候付写取左之通、

一武州高麗郡入間郡辺之者共ニも有之候哉、大勢徒党当月十三日夜ゟ所々横行致打毀し候場所、

　飯能　扇町屋　黒須　坂戸　室本郷(毛呂)　越生　今宿　松山　小川　寄居

右寄合二手ニ相成一手ハ秩父郡江押入、一手ハ十七日夜八幡山町江出七八軒潰し、夫ゟ十八日早朝藤岡町江出十三軒潰し、夫ゟ本庄宿へ出三四軒、夫ゟ新町宿登り候処岩鼻御陣屋ゟ御出張、猶高崎様御人数繰出御召捕其外左ニ記

　生捕四十人余、怪我人十三人、即死五人

右之外御召捕多分之由風聞御座候、

一秩父郡江押入候者共ハ十八日大宮町郷ニ而七八軒、其外武州忍松平下総守様御陣屋打毀し、十九日小鹿野ニ而六七軒、奈倉森伊兵衛と申もの打潰し、夫ゟ下吉田江出一二軒毀申候処江大宮郷忍様御陣屋ゟ捕手相懸り被召捕、怪我人即死も出来ニ付徒党之者散乱、残党之分ハ所々ニ而召捕候ニ付、秩父郡之分ハ十九日限ニ而鎮申候、召捕之内頭取と相見候坊主壱人生捕、此者下筋ニ而者大田之呑竜尊世直しニ出候抔申唱歩行候趣、尤上吉田ゟ当山中通ニ而下仁田町へ罷越し心得之所、右ニ而は其儀無之候、新町宿辺之分ハ何方ニも屯集之体無之、定而秩父郡同様散乱ニ及候義と奉存候、何方も遠方ゟ来候者は少々近辺より追々相加り大勢ニ相成候趣故、人数多少聢と相分り不申、新町宿ニ而被召捕切捨之内藤岡町其外近在之者ニ有之由、秩父郡ニ而も矢張秩父之者ニ有之由、

一兼而御聞及も可有之今般之騒立は横浜商人を憎ミ打潰、其余は右之序ニ仕出候様子、何方ニ而も潰し始候節は人気立、近辺ゟ追々人数加り候付、当山中之儀も右様之義無之様前広ゟ精々制置候義ニ御座候、此上之所も横浜商人多分御座候場所は如何哉難計候得共一先鎮り是限ニも可相成哉と奉存候、当山中ニは神原覚太夫其外少は浜

商人も御座候得共、当組合ニは浜商人壱人も無之候、右件之御報申上度如斯御座候、以上、

一帰懸岩村田宿名主桜井弥五兵衛方ニ而承候得共聢と相分候義無之、尤手負死人等追々川中ゟ出候由、只今ニ而は諸手ニ而被召捕候者三百人余も御座候由、頭取と相見候ハ忍様江御引渡ニ相成由風聞ニ而承申候、

（完）

〔初出〕『近世史藁』（第一号、一九七五年）

茨城県で発見した武州世直し一揆史料

斎藤洋一

過日茨城県へ文書調査に赴いた際に、慶応二年（一八六六）六月のいわゆる武州世直し一揆に関する史料を発見した。武州世直し一揆が席巻した当該地域ないしその周辺地域ではなく、少しく隔たった地域でもこの一揆が記録されていたことが知られそのことに限ってみても貴重な史料だと思われるので紹介しておきたい。なおこの一揆と直接関係のない地域でこの一揆のことが書き記されていた例としては、信州佐久郡五郎兵衛新田村名主柳沢所左衛門の「日記」（近世村落史研究会編『武州世直し一揆史料』㈡—一八四～一八六頁）、および同州同郡志賀村神津半右衛門の「長州一件附武州上州百姓騒動」（押木寿子「『長州一件附武州上州百姓騒動』について」『近世史藁』第二号、五〇～五二頁）などがこれまで知られている。

ここに紹介する文書は、茨城県猿島郡三和町仁連四〇番地（旧下総国猿島郡仁連町）鈴木篤三氏の所蔵にかかるものである。文書は竪帳で、その表紙は

慶応二寅年六月

長州一件御達書

并武州筋騒動御届書写

鈴木

となっている。表題に明らかなように鈴木氏が、第二次幕長交戦に関する達書類と武州世直し一揆に関する届書類とをあわせて写し留めたものがこの文書なのである。

押木寿子氏がかつて紹介した「長州一件附武州上州百姓騒動」は、第二次幕長交戦と武州世直し一揆を同時に書き留めたものであったが、ここでも我々は、徳川幕府の死命を制したともいえる第二次幕長交戦と同時に武州世直し一揆が記録されていることをみることができる。このことは、第二次幕長交戦と武州世直し一揆がほとんど同時期に起った事件（前者が六月七日、後者が六月十三日）であったことに由るのであろうが、しかしそれのみでなく武州世直し一揆が第二次幕長交戦と同じ位大きな事件として当時の人々に受け止められていたことをも示すものと思われる。

それはともかくとして我々は次にこの文書を書き残した鈴木氏についてみておく必要があろう。しかしこの点についての我々の調査はまだ着手したばかりであるので今くわしく述べることはできない。ここでは現当主篤三氏からうかがったことをも加味してごく概略を述べる。

さて鈴木家は奥州街道脇往還の一宿場仁連町の名主と問屋を代々勤めた家であった。こういえば我々は木曽山中馬籠宿の庄屋青山半蔵のことを想い浮かべる。実際、現当主篤三氏は自らの家の歴史を『夜明け前』の青山家の歴史と重ねあわせて考えられているかのようでもある。

鈴木家が最も勢力をふるったのは、八代将軍吉宗の時代つまり享保期頃であった。この頃幕府は財政の行きづまりを打開する一方策として新田開発を積極的に奨励するが、これを受けて下総猿島・岡田・結城の三郡にまたがる広大な沼であった飯沼が干拓されることになる。これがのちに飯沼三千町といわれ一大美田地帯を形成することになる飯沼新田開発であった。そしてこの飯沼新田開発に重要な役割を果たした一人が仁連町善右衛門すなわち鈴木家の先祖であった（なお当主は代々善右衛門を名のる）。この開発の成功によって鈴木家もまた広大な土地を獲得して新田地主となったのである。

しかしその後鈴木家の経営は順調な発展を遂げなかったように思われる。没落したわけではないが、現状維持から漸時経営縮少に向かったのである。時代の波に乗れなかったということであろうか。幕末にいたるころには依然として名主と問屋を兼ねる仁連町の名家ではあったが、すでに昔日の面影は失なわれていたようである。これは現当主篤三氏が述懐されたことでもある。

ところで、そのような中で、あるいはそうであったからこそなおさらというべきかも知れないが、幕末期の鈴木家当主の社会感覚ないし政治感覚は大変研ぎすまされていたように思われる。それによって格別特筆すべき社会的あるいは政治的行動をとったというわけではないが、ここに紹介する文書をはじめとしてこのほかにも「井伊大老斬姦趣意書」「阿州侯上書」「長州侯上書」等々の幕末の社会、政治情勢を伝える文書を大量に書き写しているのである。先に我々は木曽山中馬籠宿の青山半蔵のことを想起したが、このようにみてくれば幕末期の鈴木家当主を青山半蔵に比定してみることもあながち根拠のないものとはいえないだろう（なお鈴木家についてはいずれ別稿でより詳細に述べたいと思っている）。

さて前置きが長くなってしまったが、早速史料の紹介に入ろう。なお前半の第二次幕長交戦に関する史料は省略する。そこで武州世直し一揆に関する史料であるが、三つの史料の写しからなっているので、ここでもそれに従って順次紹介し若干の検討を加えたい。なお以下便宜的に史料一・二・三とする。

史料一

覚

河津駿河守

熊ケ谷辺江為御用被　差遣候ニ付而は、彼地江出張罷在候御勘定奉行支配之ものとも指揮も兵事ニ拘り候儀は御任せ被成候間、余機（よき）ニ取計候様可被致候事、

右之通相達候間得其意彼地出張支配向之者共江申遣候様可被致候事、右之通水　和泉守殿　被仰渡候間可被得其意候、以上、

寅六月　　駒　甲斐守

井　信濃守

兵粮方御代官衆

猪狩篤郎殿より大竹左馬太郎殿江御達之事、

史料二

乍恐以書付御注進奉申上候

今朝御訴奉申上候徒党乱妨之義追々疾と承糺候処、昨十四日未明秩父郡我野（吾）辺より騒立候人数十人余ニ而黒田伊勢守様御領分武州高麗郡飯能村名主八右衛門、同又右衛門外弐軒打毀し候内追々人数相増凡三百人余ニ相成、夫より同日四ツ時頃ニ至人数八百人余、松村忠四郎様御代官所同州入間郡扇町谷（屋）村年寄長谷部多七、名主健次、粕

谷善太郎、百姓茂右衛門外弐人打毀、同日四ツ時半頃同御代官所同郡下藤沢村百姓新兵衛外弐軒打毀、猶又人数相増凡千人余ニ相成、松平大和守様御領分同郡水野村名前不存民家壱軒打毀、同日九ツ半時頃松野(村ヵ)忠四郎様御代官所同郡所沢村百姓小八外拾軒打毀、同日夕七ツ時頃今川要作様・佐々井半十郎様御立会御預所同郡上新井村名主善右衛門、菅沼忠八郎様御知行所同郡久米村組頭金蔵外壱軒打毀、右人数二手ニ相成、一手ハ同日夕五ツ時頃右御立会御預所同郡下安松村名主新助外壱軒打毀、同夜中引続江川太郎左衛門様御代官所同州多摩郡下清戸村百姓文次郎打毀、其節人数弐百人程ニ相成候由、夫より松平右京亮様御領分同州新座郡引又町組頭権兵衛外五軒打毀し、人数同断今十五日朝五ツ時頃松平大和守様御領分同州入間郡鶴間村名前不知民家壱軒打毀、右村最寄屯集罷在候由、一手は跡人数不残同夜中松村忠四郎様御代官所同郡北田新田百姓丈右衛門外弐軒打毀、同夜中此人数二手ニ相成、一手ハ七、八拾人程同御代官所同郡上安松新田百姓壱軒打毀、同夜中松平大和守様御領分同州中富村百姓壱軒打毀、今十五日朝五ツ半時頃同御領分同郡上富村名前不知民家壱軒打毀、右鶴(間)田村ニ而落合同道之由、又此一手ハ同夜中松平大和守様御領分同郡上広瀬村名主勘右衛門外弐軒打毀、追々人数相増今十五日朝四ツ時頃地頭性(姓)名不相知同郡黒須村名主武兵衛宅打毀、猶人数相増、同日九ツ半時頃永野岩太郎様御知行所同郡小谷田村年寄勘兵衛外壱軒打毀し、当時人数夥敷相増、右村最寄屯集罷在候由承知仕候、且昨十四日より前書打毀候節白・赤・黄三色之吹流しを立、同襷を掛、銘々所持之道具カケヤ・斧・鳶口・なた・長キ棒等ニ而、槍、剣之類ハ無御座候、多人数江差図致し候もの同州秩父郡我(吾)野郷ニ而名主藤右衛門、同郡尾崎村宝玉院両人之由、同院は修験ニ而新徴組江加り候もの之由風聞承及候、村々江差懸候節加勢人足可差出、若相背候ハヽ不残可焼払抔申威し候ニ付、無余義人数差出、当時過半近村之もの之由ニ御座候、其余追々取調可奉申上候、此段不取敢御注進奉申上候、以上、

武州入間郡上新井村
名主市右衛門印

寅六月十五日亥ノ中刻付ニ而寅下刻達ス

今川要作様
佐々井半十郎様
御役所

右書面役所宛ニは候得共、出役西山義武太郎江差出候由之事、

史料三

最寄村々多人数押歩行民家打毀候趣、武州新座郡溝沼村名主富八届ニ罷出候ニ付、様子承り申立候趣書取

当月十五日昼九ツ時頃、松平右京亮領分武州新座郡引又町江何方之ものとも不知多人数押来り民家五軒打毀、夫より深津弥一郎知行同郡浜崎村酒造家幸七宅、同郡岡村醬油屋庄右衛門宅打毀、是より溝沼村江打毀ニ参り候間於同村弁当用意いたし置候様相触、同村江は不参上下新倉村弐三軒打毀、同郡白子村手拭等小商ひいたし候茂右衛門宅江参り、白木綿其外取出し鉢巻・襷又は手拭・旗等ニいたし、同村民家壱軒打毀、夫より川越領新河岸へ向押参候途中、川越より固人数有之候ニ付、同河岸江は不参直様胯（膝）折村・野火止村打毀、徒党人数之内四人野火止村医師又作方江止宿いたし候処、右四人之者共何れも襟ニ甲之字之印付候稽古着を着し、鋸・斧・カケヤ・小筒等所持致し居候由、夫より十六日朝同所出立、右人数江加り城村弐軒程、安松村醬油屋新兵衛宅并同村よし原油屋打毀、柳久保（窪）村七次郎宅外壱軒打毀、夫より田無村名主半兵衛宅打毀之相談有之候由、是迄村毎ニ人足触又

七江《は》弁当焚出方申談、於違背は速ニ村内不残打毀候趣大勢口々ニ申罰り、不得止事村々より人足五拾人、百人又は弐百人、三百人位迄差出、且米は五合、糠は八斗俵を尾張俵と唱両ニ弐俵ニ致し可申旨申触し、物取等は不致候得共衣類之内宜品等取出し着替候由、村々より罷出候人足江は直々手拭を渡し、不働ものハ脇差又は斧ニ而切捨、無余義働等致し候趣ニ有之候、

六月十七日

史料は以上の通りであるが、一読して明らかなように史料一と史料二・三はかなり性格の異なるものである。すなわち史料一が一揆鎮圧にあたる幕府の動向を伝えるものであるのに対し、史料二・三は当該地域の村の名主が一揆の動静を報告したものである。以下それぞれについてみていこう。

史料一は内容的には四段落から成っている。すなわち武州世直し一揆の鎮圧のために歩兵三中隊を率いて熊谷辺へ出張することを命じた歩兵頭並河津駿河守祐邦に、同時にすでに熊谷辺に出張している勘定奉行配下の者をも合わせて指揮することを命じたものが最初の段落の史料である。なおこれとほぼ同文の史料が「武州秩父辺農民徒党一件」にも収められていて、これが六月十六日に老中井上河内守正直によって達せられたものであることが知られる（『武州世直し一段史料』㈡—一九〇頁）。次には、右のように河津駿河守に命じたから、このことを熊谷辺に出張している配下の者へ通達するようにという老中水野和泉守忠精から勘奉定行駒井甲斐守朝温および井上信濃守清直への命令がくる。これを受けて駒井甲斐守・井上信濃守の両人から「兵粮方代官衆」へあてて、右のような通達があったから承知するようにとの連絡をしたものが三番目にくる。なお兵粮方代官衆がどのような役職であったかは不明であるが、一揆鎮圧のために熊谷辺に出張していた勘定奉行配下の者であることはまちが

いないであろう。そして最後にくるのが、これをさらに猪狩篤郎（未詳）が代官大竹左馬太郎に通達したというものである。

二段目までのことはすでに「武州秩父辺農民徒党一件」で知られていたが、史料一によってこれがさらに兵粮方代官あるいは大竹左馬太郎まで通達されていたことが新たに知られるのである。武州世直し一揆の鎮圧にあたって領主層内部でいかに緻密な連絡が行なわれていたかをみることができよう。

史料二は、武州入間郡上新井村名主市右衛門が、武州世直し一揆が最も勢威をふるっていたといってよい六月十五日付、すなわち一揆の高揚の真只中でそれまで見聞したことをとりあえず認めて、代官今川要作・佐々井半十郎役所あてに「注進」したものである。もっとも実際には出役西山義武太郎がこの注進書を受け取っている。それより二日後の六月十七日に、この一揆について報告にきた武州新座郡溝沼村名主富八から聞いたことを書き留めたものが史料三である。

史料二・三ともその前半にこの一揆で打ちこわしの対象とされた者（家）を書きあげている。いま史料二にみられるそれを表示すると後掲の表（次頁）のようになる。そのほとんどは既知に属するが、しかし若干の新しい事実も知られる。すなわち入間郡水野村・上新井村・久米村でも打ちこわしがみられたことがこれによって明らかになったのである。また扇町屋村の名主健次、および北田新田の百姓丈右衛門が打ちこわされたことも知られるのである（ただし丈右衛門については既知の丈助と同一人物であるかも知れない）。それはともかくとして、十四日の未明から始まって十五日の朝にいたるわずか一昼夜の間に、史料二によれば飯能・所沢周辺で五〇軒の打ちこわしが行なわれたことになる。武州世直し一揆の勢威のすさまじさを如実に物語るものといえよう。

史料二に較べると、史料三が伝える打ちこわし対象者の記録は少ない。しかしここでも新座郡浜崎村酒造幸

史料２にみられる打ちこわし対象者一覧表

日　時	支　配	郡名	村名	身分・姓名など	計	合計
14 未明	黒田伊勢守領分	高　麗	飯　能	名主八右荷門・同又右街門・外２軒	4	50
〃 4ツ	松村忠四郎代官所	入　間	扇町屋	年寄長谷部多七・名主健次・粕谷善太郎・百姓茂右衛門・外２人	6	
	〃　〃	〃	下藤沢	百姓新兵衛・外２軒	3	
〃 4ツ半	松平大和守領分	〃	水　野	民家１軒	1	
〃 9ツ半	松村忠四郎代官所	〃	所　沢	百姓小八・外10軒	11	
〃 夕7ツ	今川要作・佐々井半十郎立会預所	〃	上新井	名主善右衛門	1	
〃	菅沼忠八郎知行所	〃	久　米	組頭金蔵・外１軒	2	
〃 夕5ツ	今川要作・佐々井半十郎立会預所	〃	下安松	名主新助・外１軒	2	
〃 夜中	江川太郎左衛門代官所	多　摩	下清戸	百姓文次郎	1	
	松平右京亮領分	新　座	引　又	組頭権兵衛・外５軒	6	
15 朝5ツ	松平大和守領分	入　間	鶴　間	民家１軒	1	
14 夜中	松村忠四郎代官所	〃	北田新田	百姓丈右街門・外２軒	3	
〃　〃	〃　〃	〃	上安松新田	百姓１軒	1	
〃　〃	松平大和守領分	〃	中　富	百姓１軒	1	
15 朝5ツ半	〃　〃	〃	上　富	民家１軒	1	
14 夜中	〃　〃	（高麗）	上広瀬	名主勘右衛門・外２軒	3	
15 朝4ツ	（稲富久兵衛知行所か）	入　間	黒　須	名主武兵衛	1	
〃 9ツ半	永野岩太郎知行所	〃	小谷田	年寄勘兵衛・外１軒	2	

注　（　）内は筆写が補足ないし訂正したものである

七・同郡岡村樽油屋庄右衛門が打ちこわされたことが新たに知られる。また一揆勢が実際に襲来することはなかったようだが、同郡溝沼村に対して一揆勢から「弁当用意いたし置」くようにとの先触れがあったことも知られる。さらに同郡白子村の「手拭等小商ひ」をしている茂右衛門宅で、一揆勢が「白木綿其外取出し鉢巻・襷又は手拭・旗等ニ」していたことも知られる。なお以上の打ちこわし対象者については、かつて我々近世村落史研究会が作成した「武州世直し一揆の対象者一覧表2」（『歴史学研究』第四五八号、本書五七四頁）および森安彦「所沢における『世直し』世界の形成——慶応二年武州世直し一揆の一齣——」（『所沢市史研究』第三号）を参照されたい。

さて史料二・三ともに後半で一揆勢の動静を伝えている。いずれも短いものであるが、武州世直し一揆の諸特徴が端的に示されていて興味深い。そのいくつかを紹介してみよう。

一つは一揆勢の動員方式についてである。これについては森安彦氏が「『世直し』世界の形成——慶応二年武州世直し一揆の考察——」（津田秀夫編『近世国家の解体と近代』）の中ですでに詳細に論じているが、それによれば一揆勢は村ごとに人足の提供を要求し、これによって一揆勢の維持ないし拡大再生産をはかっていたのである（同書七〇～七三頁）。ここでも史料二から一揆勢が村々に対して「加勢人足」を差し出すことを要求していたことが知られ、また史料三からは人足の提供要求だけでなく「弁当焚出」を要求したことも知られるのである。

二つは一揆勢のいでたちについてである。私はかつて「武州世直し一揆の考察（続）——一揆勢の『いでたち』をめぐって——」（『近世史藁』第二号）で一揆勢のいでたちについて検討したさいに、一揆勢が鉢巻や襷で身を固め、旗幟を持ち歩いていたこと、しかもそれらの鉢巻や襷あるいは旗幟の類が色とりどりの大変華やかなものであったことを述べておいた。そして一揆勢がそれらの布類を行く先々の太物屋などから調達したことをもあわせて指摘しておいた。ここでもそれが知られる。すなわち史料二によれば一揆勢は「白・赤・黄三色之吹流しを立、同襷を掛」けていたと伝えられている。また史料三からは先に引用した白子村茂右衛門宅での「白木綿其外」の調達のほかにも、一揆勢が「衣類之内宜品等取出し着替」えていたこと、さらに村々から動員した人足に手拭いをそれぞれ渡していたことが知られるのである。ただしこのような行為が窃盗行為（「物取」）とは異なるものであると、この史料の記録者によって考えられていたことにも注意しておこう。ちなみに最近阿部謹也

『中世を旅する人びと――ヨーロッパ庶民生活点描――』を読む機会を得たが、その中で阿部氏が西洋の農民にとって旗のもつ意味を論じている部分が、武州世直し一揆のみならず日本の農民闘争を考える場合においても大変示唆的であると思われるので以下に引用しておきたい。

農民たちを結束させたもの、それは旗であった。ブントシューの一揆における傑出した指導者ヨス・フリッツは、旗のもつ力を十分に知っていた一人であった。彼は一五一三年にエルザスの村祭りのとき、突然ブントシューの旗をひろげ、多くの民衆を誘おうとした。また一五〇二年にもバーゼルまで出かけて絵かきに旗を注文し、一揆を起そうとした。すべての用意が出来あがっていたにもかかわらず、旗がとどかなかったというただそれだけの理由で一揆は延期され、そのために計画がもれて失敗した。別の計画で失敗したとき、彼は巡礼に身をやつして旗を腹に巻き、アインジーデルンの巡礼教会に行って、よりよきのちの時代のために旗を預けたのである（同書七六頁）。

三つは一揆勢が携帯した道具についてである。やはり私はかつて「武州世直し一揆の考察――一揆勢の武器使用をめぐって――」（『呴沫集』増井経夫先生・三上次男先生退任紀念）でこの問題を検討したが、その結果、武州世直し一揆勢が人を殺傷することを目的とした武器を携帯することを厳禁し、農具・野具の類すなわち「打ちこわし道具」を携えてこの一揆を遂行したことが明らかとなった。ここでもそれが知られる。すなわち史料二は一揆勢が携帯していた道具について「銘々所持之道具カケヤ・斧・鳶口・なた・長キ棒等ニ而鎗・剣之類ハ無御座候」と伝えている。しかし史料三はそれと異なって一揆勢が「鋸・斧・カケヤ」のほかに「小筒等所持致し居候由」と述べている。誤報であるか、それとも若干は「小筒」を携帯している者がいたのであろうか。今となってはもはや明らかにできないが、一揆勢の携帯していた道具が基本的には農具類だったことは史料三でも明らかであろう。

四つは史料二が伝えるこの一揆の指導者（「多人数江差図致し候者」）についてである。史料二は秩父郡我（吾）野郷の名主藤右衛門と同郡尾崎村宝玉院の修験者をこの一揆の指導者としている。このうち宝玉院がかつて新徴組に参加した者であるという伝聞には興味を覚えるが、この一揆を「名主・豪農（僧侶）指導の義民型による蜂起」とする説が事実と異なることはすでに森安彦氏によって解明されている。森氏によれば「武州世直し一揆の蜂起発端はけっして名主・豪農（僧侶）の義民型指導によるものではなく、秩父・高麗・多摩の三郡の山村の小前貧農層を主導とした連帯蜂起によったものである」ということになる（前掲森「『世直し』世界の形成」六四～六七頁）。私もこれに全面的に賛成するものだが、ただ一揆蜂起後間もない六月十五日段階ですでにこのような「名主・豪農（僧侶）指導」説が流布していたことには注意する必要があろう。

以上、鈴木篤三氏所蔵文書「長州一件御達書并武州筋騒動御届書写」のうち武州世直し一揆に関する史料を紹介し、若干の指摘を行なった。この史料の伝える事実はほとんど既知の部類に属しわずかの新知見を加えるだけに過ぎないが、この史料が武州世直し一揆が席巻した地域から少しく隔たった場所で書き記されていたことを紹介できただけでも多少の意義はあろうかと思っている。

付記

所蔵文書の閲覧を快よくお許し下さった鈴木篤三氏に心よりお礼を申し上げます。

〔初出〕『呴沫集』（二号、一九八〇）

「世直し一揆」像の虚実

森　安彦

一揆はいうまでもなく非合法闘争である。それ故、民衆は自分たちの一揆の指導者（頭取）やその組織が、支配者に知られることを警戒し、さまざまな工夫をこらした。

慶応二年（一八六六）六月十三日に武蔵国秩父・高麗・多摩の三郡の山村の一部から連携して、同時蜂起し、同月一九日上武国境ぞいを最後に幕藩連合正規軍・農兵などの一斉砲火の前に潰滅する「武州世直し一揆」は、そのわずか七日間という短期間に、武蔵国一五郡・上野国二郡を席巻し、現在判明するものだけでも、二〇〇か村余、五二〇軒余りの豪農・村役人・代官陣屋などを打ちこわした。この一揆のほぼ全域にわたる史料調査によって編集した『武州世直し一揆史料』一巻・二巻（近世村落史研究会編、慶友社、一九七一年・七四年発行、以下『一揆史料』と略称）を播くと、民衆の抵抗と創意に驚かされるのである。

秩父郡上名栗村や多摩郡下成木村と共に一揆蜂起の震源地となった秩父郡吾野谷の坂石町分では、打ちこわし直後の七月、関東取締出役に提出した始末書控の末尾につぎの付記がある。

この「始末書」は坂石町分の名主差添人の貞助が「案書」を作成したものだが、「始末不都合且は晶により候ハ、近村之難渋ニも可二相成一、万一事実相吩り候様至り候而は却而大変之義ニも可二相成一哉之由内々承り候間」、村役人共がよく相談して、内々貞助方へ申入れたところ、「全差障りニ相成候様子之始末書ニ無レ之」「決而心配不レ致候様ニとの挨拶」であり、「全ク前書之通り取巧候始末書差上候事ニ候」とある（『一揆史料』二巻、一四頁、傍点筆者）。これによって、この種の「始末書」はむしろ、真相を隠蔽するための手段となっていることがわかる。「世直し一揆」の全体像についても民衆の側からする虚像が創られ、それが、また民衆の抵抗でもあるのである。

この一揆については、一揆直後から絡繰《からくり》人形や「くどき」節という形式で民衆の間に一揆像が流布されていった。

慶応二年八月二十三日「山口観音ニ而打毀し之からくり見せ候由」という記録がある（前掲書、三七頁）。一揆潰滅の二カ月後には所沢の山口観音境内で打ちこわしの顚末が絡繰人形で興行されているのである。どんな内容のものか知るよしもないが、「くどき」については、さいわい「新版打こわしくどき」が存在している。この「くどき」から民衆の間に流布していった「世直し一揆」像をうかがってみよう。

〽こんピサヱめづらしそうどうばなし、国ハむさしのちゝぶ《秩父》の領に、音ニ聞へし子《ね》のごんげん《権現》の、下の村々十八ケ村、其やうちにて其名も高き、なごりや《名栗谷》つとて大そん《村》なるが、ここに杉山儀左衛門こそハ、凡持高八百石よ、ほかにありかね《有金》六千あまり、当時諸色の高直ゆへニ、村のこんきう《困窮》あわれであれバ、近所村々ひんきう人へ、しよぢ《所持》の金ぎんミなほどこして、今ハぜひなく村一同を、たく《宅》へあつめてそうだん《相談》いたし、当時しよこくの商人共が、五こくこゑき《五国交易》するとのことよ、これがつのればわれ〳〵迄が、すへハうへじに《飢死》にすることとなれハ、いつそ是ゟ命ニかけて、あまたもの持ミな打こわし、諸色下直ニいたさんものと、云々そうだんとりきハまりて、右の杉山そうたいしょう《（総大将）》で、先ニたてたる其お丶はたに、わん《（椀）》としゃくし《（杓子）》の扱うちちがい、下ニ世直シ大明神と、書シはたもてミな一ように、凡人ずハ三千計り、寅《（慶応二年）》の六月十一日ニ、人ずそろへてミなくり《（繰）》出す、きかま竹やり大のこぎりで、われも〱とさきがけいたし、あがのやつ《（吾野谷）》へと打いでます る、おゝめはんのう《（青梅・飯能）》はじめといたし、扇まち《（扇町屋）》やニくろす《（黒須）》の村よ、其やざい〱《（在々）》なミ打こハすヤンレヘ（『一揆史料』二巻、一八六―一八七頁）。

この「打こわしくどき」は、世直し一揆の終焉した直後に創作されたものと推定できるが、一揆の発端が杉山儀左衛門に仮托された豪農指導の一揆譚として構成されているところに特色がある。これと同じプロットをもつものは「秩父領飢渇一揆」（日本思想大系58『民衆運動の思想』所収、岩波書店、一九七〇年発行）がある。その一部を比較してみると、「秩父領あが野・名栗谷《や》つの内、成瀬村にて字《あざな》杉山大じん儀左衛門と云者頭取の由、持高五千石余の富家にて……儀左衛門は夫《ソレ》より我が家へ数ケ所火を付れば、光々焔々と燃上りて、旧来の大家一時の烟りと成たり。……「はや此里に用はなし、疾《と》く出《いず》べし」と云ながら……、どっと一同鯨波《とき》の声を上たり。時に惣勢六万余人と聞えたり」（同書、二八九―二九一頁）。

作者は鴻巣宿の寺子屋師匠である北岡仙左衛門であるといわれているが、物語としては大変面白くできているが、それだけにフィクションや誇張が目立つものである。吾野・名栗谷の内には成瀬村という村は存在しないし、儀左衛門はもとより架空の人物である。しかし、大事なことは、なぜこのようなフィクションが創られたかということである。

この「武州世直し一揆」では、儀左衛門のような豪農層こそが、実は一揆勢の攻撃目標であるにも拘らず、むしろ彼らを義民型の一揆指導者に仕立てているところに民衆とそれに加担する知識人の痛烈な逆説が秘められているといえないだろうか。事実、打ちこわしの対象となり、施米・施金、質地・質物の返還を要求されている豪農が一揆の指導者に仕立てられている場合もあるのである。

「慶応二丙寅夏打毀国乱之始末武州入間郡飯能在、鳥居大臣と申人、此度米穀諸色格外高直ニ而山方并市中在村々民家一同難渋ニ付、諸人助之為右鳥居大臣壱人ニ而金子二千両施行ニ差出し、付而は飯能宿ニ而二千両借用致し度由、右大臣初メ掛合ニ及候処一円不二取合一断ニ相成、依レ之一同立腹致し直様引取六月十三日夜九ツ時螺貝吹立人足相集メ其勢凡五百人余り其夜之内飯能河原ニ押出し、……」（『一揆史料』二巻、五一頁）とある。この鳥居大臣というのは、実は、一揆発祥地である上名栗村組頭鳥居源左衛門のことであり、彼は世直し一揆の最中、村内の小前農民層から金五〇〇〇両の施金を要求され、一揆解体後には「窮民救出金」として二五〇両を提供したのである（前掲書、二六頁）。もちろん、上名栗村の中でももっとも激しく「打こわし」勢と対立した一人である。その彼を一揆発端の指導者に仕立てるという意図は一体何であろうか。むしろこれは、民衆サイドから打ちこわしの真実を隠蔽し、自分らの本当の指導者を隠すために豪農を利用したのではないだろうか。

では、真実の一揆の指導者たちは、だれであったのだろうか。

蜂起発端の上名栗村には、指導者として捕えられた百姓紋次郎・同豊五郎がいる。紋次郎は大工で、豊五郎は桶職人であったという。彼らの持高は紋次郎が一斗六升一合（反別三畝一五歩）、豊五郎が六升五合一勺（反別二八歩）という極零細土地保有者層である。慶応三年八月二十二日の判決文によると、紋次郎は死罪、豊五郎は遠島となっているが、すでに両人共牢死していた。多摩郡下成木村下分の組頭喜左衛門は、多摩郡の指導者として活躍したが、捕えられ、慶応二年八月二十三日には中追放（実際は人足寄場へ収監）、田畑屋敷は闕所処分となった。持高一石一斗七升三合三勺（反別一反八畝一〇歩）であるが、その持高の七割強が質入地となっていた。

「世直し一揆」の真実の指導者は決して義民にはならなかった。この一揆を闘った民衆は、幕藩軍隊や農兵の砲火の前に潰滅していったのである。引取手のない無惨な死体が転々とし、それは、「芋びつ之ようの穴をほり所々江ほりいけ、大悪人と申せいさつ《（制札）》を立候由」（『一揆史料』一巻、一一五頁）という有様であったのである。今でも、多摩の豪農の屋敷の一隅には、そのいわれも忘れられた小さな祠があり、その下には義民にならなかった民衆の屍が横たわっているのである。

〔初出〕一九七七年版『岩波講座日本歴史』（月報13）

武州世直し一揆の「ちょぼくれ」

大舘右喜

慶応二年（一八六六）六月、武蔵国の山あいの村、秩父郡（後に入間郡）名栗村などから蜂起した世直し一揆は「打毀しいたし候而も、食物之外、金銀銭は勿論、外品等決而奪取間敷、若し相背き候ものは、仲間内にて斬首可致と盟約いたし、椀・箸・杓子を画き、世直しと記候大文字之旗幟押立、大鉈・大槌・大鋸・大斧・鉄鎌・鉄熊手等を携、蓑笠ニ而（『武州世直し一揆史料』第一巻二八七頁）」身支度をした二百人余の貧農の行動が発端であった。脚色した表現であるが、蜂起を決した農民の覚悟が伝わる。

この一揆は頭取層によるオルグ活動と、全国的な世直し・世均しの思想を背景にして、またたく間に武州・上州に広まっている。まさに広域・同時・多発的な様相であった。

最近、一揆について千代田恵汎「武州世直し一揆研究覚書」（『社会科研究集録』第九号）、森安彦「武州世直し一揆の基礎的考察―主体勢力の分析を中心に―」（『信濃』第二四巻、第一〇号）、山中清孝「幕藩制崩壊期における武州世直し一揆の歴史的意義」（『世界史における民族と民主主義』所収）など、諸氏の詳細な分析によって、われわれは正しい道標を得ることが可能となった。

さてここでは、われわれが先般公刊した一揆史料＝主として村方文書や幕政史料など一揆の具体像を示す文書に加えて、一揆に付随して作成された口承文献を紹介しておきたい。すでに拙稿「或る地域調査から―武州世直し一揆―史料拾遺―」（『歴史評論』第三〇一号）において述べたように、武州世直し一揆の直後、瓦版「打ちこわしくどき」が流布したのである。

このくどきは、一揆の発端を杉山大尽という豪農の施金施米よりはじまり、かれの指導によって蜂起した世直しであるとうたっている。しかし上記の諸研究によれば、そのような事実は認められず、頭取層は農民であり、村人を組織する能力を身に付けた人たちであった。「くどき」は事実をうたってはいないが、打ちこわしの余燼消えやらぬ中で広汎に流布したらしく、これを取り込んだ一揆譚さえ見られるのである。

幕末期の一揆や打ちこわしを題材にして「くどき」や「ちょぼくれ」・「阿呆陀羅経」、そのほか「いろは唄」や「かぞえ唄」など多量につくられている。これら民衆の口承文献は、作者や立場を峻別しながら聞き取り、その主張を各々把握すれば、当該時代の民衆思想の一端にふれることが可能であると思われる。

現在、埼玉県日高市大谷沢の大沢家に遺されている「寅六月十五日　打こわし騒動記　徒党連」という文献は、当主より四代ほど遡る大沢氏が著したものと推定できる「ちょぼくれ」である。文体は概ね八八の調子をおなじ旋律で繰り返したように見うけられる。「くどき」の多くが七七調や七五調であるのに比して、右の「ちょぼくれ」は祭文に近いものである。

「打こわし騒動記」という「ちょぼくれ」は、文中に抹消や訂正の字句があり、また訂正文を貼付した箇所などがあるので、現時点では作者を大沢家の先祖とみておきたい。

全文は次に紹介するように、一揆を「毀し」と「均し」と把握し、よくうたい込んでいる。世間、すなわち、国内各地の一揆が「国家のためだか、貧民たすけか、わからぬ噺」としながらも、打毀しの蜂起は、結果的に経済界を混乱させて、外国へ従属する危機を内包するものだと説いているのである。「国家のためかへ、貧民たすけか」と、疑問を投げかけ、「今に見なさへ（今後）、徒党の人々、異国へ貢をとられる」と、植民地的従属や、関税問題を念頭においたと思われる文言で締めくくっている。

江戸中期以降、高麗郡大谷沢村最大の地主で医者でもあった大沢家の、豪農的地方知識層の立場をよくしめしている。また幕政に対しては「このままおくなら異国におとった地獄の御政事」と、痛烈に批判し、一揆勢には強い反感を含みながら、ナショナリズムを意識するのである。当時の東アジアが、欧米列強の植民地化におかれつつある動向を、地方知識人は認識していたのであろう。

（文書の表紙）

寅六月十五日

打こわし騒動記

徒党連

（本文）

抑々此頃　世間の騒動　聞てもくれなへ　国家のためたか　貧民たすけか　訳らぬ噺した　世界のゆうつう　必至と詰りて　甲武境の　山家の村々　諸色高直　日増に米麦　引上け　渇死《うえじに》する迚　穀屋え掛合　穀物直安に　取引出来なへ　計りて人気を　荒して不法に　多人数村々引連れ最寄　最寄の穀屋を　手分に毀して　村々人足　わひわひ天王　はやした騒きか　鯨波の声揚　天地え響は　御神酒やむすびを　沢山備えは　寄手の人足　手盛に喰ふた　呉服屋なんそて　晒や五郎を（呉絽服連のこと、grof grein）手侭持出し

襷や鉢巻き　各々仕度を揃へて　予喜（斧）やまさかり　軒別出させて　出立勢ひ振りて　竹かへ（法螺貝）吹たて　人数を勇めて　矢庭に人家え押込　如何の御方か　居宅え土足て上りて　名のある旦那も　土間え手をつき　其場遁れに　平伏いたせは　白米五合麦割（挽割麦）壱升に　当分売れとの　示談で張札いたし　質屋は質物　価（あたい）なしにて元え返せと　強丈に請書をとられて　穀屋は潰され　穀物不残　俵数持出し　庭や往来て切こほし　土砂交踏散されては　夫食の役にもならなへ　己々の命の親てはなへかへ　冥利しらすの　熊坂長半　廿一日に　執心掛るたか高利を　借りたじゃなへかへ　是を潰せば　きいん（棄捐）になるとて　村々人足　御馳走が与へて　毎日歩行は　残り人足　捕子にされたら　夢のさめたる　騒きしやなへかへ　やれやれ米麦　酒もしょうゆも　衣類道具は切こわされて　井戸溜井へ埋めた騒き　徒党の乱妨するのか　国家のためかへ（以下貼り紙）「貧民たすけか　うつてかわりて　市場うり出来なへ　相場もたたなへ　施行相場を　買ふといたせは　搗きれいたした　なんのかのとて　ゆうつう詰りは　とう」したものたよ　不法の奴らを　此侭置なら　異国におとった　地獄の御政事　わいわい騒へて　質屋の雑物　価なしにて　強丈に持出し　穀物諸色は　時の相場　三割直安　買入出来れは　百姓はよしなへ　高利の金ても　沢山借り込　きいん（棄捐）の挨拶　是柄始しめて　公務軽んじ　強丈重んじ　治まるものなら　今に見なさへ　徒党の人々　異国へ貢をとられる　徒党の人々　名栗（名残り）多くも　異国え貢を

慶応に寅レル（取られる）

六月十四日　暁成

六月十五日　山王祭礼村々氏子中

土用中高利（凍り）を毀す時候なら　今年の暮もゆうつう詰りは

炊き出しの米を喰ふも二三日て　御神酒を呑みて罰は召捕人
打こわし馳走のてより四五日で　名栗多くも召捕りの人

文中の（　　）は筆者の補筆である。

〔初出〕『近世史藁』（第一号、一九七五年）

付表１　慶応２年６月武州世直し一揆勢の身元判明者一覧表

付表２　慶応２年６月武州世直し一揆勢の対象者一覧表

付表1　慶応2年6月武州世直し一揆勢の身元判明者一覧表

村　名	名　前　(年齢)	身分・職業	参　加　状　況	出　典
高麗郡				
長沢	藤兵衛 (島破りの藤右衛門か)	無宿	頭取，下白子村役人へ人足差出要求をする	②-31, 158
〃	作兵衛		頭取，8月3日府中宿で取調べ，差送りとなる	①-69 ②-14, 15, 158
白子	貞蔵	源兵衛悴		
〃	仙太郎	与兵衛悴		
〃	松次郎			
〃	竜蔵			
〃	繁次郎			
〃	初次郎			
〃	周助			
〃	与吉			
〃	周太郎	富次郎弟	6月15日秩父郡坂石町分南村南川，北川，北左右の4・5か村，村々より多人数押来り，村方人足差出ざる者は軒別打毀すなどといわれ人足に出たところ，16日夕5ツ時に高麗坂戸辺より残らず帰宅する	②-17, 18
〃	伝蔵			
〃	奥次郎			
〃	定十郎	吉右衛門悴		
〃	喜三郎			
〃	繁蔵	喜左衛門悴		
〃	吉五郎	善左衛門孫		
〃	鉄蔵	喜右衛門悴		
〃	彦次郎	徳兵衛悴		
〃	堅次郎	藤吉悴		
〃	刀太郎	弥七孫		
〃	要次郎	栄蔵孫		
〃	喜助	久八悴		
〃	又吉	長念寺門前百姓 仁兵衛悴	17日暮方，川越藩役人に召捕られる	②-17
飯能	〔人夫数拾人〕		同町より人夫として数拾人引連れられる	②-6
双柳	〔人夫50人余〕		名主へ掛り人夫50余人引連れられる	②-6

村名	名前　(年齢)	身分・職業	参加状況	出典
野田	〔人数不明〕		名主へ掛り人夫引連れられる	②-6
丑沢			丑沢村河原にて勢揃	②-6
脚折	〔人足約30人〕		的場村川原へ人足30人ばかり出す．此夜人足帰村する	②-45
山沢	菊次郎		府中宿継	②-116
大川原	富蔵　(46歳)	頭取の道	簗地川原で召捕，6月22日八王子より差立てられる	①-223 ②-83, 108, 116
白子	□太郎　(26歳)		高坂にて搦捕，6月21日川越へ引立てられる	②-149
不明	粂八　(39歳)		〃	②-151
新堀			軒別1人づつ連れられる	②-31
〃	吉五郎　(22歳)		高坂にて搦捕，6月21日川越へ引立てられる	②-150
〃	権太郎		毛呂にて召捕られる．7月17日大宮より江戸送り，9月1日赦免	②-32, 33, 34, 37
〃	浅五郎		越生にて召捕られる．7月17日大宮より江戸送り，9月1日赦免	②-32, 33, 34, 37
〃	高麗宿小松屋		6月17日高坂にて召捕られ，川越入牢	②-34, 35
入間郡				
川越町	〔裏店の者，困窮人約90人〕		6月12日，仙波山に籠り米値下げ要求する	②-31
〃	市川孫六	元川越藩士	一説に，太田の大興院に行き僧侶となる	①-69
所沢	初五郎	次郎左衛門同居	慶応3年11月27日過料銭を課せらる	①-242, 295, 299 ②-95
〃	亀五郎(亀次郎と同一人か)	新助悴	〃	①-242, 295, 299 ②-95
所沢	記助	百姓(武兵衛悴喜助のことか)	慶応3年11月27日過料銭を課せらる	①-242, 293, 294, 295, 299 ②-95
〃	黒熊の勝		柳久保て30両受取，一揆勢の不平をかう	②-183
黒須・根岸	〔数万人〕		黒須村，根岸村河原へ勢揃い	②-7

村　名	名　前　(年齢)	身分・職業	参　加　状　況	出　典
高萩	〔人数不明〕		村中の大半が人足に出る	②-45
富岡・大井	〔名前不明〕	下富村名主弟 〃医師	亀久保村医師杉山祐貞打こわしの時最初に突入したという	①-70
牛子	〔名前，人数不明〕		古市場より牛子まで村々にて人足を出させる	①-68
南入曽	八郎兵衛 (栄蔵こと)		府中宿で取調べられる	②-15
〃	文太郎	無宿	〃	②-14
黒山	勘兵衛		中追放で人足寄場へ遣される	①-23
堀込	国太郎		〃	①-22
本郷	松五郎	武左衛門悴	熟酔の余り打毀に参加，過料銭	①-293, 294, 295, 299 ②-95
上安松	林次郎 (村次郎か)	倉蔵弟	〃(13人一諸に召捕)	①-293, 294, 295, 299 ②-98
北秋津	音松 (乙松か)	三右衛門悴日傭，農間余業	〃	①-293, 294, 295, 298 ②-95
宮寺の内(中野)	市五郎		一説に頭取	①-69
粟生田	松蔵		高坂にて捕捕，川越送り	②-151
〃	梅吉　(27歳)		〃	①-149
津久根	竜蔵(柳蔵)　(22歳)		〃	①-89, 93, ②-150
〃	奥次郎　(21歳)		〃	②-150
〃	豊吉　(36歳)		〃	②-150
〃	房次郎　(20歳)		〃	②-152
〃	新之丞　(20歳)		〃	②-152
〃	角次郎　(21歳)		〃	②-150
下多和目	梅次郎　(19歳)		〃	②-150
田波目	染吉　(27歳)		大黒部にて搦捕，川越送り	②-152
如意	宝太郎　(20歳)		〃	②-151
二本木	兵五郎　(28歳)		高坂にて搦捕，川越送り	②-151
(毛呂)沢田	定之助		大黒部にて搦捕，川越送り	②-152
新座郡				

村　名	名　前　(年齢)	身分・職業	参　加　状　況	出　典
溝沼	万右衛門	百姓	柳窪で召捕，過料銭	①-242, 293 ～296 ②-95
〃	久蔵	〃	〃	〃
比企郡				
上古寺	定次郎	百姓金右衛門悴	深谷宿にて召捕，取調の上村預	①-99, 105, 108
〃	政吉	六郎兵衛悴	〃	〃
〃	九兵衛 (喜三郎)	百姓	〃	〃
〃	重兵衛	〃	〃	〃
〃	内弁	〃	〃	〃
〃	鷲五郎	百姓茂兵衛悴	〃	〃
〃	李右衛門	〃甚兵衛聟	〃	〃
〃	四郎兵衛	〃清蔵聟	〃	〃
〃	仁三郎	〃勘右衛門弟	〃	〃
〃	巳与吉	〃清吉悴	〃	〃
〃	岩吉	〃吉右衛門悴	〃	〃
〃	長久	百姓	〃	〃
〃	亀吉	〃	〃	〃
〃	勝五郎	百姓作右衛門悴	〃	〃
〃	浅次郎	茂右衛門聟	〃	〃
上古寺	浅右衛門	百姓	深谷宿にて召捕，取調の上村預	①-99, 105, 108
〃	丑太郎 (惣太郎)	百姓初右衛門悴	〃	〃
〃	孫右衛門	百姓	〃	〃
〃	代吉 (代五郎)	百姓政右衛門悴	〃	〃
〃	重太郎	〃文左衛門悴	〃	〃
〃	(小四太郎) 越治郎	〃角右衛門悴	〃	〃
〃	(彦) 藤右衛門	〃	〃	〃

村名	名前（年齢）	身分・職業	参加状況	出典
上古寺	佐之助		〃	〃
〃	市郎右荷門	組頭	〃	①-99
〃	良平	〃	〃	〃
松山宿上岡・下岡の近郷	〔不明〕		頭取と見える者5～7人も乗馬で差図していたという風聞	②-8
毛塚・宮鼻	〔不明〕		捕縄者35人，死者2人	①-145～146
麦原	松五郎（19歳）	百姓常右衛門悴	6月17日高坂にて搦捕，6月21日川越へ送る	②-150
〃	勇次郎（21歳）	百姓直五郎悴	〃	①-88～93 ②-150
〃	七三郎（30歳）		大黒部で搦捕，川越へ送る	②-152
上熊井	福太郎（15歳）		6月17日高坂にて搦捕，6月21日川越へ送る	②-151
〃	亀吉（46歳）	百姓	〃	〃
須江	作次郎（22歳）	〃	〃	〃
熊井	源右衛門（36歳）	〃	〃	②-150
明覚馬場	九十郎（20歳）	〃	〃	〃
平	与八（17歳）	与平悴	大黒部にて搦捕，川越へ引立(高坂，宮ノ鼻にて召捕①-88，89)	①-82，83，88～93 ②-151，152
〃	政五郎（31歳）	与五左衛門悴	〃	〃
〃	勝五郎（43歳）	門弥悴	〃	〃
〃	倉吉（20歳）		〃	〃
〃	縫之助（23歳）		〃	〃
〃	伝十郎		〃	〃
〃	要兵衛		松山宿にて召捕	①-92
雲瓦	竹次郎（20歳）	仲右衛門悴	大黒部にて搦捕，川越へ引立	②-152
(小用町在)腰越	徳太郎（27歳）			②-170
川嶋	〔不明〕		3，000人川嶋より来る由	②-45
正代(隣村)			博徒が一揆を企て，取締方の手入れによって鎮静する	②-180
男衾郡				
折原	仙蔵	嘉吉悴	徒党に加わり召捕，手鎖	①-181～183

村　名	名　前　（年齢）	身分・職業	参　加　状　況	出　典
木持	繁二郎	百姓	６月17日，人足として徴発	②-202
榛沢郡				
寄居	森十（25歳）	油屋善兵衛方油職人	新町にて召捕，藤岡役人へ引渡し	②-168
秩父郡				
名栗	杉山儀右衛門		持高800石の富裕者	②-186, 187
〃（間地）	某	（名主）	最初の巨魁	②-158
〃（白岩）	〃	（名主）	〃	〃
上名栗	正覚寺住持	僧侶	惣発徒人	①-160
下名栗	竜泉寺住持	〃	〃	〃
上名栗	紋次郎（42歳）	大工	頭取．死罪，田畑など欠所，牢死	①-3, 9, 10, 15, 17, 19, 20, 24, 29, 30, 31 ②-4, 14, 21
〃	豊五郎（44歳）	桶職	頭取．遠島，牢死	①-3, 9, 10, 15, 17, 19, 20, 24, 29, 30, 31 ②-4, 14, 21
〃	留吉（36歳）		７月27日府中宿へ腰縄付村預け，８月５日赦免	①-10, 21, 24 ②-14
上名栗	多次郎	年番名主	豪農と一揆勢の仲介計る	②-22
〃	亀五郎	百姓代	発端のことを熟知	②-21
〃	和助	〃		〃
〃	松五郎		起立のとき催促	〃
下名栗	永助		〃	〃
〃	栄五郎		〃	〃
〃	助次郎		〃	〃
南川	藤四郎	百姓	手鎖預け	①-181, 182
〃	弥五郎	〃	〃	〃
〃	庄蔵	〃	高坂にて搦捕，６月21日川越へ引立	②-150
坂石町分	民吉（27歳）	〃	高坂にて搦捕，６月21日川越へ引立	②-149

村名	名前 (年齢)	身分・職業	参加状況	出典
坂石町分	佐兵衛 (38歳)	〃	坂石へ押寄，8月5日府中より差送り	②-11, 14
〃	代吉		野本村寄場預け	②-145
別所	藤助	幾平悴	入牢中，7月26日村預け	①-154, 155
金時	源次郎	百姓	手鎖預け	①-182, 183
白石	市蔵 (19歳)	〃	玉村宿へ圏預け，本縄付	②-171
〃	七左衛門 (27歳)	〃	〃(鉈鎌所持)	〃
〃	茂兵籍 (28歳)	〃	〃	〃
岩田	藤十郎	〃	手鎖預け	①-182
野上	清三郎		陣屋預け，入牢	①-152
〃	浪之助	大工	秩父谷惣頭取	①-161, 163, 168
野上下郷	栄十郎	百姓	手鎖預け	①-182
〃	力蔵	〃	〃	〃
〃	市蔵	〃	〃	〃
〃	政五郎		〃	〃
本野上	鶴吉	百姓五兵衛の下男	〃	〃
〃	繁次郎	百姓清兵衛悴	〃	〃
〃	亀吉	百姓弥市厄介	〃	〃
〃	仙吉	百姓	〃	〃
〃	弥五郎	〃	〃	〃
〃	七兵衛	〃	〃	〃
皆野	己戸蔵	〃	〃	〃
〃	周吉	〃	〃	〃
〃	新吉	〃	〃	〃
〃	峯四郎	〃	〃	〃
大野原	善二郎		入牢中	①-150
〃	金八		〃	〃
〃	倉吉		入牢中病気，薬用	①-157
大宮郷	安蔵	床屋	あら船弥吉宅へ壱番に飛込み打潰す	①-164
〃	某	安蔵悴	打殺さる	〃

村　名	名　前　　(年齢)	身分・職業	参　加　状　況	出　典
大宮郷	東兵衛	百姓	召捕，腰縄村預け，7月20日出奔	①-153
〃	清兵衛		〃	〃
〃	清助		召捕，腰縄村預け，7月20日出奔	①-148, 152
〃	勝蔵	吉五郎倅	入牢中	①-148, 150
〃	常吉		召捕，村預け	①-148
〃	福蔵	久七倅	自訴，吟味，入牢中薬用	①-150
〃	留蔵		〃	①-149, 150, 157
〃	島次郎	百姓市左衛門倅	入牢中，吟味	①-150
下田野	徳右衛門		手鎖預け	①-182
〃	鶴吉	百姓文五郎次男	〃	〃
横瀬	鷹五郎	与頭	寄場村預け，入牢	①-152
〃	善兵衛		入牢中病気，村預け	①-156
贄川	寅松	百姓	手鎖預け	①-182
贄川	房吉		手鎖預け	①-182
古大滝	藤助		〃	〃
太田	祖善　(35～6歳)	佐野玄洞という医生の子，僧侶	賊民の長	①-174
小鹿野	音次郎		本縄付，玉村宿圏預け	②-171
多摩郡				
岸	五兵衛		過料銭	①-242, 245, 285, 298 ②-84
大河原	富蔵　(46歳)		頭取	①-282 ②-78, 116
小川	茂兵衛　(37歳)	百姓	過料銭	①-281, 295 ②-78, 83
高月	栄次郎　(37歳)		御叱	①-242, 281 ②-78, 83
〃	助五郎　(24歳)		過料銭	①-223, 295 ②-116
〃	初五郎　(24歳)		〃	①-242, 280

村　名	名　前　(年齢)	身分・職業	参　加　状　況	出　典
熊川	新蔵　(32歳)	百姓	〃	①-223, 242, 281, 295, 300 ②-78
〃	辰五郎　(35歳)	源八悴	〃	①-242, 295, 300 ②-84
拝島	要左(右)衛門　(37歳)		〃	①-222, 242 ②-78, 82, 117
〃	直(猶)次郎　(40歳)	百姓	〃	①-222, 242, 295, 298 ②-78, 82, 117
〃	金次(治)郎　(46歳)			①-222, 230 ②-78, 82, 117
〃	政次(治・五)郎　(53歳)	百姓	過料銭	①-280, 295, 300 ②-78, 82, 221
〃	惣左衛門　(30歳)			①-280
滝	助五郎　(24歳)			②-83
本郷	松五郎	武左衛門悴	過料銭	①-242
柚木	万吉　(24歳)	百姓栄吉弟	五日市で召捕，７月５日出牢	①-216, 220, 221, 225, 227 ②-58, 62, 75, 83, 117
〃	万蔵	百姓与左衛門悴	過料銭	①-242, 295, 297
〃	藤蔵		牢死	①-224
小丹波	熊吉　(23歳)	百姓		②-15
久米川	庄助	百姓三郎右衛門悴	過料銭	①-242, 295, 298 ②-95
〃	馬五郎	穢多	入牢	①-293, 294
南秋津	権之丞	百姓	過料銭	①-242 ②-95
〃	市郎右衛門	百姓市郎兵衛悴	柳久保にて召捕，過料銭	①-242 ②-294

村　名	名　前　（年齢）	身分・職業	参　加　状　況	出　典
中里新田	平次郎　（44歳）		打毀しを見物，お叱	①-295, 300 ②-84
廻り田	寅吉	百姓権左衛門弟	過料銭	①-295, 300
〃	寅松	無宿	柳窪で召捕，6月18日田無より差送り	②-95
下大久野	弥三郎　（43歳）	百姓	死亡人	②-56, 57
〃	徳左(右)衛門（30歳）	〃	過料銭	①-295, 299 ②-77
千ヶ瀬	弥左衛門　（48歳）		築地河原で召捕，過料銭	①-223, 242, 280, 295〜297 ②-78
〃	福蔵　（35歳）	百姓	〃	①-242, 281
〃	松五郎　（50歳）	〃	〃	①-242, 281
〃	房五郎（弥三郎）　（27歳）	〃	五日市で召捕の説あり	①-222, 225, 281 ②-78, 79, 84, 117
〃	政吉　（24歳）	無宿	府中宿で取調べ，囚人	②-15
下成木	(悪物)喜左衛門　（58歳）	組頭	頭取，中追放，家屋敷欠所	①-264 ②-14
下成木	(吉五郎)庄左衛門　（53歳）		府中宿で取調べ，8月3日赦免	②-14
上成木	治(次)兵衛　（54歳）	百姓	五日市で差押，7月5日出牢，同13日死亡	①-224, 227 ②-60, 117
〃	長蔵		五日市で召捕	②-61
駒木野	善兵衛　（61歳）		牢死	①-216, 220, 225, 227 ②-76, 83, 117
日影和田	市右(左)衛門　（50歳）	百姓	五日市で召捕，7月15日牢死	①-216, 220, 224, 227 ②-60, 62, 204
〃	留蔵(留吉)　（43歳）		〃	①-216, 220, 225, 227 ②-59, 60, 204
〃	寅蔵(寅吉)　（42歳）	長助弟	〃　〃	〃

村　名	名　前　(年齢)	身分・職業	参　加　状　況	出　典
二俣尾	槇次(太)郎 (30歳～39歳)	百姓	頭取，五日市で召捕，遠島(病死)	①-222, 225, 227, 243 ②-77, 83, 117
〃	元右(左)衛門 (52歳)	無宿	6月17日府中宿で差押，中追放(病死)	①-222, 225, 227, 243 ②-77, 83, 117
沢井	熊吉 (19歳)	百姓音次郎悴	五日市で召捕，過料銭	①-295, 299 ②-58, 62, 75, 118
〃	八十八 (45歳)	百姓	五日市で召捕，死亡人	②-75, 84
〃	藤蔵 (27歳)	百姓太与八悴		②-76
〃	惣太郎 (19歳)	百姓林蔵悴		〃
北大久野	繁八 (26歳23歳)	百姓	五日市で召捕	①-59, 70, 77, 83, 118
〃	長右(左)衛門 (48歳42歳)	百姓	召捕，西弐間牢入牢	①-224 ②-60, 117
〃	小三郎 (21歳)	百姓藤左衛門下男	五日市で召捕，過料銭	①-242 ②-70, 77, 83
上大久野	七右(左)衛門 (31歳)		五日市で召捕，入牢	②-77, 83, 117, 118
五日市	〔不明〕	無宿，穢多，非人	無頼の無宿，穢多，非人馳加わるという．死骸2，生捕24	②-109
長谷部新田	惣次郎 (33歳)	百姓	築地河原で召捕，過料銭	①-223, 242, 281, 295, 298 ②-78, 83, 116
小曽木	林蔵 (35歳)	倉蔵弟	頭取．〃	①-223, 242, 280, 295, 297 ②-78, 82, 116
〃	伝蔵		築地河原で召捕，過料銭	②-117
南小曽木	丑(牛)五郎 (26歳)		〃	①-242, 280, 295
〃	清太(次)郎 (34歳)	百姓	〃	①-280

村　名	名　前　(年齢)	身分・職業	参　加　状　況	出　典
青梅吹上	勇吉　(32歳 35歳)	名主	6月16日築地河原で召捕	①-223 ②-78, 82
〃	金次郎　(33歳 63歳)		打こわし見物，急度御叱	①-242, 281 ②-78
青梅森下	長吉　(44歳)		〃	①-223, 296 ②-78
福生	冨八　(55歳)		6月16日築地河原で召捕，過料銭	①-242 ②-78
〃	庄兵衛　(43歳)		〃	〃
〃	権次郎　(28歳)		6月17日目野宿で召捕、過料銭	①-242 ②-84
〃	文五郎　(18歳)		〃	〃
下村中郷	儀右存門　(43歳)		6月17日五日市で召捕，手鎖付預	①-221, 233
〃	惣太郎　(19歳)	百姓林造悴	〃	〃
〃	松吉　(20歳)	百姓文次郎悴	〃　過料銭	①-226, 242
〃	亀吉　(14歳 24歳 28歳)	百姓栄次郎弟	〃　7月5日牢死	①-224 ②-83
〃	儀兵衛　(40歳)		〃	②-87
〃	藤蔵　(27歳)			①-222 ②-83
下村上郷	勘次郎　(21歳 22歳 23歳)		過料銭	①-221, 233, 236, 242 ②-59
下村下郷	弥十郎　(22歳)	百姓半次郎悴	6月15日五日市で召捕，7月14日病死	①-216, 224 ②-77
下村下郷	幾蔵　(22歳)	百姓栄蔵弟	7月15日牢死	①-224 ②-84
〃	藤吉		〃	①-299
〃	小三郎　(21歳)	藤左衛門下男	過料銭	①-295～299 ②-77
羽村	与兵衛　(56歳)		6月17日築地河原で召捕、過料銭	①-242 ②-82
〃	八左衛門　(45歳)		〃	〃
〃	鉄五郎　(44歳)		〃	〃
〃	勘兵衛　(50歳)		6月17日築地河原で召捕、過料銭	①-242 ②-78

村　名	名　前　(年齢)	身分・職業	参　加　状　況	出　典
羽村	初五郎　(25歳)	百姓弥兵衛悴	〃	①-242, 298 ②-82
〃	源三郎　(18歳)		〃	①-242 ②-84
〃	米吉　(47歳)		6月17日築地河原で召捕	①-82
〃	喜与次郎　(35歳)		〃	〃
〃	忠左衛門　(30歳)		〃	〃
〃	半兵衛　(50歳)		〃	〃
〃	某	名主聟，柴崎井桁屋悴	旗持として参加	②-114
〃	留吉		過料銭	①-242
野上	佐右衛門　(63歳)		6月17日日野宿で召捕，過料銭	①-242 ②-84
〃	善蔵　(38歳)		〃	①-242 ②-84
〃	善(卯)太郎		〃	①-242
河辺	竹次郎　(21歳)		6月17日築地河原で召捕、過料銭	①-242 ②-83
長淵	吉蔵		五日市村での打毀しを申し触れる	②-72, 73
上長淵	吉五郎　(43歳44歳)		6月17日五日市で召捕、過料銭	①-222, 242 ②-75
〃	熊吉　(19歳)			②-84
足立郡				
水判土	滝蔵　(29歳)	安五郎弟，無宿	入間郡二本木村出身，途中新入跡押頭分	①-291
〃	喜三郎　(33歳)	〃	入間郡南畑村出身，中押頭分	〃
大里郡				
冑山	〔不明〕			②-160, 201, 202
埼玉郡				
関根	熊太郎　(23歳)	百姓忠左衛門悴	新町宿で召捕，村方引渡	②-170
児玉郡				
本庄	儀兵衛　(45歳)	百姓卯之助借家	新町宿で手疵，高崎へ	②-167
〃	清吉　(35歳)	儀兵衛召仕	〃	〃

村　名	名　前　(年齢)	身分・職業	参　加　状　況	出　典
本庄	玉吉　(27歳)	年寄弥三郎借家	〃	〃
〃	吉兵衛　(31歳)	太郎兵衛借家，六太郎悴	〃	〃
〃	常吉　(42歳)	吉兵衛召仕	〃	〃
〃	吉五郎　(32歳)	百姓武右衛門借家，喜助召仕	〃	〃
〃	民蔵　(23歳)	百姓伊左衛門召仕	〃	〃
〃	喜三郎　(33歳)	久五郎借家，善兵衛召仕	〃	〃
〃	竜蔵　(23歳)	八兵衛借家，善兵衛召仕	〃	〃
〃	久助　(22歳)	小左衛門召仕	〃	〃
〃	嘉蔵	茶屋の召仕	薬用中につき本庄役人へ宿方預	〃
〃	彦兵衛　(50歳)	百姓左兵衛借家 伊蔵召仕	新町宿で召捕，本庄役人へ引渡	②-168
〃	貞蔵　(49歳)	年寄弥三郎借家	〃	〃
〃	弁次　(54歳)	百姓弥吉召仕	〃	〃
〃	梅太郎	善五右衛門借家	〃	〃
〃	半吉　(27歳)	卯之介借家	〃	〃
〃	竜吉　(34歳)	浅次郎召仕	〃	〃
〃	与市　(41歳)	長八召仕	新町宿で召捕，本庄宿役人へ引渡	②-168
〃	音吉　(33歳)	平次郎召仕	〃	〃
〃	甚太郎　(23歳)	林蔵悴	〃	〃
〃	三鉄　(52歳)	時宗	〃	②-169
〃	浪蔵		〃	〃
〃	初五郎　(28歳)	日雇	〃	〃
田中	音七　(24歳)	日雇	〃	②-168
小島	松五郎　(27歳)	百姓仲次郎召仕	〃	②-170

村　名	名　前　（年齢）	身分・職業	参　加　状　況	出　典
西今井	久次郎　（14歳）	作次郎悴	〃	〃
那賀郡				
秋山	十兵衛　（39歳）	百姓	新町宿で召捕，引渡	②-170
賀美郡				
石神	幸吉　（55歳）	百姓	新町宿で召捕，引渡	②-170
勅使河原	金蔵	百姓岩吉下男	〃	②-167
毘沙吐	政兵衛　（33歳）	藤吉方厄介	〃	②-171
〃	由之助　（24歳）	高吉方厄介	〃	〃
〃	〔不明〕		即死，笛木新町地内仮埋	②-166, 167
金久保	万之助　（37歳）	百姓	新町宿で召捕，引渡	②-170
〃	丈八	関五郎方厄介	元高崎浪人，新町で即死	②-166
上郷長浜	和蔵　（41歳）	百姓	新町宿で召捕，引渡	②-169
大御堂	仁左衛門　（33歳）	〃	手鎖預け	②-171
〃	勇次郎　（46歳）	〃	新町宿で召捕，引渡	②-170
〃	〔不明〕	〃	笛木新町，観音堂へ仮埋	②-167
荏原郡				
北品川	新五郎	百姓武右衛門弟	府中で取調，放免	②-15
相州				
（愛甲郡）				
山際	菊（兼）次郎　（38歳）	無宿	築地河原で召捕，入墨敲，病死	①-243, 281, 296 ②-78, 83
越中				
（中新川郡）				
福良井	長蔵　（22歳）	百姓	新町宿で召捕，引渡	②-170
越後				
（古志郡）				
福島	銀蔵　（19歳）	無宿	府中で取調，8月2日放免	②-15
甲州				
（八代郡）				
南八代	熊五郎　（40歳）	無宿	〃	②-15

村　名	名　前　(年齢)	身分・職業	参 加 状 況	出　典
上野				
(緑野郡)				
藤岡町	吉五郎	百姓清左衛門借家	新町宿で即死	②-166
〃	善太郎	百姓源兵衛借家	〃	〃
〃	辰五郎	百姓五左衛門借家	〃	〃
〃	政五郎	百姓	手鎖預け，赦免嘆願	①-183
〃	伊三郎	建具屋幾太郎弟子	新町で召捕，藤岡役人引渡	②-168
〃	新之助	桜本坊借家	〃	②-169
〃	清吉　(55歳)	百姓市兵衛借家	〃	〃
〃	幾蔵　(43歳)	百姓	藤岡役人へ預，手疵	②-168
〃	芳助　(26歳)	日雇宿	新町で召捕，藤岡役人引渡	②-169
〃	留次郎　(34歳)		〃	〃
〃	孫次郎　(41歳)		〃	〃
〃	藤太郎　(21歳)	梅五郎悴	〃	〃
〃	孫右衛門　(24歳)	和助三男	〃	〃
〃	亥之吉　(22歳)	安兵衛日雇	〃	〃
〃(大新町)	惣松　(33歳)	源兵衛借家	〃	〃
〃(〃)	太吉　(25歳)		〃	〃
〃(山崎)	長左衛門　(56歳)	百姓		②-171
藤岡町(山崎)	政五郎	百姓	新町宿で召捕，藤岡へ引渡	②-168
〃	直次郎	百姓金兵衛悴	〃	②-169
藤岡町	佐吉　(23歳)	百姓源兵衛悴	〃	②-168
〃(鷹匠町)	良吉　(41歳)	百姓伊三郎借家	〃	②-169
笛木町	清吉　(35歳)	浅見屋作兵衛下男	〃	②-169
新町	佐十郎　(27歳)	百姓		〃
〃	太兵衛	百姓久兵衛下男	手疵	②-167

村　名	名　前　（年齢）	身分・職業	参　加　状　況	出　典
〃(落合新町)	甚作	百姓長左衛門借家	新町宿で即死	②-166
浄法寺	弥次右衛門　（43歳）	百姓		②-170
〃	〆吉　（24歳）	百姓弥次右衛門悴	父子で参加	〃
〃	三喜蔵　（32歳）	百姓		〃
〃	伊助　（57歳）			〃
本郷	光五郎　（36歳）	百姓		〃
〃	弁吉　（25歳）	〃		〃
〃	銀蔵	名主銀右衛門下男	新町宿で即死	②-166
東平井	初五郎	百姓	新町宿で召捕，村預	②-168
〃	善六　（26歳）	桶屋		②-170
〃	徳三郎　（22歳）	百姓		〃
鮎川	弥十郎　（31歳）	〃	玉村宿圏預け，本縄付	②-171
〃	久三郎　（17歳）	〃		②-170
〃	啓次郎　（21歳）	〃		〃
中栗須	彦三郎　（19歳）	百姓彦右衛門借家	新町で召捕，村預け，手疵	②-168
〃	利助　（22歳）	百姓善左衛門悴		②-169
中	七兵衛　（39歳）	百姓権十郎借家日雇	新町で召捕，村預け，手疵	②-168
〃	長吉　（43歳）	百姓		②-169
矢場	兵左衛門　（43歳）	〃	新町で召捕，藤岡役人引渡	②-168
〃	庄原河内　（49歳）	神主		②-169
岡之郷	竜助　（20歳）	百姓六兵衛悴	玉村宿へ圏預け，本縄付	②-171
〃	吉右待門　（35歳）	名主小左衛門方日雇		②-170
神田	文吉　（23歳）	百姓竜蔵悴		②-168
森新田	孫兵衛	百姓	新町宿で即死	②-166
山名	伊左衛門　（25歳）	〃		②-169
篠塚	林蔵　（38歳）	〃		〃
中島	清蔵	百姓庄左衛門方日雇	新町宿で召捕，村方預，手疵	②-168

村　名	名　前　　(年齢)	身分・職業	参　加　状　況	出　典
上野				
(碓氷郡)				
板鼻	栄吉　　(21歳)	日雇宿	新町宿で召捕，藤岡へ引渡	②-168
上野				
(群馬郡)				
高崎	清兵衛	小松屋惣五郎方日雇	手疵，出役に呼出のうえ下渡	②-167
〃	清水屋惣助		新町宿で召捕，高崎へ引取	②-167
房丸	勝蔵　　(50歳)	百姓		②-170

付表２　慶応２年６月武州世直し一揆勢の対象者一覧表

日　附	村　名	名　前	身　分	職　業	打ちこわし状況	出　典
	高麗郡					
14	飯能	(酒屋)八左衛門	名主	酒屋，高16石32，家内10人	居宅１，土蔵３打毀	①-40,96,202 ②-6,100
〃	〃	(中屋)清兵衛	百姓	穀物問屋，高２石35，家内７人	居宅，土蔵各１他打毀	①-35,39,96 ②-6
〃	〃	(堺屋)又右衛門	寄場名主	穀屋，高15石132，家内17人	居宅１，土蔵打毀	①-35,40,43,96 ②-6,20,51,100,223
〃	〃	(板屋)半兵衛		穀物問屋，高８石285，家内11人	居宅１，土蔵１他打毀	〃
〃	〃	(紺屋)		紺屋	打毀	②-51
〃	〃	(升屋)喜兵衛			焚出，鉢巻たすき提供	①-35,160 ②-31
〃	〃	(秩父屋)金子		醤油造	焚出	①-43,②-31
〃	久下分	小山国三郎	名主		居宅，土蔵他打毀	①-36～7 ②-20,223
〃	双柳	某	名主		打毀人足提供	②-6
	野田	某	名主		打毀人足提供	〃
〃	真能寺	喜兵衛		太物渡世	木綿反物提供	①-37,②-20
〃	牛沢	甚左衛門	名主	醤油屋	人足提供，不残打毀	②-7,51
〃	広瀬	勝右衛門			中食提供	①-288
15	〃	寛右衛門	名主		〃	①-37,69,214 ②-7,101
〃	〃	八郎右衛門			〃	②-7,52,101
〃	〃	(広政)政吉			〃	〃
〃	〃	某		医師	〃	②-7,101
〃	〃	八左衛門			〃	①-37,97
〃	〃	政右衛門			〃	②-31
14，15	大河原	俊造	青蓮院宮家来親類	高利貸，高16石386，家内７人，旅宿	居宅，土蔵他打毀	①-14,37,42 ②-7,20
15	〃	金五郎			こわす	①-202
15	野田	仙蔵			打毀，近郷聞書	②-101

日　附	村　名	名　前	身　分	職　業	打ちこわし状況	出　典
15	野田	五郎助			打毀	②-101
〃	〃	喜兵衛			〃	〃
〃	〃	惣右衛門			〃	〃
〃	下畑	(畑文大臣) 吉沢文蔵	名主		施行要求受入	①-14 ②-7, 31, 205
〃	笹井	五兵衛	組頭	農間水車稼	水車小屋1他打毀	②-101, 232
〃	〃	庄兵衛	〃	農間醤油製造渡世	居宅，土蔵2，醤油小屋1他打毀	②-101, 232
〃	〃	与八			打毀	②-101
〃	〃	亀		綿屋	〃	〃
〃	平戸	富五郎	名主		〃	①-37 ②-8, 20
14	白子		村役人		人足要求さる	②-31
15	清流	和吉	名主	北嶋御殿御貸付旅宿	打毀	①-43
14	清流	和田伊助	名主	北嶋御殿御貸付旅宿，高7石89，家内6人	居宅1，土蔵1打毀	①-37, 40 ②-20, 31
〃	〃	小坂亀太郎	組頭	北嶋御殿御貸付旅宿，高8石55，家内7人	居宅1，土蔵1打毀	①-43 ②-20, 31
〃	〃	庄助			打毀	②-8
〃	栗坪	甚右衛門	大家		〃	②-8
15	〃	幸次郎		北嶋御殿御貸付旅宿，百姓，高2石50、家内2人	居宅1他打毀	①-37, 40, 43 ②-20, 31
〃	新堀	原喜太郎こと佐太郎	農間つけ木渡世	高5石63家内6人高利貸	居宅1，添屋1，隠宅外打毀	①-37, 41 ②-20, 31
〃	鹿山	藤太郎	名主	農間機渡世薪伐出，高9石355	人足要求拒否に付打毀	①-41
15	下鹿山	丸山八兵衛		酒屋，醤油屋	打毀	①-43
〃	下新田	水村栄助	名主	青蓮院宮家来，質物棒鉄渡世，高18石985	居宅1，土蔵2，添屋1打毀	①-37, 41, 43 ②-20
〃	下鹿山新田	水村熊太郎	組頭	酒造，醤油，高12石525，家内15人	居宅他打毀	①-37, 41 ②-20
〃	〃	清兵衛			破る	②-31
〃	高萩	文八	名主	質屋	打毀	①-37 ②-101

日　附	村　名	名　前	身　分	職　業	打ちこわし状況	出　典
15	笠幡	某		酒造	打毀	②-101
〃	〃	庄兵衛			打毀他１軒	〃
〃	太田ケ谷	重右衛門			100両100俵施行の書付提出	②-45
〃	〃	佐右衛門			諸帳面出さず打毀	〃
15，16	脚折	田申左平太	名主		人足差出	②-45～46
15	〃	佐右衛門	百姓		居宅，土蔵他打毀	②-221
14	猿田村	留七	百姓	農間薪取渡世 高３石485	居宅，道具打毀	①-42
14	芦刈場村カ	周五郎	組頭	勧理院貸付旅宿 高１石207，家内７人	居宅，道具，衣類打毀	〃
	入間郡					
14	小谷田	増田勘兵衛	名主格		焚出し	①-55～60 ②-７，101
14，15	〃	(糸文)文平	名主	糸屋	〃，15日は打毀	〃　①-69
〃	〃	勘右衛門	組頭	醤油造	〃，15日は打毀	〃
14	〃	惣助	百姓		〃	〃
15	〃	勘右衛門親隠居勘蔵	隠居		打毀	①-59
14，15	黒須	繁田武兵衛	名主		〃	①-57 ②-７，51～2，101，180～1
15	〃	(車屋)		水車稼？	〃	②-101
14	扇町屋	郷左衛門	名主		〃	②-52，100
〃	〃	長谷部(下倉)太七	年寄	酒造，生糸	居宅，土蔵，酒造蔵他打毀	①-61，288，②-100
〃	〃	粕谷善太郎	百姓		打毀	〃
〃	〃	(長谷部？)		生糸会所	〃	①-97
〃	〃	(浅田屋)茂右衛門	百姓		〃	①-61，288 ②-100
〃	〃	(麻屋)徳兵衛	百姓		〃	〃
〃	〃	伴治郎	名主		〃	①-61
〃	〃	伊兵衛	名主		〃	①-288
〃	〃	(三河屋)松五郎			〃	〃

日　附	村　名	名　前	身　分	職　業	打ちこわし状況	出　典
14	扇町屋	いせ木伝右衛門			打毀	①-288
〃	下藤沢	(足袋屋)新兵衛	百姓		〃	②-48, 52, 100
〃	〃	(〃)新宅			〃	②-6, 48
〃	〃	五助			〃	②-100
〃	〃	清右衛門			〃	〃
〃	〃	五郎左衛門			〃	〃
〃	〃	(中屋)		酒造	六尺桶破壊米安売で和談	②-52
15	二本木宿				酒喰焚出	②-8
14	所沢	(倉田屋)富倉与惣次		穀屋	打毀	②-100, 120
〃	〃	(三沢屋)三上松五郎		茶屋借家人	〃	〃
〃	〃	鈴木伴次		搗米屋借家人	〃	〃
〃	〃	(井坂)深井弁蔵		穀屋	〃	①-69 ②-100, 120
〃	〃	深井伝右衛門		油屋, 醤油屋	〃	②-100, 120
〃	〃	(増田屋)北田善右衛門		穀屋	〃	①-288 ②-100, 120
〃	〃	井関孫右衛門		〃	〃	②-100, 120
〃	〃	斎藤幸作		〃, 炭屋	〃	①-288 ②-100, 120
14	所沢	(角屋)小平次		穀屋	打毀	①-288 ②-100, 120
〃	〃	(荻野屋)荻野亀次郎		糸屋, 浜商人	〃	②-100, 111, 113, 120
〃	〃	(糸屋)藤蔵		〃	〃	①-288
〃	〃	(阿波屋)善兵衛		穀屋	〃	②-100, 120
〃	〃	(油屋)久右衛門			〃	①-288 ②-111, 112
〃	〃	鹿島金蔵		穀屋, 米屋	〃	②-100
〃	〃	(米屋)金次郎			〃	①-288 ②-120
〃	〃	斎藤久右衛門		質屋	〃	①-288 ②-100, 120
〃	〃	(武蔵屋)井関久次郎		穀屋, 油屋	〃	②-52

日　附	村　名	名　前	身　分	職　業	打ちこわし状況	出　典
14, 15	下安松	渋谷新兵衛(新助)	名主	質屋	打毁, 家作, 土蔵, 数ヶ所	②-100
〃	〃	新五郎	百姓(新助分家)		〃	①-289 ②-6, 101
〃	城	(遍照金剛)長左衛門	千人同心百姓	質屋, 穀屋	頭分1人切殺, 2500両奪取らる, 土蔵居宅外質帳外焼捨	①-289 ①-101
〃	本郷	〔不明〕			打毁	①-302, 289 ②-101
〃	〃	忠右衛門			〃	①-289
15	安松新田	長松			〃	〃, ②-101
〃	中富	田中七郎右衛門	名主		〃	〃
〃	〃	(富のしぶ大)代次郎			〃	①-67 ②-101
〃	〃	代次郎			〃	〃
〃	上富	某		綿屋	〃	②-101
〃	北田新田	太兵衛			〃	〃
〃	〃	丈助			〃	〃
〃	亀久保	西山祐貞		医師	〃	①-67 ②-101
〃	針ヶ谷	某		醤油屋	〃	②-101
〃	岩岡新田	伊兵衛			〃	〃
〃	入曽	泰助			〃	〃
〃	〃	金右衛門			〃	〃
〃	入間川	綿貫半平			焚出し, 打毁他四五軒打毁	①-71 ②-7, 101
〃	大久保	次郎右衛門	名主		打毁	①-70
〃	〃	七郎左衛門			〃	②-101
〃	〃	吉蔵	名主		〃	①-290
〃	古市場	(橋本屋)三九郎			〃, 川越藩兵により阻止	②-101
〃	鶴間	(妻屋)藤吉			打毁	〃
〃	上浅羽	伝兵衛	百姓	高利貸, 農間仲継質渡世	〃	②-232
〃	浅羽	仙次郎	百姓	油絞	〃, 再来襲による	〃

日　附	村　名	名　前	身　分	職　業	打ちこわし状況	出　典
16	坂戸	(海老屋)			打毀，再来襲による	①-70
〃	〃	金兵衛			〃	②-101
〃	〃	与吉			〃	〃
〃	〃	丹次郎			〃	〃
〃	〃	権之丞			〃	②-101, 180
15	〃	(分限者)木藤			〃	①-44
16	谷中	源次	名主		〃	①-68
〃	大岱	市川亀次郎		車屋	〃	②-101
〃	小用	新右衛門	名主		〃	②-220
〃	川角	(小室氏)長右衛門	名主		〃	②-50, 211
〃	平山	齊藤左司馬			焚出し，酒提供	②-19
〃	〃	内野林蔵			打毀	②-49
〃	越生町	(合羽屋)			〃	②-50
〃	〃	嶋野伊右衛門			〃	〃
〃	〃	(大和屋)		酒造	〃	〃
〃	〃	(日野屋)又兵籍		酒造	〃	〃
16	越生	田嶋七郎左衛門			打毀	②-50
〃	長瀬	亀井仲次郎			〃	〃
〃	大谷	大谷木伴次郎			〃	〃
〃	竜ケ谷	宮崎瑟蔵			〃	〃
〃	大類	芳原道太郎			〃	②-49
〃	大類町谷	某	名主		〃	②-102
〃	毛呂	千野佐太郎			〃	②-49
〃	〃	武藤太七			〃	〃
〃	〃	下田徳右衛門			〃	〃
〃	上野	近次郎			施米の請書提出	①-23
〃	堀込	紫藤源蔵			打毀	②-49
〃	前久保	新井貞次郎			〃	〃
〃	吉田	(筏問屋)		筏問屋	〃	①-8
〃	**新座郡**					
14	白子	主馬之助			金，米等施行要求の受諾	①-289, 302

日　附	村　名	名　前	身　分	職　業	打ちこわし状況	出　典
14	白子	小源次		水車	金，米施行要求の受諾	①-289～90, 302
〃	〃	茂兵衛	名主		夕食支度人足等提供	①-302
〃	〃	忠左衛門		穀屋	白米売札	〃
〃	〃	虎屋次兵衛		旅宿	逃去	〃
〃	上新倉	七右衛門			打毀	①-289
〃	〃	彦兵衛			〃	〃
15	下新倉	秀五郎	組頭		金子施行の請書差出	②-226, 227
〃	〃	富太郎	名主		打毀	〃
〃	〃			質屋	〃	①-302
〃	引又	(日野屋)平右衛門			打毀，他壱軒	①-289
〃	〃	大星		酒造	〃	②-101
〃	〃	某		問屋	引又川岸打毀	②- 7 , 52
14	〃	与十郎	借家	酒造	打毀	郷土志木3号 p.84
〃	〃	伊太郎	百姓	3 石，醤油造，穀物肥物渡世	〃	〃
〃	〃	猪三郎	〃	穀物，肥物渡世，5 石	〃	〃
〃	〃	半右衛門	借家	酒造	〃	〃
15	〃	西川重五郎	組頭	質屋，肥物渡世，100石	〃	②-101 郷土志木3号 p.83
〃	〃	西川武左衛門		醤油造，穀物肥物渡世，20石	〃	②-101, 郷土志木3号 p.82～3
〃	〃	三上権兵衛	組頭	酒造，質物，把物渡世，150石	〃	①-288～9 ②-101 郷土志木 p.82
〃	〃	三上文平			〃	①-289
〃	〃	三上仙太郎			〃	〃
〃	〃	糟屋元助			〃	〃
〃	〃	糟屋平次			〃	〃
〃	〃	(油屋)清五郎		油屋	〃	〃
〃	野火止	源四郎	百姓		〃	①-289 ②-101

日　附	村　名	名　前	身　分	職　業	打ちこわし状況	出　典
14	野火止	高崎藩陣屋			逮捕者解放，侍止宿宅打毀	①-289, 301, 302
16	膝折沼	某			打毀	②-126
	比企郡					
15	今宿	呉服屋		太物		②-102
〃	〃	(亀屋)幸蔵	百姓		土蔵物置居宅打毀	②-50, 102, 227
〃	〃	(足袋屋)		足袋屋	〃	②-50, 102
16	〃	松五郎	百姓		土蔵物置打毀	②-227
〃	高坂	(油屋)		油屋	打毀	①-75
〃	大黒辺(部)	某		酒造		〃
15	正代	代吉	名主	貸付所	土蔵３他打毀	①-44, 71 ②-102, 179
15	今泉	某		酒造	打毀	①-72
〃	野本	大吉	名主		〃	②-179
〃	〃	大谷熊蔵	名主		家作，土蔵他打毀	②-203, 152～155
〃	〃	某	百姓		打毀	①-71
〃	〃	某		紺屋	〃	①-70
〃	柏崎	虎吉分家			〃	①-72
〃	〃	虎吉		質屋	〃	〃
〃	松山	(茶屋)		酒造家	〃	〃
16	堀合	弥平			〃	〃
〃	南園部	茂左衛門		元質屋	〃	〃
〃	梅木	松崎平格	野廻役		〃	①-70, 72 ②-102
〃	柴竹	久兵衛	名主		〃	①-72
〃	三保谷	三左衛門			昼食焚出し	①-72, 75
15	小見野	源五兵衛	元名主	官金世話人		埼玉史談19-3, p.50
16	川島	宗順		医師		〃
〃	金谷	伝左衛門			打毀	①-72
〃	〃	慶次郎			〃	②-102
〃	葛袋	宗兵衛			〃	〃
23	下青鳥	某	名主		押込	①-76
15	松山	小ふじや		穀屋	打毀	埼玉史談19-3, p.51

日　附	村　名	名　前	身　分	職　業	打ちこわし状況	出　典
15	松山	たにや		穀屋	打毀	埼玉史談19
〃	〃	(油屋)磯右衛門		油屋醤油，質屋	〃	〃
〃	〃	(小松屋)		呉服	呉服類盗取，他打毀	〃
〃	〃	(箒木屋)		穀屋	打毀	〃
〃	〃	(八百屋物同箒屋)		八百屋		〃
〃	〃	竹村		小間物，荒物		〃
〃	〃	(長木屋)		穀屋	打毀	〃
〃	〃	(田村屋)		〃	〃	〃
〃	〃	(小橋屋)		〃	〃	〃
〃	〃	(長富)		〃	〃	〃
〃	〃	(綿屋)		打綿		〃
〃	〃	(座頭官金貸)		官金貸付		〃
〃	〃	(藤田屋)		足袋股引仕立物，瀬戸物		〃
〃	野田	某		醤油屋	打毀	①-75
〃	長谷	小川喜代三郎	名主	質屋	〃	埼玉史談19-3, p.51
〃	〃	谷中富之助	〃		〃	〃
〃	〃	萩原和次郎	〃		〃	〃
〃	〃	彦右衛門	百姓		〃	〃
〃	〃	小川新太郎	分家		〃	〃
〃	大谷新田	(大尽)赤熊			〃	〃，②-160
〃	大谷	浦五郎		質屋	〃	埼玉史談19-3, p.51
〃	〃	(大尽)藤山		〃		〃
16	〃	亦惣			打毀	①-125
〃	泉井	林右衛門			〃	②-50
〃	桃木	坂本仰庵			〃	〃
〃	〃	山本監正				①-105
〃	平	峯岸幸七	小惣代名主	質屋，太物，荒物商い，高20石，家内15人	居宅1，土蔵3打毀	②-140
〃	玉川	町田彦助			打毀	①-105
〃	〃	町田五郎兵衛	大惣代名主	質屋，高96石85，家内25人	居宅，土蔵，社倉蔵他打毀	②-136
〃	〃	町田？		生糸改会所	打毀	①-97

日　附	村　名	名　前	身　分	職　業	打ちこわし状況	出　典
16	玉川	藤吉	百姓	高2石85，家内3人	居宅1ヶ所打毀	②-144
〃	〃	荒田良助	大惣代名主		打潰	①-114
16	五明	村田惣左衛門	組頭	高利貸，高14石65，家内8人	居宅，土蔵，物置他打毀	①-97, 105 ②-137
〃	〃	勘兵衛	組頭	紙漉渡世，高12石354，家内8人	居宅1ヶ所打毀	①-105 ②-137
〃	〃	勘兵衛別家			打毀	①-105
〃	日影	岡本又四郎	組頭	生糸肝煎紙漉渡世，8石818，家内8人	居宅，土蔵，門，別家他打毀	①-94, 95, 97, 105 ②-137
〃	青山	徳次郎	百姓	質屋高18石余，家内8人	居宅，土蔵2打毀	①-105 ②-139
〃	〃	又左衛門	名主	質屋，高32石余，家内10人	居宅，土蔵，隠居，門打毀	〃
〃	〃	野崎九兵衛	組頭	質屋，紙商い，高20石，家内10人	居宅，土蔵打毀	〃
15	小川	(広田屋)幾三郎			打潰	①-160
〃	〃	(中村屋)孫七			〃	〃
〃	〃	賀吉			〃	〃
〃	〃	(升屋)吉兵衛			無難	〃
〃	〃	腰崎倉書			打毀	①-106
〃	〃	嶋屋辰五郎			〃	〃
〃	〃	笠間利右衛門			〃	〃
〃	〃	(辰巳屋)治兵衛			打毀	①-106, 160
〃	〃	笠間平右衛門			〃	〃
〃	〃	大沢左十郎			打毀	①-106
〃	〃	(穀屋)太兵衛			〃	〃
〃	〃	(丸屋)忠次郎			〃	①-106, 160
〃	〃	青木伝次郎			〃	①-106
16	小川	松本善次郎			〃	〃
〃	大豆戸	金三郎			〃	〃
〃	増尾	助左衛門	百姓	質屋高4石余，家内5人	証文焼捨，米施行請書，17日質物返還	①-95, ②-143
〃	〃	代五郎	百姓	質屋高8石5斗余，家内8人	建具打毀帳面焼捨	〃　〃
〃	〃	弥右衛門			打毀	①-105

日 附	村 名	名 前	身 分	職 業	打ちこわし状況	出 典
16	増尾	安兵衛	百姓	紙漉渡世，高1斗5升余家内9人	居宅1打毀	②-142, 143
17	〃	村木忠次郎	年番名主	縞太織仲買，高9石8斗家内8人	居宅1，土蔵1打毀	①-105 ②-142
16	〃	岩田太兵衛	百姓	絹太織紙商い，高1石5斗余，家内2人	居宅1打毀	〃 〃
〃	腰越	横川重右衛門	名主	質屋，高80石余，家内14人	居宅1打毀，岡家文書では請書で不難	①-160, 161 ②-139
〃	〃	九兵衛	組頭	質屋，紙商い高20石余，家内10人	居宅1，土蔵1打毀	②-139～40
〃	〃	久太郎	百姓	紙漉渡世，高13石余，家内7人	居宅1，小家1打毀	②-140
〃	笠原	善右衛門			打毀	①-106
16，17	大塚	幾三郎	百姓	紙，油，砂糖，塩，素麺類商高11石5斗，家内8人	居宅1，土蔵2両度打毀	①-105 ②-141
〃	〃	大塚静太郎	小惣代名主	高14石2斗余，家内7人	両度打毀	②-140
〃	〃	福十郎	百姓	紙，油，塩類商い，高18石3斗，家内6人	居宅1，土蔵1打毀両度打毀	②-141
16	〃	大隅一	借家勾当	家内3人	居宅1打毀	②-142
〃	〃	勝次郎	借家	下駄屋，家内7人	居宅1打毀	〃
17	〃	大塚勝右衛門	組頭	桐油合羽渡世，高15石5斗余，家内4人	居宅1，土蔵2打毀	①-106 ②-140, 141
〃	〃	秀次郎	組頭	菓子渡世，高13石7斗，家内6人	居宅1，土蔵1打殻	①-106 ②-141
16	〃	六左衛門宅下駄屋分		参会所	打毀	①-106
〃	〃	岩田宗仁			〃	〃
16	大塚	松本松太郎			打毀	①-106
17	〃	元慎		医師，高2石8斗，家内3人	居宅1打毀	①-141
16	下古寺	平兵衛	百姓		居宅，土蔵他打毀	②-222
〃	〃	長竹			打毀	①-97
17	飯田	金次郎	百姓	莚織高2石193，家内5人	〃	②-144
〃	〃	金三郎	組頭	質屋，高10石259，家内6人	居宅1，土蔵2打毀	①-106 16日 ②-144

日　附	村　名	名　前	身　分	職　業	打ちこわし状況	出　典
17	角山	忠太郎	百姓	質屋，高７石9613，家内７人	居宅１，土蔵１打毀	②-143
〃	〃	栄蔵	百姓	江戸八丁堀山野勾当金世話，高５石26433，家内６人	居宅１，物置１打毀	〃
17	越畑	悟兵衛	名主		飯洒提供，示談後居宅，土蔵３，書類打毀	②-208, 209
16	下里	政次郎			打毀	①-106
〃	竹沢	依吉			〃	〃
〃	勝呂	大長他１人			〃	〃
17	上古寺	松本与右衛門	名主	質屋，紙糸絹商，高12石92余，家内７人	居宅，土蔵，添屋２打毀	①-100, 105 ②-137, 138
〃	〃	勘左衛門	百姓	紙漉，紙商，高６石94，家内７人	居宅１，土蔵１，家具打毀	①-101, 102 ②-138
〃	〃	房之助	〃	穀物，水油，荒物商，高１石16，家内３人	居宅１，添屋１打毀	①-102, 103 ②-138
〃	〃	祐次郎	〃	紙漉渡世，高１石04，家内３人	居宅１打毀	①-101 ②-138
〃	〃	重兵衛	〃	紙漉渡世，高２石15，家内５人	居宅１打毀	②-138
〃	〃	平兵衛	名主後見	酒造，高10石，家内11人	居宅１，土蔵２打毀	②-138, 139
〃	〃	重蔵	百姓		居宅，家具外打毀	①-103
〃	青山	浄学院	寺院	元高利買	打毀	①-98
	秩父郡					
15	上名栗	(新立) 町田滝之助	古組名主	穀屋，酒造，薪炭村木業	4000両の施金要求される	①-12, ②-22 町田家文書
〃	〃	(柏木) 柏木代八	古組組頭	質屋材木，地主	5000両〃	〃
〃	〃	(小殿) 吉田伴次郎	新組組頭	材木，修験，山林地主	4000両〃	〃
〃	〃	(鳥居) 平沼源左衛門	〃	酒造，材木，山林地主	5000両〃	〃
〃	〃	(鬼丸) 浅見庄右衛門	百姓		500両〃	〃
〃	〃	(秋津) 岡部幸治良	新組組頭	質屋，材木	3000両〃	〃
〃	〃	(人見) 浅見市五郎	組頭		1000両〃	〃

日　附	村　名	名　前	身　分	職　業	打ちこわし状況	出　典
15	上名栗	浅見惣次郎	百姓		300両〃	〃
〃	〃	原田良碩		医師	300両〃	〃
〃	〃	岡部仙蔵	百姓		100両〃	〃
〃	〃	浅見角太郎	〃		100雨〃	〃
16	下名栗	(浅海戸)浅見	名主		金2000両施金差出，質物地面金返却で和談	①-15
16	我野宿	(問屋)		問屋	打毀	①-36 ②-8，32
〃	〃	(藤田屋)			〃	②-32
〃	井上	(井上大じん)	名主		〃	①-36
17	坂石町分	(問屋)		問屋	〃	②-8
〃	〃	政吉			強談	②-12
〃	〃	徳右衛門			〃	〃
〃	〃	勘右衛門			〃	〃
〃	〃	吉造	組頭	質材木渡世	質物無代返却500両施行	②-13
17	坂石	雋道	百姓	医師質屋	質代金300両無代退却	②-11
〃	〃	佐兵衛	〃	質屋	200両施行	〃
〃	〃	新右衛門	名主	〃	質代金350両返却	〃
〃	〃	柔右衛門	〃	〃	質代金159両他100両施行	〃
〃	〃	清助	組頭	〃	質代金80両返却	〃
〃	坂元	次郎右衛門			強談	②-12
〃	〃	利右衛門			〃	〃
〃	南川	善四郎	名主	質屋	質物600両の内半金返却，200両施金	〃
〃	〃	均平	組頭	質屋	質物300両の内半金返却，100両施金	〃
〃	北川	政五郎			強談	〃
〃	南	儀右衛門			〃	〃
〃	矢那瀬	金四郎	組頭	浜糸商人	打毀	①-113 ②-203
〃	〃	要七		関東御林山師	〃	①-113

日 附	村 名	名 前	身 分	職 業	打ちこわし状況	出 典
17	皆野	徳左衛門			質地証文返却他，米200俵大 麦300俵，金300両施す	①-162
〃	〃	青木定八			居宅，酒蔵打潰	〃
17，18	大野原	堀口本蔵			打潰	①-162, 173
18	宮地	柳田平吉			〃	〃
〃	大宮郷	忍藩の陣屋			打潰，諸書物焼尽	①-129, 163, 165, 173, 174, 196 ②-8, 32, 102
〃	〃	(いつみや) 幸七			店内乱入，諸品奪打毀	①-163, 169
〃	〃	(中屋)源七			掛合	①-162
〃	〃	(亀半)			駆入，種々異相の支度	〃
〃	〃	(浦庄) 浦島庄左衛門			建屋，土蔵，小屋他潰	①-162, 163, 173
〃	〃	浦島豊八			諸帳面書類焼払踏潰	①-163
〃	〃	浦島重五郎			〃	〃
〃	〃	(油屋)平左衛門			〃	①-163, 173
〃	〃	高野佐七			〃	〃
〃	〃	(麻屋)七兵衛			〃	〃
〃	大宮郷	新船弥吉			打毀，諸帳面書類焼払	①-163, 164, 173
〃	〃	松本六蔵		糸会所	空屋，糸会所に付打毀	①-163, 173
〃	〃	浅見伊八			打毀，諸帳面書類焼払い	①-163
19	〃	権代丹後		妙見神主	建物，土蔵，井戸まで打潰	①-164, 173
?	〃	福島七兵衛			己を省み罪を負て怨言なし	①-177
19	中	(大坂屋)			目がけて押行く	①-164
18	田野	船川宮崎定左衛門			一統4軒打潰	①-164, 173
〃	〃	船川定左衛門新宅			〃	①-173

日　附	村　名	名　前	身　分	職　業	打ちこわし状況	出　典
18	田野	船川の荷物預り貧家4軒			打潰	①-164
〃	横瀬	(坂善)			施金施米，質物返却の請印，帳面焼払	〃
〃	〃	柳生の下七右衛門			〃	〃
〃	〃	横田伝右衛円			〃	〃
〃	影森	内出半兵衛			打潰	①-164, 173
〃	〃	内出半兵衛隠居			〃	①-164
〃	〃	小沢半十郎			〃	①-164, 173
〃	〃	惣太郎			〃	①-164
〃	〃	団次郎			〃	〃
19？	大滝？	仲右衛門			廻章，貸金証文呉遣，米，金施す	①-181
〃	〃	清記			廻章，金400両施行	〃
19？	大滝？	信右衛門			廻章，貸金証文呉遣，米，金施す	①-181
18	白久	浅見甚兵衛			手強く打潰	①-164
18，19	〃	清川惣兵衛			〃	①-164, 173
19	〃	新井甚兵衛			潰し	①-173
〃	小鹿野	渡辺周造			打潰	①-166 ②-17
〃	〃	栗尾周造			打毀	②-16
〃	〃	新井嘉平			〃	〃
〃	〃	新井房吉			〃	②-16, 17
〃	〃	(常盤屋)常吉			〃	②-17
〃	〃	(大黒屋)嘉平			〃	〃
〃	〃	(追分)大次郎			〃	②-16
〃	〃	(釜屋)良助			〃	②-17
〃	〃	山仁佐平			〃	〃
〃	〃	森伊兵衛			打潰，反省し怨言なし	①-166, 173, 177 ②-17
〃	〃	森新兵街			乱妨働き最中召捕勢現わる	①-166, 173
〃	吉田	小櫃六左衛門			打潰	①-166

日　附	村　名	名　前	身　分	職　業	打ちこわし状況	出　典
19	吉田	小櫃又兵衛		酒屋	〃	①-173, 196 ②-17
〃	〃	(㊤ひの屋)			乱入の際召捕方侵入	①-166
〃	矢畑	丸木			打毀	②-17
〃	三島?	漆原甚平			〃	〃
〃	〃	浅見嘉平			〃	〃
	多摩郡					
15	黒沢		名主		打毀	②-101
〃	〃			糸屋	〃	〃
〃	青梅中町	(磯屋)仙右衛門			〃	①-202, 214. 301 ②-52, 101
〃	青梅上町	(吉野屋)久兵衛			〃	①-201, 202, 214 ②-52, 101, 301
〃	〃	山助			久兵衛の荷物預る疑で打毀	①-214
〃	青梅下町	(三好屋)金次郎			打毀	①-201, 202, 214, 301 ②-52, 101
〃	〃	(豊島屋)庄次郎			〃	②-214, 301
〃	青梅在			質屋	土蔵柱屋根不残打毀	①-301
〃	青梅	(近江屋)			打毀	②-101
〃	〃	(吉野屋向店)			〃	〃
〃	〃	(藁市)			〃	〃
	御嶽	(払沢大尽) 清水次左衛門		八王子千人同心	〃	①-243, 301 ②-8
〃	師岡	才次郎			〃	②-81
〃	新町	(綿屋)半次郎			〃	①-202, 214 ②-52, 101
〃	師岡新田	清水弥平次		糸屋	〃	①-202, 214 ②-8, 101
〃	〃	久兵衛			〃	②-52
〃	箱根ヶ崎				酒喰焚出し中食	①-301 ②-8, 52, 81

日　附	村　名	名　前	身　分	職　業	打ちこわし状況	出　典
15，16	福生	田村重兵衛	大惣代名主	酒造，糸運上肝煎	人足申付，居宅，土蔵，酒庫，物置大桶他打毀	①-190, 201, 214, 290 ②-8, 81, 90, 101, 103, 112, 122
16	拝島	庄兵衛	百姓		家財，米雑穀，衣類打毀	②-221
〃	〃			穀屋	打毀	②-52
〃	大神	嘉右衛門		酒造	〃	②-52, 122
〃	宮沢	(田村星)金右衛門		〃	宅，酒桶等打毀	①-214, 285, 290 ②-52, 81, 98, 101, 103, 112
〃	〃	勘次郎	百姓		住居，添屋3棟，家財衣類，酒樽打毀	②-221
16	中神	(中久)久次郎		酒造，絹屋，鶏屋	微塵に覆没証文其外打毀	①-202, 285, 290 ②-8, 52, 81, 108, 112, 122
〃	下	三十郎	名主		打毀	①-214 ②-101
〃	柚木	伝次郎	〃			①-214 ②-101
〃	沢井	太兵衛		酒造	酒値下げ	①-235
〃	北大久野	亀太郎			家作打毀と強談	①-243
〃	大久野	藤本			打毀，其上人足申付	②-52
〃	〃	北原			〃	〃
〃		羽生伝蔵			人足申付和談焚出	〃
15，16	五日市	勘兵衛			15日掛合，16日押寄防戦，一揆勢散乱	②-202, 203
16	柳窪	村野七次郎	百姓	質屋	打毀の際8人打取他生捕	①-289 ②-93, 101, 107
〃	〃	村野七郎右衛門	名主		打毀中一揆勢生捕，打取	②-101, 107, 126
〃	〃	喜郎	百姓		乱入に付一揆勢生捕打取	②-195

日　附	村　名	名　前	身　分	職　業	打ちこわし状況	出　典
17	飛田新田	弥左衛門			乱入焚出中手配より散乱	②-126
〃	飛田本田			水車主	打毀	〃
〃	日比田				人足差出要求	②-93
16, 19	田無	下田半兵衛	大惣代名主	穀屋，肥料商，生糸肝煎	打毀勢目差す，19日数百人で備える	②-112
16	分陪	長右衛門		油屋	打毀に備え近所へ片付け	〃
〃	府中本町	柏屋三四郎			打毀に備え家財片付	〃
〃	〃	角屋茂七			〃	〃
〃	石原宿				打毀の由注進	②-127
15	下清戸	小寺文次郎		酒屋	焚出	②-101
	足立郡					
15 ～ 17	与野	中村		富商	打毀	①-291
〃	〃			米屋	〃	②-177
〃	宿	伴助			〃	①-291
	大里郡					
16, 17	冑山	(青山伴七) 根岸友山	名主		夕賄差出，17日反撃，示談不調	①-125, 126 ②-159, 160, 163
16	恩田	六郎左衛門	名主		微塵に打破り	①-125
〃	下恩田	矢嶋久郎右衛門	名主		こぼつ	②-160
〃	村岡	(吉田屋)			朝賄	①-125
	埼玉郡					
〃	野田	河野氏本家		醤油屋	醤油樽衣類帳面打毀	①-129
〃	〃	高梨		〃	〃	①-128
	男衾郡					
〃	保田原	喜兵衛		質屋	村中施，質物返還，証文返還の請書	①-110
〃	木持	清兵衛	百姓		金50両，米10俵酒樽差出人足2人引連	②-202
〃	末野	今井九兵衛	大惣代	浜糸運上発願者	居宅長屋，土蔵，離座敷其外打毀	①-113, 114
	榛沢郡					

日　附	村　名	名　前	身　分	職　業	打ちこわし状況	出　典
17	寄居	(丹波屋)伝吉		穀屋，浜糸商人	打潰	①-111, 161
〃	〃	(木屋)惣兵衛		浜商人	打潰	①-111
〃	〃	(岩田屋)藤兵衛		〃	〃	〃
〃	〃	(近江屋)久兵衛		穀屋，醤油蔵所持	施し示談に成	〃
〃	〃	(万屋)吉兵衛		絹商，浜商人	浜糸商故即時打潰	〃
〃	桜沢	与右衛門		質屋	打潰	〃
〃	〃	平左衛門		〃	余儀なく人足差出示談	〃
17	小前田	田中茂左衛門			米200倍金100両施しにて相済	①-114
〃	〃	佐次右衛門	名主		米100俵の施にて相済	〃
〃	〃	きしや丈七			宅打毀	〃
〃	南飯塚	与右衛門		質屋	打毀	①-115
〃	大谷	与右衛門		〃	〃	〃
〃	用土	田ばた又兵衛			夕食焚出	〃
〃	〃	藤木半左衛門			〃	〃
〃	〃	蓮光寺		寺院	打毀	〃
〃	〃	(鍋屋)平左衛門			夕飯の賄を請書	〃
〃	〃	清水邦之助	名主		嘉門に代り証文認めた故打潰	①-111, 112, 115
〃	〃	嘉門	百姓	白川殿名目貸附所	高利貸付に付居宅添屋打潰	〃
〃	〃	又兵衛			中喰之用意にて示談	〃
〃	〃	清水半左衛門	元名主		〃	〃
	児玉郡					
〃	八幡山	吉兵衛	割元名主		窮民助成200両，質品証文返済請書	②-217
〃	〃	弥三郎	年寄		窮民助成500両，質品証文返済請書	〃
〃	〃	小兵衛	組頭		窮民助成800両，呉服太物渡す	〃
〃	〃	源助	〃		質品，貸金証文返債	〃

日　附	村　名	名　前	身　分	職　業	打ちこわし状況	出　典
17	八幡山	源蔵	組頭		居宅，土蔵，家財打毀	②-217, 218
〃	〃	清兵衛	百姓		窮民助成300両請書	②-218
〃	〃	浅見彦兵衛	大商人	浜糸商，穀屋，太織物	他14軒打潰し	①-113
〃	金谷	孫兵衛	年寄		窮民助成4500両，米750俵供出請書	②-218
〃	〃	治兵衛	〃		窮民助成1000両，米100俵供出請書	〃
〃	〃	富右衛門	百姓		窮民助成100両，米100俵供出請書	〃
〃	〃	長右衛門	〃		〃	〃
〃	〃	利助	組頭格		居宅家財打毀，証文焼	〃
18	本庄	（丸八）			さらし扇他奪取られる	①-146, 148
〃	〃	（もみじ屋）		穀屋，質屋，浜糸商，女郎屋	不残打潰	①-113
〃	真下			穀屋		①-113, 145
〃	小茂田	中嶋計馬		北向大明神持主	打潰取掛	①-112
	那賀郡					
〃	古郡	東平	名主		威勢に恐証文返す	①-112
〃	〃	片山〆之助	〃	質屋	居宅1，土蔵3，家財証文打毀	①-112, 144 ②-218
〃	猪俣	利兵衛	〃	酒造大家	施金100両を出す請書，酒振舞	①-112 ②-222
〃	〃	（日野屋） 野中庄兵衛			〃	①-112
〃	駒衣	富蔵	名主	質屋	施金300両を出す請書	①-113 ②-188, 222
〃	〃	佐十郎	組頭		施金200両を出す請書	②-222
〃	甘粕	万次郎	組頭格	質屋	施金50両，米100俵を供出	①-112 ②-218, 219
〃	〃	仙右衛門	組頭		質品，貸証文返済請書	②-219
〃	〃	順次	百姓		〃	〃

日　附	村　名	名　前	身　分	職　業	打ちこわし状況	出　典
	豊島郡					
不明	上赤塚	善兵衛		穀屋	白米４合売，挽割８合売札出す	①-302
不明	板橋				家々打破	鈴木寛敏日記
	賀美郡					
17	金久保		百姓		打潰	①-113
〃	〃		〃		示談行届	〃
17	八日市	只助	名主		金30両，大麦30俵差出可筈請書	②-219
18	東大御堂	〔２軒〕			打毀	①-145
	上州緑野郡					
18	藤岡	藤右衛門	百姓	絹類生糸渡世	居宅，土蔵打毀，村より人足100人連去	①-194 ②-211
〃	〃	源七	年寄	質屋	〃	②-211
〃	〃	由兵衛		絞油渡世	〃	〃
〃	〃	仙右衛門	百姓	絹類生糸渡世	〃	〃
〃	〃	新六	源七借家	太物渡世	〃	〃
〃	〃	幸兵衛	百姓	絹類生糸渡世	〃	〃
〃	〃	武右衛門	百姓	〃	〃	〃
〃	〃	辰右衛門	〃	〃	〃	〃
〃	〃	福松	〃	〃	居宅，土蔵大縄を掛け大勢で引潰	〃
〃	〃	倉吉	百姓借屋		打毀	〃
〃	〃	喜助	百姓利右衛門借屋		〃	〃
〃	〃	文五郎		煙草渡世	〃	〃
〃	〃	文五郎	年寄鐐之助借屋	生糸渡世	〃	〃
〃	笛木新町	つね	近江半十郎後家	百姓旅籠屋渡世	家作五分通打毀	②-172
〃	落合新町	文右衛門	百姓	太物其外渡世	打毀家壱軒	②-174
〃	〃	重五郎	年寄重太夫借家	材木炭，繭渡世	打毀家壱軒他	〃
	上州甘楽郡					
不明	譲原			横浜糸商人	打毀	①-200

日　附	村　名	名　前	身　分	職　業	打ちこわし状況	出　典
不明	保美濃山			横浜糸商人	打毀	①-200

(注)　付表1・2の出典は近世村落史研究会編『武州世直し一揆史料』1，2巻(慶友社1971，1974年)を主とするものであり，①-5は同書1巻5頁を示す．

あとがき

本書『武州世直し一揆』の刊行の契機は、同一揆の一五〇周年を迎え、地元の方々が、「忘れてはならない地域の歴史」を記念する会を開こう。との呼び掛けに応じ、私ども「近世村落史研究会」は準備会と大会の講演に出席し、感動と新たな研究へのエネルギーを得たからである。

「はじめに」において述べたように、「研究会」は『武州世直し一揆史料（一）・（二）』を刊行し、会員は各々研究の主題を定め、月例会に報告し、各自、時宜に応じて各々誌上に発表していた。調査・研究に参加した会員は和泉清司・太田公・大舘右喜・大友一雄・押木寿子・熊田富士子・斎藤洋一・佐藤啓子・佐藤孝之・鈴木研・千代田恵汎・根岸茂夫・林巖・松田仙三・森安彦・山中清孝・渡辺和敏である。研究会として当時、発表の機会を得たのは以下の二編で、研究会において検討を加え、発表者が論文の作成を担当した。

その1　一九七四年度歴史学研究会大会報告『世界史における民族と民主主義』《近世史部会》幕藩制国家支配と村落共同体「幕藩制崩壊期における武州世直し一揆の歴史的意義」（山中清孝）。

その2　一九七八年七月『歴史学研究』四五八号。小特集：幕末の社会変動と民衆意識—慶応二年武州世直し一揆の考察—。「世直し」層の生産条件と階層分化（大舘右喜）。生糸貿易と農村窮乏（鈴木研）。「世直し」一揆の展開と民衆意識（森　安彦）。武州世直しの行動と意識（大舘右喜）付表一「一揆勢の身元判明者一覧表」・付表二「一揆対象者一覧表」（共同制作）。

今回、歴史学研究会の許可をえて、補訂のうえ本書に掲載した。これらの論文は「近世村落史研究会」の共同研究の成果であり、出発点でもあった。会員は一揆の経過、打毀しの内容を具体的に精査し、成立から展開、解体の総過程を明らかにすることができた。そして展開の段階に「世直し」的世界の成立を確認したのである。それは一揆勢が独自の論理と強制関係によって構築したものの検証であった。今日、これらの認識は様々な観点から、修正すべき問題点を持つものでもあり、会員はその後も不断の努力によって研究を続けている。

第二部研究論文は、会員の研究成果の一部を選択し構成したものである。第三部研究ノートは、研究の新展開を斟酌して作成された論文を配したものである。第四部史料紹介は、新出の関係史料に若干の解説を付したものを配している。

末筆ながら本書が刊行できたのは、『歴史学研究』四五八号に序文を賜わり、日頃、発表の機会を持たなかった私どもに、指導と激励を続けてくださった、故佐々木潤之介氏、近世村落史研究会を支えてくれた故鈴木研氏、故松田仙三氏、故山中清孝氏に心より感謝の言葉を捧げたい。

なお、論文の掲載に際し快く許諾された出版社・学術団体、及び、『武州世直し一揆史料（一）・（二）』に続き、本書を刊行された、慶友社伊藤ゆり氏、編集担当の瑞木書房小林基裕氏に御礼を申し上げます。

二〇一六年一〇月

大舘右喜

著者（五十音順）
大舘　右喜
押木　寿子
斎藤　洋一
佐藤　啓子
佐藤　孝之
鈴木　研
千代田惠汎
森　安彦
山中　清孝

武州世直し一揆

二〇一七年二月二三日　第一刷
編　者　近世村落史研究会
東京都杉並区西荻四─五─二
代　表　森　安　彦
発行所　慶友社
〒一〇一─〇〇五一
東京都千代田区神田神保町二─四八
電　話〇三─三二六一─一三六一
FAX〇三─三二六一─一三六九
組　　版／ぷりんてぃあ第二
印刷・製本／エーヴィスシステムズ

ISBN978-4-87449-096-9　C3021